نشر اندیشه‌های نو
New Thought PRESS

به مردمی، نه به فرمان

قصه ارباب معرفت

(دفتر سوم)

عبدالکریم سروش

نشر اندیشه‌های نو

اسن، آلمان

۱۴۰۳

به مردمی، نه به فرمان

قصه ارباب معرفت (۳)

عبدالکریم سروش

ناشر: نشر اندیشه‌های نو ـ اسن، آلمان
تاریخ انتشار: مرداد ۱۴۰۳ ـ چاپ اول
شمارگان: ۵۰۰ جلد
تعداد صفحات: ۵۲۸
شابک: ۶-۳۰-۹۴۸۸۹۴-۳-۹۷۸

موضوع:
۱. چالش حق و اخلاق ۲. اسلام و لیبرالیسم ۳. اسلام و سکولاریسم
۴. بعثت و بحران هویت ۵. حق و تکلیف ۶. فقه در ترازو ۷. مدرنیته
۸. مردم‌سالاری ۹. عقل‌گرایی انتقادی ۱۰. بازگشت به سنت

New Thought PRESS
Essen, Germany
www.nt-press.com
post@nt-press.com

ISBN: 978-3-948894-30-6
Published in Germany

نشر اندیشه‌های نو
New Thought PRESS

فهرست مطالب

گفت‌وگوها

مقدمه

سپاس خدای منّان را که دفتر سوم قصه ارباب معرفت تحت عنوان «به مردمی نه به فرمان» به زیور طبع آراسته می‌شود. آشنایان با آثار گفتاری و نوشتاری صاحب این قلم، نیک می‌دانند که دغدغه حقّ و تکلیف از دغدغه‌های دیرین وی بوده است، تا آن‌جا که می‌توانم ادعا کنم تبیین تقابل این دو مقوله به مثابهٔ تقابل سنّت و تجدّد یا تقابل استبداد و لیبرالیزم، اولین بار در آثار نگارنده ظاهر شد و توجه همگان را بدین دقیقه برانگیخت که آن‌چه لیبرالیزم می‌خوانندش، بهترین تفسیر و ترجمه‌اش «مکتب حق‌مداری» است، و تفاوت انسان سنّتی و مدرن، عمدتاً در این است که اولی خود را موجودی مکلّف و دیگری خود را موجودی محقّ می‌بیند و می‌شمارد. و هم بدین سبب است که جان آدمی امروز برتر از عقیده می‌نشیند و دینداری را حق خود می‌داند، نه تکلیف خویش. این از سراندیشه‌های من بوده و هست که نهاد سیاست و اخلاق در جهان جدید حق‌مدارانه است و سیاست و اخلاقِ دوران سنّت، تکلیف‌گرایانه. این آموزه‌ها که اکنون، خوشبختانه، رواج و قبول عام یافته‌اند و تیرگی‌های بسیار را زدوده‌اند، بسی بهتر از غربزدگی و سودای «یک کلمه» می‌توانند وضع ما را در دوران مدرن و نسبت‌مان را با دوران سنّت تعیین و تبیین کنند. مفهوم تیره و مبهم و ناسزاآلود و تاریخ‌پرستانه «غربزدگی» که حربه و دستاویزی برای طرد و حذف و ملامت و تخفیف «غربزدگان» شد و دعوت به تسلیم و کرنش در مقابل خدای جبّار تاریخ و بی‌عملی در برابر غرب کرد، و علم و توسعه و تکنولوژی را از عوارض و آفات مذموم غربزدگی شمرد، هنری

جز این خیانت نداشت. برای مدتی با طبّالی و لاف‌کیشی، اذهان بی‌تمییزان را مفتون و مجنون کرد و سپس به دفاع از ولایت مطلقه فقاهتی ـ افلاتونی پرداخت و دست در کاسه قدرت برد و سر بر بالین عافیت نهاد و عاقبت به توبه‌ای نیمکارانه و شرمسارانه از گناهان کبیرهٔ خود پرداخت.

فلسفه ایرانشهری هم که با هیاهوی بسیار در سودای «یک کلمه» سپهسالار، یعنی قانون بود، و آن را علاج مزاج بیمار ملّت و دولت می‌شمرد، نمی‌دانست که قانون جهان مدرن، حق‌مدار است و تا بر این نکته تأکید تمام نشود، کار ناتمام است، وگرنه فقه هم احکام و تکالیف و «قوانین» دارد. حق‌مداری و حقوق‌شناسی هیچ‌جا در آثار این مدعیان ظاهر نشد و نقاب از چهره برنیفکند. هزاران برگ در باب سنّت و تجدّد سیاه کردند و نوشتند، اما یک برگ و یک سطر بدین سراندیشه اختصاص ندادند که در عالم روابط انسانی، محور سلوک جمعی و فردی مدرن (در اخلاق و سیاست و اقتصاد و آموزش و پرورش و دینداری و ...)، حقوق‌گرایی است نه تکلیف‌گرایی که متعلق به دوران سنّت بود.

از مدعیان وطنی بگذریم، نگارنده در چند مناسبت و در چند دانشگاه اروپایی و آمریکایی، وقتی قصّه عبور از دوران ماقبل مدرن به بعد از مدرن را در ذیل عبور از حق و تکلیف بیان می‌کرد، با اعجاب مستمعان روبه‌رو می‌شد. می‌گفتند که خود را تاکنون در این آینه ندیده‌اند. گفتم شما چون ماهیان غوطه‌ور در آب، از آب بی‌خبرید: «تو قدر آب چه دانی که در کنار فراتی؟». تا روزی که با کمال حیرت (سال ۲۰۰۷) دعوتی از هانس کونگ، متکلّم و دین‌شناس برجسته سوییسی، برای شرکت در جلسه‌ای در اتریش برای تدوین اعلامیه تکالیف و مسئولیت‌های بشر دریافت داشتم. حاضران در جلسه، نمایندگان ادیان بزرگ جهان و سیاستمداران غیرشاغل کشورهای مختلف بودند (چون رییس‌جمهورها و نخست‌وزیران سابق و اسبق و ...). هانس کونگ را نیک می‌شناختم. در اولین جلسات دیالوگ میان ادیان در ایران[1] (۱۳۷۰ شمسی)، همراه با یوزف فان اس و عبدالجواد فلاطوری شرکت داشت و در باب سعادت در آیین مسیحیت سخن گفت، قائل به وحدت گوهری ادیان بود و آشنایی نیکی با اسلام (غیرشیعی) داشت. او هم بعدها بدین نتیجه رسید که جهان مدرن چنان از حق‌گرایی طلبکارانه انباشته و اشباع شده و «انسان محقّ» مدرن چنان پشت‌پا به تکالیف و مسئولیت‌ها زده و اخلاق کهن چنان در چنبره حقوق مدرن مچاله شده که واجب آمده است که در کنار اعلامیه جهانی حقوق بشر، اعلامیه جهانی در باب مسئولیت‌های انسان نیز تدوین و تحریر شود

---

۱. نگارنده و محمد مجتهد شبستری بانیان دیالوگ میان ادیان در ایران بودیم. متاسفانه بعدها این بنای مبارک به دست غاصبانی افتاد که مادتاً و صورتاً آن را مسخ و مثله کردند و اینک از آن جز ویرانه‌ای نمانده است.

و از طرف دولت‌ها به مثابه سندی اخلاقی (و حقوقی؟) به شهروندان توصیه و تعلیم گردد. گزارش ناخوشایند و هشداردهنده کونگ در جلسه وین این بود که بسیاری از سران دول از پذیرفتن و گستردن آن منشور مسئولیت‌آفرین ابا و امتناع کردند، بدین بهانه که زورمدارانه و دیکتاتوری‌پرور است.

بلی، امروزه دوسوی جهان، یکی از تکالیف و دیگری از حقوق چنان لبریزند که یکی زبان دیگری را نمی‌فهمد. هنوز یک‌جا به جرم همجنس‌گرایی و ارتداد آدم می‌کشند و جای دیگر این دو را کاملاً روا و پسندیده می‌شمارند. یک جا بی‌حجابی حقّ مسلّم زنان است و جای دیگر ذنب لایغفر آنان. و تا توازن و تعادل میان این دو حاصل نیاید، راهی به دهی نمی‌توان برد. دموکراسی منوط و مسبوق به روح مطالبه‌گری و حق‌طلبی است و این خود در گرو تولد انسان محقّ است. درحالی‌که فقه، انسان مکلّف می‌پرورد نه انسان محق. و هم بدین سبب یا باید فقه سنّتی را با حقوق آشنا کرد و آشتی داد و یا باید دست از آن شست. و اما آشتی فقه و حقوق، راه را بر ولایت مطلقه که قطب و قلب تکلیف‌مداری است، می‌بندد و آدمیان را نه رعایای مطیع و مکلّف، بل شهروندان نقّاد و محقّ می‌پسندد و حاکم را نه ولیّ و زعیم، بل وکیل و اجیر مردم می‌خواهد که نصب و نقد و عزلش منوط به ارادهٔ شهروندان است. انتخاب دین هم از حقوق آدمیان است و کسی را نمی‌توان به بهانه ترک یا تغییر دین و انتخاب طریقه‌ای دیگر مجازات کرد و قس علی‌هذا. همه جا قانون حق‌مدار، معیار و میزان عمل و داوری است و بس! و آن‌ها که لیبرالیزم را اباحی‌گری ترجمه کردند، اینک معلوم می‌شود که چه خیانتی به شعور آدمیان و چه خدمتی به آدمی‌خواران کردند و چه سدّی در مقابل آزادی و آگاهی کشیدند. ادیان همه در دوران تکلیف زاده شده‌اند و لاجرم آموزه حق‌مداری در آن‌ها چندان برجسته نیست، به‌خصوص که گاه خدای منتقم و جبّار و قدیر چنان بزرگ می‌شود که آدمی ذلیلانه در پای او از نفس می‌افتد. حکّام مستبد و بارگاه استبدادپرورشان هم از این خدای آدمی‌سوز استقبال می‌کنند و آن را چون پشتوانه‌ای تئولوژیک برای تحکیم و توجیه سلطه جابرانه خود بر می‌گیرند. امروز می‌توان قرائتی حق‌مدارانه از خداپرستی و دینداری عرضه کرد و خدای مسئول و احتجاج‌پسند را در صحنه آورد و در مقابل خدای «لایسئل عمّا یفعل» نشاند و فهم یک‌سویه و ناخالص پیشینیان را موزون و به‌سامان کرد.

***

مضامین و معانی یادشده، ضمن مقالات و مقولات گوناگون، آشکار و نهان در این مجموعه آمده‌اند، در کنار پاره‌ای از گفته‌ها و نوشته‌های نگارنده طی بیست سال اخیر در باب دین و سکولاریزم و لیبرالیزم و نومینالیزم و ... ، مگر خوانندگان را سودمند افتد و گره‌ای

از کار فروبسته دیانت و سیاست در دیار دین‌زده و تکلیف زدهٔ ما بگشاید.

این کتاب به دو کس وام بسیار دارد اول به خانم افسانه فرامرزی که در ویرایش و پیرایش آن جهدی فوق طاقت نمود، و دیگری آقای بهزاد محمدی که در آراستنش سهمی کلان داشت. ولله الحمد اولاً و آخرا.

عبدالکریم سروش

بهمن‌ماه ۱۴۰۲ خورشیدی

مقالات

چالش حقّ و اخلاق در دوران مدرن

اشاره

مباهی و مبتهجم که این وجیزه را تقدیم استاد بهاءالدین خرّمشاهی، شهسوار میدان ادب پارسی می‌کنم، کسی که عنایت بخت، وی را آستانه‌بوس *قرآن* و جان‌آشنایِ «ذهن و زبان» حافظِ *قرآن* کرد. من به‌حقیقت بر بختیاری این شمع جمع ادیبان غبطه می‌خورم که هم گلستان ضمیرش آکنده از ریاحین قرآنی است و هم شامّهٔ جانش خوشبو از عطر سمن‌سای حافظی است. و لاجرم: «شاه ما هرچه کند خرّم بود». دیر زیاد آن بزرگوار خداوند.

بی‌گمان تولّد انسانِ حق‌مدار و حق‌اندیش (در مقابل انسان تکلیف‌اندیش کهن) از شاخصه‌های برجستهٔ عالم مدرن است. شاید بتوان شاخصهٔ دیگر را الکتریسیته دانست که کشف و استخدام آن، نقشی معادل کشف و استخدام آتش در تکوین تمدّن بشری داشت و تکنولوژی نوین را مامایی، بل مادری کرد؛ و شاخصهٔ سوم، البته علم قَسْراندیش تجربی است (در مقابل طبیعیات طبع‌اندیش کهن) که هم فلسفه‌های تازه‌ای را بنیاد نهاد و هم با همدستی ریاضیات رازهای عالم مادّه را گشود و آدمی را نظراً و عملاً بر آن چیره ساخت. عقلانّیت مدرن که جهان را برصورت خویش ساخته است، در سه آینهٔ حقّ و تکنیك و علم، درخشان‌ترین تجلّی‌ها را داشته است[1].

۱. این‌ها شاخصه‌های مدرنیته‌اند نه علل آن. و البته هیچ فهرستی از شاخصه‌ها یا علّت‌ها، کامل نخواهد بود. می‌توان نشان داد که پاره‌ای دیگر از شاخصه‌های مدرنیته چون سکولاریزم، فردگرایی، قانون‌گرایی، عقلانیت ابزاری و... همه به مفهوم حق باز می‌گردند.

در این مقال، امّا سخن فقط از مفهوم فاخر و فربه حقّ می‌رود که با قانون و سیاست و اخلاق و دین پیوندی نزدیک دارد و گاه آن‌ها را به چالشی عنیف می‌خواند.

به حکم آن‌که «تُعرفُ الاشیاء بأضدادها»، حق را در آینهٔ تکلیف بهتر می‌توان شناخت. دوران ماقبل مدرن را می‌توان به‌درستی دوران «تکلیف‌اندیشی» نامید. غرض این نیست که عاقلان و حکیمان از حقّ چیزی نمی‌دانستند و آدمیان را از حقوق بی‌بهره می‌دیدند، بلکه غرض آن است که در اخلاق و سیاست و انسان‌شناسی، محوریت و مرکزیت با اندیشهٔ تکلیف بود و حتّی حقوق را از دل آن بیرون می‌آوردند. دین (به منزلهٔ فربه‌ترین عنصر سنّت) زبانش زبان تکلیف بود و نماد آدمی، تندیسی بود با چشمانی فروهشته و کمری خم کرده که بار تسلیم و تکلیف را حمل می‌کرد. به گفتهٔ باریک‌بینانهٔ بیدل دهلوی:

کف خاکی که بر بادش تـوان داد به خون گِل کرده، آدم آفریدند [...]
چه سان تابم سر از فرمان تسلیـم که چون ابرویم از خم آفریدنـــد[1]

و این برخلاف تندیس‌های مدرن آدمی است که قامتی راست و چشمانی گستاخ و دستانی گشاده دارد، که همه از حق‌مداری و طلب‌کاری و سرفرازی او حکایت می‌کند.

حاکمان تکالیف رعایا را بیان می‌کردند و فقیهان تکالیف مؤمنان را و ناصحان تکالیف اخلاقی بالغان و عاقلان را. و اگر به زحمت سخنی از حقوق می‌رفت، در ظلّ و ذیل تکالیف بود نه مقدّم و مسلّط برآن‌ها. دو پدیدهٔ زشت و انسان‌شکن گذشته، یعنی حکومت استبدادی و نظام‌برده‌داری، تناسب تمام با تکلیف‌مداری دوران داشتند و به همین سبب اخلاقاً هم مورد نقد و ایراد قرار نمی‌گرفتند. هر دو بر مکلّف بودن آدمیان (نه محقّ بودن‌شان) مبتنی بودند و هر دو بر کمرهای خمیدهٔ مکلّفان، راست می‌نشستند. اگر گاه سخنی و تعریضی هم می‌رفت برای آن بود که سلطنت یا برده‌داری، عادلانه شود. نه این‌که بنیادشان برافتد و حقّ به جای تکلیف بنشیند. مفهومی به نام «حقوق طبیعی» هنوز از مادر اندیشه نزاده بود. اگر هم سخن از حق می‌رفت، حقّی بود که به آدمی می‌دادند نه حقّی که آدمی به‌خود واجد و مالك آن باشد.

«حقّ طبیعی» (با همهٔ ابهامات و اشکالات مفهومی‌اش) گوهری بود که از دریای مدرنیته برآمد، و کشف و صید این گوهر بود که به سیاست و اخلاق مضمونی تازه بخشید. بلی، بودند محقّقانی که دم از اخلاق غیردینی می‌زدند (اعتزالیان، در عالم اسلام) امّا اخلاق اینان هم‌گرچه دینی نبود، تکلیفی بود. آنان عمدتاً از تکالیف عقلی غیردینی سخن می‌گفتند، چشم عقل را در

---

۱. بیدل دهلوی، غزلیات، غزل شماره ۱۳۸۲

تمیز پسند و ناپسند افعال مکلّفان گشاده می‌دیدند، و از قدرت خرد برای بنیاد نهادن یك نظام اخلاقی غیردینی خبر می‌دادند و برخلاف اشعریان دین را نه خالق حسن و قبح که کاشف آن می‌دانستند. با این همه، اخلاق آنان بیشتر خبر از تکلیف می‌داد تا حقوق، تکالیفی که عقل بر حسن آن‌ها صحّه می‌گذارد. درست‌تر بگوییم اخلاقِ انسانِ مکلّف بود نه اخلاقِ انسانِ مُحقّ.

در دوران مدرن بود که اخلاقِ انسانِ محقّ، تولّد یافت و ادب حق‌مداری را آموزش داد و بر اثر آن پرسش‌ها و چالش‌های مهیب فلسفی و سیاسی درافکند.

دو پدیدهٔ برجسته و گستردهٔ دوران مدرن، یعنی لیبرالیزم و دموکراسی، فرزندان مشروع اندیشهٔ حقّ‌مداری‌اند و بی‌شك همین تفاوت در بنیادها و زبان‌هاست که دین و لیبرالیزم را چنین دور از هم می‌نشاند یا به پیکار با یکدیگر درمی‌افکند. فی‌المثل اشعریان و معتزلیان هر دو، و البتّه با دو منطق متفاوت، آدمی را مکلّف به دینداری می‌دانستند، درحالی‌که در اندیشهٔ لیبرالیزم، آدمی حقّ داشتن دین دارد، همان‌طور که حقّ انکار دین دارد. فقیهان پا را فراتر از آن می‌نهادند و می‌گفتند کافران، همان‌طور که مکلّف به قبول اصول دین‌اند، مکلّف به انجام فروع دین هستند، و اهمال در انجام این تکالیف، عقوبت و مجازات آنان را به دنبال خواهد داشت.

بنا بر اندیشهٔ لیبرالیزم، امّا حتّی اگر ادیان هم رأیی در سیاست و اخلاق داشته باشند، باز هم آدمی حقّ دارد که سیاست و اخلاق خود را بنا نهد و به راه خود برود و به دین اعتنایی نکند و استفاده از این حقّ، او را مستوجب هیچ ملامت یا عقوبتی نخواهد کرد. به عبارت دیگر، خداوند با فرستادن ادیان، آدمیان را برای استفادهٔ (معقول یا بهینه) از حقوق‌شان فراخوانده است، نه برای الزام به انجام تکالیف. و به همین سبب، بی‌دینی نه سرکشی از تکلیف، بلکه فرو نهادن یك حق است. می‌بینیم که خدای پارادایمِ حقّی و خدای پارادایمِ تکلیفی چه تفاوت بزرگی با هم پیدا می‌کنند. هرچه اوّلی آسان‌گیر می‌نماید، دومی سخت‌گیر و آشتی‌ناپذیر جلوه می‌کند. هیچ‌گاه و در هیچ مکان و مکتبی، «حقّ» (به معنی رُخصت و اباحه و امتیاز) این چنین به مصاف اخلاق و دین نیامده است.

حقیقت این است که نه حکیمان ماهیت‌اندیش، نه عارفان رازاندیش و نه فقیهان تکلیف‌اندیش، هیچ‌کدام، آدمی را چنین در آینهٔ «حقّ» ندیده بودند و از آن رو ماهیت انسان را با حقّ عجین نکرده بودند و تکالیفش را از انبانِ حقوق بیرون نیاورده بودند. بی‌خبرتر از همه، اخلاقِ ارزش‌اندیش بود که هیچ‌گاه حق این چنین راه را بر او نبسته بود، و همین‌که از مقولهٔ حقوق طبیعی آگاهی یافت، در ولوله و زلزلهٔ مهیبی گرفتار آمد. و این همان چالش عظیم اخلاق و حق در دوران مدرن است.

بسا قبایح و مَنهیات پیشین که امروزه جزء حقوق آدمیان درآمده است و از این رو، یا از قبح‌شان کاسته شده یا پاك روا شمرده می‌شود. به خودکشی نظر کنید که در اخلاق کهن از زشت‌ترین زشتی‌هاست. لکن امروزیان همان‌قدر که دفاع از خویش را حق طبیعی و ناستاندنی آدمی می‌شمارند، خودکشی را نیز برای او حقّ مسلّم می‌دانند و در آن قبحی ذاتی و عقلی نمی‌بینند. از دینداری سخن گفتیم که نزد دینداران، تکلیفی خطیر است، امّا در لیبرالیزم، حقّی از حقوق آدمیان است و بس. به روابط «نامشروع» زن و مرد یا مرد و مرد بیندیشید که از منکرات انکارناپذیر همهٔ شرایع و مسالك است، امّا عقلای این دوران که آن را از دل حقوق طبیعی آدمیان بیرون می‌آورند، به تخطئه و تقبیح آن دست نمی‌برند، بل دست خود را در تخطئهٔ آن سخت بسته می‌بینند.

هندسهٔ شایست و ناشایست، گویی مؤلّفه‌ای و بُعدی تازه پیدا کرده است، و آن ذی‌حقّ بودن آدمیان است، حقّی که از هیچ مرجع و منبعی جز وجود خود انسان نجوشیده است، لذا قراردادی و ستاندنی و بخشیدنی نیست. همه جا با آدمی است، چون لازمهٔ سرشت و ماهیت آدمی است. همین ذی‌حق بودن انسان است که بر برده‌داری قلم نسخ ابدی کشید. و نصب و نقد و عزل حاکمان را از آراء محمودهٔ عصر کرد (دموکراسی سیاسی)، و دست آدمی را (به مدد علم) در تصرّف در طبیعت گشود و راه را بر پلورالیزم دینی و سیاسی باز کرد، روابط تازه‌ای را میان زن و مرد و حاکم و محکوم و طبیب و بیمار و فرزند و پدر و استاد و شاگرد و... بنا نهاد، آموزش را همگانی نمود، رعایا را بدل به شهروندان ساخت، فمینیزم را مُد روز کرد و منشور حقوق بشر را به‌منزلهٔ ترازوی رفتار سیاسی حاکمان، در بازار جهان آویخت و روایی قوانین جزایی و قضایی و مصوّبات پارلمانی را منوط و معطوف بدان شناخت. پدیدآمدن منشور حقوق بشر، در عصر تکلیف و از انسان مکلّف ساخته و متصوّر نبود. این منشور، فرزند به‌حقّ عصر حقّ و انسان محقّ است. نظم جهان کهن، نظمی تکلیفی بود. و نظم نوین نظمی حقّی است. و آن‌که حافظ می‌گفت: «فلك را سقف بشکافیم و طرحی نو دراندازیم» اینك مصداقی از مصادیقش جلوه نموده است: سقف تکلیف شکسته و شکافته است و طرح حق درافتاده است و «عالمی از نو و آدمی از نو ساخته» شده است.

قوانین نوین را هم نباید از جنس احکام فقهی شمرد. بلی، هر دو از جنس امر و نهی‌اند و محدودیت آورند، امّا قوانین نوین حافظ و حامل حقوق آدمیان‌اند. درحالی‌که احکام فقهی، حافظ و حامل تکالیف‌اند و تبارنامهٔ دیگری دارند. یوسف‌خان مستشارالدّوله که رسالهٔ *یك کلمه* را در عنفوان مشروطیت نوشت گویی بویی از «حق» به شامّه‌اش رسیده بود و دانسته بود که قانونِ حقْ‌مدار است که می‌تواند دست سلطنت جائرهٔ تکلیف‌مدار را ببندد، نه هیچ سیاست و سامان تکلیف‌مدار دیگر.

چنین می‌نماید که از سه شاخصهٔ مهّم مدرنیته، دیرگاهی است که علم تجربی و تکنولوژی در میان ما درآمده و خوش نشسته است. امسال (۱۳۸٤ شمسی) درست یك‌صد سال است که الکتریسیته، به همّت و سبب‌سازی حاج امین‌الضّرب، شب‌های ایران را روشن کرده و «برق دولت» را باز آورده است. علوم و فنون جدید هم ابتدا از مدخل دارالفنون پا به صحنهٔ فرهنگ ایران نهادند و سپس از ۱۳۱۳، که دانشگاه تهران گشایش یافت، سفرهٔ خود را پهن‌تر کردند و سراسر ایران را درنوردیدند و رقیبی جدّی برای فلسفه و علم کهن این دیار شدند.

شاخصهٔ سوم یعنی حق، امّا و افسوس‌مندانه، هم‌چنان در وضعی حزین و رنجور به سر می‌برد. حتّی توازنی میان حق و تکلیف حاصل نشده، چه جای آن‌که حق بر تارك تکلیف بنشیند و نظراً و عملاً از آن سبق ببرد. تالی این فروماندگی و فرودستی حق، چیزی جز فروبستگی کار عدالت و سیاست در این دیار نیست.

مدخلیت مارکسیسم در این فروبستگی، جای انکار ندارد. این مدرسهٔ فکری که به جای تفسیر جهان، عزم تغییر آن را داشت، در تحقیر و تمسخر حقوق بشر هیچ کم نگذاشت و به ارادتمندان و شیفتگان خود هرگز جواز و مجال نداد تا دربارهٔ این «فریب بورژوایی» بهتر و صادقانه‌تر بیندیشد و جایی بهتر از «زباله‌دان تاریخ» به آن بدهند. البته سهم سنّت تکلیف‌اندیش را هم نباید اندك گرفت. آن هم قربانیان خود را از همین قربان‌گاه می‌گرفت.

با این همه، چالش اخلاق و حق شاید صعب‌ترین عقبه در این جادهٔ سنگلاخی بود. از چشمهٔ حق، آب آلوده هم می‌تراوید. روابط نامشروع را هم مشروع می‌کرد، سیئات و قبایح را از قبح‌شان می‌کاست، و خضوع عبودیت را از آدمی باز می‌ستاند، و این‌ها در چشم یك سنّت دینی گناهانی کوچك نبودند و بخشودن آن‌ها آسان نبود.

آیا به‌واقع می‌توان حق‌اندیشی و حق‌مداری کرد، و آن‌گاه پاره‌ای از توالی و توابعش را نخواست؟ آیا «حق» یك بستهٔ هم‌بسته نیست؟ آیا آن‌که حقّ آزادی و حق‌نقد را می‌خواهد، می‌تواند یك اخلاقِ حق‌مدار تمام عیار را نخواهد؟ حالا آیا دلیلی هست که یك نظام حق‌مدار سعادت‌بخش‌تر از یك نظام تکلیف‌مدار است؟ و آیا قربانی کردن اخلاق در پای حق، وظیفهٔ ما یا حقّ ماست؟ و آیا فراتر از دو پارادایم حقّی و تکلیفی، پارادایم سومی هست که سنتز هگلی آن دو باشد و ما را از آن دو شاخهٔ قساوت‌بار رهایی دهد؟

این چالش‌ها عاقبتِ دوران ما و ایران ما را رقم خواهد زد.

بدون تکمله‌ای قرآنی این بحث تمام نیست. از غیبت حق در فرهنگ اسلامی-ایرانی و هیبت

حضور سنگین تکلیف سخن گفتم. این بخشی از میراث مدرسهٔ اشعری است که جهان را هویتی غیراخلاقی و خدای جهان را فوق اخلاق می‌داند و کرم باری تعالی را برتر از عدل او می‌نشاند و آدمیان را در برابر خداوند بی‌حقوق و بی‌پناه و مستأصل می‌شناسد. آیتی در *قرآن* هست که ـ گویی ـ بر این اندیشهٔ آدمی‌سوز مدد و قوّت می‌رساند و برای آدمی جایی برای احقاق حق و دفاع از خویش و گفت‌وگو با خداوند باقی نمی‌گذارد:

«او در آن‌چه می‌کند بازخواست نمی‌شود و ایشان (انسان‌ها) بازخواست می‌شوند»[۱].

چنان‌که استاد خرمشاهی در شرح این آیه آورده است: «این آیه اساس علم کلام اشعری (مکتب رسمی اهل سنّت) است.» آیا واقعاً خداوند غیرپاسخگو و برتر از اخلاق است؟ و آیا آدمیان در چشم او چه ارج و مقداری دارند؟ آیا می‌توان با او از در محاجّه و مقابله درآمد؟ و احتمالاً آیا می‌توان با او از وفا و عدالت سخن گفت؟ یا باید سرهای بی‌جرم و جنایت بریده را دید و خون خورد و دم نزد:

خون خور و خامش نشین که آن دل نازک
طاقت فریاد دادخواه ندارد[۲]

این آیه چنان‌که می‌نماید پرچم‌دار بی‌مقداری و بی‌حقوقی انسان و فعال مایشاء بودن باری‌تعالی در حق او می‌نماید. اما آیه‌ای دیگر هست که رایحه‌ای دیگر دارد که آن هم شنیدنی است:

«[اینان] پیامبرانی مژده‌آور و هشداردهنده هستند، تا بعد از [فرستادن] پیامبران، مردم را بر خداوند حجتّی نباشد، و خداوند پیروزمند فرزانه است»[۳].

آیات دیگری بدین مضمون باز هم در *قرآن* یافت‌شدنی است، به‌خصوص آیاتی که از «وعد مسؤول» سخن می‌گویند، یعنی وعده‌هایی که خداوند به خلق داده، و خلایق می‌توانند وفای به آن را خواستار شوند و بر خداوند، در صورت بی‌وفایی، حجّت داشته باشند.

همهٔ سخن در «حجّت بر خداوند داشتن» است. این مفهوم عظیم و عمیق است. آیا آدمیان «حق» دارند که با خداوند احتجاج کنند؟ به دفاع از حقوق خویش برخیزند؟ و در دادگاهی مستقل، خالق را به احتجاج دعوت کنند؟ اگر چنین است آن دادگاه کجاست؟ و

---

۱. انبیا/۳۲، ترجمه بهاءالدین خرمشاهی
۲. حافظ، *غزلیات*، غزل شماره ۱۲۷
۳. نساء/۱۶۵، ترجمه بهاءالدین خرمشاهی

این حق از کجا نشأت می‌گیرد، عطیهٔ خالق است یا لازمهٔ ماهیت مخلوق؟ اگر عطیهٔ خالق باشد، پس‌گرفتنی است. لاجرم، از آنِ مخلوق و غیرمجعول است، هم‌چنان‌که لوازم ماهّیت، به تعبیر حکیمان غیر مجعول‌اند. هرچه هست پای «حقّی» بنیادین در میان است که گویی برای خالق هم تکلیف‌آور است. او خود را ملزم به فرستادن پیامبران می‌دیده، تا دیگر مردم را بر او حجتّی نباشد. *قرآن* چنین می‌نماید، که خواستار فتح باب چنین بحثی است و اگر مسلمین، حقّ دفاع از خویش را همه‌جا و از جمله در مقابل خالق، جدّی می‌گرفتند و به‌کاوش می‌نهادند و به دنبال کشف و صید حقوق دیگر آدمی می‌رفتند و بنای اخلاق را با دو خشت حق و تکلیف بالا می‌بردند، ما امروز با اخلاقی دیگر، خردی دیگر، انسانی دیگر و حتی خدایی دیگر آشنا بودیم.

این‌که چه شد که آیهٔ نخست که دم از غیرمسؤول بودن باری تعالی می‌زند، راه را بر آیهٔ دوم بست و خدای «لایسئَلُ عَمّا یفعل[1]» برخدایی که می‌توان در برابر او عنداللزوم احتجاج کرد غلبه یافت، سؤالی است که پاسخش را باید در مناسبات دانش و قدرت جست.

والسلام

۱. «لَا يُسۡئَلُ عَمَّا يَفۡعَلُ وَهُمۡ يُسۡئَلُونَ» (انبیا/۲۳)

نومینالیسم و سکولاریسم[۱]

در این بحث مایلم به ربط و نسبت بین نومینالیسم و سکولاریسم بپردازم. بر این عقیده‌ام که با تأمل و تدقیق بیشتر در باب نومینالیسم و سکولاریسم، می‌توان نتایج مطلوبی در باب پاره‌ای از مسائل مربوط به زمان حاضر به دست آورد.

در ابتدا مقصد و مراد خود را از هر یك از این مفاهیم روشن کرده، به یك نتیجه‌گیری تاریخی خواهم رسید و در پایان سؤالی تاریخی دربارهٔ وضعیت خودمان و هم‌چنین مسائلی دربارهٔ فرهنگ و تمدن اسلامی مطرح خواهم کرد.

همه چیز از اعلامیه‌ای شروع شد که در سال ۱۲۷۷ میلادی توسط اسقف کلیسای پاریس و با موافقت پاپ ژان بیست‌ویکم منتشر شد. این اعلامیه که درتاریخ کلام مسیحی از اهمیت خاصی برخوردار است، سرآغاز یك شکاف در کلام مسیحیت شد، به طوری که اتین ژیلسون،[۲] مورخ فلسفه مسیحیت و فلسفهٔ قرون وسطا می‌گوید که از این‌جا در فلسفهٔ غرب و در فلسفه مسیحی در قرون وسطا دو راه پیدا شد: via moderna و via antique یا طریقهٔ متأخرین و طریقهٔ متقدمین. این اعلامیه تقریباً سه سال پس از مرگ توماس آکوئیناس منتشر شد. آکوئیناس بزرگ‌ترین حکیم، فیلسوف و متکلم مسیحی بود که اندیشه‌های ارسطویی داشت و در تاریخ مسیحیت و فکر دینی مسیحی شاید از اهمیتی نظیر بوعلی سینا یا دست‌کم فخرالدین رازی در سنت اسلامی برخوردار است. اندیشهٔ آکوئیناس تأثیرات بسیار درازدامن

۱. متن تنقیح شده سخنرانی ایراد شده در موسسه معرفت و پژوهش، تهران، ۱۳۸۰

2. Etienne Gilson

و دوربردی بر فکر مسیحی نهاده است و اعلامیهٔ منتشر شده در سال ۱۲۷۷ نیز در واقع نوعی جبهه‌گیری و موضع‌گیری بر علیه تفکری بود که توماس آکوئیناس و همفکران او مروّجان آن بودند، یعنی essentialism یا «قول به کلیات». گرچه که اعلامیه مذکور هیچ نامی از نومینالیسم نمی‌برد، اما سراسر جانبداری و طرفداری از نومینالیسم بود.

انگیزهٔ انتشار این اعلامیه یك انگیزهٔ کلامی بود نه فلسفی، یعنی برای طرح یك بحث خشك و مجرد از مباحث فلسفی نبود، بلکه به خاطر حل یك مشکل کلامی بود که فیلسوفان آن را ایجاد کرده بودند و به بیان خیلی ساده برای بیان قدرت مطلقهٔ خداوند بود. کلیسا احساس کرده بود که با مواضعی که فیلسوفانی چون آکوئیناس دارند و با ارسطویی‌گری شایع و گسترده و عمیقی که درعالم مسیحیت پیش آمده و به پیش می‌رود، دست خداوند بسته‌تر و بسته‌تر خواهد شد. بنابراین، برای باز کردن دست خداوند و دادن قدرت مطلقه به او، می‌بایست موضع کلامی و فلسفی تازه‌ای اتخاذ می‌شد. این موضع کلامی و فلسفی جدید که آشکارا نیز انگیزهٔ کلامی داشت، وقتی که انکشاف بیشتر پیدا کرد و بسط یافت و ماهیت آن آشکارتر شد چیزی جز نومینالیسم نبود که بعدها در فلسفهٔ قرون وسطا به شکوفایی کامل رسید و حکیمان بسیاری، که از قضا متکلمان بزرگی هم بودند، به طرفداری از آن برخاستند، هرچند که بعدها نومینالیسم به نتایجی منتهی شد که قطعاً خواست آن حکیمان و متکلمان نبود. آن نتیجهٔ ناخواسته هم این بود که نومینالیسم به سکولاریسم ختم شد. یعنی اتفاقی که حکیمان و متکلمان بزرگ قرون وسطا حتی تصور آن را هم نداشتند.

مادهٔ بیست‌وهشتم اعلامیهٔ سال ۱۲۷۷ دربارهٔ قاعده‌ای بود که ما در حکمت خودمان آن را «قاعده الواحد» می‌نامیم. قاعدهٔ «الواحد لایصدر عنه الا الواحد»، از قواعد مشهور و جنجالی در میان فیلسوفان و متکلمان ماست. برای این قاعده، هم استدلال فلسفی می‌آوردند و هم آن را خصوصاً دربارهٔ خداوند به‌کار می‌گرفتند تا ثابت کنند که معلول خدای واحد جز واحد نیست. مجموع عالمی که خداوند آفریده یکی است، بیش از یکی نیست و به حکم وحدتی که خداوند دارد و به حکم وحدتی که علت دارد، معلول هم باید واحد باشد و بنابراین اساساً امکان ندارد که بیش از یکی باشد.

این قاعده خصوصاً مورد حملهٔ شدید کلیسا قرار گرفت و از آن به عنوان خطرناك‌ترین حربه برای بستن دست خداوند یاد شد. کلیسا معتقد بود که این قاعده خداوند را در محبسی گرفتار می‌آورد که در آن نه تنها حقی ندارد، بلکه اساساً توانایی آفریدن بیش از یك عالم را ندارد.

عارفان و خصوصاً اشاعره، در تاریخ فکر اسلامی با این قاعده درگیری بسیار داشته‌اند و

آن را به هیچ وجه نمی‌پسندیدند. ما در تاریخ فکر اسلامی سه سهروردی داشته‌ایم: شیخ شهاب‌الدین سهروردی صاحب کتاب *حکمة‌الاشراق*، سهروردی دیگری که صاحب کتاب *عوارف‌المعارف* است و سهروردی سومی با نام ابونجیب که صاحب کتاب *کشف الفضائح الیونانیة و رشف النصایح الایمانیة* است. ابونجیب سهروردی در آن‌جا که کشف فضائح یونانی می‌کند، مهم‌ترین فضیحتی را که یونانیان به عالم اسلام سرایت داده‌اند، قاعدهٔ الواحد معرفی می‌کند و به نحو مبسوط و مشروح این قاعده را از همین موضع کلامی، که این قاعده دست خدا را می‌بندد و قدرت مطلقهٔ او را محدود می‌کند و به او اجازهٔ آفریدن بیش از یك عالم را نمی‌دهد، مورد حمله قرار می‌دهد.

اعلامیهٔ سال ۱۲۷۷ کلیسا، همهٔ مواضع فلسفی را که بعضی از آن‌ها مستقیماً و منطقاً مبتنی بر realism ،essentialism و conceptualism بودند در مقابل نومینالیسم محکوم کرد و با موضع کلامی خود، آن‌ها را غیر قابل قبول دانست.

پیر دوئم[1]، فیلسوف و مورخ فرانسوی که تأثیر زیادی بر فلسفهٔ علم در قرن بیستم داشته است، در یکی از نوشته‌های خود می‌گوید که صدور این اعلامیه در سال ۱۲۷۷ نه تنها آغازگر فلسفهٔ جدید بود، بلکه آغازگر علم جدید هم بود. دوئم معتقد است که بازکردن دست خداوند، گذشته از انگیزه‌های کلامی آن و دادن امکان تازه به پدید آمدن حوادث و نبستن آن‌ها با زنجیر ضرورت‌های فلسفی، که فیلسوفان پدید آورده بودند، باعث شد که تفکر عالمان نسبت به عالم متفاوت شود و جهان را واجد امکانات بسی بیشتر از آن ببینند که قبل از آن می‌دیدند. البته دوئم در مورد آغاز علم جدید دو سخن دارد: یکی این‌که در جایی می‌گوید از وقتی که «قاعدهٔ میل به حرکت» مطرح شد، علم جدید آغاز شد و دیگری در همین‌جا، که می‌گوید از وقتی «قاعدهٔ الواحد» مورد حملهٔ کلیسا قرار گرفت و رسماً در برابر آن ابراز شد که چنین قاعده‌ای مقبول نیست و به لحاظ دینی هم مشروعیت ندارد، دست عالمان در فهم جهان و در تصرف در جهان و در طراحی جهان گشوده‌تر شد و به این ترتیب علم جدید آغاز شد.

این بخش از بحث فعلاً مورد نظر من نیست، اما مهم‌ترین نکته همان است که بدانیم قصهٔ نومینالیسم از این‌جا آغاز شد.

اما چرا نومینالیسم دست خداوند را باز می‌کند؟ و چرا رئالیسم یعنی قول به طبایع، اسنشیالیسم یعنی قول به کلیات، و کانسپچوالیسم همان قول به ماهیات، دست خداوند را می‌بندند؟ و چرا

---

1. Pierre Duheme

این انگیزهٔ کلامی باید این‌جا در میان بیاید و تکلیف یك مسأله فلسفی را روشن کند؟

هرجا که پای ضرورت به میان می‌آید، هرجا که پای خواص و مقتضیات ضروری اشیاء به میان می‌آید، در واقع گویی در آن‌جا دیگر ارادهٔ خداوند کار نمی‌کند. اگر شما یك منطقه از مناطق عالم را بخواهید انتخاب کنید که نفوذ ارادهٔ خداوند در آن‌جا سدّ شده و مانعی در برابر آن ایجاد شده است، باید منطقهٔ ضروریات این عالم را زیر نظر بگیرید. نه معجزات می‌توانند ضروریات را تغییر دهند و نه حتی ارادهٔ خداوند. همهٔ فلاسفه نیز به این قول قائل هستند. در باب معجزات هم همین‌طور است، یعنی هیچ پیامبری با معجزهٔ خودش، اعم از این‌که این معجزه منوط به تصرف نفس نبی باشد یا ارادهٔ مستقیم باری باشد، هیچ امر ضروری در این عالم را پس و پیش نمی‌کند.

مشخصهٔ کلیات و طبایع هم این است که یك رشته مقتضیات دارند که لاینفك از آن‌ها صادر می‌شود. اصلاً قول فلاسفهٔ ما و قول فلاسفهٔ مغرب‌زمین تا زمان توماس آکوئیناس این بود که خداوند ماهیت را ماهیت نکرده است، بلکه فقط ماهیات را موجود می‌کند. قول بوعلی را بیاد دارید که خداوند زردآلو را زردآلو نکرده است، چون زردآلو ماهیتاً زردآلوست و حاجت به جاعل ندارد و ماهیت زردآلو و مقتضیات ضروری زردآلو همان است که هست. تنها کاری که خداوند می‌کند آن است که زردآلو را موجود می‌کند، اما نمی‌تواند در اقتضائات ذاتی آن تصرف کند. یعنی زردآلویی بیافریند که اقتضائات ماهوی دیگری داشته باشد؛ زیرا در آن صورت آن موجود دیگر زردآلو نخواهد بود. لذا آن‌چه که قول به ماهیات و قول به کلیات به خداوند تحمیل می‌کرد این بود که منطقه‌هایی در این عالم وجود دارند که ارادهٔ خداوند در آن مناطق نفوذ نمی‌کند، این لازمهٔ فلسفهٔ ارسطو و توماس آکوئیناس بود.

به‌خاطر داشته باشیم که کلی طبیعی همان ماهیت است. از قضا این نکتهٔ جالبی است که فلسفهٔ اسلامی از طریق دیگری، نهایتاً به سوی نومینالیسم میل کرده است. فلسفهٔ اصالت وجود ملاصدار به‌گمان من چیزی جز نومینالیسم نیست؛ نفی ماهیات است و به همان طریق، نفی کلیات.

البته این سخن به این شکل و تحت این عنوان ابراز نمی‌شود، ولی اگر فیلسوفانه به فلسفهٔ اصالت وجود ملاصدرا بنگریم، به نظر من هیچ تفسیری به جز آن‌چه اشاره کردم نخواهد داشت. اگر اصالت ماهیت را انکار کنیم، اصالت کلیات را انکار کرده‌ایم و اگر به‌جای اصالت ماهیت، اصالت وجود صدرایی را بنشانیم، این در واقع نفی کلیات و نفی ماهیات است و در بطن آن چیزی جز نومینالیسم باقی نخواهد ماند.

همان‌طور که پیش‌تر اشاره کردم بسیاری از بیان این مطلب اِبا دارند، اما به‌هرحال این اتفاقی است که در فلسفهٔ ما افتاده است، هر چند مدلولاتش آن‌چنان که باید استخراج نشده‌اند.

این آن انگیزهٔ کلامی بود که پشت سر نفی کلیات وجود داشت. مارکس در کتاب *خانوادهٔ مقدس*[1]، با هوشیاری بسیار، اهمیت نومینالیسم را در سیر فکر و فرهنگ غربی یادآوری می‌کند. او از جان دانس اسکاتوس[2] که از منطق‌دانان قرون وسطاست نام می‌برد و می‌گوید که نومینالیسم او، راه را بر ماتریالیسم گشود. بعد هم اضافه می‌کند که اصلاً نومینالیسم عنصر اصلی ماتریالیسم در انگلستان است، یعنی اساساً در انگلستان ماتریالیسم از نومینالیسم آغاز شده و بر آن بنیان نهاده شده است.

در این‌جا سخن فیلسوفان قرون وسطا را یادآوری می‌کنم که می‌گفتند آن‌چه که به ارادهٔ خداوند بستگی دارد، برهان‌بردار نیست. به گفتهٔ آنان، برهان فقط در جایی جاری می‌شود که ضرورتی در کار باشد و وقتی ضرورت در کار بود هیچ چیز دیگر نمی‌تواند این ضرورت را کنار بزند، اما اگر چیزی منوط به ارادهٔ خداوند بود، نمی‌توان بر آن برهان جاری کرد، به این دلیل که هیچ نتیجهٔ قطعی نمی‌توان از آن گرفت، چون شاید وقتی دیگر، خداوند ارادهٔ دیگری کرد و آن امر را سامانی دیگر داد. بر همین قرار و قیاس، فلاسفه می‌گفتند که قصهٔ خلود نفس و بقای روح، برهان‌بردار نیست، چون به دست خداوند است. اگر خداوند اراده کند، بعضی ارواح و نفوس را جاودان نگاه می‌دارد و اگر ارادهٔ او بر بقاء قرار نگرفت، همه را محکوم به مرگ و نیستی خواهد کرد. لذا نمی‌توان بر این مسأله که آیا همهٔ نفوس، مخلّد هستند یا خیر، برهانی اقامه کرد. بنابراین هرجا که ضرورت را برداریم، برهان به مفهوم فلسفی آن را هم برداشته‌ایم و لذا هرجا که ارادهٔ خداوند را وارد کنیم، جا را بر برهان تنگ کرده‌ایم. از همین‌جا می‌توانیم پی ببریم که فلسفهٔ برهانی ارسطویی تا چه میزان با مشرب متکلمانی که دست خداوند را باز می‌گذاشتند تفاوت دارد. پس اگر نمی‌توان بر بقای نفس، برهان اقامه کرد، در واقع بر هیچ چیزی نمی‌توان اقامهٔ برهان کرد، چون همه چیز تحت ارادهٔ خداوند است. مارکس از اسکاتوس نقل می‌کند و می‌گوید که اسکاتوس سؤالی را با این مضمون مطرح کرد که آیا ماده می‌تواند فکر کند. این سؤال اگر در دستگاه فلسفی ارسطویی و آکوئیناس مطرح شود، پاسخ روشنی دارد و آن این است که ماده یك لوازم ذاتی ضروری دارد که آن را از اندیشیدن باز می‌دارد، لذا محال است که ماده فکر کند. اما اسکاتوس به دلیل نومینالیست بودنش می‌گفت که چنین ضرورت ذاتی‌ای

---

1. *Holy Family*
2. John Duns Scotus (1265-1308)

برای ماهیت ماده وجود ندارد، لذا ماده می‌تواند فکر کند. در واقع عقیدهٔ اسکاتوس یك موضع‌گیری کلامی برای اثبات قدرت مطلقهٔ باری بود، ولی مارکس می‌گوید که دقیقاً از همین‌جا ماتریالیسم آغاز شد. با وجود نومینالیسم، شما دیگر نیازی به وجود روح ندارید و می‌توانید بگویید که ماده هم توانایی فکر کردن دارد. تا پیش از نومینالیسم، فیلسوفان می‌گفتند که ماده نمی‌تواند فکر کند، اما چون انسان فکر می‌کند، پس باید روح متفکری باشد که در کالبد مادی غیرمتفکر آدمی جای بگیرد. اما نومینالیسم دست خدا را گشود و گفت که ماده هم می‌تواند فکر کند و وقتی ماده بتواند فکر کند، دیگر حاجتی به روح نیست. این سخن مارکس نکتهٔ بسیار درستی است که نومینالیسم راه را بر ماتریالیسم گشود. این یکی از همان نتایج ناخواسته بود که از مشرب متکلمان اخذ می‌شد و دقیقاً برخلاف نیت و خواست قطعی اولیهٔ آنان بود.

در فلسفه دکارت هم می‌توان حضور نومینالیسم را مشاهده کرد. دکارت هم موضوع قدرت مطلقهٔ خداوند را تا آن‌جا که خداوند می‌تواند حتی مرتکب تناقض بشود پیش می‌برد و ارادهٔ خداوند را بسط می‌دهد.

نتیجه‌ای که اجمالاً می‌گیریم این است:

نومینالیسم بسی بیش از آن‌چه در ابتدا به نظر می‌رسد در انبان خویش نتیجه به همراه دارد و از انگیزه‌های کلامی آغازین و ابتدایی خود بسیار فراتر می‌رود و دست متکلمان و فیلسوفان معتقد و غیر معتقد را در استنتاجات باز می‌کند. علت این امر هم نفی ضرورت، نفی علیت، نفی لوازم لاینفك ماهیات و طبایع است. نومینالیسم خداوند را آزاد می‌گذارد تا هرچه می‌خواهد و به هر نحوی که می‌خواهد بیافریند، لذا یك عالم که سهل است، می‌تواند هزاران عالم بیافریند. بنابراین قاعدهٔ الواحد به این جهت سراسر مخدوش می‌شود و کاملاً نامعقول جلوه می‌کند.

این قصهٔ نومینالیسم بود. حاجتی نیست که وارد بحث ادله و احتجاجات نومینالیسم بشویم؛ آگاهی از همان انگیزهٔ کلامی پشت سر نومینالیسم برای بحث ما کفایت می‌کند. اما به لحاظ منطقی و فلسفی، واقعاً کدام یك از این مواضع درست هستند؟ از آن‌جا که معتقدم فیلسوفان نمی‌توانند تعیین مصداق کنند و بزرگترین آفت فلسفهٔ ارسطویی و فلسفهٔ قدیم ما تعیین مصداق بوده است و هم نومینالیسم و هم کانسپچوالیسم مبتلا به این آفت هستند، بنابراین باید راه سومی را در پیش گرفت که فعلاً قصد وارد شدن به آن بحث را ندارم.

از این‌جا به بعد وارد یك صحنهٔ وسیع‌تری از کلام و فلسفه می‌شویم. یکی از فیلسوفان و نویسندگان مشهور معاصر آلمانی به نام بلومِنبرگ، کتاب بسیار خوبی با نام مشروعیت

دوران مدرن دارد[1]. خلاصه سخن مؤلف در این کتاب این است که دوران مدرن مشروع است و به هیچ رو فرزند نامشروع سنت نیست. او این موضع‌گیری را در مقابل یك دسته از نویسندگان و متفکران مغرب‌زمین خصوصاً آلمانی می‌کند که معتقداند جهان جدید، سکولار شدهٔ مسیحیت است، یعنی کثیری از مفاهیم دینی که در مسیحیت وجود داشت، مثل نجات و آخرت و برابری در برابر خداوند در دنیای مدرن حفظ شده‌اند، اما سکولار هم شده‌اند. برابری در برابر خداوند به برابری شهروندی ترجمه شده است، لذا این مفهوم مدرن، سکولار شدهٔ همان مفهوم دینی است. تلاش برای آبادکردن و ساختن آخرت به تلاش برای آبادکردن و ساختن دنیا تبدیل شده است.

بلومنبرگ در کتاب خود کثیری دیگر از این مفاهیم را که مورد بحث آن فیلسوفان و نویسندگان بوده است و هم‌چنین آراء دیگر آنان را مورد بررسی عمیق قرار داده و البته نتیجه‌گیری کرده که چنین نیست و مفاهیم دنیای مدرن قائم به خود و مولود مدرنیته هستند و ارتباطی با سنت مسیحی که مدّ نظر آن فیلسوفان بوده است، برقرار نمی‌کنند و به تعبیر خودِ او مشروع هستند: فرزند مشروع مدرنیته هستند نه فرزند نامشروع سنت. به تعبیر دیگر، بلومنبرگ قائل به گسست میان سنت و مدرنیته است، درحالی‌که مخالفان او به تداوم سنت قائل هستند.

در همان کتاب، سیر بحث بلومنبرگ به سکولاریسم می‌رسد که از فرزندان دوران مدرن است. بهتر است در این‌جا مرادمان را از سکولاریسم هم روشن کنیم. سکولاریسم در بحث حاضر ما چیزی بیش از این معنا نمی‌دهد: زندگی در جهانی که گویی در آن جهان خدایی وجود ندارد یا اگر خدایی هم وجود دارد کاری به‌کار انسان‌ها ندارد. این معنای سکولاریسم و گوهر سکولاریسم است.

حرف اصلی بلومنبرگ در آن کتاب این است که این سکولاریسم از دلِ نومینالیسم برخاسته است. به این توضیح که قَدَر قدرت کردن خداوند و دست او را آن‌چنان باز کردن که عملاً هیچ مانع و رادعی در مقابل نفوذ ارادهٔ او نباشد و ضرورت‌های منطقی هم نتوانند جلوی او بایستند و حتی او بتواند تناقض را هم ممکن کند، چنین خدای فربهِ ستبرِ بزرگی را پدیدآوردن به صفر کردن آدمی منتهی می‌شود. انسان، هیچ‌کارهٔ مطلق می‌شود و هیچ کاری از دست او برنمی‌آید و هیچ قاعده و قانونی هم در عالم وجود ندارد و همه چیز منوط به ارادهٔ باری است.

بلومنبرگ می‌گوید که نومینالیسم جاده را برای قدرت مطلقهٔ باری هموار کرد و بعد از آن

---

1. *The Legitimacy of the Modern Age*

عکس‌العمل آدمیان آغاز شد و این آدم تحقیر شدهٔ به صفر رسیدهٔ هیچ‌کاره، «ابراز وجود»[1] را آغاز کرد. آدمیان ادعای هستی کردند، یعنی گفتند که ما هستیم، ما چیزی هستیم و در این عالم کاره‌ای هستیم و در جهان جایی داریم؛ از این طریق بود که نومینالیسم کار خود را به سکولاریسم کشاند. این رأی و سخن بلومنبرگ است که به‌گمان من یك سیر منطقی درستی را نشان می‌دهد، به شرط این‌که یك نکتهٔ دیگر را هم به آن بیافزایم که اتفاقاً بلومنبرگ هم به آن اشاره کرده است و هر دوی این نکات در واقع زمینه‌ای برای مقایسه با تاریخ فرهنگ دینی خودمان به ما عرضه می‌کنند. آن نکتهٔ قصه شُرور است. قصهٔ شُرور، قصهٔ همیشگی ادیان و کلام‌های دینی و فلسفه بوده است. کلام‌های دینی سعی می‌کردند مسألهٔ شر را تأویل و توجیه کنند. جهد متکلمان در توجیه شرور، تاریخچهٔ مفصّلی دارد. گاهی می‌گفتند که شر، لازمهٔ ذات ماده است یا لازمهٔ اختیار انسان است و دلایل مختلف دیگری نیز ارائه می‌کردند. بلومنبرگ معتقد است که در فرهنگ غرب، آدمیان نهایتاً به این نتیجه رسیدند که وجود شرور در این عالم تقریباً به این معناست که خداوند کاری به‌کار انسان ندارد و دنیا را به حال خویش رها کرده است. البته این قول، قول غالب نبود ولی بسیار تأثیرگذار بود و صدایی بود که بسیار بلند بود: هنگام خلقت جهان گویی انسان به حساب نیامده است، برای انسان جایی باز نکرده‌اند، انسان در عالم رها شده است و امثالهم.

حال این دو موضع را در کنار هم بگذارید: یکی شُرور که توجیه ناموفقی در فلسفه و کلام غربی پیدا کرد و دیگری قصهٔ نومینالیستی که قوّیاً شبح خودش را بر فکر کلامی افکنده بود و یك خدای فربهی را معرفی می‌کرد که جای را بر همه چیز تنگ کرده بود. مجموع این‌ها یك چیز را به وجود می‌آورد به نام «ابراز وجود» آدمی، و این ابراز وجود در واقع چیزی نبود جز سکولاریسم. یعنی این‌که یا خدایی نیست یا اگر هست، کاری به‌کار آدمیان ندارد و همه چیز این دنیا را باید خودِ آدمی بسازد.

با توجه به این مقدمات می‌خواهم این مطلب را با آنچه در فلسفهٔ خودمان گذشته است مقایسه کنم. یك سؤال خیلی مهم برای ما مسلمانان وجود دارد و آن این است که اتفاقاً ما نیز در تاریخ فکر فرهنگ اسلامی خودمان نومینالیسم داشته‌ایم، نومینالیسم قدرتمندی هم داشته‌ایم، اما چرا این سیری را که در مغرب‌زمین برای نومینالیسم مشاهده می‌کنیم در تاریخ فکر و فرهنگ اسلامی نمی‌بینیم. اشعریت، در مقابل مکتب اعتزال، در واقع چیزی جز نومینالیسم نبود. اعتزالیان قائل به کلیات و ذاتیات بودند و اصلاً طریقهٔ فیلسوفان را داشتند

---

1. self-assertion

و به همین دلیل هم به فیلسوفی متهم بودند. در مثنوی هرجا که می‌بینید مولوی کلمهٔ «فیلسوف» را به‌کار برده است می‌توان گفت منظورش معتزلیان بوده است و هم‌چنین هرجا که کلمهٔ «سنّی» را به‌کار برده است منظورش اشاعره هستند که در مقابل فیلسوفان معتزلی قرار می‌گیرند. معتزلیان و شیعیان را که در کل ده درصد مسلمانان را تشکیل می‌دهند کنار بگذارید، نود درصد باقی‌ماندهٔ مسلمانان تا زمان حاضر همگی زیر چتر اشعریت قرار می‌گیرند و فکر اشعری هم یك فکر نومینالیستی است و هیچ شکّی هم در باب آن نیست. نکتهٔ جالب این است که ما در تاریخ فرهنگ خودمان هیچ واژه‌ای برای ترجمهٔ نومینالیسم نداریم، و آن هم به این دلیل است که اشاعره خود را این چنین نمی‌خواندند و بر این چهره از مکتب خودشان تأکید نمی‌کردند. این مطالب یکی از عناصر مجموعه فکر آنان بود. اشاعره بیشتر در باب مسائل دیگری با معتزله درگیر بودند و این جنبه از تفکر آنان به نظر نمی‌رسید که نتایج و مدلولات کلامی و فلسفی مهمی دربرداشته باشد. اما به‌هرحال در کتاب‌های فلسفی این نکته مطرح بود و در برابر آن هم موضع گیری می‌شد.

به‌هرحال، نومینالیست‌های عالم اسلام، متکلمان اشعری هستند، به اضافه فیلسوفان صدرایی، که البته آن‌ها هم خودشان را نومینالیست نمی‌نامند، اما با هزار دلیل می‌توان ثابت کرد که فلسفه اصالت وجود صدرایی در بطن خویش نومینالیسم را به همراه دارد.

پس ما در تاریخ فکر و فرهنگ اسلامی خودمان نومنیالیسم شایع، گسترده و عمیقی داشته‌ایم، اما این نومینالیسم در میان ما مسلمانان به نتایجی که در مغرب‌زمین منتهی شده، منتج نشده است. این سؤال مهمی است که چرا نومینالیسم در میان ما مسلمانان تا به امروز به اومانیسم و سکولاریسم نینجامیده، درحالی‌که شاید سنت آن در تاریخ فکر و فرهنگ اسلامی قدیمی‌تر از سنت نومینالیسم غربی باشد.

مسألهٔ شُرور هم البته برای ما مسألهٔ مهمی بوده است و ما به لحاظ کلامی و فلسفی با این مسأله درگیری داشته‌ایم و طالب حل آن بوده‌ایم، ولی این مطلب هم شاید آن نومیدی و یأسی را که در میان مغرب‌زمینیان پدید آورد در میان ما به بار نیاورده است. به عنوان مثال، بعد از حادثهٔ یازدهم سپتامبر، این جمله بسیار بر سر زبان‌ها افتاده بود و نُقل محافل شده بود که خدا در یازدهم سپتامبر کجا بود؟ این دقیقاً همان سخنی است که پیش‌تر به آن اشاره کردم، یعنی این که در عالم یا خدایی نیست یا اگر هست کاری به‌کار آدمیان ندارد. اما شما این مطلب را با حادثهٔ هجوم مغول به ایران مقایسه کنید که هیچ کم‌تر از این حادثهٔ یازدهم سپتامبر و حوادث دیگری نظیر سوزاندن یهودیان نبود. اما یکی از بزرگ‌ترین عرفای ما یعنی نجم‌الدین کبری می‌گفت که

این باد بِی‌نیازی خداوند است که می‌وزد. این دو منطق خیلی متفاوت‌اند. ما یك تئوری داشتیم به نام «استغنای خداوند» که این تئوری، یا شرور را توجیه می‌کرد یا آدمی را به درگذشتن از مسألهٔ شرور فرا می‌خواند. به‌هرحال مسألهٔ شرور آن‌قدر برای ما جدی نشد که برای فلسفهٔ مغرب‌زمین.

اما نومینالیسم قصهٔ جدی‌تری است که باید به آن فکر کرد. من دو پیشنهاد دارم برای پاسخ به این سؤال که چرا نومینالیسم در میان ما آن سیر را طی نکرد و به سکولاریسم منتهی نشد.

پیشنهاد نخست آن است که در تمدن اسلامی، فقه بی‌نهایت عظیم بود و هیچ‌گاه نمی‌توانیم داوری در باب تمدن اسلام را صرف‌نظر از عظمت فقه سامان دهیم. پاره‌ای از متفکران عرب اساساً معتقدند که اگر تمدن یونان، تمدن فلسفه بود، اگر تمدن جدید مغرب‌زمین، تمدن علم است، باید گفت که تمدن اسلام، تمدن فقه است. بدون این‌که بخواهیم تاریخ را تحلیلِ تك‌عاملی بکنیم باید بگوییم که این سخن، سخن درستی است و این عنصر آن‌قدر عنصر بزرگی است که نمی‌توان آن را نادیده گرفت. در تمدن اسلامی در باب هیچ فنی به اندازهٔ فقه، کتاب نوشته نشده است و در هیچ فنی به اندازهٔ فقه، عِالم پرورده نشده است. عظیم‌ترین بخش و فربه‌ترین جزء از اجزاء این تمدن، فقه است. فقه، هم تأثیر عملی دارد و هم تأثیر نظری. در این بحث به تأثیر عملی آن نمی‌پردازیم، اما تأثیر نظری آن همین است که آدمی دائم به خود می‌گوید که خداوند با من کار دارد و یك لحظه نمی‌گذارد که آدمی غفلت کند و خود را وانهاده ببیند و اختیارش را در دست خود داشته باشد. این ذهنیت، ذهنیت بسیار مهمی است که آدمی به‌رغم نومینالیست بودن و به رغم قَدَرقدرت کردن خداوند، یك جایی را باز بگذارد که دست خداوند از آن‌جا وارد شود و همین‌طور به میل و اراده تکالیف خود، آدمی را بچرخاند و بگرداند. این عنصر تا وقتی که قدرتمند باشد می‌تواند مانع سکولاریسم، به معنایی که پیش‌تر اشاره کردم، بشود یا مانع از حصول عملی سیاسی نومینالیسم باشد. ارنست گلنر[1] در یکی از کتاب‌های خود که در باب پست‌مدرنیسم و سکولاریسم است، این سؤال را مطرح می‌کند که چرا جهان اسلام در مقابل سکولاریسم تا این حد مقاوم است.

گلنر توضیحات مفصلی ارائه می‌کند که اصل سخن او این است که چون در اسلام همواره راه اصلاحات باز بوده است، هیچ‌گاه نیاز به سکولاریسم وجود نداشته است. اما البته بوده‌اند کسانی که به نحو دیگری به این سؤال پاسخ داده‌اند و گفته‌اند که چنین نیست؛ نخست به این دلیل که عنصر فقه در عالم اسلام تا حدود زیادی مانع سکولاریزاسیون شده و دیگر آن‌که

---

1. Ernest Gellner

در اسلام یك حداقلی از سکولاریسم وجود دارد که آن حاجت به سکولاریسم را تخفیف می‌دهد و از آن می‌کاهد.

به‌هرحال نمی‌توانیم عنصر فوق‌العاده قوی و تکلیفی فقه را نادیده بگیریم که همواره خدا را با آدمیان درگیر می‌کند و دست خدا را در زندگی آنان باز می‌گذارد. این فقه همان چیزی است که از بروز نتایج سکولاریسم می‌کاهد.

عنصر دومی هم که می‌توان بر آن انگشت نهاد، به نظر من ظهور علم تجربی در مغرب‌زمین و عدم ظهور آن در میان مسلمانان است.

نومینالیسم با آمپریسیسم ارتباط بسیار نزدیکی دارد. وقتی که ما قائل به طبایع و کلیات نباشیم، برای شناخت اشیاء نمی‌توانیم از راه طبایع وارد شویم، بلکه باید تجربه کنیم. نمی‌توانیم بگوییم که ذات انسان فلان و فلان است و بنابراین ما انسان را می‌شناسیم. این قول به کلیات است که می‌گوید اگر ما ذات چیزی را شناختیم، دیگر تا آخر تاریخ آن شیء را می‌شناسیم. اما اگر نومینالیست بودیم برای شناخت انسان می‌بایست آمپریسیست هم می‌بودیم، چون نمی‌توانیم بگوییم که یك بار و برای همیشه ذات انسان را شناخته‌ایم و هیچ تحقیق دیگری را هم لازم نداریم. می‌بایست قدم به قدم و آن هم به نحو تدریجی‌الحصول، علم خود را بیافزاییم و قائل به این باشیم که شاید در آینده انسان‌ها چهره‌های دیگری از خود به نمایش بگذارند، لذا این شناخت هیچ‌گاه پایان‌یافته و پایان‌یابنده نیست. این همان ارتباط نومینالیسم و آمپریسیسم است که اساساً می‌توان گفت نومینالیسم راه را بر آمپریسیسم باز می‌کند، ولی اتفاقاً در عالم اسلام نومینالیسم این راه را به سوی آمپریسیسم هم باز نکرد. در میان ما، نومینالیسم به علم هم راه نداد و به‌هرحال علم تجربی در میان ما نرویید و فیلسوفان در عالم اسلام، به اعتبار این‌که نقش خودشان را بر تفکر ما زدند، موفق‌تر بودند. تفکری که با کلیات سروکار داشت، با طبایع و ماهیات سروکار داشت و از تجربه مستغنی بود، بنابراین حاجتی به پی‌افکندن علم تجربی نداشت.

علم تجربی به هر دلیلی که در مغرب‌زمین بالیده باشد، یك نقش دارد و آن نقش این است که دست تصرف آدمی را در عالم باز می‌کند. می‌توانید بگویید که ظهور علم مسبوق به این بود که آدمی بنا داشت در عالم تصرف کند و هم‌چنین می‌توانید به این مطلب قائل نباشید، اما نکتهٔ مهم این است که علم تجربی به این تصرف آدمی در عالم تحقق بخشید و «ابراز وجود» آدمی محقق شد.

سخنم را خلاصه می‌کنم:

ما نومینالیسم داشتیم، فقه هم داشتیم، اما علم تجربی نداشتیم، و مجموع این سه عنصر راه را بر ظهور سکولاریسم در عالم اسلامی بست. مغرب‌زمین مسیحی، نومینالیسم داشت، علم تجربی هم داشت ولی فقه نداشت و این سه، راه را بر سکولاریسم گشود و سکولاریسم هم آن‌چنان‌که کانت در کتاب *دین در محدودهٔ عقل* می‌گفت به بی‌دینی منتهی می‌شود. کانت در واقع از خدا خدای حداکثری و بسیار قَدَرقدرت را مراد نمی‌کند، بلکه می‌گوید قبول قطعی وجود خدا، یعنی خدای حداکثری. او می‌گوید برای ما کافی است که فرض وجود خدا کنیم، اگر بیشتر از این بگوییم، خداوند حداکثری می‌شود و این خدای حداکثری به قدرت قاهره می‌انجامد و قدرت قاهره، نومینالیسم را در بطن خود دارد و نومینالیسم هم به نحو پسیکولوژیک، سکولاریسم را از دل خود بیرون خواهد داد.

من در این گفتار در مقام توصیه نیستم و نمی‌خواهم بگویم در این میانه تکلیف ما چیست و چه باید بکنیم. اساساً هم مشخص نیست که سکولاریسم امر مطلوب و مفیدی است تا من بخواهم رسیدن به آن را توصیه کنم، اما شناختن مقتضیاتی که در تاریخ فرهنگ ما موجود است و مشابهت‌ها و یا عدم مشابهت‌هایی که با دیگر فرهنگ‌ها دارد می‌تواند برای ما سودمند باشد.

بعثت و بحران هویت[1]

بسم‌الله الرحمن الرحیم

ولاحول و لاقوة الا بالله العلی العظیم. وصلی الله علی سیدنا محمد و آله اجمعین.

امروز، به روایت شیعیان، روز بعثت رسول گرامی اسلام(ص) بوده است. به همین مناسبت شایسته و بایسته است که این روز فوق‌العاده عزیز و مهم و دوران‌ساز را به یکدیگر تبریك بگوییم. بنده هم به سهم خُرد خویشتن، این روز خجسته را به یکایك دوستان، خواهران و برادران گرامی حاضر در محضر، خجسته باش می‌گویم. و خوشبختم از این‌که توانستیم به میمنت این روز مبارك و بر سبیل ادای دین نسبت به رسول گرامی که حق عظیم برگردن همهٔ ما دارد این مجلس را منعقد کنیم.

حاجت به ذکر نیست که پیامبر بزرگوار اسلام یك رجل مؤید الهی بود. او کسی بود که با دست تهی قیام کرد و در میان انبوهی از دشمنان و در جهانی آکنده از کفر و تیرگی توانست در مدت کوتاهی مهر پیام خود را بر پیشانی تاریخ بزند و چشم‌ها و دل‌های کثیری از انسان‌ها را به جانب خود و پیام خود جلب کند و مکتب زنده‌ای را بنیان‌گذارد که هم زندگی نوینی به آدمیان

---

۱. متن تنقیح شده سخنرانی ایراد شده به مناسبت عید مبعث، در تاریخ ۷۸/۸/۱۵ .

ببخشد و هم مسیر تاریخ را عوض کند. سعدی به نیکی این نکته را دریافته بود که می‌گفت:

یتیمی که ناکرده *قرآن* درست کتب خانهٔ هفت ملت بشست[1]

پیامبری که خود کتاب نخوانده بود، اینك کتاب‌هایی که درباره او و مکتب و کتابش نوشته شده و می‌شود، کتاب‌خانه‌های جهان را پر کرده است.

پیامبری که خود امّی بود، توانست عالم متمدن و غیرمتمدن آن دوران را تسخیر کند و در عین آمیخته شدن با فرهنگ‌ها و تمدن‌های بیگانه هم‌چنان مستقل و ماندگار بماند و تأثیر خود را بر عموم فرهنگ‌های زمان خود و پس از خود به نحو مؤثر و راسخی باقی بگذارد. خداوند به پیامبر مژده و وعده داده بود که دین او را باقی نگه خواهد داشت و مکتب او را بر مکاتب دیگر غلبه خواهد داد؛ این وعده، به گواهی تاریخ، صادق از آب درآمد:

آنچنان کرد و از آن افزون که گفت او بخفت و بخت و اقبالش نخفت[2]

از این مقدمه کوتاه که بگذریم، مایلم دو سؤال مهم را مطرح کنم و به آن‌ها پاسخ دهم. سؤال اول سؤال آشنایی است: پیامبر اسلام برای قوم خود چه آورد و با قوم خود چه کرد؟

هنگامی که نهضت پیامبر عزیز اسلام را بررسی می‌کنیم، نمی‌توانیم جنبه‌های عکس‌العملی این نهضت را نادیده بگیریم. پیامبر در محیط معینی مبعوث شد، یعنی در میان افراد خاصی و در فضای فرهنگی ویژه‌ای. لاجرم پاره‌ای از تعلیمات او معطوف به عناصری بود که در محیط او وجود داشت. پیامبر باید پیام خود را با زبانی مطرح می‌کرد که برای اطرافیانش آشنا و مفهوم باشد و اطرافیان او مردمی بودند که طرز فکر، فرهنگ و خُلق و خوی خاصی داشتند. پیامبر نمی‌توانست از «هیچ جا» شروع کند؛ نمی‌توانست تیر به سوی تاریکی بیفکند؛ نمی‌توانست با مخاطبان انتزاعی و موهوم سخن بگوید. او باید زبان و ابزارهای مفهومی را از فضای فرهنگی خود اخذ می‌کرد و کسانی را که بالفعل در مقابل او بودند، مورد خطاب قرار می‌داد. وظیفهٔ دشوار عموم پیامبران همین بود که باید در درون تاریخ پیامی فراتاریخی صادر می‌کردند، یعنی پیام‌شان می‌بایست هم موضعی و محلّی باشد، هم جاودانی. امروز هم ما برای درك و فهم ماهیت و محتوای پیام پیامبر باید آن فضای فرهنگی را منظور کنیم.

ندای پیامبر، مخالفت‌ها و دشمنی‌های بسیار برانگیخت. خود *قرآن* هم به روشنی از

---

۱ *بوستان*، در نیایش خداوند

۲. مولوی، *مثنوی معنوی*، دفتر سوم، بیت ۱۲۱٤

مخالفت‌های مخالفان و کفرورزی‌های کافران سخن می‌گوید. پیامبر در بادی امر به هیچ روی با روی خوش مواجه نشد. اعراب، شاعران و کاهنان و افراد باسواد را به جنگ با پیامبر فراخواندند و هنگامی که این شیوه عقیم ماند، به مخالفت‌های فیزیکی، سنگ‌پراندن، جنگ راه انداختن، ناامن کردن اوضاع، ترور و امثال آن‌ها دست بردند. این مخالفت‌ها پا گرفت و دوام بسیار یافت، تا آن‌جا که پیامبر به تعدادی از یاران خود توصیه کرد به حبشه بروند تا از تیررس دشمنی مخالفان در امان باشند. در نهایت هم خود ایشان تصمیم گرفت مکّه را ترك و به مدینه مهاجرت کند. این‌ها همه به خاطر فضای فوق‌العاده تنگ و خشم‌باری بود که برای ایشان ایجاد کرده بودند.

پس از مقاومت در مقابل این حملات و دشمنی‌ها پیروزی نصیب ایشان شد و از دوران مدینه به بعد، دوران گشایش بخت پیامبر بود. هنگامی که پیامبر رحلت کرد یك نظام استقرار یافته را بر جهان نهاد. فتوحاتی که از آن پس نصیب مسلمانان شد، دامنه کشور و امت اسلامی را گسترش داد. اسلام با فرهنگ‌های دیگر (فرهنگ یونانی، فرهنگ ایرانی، فرهنگ مصری، فرهنگ هندی) درهم آمیخت. کانون‌های فرهنگی جهان آن روز مانند مصر، انطاکیه، حرّان، اسکندریه و غیره، همه با اندیشهٔ اسلامی درگیر شدند. از این‌جا بود که فرهنگ اسلامی غنای بیشتری یافت، رنگارنگ‌تر شد و با جذب اندیشه‌های تازه، یك فرهنگ نیمه بسیط عربی ـ حجازی بسط تمدنی یافت و از قرن دوم به بعد رفته رفته خطوط چهرهٔ تمدن اسلامی بارز و ظاهر شد.

مخالفت‌هایی که اعراب با پیامبر اسلام کردند بسیار معنی‌دار است. خوب است قدری در این‌جا توقف کنیم و ببینیم پیامبر بر کدام موضوع انگشت نهاده بود، و انگشت در چشم کدام ارزش عربی کرده بود که این همه موجب پریشانی و آشفتگی اعراب شده بود.

در روزگار ما این تحلیل نسبتاً رایج وجود دارد که نفس اندیشهٔ خداگرایی، نفس آوردن دین و صرف دعوت کردن به پرستش خداوند موجب خشم و عصبانیت اعراب نمی‌شد، بلکه فقط هنگامی که پیامبر به منافع عرب‌ها حمله کرد، عرب‌ها برانگیخته شدند. آشکار است که این تحلیل از کدام مکتب و مدرسهٔ فکری نسب می‌برد. این تحلیل، عمده‌ترین تعلق آدمی را به منافع مادی او می‌داند و معتقد است باورهای دینی و اندیشه‌های فرهنگی اعراب تابع و طفیلی منافع مادی آن‌ها بود، لذا وقتی پیامبر به بت‌های آن‌ها حمله کرد، در حقیقت به منافع آن‌ها حمله کرد. اعراب بازرگانی می‌کردند و بین حجاز و شام رفت و آمدها داشتند. خانهٔ کعبه در اختیار پاره‌ای از بزرگان و اشراف عرب بود. آن رفت و آمدها برای آن بزرگان، درآمدها داشت واگر بت‌ها فرومی‌ریختند، اگر اندیشهٔ بت‌پرستانه و مکتب جاهلی اعراب فرو می‌ریخت

همهٔ درآمدها و منافع هم از دست می‌رفت. آنچه عرب‌ها را عمدتاً به مخالفت با پیامبر برمی‌انگیخت زوال اشرافیت عربی و از دست دادن منافع قومی و خانوادگی بود. صاحبان این تحلیل می‌گویند نشان درستی این مطلب این است که در درجه اول بردگان و زیردستان اجتماع و محرومان و به تعبیر قرآنی مستضعفان بودند که به پیامبر رو آوردند و مسلمان شدند و پس از آن‌ها بود که اشراف قریش و سایر قبایل عربی به اسلام گرویدند و به اطاعت پیامبر درآمدند.

من با این تحلیل مخالفتی ندارم، اما تردید دارم که مهم‌ترین عامل مخالفت با پیامبر به مخاطره افتادن منافع اشرافیت بوده باشد. باید در این باره قدری دقیق‌تر بیندیشیم. منافع مادی در صدر ارزش‌هایی که انسان به آن‌ها مایل و پایبند است جا نمی‌گیرد. هیچ یك از روانشناسانی که ارزش‌ها و تعلقات آدمی را طبقه‌بندی کرده‌اند، تعلق انسان به مادیات را در صدر این تعلقات ننشانده‌اند. آدمیان ثروت‌شان را در راه آبروی‌شان، جان‌شان، سلامت‌شان و شخصیت و موقعیت اجتماعی‌شان فدا می‌کنند. گاهی با از میان رفتن آبرو، افراد خودکشی می‌کنند. شاید آنچه برتر از همهٔ این ارزش‌ها می‌نشیند همان هویت، شخصیت، کرامت و شرافت آدمی باشد.

هرجا انسان ببیند که به شخصیت و شرافت او، و به زبان ساده‌تر، به آبروی اجتماعی او حمله می‌برند و آن را مورد تهدید قرار می‌دهند، بیش از هرجای دیگر و هروقت دیگر برانگیخته می‌شود و در مقام دفاع بر می‌آید و به دشمنان خود حمله می‌برد و در دفع آن‌ها می‌کوشد. پیامبر هم همین کار را کردند. او در قوم خود بحران عقلانیت ایجاد نکرد، بلکه بحران هویت ایجاد کرد و این چیزی بود که موجب آن همه خشم و آشفتگی شد.

این سخن محتاج توضیحی است. «پیامبر در میان اعراب بحرانِ عقلانیت ایجاد نکرد» به چه معناست؟ البته معنایش این نیست که حرف نو نیاورد؛ معنایش این نیست که چیزی نگفت که برخلاف مرام آن‌ها باشد؛ برعکس، سخنان فراوانی گفت که برخلاف ایده‌ها و اندیشه‌ها و اعتقادات اعراب بود. با این حال، پیامبر بحرانِ عقلانیت ایجاد نکرد، زیرا معیارهای عقلانی تازه‌ای معرفی نکرد. خود اعراب از پیامبر معجزه می‌خواستند، پس معجزه با عقلانیت دوران منافات نداشت. آنچه اعراب به پیامبر نسبت می‌دادند، دروغ و جنون بود، نه نامعقول سخن‌گفتن. درحالی‌که اگر شما با یك نفر عالم تجربه‌گرای امروز از معجزه سخن بگویید، به شما نخواهد گفت دروغ می‌گویید، بلکه خواهد گفت شما حرف نامعقول می‌زنید و معجزه اساساً غیرعقلانی است. اعراب به پیامبر نگفتند در عقلانیت ما اعجاز نمی‌گنجد،

بلکه گفتند کارهایی که تو انجام می‌دهی معجزه نیست، سِحر است. معنایش این است که عقلانیت اعراب سحر را برمی‌تافت و تحمل می‌کرد: پیامبر را مجنون و کاهن و ساحر خواندند، اما متعلق به عالم عقلانی دیگری ندانستند. در *قرآن* آمده است «وَإِن يَكَادُ الَّذِينَ كَفَرُوا لَيُزْلِقُونَكَ بِأَبْصَارِهِمْ لَمَّا سَمِعُوا الذِّكْرَ وَيَقُولُونَ إِنَّهُ لَمَجْنُونٌ»[۱] ، وقتی که ذکر ــ یعنی پیام الهی ــ را از تو می‌شنوند با چشمان‌شان می‌خواهند ترا بدرند و می‌گویند که «إِنَّهُ لَمَجْنُونٌ» به تو نسبت جنون می‌دهند، در حالی که آن‌چه تو می‌گویی پیام خداوند است. مرادشان از جنون هم همان معنای مورد نظر خودشان بود. جنون یعنی حالتی که در اثر مسّ جن به آدمی دست می‌دهد. مجنون یعنی جن‌زده که معادل است با کلمهٔ دیوانه در فارسی، یعنی دیوزده. لذا وقتی می‌گفتند پیامبر مجنون است باز این کلمه از دل همان فرهنگ اسطوره‌ای، رازآلود و همان عقلانیت عربی برمی‌خاست. پیامبر با هیچ‌یك از این مفاهیم و این نحوه از عقلانیت معارضه نکرد. تمام سخنان او در دل همین عقلانیت می‌گنجید، حتی وقتی پیامبر سخن از خداوند واحد می‌گفت اعراب اصل مفهوم خدا را مورد انکار و تمسخر قرار ندادند، بلکه اعتراض‌شان به پیامبر این بود که «أَجَعَلَ الآلِهَةَ إِلَهًا وَاحِدًا»[2] (آیا آمده است تا چند خدای ما را به یك خدا تقلیل دهد؟) نه این‌که بگویند اصلاً مفهوم خدا از بیخ و بن یك مفهوم غیرعقلی، باورنکردنی و خلافِ وجدان و عقل سلیم است. آن‌ها هم به جن، کهانت، خدا، سحر، فال، زجر، طیره، سعد و نحس و.... عقیده داشتند. همهٔ این‌ها درجهان‌بینی و در نحوهٔ عقلانیت اعرابی که مخاطب پیامبر بودند می‌گنجید و پیامبر هم بر بنیان‌های مفهومی آن‌ها نشورید. تصدیقات پیامبر مخالف تصدیقات اعراب بود، نه تصوراتش. تصورات یعنی مفاهیم مَلك، خدا، غیب، معجزه، سحر و امثال آن‌ها. با این تصورات می‌توان تصدیقات متنوع بنا کرد. برای مثال می‌توان گفت خدا چندتاست، و می‌توان گفت خدا یکی است. «خدا یکی است» تصدیقی است بنا شده بر تصوراتی و «خدا چندتاست» هم تصدیقی است بنا شده بر همان نوع از تصورات، که البته نتایج‌شان متفاوت است.

پیامبر یك مکتب فلسفی مانند مکتب فلسفی یونان معرفی نکرد، که اعراب آن را نفهمند. او اصلاً از ذات، جوهر، عرض، ماهیت، فعل و قوه سخن نگفت و عالم، هستی، انسان، زندگی و تاریخ را در دل این مفاهیم تازه نگنجاند و برحسب آن‌ها تحلیل و تفسیر نکرد. همین‌طور پیغمبر یك مکتب علمی تجربی نیاورد که از نیرو و انرژی و میدان و ذره و امثال

---

۱. قلم/۵۱
۲. ص/ ۵

این‌ها سخن بگوید و قوانینی بر مبنای این‌ها معرفی کند. اگر پیامبر چنین کاری را کرده بود یك بحران در عقلانیت اعراب ایجاد شده بود و اصلاً تفاهمی و گفت‌وگویی صورت نمی‌پذیرفت. آن‌چه پیامبر کرد این بود که اولاً، در دل عقلانیت کلانِ عربی و حجازی سخنان خود را مطرح کرد و ثانیاً، از گفتمانِ خودِ اعراب بهره جست و مفاهیم آشنایی را که در زندگی آن‌ها روان بود و رواج داشت، برگرفت و به‌کمك آن‌ها اندیشه‌های عالی و نوین خود را به آنان منتقل کرد. به نحو عمده سه دسته مفهوم، یا سه نوع گفتمان، در دلِ اندیشهٔ اسلامی و *قرآن* حضور دارد که من آن‌ها را در پاره‌ای از نوشته‌های خود آورده‌ام و در این‌جا اختصاراً به آن‌ها اشاره می‌کنم.[1] این سه گفتمانِ قرآنی را به ترتیب گفتمانِ بازرگانی، گفتمان کاروانی و گفتمان سلطانی نام داده‌ام. گفتمان یعنی نوعی ادبیات خاص، که از یك دسته مفاهیم خویشاوند استفاده می‌کند تا سیستم خاصّی از اندیشه را القا کند.

گفتمان پیامبر گفتمان کاروانی است. در این گفتمان پیامبر اسلام از یك دسته مفاهیمی که متعلق به زندگی و ادبیات کاروانی است استفاده کرده است تا ایده‌ها و اندیشه‌های خود را به اعراب و به مخاطبان خود منتقل کند؛ مفاهیمی نظیر سبیل، صراط، هدایت، ضلالت، تیه، زاد، مستقیم، عوج و بسیاری مفاهیم آشنای دیگر، که عمدتاً متعلق به نحوه سلوك کاروانی‌اند. قومی را در نظر بیاورید که یکی از مهم‌ترین کارها در زندگی‌شان رفت و آمد و مسافرت و کاروان‌داری است. مفاهیم و کلماتی که با یکدیگر مبادله می‌کنند همه از همین جنس‌اند. حال پیامبری که می‌خواهد با این قوم سخن بگوید مهم‌ترین اندیشه‌های خود را در دل همین مفهوم‌ها می‌گنجاند و به مخاطب تحویل می‌دهد. یکی از مهم‌ترین سخنان پیامبر گرامی این بود که ما در این دنیا مسافریم و نیامده‌ایم این‌جا بمانیم، ما راهیان جهان دیگریم. پس مراقب باشیم تا راه گم نکنیم. آن‌چه غایت و مقصد ماست، یعنی سعادت، از طی کردن راه راست به دست می‌آید. راه‌ها بسیارند، اما مواظب باشید پای در راه‌های متفرقه نگذارید «وَلَا تَتَّبِعُوا السُّبُلَ فَتَفَرَّقَ بِكُمْ عَنْ سَبِيلِهِ»[۲]. در این راه‌ها راهزن‌های بسیاری وجود دارند.

هر طرف غولی همی خواند ترا   کای برادر راه خواهی هین بیـا
ره نمایم همرهت باشم رفیـق   من قلاووزم درین راه دقیـق[۳]

دنبال یك بَلَدِ راه بیفتید. در بیابان هزار آفت هست، هزار بلا هست، با کاروانیان باشید، تنها

---

۱. شرح مبسوط این سه گفتمان در مقاله «ذاتی و عرضی در ادیان» در کتاب *بسط تجربهٔ نبوی*، صراط، ۱۳۸۰ آمده است.
۲. «وَأَنَّ هَذَا صِرَاطِي مُسْتَقِيمًا فَاتَّبِعُوهُ وَلَا تَتَّبِعُوا السُّبُلَ فَتَفَرَّقَ بِكُمْ عَنْ سَبِيلِهِ ذَلِكُمْ وَصَّاكُمْ بِهِ لَعَلَّكُمْ تَتَّقُونَ» (انعام/۱۵۳)
۳. *مثنوی معنوی*، دفتر سوم، ابیات ۲۱۶ - ۲۱۷

نروید، دور از قافله نیفتید، زاد و توشه با خود بردارید. این مفاهیم برای قومی که زندگی‌شان در سفر و بیابانگردی می‌گذرد بسیار آشنا و آموزنده است و بر روی هم ادبیات فربهی را تشکیل می‌دهند که در *قرآن* با آن روبه‌رو هستیم. ما هر روز در نمازمان ده بار می‌گوییم «اهدنا الصراط المستقیم»؛ این دقیقاً یك گفتمان کاروانی است؛ هدایت، صراط، مستقیم. حتی خود شیطان موجودی است که وجود و حضورش با همین گفتمان کاروانی تعریف می‌شود. او کسی است که کنار راه راست ایستاده و شما را به بیراهه می‌خواند. در *قرآن* هست که: «لَأَقْعُدَنَّ لَهُم صِراطَكَ المُستقیم»[1]، وقتی خداوند شیطان را طرد کرد، او به خداوند گفت: من کنار صراط مستقیم می‌نشینم، و افرادی را که از این جاده رد می‌شوند صدا می‌زنم و حواس‌شان را پرت می‌کنم و به دره می‌غلتانم‌شان.

دسته دوم از مفاهیم خویشاوند و ابزارهای مفهومی مورد استفادهٔ پیامبر اسلام و *قرآن*، گفتمان و ادبیات بازرگانی را تشکیل می‌دهند: «مَنْ ذَا الَّذِی یقْرِضُ الله قَرْضًا حَسَنًا فَیضَاعِفَهُ لَهُ»[2]، کیست که به خدا قرض بدهد؟ تا خداوند آن را چند برابر کند و به او بازگرداند. این تعبیر فوق‌العاده جالب است؛ در واقع می‌گوید بیایید به خدا قرض بدهید تا چند برابر به شما برگرداند، یعنی بیایید با خدا ربا خواری کنید و بین خودتان رباخواری نکنید. اگر به کسی وام می‌دهید درست همان مقدار که داده‌اید پس بگیرید، حق ندارید اضافه بگیرید: «وَإِن تُبْتُمْ فَلَكُمْ رُءُوسُ أَمْوَالِكُمْ لَا تَظْلِمُونَ وَلَا تُظْلَمُونَ»[3] هر چه می‌دهید همان را پس بگیرید. فقط در مورد خداوند است که انتظار ربا را می‌توانید داشته باشید. مفهوم خسران نیز یك مفهوم بازرگانی است: «وَالْعَصْرِ إِنَّ الْإِنْسَانَ لَفِی خُسْرٍ»[4]، انسان در خسران است. به آیاتی از این دست بنگرید: «أُولَئِكَ الَّذِینَ اشْتَرَوُا الضَّلَالَةَ بِالْهُدَی»[5]، آن‌ها کسانی بودند که هدایت را فروختند و ضلالت را خریدند: «فما رَبِحَت تجارتهم»[6]، اما تجارت‌شان سود نکرد. هم‌چنین: « هَلْ أَدُلُّكُمْ عَلَىٰ تِجَارَةٍ تُنجِیكُم مِّنْ عَذَابٍ أَلِیمٍ»[7]، آیا به شما نشان دهم تجارتی را که شما را از عذاب عظیم نجات بخشد؟ می‌بینید پیامبر کار خود را به‌منزلهٔ یك پیشنهاد تجاری مطرح و معرفی می‌کند. «إِنَّ

---

۱. «قَالَ فَبِمَا أَغْوَیتَنِی **لَأَقْعُدَنَّ لَهُم صِراطَكَ المُستقیم**» (اعراف/۱۶)
۲. «**مَنْ ذَا الَّذِی یقْرِضُ الله قَرْضًا حَسَنًا فَیضَاعِفَهُ لَهُ** أَضْعَافًا كَثِیرَةً وَالله یقْبِضُ وَیبْسُطُ وَإِلَیهِ تُرْجَعُونَ» (بقره/۲۴۵)
۳. «فَإِن لَّمْ تَفْعَلُوا فَأْذَنُوا بِحَرْبٍ مِّنَ الله وَرَسُولِهِ، وَإِن تُبْتُمْ فَلَكُمْ رُءُوسُ أَمْوَالِكُمْ لَا تَظْلِمُونَ وَلَا تُظْلَمُونَ» (بقره/۲۷۹)
۴. «وَالْعَصْرِ إِنَّ الْإِنْسَانَ لَفِی خُسْرٍ» (عصر/۱ و ۲)
۵. «**أُولَئِكَ الَّذِینَ اشْتَرَوُا الضَّلَالَةَ بِالْهُدَی** فَمَا رَبِحَتْ تِجَارَتُهُمْ وَمَا كَانُوا مُهْتَدِینَ» (بقره/۱۶)
۶. «أُولَئِكَ الَّذِینَ اشْتَرَوُا الضَّلَالَةَ بِالْهُدَی **فَمَا رَبِحَتْ تِجَارَتُهُمْ** وَمَا كَانُوا مُهْتَدِینَ» (بقره/۱۶)
۷. «یا أَیهَا الَّذِینَ آمَنُوا هَلْ أَدُلُّكُمْ عَلَىٰ تِجَارَةٍ تُنجِیكُم مِّنْ عَذَابٍ أَلِیمٍ» (صف/۱۰)

اللّه اشتَرَی مِنَ المُؤمِنینَ أنفُسَهُم وَأَموالَهُم بِأَنَّ لَهُمُ الجَنَّة»[۱]، خدا جان و مال مؤمنان را از آن‌ها خریداری کرده است و در عوض بهشت را به آن‌ها می‌دهد. به بهشتیان گفته می‌شود: «فَاسْتَبْشِرُوا بِبَیعِکُمُ الَّذِی بَایعْتُمْ بِهِ»[۲]، این معامله‌ای که با خدا کردید، معامله بسیار نیکویی بود، شادمان و مطمئن باشید که خوش عاقبت است. تعبیراتی نظیر ربح، خسر، قرض، اشتراء، بیع و تجارت در *قرآن* فراوان است.

گفتمان سوم هم ادبیات سلطانی، یعنی ادبیات قدرتی_حکومتی است. مفاهیم عبد، مولی، ولی، عزت، قدرت، ولایت، ملك، مملوك، ملکوت، طاعت، معصیت، پاداش، کیفر، عذاب، جزا وکثیری مفاهیم دیگر که در *قرآن* بسیار کاربرد دارند، متعلق به گفتمان سلطانی_حکومتی هستند. شاید این دسته از مفاهیم بیش از مفاهیم دو گفتمان پیشین در *قرآن* به‌کار رفته باشند. در *قرآن* عاصیان بارها به کیفر تهدید شده‌اند و مطیعان بارها به پاداش تشویق شده‌اند. اصلاً پیامبران صفت‌شان «مبشّر و منذر» بوده است. پیامبران آمده بودند از یك طرف بیم دهند و کافران و مخالفان را از هول عاقبت بترسانند و از طرف دیگر مژده دهند و شیرینی وعدهٔ پاداش را در کام مطیعان بنشانند. در *قرآن* با تعبیر مَلك (پادشاه) از خداوند یاد شده است: «الملك القدوس»[۳]، پادشاهی که پاك است؛ یعنی آلودگی‌های پادشاهان دیگر و دربارهای آن‌ها را ندارند. نظایر این‌ها در *قرآن* کم نیست. گفتمان قدرت در *قرآن* یك گفتمان فوق‌العاده قوی است. یعنی سخنان فراوانی در *قرآن* وجود دارد که از موضع قدرت برخاسته است و بوی سلطه و غلبه می‌دهد، نظیر این سخن که ما کافران را می‌گیریم، می‌کوبیم و به جهنم درمی‌اندازیم «اَخْذَ عزیز مُقتدر»[۴]. یا این‌که تاریخ در دست ماست «وَ نُرِیدُ أَنْ نَمُنَّ عَلَی الَّذینَ اسْتُضْعِفُواْ»[۵] ما اراده می‌کنیم که مستعضفان را بالا بکشیم، دست‌شان را بگیریم و از استضعاف نجات بخشیم. هم‌چنین است مفهوم عبودیت و ولایت که نسبت انسان و خدا را بیان می‌کند. این‌ها به خوبی نشان می‌دهند که گفتمان قدرت، یك گفتمانِ بسیار فراگیر در تمام *قرآن* است. بالاخره *قرآن* کلام الهی است که نازل شده است، یعنی از بالا به پایین آمده است و «بالا» یعنی موضع قدرت و عزّت. خداوند وقت سخن‌گفتن از خودش تعبیر به

---

۱. «**إِنَّ اللّه اشتَرَی مِنَ المُؤمِنینَ أَنفُسَهُم وَأَموالَهُم بِأَنَّ لَهُمُ الجَنَّة** یقَاتِلُونَ فِی سَبِیلِ اللّه فَیقْتُلُونَ وَیقْتَلُونَ وَعْدًا عَلَیهِ حَقًّا فِی التَّوْرَاةِ وَالْإِنْجِیلِ وَالْقُرْآنِ وَمَنْ أَوْفَی بِعَهْدِهِ مِنَ اللّه فَاسْتَبْشِرُوا بِبَیعِکُمُ الَّذِی بَایعْتُمْ بِهِ وَذَلِكَ هُوَ الْفَوْزُ الْعَظِیمُ» (توبه/۱۱۱)

۲. «إِنَّ اللّه اشْتَرَی مِنَ الْمُؤْمِنِینَ أَنْفُسَهُمْ وَأَمْوَالَهُمْ بِأَنَّ لَهُمُ الْجَنَّةَ یقَاتِلُونَ فِی سَبِیلِ اللّه فَیقْتُلُونَ وَیقْتَلُونَ وَعْدًا عَلَیهِ حَقًّا فِی التَّوْرَاةِ وَالْإِنْجِیلِ وَالْقُرْآنِ وَمَنْ أَوْفَی بِعَهْدِهِ مِنَ اللّه **فَاسْتَبْشِرُوا بِبَیعِکُمُ الَّذِی بَایعْتُمْ بِهِ** وَذَلِكَ هُوَ الْفَوْزُ الْعَظِیمُ» (توبه/۱۱۱)

۳. حشر/۲۳

۴. قمر/۴۲

۵. قصص/۵

«ما» می‌کند و نادراً «من» به جای «ما» می‌نشیند. این یك گفتار قدرتی ـ سلطانی است: ما چنین اراده می‌کنیم، ما چنین می‌گوییم، ما هلاك می‌کنیم و امثال آن. البته در مواردی که صمیمت در کار است و خداوند نزدیکی و قرب خود را با بندگان خود بیان می‌کند، ضمیر «من» به‌کار می‌رود. مثل آن آیه‌ای که در سورهٔ بقره است «وَإِذَا سَأَلَكَ عِبَادِي عَنِّي فَإِنِّي قَرِيبٌ أُجِيبُ دَعْوَةَ الدَّاعِ إِذَا دَعَانِ فَلْيَسْتَجِيبُوا لِي وَلْيُؤْمِنُوا بِي لَعَلَّهُمْ يَرْشُدُونَ»[۱]. ضمیر مفرد «من» هفت بار در این آیه به‌کار رفته است. این آیه در تمام *قرآن* نمونه است و بدین معناست: وقتی که بندگانم از من سؤال کنند، ای پیامبر تو به ایشان بگو که من به آن‌ها نزدیکم، لذا به من اطمینان کنند، به من رو بیاورند، از من درخواست اجابت کنند و ...

باری، این سه گفتمان برای اعراب کاملاً آشنا و جاافتاده بود و به راحتی آن را هضم می‌کردند. ابزارهای مفهومی پیامبر همان‌ها بود که اعراب قبلاً هم داشتند و از آن‌ها استفاده می‌کردند و حالا پیغمبر آن‌ها را به‌صورت مصالحی در استخدام مقاصد خود درآورده بود. یعنی خشت‌ها و آجرها همان‌ها بودند، اما پیامبر با این خشت و آجرها بنای دیگری ساخت. این خانه تازه که پیامبر اعراب را به ورود در آن دعوت می‌کرد، البته خانه کاملاً تازه‌ای بود و با خانهٔ فرهنگ پیشین اعراب، فرق بسیار داشت. هنر پیامبر و کار عظیم و معمارانهٔ او این بود که با همان مصالح پیشین خانهٔ تازه‌ای ساخت. این خانه محور تازه‌ای داشت. این آیهٔ *قرآن* سرلوحهٔ کار پیامبر و متضمن روح و محتوای اصلی و ماندگار رسالت اوست «قُلْ إِنَّ صَلَاتِي وَنُسُكِي وَمَحْيَايَ وَمَمَاتِي لِلَّهِ رَبِّ الْعَالَمِينَ. لَا شَرِيكَ لَهُ وَبِذَٰلِكَ أُمِرْتُ وَأَنَا أَوَّلُ الْمُسْلِمِينَ»[۲] (بگو به مردم که عبادت من، قربانی من، زیستن من، مردن من، همه برای خدا و به خاطر خداوند واحد بی‌شریك است. من مأمور به این کارم و اولین مسلمانانم). این همان چرخش بزرگ بود. این کانونی بود که پیامبر در دل این بنا نهاد و تمام مصالح را در عطف و ارجاع به این کانون هویت تازه بخشید. به قول مولانا، آنان پشت به گنج می‌دویدند، پیامبر روی‌شان را به گنج کرد. به قول سعدی آنان پشت به قبله نماز می‌خواندند، پیامبر رو به قبله‌شان کرد. این، آن چیزی بود که به‌دست آن معمار بزرگ الهی انجام گرفت، یعنی از این‌جا بود که اعراب یك تفاوت آشکار میان عصر جاهلیت و اسلام احساس کردند. تا وقتی که در دل گفتمان کاروانی و بازرگانی و سلطانی بودند و ابزارهای مفهومی‌شان همان ابزارهای پیشین بود، هنوز این طوفان را، چنان‌که باید، حس نکرده بودند. طوفانی که می‌وزید و آمده بود تا همه

---

۱. بقره/۱۸۶

۲. انعام/۱۶۳ و ۱۶۲

زندگی آن‌ها را درنوردد و به جای آن زندگی تازه‌ای بنشاند. اما این کانون، این گنج، این قبله این محورِ معنایی جدید، ناگهان چهره و درون‌مایهٔ همه چیز را عوض کرد و این‌جا بود که به جای بحران عقلانیت، بحران هویت نشست و اعراب خود را با هویتی تازه مواجه دیدند. حس می‌کردند شخصیت و هویت پیشین‌شان آب می‌شود، ترك می‌خورد، فرو می‌ریزد و هویت تازه‌ای جای آن را پر می‌کند: آن فریادها که از سر خشم برمی‌خاست، آن درماندگی‌ها، آن عصبیت‌ها، آن مخالفت‌ها، آن پریشانی‌ها، آن‌ناسزاها و سر به دیوار کوفتن‌ها و دیوانگی‌ها، خاستگاهش این احساس انحلال شخصیت و هویت بود. آنان می‌دیدند کسی آمده است که می‌خواهد کس بودن‌شان را از آن‌ها بگیرد. به آن‌ها می‌گوید و می‌فهماند که شما ناکس‌اید، شما هیچ کس‌اید و تهی هستید، من آمده‌ام شما را پر کنم. پیغمبر با شدت تمام و بدون هیچ‌گونه تعارف و خجالتی این بی‌هویتی اعراب را به رخ آن‌ها کشید. و این سخت‌ترین، و دردآورترین حمله‌ای بود که پیامبر به آن‌ها برد. در همان آیات مکی و آغازین *قرآن*، این نکته مشاهده می‌شود که پیغمبر با هویت اعراب درافتاده بود. صریحاً به آن‌ها می‌گفت: شما هیچ‌اید، شما پوچ‌اید، من آمده‌ام شما را بسازم، من آمده‌ام شما را آدم کنم. تعبیراتی که در *قرآن* نسبت به کافران به‌کار رفته است فوق‌العاده کوبنده و تحقیرکننده است: مشرکین «شرالبریه» هستید، بدترین نوع آدم‌ها روی زمین‌اند، یا «كَالأَنْعَامِ بَلْ هُمْ أَضَلُّ سَبِيلاً»[۱]، مانند حیوان‌اند، بلکه از آن‌ها هم گمراه‌تر و پست‌تر هستند. وقتی از پیامبر می‌پرسیدند آیا ما در روز قیامت دوباره زنده می‌شویم، پیامبر می‌گفت: بله زنده می‌شوید «قُلْ نَعَمْ وَ أَنْتُمْ داخِرُونَ»[۲]، با کمال ذلّت هم زنده می‌شوید و به جهنم فرو می‌افتید.

چندین جا در *قرآن* هست که روز قیامت به کافران عذاب مُهین می‌دهیم. «مُهین» یعنی خوارکننده؛ یعنی عذاب، عذابی نیست که فقط باعث درد آنان شود، مثلاً تن‌شان را قطعه‌قطعه یا چشم‌شان را درآورند، بلکه معنای عذاب مُهین این است که خوارتان می‌کنیم، خفیف‌تان می‌کنیم، و همهٔ پرستیژ و شخصیت و آبروی موهوم‌تان را می‌ریزیم. هم‌چنین است تعبیر «مَهین» در *قرآن* «وَلَا تُطِعْ كُلَّ حَلَّافٍ مَّهِينٍ؛ هَمَّازٍ مَّشَّاءٍ بِنَمِيمٍ؛ مَّنَّاعٍ لِّلْخَيْرِ مُعْتَدٍ أَثِيمٍ؛ عُتُلٍّ بَعْدَ ذَٰلِكَ زَنِيمٍ؛ أَن كَانَ ذَا مَالٍ وَبَنِينَ»[۳]. «مَهین» یعنی انسان‌خوار بی‌شخصیت. مِهین به فارسی یعنی بزرگ و عزیز، ولی مَهین به عربی یعنی خار و ذلیل. من با این دو کلمهٔ مِهین و مَهین،

---

۱. فرقان/٤٤

۲. صافات/١٨

۳. قلم/١٤ ـ ١٠

در یکی از منظومه‌های خود بازی کرده بودم:

مه من مهتری از ماه و به از مهر مِهینـــــی
شفقت را شفقی‌بخش به رخسار زمینـــــی
خار خوارم که تو خورشیدی و من سایه نشینم
بکَش این خار و گرنه بکُشی خوار و مَهینـم
ای شب از رؤیت روحانی رویای تو روشن
به سیه‌روزی شب بنگـر و روز آر ز روزن

هم‌چنین چندجا در *قرآن* عبارت «تَرهَقُهم ذِلة»[1] آمده است. امثال این تعابیر در *قرآن* بسیار است. این تعبیرات که مانند مشت محکم برصورت آنان می‌خورد و زوال و انحلال و ذوب شدن هویت آن‌ها را شاخص‌تر و آشکارتر می‌کرد، چیزی نبود که به‌راحتی هضم‌پذیر باشد. پیامبر ندای زوال هویت و انسانیت موهوم آنان را در انداخته بود و اینان وقتی که این بانگ را می‌شنیدند و فرو ریختن همهٔ مجد و عظمت و فخر خود را به چشم می‌دیدند، بدیهی بود که به مقابله و معارضه برخیزند. قصه، قصهٔ حرمت، کرامت و شرافت بود؛ همان چیزی که برای عرب‌ها قیمتی‌ترین کالا و برترین ارزش محسوب می‌شد. همه ما کلمهٔ «جاهلیت» را شنیده‌ایم. «جاهلیت» همه جا به معنای نادانی نیست. این اشتباهی است که نه فقط برای ما ایرانی‌ها و فارسی زبان‌ها، بلکه برای بسیاری از عرب‌ها و مفسران هم پیش آمده است. اما هم در *قرآن* و هم در ادبیات عرب کمتر جایی می‌توان یافت که کلمهٔ «جاهل» به معنای «نادان» به‌کار رفته باشد. در دعای کمیل انسان استغفار می‌کند، اما از چه چیز؟ از «کل جهل عملته» (هر جهلی که به‌جا آورده‌ام.) اگر جهل به معنای نادانی باشد، نادانی گناه نیست و استغفار نمی‌خواهد. و اصلاً فعلی از افعال یا خُلقی از اخلاق آدمی نیست. جهل در این‌جا به معنی عملی غیراخلاقی است. و همین است معنی جهول بودن آدمی در *قرآن*، که در کنار ظلوم می‌نشیند.

وقتی یوسف می‌ترسد که به زنان میل کند و از «جاهلان» شود: منظور این است که از بدکاران یا سست عزمان شود «أَصْبُ إِلَيهِنَّ وَأَكُنْ مِنَ الْجَاهِلِينَ»[2]. دوران جاهلیت عربی هم به معنای دوران نادانی نیست. جهل دقیقاً به معنای جوش آوردن، از کوره در رفتن، خشم گرفتن، خویشتن‌داری نکردن و حلیم نبودن است. اعراب جاهلی در درجه اول افرادی بودند

---

۱. یونس/۲۷؛ قلم/٤٣؛ معارج/٤٤
۲. یوسف/۳۳

سرکش، زیر بار دیگری نرو، زیر بار حق نرو، با کمترین تذکری، با کمترین انتقادی، با دیدن کمترین ناملایمتی از جا در رونده، خشم گیرنده و حمله‌ور شونده. پیغمبر هم دقیقاً با این مقولهٔ هویتی درافتاد؛ یعنی با همان «حمیت جاهلی». تمام اخلاق دینی که پیامبر آورد حول ضدیت با آن هویت می‌گشت و کانون معنایی اسلامی، یعنی مفهوم خدای واحد، در مقابله با این فخر و حمیت جاهلی برجستگی می‌یافت. خدا، یعنی موجودی که همه افراد و قبایل باید در برابر او سرخم کنند و آن‌چه در سر دارند فرو گذارند. خدا، آن کسی است که همه بی‌استثنا بندهٔ او هستند، و در بندگی او شرافت و حریت و هویت کسب می‌کنند و بدون او هیچ و پوچ‌اند. خدا، یعنی آن کسی که مرگ و حیات و قربانی و عبادت را معنا و جهت می‌بخشد. اخلاقی که دین آورد، و مبنایش تذکر نسبت به موت و خداوند بود و عباداتی که وضع کرد، همه در خدمت این معنا بود که خودتان را بشکنید، باد نخوت را از دماغ‌تان بیرون کنید.

یکی از شیوه‌های جاهلی و قبیلگی، تکیه بر سنت و عدم تفرّد بود. در میان اعراب فردیت چندان معنا نداشت. اصلاً فرد منحلّ در قبیله بود. یکی از شعارهای قبیلگی جاهلی اعراب، که بعداً در اسلام به‌صورت حدیث درآمد و سرنوشت خاصی پیدا کرد، و کاملاً می‌تواند وضعیت و روحیهٔ اعراب جاهلی را نشان بدهد، این بود «انصر أخاك ظالمًا أو مظلومًا»، برادر خودت را، یعنی هم قبیلهٔ خودت را، نصرت کن، خواه ظالم باشد، خواه مظلوم. یعنی به خوبی و بدی فعل او نگاه نکن، بلکه ببین خودی است یا غیرخودی، فقط همین. اگر خودی هست کمکش کن؛ ظالم باشد یا مظلوم. اگر هم غیرخودی است، مطرود و محکومش کن؛ ظالم باشد یا مظلوم. یعنی ارزش‌ها وقتی که نوبت به خودی و غیرخودی می‌رسید رنگ می‌باخت. بعداً این جمله به‌صورت روایتی در اسلام نقل شد که آن هم جالب است. گفته شد که، «انصر أخاك ظالمًا أو مظلومًا»[1]، برادرت را اگر مورد ظلم قرار گرفته نصرت کن، اگر هم ظالم است نصرت کن، ولی نصرت به این معنا که او را از ظلم کردن بازدار. آن هم یك نوع کمك به اوست. این تحولی بود که در دل ارزش‌های اسلامی پدید آمد. اما به هرحال خاستگاه این جمله همان جاهلیت عربی بود و در آن چارچوب فرهنگی معنای خیلی روشنی هم داشت. «ثار» به معنای خونخواهی یکی از رسوم قبیلگی بود. وقتی کسی را از قبیله‌ای می‌کشتند همهٔ قبیله به خونخواهی برمی‌خاست و باید از قبیلهٔ مقابل کسی را می‌کشت، حال یا قاتل را یا کس دیگری را. چون روح جمعی بر آنان حاکم بود. فردیتی که پیام اسلام مطرح کرد فردیتی در پرتو اندیشهٔ آخرت و مسئولیت اخروی

---

۱. قال رسول‌الله(ص): «انصر أخاك ظالمًا أو مظلومًا» قالوا: یا رسول‌الله(ص) هذا ننصره مظلوماً، فکیف ننصره ظالماً؟ قال: «تأخذ فوق یدیه» (بخاری، ٢٤٤٤)

بود و معارضهٔ مستقیمی با روحیهٔ جاهلی اعراب داشت. روز قیامت به افراد گفته می‌شود «وَلَقَدْ جِئْتُمُونَا فُرَادَى كَمَا خَلَقْنَاكُمْ أَوَّلَ مَرَّةٍ...»[۱] امروز تك‌تك پیش ما آمده‌اید، نه به صفت جمعی، نه با اتصال به يك قوم يا قبیله، امروز تنها نزد ما آمده‌اید و هرچه داشته‌اید پشت سرافکنده‌اید «وَتَرَكْتُمْ مَا خَوَّلْنَاكُمْ وَرَاءَ ظُهُورِكُمْ»[۲].

چندین جا در سوره‌های مکی *قرآن* این مضامین و آیات وجود دارد. «يَوْمَ يَفِرُّ الْمَرْءُ مِنْ أَخِيهِ * وَأُمِّهِ وَأَبِيهِ * وَصَاحِبَتِهِ وَبَنِيهِ»[۳] روزی که آدمی از همه کس و از کار خود فرار می‌کند. آن روز روز تفرد است، هرکس بار مسئولیت خود را تنها به دوش می‌کشد «لَا تَزِرُ وَازِرَةٌ وِزْرَ أُخْرَى»[۴]، (هیچ کس بار دیگری را به‌دوش نمی‌گیرد). می‌توان تصور کرد که این سخنان چقدر برای اعراب سنگین بوده است.

این تزریق فردیت در آن روح قبیلگی، جمعی و جاهلی عربی حادثهٔ پریشانی‌آوری بود که آن‌ها را وا می‌داشت در مقابل پیامبر بایستند و به چشم خود ببینند کسی آمده است که آن‌ها را از خودشان می‌ستاند و آن‌ها را «هیچ کس» اعلام می‌کند و به جای آن‌ها می‌خواهد کس دیگری را بنشاند و آن‌ها را از شخصیت دیگری پرکند. لذا این‌که پیامبر گفت: «قولوا لا الله الا الله تفلحوا»، و این‌که *قرآن* فرمود: «قُلْ إِنَّ صَلَاتِي وَ نُسُكِي وَ مَحْيَايَ وَ مَمَاتِي لِلَّهِ رَبِّ الْعَالَمِينَ»[۵] دقیقاً همنوا بود با آن‌که پیامبر فرمود: «بعثت لاتمم مكارم الاخلاق». پیغمبر اخلاق عربی را از درون تهی کرد و تکیه به «خودِ» قبیلگی را برداشت و تکیه به خدا را جای آن نهاد. این ولادت تازه در پی آن بحران هویت مهم‌ترین پدیده‌ای بود که به‌دست پیامبر علیه‌السلام در آن محیط عربی صورت تحقق گرفت. پیامبر بحران هویت ایجاد کرد و سپس ولادت تازه‌ای را سامان داد و قوم تازه‌ای را از نو ساخت. این قوم برای دیگران الگو شدند و به دلیل این‌که از هویت جدید، پر بودند مایل و عازم شدند که آن را به رخ دیگران هم بکشانند. من اکنون در مقام بحث تاریخی نیستم که مسلمان‌ها با چه انگیزه‌ای آن فتوحات هائل را انجام دادند. آیا واقعاً قصد توسعه‌طلبی و کشورگشایی در میان بود؟ آیا با تکیهٔ محض و مطلق بر شمیشر بود؟ شاید در ذهن پاره‌ای از حکام، نفس توسعه‌طلبی و کشورگشایی انگیزه اصلی بوده است. شاید خونریزی برای بعضی لذت‌آور بوده است. شاید رسیدن به تجمل، رفاه و قدرت برای بعضی وسوسه‌انگیز بوده است. این‌ها را نمی‌توانیم

---

۱. انعام/۹٤
۲. انعام/۹٤
۳. عبس/۳٦ - ۳٤
٤. انعام/۱٦٤
۵. انعام/۱٦۲

مطلقاً نفی کنیم. انسان به حکم انسانیت هیچ‌گاه از این وسوسه‌ها تهی نیست. اما یك نکته را نباید فراموش کرد و آن این‌که انسانی که کشف تازه‌ای می‌کند و گوهر جدیدی می‌یابد، مایل و مشتاق است که آن را به دیگران نیز عرضه کند. شما به *قرآن* بنگرید. همین روحیه را در کسانی که پاداش اخروی گرفته‌اند نشان می‌دهد. می‌گوید اصحاب یمین، یعنی کسانی که در امتحان الهی قبول شده‌اند، وقتی در روز قیامت کارنامهٔ قبولی‌شان را به‌دست راست‌شان می‌دهند، می‌دوند به طرف دیگر و می‌گویند: «هاؤم اقرؤوا کتابیه...»[1] بیایید شما هم کارنامهٔ ما را بخوانید. از فرط خوشحالی، از فرط ذوق‌زدگی نمی‌توانند خویشتن‌داری کنند و می‌گویند حالا که چنین پیروزی شگرفی حاصل کرده‌ایم بگذارید دیگران را هم خبر کنیم. اقبال لاهوری در مورد پیامبران هم این تحلیل را دارد. او می‌گوید تفاوت پیامبران با عارفان این است که پیامبر لبریز از تجربه‌ای می‌شود که مایل است دیگران را هم در آن تجربه شریك کند. دل‌خوش نیست به این‌که خودش در خلوت، بصیرت‌های تازه و فرح‌بخش به‌دست آورد. این فرح به‌قدری شدید است، و روح پیامبر به‌قدری انبساط پیدا می‌کند که نمی‌تواند تنها بنشیند، هیجان‌زده می‌دود و دیگران را هم به سفره و چشمه‌ای که از آن چشیده و نوشیده است، دعوت می‌کند.

این وضعیت است که امت اسلامی در بدو تولد و تحت تربیت پیامبر پیدا کرد. مسلمانان احساس کردند که یك گوهر فوق‌العاده گران‌بها در دست دارند و دل‌شان می‌خواست همه را در آن سهیم کنند. چنان نبود که همه تلاش‌ها و تقلاها صرفاً برای کشورگشایی باشد. به‌هرحال این امتی بود که پیامبر اسلام از طریق درهم شکستن هویت نخستین اعراب و ایجاد هویت تازه پدید آورد و روانه تاریخ کرد و پس از آن بود که تمدن اسلام گام‌به‌گام ساخته شد.

حال به سؤال دوّم می‌رسیم؛ این تمدنی که میراث پیامبر بود چه بود و چه خصلت‌های مهم و عمده‌ای داشت؛ تمدنی که اکنون می‌توان گفت تقریباً فرو ریخته است و اجزای پراکندهٔ آن، در عین وجود، انسجام و استحکام ساختار پیشین را ندارد و قوّت و عظمتش در خاك تاریخ مدفون شده است. بیایید لختی بر روی میراث پیامبر تأمل کنیم. البته پیامبر در عزم پی‌افکندن یك تمدن نبود. در سخنان آن بزرگوار چنین چیزی دیده نمی‌شود. در *قرآن* هم نشانی از چنین اندیشه‌ای به چشم نمی‌خورد و اساساً، تمدن، مثل کثیری دیگر از شئون انسانی از جمله امور طراحی ناشده است، یعنی از جمله پیامدهای ناخواستهٔ رفتارهای جمعی انسان‌هاست. آدمیان کارهای مختلف می‌کنند و بدون این‌که بدانند، گاه از دلِ آن کارها تمدن

---

۱. حاقه/۱۹

بیرون می‌آید و گاه بیرون نمی‌آید. هم‌چنان‌که آدمیان کارهای مختلف دیگری می‌کنند که از دل آن گاه یك زبان بیرون می‌آید و گاه بیرون نمی‌آید. زبان طراحی هیچ کس نیست. زبان خود به خود از دل جامعه انسانی و حیات جمعی بشر جوشیده و روییده و برآمده است و مرتب هم رشد بیشتر و بیشتر کرده است. بازار هم چنین است. کسی نقشهٔ اولیه این‌ها را نکشیده و طراحی نکرده و بنیان نریخته است. علم نیز، که شاید از همهٔ این‌ها مهم‌تر است، همین خصیصه را دارد. هیچ‌وقت هیچ‌کس علمی را از تعریف و طراحی پیش‌فرض‌های اولیه و روش‌شناسی شروع نکرده است. علوم به نحو خودرو روییده‌اند. در ابتدا پرسش‌هایی برای آدمیان پدید آمده؛ پرسش‌هایی بسیار پراکنده و متنوع. آن‌گاه رفته‌رفته جواب‌های پراکندهٔ خام و پخته‌ای هم به این پرسش‌ها داده شده است و سپس این پرسش‌ها و پاسخ‌ها رفته رفته دسته‌بندی شده‌اند و در کنار یکدیگر قرار گرفته‌اند و با گذشت قرن‌ها سر و کلهٔ یك علم تازه پیدا شده است. هر معرفتی، اعم از فلسفه یا علم تجربی، عبارت است از یك رشته جواب‌های روش‌مند به یك دسته سوال‌های خویشاوند. این دسته‌بندی‌ها بعداً پدید می‌آید، نه پیش از تولد علم. پیامبر اسلام و نه هیچ پیامبر دیگری در پی پدید آوردن یك تمدن نبودند. اما تمدن به نحو ناخواسته و طراحی ناشده پدید آمد. فرهنگ اسلامی با فرهنگ‌های دیگر درآمیخت و بدل به یك فرهنگ بزرگ شد و بنا به تعریف اشپنگلر وقتی که دوران ایستایی فرهنگ فرا رسید، بدل به تمدن شد. حال بیاییم و این تمدن اسلامی را با دو تمدن دیگر مقایسه کنیم. این قیاس ما را به شناسایی خصلت‌های عمده این تمدن راهبری خواهد کرد. دو تمدن دیگر که هر دو برای ما آشناست، یکی تمدن یونانی است و دیگری تمدن غربی جدید.

تمدن یونانی یك تمدن فیلسوف پرور و فلسفی بود. تمدن جدید غربی هم یك تمدن عالِم‌پرور و تکنولوژی‌پرور است. این قیاسی است از روی میوه‌ها «تعرف الاشجار باثمارها»، درخت‌ها را از روی میوه‌های‌شان می‌شناسند. حال تمدن اسلامی چه‌گونه است؟ من در این‌جا از نوشته‌های یکی از روشنفکران معاصر عرب، یعنی محمدعابد الجابری، کمك می‌گیرم: تمدن اسلامی علی‌الاغلب یك تمدن فقیه‌پرور بوده است. حجم اندیشه‌های فقهی که در دل تمدن اسلامی پدید آمده است، حجم کتاب ها و رساله‌هایی که در این باب نوشته شده است، تعداد مدرسه‌هایی که ساخته شد و علما و فقها و طلابی که در این مدرسه‌ها پرورانده شدند چنان عظیم، گسترده و وسیع است که به هیچ وجه با فراورده‌های دیگر این تمدن قابل قیاس نیست. ما در تمدن اسلامی، عالم تجربی و فیلسوف کم نداشته‌ایم، ولی چنان‌که می‌دانید فیلسوفان در تمدن اسلامی، با ترس و لرز زندگی می‌کرده‌اند و همیشه در معرض تهدید و ناامنی بوده‌اند. هیچ‌وقت آن حرمت و منزلتی را که فقیهان داشتند یا آن نقش مؤثر جامعه‌ساز

را که فقه داشت فیلسوفان و فلسفه نداشتند. فلسفه تا زمان ما یك عنصر بیگانه، نفوذی، وارداتی و مشکوك محسوب می‌شده است. فیلسوفان ما بسیار کوشیدند فلسفه را خودی کنند، ولی هیچ‌وقت خودی نشد. هیچ‌وقت یك فیلسوف را چنان تحویل نگرفتند که یك فقیه را. گاهی برای یك فقیه که از دنیا می‌رفت یك‌سال عزاداری می‌کردند، ولی فیلسوفانی مثل ملاصدرا را چنان از شهر شیراز بیرون کردند که ده سال در قریه کهك قم در انزوا و تنهایی زندگی کرد و کسی هم سراغ او را نگرفت. فلسفه که علم سبب دانی بود (در مقابل علم فقه که علم تکلیف دانی بود و عرفان که رازدانی بود) تحقیر می‌شد و مولانا جلال‌الدین می‌سرود:

از سبب دانی شود کم حیرتت
حیرت تو ره دهد در حضرتت[1]

اصلاً در فرهنگ اسلامی (و حتی در فرهنگ ایرانی ما) واژه «علم» علی‌العموم به علم فقه اطلاق می‌شد. هنوز هم این کلمه به همین معنا میان ما رایج است. وقتی می‌گوییم «اهل علم» بیشتر روحانیانی را منظور داریم که بیشترین معلومات‌شان فقه است. کلمه دانشمند در فارسی گاه به معنای فقیه به‌کار رفته و دانشمند عمدتاً منصرف به فقها می‌شده است. در شعرهای سعدی داریم «چنان که مسأله شرع پیش دانشمند». در این‌جا دانشمند یعنی فقیه. حافظ هم می‌گوید:

نکته‌ای دارم ز دانشمند مجلس بازپرس
توبه فرمایان چرا خود توبه کمتر می‌کنند[2]

یعنی از فقیه بپرس، نه دانشمند بالمعنی الاعم. این است که می‌گوییم تمدن اسلامی در درجه اول یك تمدن فقیه‌پرور بوده است، نه عالم تجربی‌پرور و نه فیلسوف‌پرور. به بیان دیگر، تمدن اسلامی تمدنی است نقلی، فقهی، تکلیفی و ولایی. البته ولایی به دو معنا؛ یکی تکیه بر شخصیت‌ها و دیگری باطنی‌گری. صوفیان ما، در دو دست‌شان دو شمشیر داشتند؛ با یکی عالمانِ علوم تجربی را فرو می‌کوفتند و با دیگری فیلسوفان را. در این کار هم واقعاً موفق بودند. شما به مثنوی مولوی مراجعه کنید و در آن‌جا ببینید که از یك‌طرف چه‌گونه با عقلی‌گری متکلمان و فیلسوفان در می‌افتد و آن‌ها را فرو می‌کوبد و کم‌ترین تهمت و طعنی که متوجه آن‌ها می‌کند این است که فیلسوفان راه سعادت را دور می‌کنند (بگذریم از این‌که باطنِ سخن‌شان کفر است، ظاهرش ایمان)، درحالی‌که پیامبران دست ما را می‌گیرند و راحت

---

۱. مثنوی معنوی، دفتر پنجم، بیت ۷۹۵
۲. حافظ، غزل شماره ۱۹۹

در دست خدا می‌گذارند. و از طرف دیگر هم درباره علوم طبیعی ـ تجربی می‌گوید اولاً:

این نجوم و طب وحی انبیـــــاست
عقل و حس را سوی بی‌سو ره کجاست[۱]

این طب و نجوم، فرآوردهٔ وحی است. ریشه‌اش به انبیا می‌رسد، مستقلاً نروییده و نجوشیده است و لذا عالمان بر ما منتی ندارند. اگر منتّی هست از ناحیـه پیامبران است. و ثانیاً، این علوم اصولاً علومِ خواری هستند. چراکه:

آن طبیبان را بود بولی دلیـل
وین دلیل ما بود وحی جلیل[۲]

طبیبان برای این‌که به مرض بیمار پی ببرند باید به بول بیماران نگاه کنند و از این‌جا پستی حرفهٔ آن‌ها آشکار می‌شود. درحالی‌که طبیبان الهی دلیل‌شان وحی الهی است: طبیبان به مرض می‌اندیشند و عارفان به اسرار خلقت، و شرف علم هم به شرف موضوع است. این قبیل سخنان را عموم صوفیان و عارفان ما گفته‌اند. تمدن اسلامی دو طایفه را پرورش داده است؛ یکی صوفیان و دیگری فقیهان و کسانی راکه البته خادم این حرفه‌ها بودند مانند محدثان. اما عالمان علوم تجربی و فیلسوفان علوم عقلی هر دو در حاشیه این تمدن قرار داشتند. بلی، ما بوعلی، فارابی، کندی، ابن‌رشد و دیگران را داشتیم. اما اولاً چنان‌که گفتم اینان وجود حاشیه‌ای و طفیلی داشتند و ثانیاً رفته‌رفته فلسفه‌شان هم اسلامی شد؛ یعنی استقلال خودش را از دست داد و به عرفان و دین آمیخته شد و از عقلی‌گری محض به درآمد. این را البته از بزرگترین دستاوردهای ملاصدرا می‌دانند که دین و عرفان و فلسفه را در هم آمیخت و یك معجون مرکّب واحدی از آن‌ها ساخت. اما آیا این کمال فلسفه بود یا انحطاط آن؟ این‌که تمدن اسلامی در یك نگاه کلان تمدنی صوفی‌پرور و فقیه‌پرور بوده است غیر قابل انکار است. البته شاید کسانی معتقد باشند که این‌ها مولود طبیعت این تمدن و این فرهنگ نبود، بلکه عارض تحمیلی بر آن بود. اما من خود کم‌وبیش بر این اعتقادم که ریشه‌های این دو گرایش در دل فرهنگ اسلامی قویاً وجود داشته‌است (صرف نظر از پاره‌ای از انحراف‌ها و افراط‌ها). این‌که تمدن اسلامی فقهی، نقلی و ولایی می‌شود، ریشه‌های کاملاً درونی دارد و نمی‌توان گفت صددرصد اسیر عوامل بیگانه شده است. در یك تمدن دینی، شخصیت‌های

---

۱. مثنوی معنوی، دفتر چهارم، بیت ۱۲۹۳

۲. مثنوی معنوی، دفتر سوم، بیت ۲۷۰۷

دینی وزنه‌هایی بزرگ و سنگین‌اند و سخنان‌شان اهمیت فوق‌العاده دارد. لذا عموم پیروان دین، در درجهٔ اول به دنبال فهم و شرح آن سخنان و تمسّك به آن‌ها هستند. به این ترتیب است که نقـــل و ولایت، در آن تمدن، ساختاری و راسخ می‌شود.

فقه و تصوف، از دل نقل و ولایت بیرون آمد. البته فقه همواره مقابل تصوف بود و صوفیان هم همیشه با فقیهان در می‌پیچدند. به این دلیل دو خصلت و دو رگه مهم بود که در دل این تمدن جا داشت. از یك طرف این تمدن فقیه‌پرور بود، زیرا دولت و حکومت تشکیل داد و به قانون حاجت داشت. تمدن اسلامی این قانون را از دل اندیشه‌ها و تعلیمات اسلامی بیرون آورد. از طرف دیگر تمدن اسلامی تمدنی دینی بود و تمدن دینی، تمدنی اسطوره‌ای و رازآلود است و راه به باطنی‌گری و غنوصی‌گری می‌دهد. حتی نحله‌هایی هم که به ظاهر عقلی بودند، مثل اخوان‌الصفا، در حقیقت نحله‌های باطنی‌گری بودند. این نوع باطنی‌گری به تشیع هم ریزش کرد، و نهایتش را می‌توان در اسماعیلی‌گری دید. این تصویر کلان تمدن اسلامی است. در مقالهٔ «ذهینت مشوش، هویت مشوش»[1] آورده‌ام که دو دسته قوا در تمدن ما کار می‌کرده‌اند: قوای حیرت و قوای دقّت. از یك طرف قوای دقت داریم، یعنی علوم و معارفی که دقیق‌اند و مو را از ماست می‌کشند، مثل فقه، اصول، کلام، منطق و ریاضیات. از طرف دیگر هم قوای حیرت داریم که زیرین‌ترین‌شان شعر و ادبیات‌اند تا برسد به عرفان و فلسفه‌های شبه عرفانی. این دو دسته قوا هرگاه به تعادل برسند کار ما سامان می‌یابد و تمدن از تعادل برخوردار می‌شود. هرگاه یکی بر دیگری غلبه کند، تمدن دچار تشویش و آشفتگی و پریشانی و احتمالاً انحطاط و زوال خواهد شد. ابن‌خلدون در قرن هشتم و نهم زوال تمدن اسلامی را به چشم خود می‌دید. شاید او اولین کسی بود که خبر از این انحطاط داد و به معاصران خود گفت که عنصر عصبیت درجهان اسلام به سستی گراییده است. از نظر او یکی سستی عصبیت و دیگری ظلم، دو نیروی عمده‌اند که موجب انحطاط یك تمدن و دولت می‌شوند. ابن خلدون این نکته را دریافته بود و ویرانه‌های تمدن اسلامی را به چشم خود مشاهده می‌کرد. وی به‌درستی فهمیده بود که نیروی درونی این تمدن ته کشیده و دیگر چیزی از آن باقی نمانده است. زوال و انحطاط و درهم‌شکستگی و فروریختگی این تمدن از چند قرن پیش‌تر از ابن‌خلدون آغاز شده بود و زمان ابن‌خلدون آشکارتر گشت. ابن‌خلدون در زمان تیمور زندگی می‌کرد، مغولان یك قرن قبل از آن به جهان اسلام حمله آورده بودند و خود تمدن اسلامی، هم‌چنان‌که ابن‌خلدون می‌گوید، سخت اسیر باطنی‌گری شده بود و تصوف در آن فربهی و نیرو گرفته بود. امروز هم اگر ما بخواهیم در

---

۱. اینك در کتاب *اخلاق خدایان*، انتشارت طرح نو، ۱۳۸۰

باب زوال این تمدن بزرگ اسلامی قضاوت کنیم، قضاوت‌مان چیزی غیر از این نمی‌تواند باشد که این تمدن دو شاخهٔ بزرگ از معرفت را در دل خود پرورش داد؛ یکی معرفت باطنی و دیگری معرفت فقهی و بنابراین، علم تجربی و فلسفهٔ عقلی را به حاشیه راند.

اما تمدن اسلامی در حال حاضر دیگر حتی نه فقیه‌پرور است، نه صوفی‌پرور. یعنی حتی نیرومندی پیشینش را هم از دست داده است. اکنون، مسلمانان با دو بحران بزرگ روبه‌رو هستند: بحران هویت و بحران عقلانیت. تمدن اسلامی در گذشته با بحرانِ عقلانیت روبه‌رو نبود، اما اینك تمدن جدید مغرب زمین که نسب از تمدن قدیم یونان می‌برد، مدل نوینی از عقلانیت را به جهان عرضه کرده است. این تمدنِ عقلانی جدید، تمدن اسلامی را با بحران عقلانی روبه‌رو کرده است. این همان چیزی است که گاهی از آن به شیزوفرنی شرقی‌ها تعبیر می‌کنند. شیزوفرنی (یعنی پریشانی روان و گسستگی ضمیر)، چیزی جز همان بحران عقلانیت نیست. تمدن اسلامی اکنون هم با این بحران عقلانیت روبه‌رو است و هم با بحران هویت، یعنی هویتش در هویت‌های بزرگ‌تر رفته‌رفته حل و ذوب می‌شود؛ بنیادگرایی در جهان حاضر دقیقاً معلول بحران هویت است. کسی که احساس می‌کند هویت خود را درمی‌بازد، از طریق مقابله‌های خشم‌آلود می‌خواهد ابراز هویت کند. بحران هویت یا در مواجهه با هویتی قوی یا در وقت گم شدن در هویتی فراخ‌تر، حاصل می‌شود. اسلام در مقابل مارکسیسم و اسلام در مقابل لیبرالیسم چنین وضعی دارد. مارکسیسم هویتی بود که برای هویت اسلامی رقیب واقع شد. و لیبرالیسم با معرفی ظرفی بزرگ‌تر از ادیان، هویت دینی را به طور کلی دچار سرگشتگی می‌کند. روستاییانی که به شهر می‌آیند، ایرانیانی که به فرنگ می‌روند، این‌گونه بحران هویت را می‌آزمایند. پیامبر در مقابل هویت اعراب یك هویت فراخ‌تر را معرفی کرد. گفت دست از قبیله بازی بردارید، دست از نژاد بازی بردارید. هیچ عربی بر عجمی و هیچ عجمی بر عربی فخر ندارد. برتری به خون، نژاد و قبیله نیست؛ برتری به تقواست «إِنَّ أَكرَمَكُم عِندَ الله أَتقاكُم»[1]. پیغمبر «خودِ» عرب‌ها را برداشت و یك «خودِ» بزرگ‌تر به جای آن نشاند، که همان «خودِ» دینی بود. گفت از این به بعد همه شما عضو امت اسلامی هستید. یك دارالاسلام داریم و در مقابلش دارالکفر داریم: والکفر ملة واحده، هرکس غیرمسلمان است کافر است و از ما نیست، خودی نیست. اصل مفهوم خودی و ناخودی را از میان برنداشت، اما یك خود بزرگ‌تر، فربه‌تر و فراخ‌تری به جـای آن خود کوچك و محدود پیشین اعراب نشاند.

در جهان جدید هم‌چنان‌که می‌دانید خودهای بزرگ‌تر از دین مطرح و معرفی می‌شوند و

---

۱. حجرات/۱۳

این خودهای بزرگ‌تر از دین، دینداران را دچار بحران هویت می‌کنند. چه خودهایی که رقیبِ «خودِ» دینی‌اند، و چه خودهایی که فراخ‌تر از «خودِ» دینی‌اند، هر دو ایجاد بحران هویت می‌کنند. مارکسیسم دقیقاً یك ایدئولوژی خودساز بود، یعنی مارکسیست‌ها را خودی می‌دانست و مترقی و همگام با تاریخ و غیرمارکسیست‌ها را ناخودی و کافر مرتجع و ناهمگام با حرکت تاریخ. این خود، رقیب خود دینی بود. لیبرالیسم از طریق معرفی کردن یك خود فراخ‌تر به مقابله با خود دینی آمده است و در دینداران بحران می‌افکند، برای آن‌ها تزلزل و بحران هویت ایجاد می‌کند. از همین روست که ساموئل هانتینگتون می‌گوید دوران رویارویی دین‌ها، قومیت‌ها، ناسیونالیته‌ها، قبیله‌ها و غیره گذشته است و دوران رویارویی تمدن‌ها فرا رسیده است (clash of civllizations) این دقیقاً معرفی یك خود فراخ‌تر است. کار تمدن اسلامی به سامان نمی‌رسد، مگر این‌که عقلانیتِ مستقل، غیر نقلی و غیرولایی در این تمدن تزریق شود. فقط با یك نوع عقلانیت مستقل از دین است که می‌توانیم ضعف‌های این تمدن را، اگر چاره‌پذیر باشد، چاره کنیم. در کلمات پیامبر اسلام هیچ چیزی یافت نمی‌شود که با این معنا منافات داشته باشد. این از پیامدهای ناخواسته ظهور یك رسول است که پیروان او پس از او، از همه لحاظ به او متکی می‌شوند، همه چیزشان را از او می‌خواهند و در نتیجه تعادل‌شان را در می‌بازند. دیرگاهی است که تعادل بین فلسفه و علوم تجربی، باطنی‌گری و نقل و فقه به هم خورده‌است. بازگرداندن این تعادل، ضامن بقای این تمدن خواهد بود! قرن‌ها پیش تَرَك‌هایی در حصار این تمدن آشکار شده بود، اما آخرین میخ را بر این تابوت، تمدن جدید عقلانی غربی کوبید. اکنون، برای رستاخیز مجدّد بیش از آن‌که بر عنصر عاطفه تأکید کنیم، بیش از آن‌که بر عنصر ولایت تأکید کنیم، باید بر عنصر عقلانیت مستقل تأکید کنیم و این تنها منجی‌ای است که ما را از گرداب زوال نجات خواهد داد.

با درود مجدد بر روح پاك پیامبر اسلام علیه‌السلام و با تبریك مجدد این روز خجسته، سخنان خود را به پایان می‌برم.

والسلام علیکم و رحمه‌الله و برکاته

اسلام و چالشِ لیبرالیسم[1]

نگاه ظاهربینانه به ما می‌گوید که احتمالا لیبرالیسم و اسلام باید آشتی‌پذیرتر باشند تا مارکسیسم و اسلام، اما حقیقت جز این است.

به نام خداوند و با سلام به یکایک دوستان و عزیزان و هموطنان که با قبول زحمت در این مجلس حاضر شدند.

ما در دورانی زندگی می‌کنیم که علاوه بر مشکلات عملی در مدیریت کشور، مشکلات نظری بسیار هم داریم و بلکه مشکلات نظری، مادر مشکلات عملی است. بسیاری از مقوله‌ها و مفهوم‌ها آن‌چنان‌که باید برای ما شکافته و رازگشایی نشده و به همین سبب در مقام عمل دچار تردید می‌شویم و نمی‌دانیم با آن‌ها چه بکنیم. از ساده‌ترین و آشناترین مفهوم که «آزادی» است گرفته تا مقولات و مفاهیم بسی پیچیده‌تر که یکایک آن‌ها محتاج بازشناسی و رازگشایی‌اند. مقدمه را طولانی نمی‌کنم و به مساله‌ای می‌پردازم که در عنوان سخنرانی به‌صورت صریح آمده است:

اسلام و چالش لیبرالیسم

در مقابل اسلام، چالش‌های بسیاری وجود دارد. یعنی امور بسیاری هستند که اسلام را مورد

---

۱. متن تنقیح شدهٔ سخنرانی ایراد شده در دانشگاه واریك انگلستان در خرداد ۱۳۹۰

سؤال قرار می‌دهند و به صورت جدی آن را به مبارزه می‌طلبند. برای هر مسلمانی، برای هر کسی که دلی در گرو آیندهٔ ایران دارد، شناختن این چالش‌ها و رفع و حل آن‌ها یک فریضه است.

من خود از کجا به این موضوع رسیدم؟ از یک ملاحظه بسیار ساده که اکنون مکرر هم شده است، و آن عبارت است از سالگرد وفات مرحوم دکتر علی شریعتی و نحوه مواجههٔ حکومت ایران با این امر. دوستانی در این جمع داریم که دوران قبل از انقلاب را به یاد دارند، دوستان بسیاری هم داریم که جوان‌تر از آن‌اند که در آن دوران زیسته باشند، اما لاجرم اخبار مربوطه را دنبال کرده‌اند. باری مرحوم دکتر شریعتی، هر که بود و هر چه گفت، شخصیت بسیار نام‌آور و موثری در تاریخ معاصر ایران بود. قبل از انقلاب، خصوصاً چند سال مانده به انقلاب، مطرح‌ترین شخصیت ایران بود و در میان جوانان، دانشجویان، تحصیل‌کردگان، دانشگاهیان و استادان بیشترین چیزی که مورد بحث بود، آراء وی بود. روحانیان هم البته ضلع دیگری از این حادثه بودند، آن‌ها هم در تنور گرم انتقادات می‌دمیدند و تقریباً به طور یکپارچه با شریعتی و با حسینیه ارشاد مخالفت می‌ورزیدند. کتاب‌های او یک چند ممنوع بود و همین که انقلاب رخ داد و آن ممنوعیت برداشته شد، آثار شریعتی سیل آسا در جامعه جاری شد و انتشار میلیونی در ایران پیدا کرد. این از برکات دوران اولیه انقلاب بود، عطشی که نسبت به آراء شریعتی احساس می‌شد و منعی که در مقابل آن ایجاد شده بود، مشتاقان را به سوی خواندن آثار او و جرعه گرفتن از جویبار اندیشه او حریصانه می‌راند. اما این امر برای مدت طولانی نپایید و همین‌که حکومت مستقر شد و روحانیان بر اریکهٔ قدرت نشستند و اعتماد به نفس به دست آوردند، به تصفیه حساب با این امر و تاریخ گذشته و با روشنفکران از جمله دکتر شریعتی پرداختند. دکتر شریعتی در آن زمان آشناترین دشمن روحانیت قلمداد می‌شد و به همین سبب پاره‌ای از کتاب‌های او به محاق رفت و ممنوع‌الانتشار شد. از آن طرف گروه‌ها و کانون‌هایی برای نشر اندیشه‌های شریعتی پدید آمد و همان دو دستگی که قبل از انقلاب وجود داشت، پس از انقلاب هم ادامه یافت: گروهی هوادار وگروه دیگر هم مخالفانی که حاضر به شنیدن نام شریعتی نبودند و او را کافر مطلق می‌شمردند و حتی روحانیانی را سراغ دارم که رسماً در قم بیان می‌کردند که جایگاه شریعتی در قعر جهنّم است.

سالیان ابتدای انقلاب این‌چنین گذشت، اما ناگهان روحانیان ما و خصوصا گردانندگان سیاست به این نکته توجه پیدا کردند که شریعتی متاعی نیست که آن را ارزان به مخالفان واگذارند. بهتر است خودشان تملک آن را به عهده گیرند و نگذارند که از آنِ دیگران باشد. آشکارا جوّ عوض شد و شریعتی از نو کشف شد و سیل عنادی که علیه او جاری بود به

راستای مقابل برگردانده شد و رفته‌رفته شریعتی بدل به یک شخصیت نیمه‌محبوب وسپس محبوب گردید. نام او که سال‌ها از رادیو و تلویزیون شنیده نمی‌شد، دوباره به میان آمد، پاره‌ای از آثار و آراء و نوشته‌های او از تلویزیون و رادیو پخش شد و رفته‌رفته شریعتی به صورت شخصیتی مصور شد، کمابیش در راستای حکومت کنونی، که اگر چه احیاناً خطاهایی هم داشته ولی من حیث‌المجموع در صراط مستقیم حرکت می‌کرده است. این موضع رسمی کنونی حکومت اسلامی در ایران است و چنان‌که گفتم روزبه‌روز غلظت و رنگ بیشتر پذیرفته و اکنون تقریباً هیچ روزنامهٔ رسمی یا غیر رسمی نیست که از شریعتی بد گویی کند یا او را از آن انقلاب نداند یا خدمات او را به انقلاب نستاید. این ماجرای شریعتی بود. در این امر البته موضع‌گیری شخص رهبر انقلاب یعنی آقای خامنه‌ای بی‌تاثیر نبود که به شریعتی فی‌الجمله ارادتی دارد و حتی رفتار مطهری در مقابل او را تندروانه می‌داند.

حال مقایسه کنید مرحوم دکتر شریعتی را با مرحوم مهندس مهدی بازرگان. بازرگان هم چهره ناآشنایی نبوده و نیست، همهٔ ما او را کم‌وبیش می‌شناسیم، او هم مبارزات خود را قبل از انقلاب آغاز کرد، یک فرد فرنگ‌رفته، دانشگاه‌دیده و استاد دانشگاه بود و بنا بر تکلیف دینی پا در راه مبارزه سیاسی نهاد و فداکاری و گذشت بسیار کرد، شغل خود را، استادی خود را، از دست داد و به زندان رفت، زندان تهران و زندان برازجان، و تن به مشقت‌های بسیار داد. با این همه مرام و مشی خود را مطلقاً عوض نکرد و با بصیرت کامل حرکت خود را به پیش برد و حتی پس از انقلاب که بسیاری از جوانان، بلکه پیران جوگیر شدند و حرکات انقلابی مجنون‌واری صورت دادند و پیران پخته‌ای چون او را طرد کردند (هیچ فراموش نمی‌کنم دنباله‌روی بعضی از بزرگسالان را مثل احمد شاملو و مانند برخی از مجاهدین خلق که اسیر شعارهای آن‌ها شدند)، مرحوم بازرگان ابداً از خط خود تخطی نکرد. او به‌درستی می‌دانست چه می‌گوید، چه می‌کند و چه می‌خواهد.

دریغا که پس از سال‌ها مبارزه در آرزوی نشاندن نهال تحول در جامعه ایران (و خوشبختانه چندان ماند تا این تحول را به چشم خود ببیند و نتایج زحمات خود را به دست خود از درخت عمل و تجربه بچیند)، این نهال نوخاسته به او وفا نکرد و کسانی که بر سریر قدرت نشستند به زودی با او وداع گفتند، آن هم نه وداعی دوستانه، بل طردی خصمانه. تلخی این فراق هم‌چنان در کام ملت باقی است. بازرگان کناره گرفت، یک کناره گیری منتقدانه و معترضانه، و تا پایان عمر به نهج و طریقه خود وفادار ماند.

در اندیشه‌شناسی معاصر معمولاً مرحوم شریعتی را متمایل به چپ و به سوسیالیسم

می‌شناسند که سخن چندان ناروا و ناصوابی هم نیست. مرحوم شریعتی محصول دوران انقلاب الجزایر و ناظر درافتادن انقلابیون الجزایر با ارتش فرانسه بود، و خودش هم به حکم جوانی و به حکم حوادث و وقایعی که در کشور می‌رفت و با تجربه‌ای که از ۲۸ مرداد سال ۱۳۳۲ داشت، یک جوان پر شور انقلابی بود و تئوری‌های مربوط به انقلاب را یکی یکی از سوسیالیسم و مارکسیسم بر گرفته بود و در دل نشانده بود و زمانی که با انبانی از اندوخته‌های تئوریک و تجربه‌های انقلابی به کشور برگشت، آن‌ها را به بلیغ‌ترین زبان با مردم در میان نهاد و کوشید که انقلاب را با اسلام یا اسلام را با انقلاب آشتی بدهد و گره بزند و این بزرگ‌ترین دست آورد او بود: تبیین و تدوین و تاسیس یک اسلام ایدئولوژیک انقلابی.

وی چنان‌که می‌دانید به نحو گزینشی امام حسین را، زینب را و ابوذر غفاری را مطرح کرد، از یکایک اینان یک شخصیت انقلابی روزآمد ساخت و در اختیار جوانان نهاد. سخنرانی‌هایش حقیقتاً خون را در رگ‌های جوانان به جوش می‌آورد و از هر یکی یک چریک بالقوّه می‌ساخت و بی‌جهت نبود که او را معلم انقلاب نامیدند. او معلمی و تئوری‌پردازی کرد و تئوری‌های او هم سخت مؤثر افتاد، به طوری که اگر او نبود دانش‌آموختگان و فرهیختگان کمتر جذب آیت‌الله خمینی می‌شدند و بیشتر عامّه مردم به دنبال او می‌رفتند، اما وقتی شریعتی پا به میدان نهاد و آراء خود را بسط داد و منتشر کرد، این گروه بزرگ که هیچ‌گاه روحانیان متولی آن‌ها نبودند، جذب روحانیت و آیت‌الله خمینی شدند و پا به صحنه انقلاب نهادند. انس و نزدیکی شریعتی با اندیشه چپ امر انکار ناپذیری است. از آن طرف مرحوم بازرگان مشهور بود (وشهرت ناروایی نیست) که با اندیشهٔ لیبرالیسم آشناتر و مأنوس‌تر و به آن پای‌بندتر است. بازرگان کتابی بر علیه مارکسیسم نوشت و در تمام آراء و آثار خود آن‌چه را که الگو قرار می‌داد غرب لیبرال بود، و جوانان را ترغیب می‌کرد که از غربیان بیاموزند. مقولهٔ «کارکردن» که در اروپا تا این حد مقدس و مهم است و نزد ما این همه خوار و خفیف است، خصوصاً مورد توجه اکید بازرگان بود و می‌کوشید توضیح بدهد که کارنکردن و آقامنشی کردن و کارگری را پست شمردن مطلقاً با دیدگاه‌های دینی موافقتی ندارد. نرم‌خویی و قانون‌گرایی و علم‌گرایی و گام‌به‌گام عمل‌کردن و پرهیز از تندروی وحزب‌اللهبازی و غرب‌ستیزی و مهدویت‌گرایی و چریک‌ستایی و چپ‌روی (چه پیش از انقلاب وچه پس از آن) لقب لیبرال را برای او به ارمغان آورد.

بگذریم از این‌که پس از انقلاب، توده‌ای‌ها یکی از خیانت‌های بسیاری که به ایران و ایرانیان کردند همین بود که لفظ لیبرال را بدل به یک دشنام کردند و با کمال تأسف روحانیت مقلد و چپ‌زده ما هم این راه غلط را در پیش گرفت و لیبرال معنایی پیدا کرد معادل فاسق و

بی‌ناموس. من کاملاً به یاد دارم که وقتی سید احمد خمینی در باب وقایع قبل از انقلاب سخن می‌گفت، یعنی در باب سفر آیت‌الله خمینی از عراق به کویت و از کویت به فرانسه، بی آن‌که نام ببرد (همه می‌دانیم که آقای دکتر ابراهیم یزدی بود که به او پیشنهاد کرد که اختیار کردن یک کشور آزاد به نفع اوست، چون می‌تواند صدای خود را به همهٔ جهانیان برساند، برخلاف عراق و کویت که در آن جاها مجال نفس‌کشیدن نیست) به اشاره و با تخفیف می‌گفت بله، یک فرد لیبرال نزد آقای خمینی آمد و چنین و چنان گفت. هم حق‌ناشناسی در این سخن موج می‌زد هم تخفیف و تحقیر و هم در تله دشمن افتادن، یعنی خنجر دشمن را در پهلوی دوست فروبردن. اکنون که ما کلمهٔ لیبرال را به‌کار می‌بریم چنان سوء استفاده هایی مطلقاً نابخشودنی است. لیبرالیسم یک مکتب بسیار استخوان‌دار و مهم در سیاست و اقتصاد مغرب زمین است وبا چند فحش توده‌ای و کمونیستی از میدان به در نمی‌رود.

خب، این‌ها همه مقدمه بود تا من به شما آن ملاحظه معنی‌دار را بگویم: مرحوم شریعتی با همه گرایش‌های چپ‌روانه و سوسیالیستی‌اش، نهایتاً مقبول سیستم حکومت جمهوری اسلامی ایران افتاد. نهایتاً این حکومت توانست اختلافات خود را با او کنار بگذارد یا نادیده بینگارد و شریعتی را از آنِ خود کند و بهای اندک آن را هم بپردازد. شریعتی را از آن خود کردن چندان مشکل هم نبود، همهٔ حرف من این است، جهد بسیار نمی‌خواست و هزینهٔ فراوان نداشت. شریعتی در بخش‌هایی از آراء خود البته با روحانیان و روحانیت مخالفت‌هایی کرده بود، اما روحانیان دندان روی جگر گذاشتند و آن‌ها را نادیده گرفتند. درعوض حجم عظیمی از آثار و تعلیمات او، تعلیمات چپ بود که کوشیده بود برای آن‌ها پایگاه‌های عقیدتی و استنادات قرآنی پیدا کند، مفاهیمی مثل مستضعفین و ناس وشهادت و قیام و قهر انقلابی و فعالیت چریکی زیرزمینی (تقیه) را شریعتی از *قرآن* و تاریخ اسلام استخراج کرده و به کار گرفته بود و از تشیع حزبی انقلابی و از اسلام یک ایدئولوژی دنیوی ساخته بود و به غرب کافر و لیبرال حمله برده‌بود و این‌ها کم خدمتی نبود، برخلاف بازرگان که هیچ‌یک از این حسنات را نداشت.

لذا روحانیان ما وقتی خواستند که شریعتی را دوباره جذب کنند و به تملک خود در آورند، از آن بخش ضد روحانیت او چشم پوشیدند و به بقیهٔ تعالیم او چشم طمع گشودند. آن‌چه را که او تحت عنوان اندیشهٔ چپ مطرح کرده بود، کمابیش قابل قبول یافتند و کنارآمدنی و به‌کارگرفتنی دانستند. مخصوصا مفهوم امامت و امّت و رهبری هدایت‌گرانه را.

اما از آن طرف، اکنون سی سال است که حاکمان روحانی با آراء بازرگان نتوانسته‌اند

کنار بیایند، با این که اگر به لحاظ ظاهری حساب کنیم و اعمال جوارحی را در نظر بگیریم بازرگان از مرحوم شریعتی در عمل به آیین‌ها و مناسک دینی بسیار جدی‌تر بود و همهٔ روحانیان اذعان داشتند که او به لحاظ شخصی، مرد متشرع و متدینی است و به حلال و حرام شرعی بسیار پای‌بند.

اما با همهٔ این احوال بازرگان از روحانیان و از حکومت جمهوری اسلامی نمرهٔ قبولی نگرفت، نه دیانتش و نه سیاستش، هیچ کدام. اما شریعتی با این‌که از ناحیه مطهری و... مورد تلخ‌ترین و زشت‌ترین حمله‌ها بود (طوماری که قبل از انقلاب توسط روحانیان علیه شریعتی امضا شد فوق‌العاده خواندنی و عجیب است) عاقبت نمرهٔ قبولی گرفت و در زمره خواص و محارم در آمد و نام او را در پرونده نیکان نوشتند وتوبهٔ ناکرده‌اش را پذیرفتند. خوب، چرا این اتفاق افتاد؟ این برای من سؤال بود که چرا بازرگان مطرود حکومت است، اما شریعتی محبوب و مقبول؟ جواب اصلی و اساسی من که دربارهٔ آن توضیحات بیشتر خواهم داد همین است که اسلامِ روحانیت، یعنی اسلام موجود، با مارکسیسم بیشتر بر سرِ مهر است تا با لیبرالیسم و چالشی که مارکسیسم نسبت به اسلام دارد بسی سبک‌تر و سهل‌تر از چالش لیبرالیسم است. به همین سبب امروز، روحانیان و حاکمان جمهوری اسلامی در مقابل لیبرالیسم روزگار دشوارتری دارند تا آن‌گاه که در مقابل مارکسیسم ایستاده بودند.

مشاهده ظاهربینانه، خلاف این را به ما می‌گوید. ظاهراً مارکسیسم آتئیست است، بی‌خدا و ضدّ خداست، نافی دین و نبوت است، نافی وحی و آخرت است و به‌هیچ عنوان سر آشتی با دین‌داری و دین‌ورزی ندارد، درحالی‌که لیبرالیسم علی‌الظاهر چنین مفاد ومعنایی ندارد. ممکن است یک شخص لیبرال خودش بی‌دین باشد، اعتقادی به وحی و نبوّت نداشته باشد، ولی مکتب لیبرالیسم چنین اقتضایی ندارد. یک انسان لیبرال می‌تواند یک مسیحی خوب باشد، می‌تواند یک مسلمان خوب باشد و یک جامعه لیبرال مثل آمریکا، ۷۰ درصد مردمش می‌توانند روندگان به کلیسا و مسیحیان متدین باشند و بین این‌ها تعارض و تناقضی نبینند. لذا، گرچه نگاه ظاهربینانه به ما می‌گوید که احتمالا لیبرالیسم و اسلام باید آشتی پذیرتر باشند تا مارکسیسم و اسلام، اما حقیقت جز این است. و همین است سرّ این امر که شریعتی سوسیالیست چپ‌گرا در عداد قبول‌شدگان قرار می‌گیرد، اما بازرگان متدین لیبرال، هم‌چنان مطرود است و سایه اندیشه و شخصیت او را با تیرعداوت وخصومت می‌زنند و به هیچ حیله‌ای نمی‌توانند او را در زمرهٔ خودی‌ها درآورند.

شریعتی خودی شد، اما بازرگان هنوز ناخودی است و فقط بازرگان نیست، من بازرگان

را به عنوان یک مصداق برجسته ذکر کردم وگرنه، کثیری از افراد دیگر را هم می‌توانید نام ببرید و در کنار بازرگان بنشانید که همه با او هم‌سرنوشت‌اند، و از آن طرف هم‌کسان دیگری را در زمرهٔ شریعتی صفت‌ها. چرایی این مطلب است که خیلی مهم است. حالا بگذارید من نمونه‌های دیگری را هم ذکر کنم تا صورت مسأله شکافته‌تر و روشن‌تر بشود و آن‌گاه به تحلیل دست ببریم:

به آهنگ‌ها و ترانه‌هایی که خانم امّ‌کلثوم در مصر خوانده بود گوش می‌کردم، یک قصیده نسبتاً بلند را تماماً در حضور ملک فاروق در مصر می‌خواند. ملک فاروق آخرین پادشاه مصر بود که سلطنتش به دست جمال عبدالناصر بر افتاد. نوشته‌اند که ملک فاروق را آن اشعار خوش نیامد و مجلس را ترک گفت.اشعار از که بود؟ از یکی از مشهورترین شعرای مصر در قرن بیستم به نام احمد شوقی که لقب امیرالشعرا را به او داده‌اند، لقبی مناسب و بر حق. امیرالشعرا بود، از جوانی شعر می‌گفت، شاعر آریستوکراتی هم بود، یعنی در دربار می‌زیست و با بزرگان و اشراف نشست و برخاست داشت.

این قصیده را آقای احمد شوقی دربارهٔ پیامبر اسلام در سال ۱۹۱۲ گفته است. انقلاب روسیه در ۱۹۱۷ به وقوع پیوست. یعنی پنج سال قبل از انقلاب روسیه و درست صد سال پیش. دراین اشعارکه در حضور ملک فاروق خوانده می‌شود، در خطاب به پیامبر اسلام می‌گوید که:

الاشتراکیون انـت امامهـم لولا دعاوی القـوم والغلواءُ
داویت متئداً وداووا طفـره واخفّ من بعض الدواء الداءُ
فلو انّ انسانـاً تخیـر دینـه مااختار الا دینـک الفقراءُ

«تو پیشوای سوسیالیست‌ها هستی، ولی سوسیالیست‌ها تندروی می‌کنند. همان مرض‌هایی را که آن‌ها می‌خواستند با تندروی شفا ببخشند، تو با نرمش شفا بخشیدی. گاهی دارو از مرض هم بدترمی‌شود». سپس می‌گوید «اگر بنا بود آدمیان خودشان دین‌شان را اختیار کنند، فقرا می‌آمدند و دین تو را انتخاب می‌کردند».

ملاحظه کنید، از ۱۹۱۲ ما مسلمان‌ها، یک شاعر آریستوکرات و اشراف‌منش را داریم که در وصف پیامبر و در مدح او می‌گوید که تو پیشوا و امام سوسیالیست‌ها هستی و همان چیزهایی که اشتراکیون و سوسیالیست‌ها می‌گویند کمابیش تو هم گفتی و هواداران و پیروان تو در درجه اول فقرا و پابرهنه‌ها هستند و تو کسی بودی که خواستی فقرا را برکشی و اشراف را فروکوبی

و سوسیالیست‌ها هم که غیر از این نمی‌گویند. از این‌جا شما قصه را دنبال کنید و جلوتر بیایید.

بسیاری از رفرمیست‌ها در جامعه اسلامی، بی‌تردید از سوسیالیسم و از طریقت چپ تأثیر پذیرفته بودند. به‌عنوان نمونه از دونفر از بزرگان نام می‌برم، اولی مرحوم سید محمدباقر صدر و دیگری مرحوم مرتضی مطهری. محمدباقر صدر یک مرجع مسلّم شیعه بود. ایشان کتابی دارد به نام *اقتصادنا*. ما در جوانی با شوق و شور این کتاب را می‌خواندیم، چون می‌خواستیم ببینیم که اقتصاد اسلامی چیست. این کتاب در همان ایام به فارسی هم ترجمهٔ شد، کتاب نسبتاً سنگینی بود و نشان می‌داد که مرحوم صدر کاملاً مطالعه و فکر کرده است. همه دانش فقهی و دانش علمی ـ اقتصادی او در آن کتاب گرد آمده بود، اما نهایتاً و در پایان امر آن‌چه در آن دیده می‌شد یک نوع اقتصاد دولتی سوسیالیستی بود که ایشان در آن کتاب آورده بود و به منزله سیستم اقتصاد اسلامی معرفی کرده بود. و امّا مطهری یک عالم بزرگ اسلامی‌ـ ایرانی بود که بحث‌هایی در باب اقتصاد اسلامی داشت و پس از انقلاب مجموعهٔ درس‌ها و بحث‌های او به چاپ رسید. این کتاب آن قدر بوی سوسیالیسم می‌داد که آقای خمینی دستور داد آن کتاب را جمع و خمیر کرده از بازار خارج کنند. ناشر آن کتاب ۲۰۰۰۰ نسخه از آن کتاب را که در آن موقع عدد بزرگی بود، همه را خمیر کرد، جز چند جلد که به‌صورت اهدا به بعضی داد و دو جلد از آن به دست من هم رسید. آقای مطهری به صراحت در آن کتاب کوشیده بود که همان تز مارکسیستی مشهور را که ابزار تولید تحت مالکیت هیچ کسی در نمی‌آید و فقط مالکیت دولتی و جمعی برمی‌دارد تثبیت کند، و با استدلال فلسفی و دینی این رأی را به اصطلاح جا بیندازد. روحانیانی این مطلب را به آقای خمینی رساندند و او هم فرمان داد که آن کتاب از بازار جمع و از صحنه عمومی بیرون رانده شود.

می‌بینید که حتی در آن رده بالای مرجعیت و اسلام شناسی (از روشنفکران به اصطلاح کم‌دانش بگذریم)، این اندیشه‌ها رخنه کرده‌بود و به نحوی اسلامیزه می‌شد، یعنی کوشیده می‌شد که با اسلام توجیه شود و در کنار اندیشه اسلامی بنشیند. نمونه‌هایی از این دست فراوان می‌توان یافت. حالا ببینیم چرا چالش لیبرالیسم با اسلام چالش سنگین‌تری است و چگونه است که ما اکنون در دوران دشوارتری به سر می‌بریم؟

من به خوبی می‌توانم تصور کنم که اگرنظام کمونیستی شوروی هنوز بر پا بود و فرو نریخته بود، حکومت اسلامی ایران از موقعیت بسیار عالی‌تری برخوردار بود. هم به لحاظ جهانی، هم به لحاظ اعتماد به نفس خود حکومت. چرا؟ چون یک حکومت ایدئولوژیک قوی را در کنار خود می‌دید با یک پیشینه انقلابی و با یک ایدئولوژی تعریف شده که بسیاری از اجزاء

و مؤلفه‌هایش به کار حکومت اسلامی هم می‌آمد و لذا راحت می‌توانست به آن تکیه کند و در جهان عرض اندام کند و سر را بالا بگیرد و سرفراز باشد. دست‌کم شوروی گریبان این حکومت را به خاطر نقض حقوق بشر نمی‌گرفت. نابهنگامی حکومت اسلامی و جای‌گاه دشوار تاریخی او، از آن‌جاست که در عصری واقع شده است که ایدئولوژی چپ و نظام سیاسی شوروی هر دو فرو ریخته‌اند و لیبرالیسم سر بر آورده است و اندیشه‌هایش جهانی شده است و در زمرهٔ بدیهیات زمانه در آماده است. زبان جمهوری اسلامی دیگر زبان زمانه نیست. درحالی‌که اگر دوران شوروی به پایان نرسیده بود، هم‌چنان می‌توانست یک زبان رقیب باشد و هم‌چنان اقناع کنندهٔ دیگران. در ابتدای انقلاب که من هم در بعضی از مجالس و محافل حکومتی شرکت می‌کردم، به وضوح می‌دیدم که بعضی از صدرنشینان حکومت، مفتخرانه می‌گفتند که بله حکومت ما مثل شوروی ایدئولوژیک است، یعنی یک پشتوانهٔ فکری موجود داشتند که به آن‌ها قوّت قلب و اعتماد به نفس می‌داد. به همین سبب اکنون که آن پشتوانه ایدئولوژیک از دست رفته و آن اعتماد به نفس زایل شده، حکومت ایران بیشتر به زور متوسل می‌شود و این نکته بسیار مهمی است. شما اگر نتوانید مردم عاقل را با دلیل قانع کنید، یک راه دیگر بیشتر ندارید و آن این‌که آنان را با زور خاضع کنید. جمهوری اسلامی اکنون در وضعیتی قرار دارد که توانایی اقناع را از دست داده است و نمی‌تواند عاقلان و فرهیختگان را قانع کند (مگر می‌توان نظریه ولایت فقیه را با حجّت عقلی به اثبات رساند؟) و به همین سبب از زور استفاده می‌کند، یعنی دهان‌ها را می‌بندد، آن‌ها را به زندان می‌اندازد، از خواندن کتاب و روزنامه محروم می‌کند و نهایتاً مجبور به مهاجرت می‌کند.

خُب، حالا چرا این چنین است؟ نکته اول که می‌خواهم عرض کنم نکته‌ای فلسفی و معرفت‌شناسانه است و آن عبارت است از مسألهٔ یقین. معرفت‌شناسی لیبرالیستی یک معرفت‌شناسی خطاانگار است، یعنی دگماتیک نیست. همه می‌دانیم که کسب یقین و جزم در روزگار ما آن‌قدر دور از دسترس شده است که دیگر کسی به دنبالش نمی‌رود، مگر در ریاضیات و منطق. در علوم و فلسفه، به دنبال یک نظر قطعی و صد در صد یقینی گشتن رویایی است تعبیر ناشدنی. و این البته به‌دلیل بالا بودن استاندارد قطعیت و یقینیّت در دوران حاضر است. به قول یک فیلسوف، ما یقین داریم که به یقین نمی‌رسیم. امروز شما در علوم می‌بینید که تئوری‌ها می‌آیند و می‌روند، در فلسفه می‌بینید بیست سال از عمر مکتبی نگذشته رخت بر می‌بندد و در گرد و غبار تاریخ نهان می‌شود و مکاتب جدید از راه می‌رسند تا دوباره آن‌ها هم رهسپار تاریخ بشوند و بر این قرار اساساً این‌که کسی با قطعیت تمام بگوید که حق یا باطل فقط همین است در اندیشه جدید و مخصوصاً در لیبرالیسم جایگاهی

ندارد، درحالی‌که مارکسیسم اتفاقاً با جزم و یقین پیوند ناگسستنی دارد دگماتیزمی که در مارکسیسم است، حقیقتاً قابل توجه است. گرچه در مارکسیسم ماتریالیزم «علمی» دانسته می‌شود، اما آن را چون وحی منزل می‌شمارند! پلورالیزم در مارکسیسم جایی ندارد. مارکسیست‌ها خود را حق می‌دانند و بقیه را به‌طور مطلق باطل، دقیقاً همین دگماتیزم و همین یقین فروشی و باطل‌انگاریِ دیگران در اندیشه دینی روحانیان ما هم حضور دارد. اینان هم خیلی راحت حکم می‌کنند به این که دگراندیشان هیچ حظّی از نجات، سعادت و حقانیت ندارند و تمام حقیقت از آن خود آن‌هاست. روحانیت شیعه را در نظر بگیرید که بر ایران حاکم‌اند، این‌ها بی‌تعارف و بی‌خجلت معتقداند که از این شش میلیارد انسان روی زمین، فقط صد میلیون شیعه بهشتی هستند، آن هم با ارفاق، چون خیلی از این شیعیان هم گنه‌کارند و عقایدشان اشکال دارد. روحانیان ما واقعاً معتقد هستند که اهل سنت به بهشت نمی‌روند، (نامسلمانان را که مپرس) طاعاتی که می‌کنند همه بر باد است، هیچ‌کدام را خداوند قبول نمی‌کند، چون ولایت ندارند. امروزه هم در ایران، اگر شما اعتقاد به ولایت فقیه نداشته باشید (که آقای بازرگان نداشت) هر چه بکنید و هر چه بگویید بر باد است؛ نماز شب بخوانید، انفاق کنید، حج بروید، کتاب بنویسید، مسلمان تربیت کنید، هیچ فایده ندارد و دست شما را نخواهد گرفت. آن‌چه اصل ومهم است عقیده جزمی شماست که شما را خودی و بهشتی می‌کند نه انسانیت و کارهای نیک‌تان. اینان می‌گویند همه جهان باید مسلمان شوند تا سعادتمند شوند. آن‌ها هم می‌گویند همه باید کمونیست شوند. این‌ها می‌گویند خدا با ماست، آن‌ها می‌گویند تاریخ با ماست الخ. این دگماتیزم به نظر من یکی از آن نقاط اصلی پیوند بین بینش مارکسیستی و تفسیر روحانیت به قدرت رسیده از اسلام است و همین است سبب آشتی نهایی و نهانی روحانیان با مارکسیسم و قهر آشکارشان با لیبرالیزم، تفسیری که اکنون حاکمیت دارد.

اما مطلب دوم ساختار مارکسیسم است. ساختار مارکسیسم اساساً یک ساختار دینی است، و این نکته‌ای نیست که فقط من متوجه شده باشم. برتراند راسل هم در «تاریخ فلسفه غرب» (ترجمه شده توسط نجف دریابندری) وقتی که به مارکسیسم می‌رسد، خیلی روشن و به منزله یک امر نسبتاً بدیهی به ساختار مذهبی مارکسیسم اشاره می‌کند. مارکسیسم کلاسیک تمام مؤلفه‌های یک دین را در خودش دارد؛ هم خدا دارد، هم شیطان، هم بهشت دارد، هم جهنم، هم مؤمن دارد هم کافر. ببینیم این‌ها در مارکسیسم چه هستند؟ در مارکسیسم تاریخ همه چیز است. همه چیز تحول و تکون تاریخی پیدا می‌کند. تاریخ فقط این نیست که زمان می‌گذرد، بلکه تاریخ نزد مارکسیست‌ها با الهامی که از هگل گرفته‌اند، کم و بیش مانند یک موجود با اراده

عمل می‌کند. تاریخ به پیش می‌رود، تاریخ فلان طبقه را فرو می‌کوبد، تاریخ فلان نظام را برمی‌کشد. تاریخ قضاوت می‌کند. گویی یک متحرک با عزم و علم و اراده است. هگل می‌گفت که قهرمانان کارگزاران تاریخ هستند، مقصودش این بود که خود نیوتن نمی‌دانست چه کار می‌کند، ناپلئون نمی‌دانست چه کار می‌کند، این‌ها را اراده‌ای که عبارت است از تاریخ، تسخیر کرده بود و به این سو و آن سو می‌فرستاد، فکری را در ذهن این می‌نهاد و فکر دیگری را در ذهن آن، تا عقل مکّار تاریخ (واین عین تعبیر هگل است) نهایتاً به مقصد خود برسد، درست مثل یک جبّار زیرک و نقشه‌کش. انگلس می‌گفت که خدای تاریخ، بی‌رحم‌ترین خدایان است که ارّابه خود را از روی اجساد کشتگان به جلو می‌راند. آن زمان که مارکسیسم در شور و رونق بود این جمله بسیار شنیده می‌شد که فلان نظام زیر چرخ تاریخ له شد. می‌گفتند تاریخ اشتباه نمی‌کند، یعنی چون قرار است سوسیالیسم همه جا دامن‌گستر شود، اگر هم یک جا به مانعی برخورد کند، دوباره کاروان تاریخ پیچی و چرخی می‌زند و اشتباه را تصحیح می‌کند و به سوی مقصد می‌تازد. این خدا پاداش و کیفرهم می‌دهد. شما اگر با خدای تاریخ باشید، یعنی مسیر تاریخ را بشناسید و طی کنید، همان مسیری که مارکسیست‌ها ترسیم کرده‌اند، نهایتاً به بهشت می‌رسید که عبارت است از جامعه بی‌طبقه سوسیالیستی. در غیر این صورت، در زباله‌دان تاریخ می‌افتید و زیر چرخ‌هایش له می‌شوید و آن همان جهنم شماست. مؤمن کیست؟ سوسیالیست و کمونیست. کافر کیست؟ مرتجع و بورژوا. متن مقدس چیست؟ نوشته‌های جناب لنین و مارکس. نمی‌دانم شما به شوروی رفته‌اید، یا نه؟ بنده به یمن حضور در دستگاه حکومتی در سال ۱۳۶۰ یا ۱۹۸۱ سفری به شوروی کردم. به مثابه یک هیأت انقلابی به آن‌جا رفته بودیم و همه جا ما را تحویل می‌گرفتند، به کاخ کرملین رفتیم و مذاکراتی کردیم. درتمام ادارات خرد و درشت کاخ کرملین پشت سر همه مدیران۲۰ ـ ۳۰ جلد آثار لنین چون متونی مقدس چیده شده بود که البته برای نخواندن بود و من مطمئن هستم لای آن‌ها هرگز باز نشده بود. درمدرسه چند واحد مارکسیسم باید خوانده می‌شد. در دبیرستان و دانشگاه فقط و فقط تفسیر مارکسیستی از تاریخ تدریس می‌شد. مورخان حق نداشتند تفسیر غیر مارکسیستی از تاریخ بنویسند. ما با پاره‌ای از آکادمیسین‌ها هم ملاقات داشتیم و من به وضوح می‌دیدم فضای تعریف شده مشخصی را که همه باید درون آن کار می‌کردند و مبتنی بر آن نظر می‌دادند. هیچ آلترناتیوی وجود نداشت. همین‌که شما از این جاده منحرف می‌شدید، لقب بورژوا آماده بود که بر پیشانی شما بچسبد و این دقیقاً به منزله کلمه مرتد در جوامع دینی بود. مارکسیسم جهاد و شهادت هم داشت. سرودهای ستایش‌گرانه برای پیشوایان هم داشت و امثال آن‌ها، که همه عطر و طعم دینی داشتند و دل می‌بردند. اقبال لاهوری هم در فصل آخر کتاب *بازسازی فکردینی*

در *اسلام* به دینی بودن چهره و ساختار سوسیالیزم الحادی اشاره می‌کند. خلاصه کنم که مارکسیسم یک ایدئولوژی دنیوی شبه‌دینی بود و مرحوم شریعتی به ساختن یک ایدئولوژی دنیوی دینی همّت گماشت و اسلامی ماکسیمالیست بر الگوی مارکسیسم ساخت، در خدمت دنیا و بی‌اعتنا به آخرت، که در آن حقیقت اهمیت نداشت، بلکه حرکت دارای اهمیت بود. در این ایدئولوژی ابوذر بر ابوعلی سینا ترجیح دارد، چون ابوذر مرد حرکت است ولی بوعلی مرد فلسفه و حقیقت. ایدئولوژی نمی‌تواند منتظر موشکافی‌های فلسفی بماند، باید شمشیر به دست گیرد و حرکت کند. به قول نظامی:

می‌باش چو خار حربه بر دوش   تا خرمن گل کشی در آغـوش[1]

تصویر شریعتی از اسلام ایدئولوژیک و تشیع حزبی تصویر یک ارتش با آرایش جنگی بود، که جنگجویان مسلح در صف مقدم جبهه قرار داشتند و دیگران از طبیب و پرستار و صنعت‌گر و آشپز و خیاط و شاعر و مداح و متفکر و هنرمند و... در پشت جبهه قرار داشتند و تحت فرماندهی واحد به آنان مدد فکری و مادی و هنری و علمی می‌رساندند. همه چیز متعهد بود و هیچ چیز جز در خدمت به فرماندهی و در مسیر انقلاب مسلح و مبارزه معنا نمی‌یافت. فلسفه هم پارتیزان بود، یعنی جانبدار حزبی. مارکسیسم یک ایدئولوژی ماکسیمالیست هم بود، دیندارانی که ایدئولوژی اندیش بودند یا شدند این قرابت و رفاقت را به خوبی با مکتب مارکسیسم حسّ می‌کردند و به خزیدن نهانی آن در اندیشه‌ها روی خوش نشان می‌دادند.

منظور از ایدئولوژی ماکسیمالیست این است که مارکسیسم نه تنها از اقتصاد و سیاست سخن می‌گفت، بلکه مدّعی هنر و فلسفه وعلوم انسانی و طبیعی و کشاورزی و صنعت و روانشناسی و... هم بود. برای همه این‌ها حرف داشت وآراء رقیب را منحطّ ومرتجع وتاریخ مصرف گذشته می‌خواند. چه قرابت غریبی است میان ماکسیمالیسم مارکسیستی و ماکسیمالیسم اسلامِ روحانیتِ حکومتی که طمع در همه چیز کرده است که کمترینش هنر و علوم انسانی است؟

حال قبل از این‌که به لیبرالیزم و بازرگان بپردازم می‌خواهم یک نکته را مقدمه‌وار بیان کنم. من همیشه با خود می‌اندیشیدم که بازاندیشی در مسیحیت وقتی صورت گرفت که مسیحیت با رشد بورژوازی و لیبرالیسم همراه شد. مسیحیت از این حیث خوشبخت‌تر از اسلام بود، کلمه بخت را به کار می‌برم، چرا؟ هم *ما* مسلمانان و هم مسیحیان یک دوره برخورد با یونانیان را

---

۱. نظامی، خمسه، لیلی و مجنون، بخش ۱۰

پشت سر گذاشتیم و در آن تقریباً مشابه عمل کردیم و بخت خود را آزمودیم. هم مسیحیان فلسفه یونان را وارد مسیحیت کردند و مورد استفاده قرار دادند هم مسلمانان فلسفه اسلامی را با آراء ارسطو و افلاتون ساختند. فیلسوفان ما شاگردان حکیمان یونان باستان بودند و البته شاگردان زیرک و حکیم که چیزی به اندیشه آن‌ها افزودند نه شاگردان مقلّد محض.

چنین بود تا حدود قرن شانزدهم. در این قـرن از یک‌سو، ملا صدرا برخاست و از سوی دیگر، مارتین لوتر. وقتی که پروتستانتیزم برخاست تازه گالیله و کپلر و کپرنیک به میدان آمده بودند. بعد از آن‌ها نیوتن آمد، کانت آمد و دانش زمین شناسی، شیمی، فیزیک و نجوم رشد بی‌سابقه کرد و مسأله تعارض علم و دین پیش آمد. نزاع کلیسا و گالیله آغاز شد و این باعث تجدید حیات مسیحیت شد. این نزاع علم و دین هم برای علم هم برای کلیسا پر برکت بود. دو غول مغرور سرها را به هم کوفتند و سر هر دو شکست. کلیسا از خواب جزمی بیدار شد و فهمید در اطراف‌اش چیزها می‌گذرد که نه می‌تواند انکار کند، نه می‌تواند با تکفیر پرونده‌اش را ببندد، بلکه باید فکر دیگری بکند، و این بود که کلیسا به فکر دیگری افتاد. فقط دست آوردهای علم تجربی نبود، دست آوردهای علوم انسانی هم بود. بحث‌ها راجع به حقوق طبیعی بشر و جامعه مدنی را فیلسوفان آغاز کرده بودند و کلیسا با این بحث‌ها روبه‌رو شد و به تدریج خود را با آن‌ها تلائم بخشید. البته خیلی طول کشید تا کلیسا رفته‌رفته چیزی به نام حقوق بشر و امثال آن را به رسمیت شناخت، ولی ما مسلمانان متأسفانه آن بخت تاریخی را نداشتیم. ما در بازاندیشی اسلام و در دوران بیداری مجدد اسلام که می‌توان آغاز آن را به تقریب با خیزش سید جمال‌الدین اسد آبادی در قرن ۱۹ مطابق دانست، کمی پیش‌تر یا پس‌تر، این بخت را نداشتیم. ما با لیبرالیسم و بورژوازی روبه‌رو نشدیم، ما با مارکسیسم روبه‌رو شدیم. همین‌که رفرمیست‌ها و اصلاح‌گران ما به خود جنبیدند و خواستند جهان اطراف را بشناسند و بهترین سیستم را کشف کنند، از آن الگو بگیرند و آن را دست مایهٔ حرکت اصلاحی خود بکنند، خود را با مارکسیسم روبه‌رو دیدند. مارکسیسم مکتب ضعیفی نبود، درست است که امروز بخت از او برگشته و تشت رسوایی‌اش از بام تاریخ افتاده، اما در اصل مکتب ضعیفی نبود. بزرگانی مثل مارکس و هگل و بعد از آن‌ها کثیری از فلاسفه علماً و عقلاً بدان مدد رسانده بودند. پاره‌ای سخنان اساسی در مارکسیسم بوده و هم‌چنان هست. باری ما خود را با این مکتب روبه‌رو دیدیم و بنابراین، وقتی نوبت به تئوری‌پردازی رسید از آن الگو گرفتیم. مرحوم جمال‌الدین اسدآبادی تئوری‌پرداز نبود، پیامبر بیداری مسلمین بود. فریاد می‌زد و می‌گفت برخیزید. فرق است میان این‌که با فریاد زدن یک جسم خفته را بیدار کنید تا وقتی که با دلیل یک عقل خفته را بیدار کنید. این‌ها با هم فرق دارند. سید جمال فریاد می‌زد، چون از ذلت و انحطاط مسلمین در رنج

بود و می‌گفت سزاوار ما نیست که پست و زیر دست باشیم. اما وقتی که نوبت به نظریه‌پردازی رسید، و اهل قلم و اهل نظر به میدان آمدند، این‌ها اغلب از الگوی مارکسیسم تأثیر پذیرفته بودند. سید قطب در مصر (که معلم ایدئولوژیک رهبر کنونی انقلاب هم هست)، شریعتی در ایران مصطفی السباعی در سوریه، که کتابی به نام *اسلام و سوسیالیسم* نوشت. می‌بینیم که بخت تاریخی ما وقتی باز شد که ما محصور و محفوف به‌اندیشه چپ شدیم و اینك هم که حکومتی «اسلامی» تشکیل شده که آن هم الهام گرفته از ایدئولوژی چپ است.

و اما لیبرالیسم چیست؟ در یک کلمه می‌توان گفت، لیبرالیسم مکتب حق‌مداری است، یعنی تکیه اصلی آن بر حقوق است در مقابل تکالیف. مکاتب دینی تکلیف مدار هستند. از قضا مارکسیسم هم همین گونه بود. اما مکتب لیبرالیسم حق‌مدار است، یعنی از حقوق گفت‌وگو و جستجو می‌کند. این که حکومت‌های لیبرال به این‌ها عمل می‌کنند یا نه، بحث دیگری است. من در مقام دفاع از هیچ نظام و حکومت و کشوری نیستم، بلکه این مکتب را، آن‌گونه که تا امروز در فکر فیلسوفان تکوّن و بسط پیدا کرده بیان می‌کنم. لیبرالیسم مکتبی است که حول حقوق آدمی می‌گردد، نه این که تکالیف را انکار کند، بلکه تکالیف در آن ثانوی هستند، یعنی از حقوق منشعب و مشتق می‌شوند. اما مکاتب دینی (در تفسیررایج) مکاتب تکلیف‌مدار هستند و حقوق از تکالیف متفرّع می‌شوند و این همان چیزی است که اندیشه دینی را از لیبرالیسم دور می‌کند و روبه‌روی هم قرار می‌دهد و گاهی هم خصمانه. حال معلوم شد که چرا شریعتی جذب این سیستم می‌شود، یعنی حکومتی‌ها می‌کوشند تا او را از آن خود کنند، ولی بازرگان لقمه‌ای است که از گلوی‌شان پایین نمی‌رود، خار دارد، چیزی در اوست که درکام نظام تلخ است. شریعتی نادراً از حقوق انسان و دموکراسی وآزادی سخن گفته است، کما اینکه خود مارکسیست‌ها هم چنین‌اند. در مارکسیسم ایندیویدوالیزم (فردگرایی) نیست، بلکه کلکتیویزم هست، یعنی «جمع گرایی»، که فرد در آن منحلّ و مستحیل می‌شود. اما در لیبرالیسم فردگرایی، حقوق بشر و دموکراسی، نه تنها تمسخر نمی‌شوند، بلکه بر صدر می‌نشینند.

مدرنیته در یک تصویر و تعریف کلان واجد یک رکن سخت افزاری و دو رکن نرم افزاری است: الکتریسیته و صنعتِ همزادش همان رکن سخت افزاری آن است که با حذفش جهان به ظلمت قرون وسطا فرو می‌رود. از آن دو رکن نرم افزاری، یکی علم تجربی و دیگری حق مداری انسان است. عقل مدرن هم معنایی ندارد، جز این‌که مادر این فرزندان است. با دو رکن نخست می‌توان استالینیزم ونازیسم بنا کرد که پادزهر آن جزم‌شکنی و حقوق‌مداری لیبرالیستی است. استبداد سیاسی و فقه تکلیفی و جزم فلسفی و ماکسیمالیزم دینی با مارکسیسم البته الفت و خویشاوندی بیشتر دارند تا با لیبرالیزم، و همین است سرّ آن‌که

شریعتی چپ‌گرا چنین محبوب فرهنگ روحانیت حاکم می‌شود و بازرگان لیبرال مغضوب آن. گویی اسلام شریعتی نزد آنان «اسلام» تر است تا اسلام بازرگان. از این‌ها همه مهم‌تر، موضع‌گیری پایان عمر بازرگان بود که آشکارا و دلیرانه گفت که هدف بعثت انبیا خدا و سعادت اخروی بوده است و بس. این سخن چنان نامنتظر بود که یاران نزدیک او را برانگیخت تا در نقد او قلم بزنند واظهار رنجش کنند.

اگر اسلام شریعتی را بتوان اسلامِ جهاد ویران‌گر نام داد، اسلام بازرگان اسلامِ کار سازنده است. شوق گرم شریعتی کجا و عقلِ سرد بازرگان کجا؟ بازرگان *اسلام مکتب مولّد و مبارز* را نوشت و شریعتی حسین *وارث آدم* را. یکی بیان سازندگی اسلام بود و دیگری سراپا انقلاب و براندازی. بازرگان را می‌توان سکولار سیاسی خواند، اما شریعتی را نه. او خواستار یک حکومت ایدئولوژیک بود. قیاس شریعتی با فردیدی‌های مزوّر، البته قیاس نور است با ظلمت. اما همین‌جا می‌توان دریافت که چرا آن‌ها هم که آلوده به اصناف منکرات ومسکرات بودند و کمترین پیشینه اسلامی و انقلابی نداشتند پس از انقلاب قدر دیدند و بر صدر نشستند. این‌ها سایه شریعتی را با تیر می‌زدند، در عین حال سخنان او را حتی غلیظ‌تر از او تکرار می‌کردند، بدون یک جو عقیده و صداقت و از سر ابن‌الوقتی خالص و کامل.

ناگفته نگذارم که امروز نه سوسیالیزم و مارکسیسم و لیبرالیزم آن است که قبلاً بوده است و نه شریعتی همه‌جا یک چهره دارد. وی در کویریاتش چهره‌ای به غایت اومانیست و اگزیستانسیالست از خود نشان می‌دهد که ستودنی و دیدنی است.

محمد اقبال لاهوری فیلسوف، شاعر و سیاست‌شناس محبوب شریعتی، گرچه می‌گفت: «جام جهان‌نما مجو، دست جهان‌گشا طلب» و با این سخن به مارکس نزدیک می‌شد که تغییر جهان را بیش از تفسیر آن می‌پسندید، با این همه یک‌سویه بودن آیین مارکس را هم به‌خوبی می‌شناخت و طرد و نقد می‌کرد وحتی برافتادنش را پیش‌بینی می‌نمود:

روس را قلب و جگر گردیده خون از ضمیرش حرف لا آمـد برون
کرده‌ام اندر مقاماتش نگــــاه لا سلاطین لا کلیســـا لا الاه
آیدش روزی که از زور جنـــون خویش را زین تند باد آرد بـرون[1]

کاش شریعتی به این آراء اقبال لاهوری اقبال بیشتری نشان می‌داد که در آن صورت، اقبالِ اندیشه‌اش بلندتر بود.

---

۱. اقبال لاهوری، لااله الاالله

بیفزایم که مبادا گمان شود اسلام، چنان‌که در مخیّله روحانیت حاکم است، همه‌اش جهاد اصغر است و دشمن‌کُشی و اسلام‌گستری و آزادی‌ستیزی و سنگسار و دگماتیزم و استبداد دینی و ولایی. و امامان شیعه همه «انقلابی» و شورشی بودند و برانداز، و آدمیان سراپا مکلّفان بی‌حقوق‌اند و هر روز عاشوراست و هر زمین کربلا. اصلاً و ابداً چنین خشکی و سردی و سختی و بی‌عاطفگی و تک‌رنگی در کار نیست. به‌اختصار بگویم که *قرآن* «ظنّ» به آخرت را هم قبول دارد «الَّذِینَ یظُنُّونَ أَنَّهُمْ مُلَاقُو رَبِّهِمْ»[1] و تصدیق می‌کند که یقین‌آوردن بسیار دشوار است. حق آدمیان برای احتجاج با خدا را به رسمیت می‌شناسد «لِئَلَّا یکُونَ لِلنَّاسِ عَلَی‌الله حُجَّة بَعْدَ الرُّسُلِ»[2] چه جای احتجاج با حاکمان، و آدمیان را ذاتا مکرّم می‌شمارد، و به هیچ وجه ادعای ماکسیمالیسم ندارد و جامعیت‌اش در امر هدایت اخروی است نه شئون دنیوی. و اخلاق‌اش فقه‌اش را تهذیب می‌کند و فقه‌اش ظنی و فقیه محور است و لذا قانون نیست و اخلاق‌اش نیکی را به‌خاطر نیکی و علم را به خاطر علم می‌ستاید. مکرّم و مختار بودن آدمی و لذا واجد حقوق بودن او فقط می‌تواند منشأ الاهی داشته‌باشد و با ماتریالیسم و سکولاریسم فلسفی غیر قابل توجیه است. آدمی که بر صورت خدا آفریده شده‌است و خلیفه خدا برروی زمین است مانند خدا مکرّم و محقّ و مختار است، وگرنه جانوری است محصول کور تکامل زیستی جانوران و بس. تنوع اندیشه‌ها و روش‌های زندگی و فرهنگ‌های مسلمانان نشان می‌دهد که هرگز درکی واحد و کلیشه‌ای از اسلام وجود نداشته است. پروتستانتیزم اسلامی با تصوف آغاز شد که اتوریته فقیهان را شکست و تفسیر رسمی از دین را کنار زد و راه ایمان فردی و تفسیر فردی از کتاب و سنت را گشود و فرقه‌های بی‌شمار پدید آورد و تکثر روش و بینش را عملاً بنیان نهاد.

بلی چنین است، اما غلبه اندیشه چپ وگفتمان غرب ستیزی از یاد مسلمانان برده است که عناصر لیبرالیستی-حق‌مداری در طریقت آنان بسی بیش از عناصر چپ گرایانه است. گمان می‌کنند لیبرالیسم یعنی سیاست خارجی آمریکا و چون این را نمی‌پسندند آن را هم نفی می‌کنند. بازآمدن از یک اسلام تکلیف‌گرا و ایدئولوژیک و بی‌انعطاف و ناگشوده به تحولات فکری و عملی، و روآوردن به اسلامی حقوق‌مدار و گشوده، چالش امروز ماست. امروز لیبرالیزم رقیب نیرومند ادیان است و برخلاف برداشت ظاهربینانه، چالش لیبرالیسم با اسلام، چالشی بس مهیب‌تر و سنگین‌تر از چالش مارکسیسم با اسلام است، چالشی که وضعیت

---

۱. بقره/٦٤

۲. نساء/١٦٥

انسانی ـ ایرانی ـ اسلامی ـ سیاسی امروز ما را صورت‌بندی می‌کند و بر شانه روشنفکران دینی وظیفه‌ای را می‌نهد که هیچ‌گاه این قدر سنگین نبوده است.

سخن من تمام است. از حسن اصغاء و تحمل شما تشکر می‌کنم.

سکولاریزم ستیزه‌گر[1]

مقدمه

به نام خداوند و با سلام خدمت هم‌وطنان گرامی. موضوع سخن من در این‌جا سکولاریسم ستیزه‌گر است. مطمئنم همه شما با مقوله سکولاریسم آشنایی دارید و بنابراین حاجت نیست من در باب معنا و مدلول سکولاریسم به تفصیل سخن برانم، اما ناگزیر باید مقدمه‌ای را بگویم تا نتایجی را که می‌خواهم بگیرم آشکارتر شود.

ما ظاهراً نه تنها در زبان فارسی، بلکه در هیچ یك از زبان‌های غیرلاتینی معادل روشن و دقیقی برای واژه فرنگی سکولاریسم نداریم و بسیاری از کشورها، از جمله کشورهای اسلامی، اغلب ترجیح داده‌اند این واژه را به همین صورت فرنگی آن به‌کار ببرند. البته در زبان فارسی پیشنهادهایی داده شده از جمله «گیتی‌انگاری» یا «دنیاویّت»، که به معنای توجه کردن به دنیا و کام خود را از دنیا برگرفتن است. در زبان عربی هم واژهٔ «عِلمانیت» یا «عَلمانیت» به کار رفته است، اما خود عرب‌ها هم متحیراند که آن را عِلمانی بخوانند یا عَلمانی! اختلاف از این‌جا ناشی می‌شود که بعضی معتقدند که این واژه از «عِلم» مشتق می‌شود و لذا «عِلمانی»، به معنای بینش علمی داشتن، علمی اندیشیدن و علمی تحلیل کردن است. بعضی معتقدند که این واژه

---

۱. متن تنقیح شده سخنرانی ایراد شده در شهریور ۱۳۸٦ در پاریس.

از «عالَم» گرفته شده است که به مفهوم دنیاویّت و گیتی‌گرایی نزدیک می‌شود. در زبان‌های لاتینی کلمه سکولاریسم، چنان‌چه می‌دانید، از ریشه «سکولوم» می‌آید. «سکولوم» یعنی این‌جا و اکنون، نه دنیای دیگر. این دنیای اکنونی نه دنیای برتر. معنایش این است که توجه ما به این جهان، که اکنون در آن زندگی می‌کنیم، معطوف است، در پی کامیابی در این جهانیم، در پی شناختن این جهان و در پی اداره کردن و مدیریت کردن این جهانیم. ما به جهان بعد از مرگ و به ماورای طبیعت کاری نداریم. به همین سبب است که در معادلی که در زبان فارسی یا عربی برای آن می‌گذارند مفهوم جهان، گیتی، عالَم، دنیا و امثال این‌ها نهفته است. چنان‌که گفتم، ما با این مفهوم آن‌چنان که باید آشنا نبوده‌ایم و لذا معادل دقیقی هم برای آن نساخته‌ایم، اما به پاره‌ای از علل و دلائل، که خواهم گفت، در مغرب زمین سکولاریسم رویش طبیعی پیدا کرد و درختی شد که بر سر همه تمدن غرب سایه افکند. اکنون هم غربیان در سایه این درخت زندگی می‌کنند. اما اگر به دقت در ادبیات گذشته خود، خصوصاً ادبیات دینی‌مان، نظر کنیم دو واژه پیدا خواهیم کرد که ربط و نسبت نزدیکی با مفهوم سکولاریسم دارد. البته امروزه شاید نتوان آن‌ها را در این معنا به‌کار گرفت، اما این نشان می‌دهد که گذشتگان ما هم از این مفهوم بی‌بهره نبوده‌اند و احیاناً به آن می‌اندیشیده‌اند. یکی کلمه «دهر» است، یعنی روزگار، که با کلمه duration در انگلیسی و dure در فرانسه هم ظاهراً هم‌ریشه است. من بر این معنا اصراری ندارم، اما چون علمانیت را دهرانیت هم گفته‌اند، می‌گویم. این کلمه «دهر»، اتفاقاً در *قرآن* هم آمده‌است. از زبان پاره‌ای از افراد بی‌ایمان گفته شده است که ما خود به دنیا می‌آییم و خود از دنیا می‌رویم «وَما یُهلِکُنا اِلاّ اَلدَّهر»[1] روزگار ما را فرسوده می‌کند. علت دیگری در کار نیست. خدایی و نیروهایی غیبی وجود ندارند. همین زمان و جهان است که ما را برمی‌آورد و نهایتاً هم ما را فرومی‌اندازد. این همان تعبیری است که خیام هم آن را به کار می‌برد.

جامی است که عقل آفرین می‌زندش صد بوسه زمهر بر جبین می‌زندش
این کوزه‌گر دهر چنین جام لطیف می‌سازد و باز بر زمین می‌زندش[۲]

این درست مفهوم همان آیه «وَما یُهلِکُنا اِلاّ اَلدَّهر» است. «دهر» یعنی زمانه و روزگار، و با کلمه سکولاریسم، که «سکولوم» به معنای زمان در آن جای دارد، مناسبت تام و تمام دارد. من پیشنهاد نمی‌کنم که به آدم‌های سکولار آدم‌های دهری گفته شود، زیرا در یک محیط دینی، «دهری» یک لقب کفرآمیز تلقی می‌شود و به انسان بی‌اعتقاد و بی‌خدا اطلاق می‌شود. اما این

---

۱. جاثیه/۲٤
۲. خیام، رباعیات، رباعی ش ۱۱۵

واژه از لحاظ ریشه با مفهوم سکولار نسبتاً نزدیک است. فیلسوفان در حقیقت معتقدند مشخصه اصلی طبیعتی که ما در آن زندگی می‌کنیم زمان‌مندی است. عالَم ماورای طبیعت را عالم بی‌زمان یا لازمان می‌خوانند، یعنی از مختصات این جهان ماده، این جهان طبیعت موجود، زمانی بودن است. بنابراین، همین‌که کلمه زمان به‌کار برده شود، یعنی طبیعت مادی در نظر است. فیلسوفان حتی استدلال کرده‌اند که زمان فرزند ماده و حرکت ماده است. بنابراین، همیشه این فرزند همراه آن مادر است. به همین دلیل، در ادبیات فلسفی جهان طبیعت را گاه temporal order «مرتبه زمانی» می‌نامند. در مقابل، جهان ماورای طبیعت را eternal order «جهان ماورای زمان» می‌نامند. بعضی eternal را ازلی معنی می‌کنند، که معنای درستی نیست. این واژه به‌معنای لازمان و برتر از زمان است؛ جایی که اصلاً گذشت زمان حضور ندارد، بلکه نوعی ثبات در آن جا هست که نامش را حرکت زمانی نمی‌توان گذاشت. اما وقتی پای به جهان زمانی بگذاریم، دیگر همه‌چیز زیر سلطه زمان است. همه چیز عمر دارد، پیر می‌شود، ابتدا و انتها دارد «آن‌چه آغاز ندارد نپذیرد انجام». چیزی که اول ندارد آخر هم ندارد. این‌که ما می‌گوییم خداوند ازلی و ابدی است معنایش این نیست که عمر بی‌پایان دارد، بلکه معنایش این است که اصلاً عمر ندارد. معنایش این نیست که یک زمان بی‌پایان بر او می‌گذرد، بلکه معنایش این است که اصلاً زمانی بر او نمی‌گذرد. لذا سکولاریسم و کلمه سکولوم، که ریشه آن است، در حقیقت به جهانی برمی‌گردد، که متعلق به زمانیات است. به همین جهت، چنان‌چه گفتم، با دهر و duration مناسبت دارد. در *قرآن* کلمه دیگری هم هست که باز از جهت توجه به تاریخچهٔ دینی این مفهوم جالب است و آن کلمه «عصر» است که نام سوره کوتاهی است و در آن خدا به «عصر» قسم می‌خورد «وَالعَصر اِنَّ الاِنسانَ لَفی خُسر الاَّ الَّذینَ آمَنوا و عَمِلوا الّصالِحاتِ...».

مفسران *قرآن* در معنای «عصر» اختلاف کرده‌اند. بعضی گفته‌اند «عصر» یعنی «بعدازظهر». خداوند به بعدازظهر قسم خورده است. من در بعضی از ترجمه‌های انگلیسی *قرآن* دیده‌ام که برای «والعصر» معادل by afternoon گذاشته‌اند. برخی برای این معنی دلیل هم آورده‌اند و می‌گویند همان‌طور که خداوند به صبح قسم خورده‌است «والّصُبحِ اِذاَ تَنَفَّس»[1] و به شب «وَالَّیلِ اِذاَ عَسعَسَ»[2]، جای شگفتی نیست که به عصر و بعدازظهر هم قسم بخورد. اما در نظر بعضی

---

۱. تکویر/۱۸

۲. تکویر/۱۷

این کلمه معنای عمیق‌تری دارد و آن همان معنای روزگار و زمان است[۱]. به نظر من کلمه «عصر» در این‌جا با مفهوم زمان و روزگار کاملاً مناسبت دارد. در واقع به یک معنا خداوند سلاحی را که در دست مخالفان و غیرمؤمنان بوده گرفته است و می‌گوید این زمانی که شما این‌قدر به آن تکیه می‌کنید و می‌گویید آورنده و برندهٔ ما و پرورنده و میراننده ما است و مانند صبح، خورشید، شب و ماه از مخلوقات ماست و من به او قسم می‌خورم در عین این‌که حرمت قسم خوردن دارد، اما از حریم مخلوقیت بیرون نمی‌رود و پا بر مسند الوهیت نمی‌گذارد.

فیلسوفان و متکلمان ما از دو راه دربارهٔ این مسائل دینی بحث می‌کردند؛ یکی راه عقلی و دیگری راه نقلی. راه نقل همان مراجعه به گفته‌های پیامبر و پیشوایان دین در حوزهٔ اعتقادات و اعمال است. راه عقل هم مراجعه به عقل مستقل از دین است، یعنی بدون مراجعه و استمداد از معارف دینی خرد را به داوری بطلبیم و از او بشنویم که خدا کیست، رستاخیزی وجود دارد یا نه، و پرسش‌های دیگری از این دست. این کلمه «عقلی» که در این‌جا به‌کار می‌رود بسیار به مفهوم سکولار در زمان حاضر نزدیک است، زیرا در واقع غیردینی است. یعنی عقلی است که زیر فرمان دین نیست و مستقل از وحی عمل می‌کند و خود می‌خواهد درباره خدا، رستاخیز و مسائل ماورای طبیعت و طبیعت فتوا دهد. وقتی عقل را در مقابل نقل می‌گذاریم مقصود، عقل مستقل از وحی است. این همان چیزی است که یک انسان سکولار امروز از آن سخن می‌گوید، به او دل می‌بندد و می‌خواهد که خرد خودبنیاد و مستقلی داشته باشد و از اتوریته‌های دینی نشنود، فرمان نبرد و خود مستقل و مستقیم وارد عرصهٔ داوری شود. توضیحاتی که تاکنون دادم گویا مرا از تعریف سکولاریسم مستغنی می‌کند. حالا درمی‌یابیم که سکولاریسم یک وجه عملی و حیاتی و ناظر به زندگی دارد و یک وجه عقلی و ناظر به اندیشه. آن‌چه که ناظر به زندگی است معنایش این است که می‌خواهیم در این جهان زندگی کنیم. جهان را خود اداره بکنیم، از جهان کام بگیریم و رفاه و لذت‌مان را در این جهان تأمین کنیم. و آن‌چه که مربوط به اندیشگی است، معنایش این است که می‌خواهیم خود بفهمیم، خود داوری کنیم و از منطق وحی پیروی نکنیم و از پیامبران استمداد فتوا و دانش و بینش نکنیم. همه این معانی پیش از فراگیر شدن سکولاریسم کم‌وبیش شناخته شده بود. اما وقتی یک اراده جمعی پشت سر این امر قرار گرفت و قومی همت گماشت تا این مفاهیم را محقق کند و قبله همت خود قرار دهد سکولاریسم متولد شد؛ یعنی قومی متولد شد که در

---

۱. یک روحانی سوپر انقلابی قبل از انقلاب اسلامی (که بعداً هم متأسفانه اعدام شد) که تفسیرهای انقلابی و تفنگی از *قرآن* می‌کرد، از آن‌جا که در کلمه «عصر» معنای «فشردن» هم هست، گفته بود «والعصر» یعنی قسم به «فشار» و در توضیح هم می‌گفت منظور فشار انقلابی است.

مقام داوری و تحلیل پدیده‌های طبیعی پای خدا را به میان نمی‌آورد. پای ماوراء طبیعت را به میان نمی‌آورد. از نیروهای غیبی استمداد نمی‌کرد. دعا و نذر و توسل به بزرگان و مردگان نمی‌کرد. سحر و جادو را طرد می‌کرد. افسانه‌ها و خرافات را از ذهن بیرون می‌ریخت. درمقام زندگانی هم می‌کوشید زهد و ریاضت را پشت سر بگذارد. یک بُعد مهم عملی سکولاریسم این است که آدمی زاهد، اهل ریاضت و ترک دنیا نباشد، بلکه بگوید به این جهان آمده‌ام تا از این جهان کام بگیرم تا درست زندگی کنم؛ چنان‌که حافظ می‌گفت. حافظ هم به هیچ وجه زاهد نبود:

من آدم بهشتیم اما در این سفر   حالی اسیر عشق جوانان مهوشم[۱]

مرا از بهشت بیرون کرده‌اند. پس می‌خواهم در این دنیا خوش بگذرانم. نمی‌گویم مرا بیرون کرده‌اند تا وارد زندان شوم. در حالی‌که عارفان و زاهدانی بودند که این جهان را زندان می‌دیدند و همچون یک زندانی رفتار می‌کردند.

اولین جرقه‌های سکولاریسم در مغرب زمین جرقه‌های ضدزهدی بود. یعنی دنیا را ترک‌گفتن و زهد را کنارنهادن و معترض به ریاضت شدن و زندگی در این دنیا را جدی‌گرفتن، زندگی در همه ابعادش؛ صنعت، سیاست، آموزش و پرورش، سلامت فردی و اجتماعی. سکولاریسم نمی‌گفت چند صباحی به این‌جا آمده‌ایم و جای اصلی ما جای دیگر است، بلکه می‌گفت جای اصلی ما همین جاست. همین یک بار هم زندگی می‌کنیم، لذا باید به تمام معانی کلمه از این جهان کام دل بگیریم. این جنبه عملی ـ اجرائی‌اش بود. جنبهٔ اندیشگی‌اش را هم توضیح دادم. به این معنا سکولاریسم به‌صورت يك همّت جمعی در مغرب‌زمین متولّد شد. سال گذشته در سمینار مهم و آموزنده‌ای در آلمان شرکت کردم که درباره سکولاریسم بود. چارلز تیلور، فیلسوف کانادایی مشهور، که در زمینه سکولاریسم بسیار کار کرده و در آن باب کتابی نوشته است که جایزه بزرگ بنیاد تمپلتون را برد، درآن سمینار شرکت داشت و در پایان سمینار نکتهٔ آموزنده‌ای را بیان کرد. او گفت پیشنهاد می‌کنم از این پس کلمه «سکولار» را به کار نبریم. چون این کلمه آن‌قدر ابهام آفرین است که به کاربردن آن بیش از آن‌که به سود باشد به زیان خواهد بود. اینک همه، اعم از دانشگاهیان و غیر دانشگاهیان، این کلمه را به‌کار می‌برند و هر کس درکی از آن دارد. کتاب‌ها و مقاله‌های بسیاری در این زمینه نوشته شده تا نوری بر تاریکی آن افکنده شود. و شاید پیشنهاد آن فیلسوف پیشنهاد حقی باشد که این کلمه را از قاموس لغات حذف کنیم و بار سنگین تازه‌ای بر دوش آن نگذاریم.

---

۱. غزل شماره ۳۳۸

سکولاریسم دست‌کم دو شاخه دارد که باید از یکدیگر تمیز داده شوند؛ سکولاریسم سیاسی و سکولاریسم فلسفی. می‌توان با دقت بیشتری زیرشاخه‌هایی برای آن‌ها تشخیص داد، که من فعلاً بر سر آن نیستم. سکولاریسم سیاسی می‌گوید می‌خواهیم این جهان را خود ما انسان‌ها اداره کنیم و لذا به سخن هیچ اتوریته‌ای توجه نمی‌کنیم و تدبیر این جهان را خود به دست می‌گیریم. این معنای جدا کردن دین از حکومت است، منتها ریشهٔ آن این است که ما می‌خواهیم این جهان را اداره کنیم و نه به جهان برتر کاری داریم و نه به جهان پس از این جهان. این جهان را چنان اداره نمی‌کنیم که در جهان بعد به ما ثواب دهند. این جهان را چنان اداره نمی‌کنیم که در جهان برتر بر رفتار ما صحه بنهند، بلکه این جهان را چنان اداره می‌کنیم که گویی همین یک جهان وجود دارد و حاکمانش هم ما هستیم نه کسی دیگر.

اما سکولاریسم فلسفی آن است که آدمی اساساً به این نتیجه برسد که خدایی و ماورای طبیعتی و آخرتی وجود ندارد و اصلاً همین یک جهان بیش نیست. چیزی نزدیک به سکولاریسم در این معنا، ماتریالیسم و ناتورالیسم است. در سکولاریسم سیاسی لازم نیست شما نفی دیانت کنید، بلکه کاری به دیانت ندارید. لازم نیست شما نفی آخرت کنید، بلکه کاری به آخرت ندارید. اما در سکولاریسم فلسفی دربارهٔ این مسائل داوری می‌کنید و داوری‌تان هم منفی است. و این همان است که *قرآن* می‌گوید «مایُهلِکُنا اِلاَّ الدَّهر»: همین روزگار و زمانه ما را می‌آورد و می‌برد و حقیقت و راز دیگری برای این جهان و طبیعت موجود نیست. منظور ماکس وبر از این‌که می‌گفت مدرنیته افسون‌زدایی از این عالم است، همین بود. تمام آن‌چه تحت عنوان خدا، آخرت و ماورای طبیعت هست افسون یا افسانه نامیده می‌شود و در مدرنیته این افسانه‌ها فرومی‌ریزند، به دور افکنده می‌شوند، آدمیان از آن‌ها دست می‌شویند، آن‌ها را نادیده می‌گیرند و صددرصد در اقتصاد، سیاست و غیره به عقل خود تکیه می‌کنند و با این عقل تجربی دائماً آزمون و خطا می‌کنند و پیش می‌روند.

اما لازم است ما دربارهٔ این سؤال بیندیشیم که چرا در مغرب زمین پدیده‌ای به نام سکولاریسم رخ داد و این پدیده در جهان اسلام و به طور کلی در شرق رخ نداد. پاسخ اول من به این سؤال این است که سکولاریسم در مغرب زمین یک فرزند طبیعی بود و یک تولد طبیعی داشت. یعنی در تاریخ مغرب زمین، این فرزند دوران لازم خود را طی کرده بود و پس از این‌که به بلوغ نسبی رسید پا به این جهان گذاشت. به تعبیر دیگر، او را سزارین نکردند و به زور و دشواری او را به این جهان نیاوردند. به دنیا آمدنش و پا به جغرافیای تاریخ نهادنش همراه با خون‌ریزی و خشونت نبود. طفلی بود که به درجه‌ای از بلوغ رسید و به‌طور طبیعی تولد یافت. البته این تولد عللی داشت. علت اول عبارت بود از معارضه و مقابله علم و دین. نزاع علم و دین نزاع بسیار

سرنوشت‌سازی در تاریخ اروپا بوده‌است. این نزاع، نزاعی بر اثر غرض، مرض، توطئه و خداگریزی نبود، بلکه یک نزاع بسیار طبیعی بود. درون‌مایه علوم طبیعی با درون‌مایه کتاب مقدس منافات یافت و این منافات رفته‌رفته بالا گرفت، به طوری که قابل پنهان‌کردن نبود. در عرصه علم هم کوپرنیک، کپلر، گالیله، نیوتن، داروین و بوفون آمدند و بسیاری از این‌ها خودشان افراد دین‌دار و خداپرستی بودند. اما نتیجه کارشان چیزی شد که هیچ انطباقی با محتوای کتاب مقدس نداشت، مخصوصاً در باب حرکت زمین، خورشید، سیارگان و ستارگان. تا مدتی کلیسا با این اندیشه‌های تازه مدارا کرد. اما عاقبت آتش نزاع بالا گرفت و حرمتی که کلیسا و کتاب مقدس داشت هرگز پس از این نزاع بر جای پیشین خود بازنگشت. زمانی کتاب مقدس، کتاب مقدس بود، برتر از هر چون و چرا و واجد حقیقت مطلق که در اختیار روحانیان مسیحی و یهودی بود. علم زیرپای کتاب مقدس را خالی کرد و کلیسا هم به دشمنی با آن برآمد. البته باید این نکته را یادآوری کنم که کلیسا با همه دشمنی که با علم ورزید، به جاده افراط کشیده نشد. بالاخره کلیسا به کتاب کوپرنیک اجازه انتشار داد. کوپرنیک، بر حرکت زمین و سکون خورشید صحّه می‌گذاشت، درحالی‌که بنا بر کتاب مقدس خورشید می‌گشت و زمین ساکن بود. من در سمیناری شرکت داشتم که یکی از محققان در آن‌جا می‌گفت خودش تحقیق کرده که از ۴۰۰ نسخه کتاب کوپرنیک در قرن شانزدهم ۲۰۰ نسخه‌اش همین اکنون در کتابخانه‌های شخصی و غیرشخصی وجود دارد. این نشان می‌دهد که این کتاب جریان خودش را پیدا کرده و به دست اهلش رسیده بوده است. این در حالی است که این کتاب فوق‌العاده فنّی است و جز پاره‌ای از متخصصان علم کمتر کسی آن را می‌فهمد. این‌که گفته می‌شود گالیله را کشتند، افسانه است. البته او را حبس کردند و زیر نظر گرفتند، اما اعدام و کشتنی در کار نبود. کلیسا چگونه اجازه داد کتاب گالیله منتشر شود؟ کلیسا مقدمه‌ای بر این کتاب نوشت و اجازه انتشار آن را داد. در این مقدمه آمده است که آن‌چه دراین کتاب آمده یک تئوری است نه حقیقت محض. این کار تدبیر نیکو و عاقلانه‌ای بود. اما فقط این کتاب نبود، بلکه نظرات کوپرنیک و همین‌طور کشفیات خرد و درشت دیگری صورت گرفت مجموعه آن‌ها کتاب مقدس را از اعتبار و منزلت پیشین فروانداخت. نزاع علم و دین نزاع بسیار مهمی بود و نتیجه‌اش این شد که دین از اقتدار پیشین خود افتاد و از آن پس دیگر آن بازیگری نبود که قبلاً بود. عرصه سیاست عرصهٔ حضور و رقابت و موازنهٔ قدرت‌هاست. اگر چیزی اقتداری داشته باشد، بازیگر عرصهٔ سیاست هم خواهد بود. دین تا وقتی در سیاست حضور داشت که نیرومند بود و در چشم مؤمنان اعتبار داشت. اما وقتی که این ایمان و منزلت کاسته شد، خود به خود از بازیگری‌اش کاسته شد. کسی آن را بیرون نکرد. او خودش ضعیف شد و مجبور شد کنار برود. این است که من می‌گویم سکولاریسم در مغرب

زمین یک زایمان طبیعی داشت. باز هم این نکته را تکرار می‌کنم که عرصه سیاست عرصه بازی قدرتمندان است. هر چیز که قدرت داشته باشد در سیاست به بازی گرفته می‌شود، چون نفوذ و تاثیر دارد. اما اگر بی‌زور و بی‌جان باشد، کسی آن را به بازی نمی‌گیرد. دین تا وقتی قوی بود، خودبه‌خود در سیاست حاضر بود و لازم نبود کسی از او دعوت بکند، وقتی هم که ضعیف شد خودبه‌خود از بازی خارج شد و لازم نبود کسی او را اخراج کند. مسیحیت بسیار قوی بود و قوتش هم به‌خاطر اعتباری بود که در دل مؤمنان داشت. به همین دلیل همه‌جا حاضر بود و حرفش همه جا شنیده می‌شد. وقتی این قدرت از او گرفته شد، البته که از بازی سیاست، مانند خیلی از بازی‌های دیگر، خارج شد. این نکته اول.

نکته دوم، شکافی است که در مسیحیت افتاد. یعنی پروتستانتیسم از شکم کاتولیسیسم تولد یافت و مسیحیت دو شاخه شد. البته پیش‌تر هم دوشاخه بود؛ کاتولیك و ارتودوکس. منتها ارتودوکس شاخه ضعیفی بود. پروتستانتیسم یک حرکت عظیم در دل مسیحیت بود. جریانی که درست روبه‌روی کلیسا ایستاد و روحانیت را به منزله یک پدر فاسد مورد سؤال قرار داد و از اقتدار کلیسا کاست. امروز هم همین‌طور است. روحانیان پروتستان که دیگر father، پدر، خوانده نمی‌شوند. اما روحانیت کاتولیک هم‌چنان پدر نامیده می‌شوند و جناب پاپ هم «پدر اعظم» است. در پروتستانتیسم هر کسی خود می‌تواند، کتاب مقدس را بخواند و بفهمد و هیچ‌کس اتوریته‌ای در فهم آن ندارد. مارتین لوتر اولین کسی بود که کتاب مقدس را به زبان آلمانی ترجمه کرد تا مردم عادی خودشان بتوانند این کتاب را بخوانند و محتاج تفسیر روحانیان نباشند. اما آن‌چه به لحاظ اجتماعی و تاریخی مهم بود این‌که روحانیت ضعف دیگری را هم تجربه کرد و آن شکافی بود که با جریان پروتستانتیسم در دل روحانیت مسیحی افتاد. این شکاف فرقه‌ای و آن نزاع علم و دین کلیسای مسیحی و مسیحیت را کم و بیش از بازی قدرت خارج کرد. از بازی قدرت خارج‌شدن یعنی جدایی دین از حکومت. پس از آن کشورهای اروپایی قانون اساسی نوشتند و در آن آوردند که دین باید از سیاست جدا شود. آن‌چه در قانون اساسی آمد، پس از این حادثه بود. معلول این حادثه بود نه قبل از آن. یعنی ابتدا این زایمان و انفصال در عالم واقع با دلایل عینی واقعی رخ داد، آن‌گاه صورت قانونی به خودش گرفت. برای دین هم که دیگر جانی و جایی نمانده بود و چنان‌که گفته می‌شود مرگ برای ضعیف امری طبیعی است. مسیحیت چنان ضعیف شده بود که صدایی برای اعتراض نداشت. این انفصال تقریباً به صورت یک زایمان طبیعی رخ داد. در نتیجه یک سکولاریسم سیاسی متولد شد که اهل مدارا با ضعفا بود و ستیزه‌گر نبود. این سکولاریسم وقتی متولد شد می‌دانست که دین دیگر ضعیف و بی‌جان است و به افتاده لگد نمی‌زنند. به

قول سعدی کسی به جنگ افتاده نمی‌آید. فرض جامعه‌شناسان تا حدود چهل سال پیش این بود که، نه فقط مسیحیت، بلکه همه ادیان رو به ضعف می‌روند. سکولاریزیشن (secularization) که در جامعه‌شناسی تا سی یا چهل سال پیش، حتی می‌توان گفت تا بیست سال پیش، مطرح بود همین بود. این تصور وجود داشت که سرنوشت مسیحیت سرنوشت همه ادیان است. نه تنها مسیحیت به ضعف و بی‌جانی و بی‌حالی افتاد، بلکه همه ادیان چنین خواهندشد و چون چنین می‌شوند، این جدایی دین از حکومت خودبه‌خود و به طور طبیعی رخ خواهد داد. اعتقاد بر این بود که تاریخ به سمت سکولاریسم سیاسی می‌رود و همان‌طور که مسیحیت از سیاست جدا شد، اسلام هم چندان بی‌جان و ضعیف خواهدشد که از سیاست کنار خواهدرفت. حالا وقتی در مقابل یك حکومت قدرتمند چند دین ضعیف هم قرار داشته باشد، آن حکومت چه‌خواهد کرد؟ مدارا خواهد کرد، چون آن‌ها را خطری برای خود نمی‌داند. می‌گوید بگذار مسجد و کلیسای‌شان برقرار باشد، خطری برای قدرت ندارند. مدارای سکولاریستی از این‌جا متولد شد. اگر شما تاریخ سکولاریسم را بگردید حتماً تأییدی بر این سخن من پیدا خواهیدکرد که مدارایی که در سکولاریسم بود به دلیل این گمان بود که ادیان ضعیف‌اند و ضعیف‌تر خواهند شد و با ضعفا بهترین کار مداراست. چون از طرف آن‌ها خطری متوجه ما نخواهد شد. به همین دلیل مفهوم سکولاریسم سیاسی در بطن خود بی‌طرفی ایدئولوژی حکومت را داشت. یعنی شخص حاکم، نسبت به تمام ادیان بی‌طرفی پیشه می‌کند و همه را به یک چشم می‌بیند. برای او فرقی نمی‌کند که در جامعه‌اش مردم بهایی باشند یا مسیحی یا یهودی یا مسلمان، چون این‌ها زمین‌خوردهٔ تاریخ‌اند و قدرتی نیستند که برای او عرض‌اندام کنند. سکولاریسم به این معنا هم به معنای جدایی دین از حکومت شد و هم به معنای بی‌طرفی پیشه‌کردن نسبت به ادیان مختلف. به همین سبب است که در کشورهای اروپایی یهودی، مسیحی و مسلمان همه باهم زندگی می‌کنند.

آقای کالین پاول وقتی وزیر خارجه آمریکا بود در یک سخنرانی گفت من با کمال افتخار می‌گویم شما اگر در آمریکا بگردید در کنار هر کلیسا، یک طرف مسجد و یک طرف معبد یهودیان را می‌بینید و همه این‌ها هم‌زیستی مسالمت‌آمیز دارند. البته این افتخار هم دارد و قابل انکار هم نیست که فضایی فوق‌العاده انسانی است. اما سخن من این است که ما باید ریشه‌های امر را ببینیم. سکولاریسم رفته‌رفته وارد دوره دیگری می‌شود که من آن را دوره «سکولاریسم ستیزه‌گر» می‌نامم.

«سکولاریسم ستیزه‌گر» سکولاریسمی است که مدارای خود را از دست داده و به همه ادیان به یک چشم نگاه نمی‌کند. سکولاریسمی که هاضمه و ظرفیت قوی پیشین خود را

می‌فروشد و گویی تسلیم دشمنان سکولاریسم می‌شود. به این ترتیب ما دوران تازه‌ای را در تاریخ دین و تاریخ سیاست پیش‌بینی می‌کنیم. چنین چیزی در شرف اتفاق افتادن است.

یکی از نمونه‌های آن همین حجاب دختران مدرسه در فرانسه است. این نشان می‌دهد که گویی سکولاریسم یا لائیسم فرانسه، دیگر لائیسم بی‌طرفی نیست و نسبت به پاره‌ای از رفتارهای دینی طرف‌گیری می‌کند و همه را گویی به یک چشم نگاه نمی‌کند. در انگلستان تونی بلر سخنرانی کرد و به صراحت گفت کسانی که ارزش‌های ما را قبول ندارند این مملکت را ترک کنند. ترکیه از این جهت تکلیفش روشن‌تر از همه جا است. عده‌ای رسماً از این‌که یک مسلمان رئیس جمهور شود اِبا دارند. کسانی به نام سکولاریسم اعتراض می‌کنند و به خیابان می‌آیند و مخالفت می‌ورزند و حتی حاضراند که در قانون انتخابات هم دست ببرند تا این کار را ناممکن بسازند. رسانه‌های غربی هم در این آتش هیزم می‌ریزند و این بسیار جالب است. همین بی‌بی‌سی و تلویزیون‌های دیگر وقتی ماجراهای ترکیه را نشان می‌دادند، می‌گفتند این‌جا دو دسته هستند؛ یک دسته طرفدار حکومت دینی‌اند و یک دسته هم طرفدار سکولاریسم و ارزش‌های تمدنی. آن‌گاه ارزش‌های تمدنی را هم کنار دریا رفتن و بی‌حجاب بودن و امثال این‌ها نشان می‌دادند، که البته هم درک غلط از تمدن اروپایی است و هم آموزش غلط دادن به غیر اروپایی‌ها. به هرحال، سکولاریسم ترکیه آشکارا سکولاریسم ستیزه‌گری است. یعنی عدم مدارای خویش را نشان می‌دهد. حالا چرا این سکولاریسم، سکولاریسم ستیزه‌گر یا میلیتانت نامیده می‌شود و چرا این نام برای او نیکو و مناسب است؟ سکولاریسمی که مفتخر به مدارا، بی‌طرفی و داشتن ظرفیت بزرگ هاضمه بود، چرا این‌چنین بی‌مدارا شده است؟ به نظر من چند علت دارد؛ اول این‌که یکی از تزهای پشت سر سکولاریسم باطل شده است. پیش‌تر گفتم که سکولاریسم در واقع یک معنا دارد و یک پیش‌بینی تاریخی. این دو با هم به معنای جدایی دین از حکومت است. چنان‌که گفتم، پیش‌بینی تاریخی‌اش این است که دین‌ها رفته‌رفته ضعیف می‌شوند و لذا سکولاریسم هر روز آسان‌تر و میسرتر می‌شود. باز تکرار می‌کنم دین ضعیف به بازی گرفته نمی‌شود و به حساب نمی‌آید. لذا غم آن را هم نباید خورد. اما این تز باطل از آب درآمده است. این چیزی است که ما در این بیست یا سی سال اخیر از جامعه‌شناسان بزرگ می‌شنویم. ادیان دارند قدرت می‌گیرند، که فعلاً به علل و دلایل آن کاری نداریم. در جامعه‌شناسی تا مدتی از قدرت گرفتن دین در آمریکا تحت عنوان American Exceptionalism استثنا بودن آمریکا، سخن می‌رفت این تز به European Exceptionalism هم رسیده است. اگر راه استثنا

باز شود، دیگر از قاعده چیزی باقی نمی‌ماند. تقریباً همه جا این پدیده در حال رخ‌دادن است و جالب است کسانی مانند پیتربرگر که از طرفداران سکولاریسم و از بزرگان حامی این نظریه محسوب می‌شوند، همگی برگشته‌اند و به صراحت اعلام می‌کنند که سکولاریسم سرنوشت تاریخ نیست و ما ناچار باید از آن عبور کنیم. هابرماس هم طالب جامعه پست‌سکولار است. در مورد مارکسیسم و سوسیالیسم هم گفته می‌شد سرنوشت محتوم تاریخ‌اند، اما آشکار شد که چنین نیست. وقتی این تز غلط از آب دربیاید نتایجی دارد. مدارایی که سکولاریسم توصیه می‌کرد و در طول تاریخ به‌آن عمل می‌کرد، یکی از آن نتایج عدم مدارا است. مدارایی بود با ادیان ضعیف و بی‌جان. اما اگر یکی از ادیان جان بگیرد، دیگر معلوم نیست که سکولاریسم با آن مدارا بکند و بتواند آن را در خودش جا بدهد. این ایراد هم به لیبرالیسم و هم به سکولاریسم وارد است. سکولاریسم هاضمه‌اش برای بلعیدن ادیان ضعیف، قوی بود. اما دین قوی و فربه را نمی‌تواند ببلعد و از گلویش پایین نمی‌رود. تصور این بود که اسلام، یهودیت و ادیان دیگر هم مانند مسیحیت ضعیف خواهند شد. اما ظاهراً این اتفاق نیفتاده است و علت آن هم در حال مطالعه و بررسی زیادی است. به همین جریان القاعده نظر کنید، که البته یك استثنای بسیار کوچکی در تاریخ اسلام است و همه‌گیر نیست، امّا به‌گمان من یك فاز خشن از این اظهار اندام‌کردن دین است. این فاز خشن البته قطعا گذراست. و روی ناصیه آن نوشته است که ماندگار نخواهد ماند، اما آن‌چه که هست همین پیشرفتی است که در اظهار وجود دین پدید آمده است. در این باره که چرا دین این اظهار وجود را می‌کند، جامعه‌شناسان نظرات مختلفی داده‌اند، از جمله این‌که بحران هویت یا بحران معنویت پدید آمده است. در هر حال علل آن هرچه باشد، فعلا معلول این است که این ادیان اما رو آمده‌اند. ببینید آمریکا به افغانستان و عراق حمله کرده است، اما هر دو کشور گفته‌اند در نوشتن قانون اساسی احکام‌مان را از شرع باید بگیریم. و این چیزی است که در مخیله آمریکایی‌ها نمی‌گنجید. یعنی سکولاریسم صدّامی به آنتی سکولاریسم موجود در عراق تبدیل شده است. این‌ها گفته‌اند نمی‌خواهیم به راه سکولاریزم برویم. در جاهای دیگر هم نظیر این حوادث را می‌بینیم. برای نمونه، نوبت دومی که آقای بوش در آمریکا رأی آورد صرفا به خاطر این بود که بعضی فکر می‌کردند او شخص متدینی است و لذا به او رأی دادند. این قصه جاهای دیگر هم می‌تواند اتفاق بیفتد. به نظر من اقلیت‌های دینی، مخصوصاً اقلیت‌های مسلمان، به خاطر رفتارهایی که با آن‌ها شده است احساس هویت خیلی قوی‌تری دارند. برای مثال بنگرید به رفتارهایی که برخی از کشورهای غربی با مسأله حجاب کردند و آن را بدل به یك مسأله هویتی کردند. قبل از آن حجاب یك

مسأله شرعی بود. هر مسلمانی همان‌طور که فکر می‌کرد وظیفه‌اش این است که روزه بگیرد، حجاب را هم وظیفهٔ شرعی خود می‌دانست. کاری هم به کسی نداشت و ادعایی هم نمی‌کرد. اما وقتی گفت‌وگوها دربارهٔ حجاب از موضع سکولاریستی صورت گرفت ـ که متاسفانه یکی از دوستان نامدار مسلمان ما هم در آن بحث‌ها با دولت فرانسه شرکت داشت ـ بالاخره نتیجه این شد که حجاب بدل به یك مسأله هویتی شد. دین همیشه دو جنبه دارد؛ جنبهٔ هویت و جنبهٔ حقیقت. وقتی حقیقت بدل به هویت شود، قدرت تازه‌ای به خودش می‌گیرد. می‌بینید که در هلند هم همین وقایع در حال رخ‌دادن است و متأسفانه نتایج خوبی هم ندارد. مجموع این اتفاقات دارد نشان می‌دهد و عموم بزرگان هم تصدیق و اعتراف می‌کنند که دین در حال بازگشتن است و دست‌کم تز سکولاریسم باطل است. باید توجه داشت که سکولاریسم را نمی‌شود از بالا تحمیل کرد. چنان‌که گفتم سکولاریزم در اروپا یك زایمان طبیعی داشت. دین ضعیف شد و از بازی سیاست خارج شد. اما مثلاً در کشوری مانند ترکیه که مسلمانان آن واقعاً مسلمان‌اند، دین ضعیف نیست و نمی‌توان سکولاریسم را از بالا به آن تحمیل کرد. ترکیه بیشتر از ایران مسجد دارد. من نزدیك به سی سال پیش به ترکیه رفته بودم تعجب می‌کردم. عصر بود برای نماز به یکی از مساجد رفتم، به قدری این مسجد پر بود که تصور کردم مجلسی برپاست. اما چنین نبود، مردم عادی آمده بودند نمازشان را بخوانند و بروند. نه جایزه‌ای و نه پاداشی به آن‌ها داده می‌شد. وقتی از ترکیه برگشتم به دوستانم گفتم که مطمئنم در ترکیه اتفاقی خواهد افتاد. زیرا ایمان دینی به صورت طبیعی و خودجوش در این افراد حضور دارد. در جایی که دین قوی هست، حتماً یك پای قدرت و سیاست است و نمی‌توان آن را نادیده گرفت. در چنین جایی نمی‌توان دم از سکولاریسم زد، بلکه فقط می‌توان از سکولاریسم ستیزه‌گر سخن گفت؛ یعنی سکولاریزمی که برای دعوا آمده است نه مدارا. در جامعه‌ای می‌توان آن مدارا را به پیش برد که طرف مقابل حظّی و محلی از اعراب ندارد، اما وقتی قوی است، فقط با نزاع و جدال و با زور گفتن و تحمیل می‌توان آن را سکولار کرد، یعنی با ستیزه، که در این صورت سکولاریسم ستیزه‌گر می‌شود. در حال حاضر در کشورهای اروپایی که گروه‌های دینی و مسلمان به تدریج قدرتی پیدا می‌کنند و بنابراین می‌خواهند خودشان ابراز بکنند، حکومت‌های اروپایی خودشان را با اقلیت‌های نیرومند روبه‌رو می‌بینند و کم‌کم مدارای خود را از دست می‌دهند و سکولاریسم مداراگرشان بدل به سکولاریسم ستیزه‌گر می‌شود، که بنابراین تقریباً دیگر فرقی با ادیان نمی‌کند. یعنی سکولاریسم که قرار بود هاضمه‌ای برای جذب همه ادیان داشته باشد، خودش بدل به یك دینی می‌شود که دیگری‌ها را طرد می‌کند. خب، قبل از سکولاریسم ایرادی که به ادیان گرفته می‌شد چه بود؟ این بود که

مثلاً یك حکومت اسلامی مسلمانان را با یهودی‌ها و مسیحی‌ها به یك چشم نمی‌بیند. حقوق ویژه‌ای به مسلمان‌ها می‌دهد که به آن‌ها نمی‌دهد. حالا اگر رفته‌رفته خود سکولاریسم هم با غیر سکولارها همین‌طور رفتار کند و پاره‌ای از امتیازات را به آن‌ها ندهد، ما سر جای اول برگشته‌ایم. چیزی که از آن می‌گریختیم دوباره در دامن‌اش افتادیم و این روبه‌رو شدن با حریفان مقتدر سکولارها را به ستیزه‌گری واداشته است. من تاریخ آینده سکولاریسم و آینده لیبرالیسم را تاریخ یك رشته نزاع‌های جدّی می‌بینم و معتقدم که نه لیبرالیسم و نه سکولاریسم به این صورتی که هم اکنون هستند وجود نخواهند داشت. اما و هزار اما، به هیچ وجه نمی‌خواهم نتیجه بگیرم که به طرف عدم مدارا برویم. مدارا یك ارزش و فضیلت بزرگ انسانی است. لازم هم نیست که ما این را از بیگانگان بیاموزیم. حافظ شاعر بزرگ ما می‌گوید:

آسایش دو گیتی تفسیر این دو حرف است
با دوستـــــان مروّت با دشمنـــــان مـــدارا[1]

اما مطلب این است که ما باید تئوری‌پردازی کنیم و غرب هم باید تئوری‌پردازی کند که با مقتدران چگونه می‌توان مدارا کرد. تئوری‌پردازی تا امروز در جهت مدارای با ناتوان‌ها بود، اما از این به بعد باید تئوری‌پردازی کرد که با توانایان چگونه می‌توان مدارا کرد. این چالش بزرگتری است که تمدن امروزی با آن روبه‌رو است.

سخن من در این جا تمام است. اما به چند پرسش که دوستان مطرح کرده‌اند پاسخ می‌دهم:

تجربه شما در سکولاریسم سیاسی از گرایش مردم فرانسه به مذهب اهل سنت چی است، چون پنجاه هزار نفر به مذهب اهل سنّت گرایش پیدا کرده‌اند.

می‌توان به طور کلی‌تر گفت آنان به اسلام گرایش پیدا کرده‌اند. اما طبیعی است که چون برای اکثریت مردم فرانسه و کلاً مسیحی‌ها و اروپایی‌ها مذهب شیعه شناخته شده نیست، وقتی مسلمان می‌شوند، معنایش این است که سنّی می‌شوند. من خود به موردی برخورد کردم. در سمیناری در اسپانیا بودم. راهنمایی که مرا به هتلی که در آن سمینار برگزار می‌شد همراهی می‌کرد، همین که رسیدیم گفت شما را برای من خدا فرستاده است. بعد از دو سه روز دوستی را پیش من فرستاد و گفت که می‌خواهد مسلمان شود. علتش هم این بود که می‌خواست با یك دختر الجزایری در فرانسه ازدواج کند و پدر و مادر آن دختر از او خواسته بودند مسلمان

---

۱. غزلیات، غزل ش۵

بشود. این جوان نمی‌خواست مسلمان بی‌خبری باشد و لذا تحقیق می‌کرد. با من گفت‌وگو کرد. من به او گفتم بهتر است تو مسلمان سنّی بشوی نه شیعه. تو بعدها به شیعیان دسترسی نداری، درحالی‌که شیخ اهل سنت در فرانسه هست. خانم خودت هم سنّی است، بهتر است با هم تفاوت نداشته باشید. در هر حال طبیعی است که هر کس در این‌جا مسلمان بشود، سنّی بشود. اما این‌که چرا این مردم مسلمان می‌شوند، بله این پدیده جهانی است. یعنی دینی که الان بیش از هر دین دیگری رشد دارد دین اسلام است.

دربارهٔ مواجههٔ عالمان مسیحی با جریان علمی توضیح دادید که برخورد آنان پرخاشگرانه نبود بلکه با مدارا بود. به نظر شما این به زمان بستگی داشت یا عامل دیگری موثر بود؟

نویسندهٔ کتاب *خوابگردها*[1] آرتور کستلر، (به فارسی ترجمه شده) براساس تحقیقی که در تاریخ علم کرده است می‌گوید، گالیله خودش آدم ماجراجو و کمی هم اهل نزاع و درگیری بود. در هر حال کلیسا عاقل بود.

باید توجه داشته باشیم که در دستگاه دینی و روحانی هم گاه افرادی با عقلانیت عمل می‌کنند و چنین نیست که وقتی مطلبی به نظرشان غیردینی یا ضددینی آمد، بلافاصله عکس‌العمل‌های خشن نشان دهند. در میان مراجع دینی اسلامی هم همین‌طور است. ما کسانی مانند آقای مشکینی را داریم که وقتی آقای آغاجری چند کلمه سخن گفت، از تریبون نماز جمعه قم گفت که ایشان باید اعدام بشود، به همین راحتی. اما در زمان مرحوم شیخ عبدالکریم حائری، مؤسس حوزه علمیه قم، که مرجع بود و مقامش بسیار بالاتر از آقای مشکینی بود، شخصی کتابی نوشت و در کتاب این شعر را آورده بود:

جار زد آن جارچی مسخره   الدنیا مزرعه الاخـــــره

که این سخن حکیمانه منسوب به پیامبر[(ص)] است. یعنی این‌جا می‌کاری و آن‌جا محصول برمی‌داری. این شاعر گفت که «جار زد آن جارچی مسخره»، یعنی کلامی را که به پیامبر نسبت داده می‌شود به یک جارچی مسخره نسبت داد. این سخن را نزد آقای شیخ عبدالکریم حائری بردند و گفتند یک چنین کافری پیدا شده و چنین حرفی زده است. ایشان با کمال عقلانیت گفت شاید تصور او از گوینده این کلام کس دیگری بوده است. شاید فکر می‌کرده که این را مثلاً بوعلی سینا گفته است. به هرحال قصه را تمام کرد. در کلمات امیرالمؤمنین منقول است

---

1. *The Sleepwalkers*

که ایشان می‌گفتند از کنار کسی می‌گذشتم، شنیدم دارد به من فحش می‌دهد. با خود گفتم علی نام که زیاد است، شاید منظورش علی دیگری باشد.

در کلیسای همان زمان آدم‌های عاقلی وجود داشتند که در مقدمه‌ای که بر کتاب کوپرنیک نوشتند، گفتند ما درحد یک فرضیه به این نظر نگاه می‌کنیم و با این فرضیه هم هیچ مشکلی نداریم. اما اگر روزی قطعاً ثابت شود که یک فکت یقینی است، آن‌گاه کلیسا اعلام خواهد کرد که ما فقراتی از کتاب مقدس را تاکنون درست نمی‌فهمیده‌ایم. یعنی دقیقاً تابع فهم و تفسیر است.

آیندهٔ دین را چگونه می‌بینید؟

من اهل پیش‌بینی در تاریخ نیستم. همه آن‌ها که پیش‌بینی درتاریخ می‌کنند خطاهای بزرگ و فاحش علمی مرتکب می‌شوند. ما در حدود همین داده‌هایی که اکنون در اختیار ماست باید فکر کنیم. این داده‌ها به ما می‌گوید که ظاهراً دین خیلی سخت‌جان است و آن تصور که با چند شبهه علمی و فلسفی کوله بارش را برمی‌دارد و می‌رود، گویا درست نیست. دین ماندگار شده است، خصوصاً در دوران پست مدرنیسم. دوران پست مدرنیسم دوران جالبی است. در واقع پست مدرن‌ها بدون آن‌که خودشان بخواهند دارند به دین اعتبار می‌دهند. آن‌ها علم را خیلی ضعیف کردند. تامس کوهن و دیگران می‌گویند علم هم مانند دین یک ایدئولوژی است. همان‌طور که در عرصه دین نمی‌شود دلیل آورد در عرصه علم هم نمی‌توان دلیل آورد. این‌جا هم پیش‌فرض‌ها مؤثرند. خب، در چنین وضعیتی دین خیلی قوی‌تر از قبل می‌تواند خود را عرضه کند. فلسفهٔ پوزیتیویستی بود که دین را می‌کوبید و می‌گفت علم تجربی تنها معرفت معتبر است و بقیه معرفت‌ها اعتبار ندارند. با این دیدگاه علم و دین شاخ‌به‌شاخ می‌شدند، اما اکنون این دوشاخگی‌ها که این طرف علم است و آن طرف دین، این طرف خرافه است و آن طرف بی‌خرافه، کم‌رنگ شده است. این‌ها بسیار در هم رفته‌اند و فاصله‌ها برداشته‌شده است. به این دلیل تصور من این است که ما در آینده با یک دین‌داری قدرتمندی روبه‌رو خواهیم شد و لذا سکولارها و لیبرال‌ها باید فکری بکنند برای آن‌که مدارا را حفظ کنند. دین و سکولاریسم سیاسی لزوماً همگرا نیستند، من چنین حتمیتی را در ناصیه تاریخ نمی‌بینم. من کاملاً محتمل می‌بینم که دوباره حکومت‌های دینی روی کار بیایند. اخیراً در اتریش در یک کارگاه فکری شرکت داشتم که سیاستمداران بزرگ جهان، که البته در حال حاضر در سیاست نیستند، مانند آقای هلموت اشمیت، و هم‌چنین ارباب ادیان در آن شرکت داشتند و من هم به منزله کارشناس تشیع آن‌جا بودم. آقای اشمیت علی‌رغم سن بالایش سخنرانی بلندی کرد که بسیار پرمایه هم بود. از جمله نکته‌هایی که ایشان گفت این بود که جهان حکومت‌های دینی را باید به رسمیت بشناسد. این

سخن خیلی مهمی است. یعنی اشمیت تقریباً این را فهمیده که یک اتفاق تازه‌ای در تاریخ دارد می‌افتد و با تفنگ و شمشیر هم نمی‌توان جلوی آن ایستاد. باید راه معقولی را در پیش گرفت. البته معنای این حرف این نیست که ما تسلیم امثال طالبان شویم. چون در دین‌داری هم مدارای دینی وجود دارد. در دانشگاه ییل در باب دین و دموکراسی سخنرانی داشتم. بعد از سخنرانی یک شخص مصری، از اقلیت قبطی در مصر، برخاست و گفت شما که این همه راجع به دموکراسی دینی گفتید حال بگویید آیا این دموکراسی است که در مصر منِ قبطی را نمی‌گذارند رئیس‌جمهور بشوم؟ گفتم مصر را نمی‌دانم، ولی می‌دانم که در آمریکا هم نمی‌گذارند شما رییس‌جمهور شوید. در همین آمریکا هم به صرف این‌که شما آمریکایی نیستید از ده‌ها حق محروم هستید، نه حق انتخاب کردن دارید، نه حق انتخاب شدن و نه حق کار کردن. واقعاً یک جامعه کاپیتالیستی بی‌رحمی است که در آن اگر شما از شرایطی برخوردار نباشید حتی حق ماندن ندارید. آن‌چه که در گذشته به نام یک جامعه دینی خوانده می‌شد اینك جامعه ملی (National) خوانده می‌شود. در جوامع دینی هم در گذشته همین‌طور بود. آدم‌هایی که دین آن جامعه را نداشتند از یک رشته حقوق محروم بودند. اگر در یک جامعه اسلامی در گذشته مسلمان نبودید، البته بعضی از حقوق مسلمانان را نداشتید، از جمله این‌که نمی‌توانستید حاکم جامعه شوید. عین همین قصه امروز برقرار است، منتها nationality (ملیت) این کار را می‌کند. شما اگر نشنال فرانسه نباشید، بسیاری حقوق را ندارید. فراموش نکنیم ما در زمانه‌ای زندگی می‌کنیم که حقوق بشر مطرح است و نباید فقط افراد توانا از آن بهره‌مند شوند و ناتوانان بیرون رانده شوند. ما به تعریف تازه‌ای از مدارای دینی نیاز داریم. من توجه دارم که مدارا دو معنا دارد؛ یک معنایی که در آن ترحّم خوابیده و یک معنایی که در آن قبول دیگری خوابیده است. من این را در نوشته‌های پاره‌ای از متفکران هم دیده‌ام و آن را تصدیق می‌کنم. معنای مدارای ترحّمی همین است که برای مثال، من شما را اصلاً قبول ندارم و فکر می‌کنم دین‌تان باطل است، ولی چون از طرف شما به من ضرر و خطری نمی‌رسد من با شما می‌سازم. اما مدارا در معنای دیگر این است که برای شما حق فکر کردن و آزادی و حق حیات قائلم. این‌جا است که پلورالیسم واقعی برقرار می‌شود. یعنی معتقدم همان مقدار که شما حق دارید فکر و اندیشه خودتان را داشته باشید من هم حق دارم. و این معنایش این است که خودم را مساوی می‌بینم و مدارا می‌کنم. اما در مدارای ترحمی خودم را با شما در حقوق و امتیازات مساوی نمی‌بینم، لکن از روی مصلحت مدارا می‌کنم.

نئولیبرالیسم مسلّح

نگاهی انتقادی به لیبرالیسم[1]

خشنودم که در محضر دوستان عزیز در شهر کینگستون، که ما به آن شاه‌آباد می‌گوییم، حضور دارم.

عنوان سخن من قدری نامتعارف است. در میان سخنرانی‌های من چیزی نزدیک به این عنوان وجود ندارد. نئولیبرالیسم مسلّح چیزی است که نسبتاً جدید می‌نماید. سرّ آن هم این است که در مقاله اخیری که با عنوان «هله برخیز که اندیشه دگر باید کرد» نوشتم و نقدی بود بر کار کسانی که به مقدسات ادیان و مکاتب الهی توهین می‌کنند، آوردم که خوشبختانه مسلمانان از نعمت ناتوانی برخوردار بوده‌اند. یعنی ما مسلمانان، یا بهتر بگویم، شرقیان بالمعنی‌الاعم، خوشبختانه و بختیارانه، و بدون آن‌که خودمان خواسته باشیم، واجد نعمت‌هایی بوده‌ایم؛ از جمله این‌که ما جنگ‌های بزرگ جهانی اول و دوم را راه نینداختیم. ما سازندگان بمب نبودیم. ما پدیدآورندگان سلاح‌های شیمیایی نبودیم. ما یهودسوزی نکردیم. ما اسرائیل را به‌وجود نیاوردیم. ما انکیزیسیون یا محکمه‌های تفتیش عقاید را نداشتیم و دستگاه‌های مهیب و موحشی را برای گرفتن اقرار و اعتراف و محکوم کردن افراد به کفر و

---

۱. متن تنقیح شده سخنرانی ایراد شده در ۲۰۱۲ در کینگستون.

ارتداد برپا نکردیم. استعمار، که یکی از پدیده‌های بسیار زشت دوران مدرن است، در عالم اسلام اتفاق نیفتاد. منظورم این نیست که مسلمان‌ها بی‌خطا بودند. دامن‌شان پاک بود و دست‌شان آلوده به هیچ خطا و گناه و انحرافی نبود. نمی‌گویم آن‌ها جنگ نکردند. سلاطین ظالم و جبار نداشتند. به این سو و آن سو لشکرکشی نکردند. فتوحاتی را غاصبانه انجام ندادند. این‌ها در همه عالم بود و البته مسلمان‌ها هم استثنا نبودند. اما این اتفاقات با آنچه در دوران مدرن رخ داده قابل مقایسه نیست. دو جنگ جهانی اول و دوم در قرن بیستم، که دوران اوج تمدن بشری محسوب می‌شد، یک جا به اندازه تمام جنگ‌هایی که در طول تاریخ بشر رخ داده بود کشته و مجروح به جا نهاد و متأسفانه این دو جنگ در دورانی رخ داد که دوران سکولاریسم، علم مدرن، تکنولوژی مدرن و تمدن مدرن نامیده می‌شد. سلاح‌های اتمی و امثال آن‌ها گل سر سبد محصولات علم و تکنولوژی مدرن بود. در آن مقاله آورده بودم که ما از نعمت ناتوانی برخوردار بوده‌ایم که چنین نکردیم. شاید اگر تواناتر بودیم بدتر از آن‌ها عمل می‌کردیم. اما خوشبختانه بخت یار ما بود که دست و دامان ما به این جنایات آلوده نشد. آن‌گاه توصیه کرده بودم که خوب است مسلمانان این نزاهت و طهارت تاریخی را قدر بدانند و بکوشند که آن را حفظ کنند و مبادا که وسوسه اهریمنان و راهزنان و جهان‌خواران آن‌ها را بفریبد و به دنبال فراهم کردن این نوع سلاح‌ها یا راه انداختن آن حوادث تلخ و زشت مثل استعمار باشند، بلکه از سعدی بیاموزیم که گویی از زبان مسلمانان می‌گفت که:

من آن مورم که در پایم بمالند   نه زنبورم که از دستم بنالند
کجا خود شکر این نعمت گزارم   که زور مردم‌آزاری ندارم[1]

معلم فارسی ما در دبیرستان می‌گفت اگر به جای سعدی بودم این شعر را این‌گونه می‌سرودم:

کجا خود شکر این نعمت گزارم   که دارم زور و آزاری ندارم

او نکته را نگرفته بود. این‌که آدمی زور داشته باشد و آزار نداشته باشد، البته بسیار نیکو است. اما در تاریخ بشر بسیار کم اتفاق می‌افتد که کسی بسیار پرزور باشد و در عین حال خویشتن‌دار هم باشد. همین حوادثی که در قرن بیستم و در مغرب زمین رخ داده به‌صراحت به ما می‌گوید که آن‌ها که زوردارتر بودند، بی‌اخلاق‌تر و کمتر خویشتن‌دار بودند و لذا به دلیل همین قدرت ملل دیگر را استعمار کردند و ذخایر آن‌ها را به سوی خودشان کشیدند. به خاطر منافع خود

---

۱. سعدی، مواعظ، مثنویات، شماره ۳۲

منافع دیگران را لگدمال کردند. کشورها را تکه‌تکه کردند و حاکمان مستبد را بر آن‌ها گماشتند و از آن‌ها حمایت کردند. آن‌ها حقوق بشر را برای خودشان خواستند، نه برای دیگران. ای کاش زورمندان می‌توانستند خویشتن‌داری کنند، اما از قدیم گفته‌اند که آدمی هر چه برخورداری‌هایش از این دنیا بیشتر می‌شود، اخلاقاً ضعیف‌تر می‌شود. آری این نکته را در آن نامه آوردم که در تاریخ اسلام دست مسلمانان به بمب اتم آلوده نشده بود. آنان سلاح‌پرور و سلاح‌فروش نبودند و مهم‌ترین محصولات تجارتی‌شان اسلحه نبود. درحالی‌که امروز می‌بینیم بیشترین کالای تجارتی آمریکا اسلحه است. یعنی اگر ما این لیبرالیسم یا این نئولیبرالیسم را یک لیبرالیسم مسلّح بخوانیم، یا اگر آن را اسلحه‌فروش، اسلحه‌پرور و اسلحه‌ساز بخوانیم، سخنی به گزاف نگفته‌ایم. در حال حاضر در جهان دو تجارت‌اند که ظاهراً از همه سودآورترند؛ یکی سلاح‌فروشی و دیگری داروفروشی. وسوسه سلاح‌سازان و سلاح‌فروشان، داروسازان و داروفروشان را هم اغوا کرده است. آیا واقعاً چنین نیست که برای مثال در همین آمریکا یا کانادا بهترین مغزها و دقیق‌ترین فکرها به سوی ساختن کشنده‌ترین سلاح‌ها می‌رود؟ این‌همه ریاضی‌دان بزرگ، فیزیک‌دان بزرگ و مهندسان بسیار قابل و زبردست می‌کوشند تا دریابند که چگونه سلاحی بسازند که آدمیان را بهتر و بیشتر بکشد. نفس یک چنین نیتّی و توجهی در عالم به خودی خود سؤال‌برانگیز است که چرا آدمیان باید این‌چنین شده باشند که برای سلاح‌سازی این همه مغز را به‌کار بگیرند. این همه مدرک دکتری بدهند برای این‌که سلاحی برنده‌تر و کشنده‌تر از سلاح‌های دیگر بتراشند. این‌ها نشان می‌دهد که ما در حال و هوایی زندگی می‌کنیم که با دوران پیشین بسیار متفاوت است. من در آن نامه این دوران مدرن را ماکیاولیسم مسلّح نامیده بودم. اما نام نئولیبرالیسم مسلّح نیز می‌توان بر آن نهاد. البته من تعبیر ماکیاولیسم مسلّح را بیشتر می‌پسندم. ماکیاولیسم، هر چه که بود، به‌هرحال بیان‌گر و بهترین سخن‌گوی سیاست مدرن بود. درست گفته‌اند که ماکیاولّی توصیه نمی‌کرد، بلکه توصیف می‌کرد. او صریح و بی‌تکلف می‌گفت سیاست، عبارت است از حفظ قدرت و لذا هرگونه دروغ گفتن، دورویی کردن و بی‌رحمی و بی‌اخلاقی در آن جایز است. ماکیاولّی فرد بسیار پخته‌ای بود و در دورانی در ایتالیا زندگی می‌کرد که بحران سیاسی همه جا را فرا گرفته بود. او اخلاق قدما را در باب سیاست به طورکلی نمی‌پسندید و معتقد بود به سیاست‌مداران نمی‌شود نصیحت کرد. به تعبیر بسیار بسیار نرم، سخن او این بود که اخلاق قدرت، اخلاق دیگری است. به نظر او اخلاقی که ما در روابط فردی اجتماعی‌مان رعایت می‌کنیم در حوزه قدرت و سیاست کاربردی ندارد. او در حقیقت بدون این‌که توصیه کند، تصویری از سیاست‌ورزی واقعی (رئال پلیتیك) را در مقابل چشمان ما قرار می‌دهد و از ما می‌خواهد که به تاریخ بنگریم و ببینیم سیاست‌مداران

واقعی چه مشی‌ای داشته اند. دست‌کم چهار قرن است که سیاست در مغرب‌زمین به همین راه ماکیاولیسم می‌رود، بدون هیچ شبهه‌ای و بدون هیچ کم و زیادی. منتها این ماکیاولیسم امروز مسلّح هم شده است. یعنی چنان‌که گفتم اسلحه‌فروشی و اسلحه‌سازی جزو ارکان آن قرار گرفته است و کاپیتالیسم هم با آن درآمیخته و آن را تقویت می‌کند و لاجرم نظم ویژه‌ای به عالم می‌بخشد که در آن مقتدرها مقتدرتر می‌شوند و محروممان محروم‌تر. به همین سبب دور باطلی را به وجود می‌آورد که معلوم نیست چگونه می‌توان از آن بیرون جهید.

این مقدمه را به این‌جهت بیان کردم که نشان دهم چرا این عنوان را انتخاب کرده‌ام و در عین حال آن را مدخلی به مبحث کنونی هم قرار دهم. البته من نه اقتصاددان هستم و نه سیاست‌شناس و مدعی تخصصی در این زمینه‌ها نیستم. اما به قول مرحوم مهندس بازرگان، اگر آشپز هم نباشم، شوربودن غذایی را که می‌خورم تشخیص می‌دهم. به‌علاوه، اصلاً و ابدا قصد من این نیست که طرحی و یا تئوری‌ای کلان برای حل مشکلات عالم عرضه کنم. این نه در توان من است و نه در توان کسی دیگر. این نظام‌های کاپیتالیسم و لیبرالیسم و نئولیبرالیسم چنان جا افتاده و چنان مستقر شده است که کسی توان تکان‌دادن آن‌ها را ندارد، مگر دوره تاریخی‌شان سپری شود و تناقض‌های درونی‌شان آن‌ها را از پای دربیاورد، و یا بر اثر معجزه اصلاح بشوند. اما این‌که انسان هوس کند که بمبی زیر این بنا بگذارد و آن را یك‌مرتبه فرو بریزد، جز خیال‌بافی چیزی نیست. یک بار هم تاریخ بشر آن را تجربه کرد. زمانی که مارکسیسم، که ریشه‌هایش به قرن نوزدهم می‌رسد، استقرار یافت. مارکسیسم هم مخالف لیبرالیسم بود و هم مخالف کاپیتالیسم و در پی بنای یك نظام و یک نظام غیر کاپیتالیستی بود. اما بدبختانه یا خوشبختانه، در این جنگ پیروز نشد و میدان را به رقیب باخت و اینک جز به‌منزله یک مکتب فکری سیاسی در دانشگاه‌ها از او یاد نمی‌شود و تنها اندیشه‌های بنیان‌گزاران آن مکتب مورد بحث قرار می‌گیرد. تا آینده چه پیش آورد. از آن‌طرف هم منتقدان کاپیتالیسم و لیبرالیسم و نئولیبرالیسم هم کم نیستند. در خود همین نظام‌ها بسیارند کسانی که مشکلات عظیم اخلاقی و غیر اخلاقی در آن‌ها می‌بینند. در واقع در یک جمع‌بندی می‌توان گفت لیبرالیسم یا کاپیتالیسم به وعده‌های خود عمل نکرده‌اند. این داوری البته به‌طور کلی در مورد مدرنیته صدق می‌کند و گفته می‌شود به وعده‌هایی که به مردم داد وفا نکرد؛ وعده‌هایی مانند رفع تبعیض، تأمین حداقل معیشت، مدارا، انصاف و عدل در حکومت و جامعه و غیره و غیره. در هر حال، همین مدرنیسم بود که استعمار را پدیدآورد. همین مدرنیسم بود که با علم و صنعت توانست دیگران را منکوب و سرکوب بکند و همین مدرنیسم بود که با پدیدآوردن رسانه‌ها، که این یکی از عظیم‌ترین فاجعه‌ها بود، تقریباً آزادی

فکر را از مردم سلب کرد. این فقط در باب خوردن و پوشیدن و آراستن خانه و امثال آن‌ها نیست، بلکه در همه وجوه و شئون زندگی ما این تلقینات و تبلیغات عظیم اثر کرده است. متأسفانه این رسانه‌ها هر روز قوی‌تر می‌شوند و فردیت ما را هم از ما می‌ستانند، به طوری که همه یك جور اندیشه و ارزیابی می‌کنیم و دیگر نمی‌توانیم خودمان باشیم. نه تنها فردگرایی را از ما ستانده، بلکه نوعی اگوئیسم، یعنی خودخواهی فربه را به‌جای آن نشانده است.

اما دلیل دیگری که باعث شد من این موضوع را برای سخن خود اختیار کنم این بود که من در دو یا سه نوبت در جاهای دیگری توفیق این را داشتم که درباره قناعت سخن بگویم و واکنش‌ها را ببینم. قناعت از محروم‌ترین و مظلوم‌ترین مفاهیم در روزگار ماست. نام این نظام کاپیتالیسم را باید نظام ضد قناعت گذاشت. واقعاً بالاترین قربانی این نظام قناعت است، به توضیحی که خواهم داد. غزالی می‌گفت قناعت رکن عظیم از ارکان دین است. اما کاپیتالیسم درست نقطه مقابل این نحوه از زندگی است. در روزگار حاضر واضح‌ترین معرف کاپیتالیسم همـین کارت‌های اعتباری است. همه شما که این‌جا نشسته‌اید چندین کارت اعتباری دارید و کارت اعتباری یعنی ترك قناعت کنید، ما طمع شما و نیازهای کاذب شما را آبیاری می‌کنیم تا هرچه بیشتر بخواهید و بخرید و مصرف کنید. اساس نظام سرمایه‌داری نفت ریختن بر آتش طمع است، طمعی برای بیشتر خواستن، بیشتر خریدن، بیشتر مصرف کردن و بیشتر تفاله و زباله کردن. یعنی درست است اگر بگوییم که نظام سرمایه‌داری نظامی قناعت‌کُش و نیازتراش است. امروز این نظام پرطمع قناعت‌کشِ نیازِکاذب‌آفرین چنان کرده است که طبیعت به هلاکت افتاده است. ما طبیعت را تفاله می‌کنیم. همهٔ ذخایرش را بیرون می‌کشیم و تبدیل به زباله می‌کنیم و به نسل‌های آینده نمی‌اندیشیم. با خود می‌گوییم دنیا پس از مرگ ما چه دریا چه سراب. نفتی را که میلیون‌ها سال زیر زمین پدیدآمده در یکی دو قرن دود کردیم. بالانسی که بین حیوانات، خاك، دریا و گیاهان وجود داشت همه به هم خورد و تنها دلیلش این بود که به ما اجازه ندادند که چشمان‌مان را بهتر باز کنیم و ببینیم که داریم چه می‌کنیم، چه بر می‌داریم و چه به جای آن می‌گذاریم و نسل‌های آینده را چگونه به‌حساب می‌آوریم. این محصول همان نظامی است که ما به آن می‌گوییم نظام ضد قناعت، نظام نیازآفرین کاذب و نظامی که مبتنی بر طمع‌ورزی است. حالا ما اهمیت سخنان گذشتگان را در مورد این فضائل اخلاقی بهتر درمی‌یابیم. هیچ‌گاه جهان و آدمیان به اندازه امروز حاجت‌مند اخلاق نبوده‌اند. چون آدمی هرچه تواناتر می‌شود به اخلاق محتاج‌تر می‌شود. انسانی که ناتوان است، چنان که گفتم، یا توانایی اندکی دارد، به دلیل همان توانایی اندک کمتر مرتکب جنایات می‌شود. اگر خطا هم بکند خطای کوچکی است. اما وقتی که شما صاحب قدرت می‌شوید و حیطه وسیعی از اختیارات نزد شما قرار می‌گیرد، آن‌وقت

دایره تصرف شما بزرگ‌تر می‌شود و می‌توانید جنایات بیشتری بکنید، فجایع بیشتری بیافرینید و زیان‌های بزرگتری به خودتان، به اطرافیان‌تان و به نسل‌های بعدی وارد بیاورید و این چیزی است که بالفعل رخ داده است. ما در جهانی زندگی می‌کنیم که متأسفانه وقتی که به‌طور کلان به آن نگاه می‌کنیم، می‌بینیم که نشانه‌های خوبی برای ما نمی‌فرستند. پاره‌ای از ارکان این تمدن از آغاز سست و آلوده بوده است. من نمی‌خواهم بگویم زیست‌جهان گذشتگان لزوماً بهتر از زیست‌جهان ما بوده است. چنین معیاری وجود ندارد، یا دست‌کم نزد من وجود ندارد. نمی‌توان داوری کرد که آدمیان قرن بیستم یا قرن بیست و یکم سعادت‌مندتر از پیشینیان‌اند. یا پیشینیان سعادت‌مندتر از امروزیان هستند. گذشتگان زندگی خودشان را می‌کردند و ما هم زندگی خودمان را می‌کنیم و مسائل‌مان را هم در دل همین نظام باید حل کنیم. ما نمی‌توانیم فکر کنیم که آمده‌ایم که کل عالَم را عوض کنیم. بنابراین، تمام این سخنان برای این است که بهتر بیندیشیم که باغچه خودمان را چگونه باید آب بدهیم. چه گل‌هایی باید در آن بکاریم و از چه راه‌هایی و چه کارهایی باید اجتناب کنیم.

یکی از نکته‌های مورد توجه من همین زنده کردن قناعت در نظامی است که قناعت‌کش است. در همین آمریکا گـاه شاهد نهضت‌هایـی در مخالفت با این نظام هستیم، اما کسی این نداها را جدی نمی‌گیرد. یعنی این سیستم چنان است که این صداها را ناشنیده می‌گذارد. اصلاً این صداها به گوش کسی نمی‌رسد. تمام این نظام در خدمت اندیشه‌های دیگری است و بانگ‌های دیگری را به گوش ما می‌رساند. اجازه این‌گونه فکر کردن‌ها را به ما نمی‌دهد و جرأت اندیشیدن و آزاد اندیشیدن را رفته‌رفته از آدمی می‌گیرد. یادم هست یک‌بار مرحوم دکتر شریعتی نکته جالب و بدیع و لطیفی را خطاب به جوانان گفت: شما از نعمت محرومیت برخوردارید. یعنی هنوز به میزی، منصبی و مدیریتی نرسیده‌اید که ملاحظه آن مقام و منصب را بکنید. او حقیقتاً انگشت روی نکته خوبی گذاشته بود. می‌گفت حرف من شاید در گوش شما برود، چون شما از نعمت محرومیت برخوردارید و هنوز گوش‌تان و ذهن‌تان گرانبار از زهر بانگ‌هایی که شما را از شنیدن حق باز دارد نشده است. بلی، محرومیت یک داده است، یک دارایی است نه ناداری. باید آن را مغتنم دانست. بودا در واقع همین را گفته است. او می‌گفت ریشه رنج و درد در این عالم خواستن و بسیار خواستن است.

عمر زاهد همه طی شد به تمنای بهشت
او ندانست که در ترک تمناست بهشت[۱]

---

۱. صائب تبریزی، غزل ۱۶۳۲

ترک تمنّا و کم خواستن و کم مصرف کردن بهشت است. قناعت کردن حتی در مورد علم هم مصداق دارد. نقل شده است که پیامبر اسلام به دعا از خدا می‌خواستند که:

«اَعوذ بک مِن علمٍ لا ینفع و مِن دعاءٍ لا یُسمع و من قلب لا یخشع»؛ خدایا من به تو از علمی که نافع نباشد پناه می‌برم... فقط یک‌جا عارفان ما به ما حق داده‌اند که اهل اسراف باشیم نه اهل قناعت و آن در عشق‌ورزی است. به قول مولانا:

چون طمع خواهد ز من سلطان دین
خـاک بر فرق قناعت بعد ازیـن[1]

قانعانه زندگی‌کردن واقعاً هم راحت ماست و هم راحت خلق است و هم عمل به یکی از بزرگ‌ترین فضیلت‌های اخلاقی است و هم اعتراض به نظامی است که آمده است تا این فضیلت را از ما بستاند و همراه با آن آسایش را از ما بگیرد.

نکته‌ای هم باید دربارهٔ لیبرالیسم یا نئولیبرالیسم، که در عنوان این سخنرانی آورده‌ام، مطرح کنم. من شاید اولین کسی بودم که لیبرالیسم را به مکتب حق‌مداری ترجمه کردم. لیبرالیسم را معمولاً مکتب آزادی‌خواهی ترجمه می‌کنند که به گمان من ترجمه غلطی نیست، اما از عمق لازم برخوردار نیست. اما اگر لیبرالیسم را به همین معنای مکتب آزادی‌طلبی هم در نظر بگیریم، باید ببینیم آیا لیبرالیسم واقعاً آزادی آورده است و به این وعده وفا کرده است؟

به نظر من پاسخ منفی است. حقیقتاً هیچ‌گاه آدمیان به لحاظ فکری از حال حاضر دربندتر نبوده‌اند. ما بسیار دربند اندیشه‌هایی هستیم که ما را بمباردمان می‌کنند و عجیب‌تر از همه این‌که ما خودمان هم در خانه را باز کرده‌ایم و این راهزنان و بیگانگان را صدا زده‌ایم که بفرمایید وارد شوید و خانهٔ ما را اشغال کنید. این ذهن را به دست اینترنت، روزنامه، رادیو و تلـویزیون دادیم تا مـا را بمباردمان کنند و آزادی انسانی، یعنی آزادی عقل را از ما بگیرند. این‌ها نشان می‌دهند که لیبرالیسم به وعده‌های خود، آن‌چنان که باید، عمل نکرده است. یعنی می‌خواست که آزادی بدهد و انسانیت را محترم بشمارد، اما اینک معلوم شده است که خودش احتیاج به آزاد شدن دارد. اگر ما در ابتدای ظهور لیبرالیسم بودیم، این داوری را نداشتیم. اما تاریخ به ما اجازه می‌دهد که وقتی غنچه‌ای باز شد و بدل به گل شد، تمامت آن را ببینیم. شکل سربستهٔ نخستین برای داوری کافی نیست، بلکه در حال شکفتگی است که حقیقت خود را به ما بهتر نشان می‌دهد. البته از حق

---

۱. مولوی، *مثنوی معنوی*، دفتر پنجم، شماره ۲۶۹۵

نگذریم، مکتب لیبرالیسم که بر حقوق تکیه کرد، در مقابل مکتب تکلیف‌مداری ایستاده بود که فقط بر تکالیف تکیه می‌کرد. این یک کشف مهم بود. این یک نگاه خیلی نیکو به عالم انسانی بود که می‌گفت ما موجودات محقّی هستیم، در همه عرصه‌ها صاحب حقوق‌ایم نه فقط تکالیف. دموکراسی در واقع عبارت است از حکومت بر آدمیان محقّ نه بر آدمیان مکلّف. درحالی‌که شاهنشاهی عبارت بود از حکومت بر آدمیان مکلّف نه بر آدمیان محقّ. ولایت فقیه یا غیر فقیه، حکومت بر آدمیان مکلّف است نه بر آدمیان محق. لذا لیبرالیسم از این بابت خدمت بزرگی به بشریت کرد که باب حقوق را گشود و به آدمیان نشان داد که علاوه بر تکالیف، حقوقی هم دارند و این حقوق‌شان را باید استیفا کنند. حکومت‌ها مکلّف‌اند حقوق مردم را احقاق کنند. اما همیشه وقتی تأکید بسیار و یک‌جانبه بر یک امری می‌رود، علامت آن است که چیزهایی دیگر مغفول می‌مانند. تأکید بر حق در لیبرالیسم هم موجب شد دو چیز نادیده بماند؛ یکی تکالیف مردم و دیگری اخلاقیات. این هر دو چیز نقصانی است که در لیبرالیسم موجود، موجود است و اگر ما از این امر غفلت کنیم باز بازی را خواهیم باخت و به ورطهٔ فاجعه‌های اخلاقی دیگری کشیده خواهیم شد. امروز اخلاق دنباله‌رو لیبرالیسم شده است، به جای این‌که عنان و زمام آن را در اختیار داشته باشد و آن را به دنبال خودش بکشاند. امروز بسیاری از چیزهایی که اخلاقاً ناروا است، در جامعه جدید غربی روا شده است مثل پورنوگرافی، روابط زنان شوهردار و مردان زن‌دار با دیگران و حرص زدن و پرخوردن و پز دادن و نفع پرستی و بی‌شرمی و بی‌غیرتی و امثال این‌ها. نکته این جاست که امروز این‌ها جزو حقوق شمرده می‌شوند، یعنی کسی به خاطر ارتکاب این‌ها مستوجب ملامت یا عقوبت شمرده نمی‌شود. این کارها به لحاظ حقوقی جایز است و چون چنین است، کاپیتالیسم هم آن را بدل به صنعت سودآوری کرده است که تکان خوردنی نیست. برای نمونه، به این پورنوگرافی بنگرید که در اصل برده‌داری مدرن است. دخترکان بی‌گناه را از کشورهایی که تازه آزاد شده‌اند برده‌وار مورد سوء استفاده قرار می‌دهند تا جیب سرمایه‌داران پر بشود و هوس یک عده هوس‌باز برآورده شود. بعد هم آن‌ها را رها می‌کنند. تقریباً هیچ جای عالم نیست که از این مفسده سالم مانده باشد، طوری که کم کم جزو واقعیت‌های مستقر این زمانه در آمده است. من نمی‌دانم آیندگان درباره این نظام با این وضعیت چه خواهند گفت. در یک‌طرف عده‌ای سودجو نشسته‌اند و از انسان و نیروی انسانی سوء استفاده می‌کنند و در طرف دیگر عده‌ای در دانشگاه‌ها نشسته‌اند و دقیق‌ترین تحلیل‌ها را در باب مفاهیم اخلاقی می‌کنند و فلسفه اخلاق می‌نویسند. یک‌طرف نشسته‌اند و دقیق‌ترین تفحصات و تجسسات و پژوهش‌ها را درباره داروها و بیماری‌ها به عمل می‌آورند تا بیماری‌های بسیار نادر را، ولو یک‌نفر به آن‌ها مبتلا باشد، درمان کنند و در طرف دیگر هم مغزهای بسیار قدرت‌مندی نشسته‌اند تا سلاح‌هایی بسازند که هرچه

بیشتر آدم بکشند. این تناقض‌های عجیب و غریبی که در این نظام موجود پدید آمده‌است حقیقتاً سرگیجه‌آور است و ما چون در دل آن زندگی می‌کنیم شاید اهمیتش را آن‌چنان که باید درک نمی‌کنیم. اما شاید روزی روزگاری به حساب این‌ها رسیده شود. شاید روزی بگویند روزگاری بر بشریت گذشت که متفکران و فیلسوفانش چنین کتاب‌هایی می‌نوشتند و مهندسانش چنان کارهایی می‌کردند. این‌ها در کنار هم بودند و شب‌ها در میهمانی‌ها هم لبخند می‌زدند، ولی روزها کار دیگری می‌کردند. و محصول آن چیزی شد که آن قدر سهمناک و هول‌انگیز است که آدم نمی‌داند بر آن بگرید یا بخندد.

گفتیم لیبرالیسم به وعده‌هایش وفا نکرده است. حالا می‌خواهم نکته دیگری را به آن مطلب بیفزایم و سخنم را به پایان بیاورم. لیبرالیسم یک پیش‌فرض داشت که من حقیقتاً راجع به این پیش‌فرض دچار تردیدم. پیش‌فرض لیبرالیسم این بود که آدمیان علی‌الاصول نیک‌سرشت و نیک‌خواه‌اند و اگر آن‌ها را آزاد بگذاریم، علی‌الاغلب و علی‌العموم نیکی‌های خودشان را ظاهر خواهند کرد. حتی اگر چند نفر آلوده و منحرف هم در این میان باشند، آن‌ها هم هضم یا حذف خواهند شد. پس، از طریق نبستن دست و پای نیکان و نیک‌خواهان است که جهان بهتر خواهد شد. درباره سرشت و فطرت آدمی بحث‌های زیادی شده است. از جمله در این باره که آیا آدمی اصلاً فطرت یا سرشت ثابتی دارد یا ندارد. همان‌طور که می‌دانید در روزگار ما فیلسوفان بسیاری از جمله اگزیستانسیالیست‌ها معتقدند که آدمی ماهیت ندارد، بلکه تاریخ دارد. این جزو آموزه‌های کلیدی این مکتب است. یعنی ما موجود تدریجی‌الحصول‌ایم، خرده‌خرده آدمی می‌شویم. خرده‌خرده آن می‌شویم که می‌شویم و پیش از این چنین نبوده‌ایم که امروز هستیم. فردا هم چنان نخواهیم بود که امروز هستیم. ما تاریخ‌مندیم. خب، این‌که آدمی اصلاً سرشت دارد یا ندارد یک بحث است و این که اگر دارد، آن سرشت خوب است یا بد، بحث دیگری است. من حدود بیست سال پیش مقاله‌ای نوشتم با عنوان «از تاریخ بیاموزیم». مرحوم استاد پاریزی استاد تاریخ دانشگاه تهران، مرا دیدند و برای نوشتن آن بسیار تحسین کردند. یکی از کتاب‌های‌شان را به من هدیه کردند و گفتند من به دانشجوهایم گفته‌ام که این مقاله را بخوانند. لبّ سخن آن مقاله این بود که آدمی را در آزمایشگاه تاریخ می‌توان شناخت، نه فقط با بحث‌های فلسفی. این‌که ما بحث کنیم و از انسان تعریف بدهیم که انسان حیوان ناطق است. انسان حیوان عاشق است. انسان حیوان ابزارساز است. انسان حیوان اخلاقی است. انسان حیوان خندان است و تعریف‌های دیگر، ما را چندان به پیش نمی‌برد. همواره می‌توان بر این تعریف‌ها افزود. اما در هر حال، یکی از این تعریف‌ها این است که انسان حیوان نیک‌سرشتی است، در مقابل تعریف دیگر که انسان حیوان بدسرشتی است. خب، از کجا می‌شود فهمید کدام‌یک از این

تعریف‌ها درست است. آیا از راه بحث و استدلال می‌توان راه به جایی برد؟ به گمان من این راهی به دهی نیست. اما یک راه دیگرش آزمایشگاه تاریخ است. ما باید ببینیم در طول تاریخ آدمیان خود را چگونه نشان داده‌اند. خوشبختانه دوران کوتاهی هم بر آدمی نگذشته است. دست‌کم چندهزار سال بر آدمیانی مثل ما گذشته است و ما دیگر خودمان را نشان داده‌ایم. ممکن است یك انسان خودش را مخفی کند و نشان ندهد و نیّتش را در دل نگهدارد و به زبان نیاورد. اما مجموعه آدمیان در طول تاریخ که نمی‌توانند خود را پنهان کنند. به گواهی مورخان آدمیان همیشه با هم در جنگ بودند و فقط یک دوران‌های کوتاهی بین دو جنگ، صلح بوده است. یعنی فکر نکنید در تاریخ صلح و آرامش قاعده بوده، بلکه جنگ قاعده بوده است. اصلاً می‌توان گفت انسان حیوان جنگاور است و این درست است. آدمیان بیشتر خون همدیگر را ریخته‌اند تا در صلح و صفا و آرامش زندگی کرده باشند و هم‌چنین است بسیاری از امور دیگر که در طول تاریخ دیده شده است. آدمیان البته علم هم پدید آورده‌اند. می‌توان گفت انسان حیوان عالِم است. یا انسان حیوان صنعت‌گر است. اما همین علم و صنعتی هم که آدمیان پدید آورده‌اند یکی از بزرگ‌ترین موارد مصرفش همین میدان‌های جنگ بوده است. در روزگار ما این معنا بسیار آشکار است. می‌بینیم که بهترین صنعت‌گران کسانی هستند که سلاح‌سازی و سلاح‌پروری می‌کنند. به گمان من آدمیان در تاریخ نشان دادند که پیش‌فرض لیبرالیسم از بیخ و بن باطل است. ما آدمیان حیوانات نیک‌سرشتی نیستیم. اگر قید و بندهای اجتماعی نباشد، بعید است آدمیان همدیگر را راحت بگذارند و به آرامی از کنار یکدیگر عبور کنند. بعید است که چشم طمع یا حسد به دیگری ندوزند. دوستی برای من شعری می‌خواند:

میان دو خر بهر جو جنگ شد — لگد زد یکی دیگری لنگ شد
بنالیـد از درد و گفـتا همی — که حقا تو خر نیستـی آدمی
نشاید که خر خوانمت زان‌که خر — نیازارد انباز خود چون بشر[1]

شما شیری را دیده‌اید که شیر دیگری را پاره‌پاره کند؟ این آدمی است که فقط هم‌نوعان خودش را مورد شکنجه و قتل و غارت قرار می‌دهد. در طول تاریخ چنین بوده است. فروید می‌گفت آدمی یک جانور دربند کشیده است و این تمدن یک پوسته نازکی روی توحش بشر است. اگر پوسته نازک تمدن دریده شود این توحش فوران می‌کند. جنگ جهانی اول آن پوسته تمدنی را درید و توحش بیرون زد. در جنگ جهانی دوم هم این پوسته دریده شد و توحش

---

۱. عبدالرحیم طالبوف تبریزی

بیرون زد. البته اخلاق آمده و سعی می‌کند انسان‌ها را کم‌آزار کند. اما واقعیت این است که به گمان من پیش‌فرض نیک‌سرشت بودن آدمی که پیش‌فرض اصلی لیبرالیسم است چندان قانع‌کننده نیست. به گمان من تاریخ بشر نشان می‌دهد که آدمی برخلاف آن‌که تظاهر می‌کند بدسرشت است. کافی است امکانی به دست بیاورد تا نشان بدهد که از چه باطنی برخوردار است. این نکته‌ای است که عارفان ما هم می‌گفتند. در *قرآن* و در *نهج‌البلاغه* هم این مطلب هست. البته خداوند گفته است که من احسن‌الخالقین‌ام. اما هر جا راجع به آدمی صحبت شده گفته است که این موجود ظلوم، جهول، حسود و جزوع است.[1]

لیبرالیسم عرصه ظهور آدمی است که به او گفته‌اند از بدی‌های خود شرم نداشته باش، بلکه بیا و همان را که هستی ظاهر کن. خب این بد نیست. گفتند شما سودجویید، پس ما جلوی سودجویی شما را باز می‌گذاریم. چرا باید گفت سودجویی بد است. برو بازار آزاد و سودجویی خودت را اشباع کن. چرا طمع بد باشد؟ آن شاعر قدیمی خودمان می‌گفت:

از دنائت شِمُر قناعــت را　　　همت که نام کرده است آز؟[2]

این‌که به تو می‌گویند قانع باش یعنی فرومایه باش. یعنی به کم قانع باش. یعنی گدامنش و گداخو باش. همت بورز و چرا نام همت‌ورزیدن را طمع گذاشته‌اید؟ باید چنین اندیشید که من آدم صاحب همتی هستم و می‌خواهم تا آن‌جا که می‌توانم برای خودم کسب سود و سرمایه کنم. شما خودت را به عرصه بیاور و پنهان نکن. چیزی را در پستو نگذار و از بدی‌های خودت شرم‌سار نباش. این همان جمله‌ای است که مارکس از قول یکی از شاعران لاتین نقل می‌کرد که می‌گفت من آدم‌ام، من انسان‌ام و هرچه دارم انسانی است. این سخن خیلی مهمی است. یعنی حتی بدی‌های من و حتی زشتی‌های من، چون مال من انسان است نباید طرد شوند. نباید زشت انگاشته شوند. بگذارید آن‌ها هم خودشان را نشان بدهند. بگذارید ظاهر بشوند. شعار لیبرالیسم اقتصادی این بود:Laissez Passer,Laissez fair «بگذار برود بگذار بکند». بگذار هر چه می‌خواهد بکند. بگذار هر جا می‌خواهد برود. بگذار خودش را آفتابی کند. این آدمی، با تمام آن‌چه که بود، خودش را ظاهر کرد و اگر روزگاری قید و بندهایی هم در دست داشت، کوشید آن‌ها را کنار بگذارد. ما از دوران روشن‌گری و به‌طور کلی دوران به‌اصطلاح مدرن با یک چنین انسانی در مغرب زمین روبه‌رو هستیم که کم‌وبیش خواسته و توانسته است خودش را ظاهر کند

---

۱. «خلق الانسان هلوعا» «خلق الانسان من عجل» «اذا مسه الشر جزوعا» «اذا مسه الخیر منوعا» «انه کان ظلوما جهولا» (معارج/۱۵؛ انبیا/۳۷؛ معارج/۲۰؛ معارج/۲۱؛ احزاب/۷۲)

۲. کلیله و دمنه

و بر آفتاب بیفکند و شرم از این‌گونه بودن خود نداشته باشد. او هر چه که هست و با هر نقصانی که دارد، به میدان بیاید. حالا شما داوری کنید این انسانی که بدون پروا از موجودیت و از موجودی خویش پا به میدان تاریخ نهاده، ظرف این سه چهار قرن چگونه موجودی را نشان داده است؛ موجودی پاک‌سرشت یا موجود دیگری، شاید با تعریفی دیگر؟ این‌جاست که به نظر من ما می‌توانیم در مورد لیبرالیسم یک داوری عمیق بکنیم و بگوییم که آیا اصلاً ما از جای درستی آغاز کردیم یا نه و اگر این‌طور نباشد، آن‌وقت طرح جایگزین ما چه خواهد بود و بر چه اساس دیگری می‌توانیم نظامی را طراحی کنیم.

حالا اگر ما تعریف‌مان را از انسان عوض کنیم مثلاً بگوییم انسان نیک‌سرشت نیست، منظورمان این نیست که موجودی شیطانی و اهریمنی است. البته این نکته مهم را از طریق ادیان به ما گفته‌اند که شیطان تا روز قیامت زنده و بیدار است. یعنی جهان را خالی نکرده است. به قوت در کار است. این هم یادمان باشد که ما مَلَک نیستیم، بلکه شیطان‌زده‌ایم و اهریمن در ما دست قوی دارد و به همین دلیل هم گفتم که ما صددرصد فرشته نیستیم. بنابراین، نکته دیگری که باید به آن فکر کنیم، و البته من این‌جا درصدد پاسخ به آن نیستم، این است که ببینیم اصلاً اگر بناست که یک اساس تازه‌ای بریزیم آن را از کجا باید شروع کنیم. بلی، به نظر می‌رسد که از انسان‌شناسی و از تعریف تازه‌ای از انسان باید شروع کرد، آن هم با رجوع به تاریخ بشر. من این تاریخ‌اندیشی نوین را خیلی ارج می‌نهم. بسیار تفطن نیکویی بوده است که آدمی دست‌کم برای فهم بهتر صورت مسأله به تاریخ مراجعه کند. باید با رجوع به تاریخ ببینیم، این آدمی چه کسی است؛ چه کاری کرده، چگونه رشد پیدا کرده و چگونه رفته‌رفته پرده‌ها را از روی خودش کنار زده و چهره‌اش آشکارتر و آشکارتر شده است. چگونه ابرها کنار رفته‌اند و آفتاب بهتر تابیده است. بلی به نظر می‌رسد اگر از این‌جا شروع کنیم، نتیجه‌بخش‌تر خواهد بود. در پایان نکته‌ای را هم به خودمان یادآوری می‌کنم و آن این‌که زندگی قناعت‌آمیز دست‌کم به ما خواهد گفت که ما از وضع موجود راضی نیستیم و این ماکیاولیسم مسلح نتوانسته است کام ما و کام جهانیان را برآورد و شیرین کند و می‌تواند شرور بیشتر و فربه‌تری در آستین داشته باشد. دست‌کم از این طریق می‌توانیم یک زندگی انسانی‌تر و حتی راحت‌تر، بی دغدغه‌تر و کم‌اندوه‌تری برای خودمان فراهم کنیم و آن را به فرزندان‌مان و به نسل‌های بعدی هم بیاموزیم. آن‌گاه بیندیشیم درباره این‌که چه‌گونه می‌توانیم از این گردنه مهیب عبور بکنیم و شاید هم آلترناتیوی برای نظم پر از شرور کنونی پیشنهاد کنیم.

والسلام علیکم و رحمة‌الله

اسلام و چالش مردم‌سالاری

موضوع سخن من در این‌جا مسأله دموکراسی و نسبت آن با اسلام است؛ موضوعی آشنا و در عین حال مناقشه‌برانگیز، که بر سر آن جنگ و جدال فراوان بوده است و خود من هم در این زمینه کم نگفته و کم ننوشته‌ام. از آن‌جا که این موضوع مسأله ماست و ما هنوز از این مرحله نگذشته‌ایم، هم‌چنان حاجت به پاره‌ای از تحلیل‌های مفهومی و روشنگری‌های تئوریك داریم. بنابراین باکی نیست اگر پاره‌ای از این دست مسائل را با یکدیگر مروری بکنیم و بر روی بعضی از آن‌ها توقف و تأمل کرده به گفت‌وگو بپردازیم. همین روشنایی‌ها و بصیرت‌های تئوریک موجب شجاعت در مقام عمل هم خواهد شد و ما را گامی به جلو خواهد برد. دو روز گذشته یونسکو کارگاه فلسفی‌ای سامان داده بود تا دیالوگی میان فیلسوفان آسیایی و فیلسوفان عرب (این تقسیم‌بندی از خود یونسکو است) برقرار گردد. من نیز در آن کارگاه شرکت داشتم. گفت‌وگو برسر این بود که بهتر است یونسکو بر سر چه مفاهیم و مسائلی سرمایه‌گذاری کند. پس از هر جلسه بحث‌ها جمع‌بندی می‌شد و در نهایت یک جمع‌بندی نهایی صورت گرفت و یونسکو را موظف کرد که برای چند سال آینده درباره دو مسأله عدالت سیاسی و عدالت اجتماعی با رویکرد فلسفی کار کند. البته عدالت سیاسی تعبیر دیگر دموکراسی بود. حتی پاره‌ای از پیشنهادکنندگان همان کلمه دموکراسی را به‌کار می‌بردند و بر آن اصرار داشتند. و پاره‌ای هم معتقد بودند که کلمه عدالت سیاسی شاید جامع‌تر و به اندیشه شرقیان نزدیک‌تر باشد.

بنابراین می‌بینید که دموکراسی فقط مسألهٔ ما ایرانیان و یا ما مسلمانان نیست، بلکه مسألهٔ دیرینه‌ای است و بشریت همیشه با عدالت دست و پنجه نرم می‌کرده و درباره آن اندیشه‌ورزی می‌کرده و در مقام عمل هم شائق و عاشق آن بوده است. البته به دلیل پیچیدگی‌های بیشتری که جامعه پیدا کرده اجرای عدالت هم پیچیدگی بیشتری پیدا کرده است و لذا تئوری‌پردازی برای آن هم نیاز به پیچیدگی بیشتر دارد و چنین است که این مسألهٔ هیچ‌گاه تعطیل نمی‌شود و هیچ قومی از آن استغنا پیدا نمی‌کند.

نکته دیگری که مایلم به آن اشاره کنم، یک نکته فلسفی است و آن، این‌که اشیا را به‌طور کلی به دو دسته می‌توان تقسیم کرد؛ اشیائی که وجودشان متکی به درک ما از آن‌ها نیست. برای مثال بنزینی که ما در ماشین‌مان می‌ریزیم، می‌سوزد، احتراق پیدا می‌کند و انرژی تولید می‌کند. اکثر ما اطلاعی از ساختمان شیمیایی آن نداریم. مردم قرن‌ها از اکسیژن هوا تنفس می‌کردند و می‌کنند، اما نمی‌دانند اکسیژن چیست و چه نقشی در فیزیولوژی ما و در حیات ما دارد. علتش این‌است که شناختن این موجودات شرط بودن آن‌ها و شرط عمل‌کرد آن‌ها نیست. حضور عینی این دست موجودات مستقل از حضور ذهنی آن‌ها است. اما موجودات دیگری هم هستند که تا وجود ذهنی‌شان پیدا نشود، وجود عینی‌شان هم پیدا نمی‌شود. یعنی تحقق مفهومی آن‌ها مقدم بر تحقق خارجی آن‌ها است. مثالی را از هایک[1]، اقتصاددان مشهور اتریشی و برنده جایزه نوبل، می‌آورم. او در کتاب مهم‌اش *ضد انقلاب علم: پژوهش‌هایی دربارهٔ سوء استفاده از خرد*[2]، در باب علوم اجتماعی یا علوم انسانی و تفاوت آن با علوم طبیعی مثالی می‌آورد که با بحثی که من کردم مناسبت دارد. آن مثال مفهوم زینت یا زیور است. چیزی که کسی به خود می‌آویزد، اعم از گوشواره، یا گردن‌بند یا چیز دیگری مانند این‌ها، به خودی خود زینت محسوب نمی‌شود، مگر این‌که ما آن را زینت بدانیم. زینت از جایی متولد می‌شود که عده‌ای چیزی را زینت محسوب کنند، وگرنه هرقدر هم آن گرانبها یا زیبا باشد، جنبه زینتی نخواهد داشت. بنابراین، وجود ذهنی زینت و درک از زینت آن چیزی است که زینت را در عالم خارج پدید می‌آورد. خرید و فروش را در نظر بگیرید. خرید و فروش فقط مبادله نیست. یعنی این‌چنین نیست که شما چیزی را بدهید و چیزی را در عوضش بگیرید، بلکه شما باید بدانید که کاری می‌کنید نامش خرید و فروش است. اگر این را ندانید، هزاران مبادله و دست به دست کردن جنس خرید و فروش محسوب نمی‌شود. این قبیل مفاهیم

---

1. Friedrich August Von Hayek
2. *The Counter-revolution of Science : Studies on the Abuse of Reason*

فراوان‌اند و در اصل، در این‌جا است که مرز میان علوم انسانی و علوم طبیعی معین می‌شود.

در علوم انسانی پاره‌ای از چیزها به دلیل توجه ذهنی ما پدید می‌آیند. اگر ما آن توجه ذهنی و آن قالب‌بندی مفهومی را نداشته باشیم آن شی وجود خارجی پیدا نخواهد کرد. این نکتهٔ بسیار مهمی است. آزادی و عدالت از این دست مفاهیم‌اند، که تحقق خارجی آن‌ها وابسته به تحقق ذهنی آن‌ها است. بنابراین، ما باید روی این مفاهیم کار بکنیم. زیرا تا مفهوم این‌ها را به درستی در اذهان ایجاد نکنیم، خودشان هم در خارج ایجاد نخواهند شد. اصلاً طریق ایجاد این‌ها طریق ایجاد فیزیکی نیست. بسیاری از اهل سیاست و اهل فلسفه گفته‌اند که یک‌رشته چیزها فرهنگ ویژه خود را می‌خواهد. ما غرض از این فرهنگ را باید به‌درستی بدانیم. غرض از این فرهنگ آشنایی دقیق مفهومی با این چیزهاست. محال است که آزادی، بدون این‌که ما درکی از چیستی آن داشته باشیم، در خارج تحقق پیدا کند. آزادی در عالم خارج تنزل همین آزادی در عالم ذهن است. شاید من دارم هگلی می‌شوم، ولی قصه از همین قرار است و بسیاری از مفاهیم این‌چنین است. این نکته البته کشف و ابداع من نیست، بلکه فیلسوفان علوم اجتماعی در این زمینه سخن زیاد گفته‌اند. در هر حال تأمل زیاد لازم است تا ما این معنا را در جان بنشانیم و بر وفق آن عمل کنیم. به همین سبب، ما هر چه ذهن خودمان را ایضاح تئوریک کنیم و ذهن دیگران را هم در این باب روشن‌تر بکنیم، مطمئنا به عملی شدن و تحقق بیرونی آن‌ها کمک کرده‌ایم. درک ناقص، ناپخته و ناآزموده از این مفاهیم به تحقق ناقص و ناآزموده آن‌ها و بلکه به عدم تحقق آن‌ها منتهی خواهد شد. البته این سنخ گفت‌وگوها، گرچه تئوریک نامیده می‌شوند، ولی هیچ فاصله‌ای با عمل ندارند. این بحث‌ها با بحث‌های تئوریکی که در باب پدیدارهای فیزیکی صورت می‌گیرد تفاوت دارند، و با عمل فاصله دارند.

در فلسفهٔ زبان از گزاره‌هایی سخن می‌رود که فعل گفتاری‌اند و آن به این معناست که ما با گفتارمان، فعلی را انجام می‌دهیم، نه این‌که فقط چیزی را بگوییم و خبری را بدهیم. بسیاری از گزاره ها خبراند. «من دیروز فلان غذا را خوردم» یک خبر است. اما پاره‌ای از گزاره ها خبر نیستند، بلکه عین فعل‌اند. وقتی ما سخنی می‌گوییم و به کسی توهین می‌کنیم این خود توهین کردن است، نه این‌که خبر از توهین کردن باشد. خود سخن ما عین عمل ما است و هیچ فاصله‌ای با عمل ندارد. وقتی می‌گوییم «من فلان سیاست را محکوم می‌کنم»، این عین محکوم کردن است، نه این‌که جای دیگری محکوم کنید و این‌جا از آن خبر دهید. همان‌طور که دو نوع سخن گفتن داریم، دو نوع مفاهیم ذهنی هم داریم. پاره‌ای از مفاهیم ذهنی عین تحقق خارجی‌اند. چنین نیست که همه ذهنیات بریده از عینیّات باشند. بعضی از ذهنیات منطبق بر عینیّات هستند و بعضی از ذهنیات خود عینیّات‌اند.

اما نکته سومی که باید بیان کنم راهی است که ما در این زمینه در صد سال اخیر رفته‌ایم. خوب است مروری برآن بکنیم. من فقط یادآوری می‌کنم که از وقتی قصه مشروطیت در کشور ما آغاز شد، لفظ دموکراسی چندان به‌کار نمی‌رفت. اما بالاخره همین مفاهیم آزادی، برابری و امثال این‌ها که مقتبس از انقلاب فرانسه بود به قوت رایج بود و همه به آن‌ها توجه داشتند. جامعه ما شاید از جامعه کنونی ایران خیلی دینی‌تر بود. جهان و خصوصا شرق این گونه پوست نینداخته بود. توجه به مفاهیم دینی بیشتر بود و نیروی علما در جامعه هم بیشتر بود.

یکی از بزرگان دینی ما به نام مرحوم آقای نائینی برای حکومت مشروطه و برای محدود کردن قدرت مطلقه پادشاه و مسائلی که در آن روزگار مطرح بود وارد تئوری‌پردازی شد. کتاب مشهور ایشان *تنزیه الملة و تنبیه الامة* را همه می‌شناسیم. کتابی که برای بیدارکردن مردم و برای پاکیزه کردن دین و زدودن زوائد و عوارض از آن از جمله استبداد نوشته بود. زبان کتاب خیلی فقهی و دشوار بود و بعدها توسط مرحوم آقای طالقانی چاپ مجدد شد. مهم‌ترین استدلال مرحوم نائینی در آن کتاب، که جزو اولین استدلال‌هایی است که در زمینه محدود کردن قدرت مطلقه، آن هم در یک فضای دینی، صورت پذیرفته است، این است که حکومت مشروطه دفع افسد به فاسد است. یعنی یک چیز بدتری را می‌بریم و به جایش چیز بدی را می‌گذاریم. این چنین نیست که آن‌چه می‌رود بد است و آن‌چه می‌آید خوب است، بلکه بین بد و بدتر بد را انتخاب می‌کنیم و بدتر را کنار می‌گذاریم. بدتر حکومت مطلقه شاه بود و بد حکومت مقیّده و مشروطه شاه. مرحوم نائینی معتقد بود که حکومت و قدرت علی‌الاصول حق فقیهان است و مادامی که فقیه بر سر کار نباشد حکومت غصبی است. دراصل ایشان در همین دایره مفاهیم فقهی کار می‌کرد و خودش هم فقیه بزرگی بود و لذا از غصب و عدم غصب سخن می‌گفت. منتها می‌گفت ما که الان به‌منزلهٔ فقیه قدرتی نداریم. امکان گرفتن قدرت را هم نداریم. پس چه بهتر که حالا که قدرت دست ما نیست، دست کسی باشد که ظلم کمتری بکند. درآن کتاب خوابی را ذکر می‌کند که درآن کنیزکی مشغول شستن دست‌های خویش است و می‌گوید این بهترین تمثیل از این واقعیت است که یک کنیز سیاه، که کنایه از موجود آلوده و ناپاک است، مشغول شستن آلودگی است. آلودگی می‌رود اما سیاهی می‌ماند. یعنی از طریق مقیّد کردن قدرت ناروای پادشاه، به نتیجهٔ خوبی می‌رسیم. یعنی مردم فی‌الجمله بوی آزادی و بوی عدالت را استشمام می‌کنند و ظلم کمتری به آن‌ها می‌شود. من البته مرحوم آقای نائینی را خیلی تحسین می‌کنم، زیرا با این‌که یک فقیه و اصولی بود، سعی نکرد حکومت مشروطه را از درون اندیشه‌های دینی استخراج کند، کاری که مخصوصا نزد متفکران شبه‌قاره هند و پاکستان زیاد دیدیم. ابوالاعلاء مودودی و بسیاری از

نویسندگان عرب که بعضی از مفاهیم درون‌دینی را گرفتند و کوشیدند که با بازی کردن با آن‌ها و تأویل و بلکه تحریف آن‌ها نوعی مشروطه یا دموکراسی و امثال این‌ها را بیرون بیاورند. نائینی از بیرون نگاه می‌کرد و با مفاهیم ظلم و عدل (و غصب) کار می‌کرد و معتقد بود که این مقید کردن قدرت، علی‌ایّ‌حال، به عدالت نزدیک‌تر است تا مطلق‌العنان بودن و خودکامگی پادشاه.

ماجرا از این‌جا شروع شد. خود مرحوم نائینی، بعدها که حکومت رضاشاه را دید پشیمان شد و چنان‌که گفته‌اند، گفت کتاب‌هایش را در آب دجله بریزند. به هر حال ما پیش‌تر آمدیم. انقلاب اسلامی شد و تئوری ولایت فقیه مطرح شد. براساس تئوری ولایت فقیه حکومت از آنِ فقیه است و دیگران باید در ظلّ آن کار کنند و نظام سیاسی تمام مشروعیت خودش را از فقیه می‌گیرد. کلمه «ولایت» واقعاً کلمه نامناسبی است، فارغ از آن که این تئوری ایراد داشته باشد یا نه. کلمه «ولایت» بسیار مستعد بدفهمی است. چون، چنان‌که می‌دانید، در اسلام، و خصوصاً در تشیع، ولایت معنایی باطنی و بار سنگین عرفانی دارد و این بار سنگین عرفانی، این تئوری ولایت فقیه را، صد بار مضرتر و معیوب‌تر می‌کند. اگر به جای کلمه «ولایت»، که در سیاق فقهی هم جز ریاست و زعامت معنای دیگری ندارد، «ریاست فقیه» گفته می‌شد، البته از نظر تئوری فقهی هیچ تفاوتی نمی‌کرد، اما جلوی بسیاری از مغالطات را در فرهنگ تشیع می‌گرفت. وقتی کلمه ولایت به کار می‌رود، بلافاصله مخاطب به یاد آن شأن و مقام معنوی پیامبر و شأن و مقام معنوی ائمه شیعه و دستی که به پشت پرده داشتند و نیروهای نهانی، که بنا به اعتقاد شیعیان، در اختیار آن‌ها بود و قرب و تولایی که به خداوند داشتند، می‌افتد. ولایت معنایش همین است. یک عمر دکتر شریعتی را کوبیدند و گفتند او ولایت ندارد. منظورشان این نبود که او ولایت فقیه ندارد یا حکومت دینی را قبول ندارد، بلکه منظورشان این بود که آن مقامات معنوی را برای ائمه قبول ندارد.

بلی، ولایت نزد شیعیان معنای بسیار رفیعی دارد. این تعبیر «ذوب در ولایت» که اینك بسیار به‌کار می‌رود، اگر به جای ولایت، ریاست فقیه گفته می‌شد، هیچ‌کس از تعبیر «ذوب در ریاست» استفاده نمی‌کرد. اگر از اول زعامت فقیه را به‌کار می‌بردیم، هیچ‌کس تعبیر «ذوب در زعامت» را به‌کار نمی‌برد. چون بی‌معنی است. اما از آن‌جا که این کلمه «ولایت» یک کلمه دوبعدی است و حتی بُعد معنوی‌اش غلبه بر بُعد ظاهری‌اش دارد و در سراسر فرهنگ تشیع مفهوم بسیار ریشه‌دار، محترم و مقدسی بوده است، کلمه ولایت فقیه، به یک چرخش قلم، فقیه را نه تنها به مقام دنیوی، بلکه به مقام معنوی رفیعی هم می‌رساند. نه تنها جایگاه او را یک جایگاه سیاسی حکومتی، بلکه یک جایگاه مقدس هم می‌کند، در حالی‌که حتی پردازندگان

تئوری ولایت فقیه چنین منظوری نداشتند. درهرحال، درست یا غلط، در دایره فقه مطلقاً اندیشه ولایت باطنی و معنوی و مقدس در کار نبود. اما همین‌که این کلمه به میان آمد، به‌خاطر سابقه تاریخی که داشت، تمام آن بار را با خود حمل کرد و چنین نقش عجیب و دوگانه‌ای را به حاکم شرع و به فقیه متولی ریاست و حکومت جامعه بخشید. به‌هرحال، تئوری ولایت فقیه دقیقاً همان تئوری یکی بودن دین و حکومت است، که بعدا بیشتر درباره‌اش خواهم گفت. یعنی نه تنها حکومت را به نحو عملی به دست فقیه می‌دهد، بلکه مشروعیت را هم به دست او می‌سپارد. چون مهم‌ترین نکته‌ای که در یکی‌بودن دین و حکومت مطرح است، این نیست که اهل سیاست از دین کمک بگیرند. چون اگر دین یک منبع فکری باشد، افراد می‌توانند از آن استفاده کنند، بلکه مهم‌ترین مسأله در یکی شدن یا یکی نشدن دین و حکومت این است که از راه دین چه حقوقی برای حاکمان اثبات می‌شود. اگر حقی و مشروعیتی به حاکمان داده شود، آن‌گاه دین و حکومت یکی می‌شود و اگر نه، نه. همه می‌دانیم که تئوری ولایت فقیه تئوری نسبتاً جوانی در عرصه تشیع است. بیش از صد و پنجاه سال از عمرش نمی‌گذرد. آن هم تئوری اقلیتی از فقیهان شیعه و نه تئوری اکثریت. اما بالاخره چون رهبر انقلاب قائل به این تئوری بود، قدرت هم پیدا کرد و تئوری سیاسی کشور ما شد. بنده دو ماه پیش که در ایران بودم و دیداری خصوصی با آیت‌الله منتظری داشتم سیر مسأله ولایت فقیه را با ایشان مطرح کردم و به ایشان گفتم که بیاییم از مسئله حق خدا و این‌که جز به اذن خدا نمی‌توان بر کسی سلطه یافت، بگذریم. بهتر است مسأله را به این صورت طرح کنیم که آیا مردم می‌توانند میان خودشان قراردادی ببندند که عده‌ای کارهایی را برای آنان بکنند و عده دیگری هم به آن‌ها مزد بپردازند. این‌چنین قراردادی مشروع هست یا نه؟ ایشان پاسخ دادند البته که مشروع است. ما در *قرآن* هم داریم که «اوفوا بالعقود» وقتی عقدی یا قراردادی می‌بندید به عهدتان وفا کنید. گفتم حالا اگر این عقد، عقد حکومت باشد. چه می‌شود؟ یعنی عده‌ای با عده‌ای قرار داد ببندند و بگویند ما پاره‌ای از امور کشوری را به شما می‌سپاریم و به شما مزد می‌دهیم، نه این‌که وکیل ما باشید، بلکه اجیر ما باشید. نه این‌که عقد وکالت ببندیم، بلکه عقد اجاره ببندیم. شما را اجیر می‌کنیم تا خدمتگزار ما باشید. در مقابل هم ما به شما مزدی می‌پردازیم. هر وقت هم به وظایف‌تان عمل نکردید، فسخ قرار داد می‌شود. آقای منتظری گفتند البته که می‌شود و این هیچ اشکال شرعی ندارد. آن‌گاه گفتم که این عین تئوری قرار داد اجتماعی است که امثال لاک و روسو روی آن کار کرده‌اند. بعداً در یک سخنرانی در دانشگاه تهران به دانشجویان گفتم آن‌هایی که بر مبنای عقل کار می‌کنند تئوری قرارداد را بر مبنای عقل بپذیرند و آن‌هایی هم که هنوز مقلدند و محتاج به تأیید یک فقیه‌اند، بدانند که

یکی از فقهای بزرگ در کشور ما قائل به تئوری قرارداد است. البته این نظر آقای منتظری در یک گفت‌وگوی خصوصی مطرح شد و بعد قرار شد من به ایشان نامه‌ای بدهم و ایشان هم پاسخی بدهند تا عمومی بشود. من این را همیشه گفته‌ام که فقیهان ما جز سلطنت و حکومت فردی شکل دیگری از حکومت را ندیده بودند و فکر می‌کردند که هروقت که بناست حکومتی برپا شود، باید یک نفر در رأس باشد و این یک نفر هم باید قدرت مطلقه داشته باشد و امر و نهی کند. لذا همین را ردای شرعیت پوشاندند. درحالی‌که اگر با اصناف و انواع دیگری از حکومت آشنایی داشتند، ولو به لحاظ تئوری و نه عملی، ذهن‌شان را به سوی دیگری هدایت می‌کرد. ما بسیاری از چیزها را در این عالم از راه مصادیقش می‌شناسیم. اول مصداق و نمونه را می‌بینیم. بعد مفاهیم خودمان را روی آن‌ها می‌اندازیم و حمل بر مصداق می‌کنیم و از این طریق ذهن‌مان را هدایت می‌کنیم. من معتقدم در یک جامعه دینی مثل جامعه ما هیچ تحولی تحقق عمیق پیدا نمی‌کند، مگر این‌که دین‌داران ما قانع بشوند که آن تحول با دیانت آن‌ها منافات ندارد. ممکن است که برخی از مردم لائیک یا سکولار باشند، اما به لحاظ یک نیروی اجتماعی، اعتقادات دینی مردم غیر قابل انکار است. تحولاتی که قرار است در جامعه پا بگیرد و سرنوشت‌ساز بشود، حتماً باید از این خصلت برخوردار باشد تا مردم مؤمن قانع شوند که در پرتو این تحول ایمان خودشان را در نمی‌بازند. کسانی‌که در یک فضای دینی زندگی نکرده‌اند یا خودشان اعتقادات دینی ندارند، شاید درک این مسأله برای‌شان مشکل باشد. اما اعتقادات مردم را نمی‌شود نادیده گرفت. کسی که عمری با خدا زندگی کرده به راحتی نمی‌تواند به او پشت بکند، بلکه او باید اطمینان داشته باشد که این راه تازه‌ای را هم که می‌رود خدا بر آن صحه گذاشته است.

حالا اجازه دهید من کمی وارد پاره‌ای از جزئیات تئوریک این مطلب بشوم. یکی صرفاً با تکیه برعقل و دیگری باتوجه به پشتوانه‌های دینی. فعلاً بحث من ناظر به دومی است. پس من می‌خواهم نشان بدهم که حداقل یک لایه از دموکراسی در جامعه دینی ما به راحتی تحقق‌پذیر است و هیچ منافاتی با هیچ اعتقاد شرعی و باور دینی ندارد. لایه‌های دیگرش حاجت به پاره‌ای از اجتهادات جدید دارد که در آن زمینه‌ها هم کسانی‌که توان‌مندی و علاقه دارند باید کار کنند. ما در یک حکومت دموکراتیک دست‌کم سه مرحله داریم: مرحله اول نصب حاکمان، مرحله دوم نقد حاکمان و مرحله سوم عزل حاکمان است. همه این‌ها را ما به راحتی می‌توانیم به شیوه‌های دموکراتیک در جامعه انجام دهیم، بدون این‌که هیچ منافاتی با هیچ اندیشه دینی و اسلامی داشته باشد و بلکه می‌توان تأییداتی هم از پیشوایان دین برای این‌کار گرفت. من مرحله نقد را از همه مهم‌تر می‌دانم. نقد حاکمان در شرایط امروزینی که ما درآن زندگی می‌کنیم، در

واقع جز آزادی مطبوعات و آزادی مردم در مقام سخن و ابراز عقیده معنایی ندارد. من در مقاله‌ای که چند سال پیش تحت عنوان «تحلیل مفهوم حکومت» نوشتم و در کتاب *مدارا و مدیریت* چاپ شده است از این‌جا شروع کرده بودم که آیا نقد حاکمان حق مردم هست یا نیست. استدلال اصلی من این بود که نقد، حق بیرون‌دینی مردم است. یعنی این حق را کسی به آن‌ها نمی‌دهد، بلکه از حقوقی است که آدمی به محض انسان بودن واجد آن است. از همین‌جا یک نقب هم به قصه حقوق بشر زده می‌شود. یعنی یک رشته حقوق هستند که قبل از این‌که ما متدین به دینی باشیم و مؤمن به مسلکی و شریعتی باشیم، به محض انسان بودن آن‌ها را با خود داریم. یکی ازآن‌ها حق دفاع از خویشتن است. چنین نیست که حکومتی حق دفاع از خویشتن را به ما بدهد. دیگری حق نقد است. این حق نقد یک حق دینی نیست تا یک حاکم دینی بیاید و بگوید به شما حق می‌دهم یا نمی‌دهم. این حقی است که آدمی خود دارد. یعنی حق بیرون‌دینی است. و من همیشه گفته‌ام که یک نظام دینی یا یک حکومت دینی تماما بر مفاهیم دینی بنا نمی‌شود. ما حتماً یک رشته حقوق و تکالیف بیرون دینی را باید وارد کنیم و این‌ها هیچ منافاتی با دین‌داری ندارد، حتی توسط دین تصویب هم شده است، و اگر تصویب هم نشده بود این حق را داشتیم. اولاً اگر ما حق نقد را بپذیریم، از درون آن پاره‌ای از حقوق بشر بیرون می‌آید و ثانیاً در درون حکومت وقتی حق نقد به شهروندان داده شود، مهم‌ترین رکن دموکراسی محقق می‌شود. چون مهم این نیست که ما عده‌ای را انتخاب کنیم و بر مسند حکومت بنشانیم، بلکه مهم این است که بعداً ببینیم راه کنترل آن‌ها چیست. این پارادوکس دموکراسی است و عموم فیلسوفان سیاست آن را بیان کرده‌اند. عموماً فکر می‌کنند دموکراسی به معنای انتخابات آزاد است. اکثریت کسی را انتخاب می‌کنند و او می‌شود حاکم دموکرات. درحالی‌که آن‌چه مهم است حق نظارت و حق نقد پس از انتخابات است که کانال‌هایش تشکیل احزاب و رسانه‌ها است. هیچ‌کدام از این‌ها هم منافاتی با هیچ اصل دینی ندارد و بلکه عبادتی از عبادات است. طبق روایتی «افضل الجهاد کلمة حق عند امام‌جائر» است. برترین جهاد حرف حق زدن در روی یک حاکم ستم‌کار است، که گاه هزینه سنگینی هم دارد. اما اگر جامعه، جامعه سالمی باشد نباید هزینه سنگینی برای آن پرداخته شود. به یاد دارید که امیرالمؤمنین به مالک اشتر می‌گوید که من چند بار از پیامبر اسلام شنیدم که گفتند جامعه‌ای پاکیزه نمی‌شود، مگر این‌که ضعیف بتواند حق خودش را بدون لکنت زبان از قوی بگیرد. یعنی نترسد که امتیازی و حقی و موقعیتی را از دست بدهد. البته من نمی‌خواهم فقط از مفاهیم درون دینی استفاده کنم، بلکه می‌خواهم بگویم که مطلب سابقه دینی بلندی دارد و اندیشه‌های اسلامی آن را به خوبی تقویت می‌کند.

و اما دربارهٔ قضاوت. آن‌چنان که گفتم، در یک نظام دموکراتیک فقط قصه انتخابات نیست که باید نگرانش بود، بلکه یک قوه قضائیه قوی و مستقل لازم است که تحت تأثیر القائات سیاسی قرار نگیرد و حتی حاکمان را به پای نقد و قضاوت بکشاند. به‌هرحال، بودن یک قوه قضائیه قوی و مستقل هم جزو اصولی است که به راحتی یک فرد متشرع می‌تواند آن را بپذیرد و منافاتی با اعتقادات دینی او ندارد. به یاد دارم که اول انقلاب آقای مشکینی، که الان رئیس مجلس خبرگان هستند، یک رساله عجیبی نوشتند. این رساله چندان مشهور نشد. اما من نسخه‌ای از آن را داشتم. ایشان آیهٔ حدید از آیات سوره حدید را ترجمه و تفسیر کرده بود و گفته بود که این آیه به‌وضوح بر تفکیک قوای سه‌گانه از یکدیگر دلالت می‌کند؛ یعنی قوه قضائیه و قوه مجریه و قوه مقننه.

می‌رسیم به قوه مقننه که دشواری در این‌جاست. یعنی آن‌جایی که بیشترین بحث‌ها را برانگیخته و هنوز هم معضل خیلی بزرگی است. از همان ابتدای انقلاب اعتراض‌کنندگان این اعتراض را داشتند که مجلس در یک نظام دینی و اسلامی به معنای واقعی کلمه مجلس نیست. زیرا مجلس نمی‌تواند قانون الزام‌آور بگذارد. این مشکل در دوران مشروطه هم مطرح بود. یکی از نکته‌های اصلی در رساله‌ای که منسوب به شیخ فضل‌الله نوری است ــ یا گفته‌اند کس دیگری نوشته و به نام او منتشر شده است ــ این است که شریعت مطهره همه وظایف ما را الی یوم‌القیامه معلوم کرده است. از همان ابتدا دو مشکل در رابطه با مجلس وجود داشت؛ یکی این‌که اولاً شرع و فقه همه چیز را گفته‌اند و ما حاجت به قانون‌گذاری نداریم. اگر پاره‌ای قوانین هم وجود ندارد، مجتهدان اجتهاد می‌کنند و تفریع فروع می‌کنند و آن‌ها را بیرون می‌آورند. پس ما احتیاجی به مجلس نداریم. مشکل دیگر این‌که اصلاً شورا الزام‌آور نیست و این به لحاظ فقهی معضل قوی‌تری است. عده‌ای شور کرده‌اند و به نتیجه‌ای هم رسیده‌اند و عقل همه آن‌ها هم بر آن صحه نهاده‌است، اما چرا برای ما الزام‌آور باشد؟ چرا اگر من به آن تن ندادم مجازات می‌شوم و زندان می‌روم؟ هیچ حجت شرعی وجود ندارد بر این‌که شورا الزام‌آور است. یکی از مسائلی که روشنفکران عرب روی آن خیلی بحث کرده و آن را مورد توجه قرار داده‌اند همین بوده است که آیا یک شورای مردمی برای دیگران جنبه الزام‌آور دارد یا نه. یعنی آیا سخن آن قانون است و حکمش مانند حکم خداست؟ چه پشتوانه‌ای برای این مطلب وجود دارد؟ در گذشته اهل حل و عقد و شورا در تاریخ اسلام زیاد بوده است، اما می‌گفتند سخن آنان الزام‌آور نیست. یعنی به حاکم مشورت می‌دادند و بعد حاکم هرکاری می‌خواست می‌کرد. یا سخن آن‌ها را می‌پذیرفت و یا نمی‌پذیرفت. در جمهوری اسلامی هم، چنان‌که می‌دانید، شأن مجلس

همین است. مجلس جنبه مشورتی برای ولی فقیه دارد و دقیقاً به همین معنا هم هست که زنان را در مجلس پذیرفتند. زیرا مهم نیست که مشاور مرد باشد یا زن. در این‌که آیا زن می‌تواند در مجلس نماینده مردم باشد و تقنین بکند، هنوز بعضی از فقها مشکل دارند، اما در این‌که یک فقیه می‌تواند مشاورانی از میان زنان و مردان داشته‌باشد هیچ فقیهی ایجاد شبهه نکرده است. لذا با این دیدگاه است که زنان می‌توانند انتخاب بشوند و به راحتی وارد مجلس شوند. خلاصه آن‌که تقنین‌های مجلس حجیت شرعی ندارند. زنان و مردان در مجلس نقش مشاوران را دارند و آن‌چه که نتیجه و برآیند مجلس است به خودی خود الزام‌آور نیست، بلکه چون ولی فقیه بر آن‌ها صحه می‌گذارد الزام‌آور می‌شود. از این جهت است که مجلس هیچ جایگاه مهمی در ایران پیدا نکرده است. نقش ولایت فقیه در این‌جا معلوم می‌شود که با وجود او پارلمان در واقع روح پارلمان را ندارد. کسی از بیرون باید بر دستاوردهای آن صحه بگذارد تا شرعا الزام‌آور شود و قانون شرعی محسوب بشود و تخلف از آن هم غیر مجاز باشد. لذا قوه مقننه در یک جامعه اسلامی که شریعت درآن خیلی قوی و فربه است لاغر می‌شود و جایگاه اصلی خودش را پیدا نمی‌کند. بنابراین باید راجع به آن تأمل بیشتری کرد. شورای نگهبان هم که در قانون اساسی ما پیش‌بینی شد برای این بود که قوانین همه با احکام شرع سنجیده بشود و این مشکل را افزون‌تر کرد. یعنی فیلتر خیلی باریکی را ایجاد کرد که مجموعا تصمیم‌گیری‌ها را به غایت مشکل‌تر و محدودتر می‌کند.

از چند راه می‌توان در حل این مسأله وارد شد. یکی این‌که روی این معنا کار بشود (کما این‌که بعضی چنین فکر کرده‌اند) که نفس شورا را بدل به یک شورای الزام‌آور بکنیم. این کار مشکلی نیست. شاید پذیرفتن آن برای فقها دشوار باشد، اما یک جامعه دینی می‌تواند این کار را انجام دهد. در ۱۹۲۴ در جهان اسلام کارهای خیلی مهمی انجام شد. یکی از آن‌ها لغو خلافت بود و دیگری هم، یکی دوسال بعد، انتشار کتاب *الاسلام و اصول‌الحکم* از علی عبدالرازق بود، که در واقع به دنبال لغو خلافت آمد و آن را تئوریزه و تبیین کرد و بیان کرد که اصلاً در اسلام خلافت نداریم. منظورش هم از خلافت چیزی شبیه ولایت فقیه بود. در مقابل عبدالرازق دو دسته موضع گرفتند؛ یک دسته افرادی مثل رشید رضا در داخل مصر و دیگری هم افرادی مثل اقبال لاهوری. عبدالرازق گفت از اول خلافتی در کار نبوده است و لازم نیست در اثبات آن اجتهاد کرد. اقبال لاهوری می‌گفت ما حق داریم راجع به خلافت اسلامی هم به شور بنشینیم. در هر حال، کار در مفهوم وکالت، مفهوم نمایندگی، مفهوم قانون‌گذاری و مفهوم شورا است. این از آن گره‌گاه‌هایی است که هنوز باز نشده است و نیاز به کار تئوریک دارد. مسأله‌ای که تا امروز به دلیل وجود تئوری ولایت فقیه، آن‌چنان‌که باید رو نیامده و توجهات

را جلب نکرده است همین الزام‌آور بودن شورای مسلمین است. اگر این الزام‌آور بودن حل بشود و دایره‌اش هم معین شود، به‌گمان من ما می‌توانیم گام بزرگی به طرف دموکراسی برداریم. یعنی به لحاظ تئوریک قضا و نصب و عزل و نقد حاکمان حل شده است. اما این الزام‌آور بودن است که تیرگی‌هایی دارد و قابل بحث است. کاری که شورای نگهبان در ایران می‌کند تا قوانین مجلس را با فقه مطابقت دهد، کار بسیار تنگ نظرانه‌ای است. یعنی قوانین مجلس را می‌خواهند با فتاوای یک فقیه مطابقت بدهند. درحالی‌که درکی که ما از ابتدا داشتیم بود این بود که منظور این نیست که این قوانین مخالف با فتوای این یا آن فقیه نباشد، بلکه منظور این است که به طور کلی مخالف با فقه اسلامی یا شیعی نباشد. فقه یک مخزن خیلی بزرگی است و جامع فتاوای فقیهان زنده و فقیهان در گذشتهٔ شعیه و اهل سنت است. فقهی به این بزرگی که یکی از اجتهاداتش این است که خلافت اسلامی می‌تواند ملغا بشود مجال بسیار عظیمی برای مانور دارد. اگر ما میزان انعطاف‌پذیری این شریعت و قوانین فقهی را بدانیم، تصدیق خواهیم کرد که به ما آزادی عمل بسیار می‌دهد. درهرحال، یک راه این است که روی مفهوم تقنین و روی مخالفت یا عدم مخالفت آن با کل فقه بیاندیشیم و نه با فتوای این فقیه یا آن فقیه. دوم این‌که ما دو دسته احکام فقهی داریم؛ یک دسته عبادات نام گرفته‌اند و یک دسته هم معاملات. یعنی همین قراردادهای اجتماعی و روابط اجتماعی. عبادات رابطه آدمی را با خدا تعریف می‌کنند مثل نماز، روزه، حج و امثال این‌ها. ما هیچ دلیلی نداریم که به این‌ها دست بزنیم. آن‌ها می‌توانند باقی بمانند و جامعه دینی از آن‌ها بهره‌های معنوی ببرد و آرامش روحی و روانی پیدا کند. معنای زندگی را در آن‌ها بیابد. راه خودش را هم به سوی خدا باز کند و هویت دینی خودش را هم حفظ می‌کند. یعنی مسلمان‌ها حس کنند که متعلق به یک مجموعه‌ای هستند و عضو یک حزب بزرگ‌اند و پیامبر اسلام هم واقعاً این نیّت را داشت و می‌خواست این احساس را به پیروان خودش بدهد که این‌ها یک تعلق گروهی و یک هویت جمعی دارند. اما وقتی پای روابط اجتماعی و قراردادهای اجتماعی به میان می‌آید، باید آن‌ها را به چشم روش بنگریم، نه به چشم غایت. یعنی این‌ها به خودی خود مطلوب نیستند. بریدن یا نبریدن دست دزد، سنگسار کردن یا نکردن، چگونگی قانون ارث و احکام دیگری از این دست همگی جنبه متدیک دارند. یعنی روش‌هایی هستند برای غایاتی و برای رسیدن به منظورها و مقاصدی. ازقضا بسیاری از این‌ها از رسم‌های عربی گرفته شده است. خیلی عجیب است ما می‌گوییم پیامبر در دوران جاهلیت ظهور کرد. این رسم‌ها هم متعلق به دوران جاهلیت‌اند، اما باز هم آن‌ها را نگه می‌داریم و نمی‌خواهیم آن‌ها را تغییر بدهیم. خب، این رسم‌ها متعلق به دوران جاهلیت بوده و تا مدتی هم کاربرد داشته است. آن کاربرد هم موضوعیت نداشته، بلکه به قول فقها طریقیت داشته است.

یعنی روشی برای رسیدن به مقاصدی بوده است. حالا اگر دیگر آن مقاصد را برآورده نمی‌کند، یا اگر می‌توان به شیوه‌های دیگری به همان مقاصد رسید، هیچ دلیلی ندارد که به این روش‌ها چسبیده شود. این درست مانند آن است که گفته شود پیغمبر اسلام چون با شمشیر می‌جنگیده ما هم امروز باید با شمشیر بجنگیم. درحالی‌که روش‌ها هیچ اصالتی ندارند. اما اگر گفته شود که هم‌چنان شیوه اسلامی جنگیدن شمشیر است، در خرد آدمی تردید می‌رود. همانطوری که ما وسایل زندگی‌مان را عوض کرده‌ایم و از تلفن و اتومبیل استفاده می‌کنیم، از روش‌های تنبیهی دیگر هم می‌توان استفاده کرد. اصلاً ظاهرترین و بارزترین چهره مدرنیته، مدرنیته در وسایل است، هرچند در سه حوزه دیگر هم مدرنیته وجود دارد. وسایل هم فقط وسایل فیزیکی نیستند، بلکه وسایل مفهومی و وسایل حقوقی هم هستند. همه این‌ها از جنس وسیله‌اند.

خدا رحمت کند مرحوم علامه طباطبایی را که فیلسوف آزاده‌ای بود. مفسر *قرآن* هم بود. اما حساب فلسفه‌اش را با اندیشه های دینی‌اش جدا نگه می‌داشت. یکی از دوستان خیلی نزدیک ما می‌گفت یک بار با آقای طباطبایی بر سر یک مسأله فلسفی، که ایشان روی آن کار کرده بود، بحث می‌کردم. به ایشان گفتم شما می‌دانید که لوازم و نتایج این نظریه‌ای که داده‌اید چیست و چه چیزهایی را در فقه ممکن است زیر و رو کند. ایشان گفته بود بله، می‌دانم. اما تفکر فلسفی من به این‌جا منتهی شده است و من باید این‌ها را بگویم. ایشان یکی از اولین فیلسوفان در حوزه فلسفه اسلامی بود که این موضوع را مطرح کرد که وسایل بر دوگونه‌اند؛ وسایل فیزیکی و وسایل مفهومی. یک‌رشته مفاهیمی که ما به‌کار می‌گیریم از جنس ابزارند و از جنس حقایق نیستند. اصلاً ماهیت‌شان ماهیت ابزاری است، مانند خوب و بد و از این قبیل، که یک خاستگاه معین و یک کارکرد معینی دارند. زمانی هم کهنه و یا کند می‌شوند و باید آن‌ها را کنار گذاشت و وسیله جدیدی را به جای آن‌ها گذاشت. دقیقاً همان‌طور که در عالم خارج یک‌رشته وسایل کهنه می‌شوند و باید به جای آن‌ها وسایل نو قرارداد، در عالم افکار و احکام و حقوق و تکالیف هم همین‌طور است.

بسیاری از افکار از جنس ابزارند و با امر ابزاری معاملهٔ غیر ابزاری نباید کرد. بسیاری از مسائل حقوقی، در حوزهٔ شرع باشند یا بیرون از شرع، چون ماهیت‌شان ابزاری است این حکم برای آن‌ها صادق است. هیچ فرقی نمی‌کند که این‌ها را پیامبر گفته باشد یا غیر پیامبر. وقتی ماهیت امری از جنس ابزار باشد، باید بدانیم که روزی کهنه می‌شود، زنگ می‌زند ... و باید کنارش گذاشت.

سخن اصلی من در این‌جا به پایان رسید.

اما نکته‌ای را که در سخنان گذشته من بود، اینک مایلم قدری بازتر کنم. یعنی لیبرال دموکراسی یک دموکراسی است که همراه با لیبرالیزمی است که این لیبرالیزم با پاره‌ای از اندیشه‌های اخلاقی جوامع دینی مناسبت ندارد و پافشردن روی لیبرال دموکراسی جامع‌الاطراف و کامل ما را به جایی نخواهد رساند. سال گذشته جلسه‌ای در هاروارد بود که من هم دعوت داشتم. موضوع جلسه حقوق بشر بود، در آن جلسه متوجه شدم که بحث راجع به قانون اساسی عراق است. جلسه نسبتاً خصوصی بود. حدود بیست یا سی نفر مسلمان و غیر مسلمان گرد آمده بودند تا ببینند قانون اساسی عراق باید چگونه نوشته شود. یکی از نویسندگان قانون اساسی یک جوان یهودی بود که مطالبی درخصوص حقوق بشر و به ویژه همجنس‌گرایان تهیه کرده بود. در نظر داشتند این‌ها را در قانون اساسی عراق بگذارند. جالب است که تصور می‌کردند با این کار خدمتی به آن‌ها می‌کنند. من به یاد آن شعر منسوب به مولانا افتادم که:

خواجه پندارد که طاعت می‌کند   بی‌خبر از معصیت جان می‌کند

در پایان رئیس جلسه از من خواست سخنی بگویم. من هم به بسط و تفصیل گفتم که شما اشتباه می‌کنید و شما دارید شیپور را از سر گشادش می‌زنید. شما فکر می‌کنید دارید برای آن‌ها تحفه می‌برید، درحالی‌که با این سخنان همه دموکراسی را از بین می‌برید. این بهترین بهانه است برای این‌که عده‌ای جلوی این لیبرال دموکراسی بایستند و بگویند حال که شما از اول می‌خواهید همجنس‌گرایی بیاورید، اصلاً ما صدر و ذیل و اصل و فرعش را نمی‌خواهیم. این همان لیبرال دموکراسی است که به آن اشاره کردم. لیبرال دموکراسی یعنی دموکراسی‌ای که بر مبنای لیبرالیسم بنا می‌شود. لیبرالیسمی که معتقد است از همان روز اول باید همه این حقوق را ایفا و اجرا کرد. در خود فرنگستان برخی از این آزادی‌ها بعد از دویست سال دموکراسی مطرح شده است. اما وقتی می‌خواهند برای جای دیگر نسخه بپیچند از همان روز اول این آزادی‌ها را مطرح می‌کنند. اما دموکراسی پولیتیکال همان تفکیک قوا و حق نقد حاکمان و رسانه‌های آزاد و چیزهای دیگری از این دست است، همان چیزی است که ما به آن نیاز داریم و در حال حاضر بسیاری از مشکلات ما در این‌جاهاست. در حال حاضر ما نیاز داریم حق سخن گفتن داشته باشیم، حاکم را انتخاب کنیم، او را نقد کنیم و بر او نظارت کنیم. و اگر لازم افتاد عزلش کنیم. قوه قضائیه مستقلی داشته باشیم که پناهگاه ما باشد و اطمینان داشته باشیم که اگر ظلمی به ما شد حق ما را می‌دهند و یا قوانینی که در مجلس می‌گذرد قوانین عادلانه باشد. این همان پولیتیکال دموکراسی است، یعنی دموکراسی سیاسی و عدالت سیاسی.

دایره لیبرال دموکراسی خیلی وسیع‌تر است و همین‌جاست که اتفاقاً منافات با اندیشه‌ها و ارزش‌های دینی‌اش هم خیلی آشکارتر می‌شود. من جز طایفه‌ای تحت عنوان مسلمانان پیشرو[1] که اینک در آمریکا هستند و صریحاً از همجنس‌گرایی دفاع می‌کنند و خود را هم مسلمان‌های مترقی می‌دانند و کتابی هم دربارهٔ نظرات‌شان منتشر کرده‌اند، کسان دیگری از مسلمانان را ندیده‌ام که فعلا پای خود را این‌جاها گذاشته باشند. در عموم کشورهای اسلامی هم جهادی که برای آزادی و عدالت می‌شود بر سر همین حقوق اولیه‌ای است که ضایع می‌شود. لذا حتی به لحاظ مصلحت عملی هم ما باید به‌سمت دموکراسی سیاسی برویم. سامانی بدهیم که اصطکاک مینیمالی با اندیشه‌های دینی داشته باشد، به طوری که یک جامعه دینی را قانع بکند که زیستن در ظلّ یک نظام دموکراتیک از رابطه آن‌ها با خداوند و از ایمان آن‌ها چیزی نمی‌کاهد.

نقطه عشق نمودم به تو هان سهو مکن
ور نه چون بنگری از دایره بیرون باشی[2]

والسلام علیکم

---

۱. Progressive Muslims

۲. حافظ، غزل ٤٥٨

تشیع و چالش مردم‌سالاری[1]

از توفیق مجدد در محضر دوستان فاضل ایرانی خوشنودم و از حضور یکایک حاضران سپاسگزاری می‌کنم. موضوع پیشنهاد شده برای بحث من در این‌جا «رابطه مردم‌سالاری و تشیع» است، که موضوع نیکویی است و لازم است که خصوصا ما ایرانیان به آن بپردازیم، چرا که اکنون حکومتی در ایران مستقر است که کشور را بر مبنای اندیشه‌های شیعی اداره می‌کند و حق حاکمیت خود را از تعلیمات شیعه اخذ می‌کند. نه تنها فقیهان، نوّاب امام زمان دانسته می‌شوند، بلکه شخص ولی‌فقیه و حاکم بالفعل کشور هم تکیه بر مسند نیابت امام زمان زده است و از جانب او و در غیاب او حکومت را اداره می‌کند و دست تصرف از آستین قدرت بیرون می‌آورد و به همین سبب قداستی برای حکومت و قدرت قائل است که در حکومت‌های غیر دینی خبری از آن نیست. همه ما با این مقوله به خوبی آشنایی داریم و در اطراف آن سؤالات متعددی برای ما مطرح است. اما من در این‌جا قصد ندارم به سؤالات مربوط به حکومت بالفعل جمهوری اسلامی بپردازم، بلکه مایلم در یک سطح تئوریک‌تر رابطه و نسبت میان تشیع و دموکراسی و مردم‌سالاری را بکاوم. همه ما به این مطلب واقفیم که تشیع مذهبی در مقابل اسلام نیست، بلکه شاخه‌ای از شاخه‌های اسلام است. به تعبیر دیگر، اگر با نگاه تاریخی بنگریم تشیع و تسنن دو تفسیر از اسلام‌اند. اگر نگاه تاریخی به مسأله داشته

---

۱. متن تنقیح شده سخنرانی ایراد شده در سال ۲۰۰۰ در پاریس.

باشیم، بدون آن‌که بخواهیم به تقابل‌ها، تفاوت‌ها یا تشابه‌های این دو شاخه بپردازیم و بدون این‌که بخواهیم موضع‌گیری کلامی یا اعتقادی بکنیم و یکی را بر دیگری ترجیح بدهیم، باید چنین بگوییم که کسانی از رفتار پیامبر اسلام و تعلیمات ایشان برداشتی و دریافتی داشته‌اند که آن برداشت و دریافت «تشیع» نامیده شد و اقلیتی از مسلمانان را در طول تاریخ تشکیل داد. کسان دیگری هم دریافت دیگری داشته‌اند که آن دریافت «تسنن» خوانده شد. این‌ها دو تفسیر در تاریخ اسلام بودند که هم‌چنان برجا و برقرار مانده است. البته شیعیان همواره در اقلیت بوده و هستند و اما اهل سنت اکثریت مطلق‌اند و نزدیک به هشتاد و پنج تا نود درصد مسلمانان را تشکیل می‌دهند. لذا وقتی از تشیع سخن می‌گوییم، از مکتبی و مذهبی سخن نمی‌گوییم که مقابل اسلام ایستاده و از در مخالفت با او در آمده است، بلکه از شاخه‌ای سخن می‌گوییم که درون این مجموعه بزرگ قرار دارد. بنابراین روشن است که مشترکات بسیار میان شیعیان و اهل سنت وجود دارد. وقتی‌که از رابطه تشیع و مردم‌سالاری سخن می‌گوییم، مشترکات را مد نظر قرار نمی‌دهیم، و می‌توان به طور عام‌تر از نسبت اسلام و مردم‌سالاری سخن گفت، چنان‌که در نوبت پیشین در آن باب سخن گفتیم.

اما برای این‌که به تشیع برسیم، باید از همان مدخل اسلام آغاز کنیم و من مایلم در این باب نکته‌هایی را به سمع شما برسانم تا بحث دربارهٔ تشیع هم روشن‌تر بشود و سخن در جای خود کما هو حقه بنشیند. ملاحظه کنید ما دو دوران مهم را پشت سر نهاده‌ایم؛ یکی دورانی که در آن از اسلام انقلابی سخن گفته می‌شود و متفکران و روشنفکران ما، و شاید در صدر آن‌ها مرحوم شریعتی، به دنبال آشتی دادن اسلام و انقلاب‌اند و در این‌کار هم واقعاً توفیق عملی پیدا کرده‌اند، سخن از توفیق نظری نیست. یعنی حکومتی که در ایران پدید آمد و بر مسند قدرت نشست، تلفیقی بود از اندیشه‌های اسلامی و اندیشه‌های انقلابی روز. و بنابراین توانست مردم مسلمان و شیعه جامعه ما را قانع کند که این حکومت در همان حال که یک حکومت دنیوی است یک قدرت مقدس هم هست و از پیوند میان اسلام و انقلاب سرچشمه گرفته‌است. ما اکنون ظاهراً این دوران را پشت سر نهاده‌ایم. یعنی برای توضیح این مسأله یا اثبات این مطلب کمتر جد و جهدی می‌رود که مسلمانی و انقلاب قابل تألیف و ترکیب‌اند. اصلاً دوره انقلاب‌ها و دوره مبارزات طبقاتی در جهان ظاهراً سپری شده است. البته حکم نهایی تاریخ را نمی‌توان نوشت. ما نمی‌دانیم در فردای تاریخ چه اتفاقی خواهد افتاد. چه مکتب‌هایی بار دیگر پدید خواهند آمد. اما روزگاری که ما اکنون در آن زندگی می‌کنیم، مشخصاً از دو دهه قبل به این‌طرف، دورانی است که مبارزات چپ، انقلابی، ضد سرمایه‌داری و ضد کاپیتالیستی با مفهوم‌هایی که بر درک ویژه‌ای از تاریخ در جامعه مبتنی شده بود فی‌الجمله به فراموشی سپرده شده است و

تنها ارزش آکادمیک دارد، یعنی در دانشگاه‌ها از آن‌ها سخن می‌رود. مارکس اگر در صحنه اجتماع ظاهراً حاضر و زنده نیست، اما در دانشگاه‌ها هم‌چنان حاضر است و هم‌چنان منبع الهام اندیشه‌ورزان است و هیچ شأن و منزلت کمتری مثلاً از ماکس وبر یا فروید ندارد. اما مطلقاً نقش پیشین خود را در صحنه اجتماع و سیاست ندارد. آری ما دوران تألیف یا تزویج اسلام و انقلاب را پشت سر نهاده‌ایم.

دوران دیگر که آن را هم ما پشت سر نهاده ایم و به همان درجه از اهمیت برخوردار است دورانی است که در آن هم‌زمان با کسانی که می‌کوشیدند پلی میان اسلام و انقلاب برقرار کنند، کسان دیگری هم، عمدتا در کشورهای عربی و کمتر در کشور ما ایران، می‌کوشیدند پیوندی میان اسلام و دموکراسی برقرار کنند. اما این پیوند میان اسلام و دموکراسی را از طریق استخراج دموکراسی از اسلام دنبال می‌کردند. من بر واژه «استخراج» تأکید می‌کنم، چون اصناف پیوندها را می‌توان بین دو مفهوم یا دو مقوله برقرار کرد. کمترین پیوند این است که شما نشان دهید که دو مفهوم تضادی و تقابلی با یکدیگر ندارند، همین و بس. و بالاترین پیوند نشان دادن اتحاد مطلق میان دو مفهوم است. و قدری پایین‌تر از این سقف آن است که نشان دهیم میان دو مفهوم نسبت فرزندی و پدری یا فرزندی و مادری برقرار است. این همان چیزی است که پاره‌ای از روشنفکران مسلمان به دنبال آن بودند تا نشان دهند همان مفاهیمی را که مکاتب لیبرال دموکراسی در پی تبیین و تثبیت آن هستند، می‌توان از تعلیمات اسلامی استخراج کرد و رابطه مادر و فرزندی بین آن دو برقرار کرد. ابوالاعلا مودودی از جمله افرادی بود که چنین اندیشه‌ای را دنبال می‌کردند. برای مثال می‌گفتند مفهوم «شورا» که در *قرآن* آمده است با مفهوم «مجلس شورا» منطبق است یا مفهوم «بیعت»، که ما در تاریخ اسلام داریم، با مفهوم «انتخابات». آنان می‌خواستند نشان دهند که ما با داشتن دین اسلام حاجت به مکتب‌های بیگانه نداریم و حتی بهتر از آن را از دل مکتب خودمان استخراج می‌کنیم. این همان نگاهی است که من در نوشته‌های خودم نامش را نگاه ماکسیمالیستی یا حداکثری به دین نهاده‌ام؛ به این معنا که حداکثر آن چه را که ما لازم داریم در دین هست و بنابراین به بیرون از آن حاجت نداریم.

ما امروز آن دوران را هم پشت سر نهاده‌ایم. به جرأت می‌توان گفت اقلیتی از روشنفکران مسلمان و متفکران جهان اسلام، ایران و عرب و ترکیه و غیره، اکنون در این فکراند که مبادی دموکراسی و مفاهیم بنیادین آن را از اسلام استخراج کنند. کم و بیش ما در این مورد به اجماعی رسیده‌ایم و این اجماع میمونی است. این اجماع به ما می‌گوید که آن شیوه، شیوه محکوم به شکستی است و به بن‌بست رسیده است. دست‌کم در ایران چنین وضعیتی است

و این بسی مایه نیک‌سرانجامی و خشنودی است. اما اینک پس از گذراندن آن دو دوره کوشش‌ها به جوانب دیگری متمرکز شده است و اگر سخن از نسبت میان مردم‌سالاری و دین یا مردم سالاری و اسلام می‌رود، این نسبت در سطح‌هایی بالاتر جستجو می‌شود و در آن شیوه‌های آسان‌گیرانه و ساده‌انگارانه خلاصه نمی‌شود. کار پیچیده‌تر شده است. نگاه‌ها دقیق‌تر شده است. لغزشگاه‌ها شناخته‌تر شده است. مغالطه‌ها فاش‌تر شده است و لذا بهتر می‌توانیم راه را ببینیم و در آن منطقه‌ای که می‌باید جستجو کرد، جستجو بکنیم.

به قول مولانا:

آنچ تو گنجش توهّم می‌کنی　　زان توهّم گنج را گم می‌کنی[1]

ما گنج را در جایی توهّم می‌کردیم و به همان سبب هم در دام توهّم می‌افتادیم و گنج اصلی را گم می‌کردیم. اکنون باید به جاده اصلی باز گردیم. خب، این جاده اصلی کجاست؟ یکی از ویژگی‌هـای این جاده اصلـی همین تشخیص منفی است، این‌که پاره‌ای از اندیشه‌ها را نباید دنبال کرد. بعضی از راه‌ها محصولی و نتیجه‌ای به‌دست ما نخواهد داد. تفطن به این نکته اهمیت کمی ندارد. بسیاری از انرژی ما را صرفه‌جویی خواهد کرد و نیروی ما را برای به‌کار انداختن در راه درست نگهداری خواهد کرد. ویژگی دوم آن این‌که ما این نسبت را اکنون در یک سطح بزرگ تمدنی و تاریخی جستجو می‌کنیم. یعنـی به دنبال آن نیستیم که پاره‌ای از تعلیمات درون‌دینی را بگیریم ـ مانند شورا و بیعت ـ و آن‌ها را با مفاهیم دموکراتیک تلفیق کنیم. چون از این‌که این کار جواب بدهد مأیوس شده‌ایم، بلکه به این کار در سطح تمدنی و فرهنگی و تاریخی نظر می‌کنیم. یعنی نگاه می‌کنیم به این‌که تمدن مسلمان‌ها، تمدنی که بر پایه یک رشته عواطف، یک رشته اعتقادات، یک رشته ایمان‌ها بنا شده است و تجربه و میراث تاریخی بلند و ممتد و غنی‌ای را فراهم آورده است، با دموکراسی چه نسبتی می‌تواند برقرار کند.

لازم است نکته‌ای را در این‌جا یاد آوری کنم که در پاره‌ای از نوشته‌هایم آورده‌ام و آن این‌که تمدن اسلامی علی‌الاصول یک تمدن فیلسوف‌پرور نبود، بلکه یک تمدن فقیه‌پرور بود. به بیان روشن‌تر، اگر تمدن امروزی مغرب‌زمین را تمدن علم و تکنولوژی بدانیم، که می‌دانیم. اگر تمدن یونان باستان را تمدن فلسفه و متافیزیک بدانیم، که می‌دانیم. تمدن اسلامی را باید تمدن فقه و قانون بدانیم. حجمی از کتاب‌هایی که در طول هزار و سیصد سال گذشته در فقه و شریعت نوشته شده است، به هیچ وجه با حجمی از کتاب هایی که در فلسفه نوشته شده

---

۱. مولوی، مثنوی، دفتر اول، شماره، ۲۴۸۰

است قابل مقایسه نیست. حجمی از مدارس فقهی که تأسیس شده و در آن‌جا فقه آموخته و فقیه پرورانده شده با تعداد مدارس فلسفی قابل قیاس نیست. بگذریم از این‌که اساساً کثیری از فقهای ما مخالف فلسفه بودند و عرصه را بر فیلسوفان تنگ می‌کردند. فیلسوفان در تمدن اسلامی در حاشیه زندگی می‌کردند. قاچاقی زندگی می‌کردند. گاه جان‌شان در معرض خطر بود. فقیهان همه جا دست بالا را داشتند. آنان هم در کنار سلاطین و خلفا می‌نشستند و هم در میان عوام مردم حضور داشتند. سخن آن‌ها بود که نفوذ داشت. مردم به فتاوای آن‌ها و احکام آن‌ها عمل می‌کردند. آنان بودند که تکفیر و تفسیق می‌کردند. فیلسوفان را دچار مهلکه و مخمصه می‌کردند. گله‌هایی که فیلسوفان بزرگ ما مثل صدرالدین شیرازی در آثار خودشان آورده‌اند چشم‌گشا و آموزنده است و نشان می‌دهد که سرنوشت این بزرگان و تاریخ تمدن اسلامی چه بوده است. نمی‌گویم ما فیلسوف بزرگ نداشتیم، البته داشتیم و خوشبختانه اکثر آن‌ها هم ایرانی بودند. این ایرانیان بودند که بیشترین فیلسوفان را به تمدن اسلامی تقدیم کردند؛ صدرالدین شیرازی، شهاب‌الدین سهروردی، ابن‌سینا، نصرالدین توسی، میرداماد و جلال‌الدین دوانی ایرانی بودند. حتی متفکرانی که رسما فیلسوف خوانده نمی‌شوند مانند فخرالدین رازی و غزالی هم ایرانی بودند. با همه این احوال، چنان‌که گفتم، فقیهان تعدادشان، آثارشان، نفوذشان و حضورشان در جامعه و در تاریخ بارها و بارها بیش از فیلسوفان بود. این امر به خودی خود نه خوب است و نه بد. به هرحال تمدن‌ها ساختارهای متفاوت دارند و نسبت به پروردن بعضی توانایی‌ها مستعدترند. تمدن‌های شرقی به طور کلی پیامبرپرور بودند و نگاه آسمانی داشته‌اند. درهرحال، این فقیه‌پروری تمدن اسلامی ذهنیتی به ساکنان این تمدن، یعنی مسلمان‌ها، داده است که آن خصلت و ذهنیت اکنون محل کلام من است. آن خصلت و ذهنیت عبارت است از ذهنیت قانون‌گـرا و تکلیف‌اندیش. همـه مسلمان‌ها به دلیل تربیت خانوادگی‌شان، نسبت به تکالیف‌شان بسیار حساس‌اند. چرا که فقه اسلامی برای هر قدم و هر عملی تکلیفی معین کرده است؛ برای وقت خوابیدن، وقت ازدواج کردن، وقت تجارت‌کردن، وقت دوست‌گرفتن، وقت اجاره‌کردن خانه، ارث‌بردن و ارث دادن و غیره. درواقع، هیچ چیزی را فروگزار نکرده است. فقه یک ذهن تکلیف‌اندیش و قانون‌اندیش به مسلمان‌ها بخشیده است که همه ساکنان این تمدن، چنان‌که گفتم، احساس می‌کنند که خودسرانه نمی‌توانند عمل بکنند. آنان همواره باید جستجو کنند تا مقررات مربوط به هرچیزی را پیدا کنند. آیا من این مایعی را که پیش روی‌ام نهاده شده حق دارم بخورم یا نه. مجلسی که می‌خواهم بروم، حق رفتن به آن را دارم یا نه، آن هم نه فقط به سبب اخلاقی محض، بلکه چیزی فراتر و بلکه تنگ‌تر از دایره اخلاق، که دایره احکام و فقه و شریعت است. این ذهنیت

که آدمی به خود وانهاده نیست و برای کوچک‌ترین رفتار او مقرراتی تعریف شده است، اعم از این‌که مسلمان‌ها به این مقررات اعتنا بکنند یا نکنند، خصلت ویژه‌ای به این تمدن بخشیده است که از نقطه نظر ارتباط تمدن اسلامی و دموکراسی خصلت بسیار مهمی است و در رابطه‌ای که این تمدن با دموکراسی برقرار می‌کند مدخلیت تام و تمامی دارد.

حال باید دید آن مدخلیت چیست؟ برای دموکراسی تعاریف مختلف داده شده است. برای مثال یکی از آن تعاریف نظام توزیع عادلانه قدرت است. یکی از تعاریف دموکراسی هم این است که گفته‌اند گوهر دموکراسی عبارت است از نوموکراسی. «نوموس» که همان کلمه «ناموس» است در فارسی و عربی به‌کار می‌رود و اصلش یونانی‌است و به معنای قانون است. جوهر دموکراسی نوموکراسی است، یعنی حکومت قانون. این تعریف دقیق و درستی است. چون وقتی ما سخن از حاکمیت می‌گوییم، مراد حاکمیت زید و عمرو یا حاکمیت موروثی فلان و بهمان نیست، بلکه سخن از حاکمیت یک چیز غیر شخصی impersonal می‌گوییم، یعنی چیزی که به هیچ شخص خاصی وابسته نیست و در هیچ شخص خاصی هم خلاصه نمی‌شود، بلکه همه افراد باید زیر چتر آن بروند و آن عبارت است از چیزی به نام قانون. لذا گوهر دموکراسی نوموکراسی است، یعنی حکومت قانون، یعنی قانون‌اندیشی. اگر این حرف درست باشد، که درست است، آن‌گاه نتیجه‌ای که من می‌خواهم بگیرم کم و بیش برای شما روشن خواهد بود. به‌گمان من تمدن اسلامی و ذهنیتی که ساکنان این تمدن دارند برای دموکراسی به معنای قانون‌گرایی و قانون‌اندیشی بسیار مستعد است. مسلمان‌ها به راحتی می‌توانند با دموکراسی کنار بیایند و آن را بپذیرند. و بر خودشان حاکم کنند. من البته موانعش را خواهم گفت، اما مایلم شما به این زمینه تمدنی توجه داشته باشید. انسان با این ذهنیت راحت زیر بار قانون می‌رود و قبول می‌کند که در سراسر زندگی‌اش باید قانون حکومت کند. و این قانون، قانونی‌است که فقط افراد عادی را در بر نمی‌گیرد، بلکه همه مسلمانان را در برمی‌گیرد. حتی شخص پیامبر که شارع است باید به آن عمل کند. همه در مقابل قانون مساوی‌اند. این زمینه، بستر مساعدی است که می‌تواند پذیرش قانون‌گرایی را برای ما آسان کند. باید از این بستر بهره‌برداری کرد. اما البته مشکلاتی هم در این‌جا وجود دارد.

حال اگر شما پذیرفته باشید که علی‌الاصول تمدن اسلامی تمدن فقیه‌پرور است، و این‌که فقه و شریعت آدمی را تکلیف‌اندیش و حساس به مقررات می‌کند و برای حکومت قانون بسترسازی می‌کند و اگر پذیرفته باشید که گوهر دموکراسی نوموکراسی یعنی حکومت قانون است؛ در آن صورت این نتیجه منطقی کاملاً سهل‌الوصول است که این تمدن به آن اندیشه لبخند می‌زند و از آن استقبال می‌کند و می‌تواند آن را در آغوش بگیرد و می‌تواند با آن سازگار

شود، یک سازگاری تمدنی. اما البته‌کار به این‌جا خاتمه پیدا نمی‌کند. ذکر یک نکته بسیار کلیدی در این‌جا لازم است. من چندبار کلمه «تکلیف‌اندیش» را به‌کار بردم و در این امر هم عمد و عنایت داشتم. زیرا ماهیت فقه ماهیت تکلیفی است، در مقابل حق، اما دموکراسی بیش از آن‌که بر تکلیف بنا شده باشد بر حقوق بنا شده است. یک تفاوت خیلی اساسی بین حقوق مدرن و فقه، که قانون پیشامدرن است، وجود دارد و آن این‌که فقه یک دانش تکلیف‌اندیش است، درحالی‌که حقوق یک دانش حق‌اندیش. تفاوت زیادی است میان این‌که ما در جستجوی تکالیف باشیم یا در جستجوی حقوق. یک نوجوان مسلمان وقتی به سن خاصی می‌رسد، گفته می‌شود به سن تکلیف رسیده نه سن حقوق. یعنی انسان در اثر رشد به جایی می‌رسد که تکالیفی به گردن او نهاده می‌شود و اگر این تکالیف را عمل نکند مستحق مجازات و عقوبت اخروی خواهد بود. آن‌چه مهم است این است که ما اسم آن سنّ را سنّ حقوق نمی‌گذاریم و نمی‌گوییم که شخص به سنی رسیده است که می‌تواند حقوقی را مطالبه‌کند. من نمی‌گویم مفهوم حق به‌طور کامل از دایره فقه غایب است، بلکه ادعا می‌کنم که مفهوم تکلیف بر مفهوم حق غلبه مطلق دارد و وزنه تکلیف بسی سنگین‌تر از حق است. درحالی‌که جهان جدید جهانی است که آدمی را یک انسان محق تعریف می‌کند، موجودی که واجد یک رشته حقوق است. البته نه این‌که تکلیف ندارد، بلکه کفه حقوق او بر کفه تکالیف او می‌چربد. در مقابل در دوران پیش‌مدرن کفه تکالیف بر کفه حقوق می‌چربد. من این مطلب را در نوشته‌های خودم به تفصیل آورده‌ام و در این‌جا فقط بر سبیل مقدمه به آن اشاره کردم. اگر این نکته را در نظر بگیریم، آن‌گاه یک نقصانی که در بحث پیشین بود هم خودش را نشان می‌دهد و هم راه علاجش آشکار می‌شود. آن نقصان این است که تمدن اسلامی مقررات‌اندیش است، اما مقررات به معنای تکالیف نه به معنای حقوق. پس ما برای سازگار کردن اسلام با دموکراسی چیزی کم داریم که باید آن را تأمین کنیم. پیشنهاد من همواره این بوده است که ما برای این‌که بتوانیم به درستی و به معنای واقعی و کارساز، نه شعاری، نه زینتی، دموکراسی را در جوامع خودمان، بلکه در اذهان خودمان حاکم و راسخ کنیم، باید مفهوم حق را به این تمدن تزریق کنیم و موازنه‌ای میان حق و تکلیف برقرار کنیم. باید یادآور شوم که یک انتقاد بنیانی متوجه تمدن کنونی مغرب زمین، تمدن لیبرال دموکراسی است و آن این‌که در این تمدن هم این توازن به هم خورده است. من تقریباً در هیچ جامعه علمی از جوامع مغرب زمین نبوده است که این مطلب را برای خود متفکران و دانشمندان مغرب‌زمینی اروپایی و آمریکایی مطرح کنم و مورد استقبال قرار نگیرد. آنان متفطن و متوجه می‌شدند که در این‌جا هم این توازن به نفع حقوق به هم خورده است. یعنی تکالیف و مسؤولیت‌ها زیر پای حقوق له شده و فراموش شده است. یونسکو جلسه‌ای در

اسپانیا داشت که من هم درآن شرکت داشتم. در آن‌جا همین عدم موازنه حق و تکلیف مورد بحث قرار گرفت و در نهایت گفتند که می‌خواهند منشور مسئولیت‌ها و تکالیف را هم بنویسند. ما امروز اعلامیه جهانی حقوق بشر را داریم و جهان جدید حق‌اندیش شده است. تکالیف زیرپا نهاده شده و انسان تبدیل به یک انسان طلب‌کار شده است و از همه چیز و همه کس، از خدا گرفته تا طبیعت و تا آدمیان، فقط طلب حق می‌کند. و این طلب‌کاری با خودش تکبر و غرور می‌آورد. تمدن غربی کمابیش چنین وضعیتی دارد. این تهاجم و طلب‌کاری در ذات اوست. خودپسندی و خودبرتربینی در ذات اوست. ظاهراً ممکن است حرف‌های دیگر زده شود، اما ستون‌هایی که این تمدن بر آن بنا شده است که یکی از آن‌ها حق‌اندیشی است، به تعبیری که گفتم، اجازه نمی‌دهد که این تمدن به راه دیگری برود. مگر این‌که دلسوزان و متفکران در میان بسیاری از علاج‌های دیگر، به این نکته هم توجه کنند که تناسب از دست رفته‌ای را که باید میان حق و تکلیف برقرار باشد، برقرار بسازند. درواقع درد ما با درد اروپایی‌ها کاملاً متفاوت است. یعنی «تصویر آیینه ای» ما متفاوت است. در یک طرف کفهٔ ترازو پایین رفته و در طرف دیگر کفه مقابل. پس هر دو باید جد و جهد کنیم تا این ناموزونی و بی‌توازنی را که در تاریخ پدید آمده، علاج بکنیم.

بسیار خوب، من در باب نسبت میان اسلام، به مثابه یک تمدن تاریخی، و نسبتی که با مردم‌سالاری و دموکراسی و قانون‌سالاری برقرار می‌کند بیش از این سخن نمی‌گویم و وارد تشیع می‌شوم. تشیع ده درصد جهان اسلام را تشکیل می‌دهد. چنان‌که گفتم تشیع شاخه‌ای از دین اسلام است و مشترکات بسیاری با اهل سنت دارد. اما اختصاصات آن چیست؟ ما باید در باب این اختصاصات صحبت کنیم تا طرح مسأله‌ای به نام مردم‌سالاری و تشیع معنا و محل پیدا کند. از آن جهت که تشیع هم اسلام است، همان نسبتی که میان نوموکراسی و دموکراسی برقرار است در این‌جا هم جاری و ساری است. به‌گمان من دو مفهوم کلیدی در تشیع هست که این دو مفهوم کلیدی تقریباً تشیع را از تسنن جدا می‌کند. یعنی خصوصیتی به آن می‌بخشد که این خصوصیت با آن درجه از غلظت در جهان تسنن وجود ندارد. نه این‌که مطلقاً وجود ندارد، بلکه در این طرف غلیظ و پررنگ است. اولین مفهوم، مفهوم «ولایت» است. «ولایت» به این معناست که آن خصوصیتی که در پیامبر بود، ادامه پیدا می‌کند و با مرگ پیامبر پایان نمی‌پذیرد، آن هم در اشخاص معین، نه در افراد نامتعین. البته که تصوف مبتنی بر ولایت است. این در اهل سنت هم وجود دارد، به همان قدرت که در تشیع هست. از این جهت تفاوتی میان آن دو نیست. یعنی برای مثال، در میان اهل سنت کسانی به مولانا جلال‌الدین رومی واقعاً به صورت یک انسان مقدس و ولیّ‌ای از اولیای خدا نظر می‌کنند، که البته چنین هم هست. یعنی این مفهوم

«ولایت» و تحقق آن در آن‌جا به وضوح دیده می‌شود. علم عرفان علم اساساً ولایت‌شناسی است و معنای دیگری ندارد. وقتی مفهومی به نام «ولایت» در میان گذاشته می‌شود و درباره‌اش سخن گفته می‌شود و حاملان این ولایت محل بحث و تحقیق قرار می‌گیرند، چیزی به نام علم عرفان به بوجود می‌آید. البته «ولایت» به معنای ولایت الهی همان بحثی است که ریشه‌های قرآنی دارد. «اللّه ولی الذین آمنوا» خداوند ولی مؤمنان است. در طول تاریخ اسلام این معنا که خدا با مؤمنان رابطه ولایت دارد، در عرفان کاویده شده است. مهم‌ترین این کاوش‌ها شاید توسط یک عارف اندلسی عرب به نام محی‌الدین عربی صورت گرفته و شرح‌های بسیار بر آن نوشته‌اند و دانش بسیار فربهی تولید شده است و این عرفان و تصوف ماست. لذا ولایت‌شناسی به همان قوت و به همان غلظت که در اهل تسنن در جامهٔ تصوف حضور دارد، در شیعیان هم هست. اما یک تفاوت در این‌جا وجود دارد و آن این‌که در میان شیعیان این اولیای الهی نام‌برده و مشخص شده‌اند و وارثان پیامبر معرفی شده‌اند، همان‌هایی که امامان شیعه خوانده شده‌اند. از آن بالاتر، شخصیتی به این افراد داده شده است که تقریباً مساوی با شخصیت پیامبر است، به طوری که می‌توان گفت مفهوم خاتمیت پیغمبر را دچار تزلزل کرده است. این نکته ظریفی است و باید آن را به خوبی روشن کرد. *قرآن* به وضوح می‌گوید پیامبر اسلام خاتم‌النبیین است و دیگر نبیّ‌ای بعد از او نخواهد آمد. به قول مولانا:

بهر این خاتم شد است او که به جود
مثل او نه بود و نه خواهند بود
در گشاد ختم‌ها توخاتمی
در جهان روح بخشان حاتمی[1]

خاتمیت پیغمبر از مسلّمات اجماعی همه مسلمان‌ها است. در واقع با این سخن پیامبر اسلام به پیروان خودش گفت بعد از من هر کسی ادعای پیامبری کرد او را طرد کنید و نپذیرید. یعنی این مسأله بیش از آن که توصیفی باشد تجویزی است. بیش از این‌که توصیف کند، دستور می‌دهد. در واقع به مسلمان‌ها می‌گوید در میان خودتان اجازه ندهید کسی توهّم نبوت بکند. این باب دیگر بسته شد و من آخرین پیامبرم. این جزو اعتقادات مسلمانان است. اما آن‌چه در میان شیعیان اتفاق افتاده این است که مقام و منزلتی که به ائمهٔ خودشان بخشیده‌اند، تقریباً همان مقام و منزلتی است که پیامبر دارد و این نکته‌ای است که نمی‌شود به سهولت از

---

۱. *مولوی*، مثنوی، دفتر ششم

آن گذشت. یعنی مفهوم «خاتمیت» در تشیع مفهوم نسبتاً رقیق شده و سستی است. زیرا امامان شیعه حق تشریع دارند. آنان رسما می‌توانند حکمی را که پیامبر بیان نکرده است بیان کنند و بگویند این حکم خدا است. حال آن‌که هیچ عالمی بعد از پیامبر چنین حقی ندارد. حق تشریع فقط از آن پیامبر بود.

پاره‌ای از احکام در *قرآن* می‌آمد و پاره‌ای از احکام هم در کلمات پیغمبر. کاری که فقهای غیر شیعی پس از پیامبر کرده‌اند، این بود که یک دانش بزرگی به نام «فقه» پدید آوردند. این دانش فقه تمامش تفسیر کلمات پیامبر و تفسیر *قرآن* بود، همراه با یک‌رشته ادوات و ابزار مفهومی و قواعد متدولوژیک به نام اصول فقه که آن‌ها را هم ایجاد کردند تا بتوانند منطق وظیفه‌شناسی را سر و سامان بدهند و وظایف مختلف را از کلمات پیغمبر استخراج کنند. چنان‌که می‌دانید، ابوحنیفه، از فقهای بزرگ اهل سنت، معتقد بود که کل روایت‌های درستی که از پیغمبر رسیده است به بیست روایت نمی‌رسد. یعنی تمامی روایات مشکوک است. و بنابراین دانش فقه به این بزرگی را بر اساس همین تعداد روایت از پیامبر و آیات *قرآن*، که آن‌ها هم در زمینه‌های فقهی بسیار محدودند، بنا نهادند. منبع دیگری جز *قرآن* به علاوهٔ روایات موثق محدود از پیامبر وجود نداشت. و پس از آن هم اجتهاد فقیه بود که در صدد بود از این مخزن و منابع بسیار محدود به نحوی حکم همه‌جایی و همه‌زمانی را بیرون بیاورد. چنان‌چه گفتم، به همین دلیل هم بود که فقه در میان مسلمانان اهمیت عظیمی پیدا کرد و فقیهان شیوه‌های مختلفی داشتند که با آن‌ها بتوانند این منابع محدود را به صدا درآورند و احکامی را از آن‌ها استخراج بکنند. مسلمان‌ها زود وارد فتوحات شدند. بیست سال از وفات پیامبر نگذشته بود که تقریباً تمام آن‌چه امروز خاورمیانه می‌شناسیم، توسط مسلمانان فتح شد. مصر، عراق و بخش‌هایی از ایران فتح شد. البته بخش‌هایی از شمال ایران و طبرستان حدود یک‌صد سال بعد فتح شد. این تمدن‌های قدیم وارد فتوحات و امپراتوری اسلامی شدند. هر کدام برای خودشان جهانی بودند. دریایی از تجربه و تاریخ بودند و اعراب را با پدیده‌های کاملاً نوین و بی‌سابقه‌ای روبرو می‌کردند. بنابراین، از سویی مسلمان‌ها و فقهای مسلمان لازم می‌دیدند که برای مسائل جدید پاسخ‌هایی پیدا کنند و از سویی دیگر، منابعی که می‌بایست این جواب‌ها را بدهد به شدت محدود بودند. این‌چنین بود که یک ماشین عظیم و یک کارخانه بسیار بزرگ فقهی پدید آمد که از آن منابع محدود آن پاسخ‌های نامحدود را استخراج کند. اما وضعیت در میان شیعیان بسیار فرق داشت. شیعیان منابعی در اختیار داشتند که هم‌رتبه پیامبر بود. از این جهت به ذخایر بی‌پایانی تکیه می‌کردند. یعنی وقتی مسلمانان از امام حسین(ع)، از امام علی(ع) و از امام جعفر صادق(ع) سخنی را می‌شنیدند،

معنایش این بود که پیامبر چنان گفته است. از نظر شیعیان امامان، فقها نیستند و اجتهاد فقهی نمی‌کنند. سخن آنان عین حکم الهی است و همان رفتار را باید با آن‌ها کرد که با کلمات پیامبر و *قرآن* می‌کنیم. هیچ فرقی از این جهت وجود ندارد. البته شیعیان این تعبیر را به‌کار نمی‌بردند که امامان شیعه محل وحی قرار می‌گیرند، بلکه تعبیر دیگری به‌کار می‌بردند و آن این‌که می‌گفتند این‌ها «محدَّث» و «مفهَّم» هستند. یعنی به نحوی به این‌ها حقایق را می‌فهمانند. البته آن نحوه را توضیح نمی‌دادند. اسم وحی نمی‌آوردند تا امامان از پیامبر متمایز شوند. اما شأن و مرتبتی که آنان در عمل داشتند دقیقاً شأن و مرتبت پیامبر بود. اولاً، برای امامان شیعه مقام عصمت قائل بودند. یعنی آنان مطلقاً نه گناه می‌کنند و نه خطا می‌کنند. این همان مقامی است که برای پیامبر قائل بودند. ثانیاً، این افراد معصوم از خطا و گناه سخن‌شان، هم‌رتبه سخنان پیامبر، یعنی *قرآن* بود. هیچ فرقی میان آن‌ها وجود نداشت. دشنام به آن‌ها، اهانت به آن‌ها، سبّ آن‌ها، همان مجازات را دارد که سبّ پیامبر، یعنی موجب ارتداد و موجب قتل می‌شود. این شأن را برای امامان شیعه هم قائل بودند، زیرا معتقد بودند که آن‌ها حاملان ولایت الهی‌اند. همان ولایتی که پیامبر داشت به آن‌ها هم منتقل شده است. صاحبان همان مرتبت و منزلت معنوی و روحانی‌اند. گفتنی است که تمام اهل سنت، به استثنای اندکی، برای امامان شیعه مرتبه‌های معنوی بلندی قائل‌اند. اما البته این اعتقاد شیعیان را ندارند که سخن آنان قابل نقد نیست، بلکه معتقدند با گفته‌های آنان مانند گفتهٔ هر فقیه دیگری می‌توان روبرو شد. اهل سنت هر حرمتی هم که به ابوحنیفه بگذارند، او را معصوم نمی‌دانند و حامل ولایت الهی نمی‌دانند. او حداکثر یک فقیه است که فقیهی دیگر می‌تواند او را نقد کند. غزالی منتقد ابوحنیفه بود، که البته به همین سبب خیلی‌ها با او در پیچیدند. غزالی سخن ماندگاری گفت و آن این‌که هرچه *قرآن* و پیامبر گفته‌اند روی چشم. اما از پیغمبر که پایین آمدید «هُم رجال و نحن رجال». آن‌ها رأیی داشتند، ما هم رأیی داریم. پس امثال ابوحنیفه را به رخ ما نکشید. نگویید ابوحنیفه چنین گفت، تو دیگر دهانت را ببند. بالاخره او هم یک انسان بود و صاحب اجتهاد بود. با اجتهاد خود به نتیجه‌ای رسیده بود. ما هم صاحب اجتهادیم و به نتیجه‌ای می‌رسیم و عقلاً و منطقاً از آرای خودمان دفاع می‌کنیم. خب، این یک تفاوت اصلی و اساسی میان شیعیان و اهل سنت در مسأله ولایت بود که، چنان‌چه گفتم، در مسئله خاتمیت متجلی می‌شود. این درک شیعیان، به ویژه درک غلوآمیزی از آن، که اینک در ایران رایج است، واقعاً نفی‌کننده خاتمیت است. همان‌طور که می‌دانید، در حال حاضر در ایران با یک شیعه غالی روبه‌رو هستیم، به تعبیر مرحوم شریعتی، شیعه صفوی و تفکر اخباری. یعنی در فقه، اجتهاد به معنای واقعی صورت نمی‌گیرد. اخباریان گرچه ابتدا مورد طرد و لعن قرار گرفتند، اما در

جامه دیگری همه حوزه‌های علمیه را گرفتند. نام اجتهاد برده می‌شود، اما اجتهادها جز تقلید چیزی بیش نیستند. این بود تفاوت میان شیعه و اهل سنت از جهت ولایت و خاتمیت.

تفاوت دیگر به ویژگی‌ای در تشیع برمی‌گردد که صورت رقیق آن را در تسنن می‌بینیم، اما البته با تفاوت زیاد. و آن ویژگی مفهوم «مهدویت» است که دنباله همان مفهوم ولایت و امامت است. اما مفهوم مهدویت چیست؟ شیعیان معتقدند یکی از آن امامان که وارثان پیامبرند و معصوم‌اند و حامل ولایت‌اند، هم‌چنان زنده است و روزی دوباره ظهور خواهد کرد و اکنون هم از پشت پرده غیبت شیعیان را به حال خود وانناهده است. او به نحوی غیر محسوس در امور دخالت و تصرف می‌کند. من بسیاری از عوام شیعه را دیده‌ام که معتقدند که مجتهدان، فقها و مراجع زیر عنایت و ولایت امام غایب‌اند و توسط او هدایت می‌شوند و حجج خدا بر خلق‌اند. اگر کسی به مسند مرجعیت نشست نشان از آن دارد که حتماً نظر امام زمان با او بوده است که او را به آن درجه اجتماعی و سیاسی رسانده است.

در نزدیکی قم، در چند کیلومتری قم، روستایی به نام جمکران هست و مسجدی دارد. گفته‌اند اصل و منشأ آن این است که امام زمان در خواب به شخصی گفته‌اند این‌جا مکان خوبی است و من گاهی درآن حضور دارم و مطالبی دیگر. بر اساس این خواب در آن مکان مسجدی ساخته شده است و این مسجد سال‌های سال است که محل زیارت شیعیان است. پس از انقلاب توجه بی‌سابقه‌ای به این مسجد شد، به‌طوری‌که می‌توان گفت امروز این مسجد خود قم را تحت‌الشعاع قرار داده است و شاید زائرانی که به جمکران می‌روند بیش از زائرانی باشند که به قم می‌روند. چاهی در این جمکران هست که مردم عریضه‌ها و نامه‌های خودشان را در آن چاه می‌ریزند و معتقدند این نامه‌ها به‌دست امام زمان می‌رسد. اخیراً شنیده‌ام که این چاه از کثرت نامه‌هایی که در آن‌جا ریخته‌اند پر شده است. البته این زائران عوام شیعه‌اند که طیف وسیعی دارند و شامل بخش وسیعی از روحانیان هم می‌شود.

مرحوم مطهری می‌گفت روحانیت ما عوام‌زده است. اما من معتقدم روحانیت ما عوام است نه عوام‌زده. در هر حال، چنان‌که گفتم، نوّاب امام زمان همه جا هستند. فقهای ما خودشان را نایب امام زمان می‌دانند. به جای او از مردم وجوهات دریافت می‌کنند و در مصارفی این‌ها را خرج می‌کنند که معتقدند مورد رضایت امام زمان است. نکته مهم این است که آنان معتقدند وقتی امام غایب ظهور کند تحریف‌هایی را که در اسلام صورت گرفته تصحیح می‌کند و کار ایشان تقویم اعوجاجات و تصحیح اشتباهات است و به طور کلی ایشان تفسیر تازه‌ای از دین را به سمع مردم می‌رسانند و یک حکومت جهانی ایجاد می‌کنند و آن زمان دوران نهایی و طلایی

تمدن اسلام خواهد بود؛ دورانی که به اعتقاد شیعیان، همه پیامبران به دنبال آن دوران بوده‌اند و وعده‌اش را به پیروان ادیان داده‌اند و خلاصه شاهنامه آخرش خوش است و آن‌چه که ما اکنون در آن به سر می‌بریم اگر خیلی به خودمان وعده دهیم مقدمه‌ای است برای آن ظهور نهایی. چنان‌که می‌دانید، از ابتدا یکی از شعارهای جمهوری اسلامی این بود که این جمهوری آمده است تا مقدمات ظهور امام غایب را فراهم کند و این پرچم را به دست صاحب اصلی او بسپارد و قدرت را از آنِ کسی بکند که همیشه از آنِ او بوده است. این مطلب کوچکی نیست. این فکرها نقش‌های بسیار بزرگ تاریخی بازی می‌کنند و من می‌خواهم روی همان نقش‌ها انگشت بگذارم و آن‌گاه وارد بحث نسبت این اندیشه‌ها با سیاست شویم. از همین مفهومی که بیان کردیم دوچیز مهم بیرون می‌آید؛ یکی این‌که تاریخ را تاریخ مقدس، یعنی تاریخ غیر سکولار می‌کند. یعنی می‌گوید جهان چنان سامان یافته تا به سمت خاصی برود. و دیگر آن‌که کسی چنان از بالا این تاریخ را تدبیر و هدایت می‌کند که موجود مقدسی از تبار پیامبران در صحنه تاریخ ظاهرشود و دیگربار جهان را یک جهان دینی کند و پس از آن‌که اندیشه‌ها صددرصد سکولار شده است دوباره اندیشه دینی را با عمق و قوت به دنیا و به تاریخ برگرداند؛ زمان مقدس، تاریخ مقدس، جاری بودن دست تصرف خداوند در عالم و در تاریخ، و به طور کلی چیزهایی که در اندیشه‌های سکولار از میان رفته است.

خلاصه آن‌که مفهوم امام غایب در تشیع مفهوم غصب را متولد کرد. غصب حکومت و غصب حق حکومت و قدرت. تمامی فقهای شیعه معتقد بودند هر حاکمی در دوران غیبت امام غایب غاصب است، صرف نظر از این‌که عادل باشد یا نه. این مفهوم غصب مفهوم مهمی است. فقه شیعه نسبت به عدالت آن‌قدر حساس نبود که نسبت به مفهوم غصب.

با کتاب *تنزیه‌الملة و تنزیه‌الامة* آشنا هستید. این کتاب انصافاً کتاب نیکویی است و در حقیقت نوعی اسلامی کردن مشروطه است. مرحوم نایینی فقیه درجه اول است. او هم فقیه است و هم اصولی. نائینی در آن کتاب با آن سبک بسیار پیچیده فقاهتی خودش می‌خواهد ردایی از مشروعیت بر تن مشروطیت بپوشاند. غایت جهد ایشان این است که می‌گوید هر حکومتی غاصب است، اما یک حکومت عادل قابل تحمل‌تر از یک حکومت ظالم است. او می‌گوید اگر پادشاه عادلی سر کار بیاید، او فقط نسبت به فقیه ظلم کرده و حق او را غصب کرده، چون در واقع حق فقیه است که حاکم باشد. اما از آنجا که فقط حق یک نفر غصب شده، می‌توان از آن گذشت. اما اگر پادشاه ظالم باشد به تمام ملت و امت ظلم و جور می‌کند. نهایت جهد آقای نائینی توضیح این مسأله است. یعنی در واقع دفع افسد به فاسد است.

مفهوم «غصب» مفهوم فربه و برجسته‌ای در فقه شیعی است، زیرا چون حکومت از آن امام زمان است. هرکس که می‌آید یا به اجازه او می‌آید، که در واقع گویی خود او حکومت می‌کند، یا بدون اجازه او، که عادل باشد یا ظالم، فرقی نمی‌کند. زیرا غاصب است و بر مسند دیگری نشسته و در زمین دیگری کشت و زرع می‌کند. این مفهوم «غصب» از آن‌جا متولد شده است. خب، حالا با این مفاهیم مختص به تشیع، نسبت تشیع با سیاست و دموکراسی چه می‌شود؟

تا آن‌جایی که من می‌دانم اولین کسی که حساسیت مطلوبی نسبت به این مسأله نشان داد مرحوم اقبال لاهوری است. اقبال لاهوری کتابی به نام *بازسازی فکر اسلامی* دارد. فصل پنجم این کتاب که مورد توجه و نقد بسیار قرار گرفته درباره نبوت است. خلاصه سخن او درآن‌جا این است که ختم نبوت به دلیل ظهور عقل استقرایی است. او می‌گوید تا قبل از ظهور عقل استقرائی وجود پیامبران لازم بود. آنان از یک منبع دیگری، خبرهایی را برای مردم می‌آوردند، همان که وحی نامیده می‌شد و ادامهٔ غرایز است. اما همین‌که مردم دست‌شان را به زانوی خود گرفتند و عاقل و بالغ شدند، و به تعبیر کانت از صغیر بودن خارج شدند، دیگر نبوت هم پایان می‌پذیرد. گرچه پیام پیامبران هم‌چنان کارساز و سودمند باقی می‌ماند. درست مانند این‌که اگر بشریت را همچون یک فرد محسوب کنید، قوه‌ای در او رشد می‌کند و قوهٔ دیگر خرده‌خرده تحلیل می‌رود و ضعیف می‌شود. او ختم نبوت را به این معنا می‌گیرد و سپس می‌گوید ختم نبوت معنای بسیار بلندی دارد و مهم‌ترین معنایش آزادی مسلمانان است که برایش تعبیر دموکراسی معنوی spiritual democracy به‌کار می‌برد. در فصل ششم کتاب می‌گوید ما به سمت سپیریچوال دموکراسی می‌رویم یا باید برویم. در همان جا می‌گوید که بشریت در حال حاضر به سه چیز احتیاج دارد؛ یکی تفسیری معنوی از عالم و دیگری رهایی فردی در سایه این معرفت و سومی اصولی اساسی و روحانی برای تأمین تکامل اجتماع. و براساس این‌هاست که یک دموکراسی معنوی بنا می‌شود. پیغمبر خاتم به این معناست که دیگر دوران بعثت تمام شده‌است. دیگر کسی برای ما وحی نمی‌آورد و سخنش اتوریتهٔ سخن پیامبر و اتوریتهٔ آسمانی ندارد. اقبال همین مطلب را در غزل‌هایش هم دارد. این غزل لطیف او روی سنگ قبرش نوشته شده‌است:

دم مرا صفت باد فرودین کردند
گیاه را ز سرشکم چو یاسمین کردند
بلند بال چنانم که بر سپهر برین
هزار بار مرا موریان کمین کردند

به این بیت توجه کنید:

چراغ خویش برافروختم که دست کلیم
درین زمانه نهان زیر آستین کردنـــد[1]

می‌دانید که یکی از معجزات حضرت موسی، که در *تورات* و *قرآن* هم آمده است این بود که دست را زیر بغل می‌کرد و بیرون می‌آورد و مثل چراغ می‌درخشید «وَاضْمُمْ یَدَكَ إِلَىٰ جَنَاحِكَ تَخْرُجْ بَيْضَاءَ مِنْ غَيْرِ سُوءٍ آيَةً أُخْرَىٰ[2]».

اقبال می‌گوید که در زمانه ما چراغ کلیم در آستین مانده است و دیگر به بیرون نمی‌تابد، دیگر ما کلیم‌الله نیستیم. پس چراغ خودمان را باید روشن کنیم. این همان مفهومی است که او در کتاب *احیای فکر دینی* خود بیان می‌کند. ختم نبوت یعنی ما دیگر از سلطه آسمان رهاییم. البته معنایش این نیست که ما احتیاج به الهام پیامبرانه نداریم، بلکه پیامبر برای ما اکنون یک منبع الهام است. اما دیگر بعد از پیامبر هیچ کس اتوریته پیامبری را ندارد که بگوید من از جانب آسمان با شما سخن می‌گویم و لذا روی حرف من حرف نزنید. وقتی عقل نقاد یا به قول او عقل استقرایی آمد، درِ وحی بسته شد، آن هم آگاهانه و زیرکانه. اصلاً تاریخ، پس از ظهور عقل استقرایی پیامبرپرور نبود. پیامبرپروری متعلق به دورانی بود که هنوز عقل نقاد متولد نشده بود و لذا خداوند از منبع دیگری برای ارشاد مردم استفاده می‌کرد.

پس از آن‌که تکامل تاریخی آدمیان را به مرتبه عقل نقاد رساند حاجت به آمدن انبیا متوقف شد و لذاست که پیامبر اسلام آخرین پیامبر بود. آخرین پیامبر شدن پیامبر اسلام یک تصمیم قراردادی نبود که خداوند بگوید ارسال پیامبر دیگر کافی است، بلکه تاریخ خودبه‌خود به جایی رسید که دیگر اجازه نمی‌داد پیامبر دیگری متولد شود. چنان‌که گفتم، دیگر خاک تاریخ پیامبرپرور نبود. از آن پس همه کسانی که آمدند در ظلّ و ذیل پیامبران پیشین حرکت می‌کردند و از آن منابع الهام و درس می‌گرفتند. در همین‌جا است که اقبال به قصهٔ مهدویت اشاره می‌کند. این بخش از کتاب اقبال به فارسی ترجمه نشده است. مرحوم آقای آرام، که این کتاب را حدود پنجاه سال پیش ترجمه کرد، بخش های اندکی از آن را که با اندیشه‌های تشیع موافق نبود ترجمه نکرده باقی گذاشت. ایشان این بخش پایانی فصل پنجم این کتاب را نیاورده است. در این بخش اقبال ابن‌خلدون را تحسین می‌کند. چون

---

۱. اقبال لاهوری، زبور عجم
۲. طه/۲۲

می‌گوید ابن‌خلدون تمام روایت‌های مربوط به ظهور مهدی را نقد کرده و رد کرده است. اقبال او را تحسین کرده و کارش را هوشمندانه، زیرکانه و آگاهانه می‌داند. علاوه برآن می‌گوید اگر بنا باشد که مهدی‌ای دوباره بیاید و همان اتوریته پیغمبر را داشته باشد، ما از فوائد خاتمیت بی‌بهره می‌مانیم. یعنی به رهایی نمی‌رسیم. اگر تاریخ را مقدس کنیم و بگوییم شخص پیامبرصفت دیگری در پایان تاریخ خواهد آمد که همان اتوریته پیامبر را خواهد داشت، آن رهایی و آن دموکراسی معنوی، به قول اقبال، تحقق نخواهد پذیرفت. لذا این مشکل پیش روی شیعیان در آن صورت وجود دارد که چگونه می‌توان مهدویت را با اندیشه دموکراتیک و رهایی جمع کرد. البته شکل ساده‌تر این مفهوم در تسنن هم هست. آنان هم معتقدند مهدی‌ای در آخرالزمان می‌آید. اما در شیعه آن شخص معین است و حتی زنده بودن او و این‌که از پشت پرده امور شیعیان را هدایت می‌کند هم مطرح است. حکومت نهایی جهانی و اختصاصات آن در روایات بیان شده و شیعیان به آن‌ها معتقدند و کارهای‌شان را بر وفق آن ها سامان می‌دهند. همین‌ها درک شیعیان از حکومت را هم سامان داده است و این نکتهٔ خیلی مهمی است. حکومتی مانند جمهوری اسلامی که خودش را حق می‌داند، آب و جارو کنندهٔ آن حکومت نهایی است و مقدمه‌ای است برای آن ظهور نهایی. بنابراین، بیش از آن‌که رعایت مصلحت عامه را بکند زمینه‌ساز تحقق آن وعده نهایی است. این بسیار شبیه آن چیزی است که در اسراییل می‌گذرد. درواقع اسراییلی‌ها بنای‌شان را بر همین نهاده‌اند. نئوکان‌ها و کانزرواتیوها که در آمریکا هستند درست درهمین جهات با یهودی‌ها در اسراییل نقطه مشترکی پیدا کردند. در آخرالزمان مسیح می‌آید و بیت‌المقدس در آن زمان به دست پیروان مسیح می‌افتد. لذا این‌که یهودی‌ها اسراییل را گرفته‌اند، در واقع دارند برای بازگشت مجدد مسیح زمینه‌سازی می‌کنند.

حکومت‌ها دونوع بیشتر نمی‌توانند باشند، یا حکومت‌هایی هستند که به مردم تعلق دارند و مصالح کنونی آنان را تأمین می‌کنند یا حکومت‌هایی هستند که در نهایت برای تحقق موعودی در آخرالزمان عمل می‌کنند و آن را رسالت خود می‌دانند. اگر شما اعتقاد به مهدویت در اسلام یا اعتقاد به مسیح در مسیحیت و یهودیت داشته باشید، معنای حکومت و جهان‌داری و شهریاری برای شما فرق خواهد کرد. و در نتیجه وظیفه‌ای که به دوش حکومت خواهد آمد متفاوت با وظیفه حکومت‌هایی است که اصطلاحاً سکولار و دموکرات نامیده می‌شوند. هم‌چنین اگر مفهوم «مهدویت» را داشته باشید، مفهوم «غصب» برای شما اهمیت پیدا می‌کند و عدم همکاری با حکومت‌های غیر دینی که مبتنی بر مفهوم ولایت نیستند برای شما اصالت پیدا خواهد کرد. و چنین است که بین اندیشه دموکراتیک

با اندیشه مهدویت و رقیق کردن خاتمیت تعارضی پیدا می‌شود. من سرنوشت آقای بازرگان را مصداق این تعارض باطنی می‌شمارم. بازرگان، اولین نخست وزیر جمهوری اسلامی، کسی بود که کاملاً در قالب‌های سکولار نسبت به قدرت و حکومت می‌اندیشید. یعنی به قدرت غیر مقدس و حکومت غیر مقدس، که در پی اصلاح زندگی مردم است، می‌اندیشید. حکومتی که قرار است پل، سدّ و کارخانه بسازد. هر کارخانه‌ای در جنگ ایران و عراق ویران می‌شد برای او درست مانند آن بود که بچه‌ای را از دست می‌دهد. ایشان در سیاقی و در مجموعه‌ای نخست وزیر شد که آن سیاق تاریخ را مقدس می‌دانست. خود را زمینه‌ساز برای یک موعود نهایی آخرالزمان می‌دانست و شعارش این بود که تا انقلاب مهدی خمینی را نگهدار. این دو باید جایی از هم جدا می‌شدند. یعنی به نظر من این انفصال انفصالی بود که در ذات و ماهیت این پروسه نهفته بود و دیر یا زود هم باید آشکار می‌شد؛ یک نگاه غیر مقدس به قدرت با یک نگاه مقدس به قدرت. نگاهی که قدرت را زمینه‌ساز یک وعده نهایی تاریخی نمی‌بیند و نگاهی که این‌چنین می‌بیند. نگاهی که به مصلحت عامه می‌اندیشد و نگاهی که به تحقق یک وعده تاریخی می‌اندیشد. این‌ها فاصلهٔ زیادی با همدیگر دارند و جمع‌شان تقریباً ناممکن است. بنده شخصاً معتقدم تکیه بر عنصر نوموکراسی یعنی قانون‌سالاری در تمدن اسلامی راه ما را به دموکراسی بسیار نزدیک خواهد کرد و آن‌چه که کم داریم مفهوم حق هست، که آن را هم باید از طریق جهاد فرهنگی وارد این بدنه عظیم تمدنی کنیم. روزگاری بود که برای مرحوم شریعتی بسیار آسان بود که بگوید و مستمعانش بشنوند و به راحتی بپذیرند که انتظار مذهب اعتراض است. شما که منتظر یک مهدی موعود هستید این انتظار به شما می‌آموزد که همیشه معترض باشید و هیچ حکومتی را نپذیرید و در مقابل هر حکومتی انگشت اعتراض بلند کنید و بلکه سرکشی کنید. آن مفهوم در آن روزگار ظاهراً توفیق داشت. اما انتظار اگر مذهب اعتراض است، آیا مذهب آزادی و دموکراسی هم هست؟ بعید می‌دانم این مفاهیم را بتوان امروزه به یکدیگر گره زد. بلکه جهاد دیگری باید کرد.

در پایان توضیحی کوتاه دربارهٔ نکته‌هایی که در قالب پرسش مطرح شده است، بیان می‌کنم.

من در بعضی از نوشته‌هایم آورده‌ام که کار ما سامان نخواهد پذیرفت، مگر وقتی که مفهوم حق در میان ما قداستی معادل مفهوم «ناموس» پیدا کند. کلمه «ناموس» کلمه مهم و مقدسی است، به‌طوری‌که مثلاً می‌گوییم فلانی فحش ناموسی داد یا به ناموس فلانی اهانت شد. این در میان ما بالاترین توهین محسوب می‌شود. وقتی‌که مفهوم «حق» معادل مفهوم «ناموس»

بشود، یعنی حق کوچکی را از کسی زیر پا گذاشتن چنان تلقی شود که گویی به ناموس او اهانت شده است، نشانه این است که مقولهٔ «حق» بین ما جا افتاده و زمینه به بهترین وجهی برای عدالت‌ورزی دموکراتیک فراهم شده است. این‌که من تعبیر «عدالت‌ورزی دموکراتیک» را به‌کار می‌برم عمد دارم. برای این‌که دموکراسی چون یک شیوه اجرای عدالت است، اهمیت پیدا می‌کند. لذا عدالت‌ورزی دموکراتیک برای ما اهمیت دارد و مفهوم حق در این‌جا نقش کلیدی و عنصری و اولی دارد. این مفهوم حق باید به جایگاه رفیع مفهوم ناموس برسد. آن‌گاه است که می‌توان مطمئن شد که قدم مهمی را به جلو برداشته‌ایم و یک ستون مهم زیر این سقف را تأمین کردیم.

فلسفه فروتنانهٔ بنده این است که ما در عرصه اصلاح دینی، آن‌جایی که با اصلاح سیاسی پهلو می‌زند سه چیز را باید تأمین کنیم؛ مقولهٔ حق، مقولهٔ شکاکیت و مقولهٔ تعدد و تکثر تفاسیر. به‌گمان من، ما اگر این سه مفهوم را در حوزه فرهنگ اسلامی مطرح کنیم و در اذهان استقرار ببخشیم، به روشنایی بی‌سابقه‌ای در عرصه دین و سیاست نائل خواهیم آمد.

مقصودم از شکاکیت یک شک بهداشتی است که آدمی را از خرافات خردسوز و جزمیت اعتقادی و یقین‌های بی‌پایه، که موجب فلج کردن فکر و موجب خشونت با دیگران است، نجات دهد. این‌که امروز کسی فکر کند خداوند حق را فقط در گوش او خوانده و لذا این متاع فقط در دکان او یافت می‌شود و همگان موظف‌اند که به سوی او بشتابند تا رستگار شوند و حق را از مغازه او خریداری بکنند، یقینی است که پهلو به پهلوی جزمیت فلج‌کننده معرفتی قرار دارد و این از طریق تزریق یک شکاکیت بهداشتی درمان خواهد شد. این شکاکیت بهداشتی را متکلمان نمی‌توانند تأمین کنند، چون کارشان دفاع است. فقها هم نمی‌توانند آن را تأمین کنند، چون افتای فقهی بر اساس قطع و ظنّ فقیهان است. پس این را باید فیلسوفان تأمین کنند. به ویژه فیلسوفان فلسفه جدید، که بر اساس شک بنا شده است. به گمان من باید شکاکیت را به منزله یک عنصرفرهنگی مطلوب وارد اندیشه اجتماعی ـ سیاسی خودمان بکنیم. اهمیت پلورالیزم معرفتی یعنی کثرت منابع معرفتی و به رسمیت شناختن تعدد قرائات و تفاسیر دینی هم خوشبختانه تا حدودی جا افتاده و امروز یک سکه رایج شده است. همه می‌گویند قرائت‌های مختلف از دین داریم. قرائت‌های مختلف از دین آن روی سکهٔ کثرت احزاب در سیاست است. یعنی تکثر سیاسی از طریق تکثر دینی فراهم می‌شود. البته این به‌کار فرهنگی طولانی نیاز دارد و من به‌هیچ‌وجه در این زمینه‌ها خیال‌اندیش و شتاب‌کار نیستم و می‌دانم که در عرصه معرفت، صبوری یک فضیلت است. فراموش نکنیم که سیاست‌مداران مهمانان تاریخ‌اند. باید به میزبانان نظر

داشت، همان متفکرانی که صاحبان اصلی خانه‌اند. باید به دریا نگریست، نه کف‌هایی که روی آب‌اند. به آب و موج و ساحل سرسبز و چنین است که می‌توان به آینده لبخند زد و به روشنی آن امیدوار بود.

والسلام علیکم و رحمة‌الله

پاسخ به نقد اول آقای بهمن‌پور

بر من همه عیب‌ها بگفتید   یا قوم الی متی و حتّام؟
ما خود زده‌ایم جام بر سنگ   دیگر مزنید سنگ بر جام[1]

جناب آقای حجّة الاسلام بهمن‌پور،

نقد مشفقانه و غیرت‌ورزی دیندارانه‌تان را ارج می‌نهم و نکته‌های زیر را بر سبیل توضیح برای شما و آیندگان برنوشته‌تان می‌افزایم و امیدوارم که پایگاه «بازتاب»، از بازتاب دادن به آن سرباز نتابد.

یکم. گمان نمی‌کردم سخنان من خنده‌آور یا گریه‌آور باشد. بهتر بود آن را تأمل‌برانگیز می‌خواندید.

آیا بهتر نبود که برای نقد آن سخنان به شنیدن سخنرانی نود دقیقه‌ای من در سوربون ـ پاریس ـ می‌پرداختید. و به آن خلاصه ناقص که دانشجویان فراهم آورده‌اند بسنده نمی‌کردید، تا سودبخشی و نیرومندی نقدتان افزون‌تر شود و از خطاهای محتمل پیراسته گردد؟

لُبّ کلام من در باب دموکراسی و اسلام (که گزیده نارسای دانشجویان آن را به خوبی

---

۱. سعدی، *دیوان اشعار*، ترجیع‌بند

منعکس نمی‌کند) این بود که تمدن اسلامی تمدنی فقه‌محور است و از فقه‌سالاری تا دموکراسی که قلبش قانون سالاری (نوموکراسی) است، فاصله چندانی نیست. مسلمانان به رعایت قانون و مقررات در حیات فردی و جمعی خود خوی گرفته‌اند و لذا با قانون‌سالاری ناآشنا نیستند. نارسایی نظام فقهی، البته در این است که تکلیف‌اندیش است نه حق‌اندیش و لذا داروی شفابخش حق را باید به این اندام نیم مردهٔ تکلیف‌اندیش تزریق کرد تا تندرستی و چالاکی دموکراتیک پیدا کند و جامهٔ عدالت امروزین (که بر مدار حقوق بشر می‌گردد) بر قامتش راست آید و توازنی مطبوع و مطلوب میان حق و تکلیف برقرار کند و این بسی فاصله دارد با آرمان خیال‌اندیشانه کسانی که خواهان استخراج دموکراسی از متن تعلیمات اسلامی‌اند.

سوّم. نوشته‌اید که «لاجرم می‌خواهید با این استدلال بگویید که ملت ایران برای استقرار دموکراسی یا هرچیزی نظیر آن باید دست از تشیع بردارد». قریباً خواهم گفت که من چه می‌خواهم بگویم، اما ای کاش شما شعله‌ای از آتش غیرت دینی خود را درخرقهٔ متکلم رسمی حکومت ایران، محمدتقی مصباح یزدی، می‌زدید که پانزده سال است به صد زبان و صد برهان می‌کوشد تا اثبات کند که دموکراسی و اسلام در تضادند و به او می‌گفتید که «شما می‌گویید ملت ایران برای استقرار دموکراسی باید دست از اسلام بردارند» و آن‌گاه بر او بانگ می‌زدید که «نمی‌دانم بر سخنان شما بخندیم یا بگرییم و شما می‌خواهید به مردم ایران خدمت کنید یا خیانت؟». آقای مصباح که تشیع را عین اسلام حقیقی و حقیقت اسلام می‌داند، مگر مفاد صریح سخنان‌اش این نیست که تشیع و دموکراسی ناسازگارند و به قول شما «ریشه‌ای‌ترین اعتقاد شیعیان غیر قابل جمع با مردم سالاری » است؟ و مگر تشیع چیزی غیر از تئوری نبوت و امامت و مهدویت است؟ و مگر تضاد اسلام (بخوانید تشیع) با دموکراسی، منطقاً مدلول‌اش این نیست که نبوت و امامت و مهدویت با دموکراسی ناسازگاراند و پیامبر و علی و مهدی مخالف دموکراسی‌اند؟

باری من و مصباح یزدی ظاهراً هم‌داستانیم که اسلام و تشیع موجود با دموکراسی ناسازگارند. وی می‌گوید برای دموکراتیک شدن دست از اسلام بردارید یا مسلمان بمانید و با دموکراسی وداع کنید، اما من می‌گویم لازمهٔ اخذ دموکراسی ترک مسلمانی نیست، شما در کدام جبهه‌اید؟

چهارم. من در باب امامت و ولایت چیزی بیش از آن‌چه قبلاً در بسط تجربه نبوی و در «مسأله خاتمیت» آورده‌ام، نگفته‌ام. شایسته است آن را دوباره بخوانید. خاتمیت، چنان‌که من در می‌یابم، مقتضای آن این است که پس از پیامبر سخن هیچ کس در رتبه سخن وی

نمی‌نشیند و حجیت گفتار او را ندارد. حال سخن در این است که امامت را شرط کمال دین شمردن و امامان را برخوردار از وحی باطنی و معصوم و مفترض‌الطاعه دانستن (چنان‌که شیعیان می‌دانند) چگونه باید فهمیده شود که با خاتمیت ناسازگار نیفتد و سخن‌شان در رتبه سخن پیامبر ننشیند و حجیت گفتار او را پیدا نکند؟ آنان را شارح و مبین معصوم *قرآن* و کلام پیامبر دانستن نیز گره‌ای از کار فروبسته این سؤال نمی‌گشاید. آیا امامان، برای پاسخ به هر سؤالی، به کلمات پیامبر رجوع می‌کردند و آن‌ها را می‌خواندند (در کجا؟) و می‌اندیشیدند و آن‌گاه جواب می‌گفتند یا جواب‌ها (چنان‌که شیعیان می‌گویند) نزدشان حاضر بود و نیازی به اجتهاد و إعمال رؤیت و پژوهش و تحلیل نداشتند؟ و لذا سخنی که می‌گفتند بی‌چون و چرا و بی‌احتمال خطا و بر اثر الهام الهی و عین کلام پیامبر بود و جای اعتراض نداشت؟ اگر این دوّمی باشد، فرق پیامبر و امام در چیست؟ و آیا در این صورت، جز مفهومی ناقص و رقیق از خاتمیت چیزی بر جای خواهد ماند؟ شما طوری از نقش شارح بودن امامان شیعه سخن می‌گویید که گویی «مجتهد معصوم»اند، اما مگر مجتهد معصوم خود مفهومی تناقص‌آلود نیست؟ باری جواب این سؤالات هر چه باشد، آیا امامان را در رتبه پیامبر ندانستن و بنیان خاتمیت را استوار کردن و «سنگ خاتمیت را بر سینه زدن» (به قول شما) جفا بر اسلام و کاستن از منزلت ولایت است؟

گفته‌اید که من ولایتی را که برای ملاّی رومی قائلم از امامان شیعه دریغ می‌کنم. دریغا که این‌جا (و هیچ جا) مقام طرح عقاید شخصی نیست، اما ناچار می‌گویم که من شیعه غالی نیستم و نه در مورد ملاّی روم و نه هیچ کس دیگر (پس از پیامبر(ص)) قائل به نبوت و شؤون و لوازم آن نیستم. از این که بگذریم، هر درجه‌ای از درجات قرب الهی را برای آدمیان ممکن و میسور می‌دانم و از دوام ولایت معنوی و «بسط تجربه نبوی» جز این مراد ندارم.

روایتی از امامان شیعه رسیده است که: در مورد ما هر چه می‌خواهید بگویید، فقط ما را به مرتبه الوهیت نرسانید «نزّلونا عن الرّبوبیهٔ و قولوا فینا ما شئتم»[1]. شما عالم علم‌الحدیث هستید و از اصالت این روایت با خبرتر هستید. در این روایت چنان‌که می‌بینید فقط اجتناب از ربوبیت خواسته شده است و از نبوت سخن نرفته است. اگر غلط نکنم این روایت با آن‌که ظاهری ضد غلّو دارد، باید پرداخته غالیان شیعه باشد. دقیق‌تر آن است که آنان را نه به مرتبه

---

۱. مضمون این روایت برای نمونه در *خصال* صدوق آمده: قال: قال امیرالمؤمنین(ع): ایاکم و الغلّو فینا، قولوا انا عبیدُ مربوبون، و قولوا فی فضلنا ماشئتم و در *بصائر الدرجات* ج۱ ص ۲۱۶ از امام صادق(ع)... اجعلونا عبیداً مخلوقین، وقولوا فینا ماشئتم (خصال،ج۲ ،ص ۱۵۷) و *بحارالانوار* (ج۲۵ ،ص ۲۷۰).

خدایی باید رساند نه به مرتبه پیامبری. هر منزلت دیگری برای آنان و دیگر سالکان متصور است. «وَمَا كَانَ عَطَاءُ رَبِّكَ مَحْظُورًا»[۱] می‌دانم که این سخنان سلیم در ایران امروز که تشیع غالی و تفقه اخباری بر آن سایه افکنده است، آبرو و امنیت و حیات گوینده را نشانه می‌رود، اما «عشق است و داو اول بر نقد جان توان زد». اصلاح دینی و سیالّ کردن کلام اسلامی و شیعی راهی جز این ندارد.

پنجم. آورده‌اید که وجود امام مهدی «یک واقعیت است». از کجای گفتار من برمی‌آید که«غیر واقعیت» است؟ قلم من در این‌جا و در همه جا عمداً از داوری در باب عقاید خاص شیعیان و غیر شیعیان، تن می‌زند و تنها به ربط منطقی و نتایج تاریخی آن‌ها دیده می‌دوزد. من نیک می‌دانم که اکثریت شیعیان و غیر شیعیان مقلداند نه محقق، و عقایدی دارند معلّل و غیر مدلّل، که زاده جبر محیط و تلقین و تربیت است. و من ایمان تقلیدی آنان را برنمی‌آشوبم. به‌علاوه، نگاه درجه دوم و شیوه پلورالیستی من، اجازه نمی‌دهد که به راحتی در باب ناجی و هالک بودن فرقه‌های گونه‌گون اسلامی حکمیت کنم و گروهی را به بهشت و گروهی را به دوزخ بفرستم. اما قصه مهدویت سیاسی، یعنی نقشی که این اندیشه در سیاست ایفا می‌کند، البته منظور نظر و مطلوب خاطر من است. بگذارید نسبت این دو را در سیاست معاصر بکاویم:

انجمن مهدویه حجّتیه، نام‌بُردارترین گروه قبل از انقلاب بود که با اندیشه مهدویت نرد عشق می‌باخت و اعضای آن سلوک فردی و سیاسی خود را بر آن استوار کرده بودند. اینان به گفته آیت‌الله خمینی، معتقد بودند که تباهی و ستم باید چندان فزونی گیرد که ظهور امام غائب را ایجاب و تسریع کند. پیداست که از این اندیشه، چه رویکردی به قدرت و سیاست برخواهد خاست و باری هر چه از آن برآید، قطعاً سیاستی دموکراتیک نخواهد بود. ناگفته نگذاریم که اعضای انجمن حجّتیه، به شدت و نفرت، از آن اتهام بیزاری می‌جویند و آن را دروغی برساخته دشمنان می‌شمارند. شاید صحیح‌تر آن باشد که مهدویت‌گرایان حجّتیه را در امر سیاست، مردمی بی‌عمل و کناره‌گیر بشماریم که با همه حکومت‌ها می‌سازند و به معاش خود می‌پردازند تا پایان زمان در رسد و مهدی موعود نقاب از چهره براندازد. نیک روشن است که در شکم این بی‌عملی سیاسی هم طفل دموکراسی پرورده نخواهد شد.

در سوی مقابل، تئوری ولایت فقیهِ آیت‌الله خمینی بود که حکومت را حق فقیهی می‌دانست که به نیابت از امام غائب و با برخورداری از امتیازات و اختیارات او، سقف سیاست را بر

---

۱. اسراء/۲۰، *قرآن:* در بذل عطایای الهی, منع و بخلی نیست.

ستون شریعت بزند و دست قدرت از آستین مهدویت درآورد و با تصرّف در نفوس و اعراض و اموال مسلمین، ناخداوار سفینه جامعه را با نسیم ولایت به ساحل هدایت برساند. این آشکارترین و ناب‌ترین شیوه بنای سیاست بر مهدویت بود و چنان‌که همه می‌دانیم نه آقای خمینی نظریهٔ خود را دموکراتیک می‌دانست و نه دیگران چنان صفتی را درخور آن می‌دیدند و نه بسط و تداوم عملی آن تئوری، سامانی دموکراتیک به کشور داد. و چنان‌که گذشت متکلمان رسمی این حکومت هم به هیچ رو شرمنده نبوده و نیستند از این‌که ناسازگاری نظری و عملی دموکراسی را با ولایت فقیه به صد زبان و برهان، مدلّل و مسلّم سازند.

اما در جانب روشنفکران دینی، دکتر علی شریعتی دلیر، در استخدام نظرّیه مهدویت برای اهداف سیاسی از همه دلیرتر بود. وی بدون آن‌که به مبانی کلامی مهدویت بپردازد از انتظارفرج سلاحی برای «اعتراض» ساخت و به دست پیکارجویان مسلمان داد تا با حکومت وقت درآویزند و آن را براندازند. این شیوهٔ ماهرانهٔ اسلحه‌سازی ایدئولوژیک، گرچه خاصّیتی انقلابی داشت و به‌کار پیکار می‌آمد، امّا دریغا که با مردم‌سالاری و استقرار نظم دموکراتیک مهربان نبود و جز ناراضی‌تراشی بهره‌ای و میوه‌ای نمی‌داد و البتّه خادم خالص نظریه «امّت و امامت» بود که نظریه‌ای سخت ضددموکراتیک از کار درآمد.

از میان این بزرگان، شاید مهدی بازرگان یک استثنا بود که در عین اعتقاد، با «مهدی» بازرگانی نکرد و از آن بهره سیاسی نجُست و همین، انفصال او را از یک نظام مهدویت مدار رقم زد.

از هم‌روزگاران خود که بگذریم و به پشت سر نگاهی بیفکنیم و پیشگامان مهدویت سیاسی را در تاریخ گذشته جستجو کنیم، البتّه با صفویان ملاقات خواهیم کرد که از ملاقات شاه اسماعیل با «صاحب‌الامر مهدی» داستان‌ها ساخته بودند و آوازه درانداخته بودند که وی تاج و شمشیر و خنجر و کمر و رخصت «خروج» را از مهدی گرفته است و حتی شاهان صفوی را منصوبان امامان به سلطنت می‌انگاشتند و دولت‌شان را «مخلّد و به ظهور قائم آل محمّد متّصل» باز می‌نمودند[1]. اگر این آواها امروزه آواهای آشنایی است، برای آن است که سرچشمه‌ای یکسان دارند و از حلقومی واحد برمی‌خیزند و باری فصل مشترک‌شان این است که بر سیاست‌ورزی مهدی‌گرایانه‌ای استوارند که با نظم انسان‌نواز مردم‌سالار نسبتی و قرابتی ندارد. آن «امام شهر که سجاده می‌کشید به دوش» و کارنامه مجلسیان را مقبول و مصّوب امام زمان در شب قدر می‌دانست و روحانی دیگری که با توسّل به رؤیایی، پیروزی

---

۱. رستم *التواریخ* و دیگر منابع تاریخ عصر صفوی

دولت احمدی‌نژاد را محصول دعای امام غائب[1] می‌شمرد (هم‌چنان‌که شاه اسماعیل و شاه تهماسب صفوی در رؤیاهای خود امام علی و امام مهدی را یاور و پشتیبان خود می‌دیدند) جز کاسب‌کاری سیاسی و ارزان فروشی متاع مهدویت به سیاست حاکم و ترویج «تشیع صفوی» کاری نمی‌کردند. و اگر حجةالاسلام بهمن‌پور از تضعیف اعتقادات شیعیان و نسبت عوامی‌گری و عوام‌زدگی به روحانیان رنجیده‌اند، نگاهی به «تعصّبات سیاسی» و مهدویت فروشی و گفتار و رفتار و سکوت و رضای هم‌کسوتان و پیش‌کسوتان خود بیفکنند و آتش خشم و خروش خود را بر آنان ببارند. اکنون در جمکران، دوچاه نهاده‌اند؛ یکی برای زنان و دیگری برای مردان، تا عریضه حاجات خود به امام غائب را، جداگانه در آن‌ها بیندازند و برای هر عریضه دویست تومان بپردازند. و این‌ها همه در زیر گوش و چشم نوّاب امام زمان و «ملولان از علم بی‌عمل» صورت می‌پذیرد که در قم نشسته‌اند و چشم بر این «شرک تقوا نام» بسته‌اند. این‌ها را ببینید و بگویید که حال جای خندیدن است یا گریدن.

باری نظریه مهدویت، حق باشد یا باطل، در عرصه سیاست یا به بی‌عملی سیاسی یا سفاکی و مردم‌فریبی صفوی‌صفتانه یا به ولایت مطلقه فقیه و یا اسلحه‌سازی ایدئولوژیک می‌انجامد که علی ای حال با دادگری دموکراتیک پاک بیگانه‌اند. «وقت آن شیرین قلندر خوش که ...» گفت:

من آن نگین سلیمان به هیچ نستانم   که گاه‌گاه بر او دست اهرمن باشد[2]

این‌ها همه بیان ربط منطقی اندیشه‌ها و پیشه‌ها بود، از این پس اختیار و گزینش باشماست که دموکراسی را بخواهید یا ولایت مطلقه فقیه را یا بی‌عملی سیاسی را یا ...

هفتم. دولت اسرائیل و سیاست نومحافظه‌کاران آمریکا (که حجةالاسلام بهمن‌پور چنگ تمّسک به آن‌ها زده است) نیز شاهد صادقی در آستین ماست. مگر صهیونیزم سیاسی تئودور هرتزل تشکیل دولت اسرائیل را «آغاز فدیه موعود و استخلاص بنی‌اسرائیل» نمی‌دانست و مگر یهودیان این «وعدهٔ توراتی ـ الهی» را مستمسک بازگشت خود و اشغال فلسطین قرار ندادند و مگر نومحافظه‌کاران آمریکا که منتظر بازگشت ملکوت مسیح‌اند، برهمین پایه از دولت اسرائیل پشتیبانی نمی‌کنند؟ پس قیاس این «وعده‌های الهی» و «موعودهای منتظر»

---

۱. «امام غائب» البته تعبیری تناقض آلود است. امام، بر حسب تعریف، همان است که ریاست ظاهره داشته باشد. لذا ولی غائب صحیح‌تر می‌نماید.

۲. حافظ، غزل ۱۶۰

شیعیان و یهودیان و مسیحیان چه جای شگفتی دارد؟ و اگر اسرائیل در چشم آمریکانشینان، حکومتی دموکراتیک می‌نماید (به قول شما)، درست به سبب آن است که دیگر آن موعودگرایی را جدّی نمی‌گیرد و برای آن تهیه و تدارک نمی‌بیند و از حفظ و حمایت یک حکومت سکولار قدمی کوتاه نمی‌آید. در ایران هم کم و بیش چنین است. یعنی به اعتراف آقای جوادی آملی، «ما همه سکولار زندگی می‌کنیم». و این نیست مگر به یمن روشنگری‌های روشنفکران. اگر کار به دست حزب‌الله می‌افتاد که به دنبال برپا کردن «جامعه مهدوی» است، آن‌گاه می‌دیدید که چه مصالحی فدای چه مواعیدی می‌شد.

هشتم. از سر طنز و طنازی نوشته‌اید که اگر هم در جایی دموکراسی برای مسلمانان به ارمغان آمده، لاجرم «به یمن پیروی از ابوحنیفه و ابن‌خلدون و اقبال لاهوری بوده است»!. چنین سخن گفتن نه شایسته شماست و نه بیان وفادار مراد و مفاد سخن من. حساب اقبال لاهوری جداست، ولی البته نسبت فقه حنفی و فقه جعفری با دموکراسی یکی است و هیچ‌کدام برای طفل دموکراسی نه مادر خوبی هستند نه دایه مهربانی. سخن من همان است که در ابتدا آوردم: فقه‌سالاری تمدن اسلامی و فقه‌خویی مسلمانان، زمینهٔ مطلوبی برای استقرار قانون‌سالاری دموکراتیک است. اما این فقط شرط لازم است. آن‌چه این شرط لازم را به شرط کافی بدل می‌کند تزریق داروی شفابخش «حق» به فقه تکلیف‌اندیش اسلامی است و این معنا و نمونه تکیه بر سنت و فراتر رفتن از آن با هم است.

امّا آراء اقبال لاهوری در باب خاتمیت شایسته توضیح بیشتر است:

وی در فصل پنجم و ششم کتاب پرمایه *بازسازی فکر دینی در اسلام*، روح اسلام را ضدّ یونانی می‌شمارد و افسوس می‌خورد که مسلمانان یونانی‌مآب شدند و عقل استقرایی را فرو نهادند. به اعتقاد وی، در آمدن عقل استقرایی ـ تجربی، تکیه انحصاری بر غریزه (وحی) را متوقف کرد و خاک تاریخ از پروردن پیامبران عقیم شد و لذا ختم نبوت ایجاب و اعلام گردید و از این پس به انتظار ولی آسمانی دیگری نشستن که منبع تازه‌ای برای دانش باشد و اتوریتهٔ نوینی را بنا نهد خطاست. اعلام ختمیّت، آغاز رهاسازی عقل انسانی بود تا آدمی با اندیشه خودگام بردارد و چراغ عقل خود را برافروزد، چرا که دست کلیم را «درین زمانه نهان اندر آستین کردند». بشریت، اینک به سه چیز نیاز دارد: «تفسیری معنوی از جهان، رهایی معنوی خرد و اصول بنیادین عام برای جهت دادن به تکامل جامعه بر اساسی معنوی». نبودن و نیامدن پیامبران، به معنی آزادی خرد است که دیگر سقفی برای تفکر ندارد و به خود وانهاده است و دین منبعی از منابع الهام اوست و لاغیر. وی در انتها «دموکراسی معنوی را هدف

غایی اسلام» می‌شمارد و مهدویتی را که رتبه نبوّت یا بالاتر از آن داشته باشد مانع این دموکراسی معنوی می‌یابد.

سخنان اقبال را به‌گوش هوش باید شنید و قدردان نعمت خاتمیت باید بود که آدمیان را بر مائدهٔ زمین نشاند و از انتظار فرسایندهٔ فتح ابواب آسمان رهایی بخشید. انتظاری که به اعتقاد شریعتی «مذهب اعتراض» بود در نگاه اقبال به «مذهب انقراض» بدل می‌شود؛ انقراض خرد و زوال دموکراسی معنوی. مسلمانان به حکم خاتمیت، به هیچ «ندای آسمانی» دیگری گوش نخواهند سپرد و بر سر راستین یا دروغین بودن آن نزاع نخواهند کرد. سخن هیچ کس دیگر حجیت سخن پیامبر را ندارد و از آسمان فرو نمی‌ریزد که از این پس، افلاکیان کار زمین را به خاکیان وانهاده‌اند. البته این‌ها هیچ‌کدام نافی ولایت باطنی نیست که حدیثی دیگر است.

نهم. حافظ گفت:

نمی‌بینم نشاط عیش در کس   نه درمان دلی نه درد دینی
درون‌ها تیره شد باشد که از غیب   چراغی برکند خلوت‌نشینی[1]

من آن خلوت‌نشین غیب نیستم، امّا آن‌چه نوشته‌ام و می‌نویسم از سر درد دین و برای درمان دل‌هاست، خاصّه در این زمانه که نشاط عیش را از همگان گرفته‌اند و در این راه پر خطر، نه چشم به منصبی دوخته‌ام نه مکسبی، بل همه آن‌ها را درباخته‌ام. عشق به حقیقت جایی برای معشوق دیگری ننهاده است. و از کلام خشیت‌انگیز *قرآن* و خدای سبحان، این یکی را بهتر از همه به یاد دارم که: «تِلْكَ الدَّارُ الآخِرَةُ نَجْعَلُهَا لِلَّذِينَ لا يرِيدُونَ عُلُوًّا فِي الأَرْضِ وَلا فَسَادًا وَالْعَاقِبَةُ لِلْمُتَّقِينَ»[2] و اگر مجال سخن فراخ‌تر بود و از منجنیق فلک سنگ فتنه نمی‌بارید و عقاب جور بال در همه شهر نگشوده بود و رهزنان گره بر زبان نبسته بودند، و اگر نبود عوامی عوامیان و حرامی حرامیان، «غیر این منطق لبی بگشادمی».

لیک از چشمِ بدِ زهر آب دم
زخم‌های روح‌فرسا خورده‌ام[3]

---

۱. حافظ، غزل ٤۸۳

۲. *قرآن*: سعادت اخروی را برای کسانی نهاده‌ایم که در این جهان به دنبال جاه و فساد نمی‌روند. و عاقبت نیک از آن پارسایان است. (قصص/۸۳)

۳. مولوی، *مثنوی معنوی*، دفتر ششم، ۱۹۰

جناب آقای بهمن‌پور

من همواره شما را به نیک‌خواهی و پارسایی شناخته و ستوده‌ام و نقدتان را گرچه منطقاً نمی‌پذیرم، اخلاقاً ستایش می‌کنم و اگر خال عیبی بر جمال تقوای شما می‌بینم همانا همکاری شما با حکومتی است که ستمگری‌هایش دل عدالت را به درد آورده است و بر پیکر مشروعیت‌اش زخم‌های عمیق زده است. مگر از ذکر مبارک رفته است که « وَلَا تَرْكَنُوا إِلَى الَّذِينَ ظَلَمُوا فَتَمَسَّكُمُ النَّارُ...»[1] ؟ از شما شنیده‌ام و می‌دانم که شما این حکومت را تنها حکومت شیعه جهان می‌دانید، و لذا حمایت‌اش می‌کنید، امّا به گمان من، تنها معیار مشروعیت، عدالت است نه شیعیت و اسلامیت. و به همین سبب امیدوارم در نقد دلیرانه و پالایش طبیبانهٔ سیاست‌های عدالت‌آزار این حکومت به مقتضای ورع و اخلاق عمل فرمایید و حال که صاحب این قلم را به داشتن «تعصّبات سیاسی» مذموم منسوب می‌کنید، خود از داشتن تعصّبات سیاسی عدالت‌ورزانه پرهیز مکنید.

والله ولی‌التّوفیق

عبدالکریم سروش

اول شهریورماه ۱۳۸٤ خورشیدی

---

۱. *قرآن*: به سوی ستمگران نروید تا آتش دامن‌تان را نگیرد... (هود/۱۱۳)

پاسخ به نقد دوم آقای بهمن‌پور

به نام خدا

به کجای این شب آویزم قبای ژنده‌ام را
آفتابی، اختری، ماهی نمی‌پرسد نشانم؟
از نگاه شور دیوان تلخم ای شیرین وزین پس
عمر خود را در شراب چشم‌هایت می‌نشانم[1]

برادر مشفق جناب آقای بهمن‌پور

بیانات ناصحانه شما را ارج می‌نهم و باز از سر درمانگری و روشنگری و پرسشگری نکته‌های ذیل را بر سخنان پیشین خود می‌افزایم:

یکم. سخنان شما در خصوص پیشوایان مکرّم شیعه، و مراتب قرب معنوی و درجات ولایت باطنی آنان و اخبار و مأثورات مربوط به آن (که البته نظایرآن‌ها در همه ادیان و در باب همهٔ پیشوایان به‌وفور یافت می‌شود و از همه غلیظ‌تر و شدیدتر در زیارت جامعه کبیره که مرام‌نامه تشیع غالی است) علاوه بر آن‌که تکرار مدّعا بود، پیوندی با پرسش بنیادین

---

۱. عبدالکریم سروش، شعر در مجله کیان

این مباحثه قلمی نداشت. آن پرسش بنیادین این بود که: چگونه می‌شود که پس از پیامبر خاتم کسانی درآیند و به اتکاء وحی و شهود سخنانی بگویند که نشانی از آن‌ها در *قرآن* و سنّت نبوی نباشد و در عین حال تعلیم و تشریع و ایجاب و تحریم‌شان در رتبه وحی نبوی بنشیند و عصمت و حجّیت سخنان پیامبر را پیدا کند و باز هم در خاتمیت خللی نیفتد؟ پس خاتمّیت چه چیزی را نفی و منع می‌کند و به حکم خاتمیت، وجود و وقوع چه امری ناممکن می‌شود؟ و چنان خاتمیت رقیقی که همه شؤون نبوت را برای دیگران میسور و ممکن می‌سازد، بود و نبودش چه تفاوتی دارد؟

شارح و مبّین خواندن پیشوایان شیعه هم گره‌ای از این کار فروبسته نمی‌گشاید، چرا که کثیری از سخنان آن پیشوایان احکامی جدید و بی‌سابقه است و در آن‌ها ارجاعی به *قرآن* یا سنّت نبوی نرفته و نرفتنی است و نشانی از تعلیق و تبیین در آن‌ها دیده‌نشده و دیده‌ناشدنی است، مگر این‌که در معنای «شرح و تبیین» چنان توسعه و تصرّفی به عمل آوریم که عاقبت سر از وحی و نبوت درآورد و کار پیشوایان، نه شرح شریعت، بل تداوم نبوّت گردد. این همان راهی است که شیعیان غالی رفته‌اند و امامتی ناسازگار با خاتمیت بنا کرده‌اند.

به بیان دیگر، آدمیان دانش خود را یا بی‌واسطهٔ اکتساب و اجتهاد به دست می‌آورند یا به واسطهٔ آن و دانش پیامبران از قسم نخست است. و این دانش، یا مقرون به عصمت است یا نیست و دانش پیامبران از قسم نخست است و این دانش بی‌واسطهٔ مقرون به عصمت، یا برای دیگران حجّت است یا نیست و دانش پیامبران از قسم نخست است. حال شیعیان غالی همهٔ این مراتب سه‌گانه را برای امامان خود قائل‌اند و غافل‌اند از این‌که چنین اعتقادی با خاتمیت نمی‌سازد. بر آن دانش بی‌واسطهٔ اجتهاد و اکتساب، نام وراثت نهادن، و عمل پیشوایان را تبیین نامیدن و خودشان را شارحان نه شارعان خواندن، مطلقاً ماهیت امر را عوض نمی‌کند و از خاتمیت جز اسمی بی‌مسمّا باقی نمی‌گذارد. این هم پذیرفته نیست که بگویید «امامان هر چه دارند از پیامبر دارند»، چون پیامبر خاتم، نمی‌تواند منصبی را به دیگران اعطا و تفویض کند که ختمیت او را نقض نماید و نبوت او را تداوم بخشد. از این‌که بگذریم، هر درجه‌ای از درجات قرب الهی برای سالکان، علی قدر مراتبهم، میسور است.

پرسش بنیادینی که درانداختیم، چنان‌که تاریخ کلام شیعه نشان می‌دهد، پرسشی امروزین نیست و متکلمان شیعی نیک می‌دانسته‌اند که راز آن را تنها با توسّل به الفاظی مبهم چون وراثت و «پاسداری از علم پیامبر» و شارح بودن امامان و... نمی‌توان گشود و عادات فکری و ظنون متراکم و تعلّقات ایمانی غیر مدلّل ومأثورات فربه و نامنقّح را به حلّ آن نمی‌توان گماشت.

رضی خوانساری (متوفّی به سال ۱۱۱۳ قمری و برادر جمال خوانساری و هر دو، فرزندان حسین خوانساری، «استاد الکلّ فی الکلّ»، و هر سه از فقیهان و متکلّمان نامدار عصر صفوی) در کتاب مائده سماویه که کتابی فقهی است، پس از ذکر احکامی چند (چون حکم خوردن تربت حسین(ع)، که نشانی از آن‌ها در زمان پیامبر نبوده و بر زبان رسول خاتم جاری نشده)، به طرح این پرسش می‌پردازد که « تا این جهان به نور وجود حضرت خیرالبشر منور بود، این احکام ظاهر نبود و از آن سرور به مردم نرسیده بود و بعد از رحلت نبی و انقطاع وحی الهی، حکم شرعی متجدّد نمی‌تواند شد، پس قرار این نوع احکام شرعیه به چه نحو می‌تواند شد و علم به آن‌ها از چه راه حاصل می‌شود» و آن‌گاه درجواب این «اشکال» وجوهی را ذکر می‌کند چون وراثت و تأویل *قرآن* و علم به جامعه و جفر و مصحف فاطمه و نیز بودن «روحی» با ایشان که با پیامبر هم بود و همه چیز را به او تعلیم می‌کرد و نزول ملائکه در شب قدر و اوقات دیگر بر ایشان، و... و نهایتاً به این‌جا می‌رسد که همان اختیاری را که خداوند به پیامبر داده بود تا احکامی را جعل و وضع کند به امامان هم داده است تا آن‌ها هم چنین کنند: «و مکرّر حدیث وارد شده که تفویضی که خدای عزّوجلّ به رسول فرموده بود و اختیاری که به او داده بود، بعد از او به ائمّه فرمود و اختیار به ایشان داد و بنابراین ممکن است که بعضی از احکام که در زمان رسول‌الله معلوم نشده باشد، ائمّه خود قرار آن‌ها را بدهند و خدای عزوجّل اجازهٔ آن بفرماید. والله اعلم باحکامه»[1]. و البته همه این وجوه را مستند به روایاتی از کتب «کافی» و «محاسن» و غیره می‌کند.

پیداست که رضی خوانساری نیک دریافته بود تا همان اختیارات و امتیازات پیامبر را در نهایت برای امامان اثبات نکند، از بند آن اشکال رهایی نخواهد یافت. و حالا چنین اعتقادی با خاتمیت پیامبر چگونه قابل جمع است، پرسشی است که پیگیرانه از تشیع غالی باید پرسید و نومیدانه به انتظار پاسخ باید نشست.

در این پرسش پیگیر که از صمیم ایمان دینی و اعتقاد به ختمیت مرتبت نبوی برمی‌خیزد، نه ظلمی برآل محمد می‌رود نه حسادتی بر فضایل آنان. و اگر جشنی برپا می‌شود جشن اعلاء خاتمیت و برائت از غلوّ است وگرنه با «مفوّضه» هم‌صدا شدن و مجلس سور و سرور بر پا کردن و اختیار ارزاق و آجال ساکنان کره زمین و وضع احکام دین را به پیشوایان شیعه دادن، و رشته خاتمیت را به مقراض امامت بریدن راهی است که غالیان شیعه قرن‌ها رفته‌اند و در آن فخری نیست. و چه فرق عظیمی است میان شیعه‌ای که علی را می‌گیرد تا محمد را نبازد و شیعه‌ای که از علی، محمد دیگری می‌سازد.

---

۱. *مائدهٔ سماویه*، صفحات ۲۰۲ ـ ۲۰۷

همین اعتقاد بود که به آیت‌الله خمینی جرأت می‌داد تا اختیارات و امتیازات پیامبر و ائمّه را برای فقیهان هم ثابت و جاری بداند و دست نیابت از آستین امامت به در آورد و نظریه ولایت مطلقه فقیه را با قدرت سیاسی درآمیزد و تکیه برجای امامان بزند و حکومتی اتوکراتیک و غیردموکراتیک بنا کند و از جایگاهی قدسی و الهی، به تشریع و تقنین بپردازد و مردم را ملزم به اطاعت از خود و گماشتگان خود بداند.

دوّم: در تعبیری هیجان‌آلود، بر من بانگ برداشته‌اید که «جشن ختم دین را گرفته‌اید نه ختم نبوت را». این نسبت که نسبش به مطهّری می‌رسد، خطایی است که به شهادت خطابهٔ شما، هنوز سایه سنگینش را از اذهان و عقول برنگرفته است. من در کتاب *بسط تجربه نبوی* خطای مطهری در فهم سخنان اقبال را به تفصیل باز نموده‌ام و اینک بر آن می‌افزایم که شیعیان با طرح نظریه غیبت، خاتمیت را دو قرن و نیم به تأخیر انداختند وگرنه همان آثاری که بر غیبت مترتّب است بر خاتمیت هم متفرّع است، با این تفاوت که برای خاتمیت «ذاتی» رسول، تبیین خردپسندتری می‌توان عرضه کرد تا برای غیبت «عرضی» و ناگهانی و نامنتظر امام منتظر.

«رهاسازی عقل انسانی» و «به خود وانهادگی» آدمیان را که از برکات خاتمیت برشمرده بودم، مدلولش آن نیست (چنان‌که شما پنداشته‌اید) که عقل در اسارت دیانت است و انبیاء دشمنان خردورزی‌اند و با پایان گرفتن دوره نبوت، ایام طربناک آزادی و اباحی‌گری فرا می‌رسد، بلکه معنایش این است که پس از درگذشت خاتم رسولان، آدمیان در همه چیز حتی (و بالاخص) در فهم دین به خود وانهاده‌اند و دیگر هیچ دست آسمانی آنان را پابه‌پا نمی‌برد تا شیوه راه رفتن بیاموزند. و هیچ ندای آسمانی تفسیر «درست» و نهایی دین را در گوش آنان نمی‌خواند تا از بدفهمی مصون بمانند. راه دینداری از آن پس، چون راه زندگی، از میان زد و خوردها می‌گذرد و تکامل خود را نه از دخالت‌های گاه و بیگاه ماورائی، بل از تنازع و تعاون خردهای وارسته زمینی می‌گیرد که در نقد و فهم و تحلیل، بی‌پروا و از تقلید رسته‌اند. این رهایی از دخالت مستقیم آسمان را شیعیان از دوران غیبت مهدی آغاز می‌کنند و دیگر مسلمانان، به گفته اقبال، از هنگام رحلت محمّد(ص). پیداست که چنین سخنی نه آدمی را «بی‌اختیار به یاد جریان‌های روشنفکری قرون هجدهم و نوزدهم اروپایی می‌اندازد» و نه بهانه‌ای برای خلط ختم نبوت و ختم دیانت به دست می‌دهد و نه سبب بر پاکردن «جشن» موهومی به میمنت ختم دین می‌شود.

من نیک می‌دانم که ختم نبوت، مفهوم فاخر و فربهی است که کلام شیعی به دلیل موانع درونی، تاکنون به درستی و انصاف با آن روبه‌رو نشده است و حق آن را چنان‌که باید نگزارده‌است

و بر حسنات و برکات آن آگاهی نیافته و گواهی نداده است و آن قدر در تحلیل و توجیه (ناکام) غیبت، تکلّف و تفلسف ورزیده است که از تبیین کامیاب و کمیاب خاتمیت فرومانده است، و «سنگ خاتمیت به سینه زدن» را گویی سیئه‌ای می‌داند که باید از آن استغفار کرد.

خدا شریعتی را رحمت کند. وی نیک دریافته بود که کثیری از مسلمانان تنها چیزی که از توحید می‌فهمند این است که خدا یکی است و دو نیست. مو و ابرو را می‌بینند و اشارت‌های ابرو و هزار نکته باریک‌تر از مو را نمی‌بینند. حالا حکایت خاتمیت است، که گویی بیش از این نمی‌گوید که محمد(ص) رفت و دین دیگری پس از اسلام نخواهد آمد. همین و بس.

سوّم. این بحث بدون تکمله‌ای در باب عرضیات و ذاتیات دین تمام نیست. آن که کانونی و ذاتی دین است شخص پیامبر و تعلیمات گوهری اوست، و باقی هر چه صبغه تاریخی و غیر گوهری دارد، قشری و عَرَضی است، یعنی حکمی یا واقعه‌ای است «ممکن» که می‌توانست به گونهٔ دیگری باشد، لذا در دایره ایمانیات نمی‌گنجد. نزاع بر سر غیبتی که (به اعتقاد شیعیان) در شرایط تاریخی دیگر، می‌توانست رخ ندهد و پیشوایی که می‌توانست غیبت نکند و بماند و به اجل طبیعی درگذرد، و امام دیگری پس از او درآید، حاصل چندانی برای دینداری ندارد و بر ضعف و قوت ایمان کسی نمی‌افزاید و مسلمان بودن یا نبودن کسی را رقم نمی‌زند. و چنان‌که در *بسط تجربه نبوی* آورده‌ام «از هیچ امر عرضی به هیچ امر ذاتی نمی‌توان رسید. اسلام عقیدتی عین ذاتیات و اسلام تاریخی عین عرضیات، و مسلمانی درگرو اعتقاد و التزام به ذاتیات، و دین‌شناسی نظری به معنی باز شناختن ذاتیات از عرضیات، و اجتهاد فقهی مستلزم ترجمه فرهنگی عرضیات است». (ص۸۲)

آفتی که موجب مخافت است، پیشی گرفتن عرضیات از ذاتیات یا نشستن پوسته به جای هسته است که حکایت همهٔ دین‌ورزی‌های قشری است. و از همه بالاتر قربانی‌شدن عدالت در پای عَرَض پرستی‌های افراطی است.

«جرّ جرّار کلام» ـ به تعبیر مولانا ـ قلم را به طرح پرسشی دیگر می‌کشاند و آن سِمَت و صفت «پاسداران علم پیامبر و مستحفظان شریعت» است که شما به پیشوایان شیعه داده‌اید و امامت را بدین سبب واجب شمرده‌اید و امام غایب را نیز «مستحفظ معاصر» خوانده‌اید و همین را حجّت حضور غائبانه او دانسته‌اید. در جلالت شأن آن بزرگواران سخنی و نزاعی نیست، امّا نگاه جستجوگر تاریخی ـ تجربی ـ پسینی صادقانه می‌خواهد ببیند که جّد و جهد این «حافظان» چه چیز را برای شیعیان محفوظ نگه داشته است که غیر شیعیان از آن محروم مانده‌اند؟

اگر بزرگترین مفسّران و عارفان و متکلّمان و مدافعان دیانت را بشماریم، عمدتاً از میان

غیر شیعیان برخاسته‌اند، و حتی شیعیان دراین حوزه‌ها وامدار آنان بوده‌اند (به آیت‌الله خمینی و خضوع او در مقابل محی‌الدین عربی بیندیشید، یا به حق عظیمی که تفسیر مفاتیح‌الغیب فخرالدین رازی بر *المیزان* طباطبائی دارد و صدها نمونه دیگر) و اگر هم اختلافی دارند (که دارند) به هیچ وجه چنان نیست که آراء شیعیان برتری بی‌چون و چرا بر دیگران یافته باشد. و اگر فقیهان‌اند، نه فقهی که غیر شیعیان بنا کرده‌اند فروتر از فقه شیعیان است و نه تفاوت آراء فقهی شیعیان و غیر شیعیان، از تفاوت آراء فقیهان شیعی (اصولیان و اخباریان)، بیشتر و عمیق‌تر است. و نه چنین تفاوت‌های خرد یا درشت فقهی وقشری (که فی‌المثل «در وضو» پا را به جای مسح کردن، بشویند، یا در رضاع، چند جلسه شیر بدهند...) مدخلیتی در گوهر ایمان که پارسایی است، دارد. عمده، عزم بر طاعت و عبودیت است، که با هر نظام فقهی قابل جمع است. «کار، خدمت دارد و خلق حسن».

عینی‌ترین گواه این مدّعا، کتاب *المحجّه البیضاء فی احیاء الاحیاء* است، که تحریر مجدّد کتاب احیاء علوم‌الدین ابوحامد غزالی است به دست یک متکلم محدّث فقیه شیعی عصر صفوی، به نام محسن فیض کاشانی. حادثه‌ای که حقّاً در تمام تاریخ اسلام، نظیر و نمونه دوم ندارد. محسن فیض‌کاشانی، شیعه خالصی است که با اندیشه غیرشیعی سرآشتی و مدارا ندارد و در ویرایش کتاب ابوحامد، و افزایش و پیرایش آن، ابداً مجامله و تعارف نمی‌کند، با این همه، به تقریب سه‌ربع کتاب ابوحامد به دست فیض‌کاشانی تطهیر شیعی می‌شود و دست‌نخورده برجای می‌ماند و تنها در بخش فقهیات و کلامیات است که آراء ابوحامد سترده می‌شود و جای خود را به اجتهادات فقهی و اعتقادات کلامی فیض کاشانی می‌دهد. آن بخش فربه که فیض و ابوحامد را برادرانه به هم می‌رساند و مادرانه تغذیه و ترضیع می‌کند، همان اخلاقیات و عرفانیات است که به حقیقت گوهر دین، و مقصد واپسین حضرت سیدالمرسلین است. چنین است هم‌وزنی جواهر و کم‌وزنی اعراض و هم‌طرزی و هم‌ترازی شیعیان و غیر شیعیان در امور گوهری دین، و این است سرّ آن معنا که مولانا فرمود:

اختلاف خلق از نام اوفتاد　　چون به معنا رفت آرام اوفتاد[1]

هم از این روست رأی صاحب این قلم که در شرعیات و فقهیات (یعنی همان قشرّیات و عرضیات، که مطلوب بالعرض شارع‌اند) پیروی از هر یک از فقیهان، خواه شیعی و خواه غیر شیعی، مجاز و مجزی است.

---

۱. مولوی، *مثنوی معنوی*، دفتر دوم، ۳۶۸۹

باری مقام «شرح و تبیین و حفاظت و صیانت» امامان اگر به ظاهر شریعت راجع شود، در میزان تاریخ و تجربه، وزن گرانی نمی‌یابد و اگر به ولایت باطنی راجع شود، آن حدیث دیگری است که جز بسط تجربه نبوی مفاد و معنایی ندارد. و سالکان طریق قرب را، به تفاریق و تفاوت، از آن رزقی و نصیبی هست «وانّ ربّک یبسط الرزق لمن یشاء ویقدر»[1]

چهارم. حدیث سوء استفاده از اندیشه‌ها هم شنیدنی است. شما می‌گویید حساب اندیشه را از تاریخ اندیشه جدا کنید. اگر تردامنانِ اندیشه خدا، آزادی، مهدویت و ... را به سوء استخدام می‌گیرند، سپاسگزار خود اندیشه باشید و بر آن دستان آلودهٔ ناسپاس لعنت بفرستید که کفران نعمت می‌کنند و آب زلالی را گل‌آلود می‌خواهند و نیازمندان را تشنه‌کام می‌گذارند. این البته آسان‌ترین راه برای رهایی جستن از عواقب نامطلوب یک تئوری است. لکن آسان‌ترین راه همواره درست‌ترین نیست.

من در «عقیده و آزمون»[2] بر این شیوهٔ تخلّص از تنگنا، خرده گرفته‌ام و باز نموده‌ام که تاریخ هر اندیشه پاره‌ای از آن اندیشه و میدان آزمون آن است، و آسان نمی‌توان اندیشه‌ای را فراتر از تاریخ و برتر از آزمون نهاد و بیرون از امتحان، به آن نمرهٔ قبولی داد. اگر تمدنی، تمدن اسلامی است، آن‌گاه همهٔ این تمدن، نمایشگاه آن اسلامی است که به آن جان و نام داده است. نمی‌توان پاره‌های خوب را از آن اسلام و پاره‌های بد را محصول توطئه دشمنان اسلام دانست. همین‌طور است مکتب مارکسیسم. همین‌طور است مکتب لیبرالیسم و همین‌طوراند تئوری‌های اجتماعی و فلسفی. و بالاخص در باب دین آورده بودم که امروزه ادیان تنها با دفاع کلامی بر سر پا نمی‌ایستند. دفاع تاریخی هم لازم دارند. آخر غنچهٔ ادیان قرن‌هاست که در گلستان تاریخ باز شده است و عطر و بوی خود را پراکنده است. دیگر نمی‌توان بر این بسط تاریخی چشم بست و به ادلّه پیشینی بسنده کرد و فارغ از آزمون پسینی ـ تاریخی ـ تجربی، هم‌چنان دل خوش داشت که ما حرف راست زده‌ایم، گریبان کسانی را بگیرید که آن را کژ فهمیده‌اند. هم خدا مشمول این داوری می‌شود، هم نبوت، هم خاتمیت، هم مهدویت، هم ولایت فقیه و هم هر اندیشهٔ دوران‌ساز دیگری که زندگی آدمیان را صورت و سیرت بخشیده است. کانت، متافیزیک را این چنین نقد کرد و پس از وی نوبت نقد تاریخی ادیان در رسید.

این‌که ادیان فرقه فرقه می‌شوند، این‌که کفر و ایمان زاده می‌شود و این‌که شیعه و سنّی پدید می‌آید و ... همه لازمهٔ بسط تاریخی ادیان و عین فعلیت یافتن قوّه آن‌هاست و گریزی از آن نیست.

---

۱. اسراء/۳۰

۲. در کتاب *فربه‌تر از ایدئولوژی*

و نام سوء استفاده نهادن بر آن‌ها، محض قلب حقیقت و مسخ طبیعت و آمیختن دانش به ارزش در تبیین یک پدیده طبیعی ـ تاریخی است. شیعیان تسنّن را شاخه‌ای انحرافی بر تنهٔ درخت اسلام و محصول سوء فهم و سوءاستفاده از آن می‌دانند و اهل سنّت نیز تشیع را به چنین طعنی مطعون می‌دارند. یعنی هر یک از رقیبان دیگری را به کژفهمی و بدخوانی و بدخواهی متهم می‌کند، ولی آن‌که از منظر تاریخی ـ پسینی نظر می‌کند، واژه‌های سوء استفاده یا حسن استفاده را با احتیاط بسیار به‌کار می‌برد مبادا در دام ارزش داوری بیفتد و از دامان بی‌طرفی بیرون غلتد. گرفتم که به گمان شما صفویت و بابیت و بهائیت، همه قرائت‌های غلط از مهدویت باشند، آیا شما ولایت مطلقهٔ فقیه را هم قرائت غلط و «سوء استفاده» از مهدویت می‌دانید؟ و اگر کسی دانست، دربارهٔ او چه می‌اندیشید؟ می‌بینید که مفرّ و مخلص آن نیست که با تیغ «سوءاستفاده» هر چه را نمی‌پسندیم بتراشیم، بلکه شرط صداقت آن است که تابع داوری تاریخ باشیم و اگر بسط تاریخی مارکسیسم را یا بسط تاریخی لیبرالیزم را بهترین آیینه برای نظرکردن در آن دو آیین می‌یابیم، این آیینه آیین‌نما را نشکنیم و برای دیدن چهره‌های (زشت یا زیبای) دیگر نگه داریم. مهدویت و تشیع و تسنن را هم در همین آینه بنگریم و جمال و کمال‌شان را از همین منظر نظر کنیم. و بالاخص تئوری ولایت فقیه را، که دیگر نمی‌توان آن را به پشتوانهٔ چند حدیث و روایت برپا داشت. باید تاریخچهٔ سیاسی آن و بسط تاریخی آن و خیل خادمان نادم و خواستاران خروج از حاکمیت را هم به عین عبرت نظر کنیم و درس بگیریم.

پیشینی نگریستن، و نگاه پسینی را وانهادن از آفت‌های پر مخافت نگاه متافیزیکی ـ دینی است که جز با جهادی و اجتهادی اپیستمولوژیک نمی‌توان بر آن چیرگی جُست. شما دموکراسی روشی را برگزیده‌اید و دموکراسی ارزشی را فرونهاده‌اید. لاجرم پاسخ این پرسش را هم فراهم کرده‌اید که ولایت فقیه و دموکراسی روشی مقبول شما، چه نسبتی دارند و چگونه با هم جمع می‌آیند. گمان ندارم چنین جمع و تلفیقی آسان باشد و به‌هرحال مسلمانان و به خصوص شیعیان و بالاخص حاکمان، سنتز بدیع شما را خوش آمد خواهند گفت.

می‌ماند دو نکته دیگر:

اول این‌که چگونه از مهدویت، هم بی‌عملی و هم عمل‌گرایی، هم اعتراض و هم انقراض برون می‌آید. بر نکته مهمی انگشت پرسش و کاوش نهاده‌اید. نخستین گواه امکان این امر، وقوع آن است. می‌بینید که چنین شده است و چرا باید به دنبال گواه دیگر گشت؟ روزگاری شیعیان، به دستور فقیهان خویش، و در انفعال کامل، خمس غنائم و معادن را در زمین دفن می‌کردند به امید آن‌که امام غایب سال‌ها و بل قرن‌ها بعد، درآید و خود به علم امامت آن‌ها را

کشف کند و بردارد. و امروز آیت‌الله خمینی نه تنها دفن خمس را حرام می‌داند، بلکه آن را بودجه حکومت اسلامی می‌شمارد، حکومتی که فعّالانه می‌خواهد مقدّمه‌ای برای ظهور مهدی باشد. تاریخ شیعه شاهد و واجد این انفعال و آن فعل است، ولذا حجّتیه امروز به هیچ رو حادثه‌ای بدیع و بی‌سابقه نیست. اکابر فقیهان پیشگامان آن بوده‌اند.

امّا گواه دوم تاریخ مارکسیسم است که آشکار می‌کند هر جا وقوع حادثه‌ای درآینده (چون وقوع انقلاب پرولتری یا استقرار جامعه بی‌طبقه کمونیستی ...) به طور حتمی پیشگویی می‌شود: مؤمنان به آن پیشگویی در عمل دو شاخه می‌شوند: یا برای تحقق آن موعود همه کاری می‌کنند، یا دل آسوده از تحقّق قطعی و نهایی آن، هیچ کاری نمی‌کنند. و نه تنها هیچ کاری نمی‌کنند، بل از ویرانی و فروپاشی و فساد و تباهی احوال اجتماع، خشنود می‌شوند و آن را مقدمه‌ای لازم برای وقوع حادثه موعود می‌شمارند.

کارل پوپر در *جامعه باز و دشمنانش* فصل نوزدهم، به نیکی باز می‌نماید که پاره‌ای از قائلان و مؤمنان به انقلاب پرولتری، چگونه منفعل و بی‌عمل نشستند و حتّی به فاشیزم (که از نظرآنان قلّه فساد بورژوازی بود) خوش‌آمد گفتند و با آن مبارزه نکردند، چرا که آن را آخرین پلّه نردبان صعود بر بام کمونیزم می‌دیدند: «اعتقاد بر این بود که فاشیسم ماهیتاً آخرین سنگر بورژوازی است. بنابراین وقتی فاشیست‌ها قدرت را به دست می‌گرفتند کمونیست‌ها نجنگیدند... کمونیست‌ها مطمئن بودند که انقلاب پرولتاریا دیر کرده است و این میان پرده فاشیستی بیش از چند ماه به درازا نخواهد کشید و برای سرعت بخشیدن به انقلاب ضروری است. مطمئن بودند که نباید دست به هیچ اقدامی بزنند و کاری به‌کار کسی داشته باشند. تسخیر قدرت به دست فاشیست‌ها هرگز با چیزی به اسم «خطر کمونیسم» مواجه نشد. چنان‌که اینشتاین یک بار به تأکید گفت: از میان همه گروه‌های متشکل در جامعه، تنها کلیسا ـ یا به عبارت بهتر بخشی از کلیسا- مقاومت جدی نشان داد»[1]. این را مقایسه کنید با منطق شیعیانی که به ازدیاد گناه و فساد می‌اندیشند تا در ظهور ولی عصر تعجیل شود. و نیز مقایسه کنید با فعال بودن یهودیان در قبال «وعده حتمی» *تورات* به بازگشت‌شان به سرزمین موعود. این دوگانگی در عمل چنان منطق آشکاری دارد که تردید و تعجبی در وقوع آن پارادوکس تاریخی باقی نمی‌گذارد.

و اما نکته دوم، یعنی استنتاج «باید» از «است»، بر خبیران پوشیده نیست که آن‌که محال

---

۱. کارل پوپر، *جامعه باز و دشمنان آن*. فصل نوزدهم. ص ۹۷۶. ترجمه عزت‌الله فولادوند.

است استنتاج «باید»های هنجاری و اعتباری از «است»هاست نه «باید»های غیر هنجاری و این نکته‌ای است که در کتاب *دانش و ارزش* هم بر آن تنبیه و تصریح رفته است و استخراج بی‌عملی از جبرگرایی، از نوع دوم است نه اوّل. فراست مخاطب مرا از اطاله مخاطبت معاف می‌دارد.

پنجم. گاهی بر حال بی‌سامان من خندیده‌اید که سخنان پریشان (از «غربیان و مسیحیان») می‌گویم و گاهی بر درد بی‌درمان من گرییده‌اید که «به نام اصلاح دین عزم بر شکستن پروبال دین» کرده‌ام. بر قلهٔ رفیع هدایت نشسته‌اید و مرا در سیاه‌چاله گمراهی نظاره و با اشک و آه بدرقه می‌کنید. من البته هیچ‌گاه خود را واصل به حقیقت ندانسته‌ام، امّا آن‌گونه سخن گفتن را هم (که لاجرم از سر شفقت است) شایسته شما و زیبندهٔ این بحث قلمی نمی‌دانم. آیا بهتر نیست چمن نورستهٔ گفت‌وگو را از جویبار حجّت و محبّت سبوسبو آبیاری کنیم تا از آن سبد سبد گل حقیقت ببریم؟

باری بر احول این «مفسّر خطبه متقین» دریغ خورده‌اید و رقّت آورده‌اید که:

که این کند که تو کردی به ضعف همّت ورای
زگنج خانه شده خیمه بر خراب زده؟[1]

پاسخ من همان است که خواجه شیراز گفت:

که گفت حافظ از اندیشهٔ تو آمد باز؟
من این نگفته‌ام آن کس که گفت بهتان گفت[2]

من از اندیشهٔ آن گنج باز نیامده‌ام، امّا شما نیز رنج بیهوده می‌برید که این آشنای *نهج‌البلاغه* را «با قطرات اشک بدرقه» می‌کنید. می‌پرسم چرا:

این خون که موج می‌زند اندر جگر تو را
در کار رنگ و بوی نگاری نمی‌کنی؟[3]

و این اشک را که از چشمهٔ زلال جان می‌جوشد، چرا بر پیکر نیم‌جان *نهج‌البلاغه* فرونمی‌باری؟ نمی‌دانم چرا وقتی نوبت به مفسّران و متکلمّان حکومتی می‌رسد گل می‌افشانید

---

۱. حافظ، غزل ٤۲۱

۲. حافظ، غزل ۸۸

۳. حافظ، غزل ٤۸۲

و می در ساغر می‌اندازید و «وجود نازک» آنان را آزرده گزند نمی‌خواهید، امّا بر مظلومان و مستضعفان، که ما باشیم، بانگ درشت می‌زنید و توسن تند می‌تازید و به سر تازیانه هم از همرهان یاد نمی‌کنید.

زانجا که رسم و شیوهٔ عاشق‌کشی توست
با دشمنان قدح‌کش و با ما عتاب کـــن[۱]

آیا به راستی صاحب این قلم با *نهج‌البلاغه* جفا کرده است یا آنان که «باب سیاست» آن حکمت‌نامه را پاک به آب انکار شسته‌اند و خوار بر تاق نسیان نهاده‌اند؟

امام علی مگر با رعایای خود نمی‌گفت «از گفتن مقوله حقّی و دادن مشورت عدلی دریغ نورزید که من برتر از خطا نیستم»؟[2] امّا اینک به نام نامیرای *نهج‌البلاغه* حکومتی در ایران برپاست که حکامش در بی‌اعتنایی مطلق به شیوهٔ علی(ع)، برتر از سؤال و انتقاد نشسته‌اند و از رعایا جز انقیاد و اطاعت نمی‌طلبند. امروز از نماز جمعه‌ها و از نشست خبره‌ها و از دستگاه قضا و از مجلس شورا و از صدا و سیما، بانگی برنمی‌خیزد، مگر در تجلیل پیشوا. و در مطبوعات رسمی، سطر و ستونی به هم نمی‌رسد، مگر در مریدپروری و تأیید آموزه‌های رهبری. و دریغ از مقوله حقی یا مشورت عدلی. این‌جا جانی تاوان انتقادی است، که نظام جز مرید مطیع نمی‌پسندد.

جامعه‌ای که پیامبر در آن برخاست، عالمانش را، به گفته علی(ع)، لجام بردهان زده بودند و جاهلانش قدر می‌دیدند و بر صدر می‌نشستند (بارضٍ عالِمها ملجَم و جاهلها مکرم)[۳]. و رسالت رسول آن بود که این نظم نامیمون را واژگون کند و حرمت را به علم و عالمان بازگرداند. من هرگاه نردبان شکسته علم و گلوی فشردهٔ عالمان در جمهوری اسلامی ایران، و اسب رهوار مدّاحی و ریاکاری و خرافه‌گستری و جولان جاهلان و سر در گلیم کشیدن عاقلان را می‌بینم، هم بر ناکامی پیامبر رحمت اندوه می‌خورم و هم به رسالت پیامبرانه روشنفکران در بازگرداندن حرمت علم و عالمان، مؤمن‌تر می‌شوم.

مگر علی(ع) نگفت که بارها از پیامبر شنیده است که «پاکی جامعه در گرو آن است که

---

۱. حافظ، غزل ۳۹۵

۲. *نهج البلاغه*، خطبه ۲۱۶ «فانّی لستُ فی نفسی بفوقِ اَن اُخطِئ»

۳. *نهج‌البلاغه*، خطبه ۲

ناتوانان حق خود را از قدرتمندان، بی‌لکنت زبان بگیرند»؟[۱] امّا امروز هنر حکاّم ما این است که مردم را به لکنت زبان دچار کنند، مبادا مدّعی حقّی شوند. کارخانه‌های مقدس‌تراشی و تابوسازی بانه‌روز در کارند تا قفل قوی‌تری بر زبان‌ها بزنند و ترس تازه‌ای در جان‌ها بیفکنند و بنگاه بانگ و رنگ و جریده‌های درنده و دریده با تطاول تمام مهیا و مجهّز شده‌اند تا آبروی آبرومندان این دیار را در خلاب فضیحت بشویند و آنان را «بی‌هویت» کنند و ناموس عشق و رونق عشاق را ببرند و این‌ها همه در سایه حکومتی است که از عدل علوی دم می‌زند، امّا آن را ارزان به فقه صفوی می‌فروشد.

بلی من هنوز هم *نهج‌البلاغه* تدریس می‌کنم و با این جواهر حکمت گوهر جان‌ها را فربهی می‌بخشم، امّا عجب از شما (و کثیری از علما) که این همه بی‌رسمی و ناراستی را که عین اِعراض از *نهج‌البلاغه* است نمی‌بینید یا می‌بینید و آن‌ها را عرضی و عارضی این نظام می‌دانید. و گنهکاران را فرو می‌نهید و باژگونه بی‌گناهی را متهّم می‌کنید. برخلاف شما، من از روزی که این عیوب و آفات را ذاتی و نهادی این نظام دیدم، با آن‌که درها به روی من گشاده بود، از خانه قدرت به درآمدم و پای در دامن عزلت کشیدم و چشم از مکسب و منصب دوختم و دل از وسوسهٔ ریاست بپرداختم، و وضو از چشمهٔ حقیقت ساختم و چارتکبیر بر مصلحت زدم و تن به رنج غربت دادم و گوش به ندای وجدان سپردم و دست به نشر معرفت بردم و زبان به انذار و نصیحت گشودم و نقد سنت و سیاست را پیشه گرفتم و:

می‌شنیدم فحش و خر می‌راندم
ربّ یسّر زیر لب می‌خواندم
هر زمان می‌گفتم از درد درون
اهد قومی انّهم لایعلمون[۲]

«من و هم صحبتی اهل ریا؟ دورم باد». مروت و مردمی را بفروشم به «استخوان خوکی و عطسهٔ بزی»؟[۳]

شما خود سال‌ها در کانون قدرت ملازم خدمت بوده‌اید و رفت و آمد ارباب خشونت و انصار شرارت را بدان‌جا دیده‌اید و شنیده‌اید که چگونه اکرام می‌بینند و انعام می‌گیرند و بازهم

---

۱. *نهج‌البلاغه*، نامه ۵۳

۲. مولوی، *مثنوی معنوی*، دفتر دوم، شماره ۱۹۲۶

۳. عراق خنزیر (استخوان خوک) و عفطهٔ عنز (عطسهٔ بز)، هر دو از تعبیرات تحقیرآمیز امام علی(ع) هستند در باب ریاست دنیوی. (حکمت ۲۳۶) (وَاللّٰه لَدُنْیاکُمْ هذهِ أَهْوَنُ فِي عَيْنِي مِنْ عِرَاقِ خِنْزِيرٍ فِي يدِ مَجْذُومٍ)

تجاهل‌العارف می‌کنید و «خرقه‌ای بر سر صد عیب نهان می‌پوشید» و آن مرض‌های باقی را عَرَض‌های فانی می‌خوانید. از این شگفت‌تر، جامهٔ فراخ نابه‌اندامی است که بر قامت نازک من پوشانده‌اید و مرا از «همکاران مؤثر در پدید آمدن این نظام» خوانده‌اید. تنگی ندارد، امّا مبالغت و مطایبت هم حدّی دارد، «کَبُرَتْ کَلِمَةً تَخْرُجُ مِنْ أَفْوَاهِهِمْ». «چراغ مرده کجا شمع آفتاب کجا؟» من یک سرباز پیاده فرهنگی‌ام با شناسنامه کوچک مقاومت و سابقه کوتاه مشاورت و آن افسر افتخار برای این سر سودایی سخت سنگین است.

باور کنید که نه من «سخت‌ترین استانداردهای دموکراسی» را برای داوری دربارهٔ این نظام به‌کار گرفته‌ام و نه شما با اشاره به «نظامی نوپا ... که از هرطرف توسط دشمنان غدّار و قسم خورده احاطه شده است» دفاعی ظفرمند برای نظام و دوایی شفابخش برای آلام عرضه می‌کنید. زخم‌ها و زهرها کشنده‌تر از آن‌اند که به آن مرهم کاذب فروکش کنند. آن‌گونه مدافعات را برای خطبه‌های خشک و خمیازه‌خیز نمازهای جمعه بگذارید و دست‌کم شاقول شریعت را به دست گیرید. اگر نهی از منکر و امر به معروف تکلیف قطعی همه مسلمانان است و اگر شهروندان حق (و بلکه تکلیف) دارند که حاکمان را امر به معروف و نهی از منکر کنند، مسؤول تعطیل این فرائض کیست؟ و چرا سروران، کلاه کج نهاده‌اند و تند نشسته‌اند و نهی و نقدی را تحمل نمی‌کنند؟ اگر هندسهٔ «ناساز و بی‌اندام» این بنا، پنجره‌ها را به روی تنفّس می‌بندد و سقف را برای زندگی کوتاه می‌کند و به آب صافی نقد، زنگارها را نمی‌شوید و به هوای تازه فرهنگ، ریه‌ها را نمی‌نوازد و اثاثه را در بیرون و زباله را در کانون می‌گذارد و اگر مارها و عقرب‌ها، از هر سو آزادانه می‌خزند و می‌گزند، و لکه‌ها و چکه‌ها از در و بام می‌افتند و می‌ریزند، گله از که باید کرد؟ از رهگذران یا مهندسان؟ و عیب را در کجا باید دید، در اَعراض یا در جوهر؟ در کانون یا در پیرامون؟ در برون یا در درون؟ باور کنید که برای این ملک و ملّت دشمنی غدّارتر و عقربی جرارتر از شجرهٔ خبیثه استبداد و این ساختار جبّار جبون‌پرور نیست. و حدیث غدر بیگانگان و تورّم این توهّم، خود پرده دیگری است از نمایشنامه استبداد.

تو با دشمن نفس هم خانه‌ای
چه دربند پیکار بیگانه‌ای؟[1]

می‌دانم و می‌دانید که در این گفت‌وگو، چه نسبت نامتقارنی است میان زبان بستهٔ من و

---

۱. سعدی، *بوستان*، باب هفتم در عالم تربیت

گلوی گشادهٔ شما. من هرچه به اشارت و احتیاط در نقد دیانت و سیاست رایج می‌نویسم کیفر بیشتر می‌بینم و شما ناقدان من هر چه به صراحت و سخاوت در دفاع از سنت و سیاست حاکم می‌نویسید پاداش بیشتر می‌گیرید. و چه نسبت است میان کیسهٔ پاداش و کورهٔ کیفر! آن یکی رئیس فرهنگستان شد و آن دیگری فقیه شورای نگهبان. دمیدن صبح دولت شما را نیز آرزو می‌کنم. امّا آیا این خود گواه دیگری بر کژ نهادی این بنا و بنّا نیست؟

آقای بهمن‌پور می‌دانم که «قحط جود است آبروی خود نمی‌باید فروخت» و در مشایخ شهر نشانی از کاسبی هست و از عاشقی نیست، و «چون نیک بنگری همه تزویر کنند» امّا:

دامنی گر چاک شد درعالم رندی چه بـاک
جامه‌ای در نیـکنـامی نیــز می‌بـاید دریـد[1]

اگر غرض از دین‌ورزی، جامه‌دریدن در عزای بزرگی یا مدیحه‌خواندن در ثنای خواجه‌ای یا وسواس‌ورزیدن بر سر حکمی یا نزاع‌کردن بر سر حادثه و شخصیت تاریخی ممکنی یا چانه‌زدن بر سر ریاستی و خلافتی است، آن ارزانی ظاهرپرستان باد. امّا کجاست غزالی‌ای که احیاء علوم دین کند و اخلاق را برتر از فقه بنشاند و کجاست حافظ دلیری که مجاملت و معاملت را به کناری نهد و بر مسند نقد جامعه دینی بنشیند و عزم ویرانی و رخنه در مسلمانی کند و کفر نهان در زیر ظاهرپرستی را بر آفتاب افکند و پردهٔ تزویر را بدرد و مدرسه مدارا و مروت بنا کند و کجاست مولانایی که درس عشق و آزادگی بیاموزد و از جدائی‌ها شکایت کند و معنی واحد در زیر اختلاف صور را آشکار نماید و ملت عشق را برتراز هفتاد دو ملّت بنشاند؟

بلی، قیصریه را نباید آتش زد، قیصریت را چطور؟ ناسپاسی است اگر فریادهای عافیت‌سوز استبدادستیزان این دیار را همنوایی با «دشمنان غدّار» بشماریم و سکوت عافیت‌جویانه و پرهیزکاری خموشانـه و کناره‌نشینـی ستـم‌پذیرانه و تماشـاگری مصلحت‌اندیشانه را شرط دیانت و پارسایی بدانیم و «گناهانی» خرد چون حجاب و شراب را چندان درشت کنیم که از اعظم معاصی یعنی خودکامگی غافل بمانیم. امان ازین زمانه فرهادکُش و فریادکُش! نعمت وجـود فریادگران را یعنـی خسـروان و شیرین‌دهنان را قدر بدانید. آنان چون رعد و برق بهاری، باران‌های شستشوگر فرو خواهند ریخت. از عبوسی خزان، از سردی استخوان‌سوز زمستان و از خفگی و کوتاهی سقف این شبستان نمی‌هراسید؟

---

۱. حافظ، غزل ۲۴۰

به استقبـال لطافت بهــار و باران رحمــت پروردگار بروید « فَانظُرْ إِلَىٰ آثَارِ رَحْمَتِ اللَّهِ كَيْفَ يُحْيِي الْأَرْضَ بَعْدَ مَوْتِهَا، إِنَّ ذَٰلِكَ لَمُحْيِي الْمَوْتَىٰ، وَهُوَ عَلَىٰ كُلِّ شَيْءٍ قَدِيرٌ »[1]

عبدالکریم سروش

سوم مهرماه ۱۳۸٤

---

۱. روم/۵۰

حق و تکلیف و خدا

محضر همه دوستان سلام عرض می‌کنم و خشنودم که مجدداً توفیق یافته‌ام که در محضر شما حضور یابم. سنت حسنه‌ای است که هر چند گاهی از دوستان همدل و یاران موافق دعوت به عمل می‌آورند و مجلس گرمی می‌آرایند و دل‌های خداشناس و خداخوان را در کنار هم می‌نشانند. و همه محبت می‌کنند و به عرایض بنده که مقدمه‌ای است برای بحث‌های مهم‌تر و جدی‌تر گوش فرا می‌دهند.

در دوران طوفانی و پر تلاطمی زندگی می‌کنیم و ذهن همه ما مشغول حوادث خرد و درشت و تلخ و شیرینی است که در کشور ما رخ می‌دهد. و برای همه ما پرسش‌های مهیب و فربه فراهم می‌آورد. و این به دلیل دغدغه‌ای است که نسبت به وطن داریم و تشویشی است که برای آینده احساس می‌کنیم و هم‌چنین عشق و علاقه‌ای که نسبت به هموطنان‌مان داریم. نمی‌توانیم دقیقه‌ای آسوده بمانیم و آن اندیشه‌ها را از دل بیرون برانیم.

حوادثی که در کشور ما می‌گذرد دو رویه دارد: یک رویه عینی و عملی و خارجی و دومی رویه نظری و فکری. یعنی از جهتی اتفاقاتی است که بین ابدان می‌افتد، اجسام و آدمیان برخوردهایی پیدا می‌کنند. حکومت کسی را می‌نوازد و بالا می‌کشد و کسی را به زندان می‌افکند یا می‌کشد. این از یک سو، اما از سوی دیگر جنگی است که بین ایده‌ها و اندیشه‌ها رخ داده است. بالاخره در این عالم که ایرانیان در آن ساکن‌اند حوادث نظری هم رخ می‌دهد و پاره‌ای

از اندیشه‌ها می‌کوشند اندیشه‌های دیگر را از میدان خارج کنند. آن‌چه را که بنده می‌خواهم عرض کنم متعلق به این حوزه دوم است، یعنی حوزه نظر. در حوزه عمل حرف و خبر بسیار است و لازم نیست ما آن‌ها را به همدیگر یادآوری کنیم. همین قدر مختصرا می‌دانیم که ایام خوشی را نمی‌گذرانیم. اما امیدواریم که پس از این شب تاریك روز روشنی به در آید. اما آن‌چه که به لحاظ نظری در حوزه فکر و اندیشه می‌گذرد هم شئون و شقوق بسیار دارد . به بنده تکلیف کرده‌اند که در یکی از آن مباحث در این‌جا وارد شوم که عبارت است از مبحث حقوق انسان و نسبت آن با دین‌ورزی، که مبحث بسیار حساس و دشواری است.

من خوشبختانه در گذشته فرصت‌هایی داشته‌ام که در این باب سخن بگویم و آن‌چه را که این‌جا عرض می‌کنم برآیند بحث‌های پیشین است. شاید پاره‌ای نکات نو را هم بر آن‌ها بیفزایم و آن‌گاه با یکدیگر گفت‌وگو خواهیم کرد و انشاءالله روشنگری‌هایی از پس خواهد آمد. این نکته را بنده همیشه عرض کرده‌ام که دورانی که ما در آن زندگی می‌کنیم دوران توجه به حقوق آدمی است. دورانی از تاریخ است که حقوق‌مداری در آن اصل شده است. حقوق را در مقابل تکالیف به کار می‌بریم. دوره بلندی بر انسان گذشت که بیش از آن‌که به حقوق خود بیندیشد به تکالیف خود می‌اندیشید و همین که بالغ می‌شد و خود را باز می‌یافت می‌پرسید تکالیف من چیست؟ بزرگان و رهبران دینی و فکری جامعه هم همواره در پی تلقین و تعلیم تکالیف بودند. خواه حاکمان و آمران و پادشاهان باشند، خواه عالمان و فیلسوفان، همه در مقام تعلیم مسؤولیت‌ها و وظایف و تکالیف آدمیان بودند. چنین نبود که از حقوق سخنی نرود، بلکه حقوق در درجه دوم اهمیت قرار داشت و همواره به صورت یک امر طفیلی و تبعی و ثانوی نسبت به تکالیف مطرح می‌شد. دست اول و رتبه بالا با تکلیف بود و انسان وقتی که مکلّف می‌شد و خود را به صفت و سمت یک موجود صاحب تکلیف می‌شناخت، آن‌گاه می‌دانست که بالغ شده است و او را به حساب آورده‌اند و از او چیزی می‌طلبند و به او پاداشی یا کیفری می‌دهند.

همه ادیان در دوران و در پارادایم تکلیف‌مداری پا به عرصه ظهور نهاده‌اند. از ادیان جدید مثل بهائیت بگذریم که ظاهراً متعلق به دوران مدرن است، یعنی دوران حق‌مداری، اما آناکرونیسمی که در آن هست، یعنی نوعی نابهنگامی تاریخی، نشانه آن است که پیامبر یا پیامبران این دین به‌درستی دوران خود را تشخیص نداده بودند. یعنی ماهیت دیانت بهائیت هم‌چنان تکلیف‌مداری است، برخلاف دورانی که در آن ظهور کرده و جهان را حق‌مداری فرا گرفته است. چنان‌که می‌بینیم پیروان چندانی هم جذب نکرد. مارکسیسم با این که دین نبود و بلکه ضد دین بود، توفیقش در مقام جذب طرفداران و تاثیر بر عقول هزاران برابر بهائیت بود.

لیبرالیسم که شاید مهم‌ترین مکتب سیاسی و اقتصادی و نظری دنیای جدید باشد، بهترین ترجمه و تعبیری که می‌توان از آن به‌دست داد عبارت است از «مکتب حقوق‌مداری». کلمه لیبرال از liberty مشتق است و liberty به معنای آزادی است. گاه لیبرالیسم را به معنای مکتب آزادی‌خواهی ترجمه می‌کنند که این ترجمه به هیچ وجه رسا نیست و گوهر این مکتب را به‌درستی آشکار نمی‌کند، بگذریم از این‌که بعضی از فیلسوف‌نمایان وطنی آن را اباحی‌گری ترجمه کرده‌اند که نهایت نافهمی و بی‌انصافی است. آزادی یکی از حقوق آدمی است و البته مهم‌ترین حقوق آدمیان هم هست و لیبرال‌ها هم در میان همه حقوق به این حق اهمیت بیشتری می‌دهند. با همه این احوال، اگر فقط بر حق آزادی تاکید بکنیم، چیز مهم‌تری را از نظر دور داشته‌ایم. لیبرالیسم مکتبی است که در مقابل تکالیف بر حقوق تأکید بیشتری می‌کند و تقدم را به حقوق می‌دهد و آدمی را به جای این‌که یک جانور مکلّف معرفی کند یک جانور محق معرفی می‌کند؛ موجودی که اولاً و بالذات حامل یک رشته حقوق ذاتی است که از او جدائی‌ناپذیر است و آن‌گاه اگر تکالیفی دارد این تکالیف از دل و از بطن حقوق بیرون می‌آید. درحالی‌که اگر به پارادایم پیش از مدرن مراجعه کنید، در دوران ماقبل لیبرالیسم، می‌بینید که آدمی اولاً و بالذات یک موجود مکلّف است و اگر حقوقی دارد، آن حقوق از دل تکالیف او برمی‌آید. لذا هم در این دوران حق و تکلیف داریم، هم در دوران ماقبل مدرن. اما سخن در تقدم و تأخر این‌هاست. سخن در این است که غلبه با کدام است؟ در این دوران غلبه با حق است و در دوران قبل غلبه با تکلیف بود.

از غلبه حق یا غلبه تکلیف دو جهان‌بینی بزرگ بیرون می‌آید. یعنی آدمی در محور قرار می‌گیرد و حول او جهانی تنیده می‌شود. جهانی از علم، فلسفه، هنر، سیاست، اخلاق و هرچیز دیگری. همه این‌ها دو شکل و دو چهره و دو ماهیت خواهند داشت. بسته به این است که حول کدام انسان ساخته شوند، انسان محق یا انسان مکلّف.

بی‌سبب نگفتم لیبرالیسم مکتب دوران جدید است، چون بزرگ‌ترین فیلسوفان دوران جدید مانند کانت یا هگل، لیبرال‌اند. نه فقط به لحاظ اقتصادی، بلکه آن‌ها از لحاظ سیاسی و فلسفی هم لیبرال‌اند. آنان آزادی را گوهر انسان می‌دانند. حق‌مداری را گوهر انسان می‌دانند و حتی دین را این‌چنین معنی می‌کنند و خدا را این‌چنین می‌شناسند. خدا را خالق انسانی می‌دانند که آن انسان ذاتاً واجد یک رشته حقوق است و این متفاوت است با آن خدایی که خالق انسانی است که ذاتاً واجد یک رشته تکالیف است. وقتی که هگل یهودیت را نقد می‌کند، نقد او یک نقد اخلاقی و حق‌مدارانه است. او نمی‌گوید دین یهود باطل است به این یا آن دلیل تئولوژیک، بلکه می‌گوید در دین یهود خدا فرمان می‌دهد و تکلیف وضع می‌کند،

اما عشق فرمان نمی‌دهد، لذا اگر ما خدا را عاشقانه بپرستیم و خدا را به منزله یک معشوق بشناسیم، گرچه فرمان‌های او را می‌پذیریم و عمل می‌کنیم، اما آن‌چه که یک معشوق می‌گوید با آن‌چه یک ارباب می‌گوید، فرق دارد. خدا در دین یهود اربابی می‌کند، جباری می‌کند، تازیانه به دست ایستاده است و بردگان و بندگان خود را تهدید می‌کند و از آن‌ها اطاعت می‌طلبد، درحالی‌که معشوق با جذب و جاذبه خود معشوق را به حرکت وا می‌دارد و به او کاری را می‌سپارد و از او عملی را طلب می‌کند. مولانا هم می‌گوید که:

عشق را با پنج و با شش کار نیست
مقصد او جز که جذب یار نیست[1]

عشق از طریق جذب عمل می‌کند، درحالی‌که یک جبار که معشوق نیست از طریق تهدید و اجبار عمل می‌کند. باری مجموع این فیلسوفان چنین هستند. حتی این در مورد آموزه‌های مارکس هم که معلم سوسیالیسم و کمونیسم شناخته شده صدق می‌کند. حقیقت این است که سوسیالیسم در دل لیبرالیسم است. منتهی لیبرالیسم بر آزادی منفی تاکید می‌کند و سوسیالیسم بر آزادی مثبت. به تعبیر یکی از فیلسوفان معاصر ما، ایزایا برلین، آزادی دو چهره دارد: آزادی منفی و آزادی مثبت. در لیبرالیسم بیشتر آزادی منفی مورد تأکید است یعنی، موانع را بردارید تا مردم هر چه می‌خواهند بکنند. در آزادی مثبت، علی‌الادعا، انسان از درون آزاد می‌شود و آن‌گاه تصمیم می‌گیرد که چه بکند و مارکس مدعی است که در این مرحله دوم وارد عمل می‌شود و به آدمیان آزاد می‌گوید که چه بکنید و چه نکنید. اضافه کنم که حتی سکولاریسم با لیبرالیسم و حقوق‌مداری ارتباط و پیوند بسیار نزدیک دارند. چون سکولاریسم هم سیاست انسان محقّ است. انسانی که خود را واجد حقوق و آزادی می‌داند، سیاستی را اختیار می‌کند که مبتنی بر حقوق او است و یکی از حقوق هم این است که از دیانت عبور کند و یک حکومت فرادینی برقرار کند. چون انسان محقّ حق دارد که دین بورزد و حق دارد که دین نورزد. حق او این را به او می‌گوید. درحالی‌که انسان مکلف حق ندارد که دین نورزد. انسان مکلف است که دین بورزد.

همه این‌ها به نحو منطقی دنبال یکدیگر آمده‌اند و سامانی را پدید آورده‌اند که ما آن را جهان مدرن می‌نامیم. اگر به اقتصاد هم نظر کنیم لیبرالیسم را و حقوق‌مداری را با همه تحولاتی که پیدا کرده است به راحتی در آن می‌بینیم. و چنان‌که گفتم در کلام و خداشناسی

---

۱. مولوی، مثنوی معنوی، دفتر ششم، بیت ۵

جدید هم این‌گونه انسان‌شناسی راه یافته است و اثر انگشت او کاملاً هویداست. بیانیه یا منشور حقوق بشر هم در همین دوران، یعنی در اواخر نیمه اول قرن بیستم، نوشته شده است و به خوبی نشان می‌دهد که آدمیت چه پیشرفت‌هایی کرده و به لحاظ نظری پا به چه منزل‌های تازه‌ای نهاده و مجموع و عصاره آن‌ها را در این بیانیه گرد آورده است. در بیانیه استقلال آمریکا هم تکیه بر آزادی و حق انسان دیده می‌شود. شما می‌بینید که مفهوم تکثر و مفهوم پلورالیسم در آن راه یافته است و این که خداوند آدمی را آزاد آفریده است. البته همیشه در عمل ملتزم به لوازم آن نبودند، اما به لحاظ نظری به آن رسیده بودند. حقوق بشر را البته با حقوق شهروندی نباید اشتباه گرفت. ما حقوق شهروندی داریم که متخذ از حقوق بشر است، اما محدودتر از آن. شما اگر شهروند آمریکا باشید حقوقی دارید و اگر شهروند انگلستان باشید حقوق دیگری دارید. البته کوشش می‌شود حقوق شهروندی منافاتی با حقوق بشر پیدا نکند. اما همین‌که حقوق بشر در nation state ها پیاده شوند، یعنی در کشورهایی که مرزهای معینی دارند، آن‌گاه به حقوق شهروندی ترجمه می‌شوند، که البته محدودیت‌هایی را پدید می‌آورند. شما به صرف این‌که در آمریکا زاده نشده‌اید یک رشته از حقوق را ندارید و باید بکوشید تا آن‌ها را به دست بیاورید، که ای بسا به دست هم نیاورید. حقوق بشر وقتی به معنای واقعی کلمه تحقق پیدا می‌کند که حقیقتاً این مرزها از میان برداشته شوند و آدمیان همه جهان‌وطنی شوند و کشورشان عبارت باشد از کل کره زمین. آن‌جاست که می‌توان قوت و ضعف اعلامیه جهانی حقوق بشر را سنجید و به دست آورد.

از این مقدمات که عبور کنیم آن‌چه می‌خواهم عرض کنم توضیح اندکی است در باب معنای حق و نسبتی که با اندیشه دینی پیدا می‌کند. تعریف حق آسان نیست. و البته نه فقط واژهٔ «حق»، بلکه تقریباً همه واژه‌های معقول که در زبانی به کار می‌رود و همه تصور می‌کنیم آن‌ها را می‌فهمیم، وقتی بخواهیم آن‌ها را تعریف کنیم، متوجه می‌شویم که چه ابهاماتی دارد. سخنی از سنت آگوستین هست که ویتگنشتاین هم آن را نقل می‌کند: «می‌گوید تا کسی از من نپرسیده زمان چیست، می‌دانم که زمان چیست، اما همین‌که کسی از من بخواهد توضیح بدهم که زمان چیست، آن‌گاه می‌بینم که نمی‌دانم زمان چیست». فقط زمان نیست. هرچیزی را که انگشت بر آن بگذارید و بخواهید حقیقت آن را بشکافید به همین تنگنا مبتلا خواهید شد؛ مفهوم حق، تکلیف، خلقت، خدا، وحی و حتی ساده‌ترین مفاهیم مانند کتاب و آب. راجع به حق سخنانی در فقه ما گفته شده که پاره‌ای نکات و دقایق ظریف هم دارد. اما بیش از آن‌که روی حق کار شده باشد روی تکلیف کار شده و چنان‌که می‌دانید علم فقه اصلاً علم تکالیف

است و موضـوع علم فقه[1]، به قول مرحوم بحرالعلوم فعل مکلَّف است.

دست‌کم در محاورات ما این سه معنا برای حق اراده می‌شود؛ یکی معنای رخصت، یعنی راه شما باز است. شما رخصت دارید غذا بخورید، درس بخوانید، بخوابید، راه بروید یا وقتی که کسی شما را به یک میهمانی دعوت می‌کند، می‌توانید بپذیرید و می‌توانید نپذیرید. معنای دوم حق آن امتیازی است که بعضی دارند و حقوق ویژه‌ای است که پیدا می‌کنند و محل کلام ما نیست. و معنای سوم که مهم‌ترین معنای کلمه حق است، عبارت است از طلب و طلب‌کار بودن. این معنای حق است که محل کلام عموم عالمان حقوق است. در مقابل این حق است که تکلیف پیدا می‌شود. شما وقتی به کسی پولی را قرض دادید، از او طلب دارید و این یک حق است که شما دارید. شخص بدهکار هم تکلیفی دارد که آن وام را پس بدهد. شما طلب‌کارید و محق هستید. وقتی کسی به شما وعده‌ای می‌دهد، وعده دادن در واقع خود را وام‌دار کردن و بدهکارکردن است و شما واجد حق می‌شوید که از او وفای به وعده را طلب کنید و اگر وفا نکرد می‌توانید او را مؤاخذه و ملامت کنید، این به معنای حق‌داشتن است. حتی به لحاظ شرعی گفته‌اند کسی که به شما سلام می‌کند واجد حقی می‌شود و شما مکلف هستید که جواب سلام او را بدهید. وقتی کسی به شما نامه‌ای می‌نویسد، شما واجد تکلیفی می‌شوید، باید پاسخ نامه او را بدهید و امثال این‌ها...

این معنای از حق است که غوغا به پا کرده است و پرسش‌هایی از این دست را برانگیخته است که چه کسانی حق دارند و چه کسانی تکلیف. حقوق از کجا می‌آیند و منشاء آن‌ها چیست؟ مصادیق‌شان کدام‌اند؟ وقتی این‌ها با یکدیگر تعارض پیدا کنند باید چه بکنیم؟ و کثیری از این سؤالات که حقیقتاً سؤالات مشکلی هم هستند. در بحث از حق و تکلیف این معنا مورد نظر ماست. اگر شما به ادبیات گذشته ما مراجعه کنید (من این کار را کرده‌ام) ببینید وزن مفهوم حق چقدر است. یعنی متفکران ما و ادیبان ما چقدر به این معنا اهمیت می‌داده‌اند و کدام یک از حقوق نزد آن‌ها برجستگی داشته است. برای مثال در ٦٠ هزار بیت شاهنامه بیش از دو سه بار کلمه حق نیامده است، با این‌که ما انتظار داریم که فردوسی از واژه حق بیشتر استفاده کند، چون شاهنامه یک کتاب حماسی است و حماسه به اصطلاح حکمای ما ظفرنامه یا بیان لذت‌های قوه غضبیه است.

---

۱. «متعلقات تلک الاحکام من حیث هی کذلك، هی فی الاکثر افعال المکلفین من حیث الاقتضاء اوالتخییر...» (سید محمد بحرالعلوم، *مصابیح الاحکام*، ج۱، ص ۵، ناشر: منشورات میثم التمّار، ایران، قم ۱۳۸۵، مجلد ۱. و نیز:

موضوعه فعل المکلیفینا   غـــایته النیـــل بعلّیینـــا

حافظ هم از حق بسیار سخن گفته است، اما کلمه حق به معنای خداوند یا به معنای سخن صادق در کلام او به‌کار رفته است. حق به معنای طلب و به معنای حقوق در کاربرد جدیدش در سخنان حافظ جایی به‌کار رفته است که از حق صحبت و حق دوستی و حق یاری سخن می‌گوید. حق صحبت یعنی حق مصاحبت. وقتی دو نفر با هم دوستی می‌کنند و مدتی مصاحبت می‌کنند، نسبت به یکدیگر حقوقی پیدا می‌کنند که باید به این حقوق وفادار باشند.

یار اگر رفت و حق صحبت دیرین نشناخت
حاشا لله که روم من ز پی یار دگـر[1]

این‌که دو دوستی که مدت‌ها هم‌صحبت بوده‌اند، ناگهان یکی قهر کند و برود، این حق صحبت را به‌جا نیاورده است و حق صحبت را نشناخته است. آن غزل مشهور حافظ که:

یاری اندر کس نمی‌بینیم یاران را چه شـد
دوستی کی آخر آمد دوست‌داران را چه شد [...]
کس نمی‌گوید که یاری داشت حق دوستـــی
حق‌شناسان را چه حال افتاد، یاران را چه شد
لعلی از کان مروت بر نیامد سال‌هاســـــت
تابش خورشید و سعی باد و باران را چه شـد[2]

باز هم می‌بینید که سخن از حق‌دوستی است. می‌گوید که در روزگاری واقع شده‌ایم که دیگر کسی حال دوست خودش را نمی‌پرسد. مفهوم «وفا» که همین حق دوستی را شناختن است از جمله با ارزش‌ترین ارزش‌های اخلاق ارتباطی میان آدمیان بوده است. بی‌وفایی یکی از بدترین رذیلت‌ها شمرده می‌شد. در احوال مولانا جلال‌الدین نوشته‌اند که قسم او این بوده است «قسم به وفای مردان». زیرا وفا را از برترین فضیلت‌های انسانی می‌دانست.

حافظ می‌گوید که به دوست یا به معشوق خود که تصور می‌کرد هنوز نشانی از وفا باقی مانده‌است «گفتم غلطی خواجه در این عهد وفا نیست». ادیب صابر از شعرای قرن ششم گفت:

معدوم شد مروت و منسوخ شد وفـــا
زین هر دو نام ماند چو سیمرغ و کیمیا

---

۱. حافظ، غزلیات، غزل شماره ۲۵۲
۲. همان، غزل شماره ۱٦۹

یا در شعر حافظ که:

وفا مجوی زکس ور سخن نمی‌شنـوی
به هرزه طالب سیمرغ و کیمیا می‌باش[۱]

وفاکردن و وفاداربودن شاید مهم‌ترین حقی بود که در میان مردم شناخته می‌شد و اصلاً هم جنبه سیاسی و حکومتی نداشت. تکلیفی به عهده حکومت نبود و حکومت هم دخالتی در این امر نداشت. خود آدمیان به محض آدمی بودن این حق را باید پاس می‌داشتند. حق نان و نمک، حق نعمت، حق دوستی، حق یاری و حق صحبت، حقوقی است که در ادبیات گذشته ما از آن سخن رفته است. البته از حق استاد و حق پدر و مادر هم بسیار سخن گفته شده، اما آن‌چه جنبه عام داشته و در میان همه تیره‌ها و شاخه‌های اجتماعی به رسمیت شناخته می‌شده و محترم شمردن آن فریضه دانسته می‌شد، همین حق صحبت یا وفای به عهد بود که در اشعار عالمان و متفکران ما موج می‌زند. حتی زمانی که عاشقی از معشوق خودش سخن می‌گفت و طلبی می‌کرد، طلب را بر وفاداری مبتنی می‌کرد. مولانا یک بحث فوق‌العاده زیبایی در این باره دارد که آیا آدمی زمانی که عاشق کسی می‌شود عاشق صورت زیبای او می‌شود یا چیز دیگری در معشوق هست که او را جذب می‌کند و عاشقی را در او القا می‌کند. نظر مولانا این است که فقط زیبایی نیست که عشق‌آفرین است، جوهر دیگری و حقیقت دیگری باید در معشوق باشد تا عاشق را بکشد. آن‌گاه برای این‌که رأی خود را بر کرسی اثبات بنشاند، می‌گوید فرض کنید معشوقی دارید که بی‌وفاست. اگر این معشوق با تو وفا کند، عشق تو به او افزون‌تر می‌شود. وفا باعث می‌شود که معشوق برای تو محبوب‌تر و دوست داشتنی‌تر شود و بعد نتیجه می‌گیرد:

چون وفا آن عشق افزون می‌کنـد
کِی وفا صورت دگرگون می‌کنـد[۲]

آیا وفاداری چهره معشوق را زیباتر هم می‌کند؟ خیر، معشوق همان است. اما وفا باعث می‌شود که بهای معشوق بالاتر برود و لذا معشوق‌تر و دوست داشتنی‌تر شود.

باری اگر بخواهیم یک حق بسیار فربه را در میان حقوق آدمی در ادبیـات خودمان پیدا کنیم همین حق وفا و صحبت است. اما البته این حق به اسم حق است ولی حقیقت آن تکلیف است،

---

۱. حافظ، *غزلیات*، غزل شماره ۲۷۴
۲. مولوی، *مثنوی معنوی*، دفتر دوم، شماره ۷۰۹

چون در واقع می‌گویند شما «باید» حق صحبت را نگه دارید. باید حق دوستی را ادا کنید. یک «باید» پشت آن خوابیده است و همین که پای «باید» به میان آمد از حالت رخصت و از حالت آزادی بیرون می‌روید و این امر فریضه‌ای می‌شود برای شما و گردن نهادنی و باید اطاعت شود.

من برای پیدا کردن معنای حقوق با کاربرد جدیدش ادبیات گذشته و اشعار بسیاری از شعرای‌مان را کاویدم و کم و بیش همین معانی را یافتم. سپس سراغ شعرای جدیدمان، یعنی دوران مشروطه به این طرف رفتم. دو شاعر را انتخاب کردم؛ یکی ملک الشعرا محمدتقی بهار و دیگری هم خانم پروین اعتصامی. به دوران جدیدتر نیامدم، وگرنه در شعر شاملو، اخوان، ابتهاج و دیگران، آشکار و نهان این معنا را می‌یابید. چون این مفهوم حق، چنان‌که گفتم، در دوران جدید مانند آبی لابه‌لای سبزه‌ها روان می‌شود و در زمین می‌خزد و همه خاک را خیس می‌کند، درتار و پود اندیشه جدید، شاعر باشد یا فیلسوف، دویده و خزیده است و همه‌جا را به رنگ خود و به مزهٔ خود درآورده است. آدمیان جدید بدون آن نمی‌بینند و نمی‌شنوند و نمی‌گویند و نمی‌نویسند. اما دوران مشروطه دورانی است که ما در حال تجربهٔ تحول پارادایم هستیم. یعنی از یک دوران به دوران دیگری پا می‌نهیم و یکی از مصادیق این تحول، عبور از دوران تکلیف به دوران حق است. رفته‌رفته مردم دارند می‌گویند حق ماست که حاکم را انتخاب کنیم و حق ماست که مجلس و عدالت‌خانه داشته باشیم. حق ماست که اعتراض کنیم.

حق ماست که «سلطان» را وادار کنیم که به حرف ما گوش بدهد و امثال این‌ها، چه در زمینه‌های اقتصادی و چه در زمینه‌های سیاسی. وقتی یک معنایی تمام اذهان را فرا می‌گیرد در ادبیات هم ناگزیر منعکس می‌شود. یعنی شاعر هم کم‌کم همان حرف‌ها را می‌زند و در شعرش سروکله این مفاهیم پیدا می‌شود. این در مورد مفاهیم علمی جدید هم صدق می‌کند، که متاسفانه در شعر شعرای جدید ما تقریباً هیچ دیده نمی‌شود و این یکی از نقصان‌های خیلی بزرگ است. مولوی و حافظ و سعدی عالم به علوم دوران خودشان بودند. اگر از مسائل طبی سخن می‌گویند و یا از مسائل راجع به آسمان و زمین و درختان و معادن، همان چیزهایی را می‌گویند که علوم زمانه خودشان می‌گفت و آنان هم بازتاب دهنده آن‌ها بودند. شاعر جدید هم باید همان طور باشد و مفاهیم جدید علمی را در شعر خود راه دهد و چون چنین نشده، معنایش این است که شاعر امروز ما معاصر نیست و در دوران جدید زندگی نمی‌کند.

باری از نکات قابل توجه این است که در اشعار مرحوم ملک‌الشعرای بهار هم شما این مفهوم تازه، یعنی حق، را پیدا نمی‌کنید. حتی در شعر شهریار هم در رابطه با مفهوم حق نمی‌بینیم قدمی جلوتر از حافظ نهاده باشد. به این شعر شهریار بنگرید:

ای غم که حق صحبت دیرینه داشتی
باری چو می‌روی به خدا می‌سپارمت[1]

باز هم می‌بینید که مفهوم حق صحبت در شعر شهریار آمده است. فقط از شعر پروین اعتصامی به این طرف است که معنای جدید از حق پیدا می‌شود. نمونه‌ای از آن را ببینیم: پروین اعتصامی داستانی را نقل می‌کند که در آن پسر یک برزگر نشسته است و با پدر خودش سخن می‌گوید:

چند شود بارکش این و آن
زارع بد بخت مگر چارپاست
عدل چه افتاد که منسوخ شد
رحمت و انصاف چرا کیمیاست
گشت حق کارگران پایمال
بر صفت غله که در آسیاست[۲]

در این‌جا تحول زبان را کاملاً احساس می‌کنید، گویی شما را از یک خزینه آب سرد در آورده‌اند و در یک خزینه آب داغ قرار داده‌اند. حق کارگران و پایمال شدن حقوق این‌ها چیزهایی است که شما نشانی از آن‌ها در شعر سعدی و حافظ نمی‌بینید. آن‌ها را ملامت نمی‌کنم، فقط دارم توضیح می‌دهم که از کجا به کجا عبور کرده‌ایم. زبان در اثر تحول این پارادایم چه تحول جالب و چشمگیری پیدا کرده است. پروین در شعر دیگرش می‌گوید:

از چه نسوان از حقوق خویشتن بی بهره‌اند
نام این قوم از چه دور افتاده در هر دفتری؟

باری، این بود قصه حقوق در ادبیات ما. حالا بیاییم قدری دقیق‌تر مسأله را بررسی کنیم.

در ابتدا گفتم که ادیان و دست‌کم ادیان ابراهیمی، همه در دوران و در پارادایم تکلیف ظهور کرده‌اند و زبان‌شان زبان تکلیف است نه حق. به مردم بیشتر می‌گویند که چه باید بکنند و چه باید نکنند و اگر از حقوق هم صحبت می‌کنند به شکل ثانوی و تبعی است. لئو اشتروس، فیلسوف یهودی مشهور آمریکایی که در عرصه فلسفه سیاسی آراء ماندگاری دارد، کتابی در

۱. شهریار، غزل شماره ۳۳
۲. پروین اعتصامی، *دیوان اشعار*، مثنویات، تمثیلات و مقطعات، «صاعقه ما ستم اغنیاست»

مورد حق در تاریخ دارد. در آن کتاب تصریح می‌کند که اساساً کلمه طبیعت در کل کتاب مقدس بایبل نیامده است. هم‌چنین در تمام *تورات* و انجیل واژه حق به معنای امروزین آن یافت نمی‌شود. البته این نباید مایه شگفتی بشود. چنان‌که گفتم، این تأکید بر حق و محق بودن آدمی یک کشف جدید است که در تاریخ انسان صورت گرفته است. او چندان با *قرآن* آشنایی نداشت و سخنی از آن نگفته است.

حالا می‌خواهم راجع به *قرآن* و نسبتی که با مفهوم حق دارد نکته‌هایی را با شما در میان بگذارم. البته لازم نیست کلمه حق در جایی آورده بشود، بلکه باید این معنا و این منطق در آن‌جا پیدا بشود. ما در *قرآن* با انسان به منزلهٔ یک موجود مُحقّ روبه‌رو نمی‌شویم، بلکه در *قرآن* هم انسان یک موجود مکلف است. اما از معنای حق هم غفلتی نشده است. یکی دو مورد آن جنبه حقوقی و فقهی دارد. کلمه حق که در یکی از سوره‌های مکی به‌کار رفته در مورد اغنیا می‌گوید «وَفِي أَمْوَالِهِمْ حَقٌّ لِلسَّائِلِ وَالْمَحْرُومِ» یعنی آدم‌های پول‌دار یک بخشی از پول‌شان اصلاً مال خودشان نیست. متعلق به محرومین است. محرومین حقی در احوال اغنیا دارند. وقتی که یک انسان غنی پولی را به دست می‌آورد درست مانند مالیات یک بخشی از آن درآمد متعلق به صاحب درآمد نیست و به جای دیگری باید حواله شود. تعبیر حق در این‌جا به‌کار رفته است و حق عبارت است از طلبی که شخص محروم دارد و شخص صاحب درآمد باید تهیه کند و به او بپردازد. هم‌چنین است در مورد قتل در این آیه « وَلَا تَقْتُلُوا النَّفْسَ الَّتِي حَرَّمَ اللَّهُ إِلَّا بِالْحَقِّ، وَمَن قُتِلَ مَظْلُومًا فَقَدْ جَعَلْنَا لِوَلِيِّهِ سُلْطَانًا فَلَا يُسْرِف فِّي الْقَتْلِ، إِنَّهُ كَانَ مَنصُورًا»[1] یعنی کسی که مظلومانه کشته شود ولیّ دم حق دارد (تعبیر *قرآن* سلطان است، یعنی سلطه یا قدرت) و این قدرت و این اختیار به صاحب و ولیّ دم داده می‌شود که قصاص کند. او هم باید اسراف نکند. یعنی در مقابل یک قتل فقط قاتل را به قصاص برساند، همان چیزی که امیرالمؤمنین در وصیت‌های خود در بستر مرگ گفتند که: نبینم شما را که دست به خون مسلمان‌ها گشوده‌اید و به بهانه این‌که علی کشته شد این و آن را بکشید. به خاطر من فقط قاتل من را باید بکشید و نه هیچ کس دیگر را، این همان مضمون قرآنی است که می‌گوید هرگاه کسی مظلومانه کشته شود، صاحب خون حق دارد که قاتل را بکشد و البته اختیار هم دارد که او را نکشد.

در *قرآن* در مواردی مفهوم حق به‌کار رفته است که بیشتر جنبه فقهی دارد! اما موردی که جنبه تئولوژیک دارد و از سطح احکام فقهی و حقوقی بسی فراتر می‌رود، همان آیه بسیار مهمی است که در سوره نساء آمده است و من در بعضی از نوشته‌ها و گفته‌هایم به آن اشاره کرده‌ام و این‌جا

---

۱. اسراء/۳۳

هم مایلم که دوباره آن را یادآوری کنم. می‌گوید ما پیامبران را با دو وظیفه اصلی فرستادیم: یکی تبشیر و دیگری انذار. یعنی از یک طرف مردم را امیدوار به پاداش خدا کنند و از طرف دیگر هم آنان را از کیفر الهی بیم دهند. تا مردم بر خدا حجتی نداشته باشند و نتوانند گریبان خدا را بگیرند و بگویند چرا چنین کردی و چرا چنین نکردی. این آیه محق‌بودن آدمی را حتی در برابر خداوند هم نشان می‌دهد. معمولاً وقتی در ادبیات جدید حقوقی از «حق» بحث می‌شود، گمان می‌کنیم معنایش حداکثر این است که ما نسبت به یکدیگر حقوقی داریم، اما وقتی که پای خدا به میان می‌آید همه تسلیم می‌شویم و می‌گوییم هر چه او بکند ما حق اعتراض‌کردن و حجت آوردن نداریم. از ادیان هم ظاهراً انتظاری غیر از این نمی‌رود که اگر به پیروان خودشان حقوقی می‌بخشند سقف حقوق باید حقوق الهی باشد. یعنی وقتی که به آن‌جا می‌رسد همه چیز متوقف می‌شود و خداوند بر همه چیز دیگر سلطه پیدا می‌کند. دست‌کم کسی گله ندارد. به قول شاعر:

هرچه رود بر سرم چون تو پسندی رواست
بنده چه دعوی کند حکم خداوند راست[1]

اما آیه مذکور به نظر من پا را از این هم فراتر می‌گذارد. البته این‌که چرا این آیه مورد توجه قرار نگرفته‌است، آن با مناسبات قدرت سر و کار دارد. قدرت‌ها هستند که تصمیم می‌گیرند که چه چیز را بالا ببرند و چه چیز را پایین بیاورند. در هر حال شکی نیست که این آیه مورد غفلت قرار گرفته‌است.

من به ادبیات گذشته خودمان برمی‌گردم. دو کتاب بسیار مهم وجود دارد. یکی از آن دو *مصیبت‌نامه* شیخ عطار است. عطار خودش می‌گوید وقتی که من داروخانه داشتم و دارو ساز بودم این کتاب را آغاز کردم.

مصیبت‌نامه کاندوه نهان است
الهی‌نامه کاسرار عیان است
به داروخانه کردم هر دو آغاز
چه گویم زود رستم زین و آن باز[2]

گفته شده است دانته هم از این کتاب استفاده کرده و گویا که در دسترس او هم قرار گرفته است. این کتاب شامل شکایت‌هایی است که عارفان و صوفیان از خداوند داشته‌اند؛ چیزی

---

۱. سعدی، *گلستان*، بابت اول، حکایت ۲۳
۲. شیخ عطار، مثنوی *خسرونامه*

که در حوزه اندیشه و فرهنگ دینی عجیب می‌نماید، چون از خدا که شکایت نباید کرد، بلکه همیشه باید شکر او را گزارد و حتی اگر شکایتی هست باید در دل نگاه داشت. و به زبان نیاورد. اما عملاً این‌طور نبوده است. حافظ با احتیاط می‌گفت:

زان یار دلنوازم شکری است با شکایت
گر نکته دان عشقی بشنو تو این حکایت
بی مزد بود و منت هر خدمتی که کردم
یا رب مباد کس را مخدوم بی عنایت
هر چند بردی آبم روی از درت نتابم
جور از حبیب خوش‌تر کز مدعی رعایت[۱]

من شکر را که کنار نگذاشته‌ام. اما، شکایتی دارم و اجازه دهید آن را بگویم «جور از حبیب خوش‌تر کز مدعی رعایت». جور کردی، اما چون حبیب هستی قابل قبول است. البته مولانا می‌گوید شکایت که هیچ شکر هم نباید کرد.

چون بنالد زار بی شکر و گله
افتد اندر هفت گردون غلغله[۲]

چون از نظر مولانا کسی که واصل و فانی است هیچ ندارد که بالاستقلال بگوید. نه شکر دارد و نه گله. شکر و شکایت هر دو متعلق به مقام فراق و استقلال هستند. یعنی مقامی که هنوز دویی و دوتایی برقرار است. خدا آن سو است و من این سو، حالا یا شکر او را می‌کنم یا از او شکایت می‌کنم. اما اگر آدمی به مقام فنا و اندکاك برسد، دیگر زبانش بسته می‌شود. هم از شکر و هم از شکایت و هم از دعا:

قوم دیگر می‌شناسم ز اولیا
که زبانشان بسته باشد از دعا
از رضا که هست رام آن کرام
جستن دفع قضشان شد حرام
در قضا ذوقی همی بینند خاص

۱. حافظ، غزل ۹٤
۲. مولوی، مثنوی معنوی، دفتر اول، ۱۵۸۰

کفرشان آید طلب کردن خلاص[1]

***

آن دعای بی‌خودان خود دیگر است
آن دعا زو نیست گفت داور است
آن دعا حق می‌کند چون او فناست
آن دعا و آن اجابت از خداست[2]

از مولوی بگذریم. اما در مقامی که عطار و حافظ از آن سخن می‌گویند هم شکر هست و هم شکایت. فتوحات مکیه فصل کوتاهی دارد با این عنوان که عارفان اجازه دارند از خداوند شکایت کنند. این سخنان به‌هیچ‌وجه با منطق قرآنی منافات ندارد. این نکته در *قرآن* و هم در کتاب *تورات* هست. وقتی خداوند ملائکه را نزد لوط و ابراهیم فرستاد و آن‌ها گفتند که ما آمده‌ایم عذاب بر قوم لوط نازل کنیم، ابراهیم فوق‌العاده پریشان شد و با خداوند مشغول مجادله شد «يجَادِلُنَا فِي قَوْمِ لُوطٍ». او در عین حفظ حرمت اعتراض کرد، یک اعتراض جدال‌آمیز. *قرآن* در برابرش می‌گوید ای ابراهیم «أَعْرِضْ عَنْ هذا». ابراهیم، دست بردار! مجادله و اعتراض نکن، این یک امر حتمی است. در *تورات* این مجادله طولانی نقل شده است.

این‌که انسان با خداوند احتجاج و جدال بکند، به او اعتراض و از او شکایت بکند، کاملاً در منطق دینی به رسمیت شناخته شده است. عارفان، عاشقان و محبّان خداوند، این‌ها حق خود می‌دانستند و در عمل چنین می‌کردند. آن‌چه تاکنون در ذهن ما نقش بسته این است که در مقابل خداوند دهان‌ها باید بسته باشد. کسی در دلش هم نباید تصور اعتراض بکند، چه جای این‌که به زبان بیاورد. ولی این‌طور نیست. و این همان نقطه آغازین است برای بازکردن یک افق تازه که انسان محقّ است؛ نه در مقابل آدمیان دیگر و نه در مقابل جامعه انسانی، بلکه در مقابل خدایی که او را آفریده است.

این عقل و اختیار که خداوند به انسان داده است معنای بسیاری دارد. معنای آن این است که حق دارد تا هر جا که می‌تواند برود. هیچ کس نمی‌تواند جلوی عقل را بگیرد و بگوید که خداوند فرمان داده بیش از این فکر نکنید. یا از مقدمات جور دیگر نتیجه بگیرید. اصلاً چنین چیزی نامعقول است. وقتی به آدمی عقل دادند، دیگر این عقل است که زمام مرکب را به دست می‌گیرد

---

۱. مولوی، *مثنوی معنوی*، دفتر سوم، ۱۸۸۰ ـ ۱۸۸۲
۲. همان، ۲۲۱۹ ـ ۲۲۲۰

و تا هر کجا که رفت، صاحب مرکب را با خود می‌برد. اختیار هم همین‌طور است. یکی از اتفاقات بدی که در تصوف عامیانه، نه تصوف عالمانه ما افتاد این بود که هم بر سر عقل کوبیدند و هم بر سر اختیار. این‌ها صریحاً با عقل و عقلانیت و اختیار مخالفت می‌کردند. مکتبی را پدید آوردند که نوعی بی‌اخلاقی را در خودش پرورد. وقتی عقل و اختیار تخفیف و تحقیر شود، از شخصیت انسانی چه چیز باقی می‌ماند؟ از یک موجود ضعیف، فروکوفته و له شده که مجاز نیست عقل خود را به‌کار بگیرد چه انتظاری می‌رود؟ درحالی‌که آدمی را باید چنان شناخت و شناساند که عقل او بر کرسی بنشیند، اختیار او زمام عقل را به دست بگیرد و انسان را به جایی ببرد که باید برساند. این چیزی نیست که با خدایی خدا و با مطیع بودن آدمی منافات داشته باشد.

چنین آدمی دور خود دینی را پدید می‌آورد که با دین انسان‌های ذلیل تفاوت خواهد داشت. عبادت یا ذلیلانه است یا سرفرازانه. عبادت انسانی که محقّ است با عبادت انسانی که ذلیل است و اختیار و عقل ندارد خیلی فرق دارد. خداوندی که محبوب ماست و مطاع ماست و معبود ماست، می‌تواند هم موضوع و متعلق شکر ما قرار بگیرد و هم موضوع و متعلق شکایت ما. او این آزادی را و این اختیار را به ما داده است. کجا؟ همان جایی که به ما عقل داده است. وقتی عقل را داد، یعنی همه این‌ها با آن می‌آید. کتاب او هم به‌وضوح همین را نشان می‌دهند.

آیه دیگری در *قرآن* هست که می‌گوید خداوند هر کاری که می‌کند هیچ کس حق سؤال کردن از او را ندارد و این مردم هستند که باید مورد پرسش قرار بگیرند[1]. مفسر *المیزان* درباره این آیه نوشته است که البته همه کارهای خداوند درست است و بر وفق حکمت است و به این دلیل است که نمی‌توان از او سؤالی کرد. اما بعد این نکته را اضافه می‌کند که این آیه نمی‌خواهد چنین چیزی را بگوید، بلکه می‌گوید مقام الهی و مقام ربوبی مقامی است که اصلاً کسی حق ندارد از او سؤال بکند. دقیقاً این چنین تفسیر کرده است. وقتی ایشان به آیه «رُسُلًا مُبَشِّرِينَ وَمُنْذِرِينَ»[2] می‌رسد اصلاً ذره‌ای این مفاهیم را که آدمی با خداوند حق احتجاج دارد نمی‌پروراند. این مفسر در واقع مفسر معاصر ما نیست، بلکه به نظر من هنوز در دوران قبل و در پارادایم تکلیف زندگی می‌کند.

اما چه شد که این آیه در صدر آیات قرار گرفت و مهم‌ترین وصف الهی و بیان‌کننده رابطه آدمی با خدا شد؟

---

۱. «لایسئَلُ عَمَّایفعَلُ و هم یسئَلون» (انبیاء/۲۶)

۲. نساء/۱۶۵

چنان‌که عرض کردم هر دو آیه مورد بحث در *قرآن* مهم‌اند و مورد اعتقاد مؤمنان و از این حیث تفاوتی ندارند. تفاوت از حیث اتفاقات تاریخی است. یکی بیشتر به مذاق حاکمان و قدرت‌مندان شیرین می‌آید و مورد توجه آن‌ها قرار می‌گیرد و دیگری خیر. یعنی فقط دلائل تئولوژیک و فقط ادله فلسفی نیست که به یکی اهمیت می‌بخشد و از دیگری اهمیت را می‌ستاند، بلکه بسی عوامل دیگر دخیل‌اند. به زبان فلسفی‌تر بگوییم، علل هم این‌جا در کارند و فقط دلائل نیستند که ملتی را به یک سو سوق می‌دهند و از سوی دیگری غافل می‌کنند. همه آیات *قرآن* می‌تواند حول این آیه «رُسُلًا مُبَشِّرِينَ وَمُنْذِرِينَ» تفسیر بشود. تاکنون در مقام تبیین رابطه انسان با خدا و حقوق و تکالیفی که آدمی دارد و نسبتی که خدا با آدمی برقرار می‌کند، آن آیه محوریت داشته است. حال این نسبت می‌تواند به نحو دیگری ترسیم بشود و از دل آن یک علم کلام دیگر و یک وحی و نبوت دیگر بیرون بیاید.

تا این‌جا من فقط زمینه‌های کلامی حقوق انسان را تبیین کردم. اما این‌که مصادیق‌شان کدام‌اند، بحث مفصل دیگری را طلب می‌کند. اما در پایان تأکید می‌کنم که بیایید دست‌کم مطابق آن‌چه در ادبیات گذشته ما آمده‌است حق دوستی و یاری و وفاداری را محترم بشماریم.

والسلام علیکم و رحمةالله و برکاته

دین در دوران مدرن به کجا می‌رود؟[1]

به نام خدا

بس ستارهٔ آتش از آهن جهید　　وین دل سوزیده پذرُفت و کشید
لیك در ظلمت یکی دزدی نهان　　می‌نهد انگشت بر استارگان
می‌کشد استارگان را یك به یك　　تا که نفروزد چراغی بر فلك[2]

تحریم‌ها و تهدیدها، مانع از حضور من در آن محضر مبارك گردید. مسؤولان حفظ امنیت، یعنی وزارت اطلاعات خود پیام‌آور ناامنی و حامل وعید و تهدید بودند، و من به شکستن این سبو رضایت دادم تا سر خُم‌خانه به سلامت باشد. از دادرسی و عدالت‌پروری دستگاه قضا پاك نومیدم و با این اشارت کوتاه، به دادگاه خلق و درگاه خالق شکایت می‌برم تا در سینه تاریخ بماند که ناظمان امور این مرز و بوم حاملان امینی برای امانت امنیت نبودند و علم و آزادی و حقوق شهروندی را آسان و ارزان به شرارت‌جویی آشوبگران فروختند و شدّادوار ابراهیم فضیلت را در آتش رذیلت سوختند و فغان الم از نهاد قلم برآوردند و چهره سپید عدالت را به مرکّب جهل و ضلالت سیاه کردند.

---

۱. متن مقاله همایش دین و مدرنیته، که مرا از حضور در آن منع کردند.

۲. مولوی، مثنوی معنوی، دفتر اول، ٦ ـ ٣٨٤

حالی درون پرده بسی فتنـــه می‌رود
تا آن زمان که پرده برافتد چه‌ها کنند[1]

دین در دوران مدرن به کجا می‌رود؟

«سنت» و «مدرنیته» دو مغالطه بزرگ دوران‌اند. نه سنت هویتی است واحد و نه مدرنیته. نه دین گوهر ثابتی دارد نه تاریخ.

و هر کدام از این‌ها را که واجد ذات و ماهیتی بدانیم دچار مغالطه‌ای شده‌ایم که جز خاک‌افشاندن در چشم داوری، ثمری و اثری ندارد. سؤال از این‌که مدرنیته با دین چه می‌کند، سؤالی است به غایت ابهام‌آلود و اغتشاش‌آفرین و عین افتادن در مغالطهٔ یاد شده. ابتدا باید به شیوه فیلسوفان تحلیلی سؤال را بکاویم تا راه برای یافتن پاسخ هموار شود. مدرنیته نه روح دارد و نه ذات. مدرنیته چیزی نیست جز علم مدرن، فلسفه‌های مدرن، هنر مدرن، سیاست مدرن، اقتصاد مدرن، معماری مدرن و امثال آن‌ها. و وقتی می‌پرسیم مدرنیته با دین چه می‌کند، در حقیقت ده‌ها سؤال را برهم ریخته‌ایم و طالب پاسخ واحد شده‌ایم که امری است دست‌نیافتنی. باید پرسید علم جدید با دین چه می‌کند؟ فلسفه‌های جدید با دین چه می‌کنند؟ سیاست جدید با دین چه می‌کند و قس‌علی‌هذا. و حکم هر کدام را جداگانه به دست آوریم. در میان آوردن قصهٔ «عقلانیت جدید» هم دردی را دوا نمی‌کند. چون بالاخره عقلانیت جدید همان است که در علم و فلسفه و اخلاق و هنر جدید پدیدار شده است و لذا دوباره به همان جای اول برمی‌گردیم.

تازه دین هم مصداق واحدی ندارد، غرض‌مان اسلام است یا مسیحیت یا بودیزم یا ادیان دیگر؟ پس سؤال مشخص، فی‌المثل، این است که علم مدرن با دین اسلام (یا مسیحیت) چه می‌کند؟

وقتی به این‌جا می‌رسیم، افق سؤال و البته افق پاسخ روشن می‌شود. به تجربه تاریخی بنگریم تا ببینیم علم جدید، فی‌المثل با مسیحیت چه کرده است. پاسخ پیداست. علم جدید به بی‌اعتباری یا کم‌اعتباری مسیحیت انجامید. نزاع کلیسا و علم جدید در قرون پانزدهم و شانزدهم میلادی، نزاعی بس سرنوشت‌ساز بود و سبب شد تا مسیحیت فروتن شود و پای در گلیم خود کشد و حد خود را بشناسد و مدعیات انسان‌شناسی و جهان‌شناسی و خداشناسی

---

۱. حافظ، غزل ۱۹۶

خود را سامان موجّه‌تری بدهد و هم‌زیستی با علم را آغاز کند و در یك کلام «دین‌تر» شود. یعنی به کارکرد اصلی دین که همانا تنظیم رابطه درونی مخلوق و خالق است نزدیك‌تر گردد. این‌که علم جدید با اسلام چه خواهد کرد، سؤالی است تاریخی و پاسخی حدسی و فرضی دارد. مسلمانان هنوز این مواجهه را نیازموده‌اند و از این‌که در معرکه آن نزاع نیفتاده‌اند نباید ذوق زده باشند و از اندوه دیگران «لاحول گویند شادی کنان».

زنقص تشنه لبی دان، به عقل خویش مناز
دلت فریب، گر از جلوه شراب نخــورد[1]

همین نزاع علم و دین که به بی‌اعتباری و کم‌توانی مسیحیت و کلیسا انجامید سبب‌ساز سکولاریزم هم گردید. یعنی برای کلیسا و نهاد دین قدرتی و پشتوانه‌ای باقی نماند تا در صحنه قدرت و سیاست، بازیگر بماند.

سیاست، عرصه زورآزمایی قدرت‌مندان است و همین‌که یکی از بازیگران از توان و نَفَس افتاد، خودبه‌خود از آوردگاه قدرت بیرون خواهد رفت و جای خود را به دیگری خواهد داد. سکولاریزم، نه به فرمان و توصیه کسی می‌آید و نه به فرمان و توصیه دیگری می‌رود. نتیجهٔ قهری توانایی و ناتوانی بازیگران عرصه قدرت است و این سرنوشتی بود که برای مسیحیت به ناچار رقم زده شد.

از یاد نبریم اتفاق مهم دیگری در مسیحیت را، یعنی دوپاره شدن آن به پروتستانیزم و کاتولیسیزم در آغاز دوران جدید، که آن هم در تضعیف ولایت کلیسا نقش عظیمی داشت. مسلمانان، در آغاز تاریخ خود، این دوپاره شدن را تجربه کردند و از آن پس کمابیش دو شاخه، تسنّن و تشیع ثابت ماندند و ضعف و قوّتی را موجب نشدند.

فلسفه‌های مدرن نیز در چالش با دین، دست کمی از علم نداشتند. با این تفاوت که تأثیرات علم ملموس‌تر بود و تأثیرات فلسفه نامحسوس. فضای استبدادی ممالك اسلامی، هیچ‌گاه به مواجهه طبیعی و آزاد این رقیبان، مجال و رخصت نداد و ضعف و قوت اسلام در این آوردگاه، نهفته و نامعلوم ماند. و همین موجب توهّم استغنایی شد که دامن مسلمانان را هنوز که هنوز است رها نکرده است. هنوز هم پاره‌ای از ناآزمودگان و سنت‌گرایان می‌پندارند فلسفه اسلامی، اشرف و اصحّ فلسفه‌های موجود است و فیلسوفان مدرن،

---

۱. حافظ، غزل ۳۴۷

مغالطه‌گران گمراهی بیش نیستند که «چون ندیدند حقیقت، ره افسانه زدند». سیاست جدید که از دروازه مشروطیت به مدینه اسلام ایرانی درآمد نه مسبوق به ورود علم جدید بود نه فلسفه جدید، و لذا دینی که قوّت و ضعف خود را در آن دو آوردگاه امتحان نکرده بود، و حدّ خود را نشناخته بود، به مصاف سیاست رفت و نتیجه‌اش جز ناکامی و نامرادی و نقص و ناتمامی چه می‌توانست باشد؟ نتیجه‌اش نه سکولاریزم سکولار بود و نه تئوکراسی تئوکرات. و هرچه پس از آن زاده شد، کودك ناقص‌الخلقه و ناتمامی بود که عبرت خلایق شد و «این مَثَل بر جمله عالم فاش کرد» که: «طفل نازادن به از شش‌ماهه افکندن جنین.»

باری، بر صاحب این قلم کمابیش ـ در حد طاقت بشری ـ آشکار است که تجربه اسلام در دوران مدرن چندان متفاوت با تجربه مسیحیت و یهودیت نخواهد بود، یعنی برخلاف پندار و کوشش سنت‌گرایان که رجعتی خام و ناممکن به گذشته را خواستارند، و البته آن را در جامه‌ای از الفاظ پرطمطراق می‌پوشانند، و سرحلقه آنان که روزگاری از دفتر فرح پهلوی با تلسکوپ اشراق به دنبال امر قدسی درآسمان سلطنت می‌گشت، اینك پر مدّعاتر از همیشه به مدد مدّاحان و شاگردان دیرین خود به میدان آوازه‌جویی پانهاده است. آری، برخلاف پندار این سنت‌گرایان و ساکنان حجره‌های تحجر، اگر اسلام سنتی توازن میان معرفت و هویت را سامانی خردپسند ندهد، گرفتار سنت‌پرستان و هویت‌گرایان بی‌معرفت و بی‌حقیقتی خواهد شد که با بنیادگرایی کور، دمار از روزگار حقیقت برخواهند آورد. تجربه تاریخی مسیحیت چنین می‌گوید که علم و فلسفه و هنر و تکنولوژی و سیاست جدید، ابتدا دین را به گرداب ناتوانی و نارسایی خواهند افکند و پشتوانه ایمانی و تجربی را از آن خواهند ستاند و نامه اعمال نیك و بدش را در برابرش خواهند گشود، و پس از آن است که مرحله دوم، یعنی مرحله تفسیرهای تازه فرا می‌رسد و دردمندان، در پرتو دستاوردهای جدید بشری به بازفهمی مواریث دینی دست همت خواهند گشود و راهی را که دین همواره می‌پیموده، یعنی مددگرفتن آن از فرضیات غیردینی، دنبال خواهند کرد و با اجتهادات جدید، باب تطبیق و تطابق را باز خواهند کرد. پس از این است که وارد مرحله سوم می‌شویم و آن خواستاری رجعت به خلوص پیشین است و دست‌شستن از ورزش‌ها و چالش‌های فکری و آرزوی غنودن در بستر مواریث سنتی و دم‌زدن از هویت مظلوم و منقرض پیشین، و مرثیه سرودن برای مآثر و مفاخر گذشته، و ذمّ و قدح کردن پیشه‌ها و اندیشه‌های مدرن. این حرکت رجعی دو صورت فعال و منفعل دارد. سنت‌گرایی صورت انفعالی آن و بنیادگرایی (که بهتر است آن را هویت‌گرایی بی‌معرفت بخوانیم) صورت فعال و مهاجم آن است. ظهور بدعت‌ها و

ابداع‌ها را باید مرحله چهارم مواجهه دین و مدرنیته بدانیم. فرقه‌های جدید دینی که مسیحیت آن را آزموده است و در اسلام و تشیع هم در دوران اخیر سابقه دارد، بی‌نسبت با ورود و ظهور تجّدد در عرصه دیانت نیست. و همواره خوف آن بوده است که پاره‌ای از بدعت‌ها، اجتهاد و پاره‌ای از اجتهادات بدعت خوانده شوند و خشك و تر به یك آتش بسوزند.

گمان ندارم که هیچ یك از ناظران خردمند، مشابهت تجربه مسیحیت را با اسلام به عین عیان مشاهده نکرده باشند و دست‌کم در حوزه‌های یاد شده بر صحّت آن گواهی ندهند. آن‌چه امروز تحت عنوان بازاندیشی سنت یا فعال کردن سنت از آن یاد می‌شود، نه معنای محصّلی دارد، نه روش روشنی ارائه می‌دهد. چه معنا دارد که به بازاندیشی علم و طبیعّیات قدیم (که جزئی از اجزاء سنت است) رو آوریم و به فعال‌کردن آن (!!) دست بگشاییم؟ آن‌هم با کدام روش؟

همین‌طور است فعال کردن فلسفه قدیم که پیدا نیست چه معنا و مبنا و روش و فایده‌ای دارد؟ این‌ها همه الفاظ تهی و عبارات نیندیشیده‌ای است که امروزه کراراً و تقلیداً درمیان ما جاری است و جز پرده‌کشیدن بر پرسش‌های روشن، حاصلی و کارکردی ندارد.

اگر غرض فعال‌کردن سنت دینی است، باید این را به تصریح بر زبان آوریم و آن‌گاه معّین کنیم غرض از دین، هویت دینی است یا معرفت دینی؟ فعال‌کردن هویت بی‌معرفت، جز بنیاد نهادن بینادگرایی خشن، عاقبتی و نتیجه‌ای ندارد. و فعال‌کردن معرفت دینی هم جز در پرتو اندیشه‌های مدرن راهی و روشی ندارد.

در مصاف این بازفهمی و بازتفسیری است که دین، قوت درونی خود را چنان‌که هست نشان خواهد داد، و ماندنی بودن و نبودنش آشکار خواهد شد و آن‌گاه است که یا به انزوای دینداری معیشت‌اندیشانه خواهد رفت و به عادتی از عادات زندگی بدل خواهد شد و یا الهام‌بخش معرفت‌اندیشان و تجربت‌اندیشان خواهد گشت و ذهن و روان آنان را سیراب خواهد کرد. گرچه همین تجربه ایمانی را هم معرفت‌اندیشی آرام نخواهد گذاشت، و «سبب‌دانی»، به قول مولانا، دست در خون حیرت خواهد برد و راه قرب را کم راهرو خواهد کرد.

آن‌ها که خواستار بازگشت و احیاء تمدن اسلامی‌اند، فراموش نکنند که آن تمدن جسمی بود در بردارندهٔ روحی. و روحِ دیرخفته اسلام را تنها در آوردگاه‌های معرفتی می‌توان بیدار کرد. و دل‌بستن به جسمی فربه و روحی رنجور، یادآور حکایت سلیمانی است مرده و تکیه زده بر عصایی موریانه خورده.

وصال دولت بیدار ترسمت ندهنـــــد
که خفته‌ای تو در آغوش بختِ خواب‌زده[1]

والسلام علی‌عبادالله الصالحین

عبدالکریم سروش

حسینیه ارشاد

مردادماه ۱۳۸۵

۱. حافظ، غزل شماره ۴۲۱

فقه در ترازو[1]

طرح چند پرسش از محضر حضرت آیت‌الله منتظری

در شمارهٔ ٤٥ *نشریهٔ کیان* مطلبی تحت عنوان «در باب تزاحم» از آیت‌الله منتظری منتشر شد. بی‌مناسبت ندیدم پاره‌ای از پرسش‌ها را که همواره در ذهنم می‌جوشیده است با ایشان در میان بگذارم. ضمن آرزوی احوال و ایام خوش برای ایشان و امید رفع ستم از آن بزرگوار، امیدوارم پاسخ‌ها و توضیحات روشن‌گر ایشان همهٔ ما را در فهم فقهی و عمل دینی‌ـ اجتماعی قدمی پیش‌تر ببرد.

۱. دربارهٔ مضمون فرمایش‌های آیت‌الله منتظری دوگونه پرسش می‌توان مطرح کرد: پرسش‌های فقیهانه و پرسش‌های معرفت‌شناسانه. من در این‌جا عمدتاً از منظر معرفت شناسانه نظر خواهم کرد، یعنی می‌کوشم دربارهٔ علم فقه و پیش‌فرض‌های آن پرسش‌هایی مطرح کنم و از فتاوای فقیهان و مباحث درون فقهی کمتر سخنی به میان خواهم آورد.

اما قبل از ورود به بحث اصلی، و در نگاه نخستین، چنین می‌نماید که آیت‌الله منتظری کوشیده‌اند از احکام فقهی بر وفق و برمبنای مفاهیم و اندیشه‌های جدید دفاع کنند. این امر به

---

۱. منتشر شده در *مجلهٔ کیان*، شماره ٤٦

خودی خود نشان می‌دهد که ایشان پذیرفته‌اند که ما به عالَم جدیدی وارد شده‌ایم و به گمان من این توجه و تصدیق بسیار مهمی است. از مهم‌ترین معیارها و علائمی که نشان می‌دهد ما عالَمی را ترک گفته و به عالَم جدیدی پا نهاده‌ایم، این است که بدیهیات عالم گذشته از بداهت خارج شده و جای خود را به بدیهیات دیگری داده‌اند و قاعده‌های جهان گذشته به استثنائات تبدیل شده‌اند و استثنائات به قاعده. کشتن مرتد، فی‌المثل، در جهان گذشته حاجت به دفاع عقلانی نداشت و بلکه کمابیش جزء بدیهیات دوران بود و مثلاً ناصر خسرو آن را کاری «عقلانی» می‌دانست و اگر هم معترضانی داشت، آن معترضان در حاشیه بودند و قابل اعتنا به نظر نمی‌رسیدند. اما در حال حاضر این بدیهی کاملاً از بداهت افتاده است و بزرگان فقه و کلام ما خود را ملزم به دفاع از آن می‌بینند، و حتی گاهی برای دفاع از این‌گونه احکام سنتی به پاره‌ای از مفاهیم جدید توسل می‌جویند که خود از نظر علما تا مدت‌ها مشکوك تلقی می‌شدند. برای مثال، امروز برخی از فقهای برجستهٔ معاصر برای توجیه و دفاع از ضمان عاقله از یك تأسیس حقوقی تازه، یعنی عقد بیمه، استفاده می‌کنند و می‌گویند که این بیمه شخص از طرف وارثان اوست، درحالی‌که به یاد داریم که عقد بیمه در ابتدا مسألهٔ مورد اختلافی نزد فقیهان ما بود و پاره‌ای از فقهای ما آن را از عقود مشروع نمی‌شمردند. و حالا همین امر مدرنِ مشکوك که فقها با تأمل و احتیاط جواز ورود آن را به عالم اسلام صادر کرده‌اند، چندان استقرار و مقبولیت یافته است که برای دفاع از سنگرهای کهن به‌کار گرفته می‌شود.

مقالهٔ حضرت آیت‌الله منتظری نیز برای چندمین بار نشان می‌دهد که ما به عالم تازه‌ای گام نهاده‌ایم و مهم‌ترین ارکان این عالم تازه همان مفاهیم و نظریه‌های نوینی است که پا به میدان نهاده‌اند و ذهن و عمل بشر جدید را در تسخیر خود گرفته و به آن‌ها سامان تازه‌ای بخشیده‌اند. مثال واضح این مطلب آن‌جاست که می‌گویند: «تجاهر به ارتداد و فسق و پرده‌دری و هتك مقدسات مردم و تضییع حقوق آنان و آلوده کردن محیط سالم جامعه، به حکم عقل و شرع ممنوع است»، و با این بیان می‌خواهند تجاهر به ارتداد را از جنس تضییع حقوق مردم بشمارند و با کمك گرفتن از مفهوم مهم و محترم ومدرن «حقوق انسان» برخورد با ارتداد و مرتد را امری مقبول و هضم‌پذیر و عقلانی نشان دهند.

۲. اما سراغ اصل مطلب برویم:

۱ـ۲. ایشان در توضیح و توجیه حکم قتل مرتد آورده‌اند که «شخص مسلمان سابقه‌دار در اسلام اگر علناً مرتد شود و مقدسات دینی را زیر سؤال ببرد همچون غده سرطانی خواهد بود که به‌تدریج به پیکر سالم جامعه سرایت می‌کند...».

اولاً، تمثیلی در این بیان به‌کار رفته که نارواست و از قوت استدلال می‌کاهد. وقتی ما مرتد را همچون «غده‌ای سرطانی» یا دندان کرم‌خورده یا... می‌دانیم، پیشاپیش معلوم است که می‌خواهیم برای او چه حکمی صادر کنیم. تمثیل، به قول منطقیین، حجت نیست، چرا که با تغییر مثال، حکم و نتیجه هم تغییر خواهد کرد. اگر شما جامعه دینداران را به باغ انگوری تشبیه کنید که چند درخت آلبالو هم در آن روییده یا متنی فارسی که چند کلمه عربی هم در آن پیدا شده، در این صورت دیگر ریشه‌کن کردن یا نفی بلد مرتد را نمی‌توانید نتیجه بگیرید. (و هرچه آدمی ذهن شاعرتری داشته باشد بر لیست این تمثیلات می‌تواند بیفزاید).

ثانیاً، این تمثیل دو امر فوق‌العاده مهم و انسانی را از نظر ما دور می‌دارد: یکی حقّ فرد مرتد و دیگری نحوهٔ عمل دستگاه ادراکی انسان. تو گویی کفر و ارتداد جز یك پدیده مرضی، چیز دیگری نیست. اگر ما از منظر حقوق بشر و از دیدگاه معرفت‌شناسی و خردسنجی به مسالهٔ ارتداد و تغییر نظر دینی و فکری نگاه کنیم، اصلاً به سراغ تمثیل «غده سرطانی» و «آلوده کردن اجتماع» و تضییع حقوق انسان و نظایر آن نخواهیم رفت.

در سراسر آن مقاله حق انسان‌ها در انتخاب عقیده و قدرت عقلی انسان‌ها در تشخیص حقیقت نادیده گرفته شده است و این بی‌التفاتی نسبت به حقوق بشر و عقل بشر است که کار را به آسیب‌شناسی پدیده ارتداد کشانده است. سؤال این است: کسی که حق دارد دینی را اختیار کند (و حضرت آیت‌الله می‌فرمایند: که در اختیار دین اکراه نیست) چرا حق ندارد دینی را وانهد؟ آیا پس از انتخاب دین، آن حق از او سلب می‌شود؟ مگر مسلمانان از غیر مسلمانان نمی‌خواهند دین‌شان را وانهند و اسلام را بپذیرند، پس چرا این امر را در جامعه مسلیمن روا نمی‌شمارند؟ آیا کافری که مسلمان می‌شود غده سرطانی است یا فائز به سعادت ابدی؟ به‌علاوه محققی که دین‌پژوهی می‌کند و به نتیجه‌ای متفاوت می‌رسد و عقیده‌اش با جمهور دینداران فرق می‌کند، و عقلش او را به مسیری دیگر هدایت می‌کند و او هم به حکم خرد خویش عمل می‌کند، (و حضرت آیت‌الله هم اختلاف آرا را طبیعی بشر می‌دانند) آیا او غده‌ای سرطانی و پدیده‌ای مرضی است یا در باغستان اجتماع درختی است متفاوت با دیگر درخت‌ها؟ و روییدن درخت‌ها و بوته‌های مختلف، طبیعی آب و خاك است. اگر از دیدگاه حقوق انسان نظر کنیم، کمابیش به همین جاها می‌رسیم. اما اگر از دیدگاه فقه مسلمانان نظر کنیم، به همان جا می‌رسیم که فقیهان گفته‌اند و می‌گویند. اما آیا در آن صورت می‌توانیم در استدلال‌های‌مان به «حقوق بشر» توسل جوییم و آن را به میان آوریم؟

ثالثاً، آیت‌الله منتظری برای تحکیم استدلال خود نکته دیگری را ذکر کرده‌اند و گفته‌اند

«... شخص مسلمان سابقه‌دار در اسلام اگر علناً مرتد شود... چه بسا از بعضی توطئه‌های سیاسی علیه اسلام و جامعه مسلمین حکایت می‌کند و در حقیقت محارب با آنان است» این سخن توجیهی برای حکم قتل مرتد است. اما بعید به نظر می‌رسد که رأی ایشان و هیچ فقیه دیگری آن باشد که شخص مرتد به دلیل محارب بودن مستوجب قتل است. هم‌چنان‌که به نظر نمی‌رسد هیچ فقیهی فتوا داده باشد که اگر ارتداد شخص مرتد توطئه‌آمیز بود، وی مستوجب قتل می‌شود و اگر نه، نه. نزد عموم فقها خود عنوان ارتداد، بدون حاجت به هیچ عنوان دیگری، موجب قتل می‌شود. (از یادآوری این نکات خُرد فقهی در محضر آیت‌الله عذر می‌خواهم). آیا ذکر عناوینی نظیر «توطئه» برای آن نبوده است که عقلانیت بشر مدرن را قانع کند و از هیبت آن حکم مهیب بکاهد؟ وگرنه به راه عقل رفتن و به نتیجه متفاوت با دیگران رسیدن، چرا توطئه نامیده شود و چرا آدمی را کشتنی کند؟ آیا محمدعلی کرمانشاهی (پسر مرحوم وحید بهبهانی، مرجع بزرگ) که کارش صوفی‌کشی بود و به بهانه اعتقاد به وحدت وجود، آنان را می‌کشت، جز به عقیده‌شان، به چیز دیگری کار و نظر داشت؟

۲ـ۲. گاه گفته‌اند که دغدغه و حساسیت ما نسبت به حق موجب می‌شود که با باطل و حاملان اندیشه‌های باطل به مبارزه برخیزیم و در صورت امکان ریشه آن‌ها را از صحنه حیات بشری برکنیم. اما این توجیه هم سست به نظر می‌رسد زیرا:

اولاً، از نظر فقیهان نفس ارتداد، اعم از آن‌که به گسترش باطل بینجامد یا نیجامد، شخص را مستوجب قتل می‌کند (هم‌چنان‌که زنان مرتد، حکم‌شان قتل نیست؛ باز هم اعم از این‌که ارتدادشان به گسترش باطل بینجامد یا نه).

ثانیاً، باید پرسید که آیا بهترین روش برای پیشگیری از رواج باطل، کشتن کسانی است که اندیشه‌های باطل دارند؟ ندیده‌ایم که فقهیان بگویند با فرد مرتد ابتدا از طریق دیگری مواجهه و مقابله کنید و اگر آن راه‌ها به نتیجه نرسید، «آخر الدواء الکی»، یعنی به عنوان آخرین راه‌حل به قتل مرتد اقدام کنید. بلکه به محض آن‌که در فردی احراز ارتداد می‌کردند، فتوای قتل او را صادر می‌کردند (و توبهٔ مرتد فطری را هم پذیرفتنی نمی‌دانستند).

ثالثاً، بلی، یکی از حقوق مردم حفظ عقیده آنان است، و این یکی از مقاصد شریعت نیز هست. اما این تنها حق محترم مردم نیست. یکی دیگر از حقوق مردم هم این است که می‌توانند با تحقیق، انتخاب و اتخاذ عقیده کنند و یا با تحقیق، تغییر عقیده دهند. و یکی دیگر از حقوق انسان‌ها این است که باید جان و آبروی‌شان محفوظ بماند. و یکی دیگر از حقوق آن‌ها این است که آزادی‌شان در مقام کشف و بیان حقیقت مورد تعرض قرار نگیرد.

بنابراین، ما فقط با یك حق (مثل حق حفظ عقیده عوام‌الناس) مواجه نیستم، بلکه ما با مجموعه‌ای از حقوق انسانی روبه‌رو هستیم که باید همه را با هم حفظ کنیم و لزوماً هیچ یك بر دیگری برتری ندارد، و اگر هم برتری داشته باشد، بایـد دلایل آن برتـری به نحـوی روشن و منقّح مطرح شود. معمولاً در این‌گونـه استدلالات، حل جدولی حقوق و حقایق فراموش می‌شود و موافق آوردن خانه‌های افقی و عمودی از نظر دور می‌ماند و فقط به پرکردن یك خانه همت گماشته می‌شود.

رابعاً، در تن همه این حرف‌ها، دو اصل جاری است؛ اصل اول این‌که شخص حق دارد آرایی دینی داشته باشد، متفاوت با دیگران و متفاوت با آراء ارباب قدرت. اصل دوم این است که استفاده از این حق، حرمت مال و جان ... کسی را از بین نمی‌برد. این دو اصل از جمله اصول مقبول خِرد جدید است. و به گمان من آیت‌الله منتظری هم برای روزپسند کردن حکم قتل مرتد تلویحاً این دو اصل را منظور داشته‌اند. ایشان صریحاً نگفته‌اند که جان شخص به صرف آن‌که عقیده‌اش را تغییر داده، نامحترم و بر باد رفتنی است، بلکه خواسته‌اند بگویند که چون شخص مرتد اضرار به غیر می‌کند، و در پیکر امت، در حکم غده سرطانی است و نقش محارب را دارد و مصالح کشور اسلامی را مورد تهدید قرار می‌دهد، مشمول حکم قتل می‌شود. اما حقیقت این است که در این فتاوایی که فقها تاکنون صادر کرده‌اند، هیچ یك از این قبیل ملاحظات وجود نداشته، و اصل آن بوده است که جان و آبروی شخص غیر مسلمان اساساً چندان محترم نیست.

مگر مرحوم شیخ انصاری رحمة‌الله علیه در کتاب *مکاسب* در مبحث کسب‌های حرام، هجاء و غیبت غیر شیعیان (اعم از کافران و اهل سنت) را مجاز نمی‌شمارد و مگر نمی‌گوید که مخالف (غیر شیعی) احترام ندارد؟ و مگر همین مطلب را شیخ حسن نجفی در بخش متاجر کتاب *جواهرالکلام* نمی‌آورد؟ وکذا فقهای دیگر به استثنای نوادری چون مقدس اردبیلی که او هم مورد انتقاد صاحب *جواهر* قرار گرفته است. و تازه این حکم مربوط به اهل سنت است، کفار که اساساً از دایره انسانیت بیرون‌اند. بنده خود شاهد بوده‌ام که برخی از فقها وقتی با زنان غیر مسلمان دست می‌دادند، حجت‌شان این بود که این کار گناه نیست، چون این زنان اصلاً حرمت انسانی ندارند و دست زدن به آن‌ها مثل مسّ حیوانات است و لذا هیچ اشکالی ندارد.

به‌هرحال، به گمان من نمونه‌هایی نظیر حکم مرتد، جواز غیبت مخالفان (یعنی اهل سنت)، بی‌حرمت دانستن کفار و مشرکین، جواز بردگی و غیره استقرائاً نشان می‌دهد که

پشتوانه تمام این امور همان مدخلیت عقیده در انسانیت است. یعنی در تمام این موارد عقیده ملاك حقوقی شمرده شده و برتر و مقدم برجان و آبرو و حرمت انسانیت افراد تلقی شده است، نه اضرار به غیر و امثال آن. و لذا اگر کسی واجد عقیده مخالفی بود (نه لزوماً عقیده باطل) به راحتی می‌توانستند به او بی‌حرمتی کنند و جان او را بستانند. قصه تفاوت حقوق و حرمت خودی و غیرخودی بر مبنای اعتقاد، قصه بسیار ریشه‌داری در میان پیروان همه ادیان الی زماننا هذا بوده است.

در مقابل این رأی ریشه‌دار، رفوگری‌های موضعی که در مکتوبات آیت‌الله منتظری و بزرگانی نظیر ایشان آمده، گره‌گشا نیست. باید ابتدا این پرسش اساسی را مطرح کنیم و پاسخ دهیم که آیا شخص به‌خاطر عقیده‌اش از دایره انسانیت خارج می‌شود یا نه و آیا حقوق انسانی و امتیازات اجتماعی شخص به‌خاطر تعلق فرقه‌ای و عقیدتی‌اش عوض می‌شود یا خیر. استناد به «حقوق بشر» در این‌جا معنا می‌یابد و معلوم می‌کند که ما از آن استفاده گزینشی می‌کنیم یا غیر گزینشی.

اما خود این ایده که «جان و آبروی مخالفان حرمت ندارند»، علاوه بر ریشه‌های سیاسی و اجتماعی، ریشه عمیق‌تری در آراء فقیهان و متکلمان دارد و از نظریه ایشان در باب عقلانیت سرچشمه می‌گیرد. عموم این متفکران معتقد بودند که اولاً، حق بسیار آشکار و آسان‌یاب است و جهان بسیار ساده و شناختنی، و ثالثاً، عقل آدمی بسیار تواناست و می‌تواند لقمه سهل‌الهضم حقیقت را به راحتی به هاضمه ببرد و از آن تغذیه کند، وگرنه محکوم کردن مخالفان به راحتی چگونه ممکن است؟ مطابق این تلقی کسانی که بر باطل می‌روند، عالمانه و عامدانه پا برحق نهاده‌اند. بعضی از گذشتگان آیه شریفه «لاإِكْرَاهَ فِي الدِّينِ قَد تَّبَيَّنَ الرُّشْدُ مِنَ الْغَيِّ» را هم بر وفق همین تلقی و پیش‌فرض معنا می‌کردند یا می‌گفتند این آیه منسوخ به آیات جهاد و قتال است و یا می‌گفتند که الزام بر اسلام در حقیقت اکراه نیست، چون حق و باطل کاملاً آشکارند. بلی، اگر واقعاً حق و باطل تا این حد آشکار باشد، شاید بتوان کسانی را که پا روی حق می‌گذارند و عامدانه می‌کوشند آب را تیره و گل‌آلود کنند و آیندگان را از نوشیدن آب سالم و بهداشتی محروم کنند، مستوجب صدگونه مجازات دانست. اما سؤال این است که آیا واقعاً برای بشر امروز حق و باطل در عرصه ادیان تا این حد مثل آفتاب فاش، روشن و مشخص است؟

به نظر می‌رسد تا جهان‌بینی فقهی و به‌خصوص پیش‌فرض‌های آن در مورد انسان و عقلانیت مورد تجدیدنظر اصولی قرار نگیرد، نمی‌توان با قیود و پاره‌دوزی‌های موضعی به نحو همه‌جانبه و سازگار، معضلات و مشکلات مربوطه را حل و فصل کرد. وقتی احکام

فقهی مختلف نظیر حکم نجاست کفار، حکم جواز غیبت کفار و مخالفان (اهل سنت)، حکم برده‌گیری و برده‌فروشی، یعنی خرید و فروش انسان، حکم قتل مرتد، تفاوت حقوق برده و آزاد و اصلاً الگوی روابط عبد و مولا که الگوی فکری اصولیین است و غیره را در کنار هم می‌گذاریم، معلوم می‌شود فقه ما بر انسان‌شناسی خاصی بنا شده است و در باب حقوق انسان و حدود قوه عاقله آرایی ویژه دارد و این انسان‌شناسی آگاهانه و ناآگاهانه ذهن فقیهان را در قبضه تسخیر خود گرفته و هنگام افتاء به آن‌ها فرمان می‌دهد. مادام که آن انسان‌شناسی و آن معرفت‌شناسی، آشکار و شفاف نشود و مورد نقادی عمیق و صریح قرار نگیرد، (کاری که تاکنون فقیهان نکرده‌اند و نشانی از آن در آثارشان نیست) عموم فتاوایی که مربوط به جان و آبرو و عقیده و آزادی‌های انسانی و امور اجتماعی و امثال آن‌هاست، همواره مشکوک و مشکل و مسأله‌آفرین خواهند بود. همان‌طور که اشاره کردم، بدیهیات عالم گذشته، امروز از بداهت افتاده‌اند، (و این به تحول در عقلانیت برمی‌گردد) و فقهیان هم باید در بدیهیات گذشته‌شان دوباره نظر کنند و از آن‌ها غبارزدایی بنمایند. و این عین اجتهادی است که فقیه باید انجام دهد؛ یعنی اجتهاد در اصول، نه فقط اجتهاد در فروع. امروزه جمهوری اسلامی هم به تبعیت از بدیهیات زمانه، طلاق را به دادگاه ارجاع می‌دهد، درحالی‌که هیچ فقیهی در گذشته طلاق‌های سریع و بی‌حجت و یک‌جانبه از طرف مرد را شرعاً ممنوع نمی‌شمرد و جایز و نافذ می‌دانست.

تمسک به قاعدهٔ تزاحم و امثال آن هم باری را سبک نمی‌کند و در نهایت نوعی پاره‌دوزی غیرسودمند است. زیرا اگر برای مثال از باب تزاحم، حکمی نظیر حکم قتل را تعطیل کنیم، باز هم گره از کار فرو بسته فقه نگشوده‌ایم و قدمی به پیش نرفته‌ایم، زیرا شخص زیرک می‌داند که حکم اصلی مرتد همان قتل است و اگر وجودش موقتاً تحمل می‌شود صرفاً به خاطر مصلحت دیگری است. هرگاه آن مصلحت بالاتر منتفی شود، فرد مرتد همان انسان بی‌حرمت است که بود و حکمش نیز همان. مهم‌تر از این، آن‌که پیش‌فرض‌های معرفت‌شناسانه و انسان‌شناسانه‌ای که متکای این حکم خاص هستند، فقط همین یک پیامد را ندارند، بلکه در ده‌ها موضع دیگر فقه ده‌ها پیامد دیگر به بار می‌آورند. و تا آن پیش‌فرض‌ها دست نخورده‌اند، مصلحت‌سنجی‌ها کاری از پیش نخواهند برد. بزرگ‌ترین مصلحت، همان تجدیدنظر در معرفت است. باید به سرچشمه‌ها بازگشت.

امروز هم اگر به مصلحت از حضرت آیت‌الله رفع ستم کنند و جفایی را که بر آن عزیز می‌رود خاتمه دهند، گرچه فی‌نفسه امری میمون و خجسته است و دل آزادی‌خواهان را شاد می‌کند، اما کاری سترگ نیست. کار سترگ آن است که حکام ما در اندیشه‌های بنیادین‌شان در

باب حقوق انسان و آزادی و سیاست تجدیدنظر کنند و سرچشمه‌ها را لای‌روبی نمایند. وگرنه آن‌چه به مصلحتی می‌آید به مصلحتی می‌رود. خلاصه تمسک به مصلحت یا پرهیز از وهن اسلام و امثال آن‌ها بُردی بسیار محدود دارد (بگذریم از این‌که کسانی معتقدند که امروزه رجم زانی و قتل مرتد عین صلابت دین است و وهن و فتوری در آن نمی‌اندازد) .

ما امروز با دو مصلحت روبه‌رو نیستیم که یکی مزاحم دیگری باشد. ما با دو مبنای برون‌دینی روبه‌رو هستیم که یکی با دیگری مزاحمت دارد و حتی فقه امروزین ما هم می‌کوشد با همین عقلانیت جدید از مواضع پیشین دفاع کند. در این مبانی باید کاوش کرد و جایی برای آن‌ها در علم اصول سنتی باز کرد .

خوب است بیفزایم که فقیهان از آن‌جا که در پی تحول بنیادی جهان و جامعه نبوده‌اند، تحولات بنیادی جهان و جامعه را هم‌چنان‌که باید در آراء خود منظور نکرده‌اند. گویی پیش‌فرض آن‌ها این بوده است که همه جوامع آینده، بزرگ شده جامعه عربستان عصر پیامبر هستند و لذا همان احکام پیشین بر جوامع آینده نیز کمابیش صادق و جاری است و این فرض که ممکن است جوامع آینده دست‌خوش تحولی بنیادین شوند و قاعده‌ها به استثنا و استثناها به قاعده تبدیل شود، فرضی نیش‌غولی و خیالی است و هرگز واقع نخواهد شد. هیچ فقیهی مبتکر انتخابات (چه رسد حق انتخاب زنان) نبوده است و فقط پس از مطرح شدن آن‌ها، با اما و اگر، آن‌ها را پذیرفته‌اند. و لذا کمتر به این می‌اندیشند که ورود ایده انتخاب در ذهن بشر جدید، از یك تحول همه‌جانبه در اندیشه سیاسی و اجتماعی و انسان‌شناختی حکایت می‌کند و صرف یك قرارداد عادی جدید نیست. لذا گرفتن این شیوه و نگرفتن مبادی و مبانی آن دیر یا زود به تعارض در عمل و لنگی کار می‌انجامد .

جهان جدید، جهان فروع تازه نیست، جهان اصول تازه است. و تا وقتی فقیهان فقط به فروع تازه می‌اندیشند، از دادن راه‌حل‌های اصولی باز می‌مانند. این‌که برخی از نویسندگان گفته‌اند ورود عنصر مصلحت در فقه شیعی، خصوصاً توسط امام خمینی، قدم بسیار بزرگی بوده است، سخن صحیح و مقبولی است. اما فرق است میان این‌که فقه را تابع مصالح ببینیم و با کشف مصالح تازه فقه و حقوق تازه‌ای بنا کنیم، و این‌که فقه را فرمانبردار مبانی بدانیم و با کشف مبانی و پیش‌فرض‌های تازه، فقه و حقوق تازه‌ای بنا نهیم. ندیدن مصالح به لگالیسم خشك، و صرف تبعیت از مصالح به نوعی پراگماتیسم پریشان می‌انجامد. چاره کار، رجوع به مبانی و سرچشمه‌هاست، علی‌الخصوص سرچشمه‌های مغفول کلامی و انسان‌شناختی و جامعه‌شناختی و... آیا نباید ببینیم که چرا در روزگاری مصلحت، «الف» بوده

و در روزگار دیگر «ب»؛ آیا فقط نیازها و ضرورت‌های عملی در کار بوده است؟

به‌نظر می‌رسد سرّ ماندگاری فقه ما توفیق در مقام گره‌گشایی نبوده است، بلکه با عقلانیت قوم هم در چند قرن گذشته ملائم افتاده بوده است. در حال حاضر هم قوّت عملی فقه منوط به قوّت نظری آن است و در این‌جاست که احتیاج به مرمّت دارد .

۳ـ۲ . در دفاع از حکم قتل مرتد و بلکه جهاد ابتدائی با کفّار استدلال دیگری هم مطرح شده است. مطابق این استدلال (که در آثار مرحوم مطهری هم آمده است) همهٔ عقلا تصدیق می‌کنند که وقتی جان یا ناموس یا وطن فرد مورد تعرض قرار می‌گیرد، او حق دارد از آن دفاع کند و در این راه کشته شود یا بکشد. اگر چنین است پس چرا وقتی نوبت به مقدسات فردی یا قومی می‌رسد، این حق را برای او به رسمیت نمی‌شناسیم؟ اگر اصل توحید که عالی‌ترین سرمایه و بضاعت یك قوم موحّد است، (و بلکه به قول مطهری متعلق به همه بشریت است) مورد تهدید و تعرض قرار گرفت، آیا آن قوم مجاز نیست به خاطر این سرمایهٔ مقدس بجنگد و بکشد و کشته شود؟ چرا در این‌جا کشتن و کشته شدن جایز و مایهٔ افتخار نباشد؟ چرا لشکرکشی به سرزمین‌های کفار برای درهم شکستن بتخانه‌ها و تقالید ضدتوحیدی جایز نباشد؟ (نگاه کنید به «گسترش سریع اسلام» جلد ۱۶ ، از مجموعه آثار مرحوم مطهری). در این‌جا آقای مطهری از ریشه‌های ارزشی آغاز کرده‌اند و بر این مبنا رأی خود را سامان داده‌اند. و گرچه مقدمات‌شان درست است، نتیجه‌ای که گرفته‌اند مخدوش است. بلی، عقیده محترم است، لکن حرمتش به دلیل آن است که آدمی حق دارد عقیده‌ای داشته باشد. چرا تعرض به ناموس محکوم است؟ چون تعرض به حقوق است. چرا دفاع از آن مجاز و واجب است؟ چون دفاع از حق است. لکن این حق از آنِ همه است. ناموس همه محترم است. جان همه محترم است. آبروی همه محترم است. نه جان و آبروی بعضی اشخاص خاص. اگر عقیده را همچون متعلقات دیگر محترم بداریم و تعرض نسبت به آن را ناروا بشماریم، دیگران هم به همان اندازه حق دارند که به مقدسات خود پای‌بند باشند و از آن دفاع کنند یا در گسترش آن بکوشند، یعنی این حق دو طرفه است. اگر مسلمانان برای خود حق دعوت دیگران به اسلام یا گاهی جهاد ابتدایی را قائل‌اند، دیگران هم می‌توانند چنان حقی را برای خود قائل باشند. پس همان‌طور که در قلمرو مال و ناموس و غیره حق دفاع و حفظ، دوسویه است، در مورد عقیده هم این حق دو سویه است. و لذا بر این مبنا نمی‌توان دیگران را از بیان عقیده‌شان بازداشت و یا به خاطر عقیده به آنان هجوم برد یا ابراز عقیده‌شان را تعرض به مقدسات خود دانست. البته راه دعوت همیشه باز است. در این‌جا باید به یك آتش‌بس رسید، هم‌چنان‌که در باب جان و ناموس به آتش‌بس رسیده‌ایم و پذیرفته‌ایم هیچ کس حق تعدی به ناموس

دیگری را ندارد. ناگفته نگذاریم که شیوهٔ تعرض در این‌جا مهم است. اگر کسی خصمانه به مقدسات دیگر تعرض کرد یك حکم دارد و اگر عاقلانه و مسؤولانه تعرض کرد، حکم دیگری دارد. به تعبیر دیگر اگر با علت تعرض کرد یك حکم دارد، و اگر با دلیل تعرض کرد، حکم دیگری. دیگر آن‌که، در بازار عقاید گوناگون عقیده‌ای که تواناتر و توانگرتر است، در نهایت کامیاب‌تر خواهد بود. این توفیق را نمی‌توان «تعرض» نامید. اگر متفکر یا نویسنده‌ای در نقد عقیده‌ای استدلال کرد، نمی‌توان کار او را تعرض به مقدسات دانست و به حذف فیزیکی او حکم کرد .

٤ـ٢. در مکتوب حضرت‌آیت‌الله منتظری نکتهٔ دیگری هم آمده است که شایسته تأمل است. ایشان حکم قتل مرتد را حکمی سیاسی دیده‌اند. دربارهٔ نجاست کفار هم همین موضع را اتخاذ کرده‌اند. یعنی در عین آن‌که تصریح کرده‌اند ـ که به نظر ایشان این حکم دلیل محکمی ندارد، افزوده‌اند که «واضح است که این حکم جنبهٔ سیاسی دارد، نظیر بایکوت کردن برخی از دشمنان برای این‌که عقاید و اخلاق سوء آن‌ها به جامعهٔ اسلامی سرایت نکند. و مسألهٔ بایکوت در سیاست‌های امروز جهان بسیار رایج است». در مورد قتل مرتد هم گفته‌اند که ارتداد شخص «چه بسا از برخی توطئه‌های سیاسی علیه اسلام و جامعهٔ مسلمین حکایت کند و در حقیقت محارب با آنان است».

اگر سخن ایشان را تعمیم دهیم به همان جا می‌رسیم که گفته‌اند «اسلام یك دین سیاسی است». یا به قول مرحوم مدرس «دیانت ما عین سیاست ماست و سیاست ما عین دیانت ما». و این سخن امروز از جمله شعارهای جمهوری اسلامی است. و یکی از اتهامات غیرخودی‌ها در جامعهٔ ما همین است که می‌کوشند سیاست را از اسلام جدا کنند .

باری اگر بپذیریم که احکامی نظیر نجس بودن کفار و مهدورالدم بودن مرتد، احکام سیاسی‌اند و اگر بپذیریم اسلام یك دین سیاسی است و دیانت ما عین سیاست ماست، در این صورت باید به پیامدهای این تصدیق نیز پای‌بند باشیم. وقتی ما اسلام یا پاره‌ای از احکام اسلام را سیاسی کردیم، از آن پس سیاست مقتضیات خود را به میان خواهد آورد. یعنی سیاست اسلامی نمی‌شود، بلکه حکم اسلام سیاسی می‌شود. سیاسی بودن خصلت و اقتضائات خاصی دارد و هنگامی که حکمی سیاسی شد، اقتضائات این صفت به آن حکم سرایت خواهد کرد. وقتی می‌گوییم این میز چوبی است، استحکام میز در گرو استحکام آن چوب خواهد بود، نه بالعکس. همین‌طور است وقتی که می‌گوییم فلان فکر غربی است و امثال آن. یکی از مشخصات مهم «سیاسی بودن»، «موقت بودن و مشروط به شرایط سیاسی

بودن» است. برای مثال، اگر ما رابطهٔ ایران و آمریکا را رابطه‌ای سیاسی و تابع ملاحظات سیاسی بدانیم، لاجرم باید تصدیق کنیم که درخصوص این رابطه نمی‌توانیم حکمی ابدی صادر کنیم. سیاست عرصهٔ برد و باخت، گفت‌وگو، چانه‌زنی، مانور، انعطاف و چرخش‌های شدید و وسیع است. مگر می‌توان دربارهٔ یك امر سیاسی مثل رابطهٔ ایران و آمریکا حکمی ابدی صادر کرد؟ مگر می‌توان همیشه مرگ بر شوروی گفت؟ «سیاسی» یعنی «موقت و تابع شرایط». حال اگر حکم نجاست کفار را فی‌المثل حکمی سیاسی دانستیم، لاجرم اقتضائات سیاست را بر آن بار کرده‌ایم و اگر روزی آن اقتضائات سیاسی از میان برخاستند، آیا آن حکم هم خودبه‌خود تعطیل نخواهد شد؟ «حکم سیاسی» که «حکم فطری» یا «حکم ذاتی» (به معنای ارسطویی آن) نیست که بگوییم: الذاتی لایختلف و لایتخلف. «حکم سیاسی» از اصل موقت و تابع شرایط است. امروز ما بنا به مصلحتی با قومی پیمان می‌بندیم و فردا بنا به مصلحتی دیگر پیمان را می‌شکنیم، امروز صلح می‌کنیم، فردا می‌جنگیم. امروز رابطه نداریم، فردا رابطه برقرار می‌کنیم .

کسانی که اسلام و احکام اسلامی را سیاسی می‌دانند، باید به پیامدهای این ادعا به طور کافی توجه کنند و گردن بنهند و به همین قانع نباشند که گویی اسلام را از انزوا خارج کرده‌اند و به مسلمانان جواز عمل سیاسی داده‌اند. این درست است، اما پیامدهای آن به همین جا ختم نمی‌شود. امر سیاسی موقت است و لذا حکم سیاسی هم موقت است و دائمی نمی‌تواند باشد. بنابراین، ما رأی حضرت آیت‌الله منتظری را دربارهٔ سیاسی بودن حکم قتل مرتد و نجاست کفار چنین می‌فهمیم که پیامبر اکرم(ص) در این حکم‌ها

مصلحتی سیاسی را در کار آورده‌اند و لذا دست‌کم تا وقتی خلافش ثابت نشده، نباید آن‌ها را دائمی بدانیم و فقط در صورت احراز بقای مصلحت، باید حکم به دوام حکم بدهیم. این تفسیر البته با ظاهر کلام آیت‌الله منتظری و عموم فقها منافات دارد که معتقدند این احکام دائمی‌اند، مگر آن‌که خلافش ثابت شود. این احکام را جزء اصل و فلسفه سیاسی اسلام هم نمی‌توان دانست که بگوییم تغییرناپذیرند. این حکم‌های خُرد را در مرتبهٔ اصول نشاندن، معنایی برای اصول باقی نمی‌گذارند. عین این امر در اصل فقه و حقوق هم جاری است. اگر فقه را دانشی اجتماعی بدانیم، در آن صورت قانون سالاری و فقه سالاری بی‌معنا خواهد شد. و فقه از مقتضیات جامعه تبعیت خواهد کرد و راه خود را از آن جدا نخواهد نمود. به‌هرحال، اگر فقه و حقوق ماهیتی اجتماعی و سیاسی (به قول غزالی دنیوی) داشته باشند، نمی‌توانند از ماهیت خود تخطی کنند و مثلاً همیشه بر یك منوال بمانند. جامعه دنبال قانون نمی‌رود. قانون به دنبال جامعه روان می‌شود .

۲ـ۵. پرسش دیگر من از محضر آیت‌الله منتظری این است که اگر حکمی سیاسی و اجتماعی شد، آیا می‌توان برای آن مصالح نهانی و غیردنیوی (در عرض مصالح دنیوی آشکار) نیز فرض کرد؟ و اگر چنین باشد آیا آن مصالح نهانی دست و پای ما را در اجتهاد چنان نمی‌بندند که مالاً مصالح آشکار دنیوی را فدای مصالح نهانی یا اخروی کنیم؟ آیا اصلاً معنا دارد که یك حکم سیاسی واجد مصالح خفیه در عرض مصالح آشکار دنیوی باشد؟

آیا یك مورد رفتار سیاسی انعطاف‌ناپذیر و عوض نشدنی در تاریخ بشر دیده شده است که فی‌المثل دو طایفه همیشه با هم قهر باشند یا درصلح باشند؟ (کمونیست‌ها و امپریالیست‌ها هم با همه صلابت ادعایی در اصول، در عمل معلق‌ها زدند) .

رفتار سیاسی، مشارکت در یك مسابقه است و عکس‌العمل شما را عمل رقیب معین می‌کند و در چنین میدانی چه جای سخن‌گفتن از سیاست ثابت است؟ فرض مصالح خفیه در احکام اجتماعی و سیاسی فقه، آن را از «سیاسی» و «اجتماعی» بودن خارج می‌کند. بلی، اگر مصالح اخروی را در طول مصالح دنیوی بدانیم، که خودبه‌خود حاصل می‌شود، اشکالی به وجود نمی‌آید، اما اگر در حکم واحد دو نوع مصلحت اخروی و دنیوی را درعرض هم فرض کنیم، آن حکم در مقام عمل دیر یا زود کارایی خود را از دست خواهد داد، چون با داشتن چشمی به مصالح خفیه، از دادن تغییر لازم در احکام سیاسی عاجز می‌مانیم. فقه یا تماماً دنیوی است و آخرت تابع آن است، یا تماماً اخروی است و دنیا تابع آن، اما البته با یك فقه تماماً اخروی که دنیا تابع آن است و نیز با فقهی که مصالح اخروی و دنیوی آن در عرض یکدیگرند، نمی‌توانیم دنیا را اداره کنیم .

۲ـ۶. سؤال بعدی من چهره‌ای اصولی‌تر دارد: احکامی مثل نجاست کفار و قتل مرتد و احکام مربوط به قصاص و دیات و غیره، همه مستفاد از اخبار آحادند و اساساً اخبار متواتر و یقین‌آور، در سراسر فقه بسیار اندك‌اند. اصولیین هم در بحث از حجیت خبر واحد، عمل به خبر واحدی را که محفوف به قرائن است، در فروع عملی واجب شمرده‌اند. و برای این رأی خود دلایلی نقلی و عقلی بیان داشته‌اند. مهم‌ترین دلیل اصولیین این است که سیره عقلا چنین است. یعنی وقتی شخص یا اشخاص ثقه و معتمد خبری می‌دهند و تحذیری می‌کنند، ولو آن‌که خبرشان به حد تواتر نرسیده باشد، عقلا آن خبر را جدی می‌گیرند و آن را در عمل خود منظور می‌کنند. این را می‌پذیریم و به شبهات کسانی نظیر ابن‌قبه، سید مرتضی و دیگران در باب حجیت خبر واحد هم اعتنا نمی‌کنیم. اما در همین سیره عقلا بحث داریم. همه عقلا در آن هنگام که کار به نقض حقوق مردم می‌کشد و پای جان و آبرو به میان می‌آید، حکم به

احتیاط و توقف می‌دهند. یعنی اگر سیره عقلا را مبنا قرار دهیم، انصافاً چنین نیست که اگر چند خبر از این و آن رسید که فوری کسی را بکشید، عقلا به‌راحتی به آن اخبار آحاد عمل کنند. از قضا سیره عقلا حکم می‌کند در این گونه موارد در نهایت احتیاط عمل شود و تعرض به حقوق دیگران به راحتی مجاز و روا شمرده نشود. سخن هیوم این بود که هر خبری هر حادثه‌ای را ثابت نمی‌کند و سخن ما این است که هر خبری هر تکلیفی را تثبیت نمی‌کند. میان خبر و حادثه یا خبر و تکلیف نسبت معکوس وجود دارد. هر چه حادثه عجیب‌تر باشد، خبر مشکوک‌تر می‌شود؛ همین‌طور است تکلیف، که هرچه سنگین‌تر و منافی‌تر با حقوق مسلّمه باشد، ضعیف‌تر تلقی می‌شود و از حجیت می‌افتد. مسائل قتل مرتد، سنگسار کردن و چیزهایی از این قبیل را انصافاً نمی‌توان با ادله مربوط به حجیت خبر واحد تحکیم کرد، و در این موارد به قرائن و ادله‌ای بیش از آن حاجت داریم. خلاصه اگر مهم‌ترین دلیل حجیت خبر واحد، سیرهٔ عقلا باشد، وقتی که خبر واحد با حقوق انسان در تعارض قرار می‌گیرد، به اقتضای همان سیرهٔ عقلا از حجیت می‌افتد و لذا باید احتیاط کنیم و در پی ادله و قراین محکم‌تری باشیم و در غیر این صورت توقف کنیم .

۲ـ۷ . نکته دیگری که می‌خواهم با حضرت آیت‌الله منتظری در میان بگذارم این است: استشمام من از کلّ مطلبی که در پاسخ به نشریه کیان مرقوم کرده‌اند، این است که گویی ایشان مخاطب حکم الهی را انسان فراتاریخی یا غیرتاریخی می‌دانند (و به طور کلی موضوعات احکام را موضوعاتی فراتاریخی گرفته‌اند، گویی سفر همیشه موضوعی واحد است یا نکاح یا قتل یا ...) این پیش‌فرض نه فقط در نوشتهٔ ایشان، بلکه در نوشتهٔ عموم فقها به چشم می‌خورد. گویی این بزرگواران معتقدند که انسان از آن حیث که انسان است و فطرت و ماهیت انسانی معین و ثابتی دارد، مخاطب احکام الهی است، نه انسانی که تاریخی است و در جامعه خاصی زندگی می‌کند و مشمول تحولات ذهنی و اجتماعی و سیاسی و .... می‌شود. در ملاحظاتی که اخیراً به رساله‌ها افزوده شده است، حکم نماز خواندن در کرهٔ مریخ، یا تیمم در کرهٔ ماه، یا سن بلوغ در آن کرات و امثال آن را ذکر کرده‌اند. این نمونه‌ها حکایت از آن دارد که گویی فقها انسانی فرضی و ثابت را که در همهٔ ادوار وجود داشته و وجود خواهد داشت، مخاطب احکام شرعی گرفته‌اند. این پیش‌فرض در عرصهٔ عبادیات محضه چندان اشکال و اختلالی پدید نمی‌آورد. اما در عرصهٔ سیاست و اجتماع بسیار غریب می‌نماید و محصولات عجیبی به بار می‌آورد .

به‌هرحال مهم است بدانیم که ما مخاطب احکام شرع را در باب معاملات و در عرصهٔ سیاسی و اجتماعی «انسان فطری» (یعنی آن حداقل و قدر مشترکی از انسانیت که در همهٔ

انسان‌ها و الی یوم القیامه وجود دارد) می‌دانیم، یا «انسان بالفعل موجود» که از لحاظ شرایط فرهنگی، اجتماعی، اقتصادی، عقلائی و غیره در هر دوره‌ای مشخصاتی دارد. اگر فرض اول را بپذیریم، دیگر نمی‌توانیم بگوییم بعضی از احکام سیاسی‌اند، بعضی اجتماعی‌انـد، بعضـی دیگر (مثل بلـوغ دختر در ۹ سالگی) مربـوط به فلان جامعه‌اند، یا بعضی احکام (مانند ضمان عاقله) مربوط به زندگی قبیله‌ای‌اند. به نظر می‌رسد وقتی ما با احکام سیاسی و اجتماعی سروکار داریم، مخاطب‌مان انسان تاریخی است، یعنی انسانی که بر روی خاك فرهنگ می‌نشیند و در زیر سقف تاریخ زندگی می‌کند و لذا در آن احکام، شرایط مربوط به آن انسان مندرج و ملحوظ است. و بر عهدهٔ فقهیان و محققان است که با چشم مسلح، آن شرایط را (که غالباً ذکر نمی‌شوند) ببینند و بیرون بکشند و اطلاق مزعوم این قبیل احکام را مورد تجدید نظر قرار دهند. ربط وثیق احکام فقهی اسلام با نحوه معیشت اعراب و بنیه و مزاج و جغرافیا و تاریخ و روانشانسی آنان (به تصدیق کسانی چون ولی الله دهلوی) بیشتر از آن است که بتوان انسان مجرد و مطلق را مخاطب آن‌ها فرض کرد. لذا «ترجمه فرهنگی» ظاهراً تنها کاری است که در این‌جا می‌توان به‌عمل آورد. وقتی سخنان امام علی در مورد زنان را مطلق نمی‌گیرند و آن‌ها را ناظر به زنان بالفعل موجود آن زمان می‌گیرند، چرا ملاك را توسعه ندهیم و سراغ ذات مجرد از تاریخ انسان برویم؟

آیا الگوی فقیهان در مورد فقه عمدتاً عبادات نبوده است و ایشان از آن موضع تکلیف معاملات را نیز معلوم نکرده‌اند؟ به نظر من، فقیهان احکام باب معاملات را از روی عبادیات محضه قیاس گرفته‌اند و همه را به یکسان ابدی و مستقل از شرایط و واجد مصالح خفیه دانسته‌اند.

علاوه بر نکات فوق خوب است در نظر آوریم که اسلام در طول تاریخ خود دو دورهٔ مهم را از سر گذرانید: دورهٔ تأسیس و دورهٔ استقرار. آیا نباید کاوش شود که چه مقدار از احکام فقهی مربوط به دوران تأسیس و ناشی از اقتضائات آن دوران بوده است، و چه مقدار از آن‌ها مربوط به دوران استقرار؟ آیا نمی‌توان گفت که احکامی نظیر احکام مربوط به کفار و مرتدان (همچون مساوی نبودن حقوق‌شان با مسلمانان، وجوب قتل مرتد) و غیره مربوط به دوران تأسیس‌اند (یعنی دوران انقلاب و مدیریت انقلابی و تلاطم احوال و ...) و دوران استقرار اساساً حکم و اجتهاد دیگری می‌طلبد؟ و آیا اگر احکام شرعی را از این منظر مورد ملاحظه قرار دهیم، احکام فقهی ما دست‌خوش تحول اساسی نخواهند شد؟

۳. بحث آخر من بیشتر به علم فقه از آن نظر که علم فقه است، مربوط می‌شود. ماهیت این علم می‌تواند معلوم کند که چه مقدار بار بر دوش آن می‌توان نهاد.

به طور بسیار خلاصه و مجمل از نظر بنده برخی از ویژگی‌های علم فقه از این قرار است :

اول: علم فقه از آن نظر که یك علم بشری است همواره ناقص است و امکان تکامل بیشتر و بیشتر دارد. نه فقط تحقیقات درون فقهی، بل تحولات علم اصول می‌تواند علم فقه را شدیداً متحول کند و لذا ادعای کمال برای آن بی‌وجه است .

دوم: علم فقه علمی دنباله‌روست، یعنی جامعه‌ساز و طراح و برنامه‌ریز نیست، بلکه وقتی جامعه ساخته شد و شکل و صبغهٔ خاصی به خود گرفت، فقه احکام آن را صادر می‌کند. فقیهان نه توسعه آوردند، نه بیمه، نه انتخابات، نه تفکیك قوا، نه بردگی را لغو کردند و نه نظام ارباب رعیتی را ... بل در مقابل همهٔ این‌ها موضع‌گیری کردند. و رفته‌رفته به آن‌ها با اکراه رضایت دادند .

سوم: علم فقه همچون علم حقوق علمی است حیلت‌آموز و همین، خصلت شدیداً دنیوی آن را نشان می‌دهد .

چهارم: علم فقه، علمی ظاهربین است، یعنی به ظواهر اعمال و اعمال ظاهره کار دارد. حتی اسلام‌آوردن زیر شمشیر را هم، اسلام محسوب می‌کند. جامعه فقهی لزوماً جامعه‌ای دینی نیست .

پنجم: فقه موجود با یك اخلاق نازل، یك هنر نازل و یك عقلانیت نازل و یك سطح معیشت نازل هم می‌سازد و جامعه فقهی، لزوماً یك جامعه پیشرفته مدرن را اقتضا نمی‌کند .

ششم: علم فقه علمی مصرف‌کننده است. و علم فقه موجود مصرف‌کنندهٔ جهان‌شناسی و انسان‌شناسی و زبان‌شناسی و جامعه‌شناسی کهن است و به همین سبب اجتهاداتش مقنع و پاسخ‌گو نیست. این مصرف‌کنندگی نه فقط نسبت به معارف درجه دوم که نسبت به معارف درجه اول هم تحقق دارد .

هفتم: علم فقه، علمی اقلّی است. یعنی اقلّ احکامی را که برای رفع خصومت لازم است می‌دهد ولا غیر. نه این‌که حداکثر کاری را که برای اداره و تدبیر زندگی ممکن است، بیاموزد .

هشتم: علم فقه، علمی است متأثر از ساختار اجتماع. به عبارت دیگر علمی است اجتماعی و سیاسی و لذا تابع مقتضیات اجتماع و سیاست و درخور آن‌ها، نه برعکس، و سیالیت آن‌ها فقه را هم سیال می‌کند. و باز به عبارت دیگر، جهان و تاریخ را فقه و فقها نمی‌سازند. بلکه جهان و تاریخ تحول خود را دارند و فقه از پس می‌آید تا در جهانِ تحول‌یافته و واجد چارچوب و روابط جدید، زندگی را برای آدمیان مطبوع‌تر و بی‌کشمکش‌تر کند (آن هم به نحو اقلّی) .

نهم: علم فقه کنونی علمی تکلیف‌مدار است نه حق‌مدار .

دهم: علم فقه کنونی قائل به مصالح خفیه در احکام اجتماعی است و همین مایهٔ کندی، بل توقف حرکت آن شده است .

علم فقه را (به معنی همین فقه موجود) تاکنون بسیار جدی گرفته‌اند و آن را قائمه جامعهٔ دینی کرده‌اند، و در میان علوم دینی به آن رشد و فربهی بیشتری بخشیده‌اند و سعادت عاجل و آجل آدمیان را در گرو و تابع آن نهاده‌اند، و آن را علمی ابدی و کامل و برای همهٔ جوامع و همهٔ ادوار تاریخ دانسته‌اند، اما مجموع خصایصی که برای علم فقه برشمردیم موجب می‌شود که دست‌کم در تمام این امور به چشم تردید نگاه کنیم. بنابراین، پرسش نهایی من از آیت‌الله منتظری این است که ما تا چه حد حق داریم چنین علمی را مدار زندگی و مبنای حقوق و ملاك تصمیم‌گیری دربارهٔ جان و ناموس مردم قرار دهیم؟ آیا علم فقه موجود تاب کشیدن چنین بارگرانی را دارد؟ و آیا اتکای رهبر فقید انقلاب به ولایت فقیه و اختیارات حاکم اسلامی، خبر از این نمی‌داد که علم فقه موجود آمادگی حل مسائل تازه را ندارد و «اجتهاد مصطلح حوزه‌ها کافی نیست» و علم فقه در خور دنیای کهن است، نه دنیای جدید؟ و آیا ایشان به‌حقیقت حاجت به بنایی نو در مفهوم تشریع و شارع را در پرده «ولایت فقیه» بیان نکردند و آیا معنایی جز این در نظر داشتند؟

بر ما بسی کمان ملامت کشیده‌اند(۱)

به دنبال مصاحبه اخیر صاحب این قلم در باب اپیدمی کرونا و کارکرد دین و خدا (زیتون، فروردین ۱۳۹۹) چند تن از عالمان و عامیان قدم به میدان نقد و جرح نهادند و در دفاع از ساحت روحانیت و دیانت، سخنان نرم و درشت فراوان گفتند و نگارنده را به اصناف نکوهش فرو کوفتند. در این تیرباران بلا:

می‌شنیدم فحش و خر می‌راندم
رَبِّ یسِّر زیر لب می‌خوانـدم[1]
هر زمان می‌گفتم از سوز درون
اِهدِ قومی اِنَّهُم لایَعلَمـــون[2]

و ابن‌فارض‌وار زنهارگویان با خود می‌خواندم: «اَنا القَتیل بِلا اِثمٍ وَ لاحَرَج»! پس به حکم خرد و انصاف واجب آمد تا نقدها را پاسخ گویم و ظلمت شبهات را به نور تبیین طهارت کنم. سخنان من هیچ جا و هیچ‌گاه، نه خصمانه است و نه ویران‌گرانه، بل همه جا حبیبانه و طبیبانه و نیک‌خواهانه است؛ و البته:

---

۱. مولوی، *مثنوی معنوی*، دفتر دوم، ۱۹۳۴

۲. همان، ۱۹۳۶

نیکوان را رهنمایی می‌کنـــم
شاخ‌های خشک را بَر می‌کنم[۱]

شفقت بر خلق و بر دین ایجاب می‌کند تا روشنفکران دینی با خرافات درآویزند و خرافه‌گستران را ملامت و شماتت کنند و سخت‌گیرانه دست ردّ بر سینه نامحرمان و دین‌فروشان بزنند و خلق را از راهزنی‌های مقدّس‌نمایانه و عوام‌فریبانه آنان برحذر دارند. نیک پیداست که درآویختن با خرافات ستبر کهن، هزینه بسیار دارد، علی‌الخصوص آن‌جا که جامه دین بر خود بپوشد و چهره مظلوم تقدّس به خود بگیرد. امروز که عرضیات دین، جا را بر ذاتیات آن تنگ کرده، فروع از اصول سَبَق برده و مستحبّات و سنن برتر از واجبات نشسته، و مدّاحْ، پایْ در نعلینِ عالِمِ دین کرده، و امامت، حاجبِ نبوّت شده و فقه فرسوده بی‌اخلاق و بی‌حقوق، فربه‌تر از تفسیر و کلام شده و انبان واعظانِ تهیدست، آکنده از جهل مقدّس گشته، و خرافات و روایات دروغین و افسانه‌ها و افسون‌های خردستیز، همه جا شاهد بازاری شده و دیانت در خدمت حکومت درآمده و حوزه فقهیّه، استقلال و استغنای خود را درباخته و بنگاه بانگ و رنگ به نشر یاوه‌های جاهلان همّت گماشته، «بارض عالمُها مُلجَم و جاهلها مُکرم»، البته دم‌زدن از دینداری معرفت‌اندیش، که سر سوزنی با آن احوال و اوضاع سر آشتی ندارد، غلتیدن در خون خویشتن است و لذا جای عجب نیست که کاسبان و حامیان نظم موجود، به ستیزه برخیزند و ناصحان و ناقدان نیک‌خواه را به تیر ملامت و ملعنت بدوزند و حتی نام کسروی را در میان آورند و برق شمشیر تهدید و تکفیر را نشان‌شان دهند تا مگر واپس بنشینند و خموشی بگزینند. زمانه غریبی است. روحانیت تا ابد باید شرمنده باشد که پنجه در خون کسروی کرده است. او هر که بود و هر چه گفت مستحق قتل و قاتلش مستحق تجلیل نبود، حالا به جای توبه و تراجع، سرنوشت او را مفتخرانه به رخ دیگران می‌کشند و در خیال بیمار خود، کسروی‌های دیگر می‌تراشند و می‌کشند!

گفته بودم پاره‌هایی از *مفاتیح‌الجنان* شیخ عباس قمی معیوب و مشکوک است (که البته و بی‌شک چنین است). روحانی نامهربانی در جواب من نوشته که بلی کسروی هم مفاتیح‌سوزی کرد (که یعنی به عاقبت کار خویش بیندیش!). آیا این است جواب یک نقد ناصحانه؟ آیا دفاع از زیارت‌نامه *مفاتیح‌الجنان*، که نه از اصول دین است و نه از فروع آن، آن‌قدر مهم است که قطعه‌ای ننگین از تاریخ روحانیت بازآفرینی و نظیره‌سازی شود؟ خوب است

۱. همان، دفتر دوم، ۲۶۷۹

که یکی از اهل حرم این کار ناهنجار را تکرار کرد نه اغیار و نامحرمان! (شیخ حسن تبریزی، طبیب خودخوانده اسلامی که اخیراً کتاب طبّ هریسون را در مشهد سوزاند). گویا خداوند اینان را برای بزک کردن و توجیه‌گری و لاپوشانی آفریده است! الفاظ روایات و زیارات نامعتبر را آن‌قدر می‌پیچانند و می‌گردانند تا از دل آن متون معوج، معنای مستقیمی برون آورند، چون شعبده‌بازی که از میان دستمالش ناگهان پرنده‌ای را پرواز می‌دهد! به جای غربال‌گری، توجیه‌گری می‌کنند! بیایید این دینداری گران‌بار و تنبل را سبک و چالاک کنید! وظیفه شما تراش‌دادن است نه دلیل‌تراشی کردن!

آورده بودم که در احادیث اصل بر ردّ و نفی است، مگر خلافش ثابت شود. اکنون هم بر همانم. و آن‌که تاریخ حدیث را می‌داند، اذعان می‌کند که شرط احتیاط جز این نیست. علّامه مجلسی در *مرآت‌العقول* نوشت که احادیث تحریف *قرآن* در حدّ تواتر است و آیت‌الله خویی در *البیان فی تفسیر القرآن* آورد که همه آن روایات متواتره (!) از اعتبار ساقط‌اند. این است حریف ای دل تا باد نپیمایی.

دست مجلسی درد نکند که *بحارالانوار* را پدید آورد و البته هیچ‌گاه نگفت که غثّ و سمین و رطب و یابس و منقولات نامعقول را بر هم می‌نهد و به هم می‌آمیزد تا حفظ «تراث» شود (به قول توجیه‌گران امروزی)؛ بلکه *بحارالانوار* را جامع دُرر اخبار دانست و خود به شرح آن‌ها پرداخت. مرا با این کتاب انس دیرین است، چنان‌که با کتب روایی دیگر در شیعه و سنّی. امّا حرف من این است که او کار خود را کرد؛ جزاه الله خیراً. شما امروزیان چرا وظیفه خود را به‌جا نمی‌آورید؟ چرا نقد و غربال نمی‌کنید؟ چرا می‌گذارید دیگران کشف عیب کنند و شما لاپوشانی و بزک کنید؟ چرا اجازه می‌دهید که واعظان، از این «دریای بی‌پایان انوار» خزف‌ها را بیرون کشند و به نام گوهر به دیگران بفروشند. به منابر نظر کنید، به مدّاحان، به صندوق بانگ و رنگ، تا خشونت سیلاب‌ها را دریابید. سیل‌بندهاتان کجاست؟ گریبان چند روشنفکر دیندار حق‌طلب و خرافه‌ستیز را گرفته‌اید تا با فروکوفتن‌شان سر راحت بر بالین بگذارید؟ باور کنید نشانه‌گیری‌تان خطاست. عیب و فساد در میان خودتان است.

تو با دشمن نفس هم‌خانه‌ای
چه در بند پیکار بیگانه‌ای[1]

می‌دانم قبول ندارید، امّا آن‌قدر که بر صنف‌تان غیرت می‌ورزید، بر دین خدا غیرت

---

۱. سعدی، *بوستان*، بابت هفتم در عالم تربیت

نمی‌ورزید. خدا را شاهد می‌گیرم که دلم می‌لرزد وقتی می‌بینم مبلّغی نابالغ سخنی را ناسنجیده و نیازموده به پیامبر نسبت می‌دهد! با خود می‌گویم این گستاخی را از کجا آورده است؟ آخر «قال رسول‌الله» گفتن، هزار شرط دارد. تو این اطمینان را از کجا آورده‌ای که می‌گویی پیامبر یا علی چنین گفت و چنان کرد؟ من نام این طریقه نکوهیده را دینداری بی‌پروا می‌گذارم در مقابل دینداری باپروا که از آنِ دینداران معرفت‌اندیش است و در خرج کردن احادیث حزم و خسّت بسیار می‌ورزد.

این گستاخان، اقوال و معجزات را مثل نُقل و نبات نقل می‌کنند و به پیامبر و امامان نسبت می‌دهند، و پروا نمی‌کنند و البته در انبان‌شان جز این نیست! اگر حوزه علمیه به آنان تکلیف کرده بود که *قرآن* و تفسیرش را نیک بیاموزند (دست‌کم به اندازه فقه و اصول)، *نهج‌البلاغه* را به جدّ در مطالعه گیرند، یک دوره *المحجةالبیضاء* فیض کاشانی را (که مرحوم علامه طباطبایی بسیار می‌پسندید و من خود بهره‌های عظیم از آن برده‌ام) به‌کمال و به‌دقت بخوانند و مباحثه کنند، با سعدی و حافظ و مولانا و عطّار و فردوسی انسی حاصل کنند و تاریخ ایران و اسلام و جهان را هم تحت نظر استاد مطالعه کنند (و این اقلّی از قلیل است) و با علم جدید و الهیات جدید و ادیان دیگر آشنا شوند، آن‌گاه و البته منبرهاشان بسی عالمانه‌تر و سودمندتر می‌بود و دل از پیر و جوان می‌برد و دیگر حاجتی به ذکر خرافات پُرآفات و روایات بی‌اساس نداشتند. اغلب خروجی حوزه‌های علمیّه، امروزه فقط در خورِ عوام‌الناس و عجایز است و عامیان هم خریدار همان خوراک ها و خرافات‌اند! و چنین است که این حلقه معیوب داد و ستد، هیچ‌گاه نمی‌شکند. دینداری معیشت‌اندیش که جبری و ارثی و تقلیدی است، مستعد آفات بسیار است و فقط با تقویت دینداری معرفت‌اندیش عالمانه است که آن آفات، کاسته و زدوده خواهند شد.

آخر این فقه بی‌حقوق بی‌اخلاق چه افتخاری دارد که عمود خیمه دیانت و رکن رکین حوزه علمیه شده است؟ آیا افتخاری دارد که فقه‌شناسی فقیهان بر قرآن‌شناسی‌شان می‌چربد؟! کجاست غزّالی که بر فقیهان ناپارسا بانگ برآورد و غرورشان را بشکند و آنان را به اخلاق و *قرآن* دعوت کند؟ کجاست حافظی که بانگ برآورد: «ریا حلال شمارند و جام باده حرام»؟! کجاست سعدی تا بگوید «نظر حرام نمودند و خون خلق حلال»؟! بالاتر از این، کجاست عیسای ناصری تا فقیهان یهودی را افعی و عقرب بخواند (انجیل متی) و آنان را چون گوری بداند «درون مردار و بیرون مشک و کافور»؟ بل، کجاست *قرآن* کریم تا بانگ عتاب‌آلود در اندازد که: «إِنَّ كَثِيرًا مِنَ الْأَحْبَارِ وَالرُّهْبَانِ لَيَأْكُلُونَ أَمْوَالَ النَّاسِ بِالْبَاطِلِ»[1]

---

۱. توبه/۳٤

آیا فقیهان در همان دفتر احادیث خود نخوانده‌اند که هر چه در تاریخ اهل کتاب رخ داد در امّت اسلام هم رخ خواهد داد: «لَتَتْبَعُنَّ سَنَنَ من کان قَبْلَکُمْ شِبْرًا بشبر وَذِرَاعًا بِذِرَاعٍ»[1] چرا روحانیان اسلام و تشیّع مصون و معصوم باشند؟ و این گمان‌ها در حقّ آنان نرود؟ آیا افتخارآور است که مرجع شیعی ترجمه‌ای فارسی از *قرآن* منتشر کند که ۱۸۰۰ غلط مسلّم دارد؟ (*قرآن*، ترجمه مکارم شیرازی، تحلیل و نقد مرتضی کریمی‌نیا). چرا یک‌هزارم عتابی را که بر روشنفکران می‌بارند، بر هم‌کسوتان خود نمی‌بارند. کدام روحانی بر امام جمعه مشهد و قم هجوم آورد که چرا با بی‌تقوایی تمام برای رهبری کرامت می‌تراشید؟ آخر در این جامه چیست که قداستش از حرمت دین خدا بیشتر شده است؟ شیخ اجلّ کجاست تا بگوید:

مردی که هیچ جامه ندارد، به اتفـــاق
بهتر ز جامه‌ای که در او هیچ مرد نیست![2]

مرا نکوهیده‌اند که به سودای علّامه‌گی، بر همه خرده می‌گیرم و جاهلانه عالم‌نمایی می‌کنم! والله این وصله‌ها ثبوتاً و اثباتاً به من نمی‌چسبد، امّا، خوب است روحانیان ناپارسا به خود نظر کنند که فراخ‌دستانه القاب آیت‌الله و استاد و علاّمه را به این و آن می‌چسبانند و باکی از تقدیس‌های بی‌محل ندارند. آخرینش حضرت علاّمه منیرالدین حسینی که نه فقیه بود و نه حکیم و نه مفسّر، و در هفت اتاق فرهنگستانش یک اجاق روشن نداشت، و جز پُرگویی و تیره‌گویی کاری نمی‌کرد، ولی وارثانش اینک از او آفتابی عالم‌تاب ساخته‌اند که گویی شقّ‌القمر می‌کرد. یا به حضرت بی‌بضاعت آیت‌الله صادقی رشاد نظر کنید که نشسته است تا کسی بمیرد و او مرثیه‌ای در سوگش بنگارد. وی همین که محاسن سپید کرد و عصا به‌دست گرفت سودای آیت‌اللهی در دماغش دوید و درس خارج فقه و خارج اصول را در مدرسه دین‌العجایز دایر کرد و سفارش داد تا در رسانه‌ها لقب آیت‌الله را به عقبش بیاویزند!

نشان مرد خدا عاشقی ست با خود دار
که در مشایخ شهر این نشان نمی‌بینـم[3]

---

۱. *صحیح البخاری*، ج۲، ص ۲۶۶۹
۲. سعدی، *مواعظ*، قطعات
۳. حافظ، *غزلیات*، غزل ۳۵۸

به هر یک از این سوداگران که نظر می‌کنم بیاد خدا که نمی‌افتم هیچ، بل به قوّت پنجه و غلظت کمند شیطان ایمان می‌آورم که چگونه صیدهای لاغر خود را از میان روحانیان ناپارسا برگرفته است. حالا همین غاصبان و کاسبان دین در انتظار مرگ و زوال روشنفکری دینی نشسته‌اند. هم خود آن را به دل و به دعا آرزو می‌کنند و به عادت مألوف در مجلس ختمش می‌نشینند، هم اصحاب و اذنابِ آتش به اختیارشان را در رسانه‌ها می‌گمارند تا شایعه مرگ آن مسلک مبارک را در گوش مریدان غافل فرو خوانند و آنان را از گمراهی برهانند! روشنفکری دینی بمیرد که چه بشود؟ در این عصر پرشبهه و پرشائبه مگر راهی دیگر برای دینداری باقی مانده است؟ روشنفکری دینی، شریعتی سمحه و سهله، چُست و چابک و آسان، اقلّی و لاغر، عالمانه و بی‌خرافه، معرفت‌اندیش و تجربت‌اندیش، زدوده از زواید، منحصر در ضروریات و قطعیّات و ذاتیّات، بی‌روحانی و بی‌مزد و اجرت عرضه می‌کند و واسطه‌ها را درمی‌نوردد تا دست دینداران را بی‌واسطه و بی‌رابطه در دستان نوازشگر خداوند بگذارد. نه بر دوش دین، باری گران می‌نهد، نه بر دوش دینداران! و از دل دین، فقه حکومت و فقه اقتصاد و فقه انرژی اتمی و فقه سیّارات منظومه شمسی و علوم انسانی اسلامی در نمی‌آورد و انتظارات از دین را چنان کوچک و اندک و دایره دینداری را چنان فراخ می‌کند تا هر حقیقت‌جویی محرم حریم آن شود. در این مسلک نه تکفیر است و نه تفسیق، نه لعن، نه احساس برگُزیدگی، نه غلّو، نه فقه متورّم، نه الوهیتی انسان‌وار، نه انسان‌هایی الوهیّت یافته! در این‌جا دین ابزار و وسیله و مرکب و مکسب نیست، بل خود غایت است. این کجا و روحانیان ناپارسا و قشری و مریدپرور و آیت‌الله‌تراش و مرتزق و عوام‌زده کجا که دین را چون ابزاری به‌کار گرفته‌اند و سقف معیشت و قدرت را بر ستون شریعت نهاده‌اند و تحمل کمترین انتقاد را ندارند و محتسب‌وار شمشیر برهنه تکفیر را در دست می‌گردانند و چنان سخت و متعصبانه به سنّت‌های فرسوده کهن آویخته‌اند که حاضراند ایمان‌ها بر باد رود، امّا زیارت‌نامه‌ای از یاد نرود؛ آن هم زیارت‌نامه‌ای با الفاظی زشت چون «انزع بطین» (کچل شکم‌گنده) در خطاب به امام علی در مفاتیح‌الجنان! روحانیان ناپارسای ما حاضراند پای کسروی را به میان بکشند و چوبه دار بر پا کنند، امّا این دو لفظ فاخر(!) را (که گویی قداست عرشی و شرعی دارند)، از دست ندهند و صدگونه قلم‌گردانی می‌کنند تا توجیهی برای آن‌ها دست و پا کنند، گویی خدا آنان را برای توجیه و بزک آفریده است و بس. و با این درجه از قشری‌گری و سنّت‌پرستی و خامی و تعصب و سخت‌گیری، می‌خواهند از جوانان دل‌ربایی هم بکنند! روحانیت ناپارسای ما هیچ‌گاه زمام ذهن و ایمان فرهیختگان را در دست نداشته است و دانشگاه‌ها هیچ‌گاه زیر نگین ولایت آنان نرفته و نبوده است. آنان برای عوام‌اند

و عوام برای آنان. «هُنَّ لِباسٌ لَکُمْ وَ أَنْتُمْ لِباسٌ لَهُنَّ»[1]. وحدت حوزه و دانشگاه از همان ابتدا افسانه‌ای بود که حتی خواب‌آور هم نبود. چگونه وحدت کند پیاده‌ای که از اسب اوفتاده است با سواره‌ای که خنجر تکفیرش آخته و آماده است؟

روحانیان محترم! والله اگر این مزارات و آستان‌ها و اماکن «متبرکه» از صفحه خاک پاک شوند، اسلام و ایمان کسی، صورتاً و مادّتاً نقصان نمی‌پذیرد. در تکثیر و تفخیم آن‌ها چندین نکوشید و خود را چون مزاربانان جلوه ندهید. آن‌ها نه از اصول‌اند، نه از فروع. از دور هم می‌توان به بزرگان درود فرستاد. این همه تعلّق و تعصّب به خرج ندهید تا به کاسبی و دکان‌داری متّهم نشوید. شما آمده‌اید تا مرزبان دین باشید نه مزاربان. مساجد را آباد کنید که خانه‌های راستین خداوندند. مساجد را مدرسه کنید و خود معلّمان عالِم آن‌ها باشید. بیاموزید و بیاموزانید. به اندیشه‌های جدید رو کنید. خرافه نپراکنید و در نسبت دادن قولی یا فعلی به رسول اکرم و ائمّه هدی سخت محتاط باشید. *قرآن* را خوب بخوانید و آن را تارک معلومات دینی‌تان قرار دهید نه فقه و مسأله‌گویی را. به آن‌چه اهمیت ندارد اهتمام نورزید. پیوند مردم را با خدا محکم کنید و آخرت‌شان را آباد کنید. آنان خود با خرد خدادادی دنیاشان را آباد خواهند کرد. جایی هم برای خرد بگذارید و همه چیز را از دین نخواهید. والله تربیت یک انسان پاک و شریف به جهانی می‌ارزد. «باید از چیزی کاست تا به چیزی افزود». بسی سخنان در کتب علما به نام دین هست که می‌توان فرو نهاد و آن‌ها را فدای مطالب و مصالح اهمّ نمود. بر سر فلان روایت یا حکایت مجعول و مشکوک چانه نزنید. زبان زمانه را بیاموزید. از سر ترفّع و استعلا با خلایق سخن مگویید. آنان را عوام کالانعام نخوانید و ندانید. باور کنید شما ناسوتی هستید نه لاهوتی! به تواریخی چون *منتهی‌الآمال* و *بحارالانوار* اعتماد نکنید! مطالعه را از دست نگذارید. هفته‌ای یک کتاب تازه بخوانید. شما کاری جز این ندارید. دنبال شناختن باشید نه محکوم کردن و فرو کوفتن این فکر یا آن شخص. این عادت زشت را فرو گذارید که با نهادن لقبی یا چسباندن وصله‌ای، تکلیف فکری یا صاحب فکری را روشن کنید. نه از وهّابی و سنّی و اشعری استفاده کنید نه از کمونیست و غربزده و سکولار و لیبرال. آن برچسب‌ها به کار جدال و جنجال می‌آیند نه اقناع و استدلال.

کسی از همین ناقدان مرا «دئیست» خوانده بود. نمی‌دانم چقدر در معنای آن غور کرده است. کسی که تابع (بل خادم) رسول و قائل به دعاست نمی‌تواند دئیست باشد. « فَاسْأَلُوا أَهْلَ الذِّکْرِ

---

۱. بقره/۱۸۷

إِنْ كُنْتُمْ لَا تَعْلَمُونَ»[1]. دیگری گفته بود که من به کیان تفکر دینی حمله‌ور شده‌ام. نه! من جهل مقدس و بی‌فکری و ناپارسایی را فرو کوفته‌ام. آن دیگری مرا دنیاگرا خوانده بود! والله دنیا را بر من عرضه کردند و ابواب مناصب را بر من گشودند و من از آن گریختم. «أَرَادَتْهُمُ الدُّنْيَا فَلَمْ يُرِيدُوهَا» (*نهج البلاغه*، خطبه متّقین). عین‌تان و عینک‌تان را بشویید یا بشکنید! دیگری نوشته بود فلسفه اسلامی مسأله شرّ را بمالامزید علیه حلّ و منحلّ کرده است. توصیه می‌کنم که این نویسنده عزیز نگاهی به کتاب خانم دکتر نعیمه پورمحمدی درباره شرّ که اخیراً انتشار یافته بیفکند و ضعف و قوت الهیات اسلامی را از آن‌جا قیاس گیرد.

این‌ها را مواجهه عالمانه و منصفانه نمی‌شمرند و با گوینده دردمندی که دغدغه اصلاح دین دارد، چنین سخن نمی‌گویند. شاید با خصومت‌ورزی‌های شما چندی نگذرد که دینداران از ایستگاه روشنفکری دینی هم عبور کنند و دیگر از تاک و تاک‌نشان نشانی نماند. ما را خصم خود ندانید و نخوانید. دشمنان ما و شما کسان دیگراند. ما را در اصلاح دین منفعتی و غنیمتی نیست. نه دکّانی داریم نه امکانی، نه صنفی نه فرقه‌ای، نه سودای سودی و مکسبی، نه هوای جاهی و منصبی، نه ضیاع و عقاری، نه شعار و دثاری و نه زکوات و صدقات و نفقاتی. کار ما تذکار بی‌تعارف و آسیب‌شناسی دینداری و روحانیت از بیرون است که شما سخت بدان محتاج‌اید. هیچ طایفه‌ای عیب خود را از درون نمی‌بیند و نمی‌گیرد و اگر بر سمند قدرت بنشیند، صد بار لنگ‌تر و ناتوان‌تر خواهد شد. ما به سرقت و غارت نیامده‌ایم، بل به عیادت و طبابت آمده‌ایم. ما را دردِ دین، نه فقر لقمه بر آتش نشانده و بدین جا کشانده است. آن هم در روزگاری که:

درون‌ها تیره شد باشد که از غیب
چراغی برکند خلوت‌نشینی[2]
نمی‌بینم نشاط عیش در کس
نه درمان دلی نه درد دینی[3]

سهم‌خواهی نمی‌کنیم، اما می‌گوییم که فهم دین از آنِ همگان است و سعادت عظیم‌تر از آن است که فقط به روحانیان سپرده شود.

---

۱. نحل/۴۳
۲. حافظ، غزل ۴۸۳
۳. همان، غزل ۴۸۳

خوش می‌دارم که در پایان، پاره‌ای از ابیات منظومه بلند «جَرَس جُنبانان اصلاح» را که در آستانه انتشار است، بیاورم تا ختام این کلام و کمال این مقال گردد:

دین وسیلت نیست بل خود غایت است
غایتی در خورد انسانیت است
شرع را ابزار کردن شرط نیست
آلت پیکار کردن شرط نیست
تیغ نبود تا به پیکارش بری
کاله نبود تا به بازارش بری
تو گمان داری که دین از آنِ توست
یا شراع شرع در فرمان توست؟
دیده وارونه بینی داشتی
غایتی را آلتی پنداشتی
ای سر از پا، پا ز سر نشناخته
تیغ را نیک از سپر نشناخته
عشق و ایمان نز برای زندگیست
زندگی از بهر عشق و بندگیست
ساختند این قوم از شرع نبی
مرکبیّ و مکسبیّ و منصبی
«فقر لقمه دارد او نه فقر حق
پیش نقش مرده‌ای کم نه طبق»
عاشقان را مذهب و ملّت خداست
کاسبان را خوی و خصلت چون گداست
عاشقان را بخشش و جوشش خوش است
کاسبان را سود بی‌کوشش خوش است
فقه چون در فقر و مسکینی رسید
روز روشنفکری دینی رسید
راه را بر علم و ایمان کرد باز
حبّذا خوانی برای اهل راز
گر تو باشی مغز دین را مشتری
آن نگین یابی در این انگشتری

رحم اللّه امرءً سمع حکما فوعی و دُعی الی رشاد فدنا و اخذ بحُجزة هاد فنجا؛ راقب ربّه و خاف ذنبه، قدّم خالصا و عمل صالحا[1].

والسلام علی من اتبع الهدی

عبدالکریم سروش

سوم اردیبهشت ۱۳۹۹ خورشیدی

توضیح ضروری

با توجه به انتشار اغلبِ نقدهای مورد اشاره در وب‌سایت «خبرگزاری مهر» و عطف به قانون مطبوعات و قواعد رسانه‌ها، این یادداشت پیش از انتشار از دو طریق به آن خبرگزاری ارسال شد و البته تا زمان انتشار این یادداشت، با بی‌مهری مواجه شد و پاسخی مثبت یا منفی در خصوص انتشار یا عدم انتشار نیافت.

---

۱. *نهج‌البلاغه*، خطبه ۷٦، (نسخه صبحی صالح)

برما بسی کمان ملامت کشیده‌اند(۲)

در پاسخ به فقیه محترم جناب آقای علیدوست شکرالله مساعیه [1]

یکم: به تجربه دریافته‌ام که ناقدان آراء صاحب این قلم از سه طایفه بیرون نیستند:

سیاسی‌کارانی هستند که شهوت شهرت و آرزوی آوازه کاذب دارند و مزدورانه و مزوّرانه برای ارباب قدرت کار می‌کنند تا به نام و نان و نوایی برسند، چون کیهانیان و مهرنامه‌نویسان و فرهنگ‌امروزیان و فیلسوف‌نمایان محبوب‌شان.

طایفه دوم آنان‌اند که اندیشه دگراندیشان را جدّی می‌گیرند و عالمانه و صادقانه به عزم کشف حقیقت، و یا از سر احساس تکلیف برای پیراستن رخسارهٔ دین از زنگار شبهات پا به میدان می‌گذارند. سعی‌شان مشکور و مأجور باد که به خلق و خالق خدمت می‌کنند و قافله دانش و دیانت را به پیش می‌رانند.

طایفه سوم ظاهراً نزدیک به طایفه دوم‌اند، با این تفاوت که نه اندیشه مخالف را جدّی می‌گیرند، نه برای نقد و جرح آن کسب آمادگی می‌کنند. به یک دو سخن حریف نظر می‌کنند و نظر می‌دهند و نمی‌اندیشند که برای نقد نافذ و صائب، آشنایی اجمالی (و گاه تفصیلی) به مواقف و معارف حریف فریضه حتمیه است.

---

۱ . منتشر شده در خبرگزاری رسمی حوزه

نقد آقای علیدوست، متأسفانه، از این جنس سوم است. ایشان از موضع استعلاء و استغناء چنان سخن حریف را مختصر گرفته که اولاً، فقط به نقل بخش اندکی از سخنان جلسه اول (که به غلط جلسه سوم پنداشته‌اند!) «دین و قدرت» پرداخته و همه نقد خود را بر نفی آن نهاده و به آثار پیشین گوینده نیم نگاهی نیفکنده تا مجملاتش مبیّن شود. ثانیاً، حتی زحمت بازکردن کتاب *المیزان* یا صحیح بخاری را به خود نداده‌اند تا ببینند که فلان حدیث یا فلان رأی را که صاحب «دین و قدرت» آورده، اصالت و اعتبار دارد یا نه؟ ایشان پیشاپیش به معلومات خود اتکا کرده و گفته است فلان سخنان به *المیزان* نمی‌خورد یا فلان حدیث «مَن بَدّل دینَه فَاقتُلوهُ» هیچ سند و منبع معتبری ندارد، درحالی‌که کافی بود از طلّاب و تلامذه خود بخواهند تا جستجویی کنند و نشان آن حدیث صحیح را در صحیح بخاری بیابند و اندیشه دیگر کنند. ثالثاً، ایشان حریف را چنان مبتدی و عامی پنداشته که گویا ابجدخوانی است که هنوز نمی‌داند در *قرآن* ۱۱۴ بار بسم‌الله الرحمن الرحیم آمده یا کلمات رحمت و حبّ و مغفرت و ... در آن پیدا می‌شود (و من این‌گونه سَبُک گرفتن خطاب و مخاطب را از طایفه روحانیان بسیار دیده‌ام). از ایشان می‌پرسم شما با چنین افراد نادانی چرا وارد بحث می‌شوید؟ و چرا تخم علم را در شوره‌زار جهل ضایع می‌کنید؟ بگذارید آن‌ها در ظلمات جهل خود غوطه بخورند، و شما دانش و درایت خود را خرج کسانی کنید که اقلّ قلیلی از مقدّمات را می‌دانند و دست‌کم از صفات رحمان و رحیم خداوند خبر دارند!

دوم: چنین می‌نماید که فقیه محترم از آن جنس آرایشگرانی است که مکلّفانه و متکلّفانه قائل و مایل به بزک‌کردن اسلام‌اند (و البته اسلام معتقد و مقبول خودشان) وگرنه کتمان ما انزل‌الله نمی‌کردند و بر پاره‌ای از وجوه ناخوشایند احکام فقهی پرده عیب‌پوش نمی‌افکندند! بر من خرده گرفته‌اند که چرا به حدیث بی‌پایه «من بدّل دینه فاقتلوه» (آن‌که دین خود را عوض کند، بکشید) استناد می‌کنی؟ و چنان وانمود می‌کنند که گویی اصلاً اثری و نشانی از قتل مرتدّ در فقه فریقین نیست و گویی مشهور فقها به آن فتوا نداده‌اند! نباید از یادشان رفته باشد که شهیدین اول و ثانی، شهید حکم ارتداد بودند و همین چند سال پیش فقیه دیگری از جنس خودشان، به نام محمّد فاضل لنکرانی حکم به قتل یک «مرتدّ» آذربایجانی داد، و وقتی او را پس از مرگِ فقیه مفتی به قتل رساندند، فرزند فقیه‌اش جواد فاضل لنکرانی، بر فرمان پدر صحّه نهاد و آن را محض صواب و ثواب خواند! ماجرای حکم قتل سلمان رشدی تا امروز هم به قوت خود باقی‌است. گیرم که آن حدیث مکذوب است (که نشان دادم که نیست)، آیا حکم قتل مرتدّ فطری و سابُّ النبیّ و نپذیرفتن توبه‌اش هم، حکمی کاذب یا نادر یا مجعول و مجهول است؟ و شما گمان می‌کنید که با تکذیب آن

روایت، خال عیبی را از چهره معشوق سترده‌اید؟ یا خبری را از بی‌خبران مستور داشته‌اید؟

سوم: فقیه محترم گویی اسلام را مساوی شیعه (آن هم شیعه غالی) گرفته‌اند و تاریخ اسلام را فقط از دیدگاه شیعی می‌بینند. وقتی سخن از تاریخ اسلام می‌رود، آن را پرورده و پرداخته خلفاء جور می‌دانند و ... وقتی دنبال حکمی یا حدیثی می‌گردند فقط از منابع شیعی کمک می‌گیرند: «فلان روایت درست نیست چون در منابع شیعی نیست»! آیا این است شرط تحقیق؟ حدیث «أُمِرْتُ أَنْ أُقَاتِلَ النَّاسَ حَتَّى يَشْهَدُوا أَنْ لا إِلَهَ إِلاَّ اللَّه...»[۱] (مأموریت یافته‌ام که با مردم بجنگم تا گواهی دهند معبودی جز الله وجود ندارد) نزد شیعیان خبری واحد است، ولی از نظر عالمان و محدّثان اهل سنّت چون جلال‌الدّین سیوطی و ابن‌حجر عسقلانی متواتر است. و در پنج صحیح از صحاح شش‌گانه اهل سنّت آمده است. اینک آیا شایسته است آن را نبینیم و نیندیشیم چه شد که این حدیث در وجدان و مخیال جمعی مسلمانان (آن هم عالمان، نه عامیان) متبوع و مطبوع افتاد و کسی در سند و دلالتش تردید نکرد، و حالا تحت فشار اندیشه‌های لیبرال و حقوق بشری ناگهان مشکوک و مطرود افتاده است؟

چهارم: چنین می‌نماید که فقیه محترم چنان متوغّل در فقهیات‌اند که از دیگر علوم و فنون اسلامی فاصله گرفته‌اند. نوبت اوّل که نقد ایشان را در دفاع از یک منبری شنیدم، گفتم چه شده است که ایشان به‌پا خاسته‌اند و همه غیرت و همّت خود را خرج کسی کرده‌اند که هنری جز گریاندن خلایق ندارد. پاسخی ندادم، چون می‌دانستم کاری هویتی است نه معرفتی. یعنی ایشان نه به دفاع از دیانت، بل به دفاع از صنف و کسوت خویش پرداخته‌اند که مبادا رازی از پرده برون جهد یا چاکی بر قبای چالاک روحانیت افتد! وگرنه این همه واعظ یاوه‌گو بر منابر و در معابر چرا هوش از سر ایشان نمی‌برد؟ و چرا آن همه یاوه‌ها و خرافه‌ها که در مساجد و معابد می‌گویند، و آن همه روایات سست و ضعیف که واعظان و مدّاحان بر خلایق می‌خوانند، شرم و شفقت‌شان را نمی‌جنباند تا غیورانه، بانگی بر دین‌فروشان بزنند و دهان‌شان را ببندند؟ از این بالاتر، این همه ستم که به نام اسلام و تشیّع می‌شود، چرا خشم و خروش ایشان را برنمی‌شوراند و عرق بر پیشانی‌شان نمی‌آورد؟

امّا نقد دوم‌شان، به من نشان داد که گویی ایشان اصولاً فراتر از فقه و اصول نرفته‌اند و دل به دلدار دیگری نسپرده‌اند. کتب اهل سنّت را که گویی شایسته تصفّح و تورّق هم

---

۱. صحیح مسلم، کتاب *الایمان*، حدیث ۲۱۳۱

نمی‌دانند. نمی‌دانم در علم تاریخ و تفسیر و هرمنوتیک مدرن دستی دارند یا نه؟ دید تاریخی و تمدّنی که اصلاً ندارند. این‌که من گفته‌ام «اسلام همان تاریخ اسلام است» ایشان را چنان پریشان کرده که گویی مصروعی بر اثر غلبه سودا جیغ بنفش کشیده است! و این نیست مگر سرسری گرفتن نقد و بی‌مبالاتی در تحقیق. ایشان دست‌کم به نوشته‌های پیشین من از قبض و بسط گرفته تا مقاله «عقیده و آزمون» مراجعه کنند تا از چیزی که تصوّر و تصدیق درستی ندارند، چنین به حیرت نیفتند و در مقام انکار برنیایند.

پنجم: ابیاتی از غزلی از مولانا را نقل کرده‌اند: «این نیمه شبان کیست چو مهتاب رسیده / پیغمبر عشق است و ز محراب رسیده»، و دو قول باطل از پی آن آورده‌اند. یکی این‌که گویی «پیغمبر عشق» اشاره به پیامبر اسلام صلوات‌الله علیه است! امّا نه چنین است. پیغمبر عشق همان عشق چون پیامبر است و لاغیر (اضافه مشبّه‌به به مشبّه). البته مولانا جلال‌الدّین را با محمّد مصطفا عشقی و ارادتی است که در وصف نمی‌آید، امّا آن غزل، معنا و مخاطب دیگری دارد. قول باطل دوم این‌است که مولانا درس عشق را از محمّد(ص) گرفته است. فقیه محترم ما اگر مقاله «بسط تجربه نبوی» را خوانده بودند، چنین نمی‌فرمودند. مولانا و امثال او تجربه نبوی را بسط داده‌اند، نه این‌که عیناً آن را تکرار کنند و این رشته سر دراز دارد. تاریخ اسلام، بسط تجربه نبوی است، صورتاً و مادّتاً. این سخن حتی اگر باطل هم باشد، چنان نیست که به تلنگری و اشاره انگشتی یا اظهار تعجّبی و انکار و تردّدی فرو ریزد. *قرآن* هر چه باشد، کتاب عشق و لطافت نیست، کتاب خشیت و قدرت است که در آن از رحمت و عطوفت و بشارت هم سخن رفته است، امّا ساختار کلان و ارکان گفتمان‌اش، فرسنگ‌ها با یک متن عاشقانه لطیف فاصله دارد. بیش از آن‌که طرب‌انگیز باشد، حزن‌انگیز و خوف‌انگیز است. خنده بر لب نمی‌آورد، امّا اشک را بر چهره جاری می‌کند. متنی اقتدارگراست که برای تثبیت سلطه آمده است. می‌گویید این مطابق حکمت است، می‌پرسم مگر خشیت و قدرت با حکمت منافات دارد؟ پیامبر هم بنا به حکمت حق، اقتدارگرا بود. *قرآن* هم به اقتضای حکمت و هدایت چنین است که هست. عزیزی دیگر، در نقد مواضع من گفته است: *قرآن* کتاب هدایت است نه قدرت و خشیت. می‌پرسم مگر هدایت و خشیت و قدرت نمی‌توانند با هم باشند؟ فقیه محترم ما گفته است خداوند به کسی ظلم نمی‌کند، و لذا عذاب‌هایش ظالمانه نیست. البته همین‌طور است، ولی مگر من سخن از عذاب ظالمانه گفته‌ام؟ گفته‌ام عذاب (شکنجه) و مشتقّات‌اش در *قرآن* فضای رعب‌آوری پدید آورده است. شاید خداوند مصلحت را در ارعاب و تهدید می‌دیده است. شکنجه عادلانه هم شکنجه است و چیزی از شدّت‌اش

نمی‌کاهد. باری، نه هدایت نه حکمت، هیچ‌کدام مانع و نافی قدرت و خشیت نیستند که صفت آشکار *قرآن* (و تورات) است.

چنین می‌نماید که این عزیزان، نکته را نگرفته‌اند و به دنبال نکته‌سنجی‌های توجیه‌گرانه رفته‌اند. گرفتم که به قول آن عزیز، عذاب به معنی محرومیت باشد (که البته چنین نیست و ترکیباتی چون «عَذَابُ الْحَرِيقِ» (بروج: ۱۰) و «عَذَابَ النَّار» (السجده: ۲۰) و «سَرَابِيلُهُم مِّن قَطِرَانٍ» (ابراهیم: ۵۰) و «ثُمَّ فِي سِلْسِلَه ذَرْعُهَا سَبْعُونَ ذِرَاعًا فاسْلُكُوهُ...» (الحاقه: ۳۲) و «كُلَّمَا نَضِجَتْ جُلُودُهُمْ» (نساء: ۵۶) و «يُصْهَرُ بِهِ مَا فِي بُطُونِهِمْ وَالْجُلُودُ» (حج: ۲۰)، مدلولاتی نقیض آن دارند)، باز هم از هیبت ارعاب نمی‌کاهد و فقط به جای تهدید به شکنجه، از تهدید به محرومیت سخن می‌گوید، یعنی باز همان تهدید است و انذار و تخویف؛ و فضای هراس‌آور و خوف‌انگیز. از این بالاتر، حتی اگر تن به تأویل و تمثیل دهیم (که البته مقبول کثیری از عالمان مسلمان نبوده و عامّه مسلمانان هم آن آیات را چنان نمی‌فهمیده‌اند)، هم‌چنان این سؤال می‌ماند که چرا محرومیت را به آتش و غل و زنجیر و احشا و امعای گداخته و پوست‌های بریان شده و نوشابه‌های چرکین و سوزان تشبیه کرده‌اند؟ چرا از مثال‌های کم‌خشونت کمک نگرفته‌اند؟[1]

ششم: فقیه محترم فرموده‌اند که اقوال فلانی پهلو به اشعریّت می‌زند و او را به کتاب فقه و عقل خودشان ارجاع داده‌اند. آن کتاب را ندیده‌ام و نخوانده‌ام و انشاءالله فرصتی در کار می‌کنم تا بخوانمش. امّا نمی‌توانم تعجّب خود را از نسبت اشعریّت پنهان کنم. گویا این که گفته‌ام رسول الله خود میزان و معیار عدل و حق است، ایشان را واداشته تا در سخن من نشانی از اشعریّت بیابند! تعجّب من از این است که چرا یک فقیه شیعی باید ولایت را با اشعریّت یکی بگیرد و تفاوت آن‌ها را درنیابد؟ و چگونه است که یک عارف ظاهراً سنّی و اشعری (مولانا جلال‌الدّین، که البته نهنگ کلان وجودش در برکه‌های خُرد فِرَق و نحل نمی‌گنجد) به عمق معنای ولایت راه می‌یابد و یک فقیه شیعی ولایت‌مدار نه؟! مولانا که خطاب به علی^(ع)^ گفت:

تو ترازوی احدخو بوده‌ای
بل زبانه‌ی هر ترازو بوده‌ای[2]

---

۱. توسّل به زبان رؤیا در این مقام هیچ دردی را دوا نمی‌کند. آن، پارادایمی دیگر است و درآمیختن‌اش به پارادایم کهن تفسیر، نتیجه‌ای جز تشویش و مغالطه ندارد.

۲. مولوی، *مثنوی معنوی*، دفتر اول، شماره ۳۹۸۹

علی را بهتر می‌شناخت یا فقیهان ما؟ یا وقتی در وصف پیر می‌گفت:

ای ضیاءالحق حسام الدّین بگیر
یک دو کاغذ برفزا در وصف پیر
برنویس احوال پیـــر راه‌دان
پیر را بگزین و عیــن راه دان[1]

آیا این اشعریّت است که بگوییم ولیّ خدا عین راه است، عین ترازو است، نه بر صراط مستقیم، بلکه عین صراط مستقیم است؟ عیسی (ع) که می‌گفت من راهم، من حقیقتم، من حیاتم، مگر جز این می‌گفت؟ و مگر پیامبری و مقنّن و موسّس بودن جز با ولایت میسّر می‌شود، و معجزات مگر جز برای اقناع و اخضاع به ولایت‌اند؟ اعجاز که نشان صدق گفتار نیست.

معجزات از بهر قهر دشمن است
بوی جنسیت پی دل بـردن است[2]

این‌که حسن و قبح، ذاتی و عقلی نیستند و منوط و متّکی به امر و نهی الهی‌اند کجا، و این‌که هر چه پیامبر باذن‌الله و بامرالله می‌کند مطاع است و عین قانون است و عدالت در آن مندرج است، کجا؟ قصه خضر و موسی هم دلالتی جز این ندارد. درک آقای خمینی هم از ولایت جز این نبود. بلی، خطای بزرگ او در این بود که این ولایت را برای خودش هم ثابت می‌دانست تا جایی که ولایت باطنی را با ولایت سیاسی در آمیخت و از دل آن استبدادی هولناک برآورد. عصمناالله من شروره و آفاته[3]. برای کسی چون صاحب این قلم که اخلاقیات را جملة و تفصیلا اعتباری می‌داند، البته فهم و قبول این مواضع بسی آسان‌تر است. بلی، احکام واخلاق اسلامی همه اعتبارات نبیّ مکرّم اسلام‌اند و «این چنین شیرینی آن خسرو کند».

هفتم: فقیه محترم فرموده‌اند دماغ جامع‌المعقول و المنقول بودن نپزید، بر فقه متازید و به متخصصان فن و عالمان شرع و کسانی که «بر همه تراث اسلامی واقف‌اند»، رجوع کنید و گرنه سخنان‌تان بوی گند پیاز نادانی خواهد داد و حکایت دزد نان و انار تکرار خواهد شد که کسی انار می‌دزدید و نان صدقه می‌داد!

---

۱. مولوی، مثنوی معنوی، دفتر اول، شماره۲۹۳۹

۲. مولوی، مثنوی معنوی، دفتر ششم، شماره ۱۱۷۷

۳. به مقاله نگارنده تحت عنوان «ولایت سیاسی ــ ولایت باطنی» در کتاب *بسط تجربه نبوی* مراجعه شود.

خدا را شکر که ایشان به قول خودشان، «قلم و بیان خود را افسار کرده‌اند» وگرنه لگدکوب توسن بی‌لگام قلم می‌شدیم. با این همه، این بنده بنان و بیان خود را افسار می‌کنم و نسبت بی‌علمی و بی‌انصافی به ایشان نمی‌دهم و با تصریح به این‌که من در جمیع حوزویان قم و نجف احدی را نمی‌شناسم که بر «همه تراث اسلامی واقف باشد» و به‌راستی اسلام شناس باشد، تنها نکاتی را به یادشان می‌آورم:

یکی این که القاب پرطنطنه ساختن و به خود بربستن از شئون و فنون دلربایی و مردم فریبی حوزویان است و لقب جامع‌المعقول و المنقول هم یکی از برساخته‌های پرطمطراق آنان است تا حقارتی را بیارایند و بر قامت ناقصی جامه جامعیّت بپوشانند وگرنه در بیرون حوزه چنین اوهام و هوس‌های دل‌آزاری خریدار ندارد، همچون لقب علّامه که هنوز هم در میان حوزویان جاری است و نزد دانشگاهیان جز مایه تلاعب و تمسخر نیست. دنیای مدرن و علّامه گی؟! (نظر کنید به «علّامه» نوظهور: منیرالدّین حسینی ـ آکادمی علوم اسلامی).

حضرت استاد آیت‌الله علّامه حسن حسن‌زاده آملی در منظومه بلندی که سروده‌اند و به خط نستعلیق و بر کاغذ گلاسه با چاپ نفیس به بازار روانه کرده‌اند، درباره خود می‌فرمایند:

به چندین رشته از معقول و منقول
تسلط یافته‌ام معقول و مقبـــول
به *قرآن* آشنایی آن چنانـــــم
که خود یک دوره تفسیرِ آنــم!

علّامه آیت‌الله محمدحسین تهرانی، عالم معاصر هم می‌فرمایند که در عالم رویا حضرت ربّ العزّه به ایشان فرموده‌اند که ما تو را علّامه آیت‌الله لقب دادیم! (مهر فروزان ص ۵۷). و لذا اذن فرمودند که بر نام‌شان عنوان علّامه افزوده شود. بگذریم از کسانی که یک‌شبه، به حکم امسیت کردیّا و اصبحت عربیّا، آیت‌الله شدند و آفت آفریدند. نمونه‌اش اکبر رشاد ،که جز تفرعن و تفنّن چیزی در بساط ندارد، و با انتشار کتاب پر هزینه «*زعیم ذو فنون*» در مدح رهبر، ارادتی نمود و سعادتی ربود. جناب فقیه محترم خوب است به حکم وَأَنْذِرْ عَشِيرَتَكَ الْأَقْرَبِينَ (شعراء/۲۱۴) نهی از منکر را از هم‌کسوتان خود آغازکنند و در نکوهیدن این عادت زشت حوزویان

جهد بلیغ مبذول دارند. به بنده و امثال بنده چنان آداب و القابی ثبوتاً و اثباتاً نمی‌زیبد و نمی‌چسبد.[1]

دیگر این‌که ایشان به شیوه و ترفند خاصّ بعضی از حوزویان (که بسیار دیده و آزموده‌ام)، می‌خواهند با ذکر یک دو لغت عربی به مخاطب حالی کنند که اهل فنّ نیست و درمانده در مقدّمات است و خوب است برود درس خود را بهتر بخواند. گفته بودم که یُعْطُوا الْجِزْیَةَ عَن یَدٍ وَهُمْ صَاغِرُونَ (توبه/۲۹) یعنی «کافران بیایند و با خواری و خفّت جزیه بپردازند». فقیه محترم، بدون کمترین مراجعه‌ای به کتب تفسیر و لغت با استعلاء و استغناء تامّ فرموده‌اند: فلانی فرق صاغر و مصغّر را نمی‌داند. شاید بنده ندانم. امّا آیا جارالله زمخشری و شیخ طوسی و شیخ طبرسی که هر سه از ائمه تفسیر و ادب و بلاغت‌اند، هم نمی‌دانند؟ در تفسیر کشّاف آمده: «و هُم صاغرون ای تؤخذ منهم علی الصغار و الذّلّ». عین این سخن را فیض کاشانی در تفسیر صافی آورده است و شیخ الطائفه طوسی که هم مفسّر است و هم فقیه، صاغرون را «ذلیلون مقهورون» معنا کرده و افزوده است: یُجرّون الی‌الموضع الّذی یُقبض منهم بالعنف حتی یؤدّواها (کافران را به خشونت می‌کشانند و می‌برند تا به جایی که باید جزیه را بپردازند.) فقیه محترم اگر ضروری بدانند می‌توانند تفاسیر دیگر را خود در مطالعه گیرند و به مفسّران نمره ردّ و قبول بدهند که فرق صاغر و مصغّر را دانسته‌اند یا نه). بگذریم از این‌که ایشان به محتوای مشکل‌خیز آیه ورود نکرده‌اند و دامن‌کشان از آن در گذشته‌اند.

در باب وجوب سالیانه جهاد ابتدایی، حق با ایشان و خطا از من است. گفته بودم روایات بسیاری در این باب وجود دارد. سهواللّسان بود و در تحریر خطابه قطعاً اصلاح می‌شد. درست این بود که فتاوای بسیار در این باب وجود دارد. امّا سؤال این است که چرا فقیه محترم وجود آن فتاوا را انکار کرده‌اند؟ مگر در فقه اهل سنّت و نیز در *لمعه دمشقیه* شهید اوّل و *مبسوط* شیخ طوسی و *قواعد الاحکام* علّامه حلّی و ... دیگران نیامده است؟ گرفتم که آن فتوا مخالفانی دارد، ولی مگر علم فقه غیر از فتاوا و آراء موافق و مخالف فقیهان است؟

در مسائل مربوط به مرابطه و رباط‌نشینی، خوب است فقیه محترم به کتب تاریخی مربوطه (و نه فقط فتاوای فقیهان) مراجعه کنند تا ببینند که در عالم واقع چه می‌گذشته است. همه چیز را شاید نتوان در *شرایع‌الاسلام* و *مسالک‌الافهام* و *جواهرالکلام* پیدا کرد.

---

۱. با کمال اکراه می‌خواهم از یک غوره نشده مویز شده‌ای به نام عبدالحسین خسروپناه یاد کنم که درسایت رسمی‌اش خود را چنین ستوده است: استاد تمام حکمت اسلامی. دارای درجه اجتهاد. مدرس فلسفه و کلام و معرفت‌شناسی و جریان‌شناسی و اصول فقه و نظریه‌پرداز فلسفه اسلامی و الگوی حکمی اجتهادی و رئالیسم شبکه‌ای و نویسنده پنجاه جلد کتاب و... ! حقا جفا کرده‌اند که به ایشان جایزه نوبل نداده‌اند.

و حالا که سخن بدین جا رسید، شایسته است سخن صاحب *المیزان* را در ذیل آیه ۲۰۰ سوره آل عمران که سخن از «صابروا و رابطوا» می‌گوید بیاورم تا فقیه محترم شتاب‌زده نگویند فلان سخنان در *المیزان* نیست!

فَقَالَ رَسُولُ اللّٰه صَلَّی اللّٰه عَلَیْهِ وَ آلِهِ «لَیُوشِکُ قَوْمٌ یَدَعُونَ الصَّلاَةَ فِی الْمَسْجِدِ أَنْ نَأْمُرَ بِحَطَبٍ فَیُوضَعَ عَلَی أَبْوَابِهِمْ فَتُوقَدَ عَلَیْهِمْ نَارٌ فَتُحْرَقَ عَلَیْهِمْ بُیُوتُهُمْ»[1]

«رسول‌الله در مورد کسانی که به نماز جماعت حاضر نمی‌شدند، فرمودند: می‌رسد روزی که بگویم هیزم بیاورند و خانه آنان را بسوزانند.»

ایشان در تفسیر آیات ۱۹۰ـ۱۹۵ سوره بقره نیز می‌گوید اکراه و الزام کفّار به اسلام، شاید یک نسل را خوش نیاید، امّا برای نسل‌های بعد عین سعادت است[2]. نمی‌دانم چرا فقیه محترم مایل نیست این‌ها را ببیند و بشنود؟ این چشم و گوش بستن و دامن برچیدن و به شتاب عبورکردن، برای فرار از چیست؟

عموم روحانیان ما، از جمله آقای علیدوست، شگردی خاص و خام دارند. بر کلام و فقه و حدیث و سیره و تفسیر اهل سنّت مستکبرانه آستین می‌افشانند و آن‌ها را به چیزی نمی‌گیرند

---

۱. *تهذیب الأحکام*، جلد۳ ، صفحه ۲۵.

۲. مر من البیان یظهر الجواب عما ربما یورد علی الاسلام فی تشریعه الجهاد بأنه خروج عن طور النهضات الدینیه المأثوره عن الأنبیاء السالفین فإن دینهم إنما کان یعتمد فی سیره و تقدمه علی الدعوه، و الهدایه دون الاکراه علی الایمان بالقتال المستتبع للقتل و السبی و الغارات، و لذلک ربما سماه بعضهم کالمبلغین من النصاری بدین السیف و الدم و آخرون بدین الاجبار و الاکراه!

و ذلک أن القرآن یبین أن الاسلام مبنی علی قضاء الفطره الانسانیه التی لا ینبغی أن یرتاب أن کمال الانسان فی حیاته هو ما قضت به و حکمت و دعت إلیه، و هی تقضی بأن التوحید هو الأساس الذی یجب بناء القوانین الفردیه و الاجتماعیه علیه، و أن الدفاع عن هذا الأصل بنشره بین الناس و حفظه من الهلاک و الفساد حق مشروع الانسانیه یجب استیفاؤه بأی وسیله ممکنه، و قد روعی فی ذلک طریق الاعتدال، فبدأ بالدعوه المجرده و الصبر علی الأذی فی جنب الله، ثم الدفاع عن بیضه الاسلام و نفوس المسلمین و أعراضهم و أموالهم، ثم القتال الابتدائی الذی هو دفاع عن حق الانسانیه وکلمه التوحید و لم یبدأ بشیء من القتال إلا بعد إتمام الحجه بالدعوه الحسنه کما جرت علیه السنه النبویه، قال تعالی: «ادع إلی سبیل ربک بالحکمه و الموعظه الحسنه و جادلهم بالتی هی أحسن: (النحل/۱۲۵)، و الآیه مطلقه، و قال تعالی: «لیهلک من هلک عن بینه و یحیی من حی عن بینه»: (الأنفال/۴۲).

و أما ما ذکروه من استلزامه الاکراه عند الغلبه فلا ضیر فیه بعد توقف إحیاء الانسانیه علی تحمیل الحق المشروع علی عده من الأفراد بعد البیان و إقامه الحجه البالغه علیهم، و هذه طریقه دائره بین الملل و الدول فإن المتمرد المتخلف عن القوانین المدنیه یدعی إلی تبعیتها ثم یحمل علیه بأی وسیله أمکنت و لو انجر إلی القتال حتی یطیع و ینقاد طوعا أو کرها.

علی أن الکره إنما یعیش و یدوم فی طبقه واحده من النسل، ثم التعلیم و التربیه الدینیان یصلحان الطبقات الآتیه بإنشائها علی الدین الفطری وکلمه التوحید طوعا.

و همه را خروجی مدرسه خلفا و مکتب سقیفه و محصولات کارخانه‌های اموی و عبّاسی می‌شمارند تا خود را از فحص و نقد خلاص کنند؛ غافل از این‌که آتش که گرفت خشک و تر می‌سوزد. امّا همین‌که به فقه و حدیث شیعه می‌رسند، آن‌ها را محض اسلام و اسلام محض می‌انگارند و حکم تاریخیّت را بر آن‌ها جاری نمی‌کنند، و دمی نمی‌اندیشند که اهل سنّت نیز تشیّع را جریانی باطنی و انحرافی و سبائی در اسلام می‌دانند و بدان اعتنا نمی‌کنند. چاره کار فراتر رفتن از مواضع تعصب‌آلود فرقه‌ای و نگریستن تاریخی و جمعی و کلان به اسلام (اعم از شیعی و سنّی) است، همان‌که فقیهان شیعه و سنّی از عواقب آن بیمناک‌اند و نه آماده ورود در آن‌اند نه مجهّز به جهازات لازم آن.

هشتم: اندکی هم در باب تاختن به فقه سخن بگویم و میدان بیان را ترک کنم. فقیه محترم بر من تاخته‌اند که پای سخن را از گلیم صلاحیت فراتر برده و به فقه تاخته‌ام. نمی‌دانم میزان آشنایی ایشان با سخنان من چقدر است (گمان احاطه ندارم. گویا جسته و گریخته چیزی شنیده‌اند که خاطرشان را گزیده است).

اولاً، نه، این بنده به فقه نتاخته‌ام، بل به «علم فقه» پرداخته‌ام که علمی است چون علوم دیگر، بشری و تاریخی و نامقدس و مشتمل بر خطا و صواب و نقص و نقیض و در صراط تحوّل و متأثر از پیش‌فرض‌های کلامی و زبان‌شناسی و انسان‌شناسی و معیشت و معرفت فقیهان و دیگر مقتضیات اجتماعی و سیاسی و فرهنگی دوران. گفته‌ام که علم فقه موجود در خور جهان کهن و جهان‌بینی و عقلانیت کهن است. رفوگری‌ها وپاره دوزی‌های فقیهانه در دل پارادایم کهن، گرهی از کار فروبسته آن نمی‌گشاید. عقلانیت دیگری باید.

ثانیاً، تحول و پویا شدن «علم فقه» را نه در گرو دقّت بیشتر فقیهان یا زیر و رو کردن چندباره کتب فقه یا فربه‌کردن علم اصول یا غور در موضوعات مستحدثه یا ردّ و قبول روایتی یا قولی، بل در گرو تحوّل جهان‌بینی و پیش‌فرض‌های آنان دانسته‌ام. امری که هنوز تصوراً و تصدیقاً در ذهن حوزویان استقرار و تمکّن نیافته است، گرچه صدقاً و عدلاً حوزه قم از دوران ماقبل «قبض و بسط» تا امروز تفاوت بسیار یافته است.

ثالثاً، در باب علومی که امروزه فقیه بدان محتاج است، سخن رانده‌ام، و برخلاف کثیری از فقیهان آن را محدود به علم اصول یا منطق ندانسته‌ام. دست‌کم علم تاریخ و علم اخلاق و فلسفه را و نیز علم تفسیر متون را واجب و ضروری شمرده‌ام. و رکود فقه سنّتی را معلول و محصول این بی‌اطلاعی‌ها دانسته‌ام.

رابعاً، ورود اخلاق به علم فقه را اکیداً توصیه کرده‌ام و آورده‌ام که فقیه در هنگام استنباط

و افتاء، باید به جوانب اخلاقی حکم هم توجه کند مبادا خلاف مروّت یا عدالت یا حریّت انسان رأی صادر کند. نه، فی‌المثل چون آقای مؤمن، فقیه عضو شورای نگهبان که با یک دو حدیث ضعیف، صحّت مباهته را نتیجه می‌گیرد و تهمت زدن به مفسدان و آشوبگران را صائب می‌شمارد. آن یک دو حدیث، اگر قوی و حتی متواتر هم باشند، در مقابل حکم قوی و قویم اخلاق فرو می‌ریزند و به خاک بطلان می‌افتند.

خامساً، گفته‌ام علم فقه نه غنای حکمی دارد، نه غنای برنامه‌ای. و برخلاف مدّعای گزاف فقیهان روزگار ما، هیچ برنامه‌ریزی‌ای برای هیچ امری از فقه برنمی‌آید.

سادساً، گفته‌ام علم فقه علمی پر از تبعیض است (بین زن و مرد و بنده و مولا و کافر و مؤمن) که با رجوع به اخلاق و عدل زمانه باید تعمیر و ترمیم شود.

سابعاً، علم فقه را علمی گرانبار و متراکم از تکالیف دانسته‌ام که برخوردار از حقوقی لرزان و اندک است و لذا ناصالح برای حلّ و فصل مسائل اجتماعی و قانونی مدرن که عمدتاً گوهر حقوقی دارند. و هم بدین سبب این فقه تکلیفی، با استبداد سازگارتر است تا با عدالت مردم‌سالارانه و حق‌مدارانه. به خوبی می‌دانم که ورود «حق» در فقه تکلیف‌اندیش، چون ورود شتر است به خانه مرغ (در تمثیل مولانا) که:

چون به خانه مرغ اشتر پا نهاد
خانه ویران گشت و سقفش اوفتاد[1]

از شاگردان فقیه فقید مظلوم حضرت آیت‌الله منتظری شنیدم که ایشان درشامگاه عمر بدین دقیقه و به مهابت این موقف تفطّن یافته بودند، رحمة الله علیه رحمة واسعه.

ثامناً، علم فقه را علمی مصرف‌کننده دانسته‌ام که همه چیزش وابسته به علوم دیگر است. و نیز این‌که فقه (نه علم فقه) امری است عَرَضی نه ذاتی دین، که می‌توانست سرتا پا جز این باشد که هست. چنان‌که شرایع ادیان مختلف، مختلف است. و نیز این‌که همه احکامش موقّت‌اند، مگر این‌که خلافش ثابت شود.

تاسعاً، فربهی سرطان‌وار علم فقه را مضرّتی و منقصتی برای حوزه علمیه و برای اسلام دانسته‌ام که موجب لاغری و رنجوری دیگر فنون و معارف دینی شده است، به طوری که امروز اکثر فقیهان ما (اگر نه همه آن‌ها) تقریباً چیزی غیر از علم فقه کهن نمی‌دانند، و لذا به

---

۱. مولوی، مثنوی معنوی، دفتر سوم، شماره ۴۶۶۸

هیچ معنا آنان را اسلام‌شناس نمی‌توان نامید. نه خبر چندانی از معقول دارند نه تاریخ، نه تفسیر، نه عرفان نه علم قدیم، نه علم جدید، نه مکاتب فکری مدرن. اگر هم چیزی بدانند در قبال تخصص فقهی‌شان ناچیز است. برای نمونه نگاه کنید به سخنانی که در باب نسبت علم و دین می‌گویند تا عمق بی‌خبری بل جهل مرکّب‌شان را دریابید. نمی‌دانند و نمی‌دانند که نمی‌دانند. من خود بسیار شاهد بوده‌ام که علمایی که به خارج کشور می‌آیند، در مقابل سؤالات دانشجویان که عمدتاً عقیدتی و تفسیری و امروزین‌اند، پاک درمی‌مانند. منتظرند کسی از حلال و حرام و پاک و نجس بپرسد تا پاسخ گویند. برخلاف روحانیان مسیحی که تخصّص‌شان در کلام مسیحی و تفسیر متن است. بگذریم از این‌که ترغیب مقلدان به مسأله پرسیدن و افزون کردن قطر رساله‌های فقهی برخلاف فرمان قرآنی است که می‌گوید: لَا تَسْأَلُوا عَنْ أَشْيَاءَ إِنْ تُبْدَ لَكُمْ... (مائده/۱۰۱)

عاشراً، جامعه فقهی، جامعه‌ای عبوس و پر از ریا و تبعیض و تحمیل است. ما به جامعه‌ای اخلاقی ـ حافظی نیاز داریم به شرحی که در جای خود آورده‌ام.

علاوه بر این‌ها به مؤمنان توصیه کرده‌ام که اگر بنا بر تقلید دارند، از علم فقه تقلید کنند، نه از فقیهی خاص، بل از همه فقیهان زنده و مرده و زن و مرد و سنّی و شیعی (این حکمی است فقه‌شناسانه و بیرون فقهی نه فقهی) و انتظارات‌شان از دین و فقه را اقلّی کنند. علی‌الخصوص تصحیح انتظارات از دین و فقه از امّهات مسایلی است که همواره بر آن‌ها انگشت تأکید نهاده‌ام.

نکات دهگانه یادشده را که جلّ بل کلّ‌شان پیشتازانه‌اند، و بعضی از آن‌ها را در مکاتبه‌ای با مرحوم آیت‌الله منتظری در میان آورده‌ام، چون باغبانی مهربان برای آبیاری باغچه زرد و پژمرده فقه کهن پیش نهاده‌ام، و اگر فقیه محترم قدر نمی‌دانند و آن‌ها را تاختن می‌شمارند، خود دانند و انصاف‌شان.

بسی شدیم و نشد عشق را کرانه پدید
تبارک‌الله از این راه که نیست پایانش
جمال کعبه مگر عذر رهروان خواهد
که جان زنده‌دلان سوخت در بیابانش[1]

---

۱. حافظ، غزل ۲۸۰

گفت‌وگوها

گفت‌وگو پیرامون بسط تجربهٔ نبوی[1]

در مقالهٔ «بسط تجربهٔ نبوی» چند نکتهٔ اساسی وجود داشت. یکی از آن نکات مربوط به بسط پیداکردن تجربهٔ نبوی است و این‌که پیامبر در طول زمان، به موازات تجربهٔ بیشتری که پیدا می‌کردند، در کار ابلاغ پیام و پیامبری هم مجرب‌تر و پیامبرتر می‌شدند. نکته دیگر دربارهٔ تفاوت پیامبران و سایر اصحاب تجربه است که در آن‌جا فرموده‌اید عرفا در حیطهٔ اذواق و مواجید شخصی خودشان باقی می‌مانند، اما پیامبران واجد نوعی رسالت و مأموریت هم می‌شدند و بنابراین نزد قوم‌شان باز می‌گشتند و ابلاغ رسالت می‌کردند. به عنوان شاهد مثال هم سخن آن صوفی هند را نقل کرده‌اید که: «اگر من جای پیامبر بودم از معراج باز نمی‌گشتم». و گفته‌اید که تفاوت اساسی میان عرفا و پیامبران در مأموریت نبوی پیامبران است؛ منتها در خاتمیت این «تجربه» و «مأموریت» رخت برمی‌بندد، اما اصل تجربه و مکاشفه باقی می‌ماند. یعنی باب مکاشفه برای کسانی که واجد این ویژگی‌ها و خواستار تجربهٔ معنوی هستند، هم‌چنان مفتوح است. متذکر شده‌اید که قُرب به نوافل و فرائض در پیامبر باعث شده بود که حق، سمع و بصر او شده و کلام پیامبر، کلام حق باشد، و به تعبیر مولوی: «هرچه آن خسرو کند شیرین کند». یعنی پیامبر خودش چون دست، زبان و چشمش حق‌گونه شده بود، هرچه می‌کرد، گویی که حق به این کار توصیه کرده بود. هم‌چنین

---

۱. متن تنقیح شده گفت‌وگوی انجام شده در تاریخ: ۱۳۷۹/۵/۲ .

گفته‌اید: اگر ابولهبی نبود و همسرش هم نبود، آیا سورهٔ مسد[1] نازل می‌شد؟ و با این مثال تأکید کرده‌اید که در واقع این تجربه در طول زمان گسترش پیدا کرده و هم‌زمان با وقایع و اتفاقاتی که حول و حوش پیامبر رخ می‌داده، این پدیده‌ها نیز به مرور در قرآن مندرج می‌شده است. ابولهبی وجود داشت که ذکری از آن در قرآن به میان آمده و مسألهٔ عایشه و افک او[2] اتفاق افتاده که در قرآن منعکس شده است.

واقعیت این است که اجتماع ما در حال فهم و هضم این سخن و نظریات است. بسیاری از این آموزه‌ها تأمل برانگیز و موجد سؤال‌های فراوان است. ما نیز برای مطرح کردن پاره‌ای از این پرسش‌ها و شنیدن توضیحات تکمیلی شما دربارهٔ آن مقاله خدمت‌تان رسیده‌ایم. در جایی می‌فرمایید: «وحی تابع پیامبر بود نه پیامبر تابع وحی». در قرآن آیاتی وجود دارد که در آن جبرئیل را یك معلم بسیار نیرومند و در افقی فراتر و دارای مکانت عظیمی قلمداد کرده‌است:

«عَلَّمَهُ شدیدُ القُوی. ذومِرّة فَاستَوی و هو بالأُفُقِ الاعلی»[3].

یا در جای دیگر:

إِنَّهُ لَقَوْلُ رَسُولٍ كَرِيمٍ. ذِي قُوَّة عِنْدَ ذِي الْعَرْشِ مَكِينٍ. مُطَاعٍ ثَمَّ أَمِينٍ[4]

این آیات در واقع به جبرئیل مکانت و منزلت عظیمی می‌بخشد و حالت تعلیم‌گری را تداعی می‌کند و به‌خصوص مسألهٔ امانت در وحی را پیش می‌کشد. این آیات چگونه با تابع بودن جبرئیل نسبت به پیامبر سازگاری دارد؟ آیا سخنان شما مکانت جبرئیل را پایین‌تر از آن‌چه باید باشد نمی‌آورد؟

در جای دیگر قرآن داریم:

«لاتُحَرِّك به لِسانَك لِتَعجَلَ بِه»[5].

بنا به تصریح این آیه، وقتی به پیامبر وحی می‌شد، ایشان سعی می‌کرد آیات را پیشاپیش بخواند، چنان‌که نقل شده است که پیامبر(ص) سعی داشت به‌طور طبیعی آیات را تکرار کند

---

۱. یك‌صد و یازدهمین سورهٔ قرآن

۲. اشاره به آیهٔ ۱۱ سورهٔ نور

۳. نجم/۵ - ۷

٤. تکویر/۱۹ - ۲۱

۵. قیامت/١٦

تا در حافظهٔ او جایگزین شود. در این آیه صراحتاً به پیامبر توصیه شده است که: «لازم نیست آیات را تکرار کنی». بنابراین، این مکانیزم «تکرار» که در بشر عادی وجود دارد، در پیامبر منع شده است؛ درست مانند این‌که ظرفی در وجود پیامبر به ودیعه گذاشته شده باشد و حتی او را از محافظت‌کردن این ظرف هم منع کرده باشند. بنابراین، قولی که معتقد است «وحی از درون وجود پیامبر می‌جوشید» با آیات فوق مغایرت دارد. آن آیات بیشتر این مطلب را تداعی می‌کنند که ودیعه‌ای دست‌نخورده و یك‌پارچه از سوی پروردگار در اختیار پیامبر نهاده شده و او این هدّیت آسمانی را با دیگران در میان می‌گذارده است. اگر خود پیامبر را در پروسهٔ وحی دخیل بدانیم ـ با توجه به این‌که او انسانی با ظرفیت و توان علمی محدودی است و به‌خصوص در جامعهٔ عقب‌افتاده و بدوی آن روز عربستان زندگی می‌کرده است ـ چگونه ممکن است نکات و مطالبی را به بشریت عرضه کند که راه‌گشای بشریت الی‌الابد باشد؟

به‌خصوص اگر خود پیامبر را دخیل در این امر بدانیم؛ جریان وحی‌ای که در وجود پیامبر ریخته می‌شود و به‌مرور از منبع جوشش و فیضان بیرون می‌آید و رنگ و لعاب بستر را می‌گیرد و ته‌نشین می‌شود، پس چگونه ادعا می‌شود که این کلام تا ابد راه‌گشای بشریت است؟ مطلب دیگر این است که چگونه پیامبر از اقوام پیشین و وقایع تاریخی اُمم خبر می‌دهد؟ اگر وحی صرفاً یك تجربهٔ شخصی در درون پیامبر بوده است، چگونه او واجد این اطلاعات عظیم شده ما را از احوال پیامبران دیگر و برخی وقایع مهم تاریخی آگاه می‌سازد؟

نکتهٔ دیگر در مورد مکانیزم حفاظت از وحی است که در قرآن به آن اشاره شده است « فَإِنَّهُ يسْلُكُ مِنْ بَينِ يدَيهِ وَمِنْ خَلْفِهِ رَصَدًا »[۱].

مرحوم علامه طباطبایی گفته‌اند که رصد در پیش‌رو و پشت سر رسول برای حفظ از تخلیط و تغییر دادن، به معنای کم و زیاد کردن است. این مطلب، به خودی خود، تأیید دیگری است بر این‌که باید این کلام یك‌پارچه حفظ می‌شده و منتقل می‌گشته است.

مطلب دیگر این‌که در مُدل و تبیین شما از پروسهٔ وحی، تکلیف این همه عتاب‌ها و خطاب‌های قرآن که متوجه پیامبر است چه می‌شود؟ «عَبَسَ وَ تَوَلَّى»[۲] یا آیهٔ: «وَلَوْلَا أَن ثَبَّتْنَاكَ لَقَدْ كِدتَّ تَرْكَنُ إِلَيهِمْ شَيئًا قَلِيلًا»[۳].

---

۱. جن/۲۷
۲. عبس/۱
۳. اسراء/۷۴

همین‌طور است آیهٔ «فَلَعَلَّكَ تَارِكٌ بَعْضَ مَا یوحَی إِلَیكَ»[۱]

این آیات همگی خطاب به آن حضرت می‌باشد. در واقع همهٔ این آیات شواهدی هستند دال بر این‌که گویی پیامبر آن چیزی را که دریافت می‌کرده، عیناً چون یك امانت به دیگران منتقل می‌کرده است. حال سؤال این‌جاست که این نکات چگونه با نظریهٔ «بسط تجربهٔ نبوی» تطبیق پیدا می‌کند؟

سؤال آخر این‌که تکلیف ما با قرآنی که در بستر زمان شکل گرفته، در دورهٔ خاصی از تاریخ و در جامعهٔ خاصی تکوین پیدا کرده چیست؟ چه نسبتی است میان نحوهٔ سُلوك انسان مدرن با قرآن؟ پیامدهای این تلقی از وحی چیست؟ با این تلقی، آیا هم‌چنان می‌شود بر احکامی که در قرآن آمده است پای فشرد؟ تکلیف ما با این احکام چه خواهد شد؟ آیا گزاره‌های دینی جنبهٔ سمبولیك و اسطوره‌ای و نمادین دارند یا حقیقتاً واقع شده‌اند؟

***

بسم‌الله الرّحمن الرّحیم

بنده هم از دیدار دوستان گرامی، خواهران و برادران خوشنودم و خدا را بر این توفیق شکرگزاری می‌کنم.

اصل بحث بسط تجربهٔ نبوی را چند سال پیش در انگلستان با برخی از دانشجویان ایرانی آن دیار به نحو بسیار مجمل و فشرده‌ای مطرح کردم و بعد که به ایران آمدم در آن بسطی دادم و نهایتاً این مقاله را همراه با مقاله‌های دیگری در یك کتاب گرد آوردم و چنان‌که در مقدمهٔ کتاب هم نوشتم، *بسط تجربهٔ نبوی* را می‌توان جلد دومی برای

قبض و بسط تئوریك شریعت دانست. من در کتاب *قبض و بسط تئوریك شریعت* بیشتر تأویل و تفسیر متن را مورد بحث قرار داده بودم و در *بسط تجربهٔ نبوی* به تحلیل خود پروسهٔ وحی و کیفیت تکوّن متن و چگونگی پیدایش متنی که ما به تفسیر او همت می‌گماریم پرداختم، چرا که نحوهٔ پیدایش متن در معانی دریافتی ما از متن تأثیر می‌گذارد. همان‌طور که در *قبض و بسط* آورده‌ام، ما برای فهم یك متن ناگزیر به پیش‌فرض‌های‌مان تکیه می‌کنیم. این پیش‌فرض‌ها بسیار متنوع‌اند، از انسان‌شناسی گرفته تا کیهان‌شناسی و تاریخ و غیره. یکی از پیش‌فرض‌هایی که در تفسیر متن و کشف معنای آن دخیل است و دخالت قوی و مؤثر دارد،

---

۱. هود/۱۲

عبارت است از تئوری ما دربارهٔ نحوهٔ پدیدآمدن خود متن. ازاین‌رو، می‌توان گفت که *بسط تجربهٔ نبوی* در مقام بیان یك مصداق از پیش‌فرض‌هایی است که می‌تواند در فهم متن مؤثر بیفتد. من در آن‌جا کوشیده‌ام توضیح بدهم که رابطهٔ پیامبر با متنی که تولید کرده و ما از دهان او شنیده‌ایم و اینك برای ما به یادگار مانده است، چیست. این مسأله در معنایی که از متن برمی‌گیریم بسیار تأثیر می‌گذارد. و همین تأثیر سبب می‌شود که سؤال نهایی مطرح گردد و آن این‌که: «این‌گونه تلقی از *قرآن*، به عنوان متن فرآوردهٔ رسول، چه تکلیف دینی‌ـ عبادی را پیش روی ما می‌نهد؟» این سؤال کاملاً منطقی است و از منطق این بحث استخراج می‌شود. من ابتدا به قسمت‌های نخستین بحث اشاره می‌کنم و توضیحاتی را عرض می‌کنم تا به قسمت‌های پایانی بحث برسم.

نمی‌دانم چندتن از دوستان، کتاب *بینش اسلامی* را که ما سال‌ها پیش برای دبیرستان‌ها نوشتیم خوانده‌اند. من در آن کتاب طرحی را درافکنده بودم (نام آن هم اصلاً «طرح» بود) و آورده بودم که کسب معرفت ما از طریق طرّاحی طرح‌هاست. به این معنا که همیشه مجموعه‌هایی را می‌بینیم و بر این مجموعه‌ها پوششی می‌افکنیم، یا طرحی می‌دهیم تا تعدادی از قراین و داده‌ها را در آن بگنجانیم. به عنوان مثال، فرض کنید که وقتی شما دربارهٔ یکی از دوستان‌تان چند سخن مختلف می‌شنوید، این چند سخن مختلف به منزلهٔ داده‌هایی است که در اختیار شما قرار داده می‌شود و شما از روی این‌ها طرحی می‌سازید و می‌گویید: «این تصویر دوست من است». یعنی اگر این سخنان صادق باشد، همهٔ این‌ها زیر پوشش فلان تئوری در می‌آید. مجموع این‌ها نشان می‌دهد که دوستی که تا به حال فکر می‌کردیم دوست ماست از قضا دشمن ماست یا مثلاً جاسوس است یا چنین و چنان است. ما همیشه به این صورت عمل می‌کنیم. البته طرح‌ها متحول‌اند و ممکن است ما با به دست آمدن داده‌های تازه طرح پیشین را اصلاح و تکمیل یا حتی رد کنیم و یك طرح کاملاً تازه به جای آن بنشانیم. طرح‌ها نقش زیادی در معرفت‌اندوزی ما دارند؛ برای ما ایجاد سؤال می‌کنند، ما را قدم‌به‌قدم پیش‌تر می‌برند، پیش‌بینی می‌کنند و ما را درکشف داده‌های تازه کمك می‌کنند.

ما در مورد پیامبر اسلام(ص) هم در واقع همین‌طور عمل می‌کنیم (البته من دارم پشت پرده را می‌گویم). آن‌چه در *بسط تجربهٔ نبوی* آمده در واقع نتایجی است که من از آن طراحی به‌دست آورده‌ام. در واقع ذهن من این‌گونه عمل کرده است. لحظاتی از اعتقاد اسلامی خود موقتاً صرف‌نظر کنید، به تعبیر فنومنولوژیست‌ها آن‌ها را داخل پرانتز بگذارید و به چشم یك انسان بی‌طرف نگاه کنید. به پیامبر اسلام، که دارای شخصیت صاحب تأثیر بزرگی در این عالم بود، صرف‌نظر از گرایش قلبی و ذهنی خود نگاه کنید، همان‌طور که برای مثال به کنفوسیوس

یا مارکس نگاه می‌کنید. پیامبر اسلام مدعیاتی داشت. البته هیچ‌وقت صدق سخنان کسی را از روی ادعاهای خودش نمی‌توان اثبات کرد. اگر بنابر تصدیق یا تکذیب باشد، باید به قرائن بیرونی نظر کرد. پیامبر اسلام می‌گفت من پیامبرم و به رسالت خودش هم اطمینان کامل داشت و این اطمینان کامل باعث می‌شد که در عمل بسیار شجاع باشد، یعنی علی‌رغم انواع موانع و مخالفت‌ها و دشمنی‌ها دست از کار خودش نکشد و برنامه‌اش را ادامه بدهد. این قراین نشان می‌دهد که قدرتی در درون او هست و تعلق‌خاطر نیرومندی او را سرپا نگه می‌دارد و به او اجازهٔ عقب‌نشینی نمی‌دهد. این پیامبر می‌گفت چیزهایی را که من می‌فهمم طی پروسه‌ای به دستم می‌آید، که آن را «وحی» می‌نامید. در مورد وحی هم می‌گفت که از طرف یك موجود ماورایی به نام خداوند به من می‌رسد. واسطه‌ای هم در این‌جا وجود دارد که نام او «جبرئیل» است. همهٔ این‌ها در *قرآن* آمده است. آیاتی که خوانده‌اید اشاره به همین معانی دارد. این‌ها البته مدعیات خود پیامبر بود.

حال یك قدم عقب‌تر برویم. پیامبر اسلام خودش معتقد و مدعی بود، و پیروانش هم مدعی‌اند، که خداوند وراء زمان، وراء مکان، بی‌نقش و بی‌صورت است. زبان خاص یا رنگ پوست خاصی ندارد. و هیچ‌کدام از صفاتی که ما آدمیان داریم در او نیست. یك تافتهٔ جدا بافته است. اما همین خدا وقتی که با پیامبر اسلام سخن می‌گفت به تصریحِ پیغمبر اسلام با او به زبان عربی سخن می‌گفت، یعنی در حقیقت از بی‌زبانی خارج می‌شود و زبان معینی را اختیار می‌کند. همین خدا وقتی که با پیامبران دیگر خودش سخن می‌گفت، نیز به زبان خود آن‌ها سخن می‌گفت. یعنی وقتی با عیسی(ع) یا موسی(ع) یا هر کس دیگری سخن می‌گفت، زبان او را اختیار می‌کرد و با او سخن می‌گفت. چنین نبود که پیغمبران ادعا کنند که خداوند با ما به شیوه‌های خیلی اسرارآمیزی تماس می‌گیرد و در آن سطح اصلاً زبان مطرح نیست، اما ما پیامبران هنگامی که برای شما سخن می‌گوییم به زبان خودتان حرف می‌زنیم. علی‌الخصوص پیامبر اسلام این ادعا را نداشت. پیروان پیامبر هم مدعی‌اند که عین این الفاظ با همین زبان عربی و همین جمله‌بندی‌هایی که اینک در *قرآن* هست بر پیامبر خوانده می‌شد و ایشان هم آن‌ها را به قومش منتقل می‌کرد. ما این اطلاع و قرینه را باید این‌جا نگه داریم و بگوییم که فعل خداوند به تعبیر فلاسفه «تخصص» پیدا می‌کرد، به این معنا که رنگ آن محیط را می‌گرفت و وقتی که به سراغ پیامبر می‌آمد، فعل بی‌رنگ، بی‌قید و بی‌شکلی نبود، بلکه کاملاً مشکّل و مقدّر به اقدار جامعه‌ای می‌شد که پیامبر در او بود.

قرینه یا دادهٔ دوم که در این‌جا داریم این است که، همان‌طور که ذکر کردید، حوادثی را در *قرآن* می‌بینیم که متعلق به زمان پیامبر هستند. داستان تهمتی که به عایشه زدند، ماجرای ابولهب،

جنگ‌هایی که برای پیامبر واقع شده و کثیری از حوادث دوران پیامبر یا اتفاقات جزئی و نادری که رخ می‌داد از این جمله‌اند[1].

ممکن است بعضی از محدثان شیعه بگویند سخنی که از قول عایشه نقل شده باطل است، ولی اصل مطلب این است که چنین اتفاقی افتاده، و آیه‌ای هم به دنبال آن آمده است. در زمان حیات پیامبر مردم در مسائل عمومی و اجتماعی از پیامبر راجع به هلال، ذوالقرنین و چیزهای دیگر سؤال می‌کردند و پاسخ‌های آن‌ها هم به اجمال و تفصیل در *قرآن* آمده است: «يسْأَلُونَكَ عَنِ الْأَهِلَّةِ قُلْ هِيَ مَوَاقِيتُ لِلنَّاسِ وَالْحَجِّ وَلَيسَ الْبِرُّ بِأَنْ تَأْتُوا الْبُيوتَ مِنْ ظُهُورِهَا وَلكِنَّ الْبِرَّ مَنِ اتَّقَى وَأْتُوا الْبُيوتَ مِنْ أَبْوَابِهَا وَاتَّقُوا اللّه لَعَلَّكُمْ تُفْلِحُونَ»[۲]، «وَيسْأَلُونَكَ عَن ذِي الْقَرْنَينِ قُلْ سَأَتْلُو عَلَيكُم مِّنْهُ ذِكْرًا»[۳] و امثال این‌ها. به طوری که بخش عظیمی از آیات قرآنی را همین سؤال و جواب‌ها و مطالبی که در طول حیات اجتماعی و سیاسی پیامبر رخ داده، فرا گرفته است.

داده یا قرینهٔ دیگری به ما می‌گوید که آن‌چه ما در پدیده و محصول وحی پیامبر می‌بینیم با آن‌چه در حیات پیامبر به طور خصوصی یا عمومی می‌گذشته است بسیار نزدیک، بلکه عجین است. این چنین نبوده است که از قبل چیزهایی آماده شده باشد، صرف‌نظر از این‌که در جامعه یا در میان مردم چه می‌گذرد و یا چه سؤالی را مطرح می‌کنند، و این مطالب پیش‌ساختهٔ پخته‌شده در ذهن و ضمیر و قلب پیامبر ریخته شود و ایشان هم مأمور باشد که آن‌ها را با مردم در میان گذارد. این آموزه‌ها بسیار متناسب با حوادثی بود که در حیات پیامبر رخ می‌داد. (من بر این کلمهٔ متناسب خیلی تأکید می‌کنم). تعبیری که در *بسط تجربهٔ نبوی* به‌کار بردم در این‌جا مصداق پیدا می‌کند، یعنی رابطهٔ پیامبر با قوم خودش رابطهٔ دیالوگی بود، چیزی می‌گفت

---

۱. احزاب/۵۰.

می‌دانید در سورهٔ احزاب آیات زیادی مربوط به زنان پیامبر و وضع خانوادگی ایشان هست. در آیه‌ای خداوند راجع به این‌که چه زن‌هایی بر پیامبر حلال‌اند، می‌گوید: وَامْرَأَةً مُّؤْمِنَةً إِن وَهَبَتْ نَفْسَهَا لِلنَّبِي إِنْ أَرَادَ النَّبِي أَن يسْتَنكِحَهَا خَالِصَةً لَّكَ مِن دُونِ الْمُؤْمِنِينَ. اگر زنی بیاید و خود را به پیامبر ببخشد، این زن از آن پیامبر است و دیگر مؤمنین نمی‌توانند به طرف او بروند. این آیه وقتی نازل شد که زنی آمده بود و خود را به پیامبر عرضه و هبه کرده بود. در روایات و حکایات نقل شده که وقتی این آیه نازل شد عایشه به پیامبر گفت: «ما أسرع ربك إلی هواك» خداوند چه‌قدر هوای تو را دارد. چه‌قدر زود مطابق دل تو آیه می‌فرستد. این روایت در *الدّر المنثور فی التفسیر بالمأثور* جلال‌الدین سیوطی نیز آمده است با این عبارت: «انّ اللّه یسارع لك فی هواك» (ج ۵، ص ۲۰۸) و در *مجمع البیان فی تفسیر القرآن* طبرسی نیز چنین آمده است که عایشه گفت «ما أری‌اللّه اِلاّیسارع فی هواك» (ج ۸، ص ۵۷۱).

۲. بقره/۱۸۹

۳. کهف/۸۳

و چیزی از آن‌ها می‌شنید و متناسب با چیزی که از آن‌ها می‌شنید دوباره جوابی می‌داد. این‌طور نبود که پیامبر بگوید من به شاگردان و مستمعان خودم هیچ کاری ندارم و آن‌چه در ذهن‌شان می‌گذرد و بر زبان‌شان جاری می‌شود، به من مربوط نیست. من به صورت یك‌طرفه سخنان خودم را می‌گویم.

دادهٔ دیگر نکته‌ای است که در مقالهٔ «ذاتی و عرضی» به آن اشاره کرده‌ام. لغات غیرعربی فراوانی در آیات *قرآن* دیده می‌شود. این لغات متجاوز از دویست لغت هستند و درست همان لغاتی هستند که در محیط عربستان و در میان قبایل عرب آن روز جاری بودند. آن‌ها لغاتی نیستند که از جاهای دیگر آمده باشند و اعراب با آن‌ها ناآشنا باشند و برای آن‌ها کاملاً مهجور و نامفهوم باشد، بلکه اعراب در طول تاریخ کاملاً با آن لغات سر و کار داشته‌اند.

اگر به کثیری از احکامی که در *قرآن* بیان شده است، نظیر احکام مربوط به بردگان، بنگرید و به جامعهٔ عربی آن روز نگاه کنید، متوجه می‌شوید که این احکام با آن‌چه در جامعهٔ عربی آن روز جاری بوده است بسیار مشابهت دارد. احکام جدید در *قرآن* به‌زحمت به یك درصد می‌رسد، بلکه نود و نه درصد آن همان احکام جاری میان اعراب بوده است. این نکته را پاره‌ای از فقها و هم پاره‌ای از مورخان مورد توجه قرار داده‌اند و بدان پرداخته‌اند. محمد ارکون در نوشته‌هایش آورده است که کثیری از احکام فقهی، خصوصاً احکام قرآنی، نظیر تعدد زوجات از ابداعات پیامبر اسلام نیست، بلکه اصل این مطلب که مرد حق دارد چند همسر اختیار کند، یك practice رایج در جامعهٔ عربی بوده است و ما این را منعکس در احکام اسلام می‌بینیم. حتی نکاح متعه، یعنی ازدواج موقت، یك رسم جاری در جامعهٔ عرب بود و ابداع اسلام نبوده است. البته پیامبر هم، بلکه به شرطها و شروطها، بر آن صحه گذاشت. خمس، نه با این خصوصیات که در شیعه پرداخت می‌شود، بلکه به این معنی که وقتی جنگی درگرفت و غنیمتی از دشمن گرفته شد، یك پنجم آن از آنِ امیر لشکر فرماندهٔ جنگ است، در میان اعراب جاری بود. البته به جای یك پنجم یك چهارم می‌دادند. کثیری از احکامی که در فقه اسلام هست، عیناً یا در میان اعراب بوده است و یا به شکل کمی متفاوت با آن‌چه که اکنون ما در فقه داریم، وجود داشته است. هم‌چنین است احکامی مربوط به تجارت و دیات و بسیاری از موارد دیگر. به طوری که وقتی شما این احکام را نگاه می‌کنید، می‌بینید اصلاً جنبه فضاشکنی ندارد، بدین معنی که چیزی باشند خیلی فراتر از آن‌چه که در جامعهٔ عرب آن روز جاری بوده است، بلکه بسیار به آن فضا نزدیك‌اند. در جاهایی هم که احکام نسبتاً تازه‌ای پدید آمده است به طور گزافی فراتر از آن‌چه که وجود داشته نرفته است. به‌عنوان مثال اعراب به دختران ارث نمی‌دادند، اما در اسلام ارث برای دخترها هم، به اندازهٔ نصف پسرها، مقرر شد. یعنی کم‌وبیش آن‌چه که در همان موقع

عدالت شمرده می‌شد، مراعات می‌شد و چیزی که در همان موقع ظلم شمرده می‌شد، مورد طرد و تقبیح قرار می‌گرفت. این چند نمونه را در باب احکام فقط به صورت یك داده و یك قرینه عرض کردم.

حال شما داده‌ها را در دست بگیرید و پیش چشم بگذارید و طرحی روی این‌ها بیفکنید که همهٔ این‌ها را توضیح بدهد و بگوید چرا این‌ها به این شکل است. همان‌طور که گفتم معرفت طرحی ما این‌چنین است که قرائن را کنار هم می‌گذاریم و بر اساس قرائن یك تئوری پیشنهاد می‌کنیم.

ملاحظه کنید که تئوری داروین چگونه پدید آمد؟ داروین به یك رشته قرائن در عالم جانداران رسید؛ این‌که یك تعداد جانور در گذشته می‌زیستند و امروز نسل‌شان منقرض شده‌است، و این‌که تعدادی فسیل در زمین یافت که این فسیل‌ها سنگ‌هایی بودند که روی آن‌ها عکس پاره‌ای از جانوران، گیاهان و امثالهم بود. در عالم تربیتِ حیوانات هم می‌دید که می‌توان بر اثر جفت‌گیری‌های مختلف، انتخاب نژاد و انتخاب نسل مناسب، حیوانی را به جانبی هدایت کرد که اوصاف و خصایل مطلوبی داشته باشد. او می‌دید که اگر حیوانات را همین‌طور وحشی رها کنیم، محصولات مختلف به دست می‌آید. اما می‌توان گوسفند خاص، اسب خاص و گاو خاصی پرورش داد. تعدادی دادهٔ دیگر را هم می‌توان کنار این‌ها گذاشت، برای مثال، در فلان جزیزهٔ دورافتاده نوعی حیوان پیدا می‌شود که در هیچ جای دیگر پیدا نمی‌شود. اما در موارد دیگر، اگر به آن جزیره رفت‌وآمد شده باشد، می‌بینیم که مثلاً از نسل جانورهای آن‌جا در نقاط دیگر هم پیدا می‌شود. ما وقتی به بیابان می‌رویم گیاهانی را می‌بینیم که برگ آن‌ها سوزنی است، اما در نقاط دیگر گیاهانی را می‌بینیم که برگ‌های پهن و بزرگی دارند.

داروین این داده‌ها را کنار هم گذاشت. یك سفر طولانی هم با آن کشتی بیگل مشهور رفت و موارد لازم را جمع‌آوری کرد. اگر ما بخواهیم بر مجموع این اطلاعات طرحی بیفکنیم که همهٔ این‌ها را توضیح بدهد، یك طرح این است که بگوییم یك تئوری واحد وجود ندارد و بلکه خدا خواسته است که جانورانی را تا قرن خاصی خلق بکند و بعد از آن هم دیگر خلق نکند. در مورد گیاهانی هم که برگ‌های‌شان سوزنی است باید گفت خدا خواسته است که گیاهانی با برگ‌های سوزنی بیافریند. در جایی هم که برگ‌ها پهن است گفته می‌شود خداوند خواسته‌است گیاهانی با برگ پهن خلق کند. در مورد فسیل‌ها هم صراحتاً می‌گفتند معماهایی هستند که خداوند در خلقت قرار داده تا میزان هوش و ذکاوت و تفطّن آدمیان را بسنجد.

گذشتگان این نظرات را در کتاب‌های‌شان نوشته بودند. هر جا دست گذاشته می‌شد می‌گفتند خواست خدا بوده‌است[1].

داروین طرح دیگری داد و گفت: بیاییم طور دیگری فکر کنیم؛ ما خدا را انکار نمی‌کنیم، اما دخالت او را آن‌قدر مستقیم در کارها نمی‌گیریم. دخالت خداوند را نوعی دخالت از وراء پرده در نظر می‌گیریم. چطور است بگوییم که در این امور تطابق با محیط وجود داشته است. بنابراین، دلیل سوزنی‌بودن برگ‌های درختان نواحی گرمسیری، جلوگیری از تبخیر ذخیرهٔ آبی گیاهان است. به تعبیر دیگر، این درختان در آن محیط شانس بقای بیشتری داشته‌اند. اگر جانوری به رنگ سبز درخت است، به این خاطر است که از شرّ دشمنان ایمن بماند. می‌توانستیم بگوییم: «خدا خواسته است که رنگ این جانور سبز باشد» یا «خدا خواسته است که برگ آن درخت سوزنی باشد»، اما در عین حال این را هم می‌توان گفت که در این جهان جانوران با محیط‌شان منطبق می‌شوند. این تئوری هم خیلی از پدیده‌ها را می‌تواند توضیح می‌دهد. در این صورت، نه تنها این مطلب، بلکه آن‌چه را نیز که دور از ذهن است، می‌توان توضیح داد. به عنوان مثال می‌توانیم نتیجه بگیریم که: «جانورانی که نتوانستند با محیط منطبق بشوند منقرض شدند». به این ترتیب دیگر ناچار نیستیم بگوییم: «خدا خواسته تا یك وقتی جانورانی را خلق کند و بعد منصرف شده و سراغ جانورانی دیگر رفته است». داروین چنین طرحی داد. در این طرح به جای این‌که حوادث را به طور مجزا به ارادهٔ خدا مستند کنیم، همه را به زیر

---

۱. نظامی قصه‌ای در هفت پیکر دارد که از این قرار است؛ کسی بود به‌نام بُشر که خانمی را دید و دلباختهٔ او شد، ولی از آن‌جایی‌که مرد پارسایی بود، سعی کرد که عفت بورزد و سراغ آن خانم نرود. بنابراین برای آن‌که فکر آن خانم از سرش بیرون برود به بیت‌المقدس رفت تا با زیارت و دعا و نیایش از این اندیشه فارغ شود. وقتی‌که از آنجا برمی‌گشت در راه سفر با آقایی به نام میلخا روبرو شد و با او همسفر شد. ملیخا مرد لاف‌زنی بود و به بُشر می‌گفت: من همه چیز بلدم، من تاریخ می‌دانم، سرّ پیدایش نجوم را می‌دانم، می‌توانم حوادث سماوی را توجیه کنم، و امثال این سخنان». وسط راه ابر تیره‌ای بالای سرشان آمد، ملیخا از بشر پرسید: «این ابر چرا تیره است؟» او گفت: «خدا خواسته است». ملیخا گفت: اینکه جواب نشد.

ابر تیره دخان محتــرق است   بر چنین نکته عقل متفق است

به ابر سفید رسیدند و بشر در جواب باز می‌گفت: «خدا خواسته است، یعنی برایش توضیح علمی می‌داد. داستان پیش می‌رود، تا این‌که به جایی می‌رسند و غذایی می‌خوردند و خُمی می‌بینند که در زمین است. ملیخا می‌رود داخل این خم تا خود را بشوید» و خبر نداشت که آن خم نبود، بلکه چاه عمیقی بود.

چون در آن شد نه خم که چاهی بود   تـا بن چَــه دراز راهـی بــود

رفت و غرق شد. بُشر هم لباس او را برداشت و به شهر برد و به این در و آن در زد تا خانه صاحب رخت را بیابد. نشانی دادند و به خانهٔ او رفت و از قضا خانمی که دیده بود، خانم همین آقا بود و بالاخره به وصال هم رسیدند.

غرض این است که گاهی ما در آن داده‌های داروینی به گونه‌ای می‌اندیشیم که می‌گوییم: «خدا این را به این صورت خواسته است و خدا آن را طوری دیگر خواسته است».

پوشش چتر واحدی، به عنوان مثال تطابق با محیط، می‌بریم. ملاحظه می‌کنید که در علم «معرفت طرحی» کاربرد زیادی دارد.

به اصل مطلب برگردیم. شما می‌توانید هر یك از داده‌هایی را که من در مورد پیامبری و وحی بیان کردم مستقل در نظر بگیرید و هر یك را به نحو جداگانه مستند به ارادهٔ خداوند کنید و بگویید: «خدا خواسته است با پیغمبر به زبان عربی صحبت کند»، «خدا خواسته است برخی از حوادث را در *قرآن* بیان کند و بعضی دیگر را بیان نکند» و «خداوند خواسته است بعضی یا همه یا اکثریت احکامی را که در جامعهٔ عربی جاری بوده‌است به رسمیت بشناسد و بر آن‌ها صحه بگذارد و جامعهٔ مسلمین را الزام به عمل به آن‌ها بکند». می‌توانیم در تمام موارد به همین صورت پاسخ دهیم که «خدا خواسته است این‌طور بشود» و بین آن‌ها هیچ نوع ربطی برقرار نکنیم و نگوییم که این‌ها از طرحی واحد پیروی می‌کنند. بر این اساس قائل خواهیم بود به این‌که تك‌تك این پدیده‌ها خواست مستقیم خداوند بوده‌اند و حتماً خداوند در این کار مصلحتی می‌دیده که این‌چنین عمل کرده است. بر مبنای این تلقی اگر خدا می‌خواست و مصلحت می‌دید، *قرآن* را به زبان یونانی به پیامبر نازل می‌کرد، آن‌گاه پیامبر کتابی به زبان یونانی به‌دست عرب‌ها می‌داد و می‌گفت «مصلحت این است شما بروید یونانی یاد بگیرید و کتاب من را بخوانید و بالاخره به هر مقدار که فهمیدید از آن استفاده کنید». اما ارادهٔ خدا به این تعلق گرفته است که با زبان عربی با پیامبرش سخن بگوید. این یك نوع توضیح است که هر یك از این واقعیت‌ها را مستقلاً مستند به ارادهٔ باری می‌کند و مصلحت خفیه‌ای هم در آن منظور می‌کند، که عقل ما آن را درنمی‌یابد، اما خداوند آن را منظور کرده است.

به گونهٔ دیگری نیز می‌توان تئوری‌پردازی کرد، که آن‌گونه تئوری‌پردازی تقریباً همان چیزی است که من در *بسط تجربهٔ نبوی* (با الهام از تئوری داروین) آورده‌ام. یعنی گفتم چطور است که ما در پدیدهٔ وحی سخن از تطابق با محیط بگوییم. بدین معنا که مسأله را به این صورت تبیین کنیم که وحی پدیده‌ای است که با محیط منطبق می‌شود و کاملاً رنگ محیط را به خود می‌گیرد. محیط در این معنا مفهومی اعم است از آن‌چه که در جامعهٔ عربی آن روز رخ می‌دهد، آن‌چه در شخصیت پیامبر می‌گذرد، حوادثی که در طول زندگی پیامبر و درگیری‌های سیاسی و اجتماعی او پیش می‌آید، زبانی که در جامعهٔ پیامبر جاری است و چیزهای دیگری از این قبیل. این مُدل تمام آن داده‌هایی را که عرض کردم، کنار هم نشانده، همه را مصبوغ به صبغهٔ واحدی کرده، برای همه حکم یکسانی صادر می‌کند و هیچ‌یك را جداگانه مستند به ارادهٔ جداگانه‌ای از خداوند نمی‌کند. من البته به دنبال دلایل فلسفی مسأله نمی‌روم، وگرنه می‌شد این مطالب را به زبان متافیزیکی و فلسفی هم گفت. من در *بسط تجربه نبوی* و در بحث

«ذاتی و عرضی در دین» در واقع از این طرح دوم پیروی کرده‌ام. به این معنا معتقد نیستم هر یك از این‌ها را خداوند جداگانه اراده کرده و برای هر کدام مصلحتی داشته که شاید به عقل ما برسد و شاید نرسد. این‌طور فکر نکرده‌ام، بلکه از راه دیگری رفته‌ام و نظریهٔ «بسط تجربهٔ نبوی» از این‌جا پدید آمده است. من معتقد نیستم خداوند می‌دانست که فلان کس فلان سؤال را از پیامبر خواهد کرد و پیشاپیش آیه‌ای را حاضر کرده بود که وقتی او آن سؤال را کرد، آن آیه را همان‌جا کف دست پیامبر بگذارد. همان‌طور که عرض کردم، شما می‌توانید مطلب را براساس همان دیدگاه نخست تبیین کنید، چنان‌که بعضی چنین تبیین می‌کنند. اما سخن من این است که می‌توان این مسأله را به این صورت هم دید که پیامبر با سؤالی روبه‌رو می‌شد؛ نفس این سؤال، پاسخ به سؤال را تولید می‌کرد. این در مورد حکمی که دربارهٔ حادثهٔ خاصی بیان می‌شد نیز صادق است.

تا این‌جا من طرح مسأله را کردم و توضیح دادم که می‌توان با دو چشم به مجموعهٔ این حوادث نگاه کرد. حال در این‌جا ممکن است شما از من بپرسید «پس جبرئیل چه بود؟» پاسخ من این است که بحث جبرئیل و نحوهٔ نزول و ظهورش بر پیامبر، بحث مکانیزم‌هاست. به نظر من در ماهیت مسأله تفاوتی ایجاد نمی‌کند. در پاسخی هم که به آقای خرمشاهی نوشته بودم این مطلب را آورده‌ام. در این‌که چطور ماوراء طبیعت با طبیعت تماس می‌گیرد، فلاسفه تئوری‌پردازی‌هایی کرده‌اند و پیامبران هم شکلی به این امر داده‌اند. فیلسوفان در مورد ادراکات ما هم سخنانی دارند و سعی می‌کنند توضیح بدهند که وقتی ما چیزی را درك می‌کنیم یا اراده می‌کنیم یا کشفی می‌کنیم چه اتفاقی می‌افتد. در پس پرده سخنان زیادی می‌توان گفت، اما در ماهیت قضیه هیچ تغییری ایجاد نمی‌کند. ما در پی توضیح و تبیین رویهٔ طبیعی مسأله هستیم. در رویهٔ طبیعی مسأله یك آورد و یك بُردی وجود دارد، همان‌طور که یك محرّك و یك پاسخی وجود دارد، و شرایطی در کنار انطباق با آن شرایط وجود دارد. اما تبیین دینی مسأله که پشت پرده چه می‌گذرد و واقعاً پاسخ مناسب چگونه تهیه می‌شود و تحویل پیامبر می‌شود، این است که مَلَکی می‌آید و وحی را به پیامبر می‌دهد. در این مسأله کسی، دست‌کم بنده، خدشه‌ای ندارد، اعم از این‌که ما این کلمات را بیان اسطوره‌ای یا بیان واقعی بدانیم. علی‌ای‌حال، من این مسأله را در تبیین پدیدهٔ نبوت مهم نمی‌شمارم، چرا که، بحث جبرئیل رویهٔ ماوراء طبیعی مسأله است. در آن‌جا مطالب فراوانی می‌توان گفت، از جمله این‌که وسیلهٔ ارسال وحی مَلَك است یا... . اما وقتی به رویهٔ طبیعی مطلب نگاه می‌کنید نوعی انطباق با محیط را می‌بینید و، همان‌طور که گفتم، می‌توان برای آن چنان طرحی را قایل شد. تا این‌جا اصل نظریه است و قرائنی که می‌توان دید.

بعضی از دوستان ما آیاتی از *قرآن* را به عنوان دلیلی برای ردّ این تئوری آورده‌اند. این شواهد به خودی‌خود شنیدنی است. به‌هرحال اگر طرح ما طرح صادق و جامعی باشد، باید همین داده‌های قرآنی را توضیح بدهد، وگرنه قابل دفاع نخواهد بود. ابتدا دربارهٔ یکی از موارد مهمی که در این آیات مطرح شده و مربوط به مسائل تاریخی ذکر شده در *قرآن* است، نکته‌ای را متذکر می‌شوم. اتفاقاً اگر دقت کنید درمی‌یابید که آن‌چه از مسائل تاریخی در *قرآن* آمده است، همان مسائل تاریخی است که عرب‌ها با آن دست به گریبان بوده‌اند. از پیامبری به نام زرتشت در *قرآن* هیچ اسمی برده نشده است، اما، برای مثال، مجوس که طایفه‌ای در ایران آن روز بودند و با اعراب ارتباط داشتند، یك بار ذکری رفته‌است[۱]. عموم پیامبرانی که در *قرآن* از آن‌ها یاد شده‌است، همان پیامبران بنی اسرائیل هستند که عرب‌ها کم‌وبیش با آن‌ها آشنایی داشتند و داستان‌های‌شان را می‌دانستند و اطلاعات کامل یا ناقصی دربارهٔ آن‌ها داشتند. در آیه‌ای آمده است «وَإِنَّكُمْ لَتَمُرُّونَ عَلَيهِمْ مُصْبِحِينَ»[2] شما روزها از کنار خانه‌ها و شهرهای ویران‌شده‌شان عبور می‌کنید. بدین معنا که شما دربارهٔ آن‌ها می‌دانید، چرا که قبلاً در میان شما بوده‌اند و اجدادتان از آن‌ها اطلاع داشته‌اند، و به همین دلیل خبرهای ناقصی از آن‌ها به شما رسیده است. در *قرآن* از آن‌چه در دیگر نواحی زمین می‌گذرد و از ادیان و فرق و مکاتبی که در نواحی دیگر زمین هستند، اصلاً ذکری نرفته است. من این مسأله را قرینه‌ای می‌گیرم بر آن تئوری انطباق و تناسب آیات با محیط آن روز عربستان.

شخصی در مقاله‌ای نوشته بود که «یاسین» در ابتدای سورهٔ یاسین احتمالاً «یسَن» هم خوانده می‌شود که ممکن است اشاره به «مزدَیسنا» باشد. به فرض که این مطلب اثبات شود، تکلیف آن مکاتبی که در *قرآن* پیدا نمی‌شود چیست؟

من گاه که در خارج از کشور در دیالوگ‌های بین ادیان شرکت می‌کردم با این مطلب روبه‌رو می‌شدم که مسیحیان می‌گفتند اعتقادات مسیحیت که در *قرآن* آمده است اعتقادات همهٔ مسیحیان نیست و رأی ما در باب تثلیث این نیست که در *قرآن* آمده است، بلکه آن‌چه در *قرآن* آمده است رأی طایفهٔ محدودی است که در عربستان هم‌زمان با پیامبر زندگی می‌کرده‌اند. به تعبیر آن‌ها «انّ الله ثالث ثلاثه» (خداوند سوّمی از آن سه تاست)، اعتقادی نیست که مسیحیان در باب تثلیث داشته باشند. آن‌ها صریحاً می‌گفتند تمامی مسیحیان بر این قول اتفاق نداشته‌اند و تنها قومی از میان طوایف مختلف مسیحیت بر آن باور بوده‌اند.

---

۱. در سوره حج، آیه ۱۷

۲. صافات/۱۳۷

به یاد می‌آورم که حدود هشت سال پیش، در بیرمنگام انگلستان، جلسه‌ای تشکیل شده بود و بعضی از علمای قم هم در جلسه حضور داشتند. از قضا یکی از مسیحیان ژزوئیت از من پرسید که اگر ما این اعتقادی را که در *قرآن* آمده است نداشته باشیم باز هم از نظر اسلام کافر شمرده می‌شویم؟ به مسیحیان نسبت داده شده که در *قرآن* آمده است «لقد کفر الذین قالوا ان اللّٰه ثالثُ ثلاثه»[1] «آن‌هایی که می‌گویند خدا سوّمی آن سه است، کافراند» و آن مسیحی می‌گفت ما چنین اعتقادی نداریم. به ایشان گفتم: «والله، فتوای فقهی بنده این است: خیر، شما را دیگر نمی‌توان بنابر آنچه *قرآن* گفته کافر دانست. اتفاقاً یکی از علمای قم، آیت‌اللّٰه معرفت، هم که در جلسه بودند، گفتند اگر شما این را نمی‌گویید دیگر حکم کفر بر شما صادق و جاری نیست. ملاحظه می‌کنید *قرآن* در نقل اعتقادات اقوام دیگر دقیقاً از اعتقادات جاری در جامعهٔ آن روز عرب پیروی کرده است و تنوّع این اعتقادات را، مثلاً در مورد یهودی‌ها، به هیچ وجه منظور نکرده است. در این باره هم شما باز می‌توانید بگویید: حتماً مصلحتی بوده و خداوند اتفاقاً آن عقیدهٔ خاص را که آن فرقهٔ خاص مسیحی داشته است خیلی مهم‌تر از بقیهٔ عقاید دانسته و درست روی همان انگشت گذاشته و نقل کرده است. این هم یك نگاه است، اما معقول‌تر و طبیعی‌تر آن است که بگوییم در *قرآن* همان‌طور که زبان عربی، که زبان محیط پیامبر بوده، انعکاس پیدا کرده این عقاید هم از آن جهت که در آن محیط بوده و یا حادثه‌ای از آن جهت که در آن محیط رخ داده انعکاس پیدا کرده است. به این ترتیب ما تناسب با محیط و رابطه دیالوگی با محیط و مردم را حفظ و تقویت می‌کنیم. بنابراین، نکتهٔ اول این است که همهٔ پیامبرانی که ذکرشان در *قرآن* آمده، و ادیان و معجزات‌شان مورد بحث قرار گرفته، پیامبران و ادیانی هستند که در جامعه عربی آن روزگار ذکرشان رواج داشته و کاملاً بیگانه با محیط عربی و اعتقادات و اطلاعات مردم عرب نبوده است. نکتهٔ دوم این است که وقتی ما دربارهٔ وحی بحث می‌کنیم، در واقع بحث بیرون‌دینی می‌کنیم و از بیرون به حادثه‌ای به نام وحی که در جامعهٔ عربی و در ضمیر پیامبران اتفاق افتاده است نگاه می‌کنیم. اگر در جهت اثبات مدعای خودمان یا برای نقض آن قرائنی می‌آوریم، همهٔ این قرائن باید از بیرون از وحی گرفته شده باشد. به درون وحی مراجعه کردن، نفیاً یا اثباتاً، به لحاظ متدولوژیك کار نادرستی است. یعنی نمی‌توان به آیه یا روایتی در رد آن استناد کرد، چراکه آن آیه هم مشمول همان تئوری‌ای می‌شود که آن را از بیرون طرح کرده‌ایم، به‌شرط این‌که آن تئوری درست باشد. اگر آن تئوری صادق باشد، همهٔ این‌ها را دربر می‌گیرد و آن‌گاه ما باید

---

۱. مائده/۷۳

آیات را بر وفق آن تئوری تفسیر کنیم و آن‌چنان تفسیر کنیم که آن تئوری دست نخورد. شما از پروسهٔ وحی، پایین‌تر بیایید و پروسهٔ خواب‌دیدن را ملاحظه کنید. شما خواب‌دیدن را چطور تفسیر می‌کنید؟ گاه در خواب می‌بینید که کسی می‌آید، با شما سخن می‌گوید و مطالبی را که شما ظاهراً نمی‌دانید به شما یاد می‌دهد. ممکن است شعری برای شما بخواند و این شعرها در یاد شما بماند. ممکن است پندی به شما بدهد، ممکن است حتی حادثه‌ای دربارهٔ آینده برای شما بیان بکند و آن حادثه رخ بدهد. به عبارتی رؤیای صادقه باشد. همهٔ این موارد اتفاق می‌افتد و امر عجیب و غریبی نیست. در مورد پیامبران هم همین‌طور است. در روایتی از شخص پیامبر آمده‌است که رؤیای صادقه یك جزء از چهل و شش جزء نبوت است. وحی و رؤیا از یك جنس هستند. شما برای این‌که بفهمید وحی چیست از رفیق و هم‌نشین آن‌که رؤیاست بپرسید و به طرف او بروید. غزّالی در جایی بحث می‌کند که شیاطین هم به انسان‌ها وحی می‌کنند. در *قرآن* هست «إنَّ الشَّیاطینَ لَیوحونَ الی أؤلیائِهِم»[1]. شیاطین هم به رفقای‌شان وحی می‌کنند.

وحی شیاطین در صورت وسوسه ظاهر می‌شود. غزّالی می‌گوید شما برای این‌که بدانید وحی چیست به وسوسه‌های شیطانی که گاهی در دل‌تان می‌افتد دقت کنید. از روی آن‌ها می‌توانید یك مقدار مزهٔ وحی را استشمام بکنید. چون خود *قرآن* آن را وحی نامیده است «إنَّ الشَّیاطینَ لَیوحونَ إلی أوْلیائِهِم».

هنگامی که شیطان وسوسه می‌کند گویی به ما وحی می‌کند. ما پیامبر نیستیم و اسیر وسوسه‌های شیطانی واقع می‌شویم. تجاذب‌ها و کشمکش‌هایی که گاه ما در درون داریم و ما را به جانب کارهای ناروا می‌کشاند، در واقع نوعی وحی هستند. این وحی با شما چه کار می‌کند؟ چیزی را در چشم شما می‌آراید و تئوری‌هایی را در ذهن شما پدید می‌آورد، که باعث می‌شود شما کارهایی را خوب بدانید. چون آدمی بالاخره به طرف کاری می‌رود که آن را توجیه کرده باشد. هیچ‌وقت نمی‌توان کاری را انجام داد و در همان حال آن را صددرصد غلط و قبیح شمرد. انسان هنگامی دست به گناه می‌زند که قبلاً کار قبیحی را برای خود نیکو کرده باشد و توجیهی برای آن تراشیده باشد. وسواس شیطانی که به تعبیر غزالی از جنس وحی است، کم‌وبیش همین کارها را با انسان می‌کند. برای این‌که خوب بفهمید وحی چیست، گاهی اوقات وسوسه‌های نفسانی‌تان را تحلیل کنید. وقتی کار بدی را خیلی دوست دارید انجام بدهید، توجه کنید که چه عاملی شما را به طرف آن کار بد می‌کشد، آن وقت ببینید چه

---

۱. انعام/۱۲۱

بهانه‌تراشی‌هایی برایش می‌کنید. چه آسمان و ریسمان‌هایی می‌بافید و از چه جاهایی کمك می‌گیرید. تمام معلومات‌تان، تمام تئوری‌های‌تان و همهٔ پشتوانه‌های ذهنی‌تان را وسط می‌کشید تا عملی را که نباید انجام بدهید، انجام دهید و بالاخره خودتان را قانع می‌کنید که آن کار را باید انجام داد. البته وقتی انسان یکی دو بار این کارها را انجام داد، دیگر به آن شیطان هم احتیاج ندارد؛ چون در اثر استمرار، شخصیت آدمی، شخصیت وسوسه‌زده‌ای می‌شود و دیگر احتیاج به کسی ندارد که وسوسه‌اش کند به تعبیر مولوی:

تا تو بودی آدمی دیو از پـی‌ات   می‌دوید و می‌چشانید از می‌ات[۱]

تا وقتی که آدم بودی شیطان از پی‌ات روان می‌شد و تو را تحریك می‌کرد، اما وقتی که خود دیو شدی، دیگر شیطان برای چه بیاید:

چون شدی در خو، دیوی استوار   می‌گریزد از تو دیو نابـــکار[۲]

در آن صورت دیو از تو فرار می‌کند!

پیامبران هم، بنابراین تمثیل[3] در معرض «وسوسهٔ مَلَکی» قرار می‌گرفتند؛ خواب‌های صادق می‌دیدند، اندیشه‌های نیکو در آن‌ها بیدار می‌شد، و بعد کشف‌هایی بر آن‌ها عارض می‌شد و پرده‌هایی از جلو چشم‌شان کنار می‌رفت. با توجه به این‌که بعضی ممکن است از «تجربه» دریافت صحیحی نداشته باشند شما اصلاً تعبیر «تجربه نبوی» را بردارید و به جای آن «کشف نبوی» بگذارید. تجربهٔ نبوی غیر از این چیزی نیست. تعبیر «کشف» را عرفای ما وسیعاً به‌کار برده‌اند. آنان از «کشف تام محمّدی» سخن گفته‌اند که منظورشان این است که پیامبر حقایق و اسرار را کشف می‌کرد، منتها کشف او کشف تام بود، به این معنا که تیره نبود و بلکه به‌روشنی، به‌وضوح و به نحو جامع آن سرّ یا واقعیت را می‌دید. دیگران هم کشف می‌کنند، منتها کشف‌شان تام نیست، بلکه ناقص و تیره است. وقتی پیامبر صاحب کشف شد، به‌تدریج واجد شخصیت تبدل‌یافته‌ای می‌شود که امور را به خوبی می‌بیند، واقعیات را به خوبی مشاهده می‌کند و پیامدهای‌شان را درك می‌کند و از آن‌ها سخن می‌گوید. هیچ اشکالی هم ندارد که وقتی کسی از چیزی سخن می‌گوید، گاهی بر او چنان وانمود می‌شود که گویی کسی این سخن‌ها را به

---

۱. *مثنوی معنوی*، دفتر اول، بیت ۱۸۷۸
۲. *مثنوی معنوی*، دفتر اول، ابیات ۱۸۷۸ - ۱۸۷۹
۳. تمثیل «وحی شیطانی» مقتبس از *قرآن* است

گوش او می‌خواند یا کسی را می‌بیند، که ما این را وحی به معنی‌الاخص برمی‌شمریم. همهٔ این‌ها مشمول آن حکم کلی هستند «هرچه آن خسرو کند، شیرین کند». به عبارتی به دلیل این‌که پیامبر شخصیتی پیراسته، پالایش شده، والا و مؤید داشت، سخنانش همه از منبعی بیرون می‌آمد که پاك و زلال بود، و چون سرچشمه پاك بود، سخن هم پاك و زلال می‌شد. همه این‌ها مجموعاً این سخن را که وحی تابع پیامبر بود توضیح می‌دهد؛ متناسب با شخصیت پیامبر بود، متناسب با زبان او، محیط او و حوادثی بود که در زمان او رخ می‌داد. همین‌طور متناسب بود با بنیهٔ مزاجی و عقلانیتی که قوم او داشتند، و با ضرب‌المثل‌هایی که آن‌ها می‌زدند. متناسب بود با معانی‌ای که در الفاظ خودشان ریخته بودند، و با ظرفیتی که زبان و بینش آن قوم داشتند. در واقع وحی خودش را با این مسائل تطبیق می‌داد:

گر بریزی بحر را در کــوزه‌ای   چند گنجد قسمت یك روزه‌ای[۱]

وقتی دریا در کوزه ریخته می‌شود، ناچار دریا از کوزه تبعیت می‌کند. دریا از دریا بودن نمی‌افتد، اما آن‌چه که به دست ما می‌رسد آن کوزه است و لاجرم دریا از ابعاد و ظرفیت کوزه تبعیت می‌کند. جز این نمی‌شود. بالاخره اگر دریا می‌خواهد به خانهٔ ما بیاید، باید در همین ظرف‌های منزل ما بیاید. اگر دریا بخواهد مهمان ما بشود و وارد منزل ما شود، بایستی در همین ظروفی که داریم جای بگیرد[2]. بسته به این‌که چه ظرفی ببریم، نصیب ما از دریا همان‌قدر خواهد بود. این معنای تبعیت وحی از شخصیت، محیط، شرایط زندگی، تجربه‌های درونی و بیرونی پیامبر است. بیان دیگر مطلب فوق این است که اساساً متافیزیك نمی‌تواند وارد فیزیك بشود، مگر این‌که رنگ و خوی و خصلت فیزیك را به خودش بگیرد. ماوراء طبیعت پای خود را در طبیعت نمی‌تواند بگذارد، مگر این‌که در داخل ظروف طبیعی ریخته شود و به شکل طبیعی متجلی شود. مثال بسیار بارز این مطلب روح است. روح هر یك از ما به قدر بدن ماست؛ یعنی این روح که یك موجود ماوراء طبیعی است، جز از پنجرهٔ جسم ظاهر نمی‌شود و در این عالم به همان اندازه تصرّف می‌کند که بدنش به او اجازه می‌دهد. البته همهٔ این مطالب در صورتی صحیح است که ما قائل باشیم به این‌که نفسی و روحی

---

۱. *مثنوی معنوی*، دفتر اول بیت ۲۰

۲. گفته‌اند روز قیامت گدایی محشور شده بود. خدا به او گفت چه آورده‌ای؟ او گفت «خدایا! وقتی ما در دنیا پیش بنده‌های لیئم و خسیس تو رفتیم، چیزی به ما ندادند و گفتند خدا بدهد، خدا کریم است، حال که این‌جا آمده‌ایم توبه ما می‌گویی چه آورده‌ای؟ ما آمده‌ایم از تو بگیریم. خدا گفت نه، غرض‌ام این نبود که چه آورده‌ای؟ منظورم این بود که چه ظرفی آورده‌ای که بدانیم چه‌قدر به تو بدهیم. کوزه آورده‌ای؟ کیسه آورده‌ای؟ انبان آورده‌ای؟

وجود دارد. بوده‌اند پاره‌ای از مسلمان‌ها که به وجود روح اعتقاد نداشته‌اند. بعضی از شیوخ معتزله می‌گفتند انسان، بدن است؛ می‌میرد و بعد هم خدا همین بدن را مجدداً محشور می‌کند. در هر حال ما ممکن است خیلی خیالات، فکرها، اراده‌ها، و هوس‌ها داشته باشیم، ولی مگر می‌توانیم آن‌ها را انجام بدهیم؟ ممکن است من بخواهم به طرفةالعینی به آن سوی کرهٔ زمین بروم، اما این بدن نمی‌گذارد. بنابراین، روح من به اندازه‌ای که این بدن به او اجازه می‌دهد می‌تواند در این عالم فعالیت بکند. در واقع روح در این دنیا در چنگال بدن است. وقتی‌که بدن فروخسبید و سرد گردید، روح آزادانه‌تر در جهان به پرواز درمی‌آید. در این دنیا روح از بدن تبعیت می‌کند. روح من همان قدر می‌بیند که چشم من اجازه می‌دهد. اگر این چشم کور بشود روح من هم در واقع کور می‌شود و دیگر نمی‌بیند. بدن من اگر از راه رفتن عاجز بشود، بدین معناست که روح من هم از راه رفتن عاجر شده است. سخن فوق بدین معنی نیست که روح از جایگاه خودش تنزل می‌کند، خارج می‌شود، بیرون می‌آید، تبدیل به چشم می‌شود و ارزش اصلی خود را از دست می‌دهد، ابداً. وارد دنیای طبیعت شدن مقتضیاتی دارد، نمی‌توانیم بگوییم ما وارد عالم طبیعت می‌شویم، اما غبار عالم طبیعت بر روح ما نمی‌نشیند، چنین چیزی ناممکن است. در مورد وحی هم عیناً همین‌طور است. در *قرآن* داریم: « وَكَذَٰلِكَ أَوْحَيْنَا إِلَيْكَ رُوحًا مِّنْ أَمْرِنَا »[1].

وحی روحی است که وارد این عالم می‌شود. به نظر من بسیار طبیعی است که پیامبر اسلام در خواب، یا چیزی شبیه به خواب، می‌دید که برای او داستان پیامبران را می‌گویند. پیامبران افراد بخیتار و بلند اقبالی بودند، زیرا کسانی که قصه‌ها را برای‌شان می‌گفتند، قصه‌های راستی می‌گفتند. یعنی اعتقاد ما این است که آن قصه‌ها راست بوده است. اگر شما از کسانی جز قائلین به وحی در این باره بپرسید این اعتقاد را ندارند.

خوب است نکته‌ای را هم راجع به احکام ذکر کنم. تلقی من این است که شارع احکام فقهی پیامبر بوده است. شخص پیامبر در این مسائل قانون‌گذاری کرده است و البته خداوند بر قانون‌گذاری پیامبر صحّه می‌گذاشته است. دغدغهٔ بنیادین و اساسی پیامبر در امر قانون‌گذاری این بوده است که احکام و قوانین جامعهٔ خود را از «جور زمانه» به «عدل زمانه» ــ و نه عدل فرا تاریخی ــ عبور دهد. به این معنا که جامعه را از آن‌چه در آن زمان جور می‌دانستند بیرون آورده، به آن‌چه در همان زمان عدل می‌دانستند معطوف کند.

به عنوان مثال پیامبر اسلام در مورد حقوق زنان و بردگی اصلاً با معیارهای امروزین

---

۱. شوری/۵۲

عدالت کار نکردند. این را از یاد نبریم که همهٔ قوانین تحت یك چتر واحد گرد می‌آیند و آن «عادلانه بودن» است، به این معنا که قانون بایستی عادلانه باشد. رکن رکین قانون‌گذاری در تمام قوانین شرعی و فقهی عادلانه بودن است. قوانین فعلی وجود دارند برای این‌که عادلانه‌اند. فلان قانون جامعهٔ عربی در حال حاضر وجود ندارد، چون ظالمانه و جائرانه بوده است. ملاحظه می‌کنید که عدل و ظلم تا چه حد نسبی هستند، یعنی روحیه و روان‌شناسی مردم در تشخیص این‌که چه چیزی عادلانه است و چه چیزی عادلانه نیست بسیار دخیل است. اگر امروز دادگاهی تشکیل بشود و در این دادگاه شخص متهم را از گرفتن وکیل محروم کنند، شما آن دادگاه را عادلانه نمی‌دانید. وجدان عمومی امروزی این را می‌گوید. کمتر کسی امروزه در این حکم تردید دارد که ما باید به متهم شانس و مجال دفاع از خودش را بدهیم. چون ممکن است کسی نتواند از خودش خوب دفاع کند. چنین حالتی در واقع یکی از مصادیق «فَأَحْبِبْ لِغَیْرِکَ مَا تُحِبُّ لِنَفْسِکَ وَ اکْرَهْ لَهُ مَا تَکْرَهُ لَهَا»[1] است «آن‌چه را بر خود روا نمی‌داری بر دیگری روا مدار». همان‌طور که من دوست دارم بهترین دفاع را از خودم بکنم، باید این مجال را به دیگری هم بدهم که اگر متهم شد، بتواند بهترین دفاع را از خودش بکند. این بهترین دفاع همیشه به دست خود انسان صورت نمی‌گیرد. گاه به کمك دیگران هم حاجت است. حال اگر شما در احکام دینی دقت کنید، در خواهید یافت که حتی یك مورد نداریم که متهم برای خودش وکیل گرفته باشد. این رسم در گذشته وجود نداشته است و هیچ فقهی هم این مطلب را پیشنهاد نکرده است. نمی‌گویم اگر پیشنهاد می‌شد مخالفت می‌کردند، ولی اصلاً طرح نشد. فقها عدالت را بیشتر در قاضی جست‌وجو می‌کردند. می‌گفتند شما که متهم هستید بروید نزد قاضی سخنان‌تان را بگویید. قاضی باید منصف، عادل و باتقوا باشد و بالاخره یك حکم منصفانه در مورد شما صادر بکند. به یاد دارم در اوایل انقلاب که بحث گرفتن وکیل مطرح بود، بعضی از آقایان مخالفت می‌کردند و می‌گفتند ما در فقه وکیل نداریم. ما باید به این موضوع توجّه کنیم که صفت و خصلت اصلی احکام شرعی ما علی‌الخصوص احکام فقهی اجتماعی، این است که موافق عدل زمانه باشند و اگر بناست در زمان حال اجرا بشوند باید با استفاده از اجتهاد، این احکام را دوباره به عدل زمانه برگردانیم، چراکه روح حکم فقهی باید موافق با عدل زمانه باشد.

به عنوان نمونه، احکام مربوط به برده‌داری را در نظر بگیرید. این کافی نیست که ما بگوییم به زعم

---

۱. محمد جواد مغنیه، *فی ظلال نهج البلاغه*، ج ۱، ص ۴۲۰.
این عبارت با تفاوتی به این صورت هم آمده است «احبب لغیرك ما تحب لنفسك» (همان، ج ۳، ص ۲۶۸)

پیامبر اسلام در افتادن با برده‌داری کار صعبی بود و لذا ایشان با آن مماشات کرد. چرا که همهٔ مسلمان‌ها رگ‌های گردن‌شان به حجت قوی است که پیامبر به کمترین ظلمی رضایت نمی‌داد. آن نظام برده‌داری را پیامبر ظلم نمی‌دید. درست است که به او تحمیل شد و اگر در دنیا نبود در اسلام هم نمی‌آمد، اما ایشان آن نظم را اصلاً ظلم نمی‌دید. دفاع‌هایی که امروز از برده‌داری می‌کنند چیست؟ می‌گویند پیامبر در یك زمانی ظهور کرد که برده‌داری نُرم جهانی بود. هنجاری بود که همهٔ عقلای قوم آن را پذیرفته بودند. در همه‌جا جاری بود. ایشان هم نمی‌توانست یك‌جانبه و یك‌طرفه آن را لغو کند. اگر برده‌داری در عالم نبود، در احکام اسلامی هم نامی از آن به میان نمی‌آمد. اصلاً چنین بابی در فقه گشوده نمی‌شد و بر این قیاس بسیاری چیزهای دیگر. برده‌داری مطابق معیارهای زمانه ظلم محسوب نمی‌شد. ایشان می‌گفتند به برده‌ها رسیدگی بیشتری بکنید. به آن‌ها آب و نان بدهید. درحالی‌که شما با دریافت‌های امروزی‌تان آن رویه را ظلم می‌بینید. به نظر بنده اگر پیامبر اسلام امروز ظهور می‌کردند برده‌داری را در احکام خود نمی‌گنجاندند. امروز در همین حکومت جمهوری اسلامی دادگاه‌های خانواده پدید آمده است. دادگاه خانواده مرد را از مطلق‌العنانی سابق خویش ساقط می‌کند. چنین دادگاهی حقوق را که مرد به صورت یك‌جانبه داشت از او می‌ستاند و می‌گوید هر تصمیمی که دربارهٔ خانواده گرفته بشود، وقتی‌که به نزاع کشیده شد، باید به دادگاه بیاید و در آن‌جا مورد داوری قرار بگیرد. درحالی‌که در گذشته، قرن‌ها، در همین جامعهٔ اسلامی خودمان، روابط خانوادگی و روابط همسری به صورتی بود که امروزه جمهوری اسلامی آن آداب و مناسك را از مصادیق ظلم می‌داند، ولی سابقاً هیچ یك از فقها آن‌ها را خلاف شرع نمی‌شمردند و برعکس، خودشان فتوا می‌دادند و مقلدین‌شان هم عمل می‌کردند. نظیر این مثال‌ها به‌وفور وجود دارد. احکام فقهی اجتماعی (به عبادیات بالمعنی‌الاخص نظیر نماز و روزه، حج و... کاری نداریم) صددرصد و بدون تردید رنگ محیط را با خود دارد و از سر انطباق با محیط صادر شده‌اند. سایهٔ «عدالت زمانه» بر سر این‌گونه احکام گسترده شد، نه عدالت همیشگی و فراتاریخی و فرازمانی. این احکام برای حل مشکلات جامعهٔ آن دوره است نه برای حل مشکلات هر جامعه‌ای در هر عصری. اساساً معنای حقوق این است. معنا ندارد که ما امروز قانون یا مقرراتی وضع کنیم و بگوییم این برای همیشه و همهٔ زمان‌ها و همهٔ مکان‌هاست. بالاخره ما به کمك مقرراتی که وضع می‌کنیم می‌خواهیم مشکلات موجود را حل کنیم تا اگر جامعهٔ دیگری هم مشکلاتی شبیه ما داشت، از مقررات ما استفاده کند. اما اگر وضعیت جامعه تغییر یافت، البته باید آن مقررات هم تغییر کند. یك رشته اصول خیلی خیلی کلی، عام و جهان شمول نظیر «ان‌الله یامر بالعدل و الاحسان»[1] وجود دارند، زیرا انگشت بر هیچ

---

۱. نحل/۹۰

مصداق خاصی نمی‌گذارند. خداوند امر به عدل و احسان می‌کند، اما همین‌که شما از آن مرتبه پایین‌تر می‌آیید، ویژگی‌های اجتماعی زمان پیامبر را به‌وضوح در احکام شرعی می‌بینید.

در احکام دینی ما عرف جامعهٔ پیامبر خیلی جدی گرفته شده است. ما هیچ دلیلی نداریم که بگوییم عرف جامعهٔ پیامبر بهترین عرف ممکن در تاریخ بوده است. بالاخره چاره‌ای غیر از این نبوده است که یك عرف را مبنا بگیرند و راجع به آن عرف، حکمی صادر کنند و آن را الگوی دیگران قرار دهند. اما این دلیل نمی‌شود که آن عرف، بهترین عرف بوده یا بهترین مقررات در آن عرف جاری بوده است یا بهترین تاریخ و بهترین درك از مسائل هستی در آن‌جا حضور داشته یا بهترین تئوری‌های علمی در میان آن‌ها جاری بوده است. ابداً چنین نیست! هر پیامبری در محیطی که ظهور می‌کرد، همان‌طور که با شمشیر جنگ می‌کرد و نه با توپ و تانك (چون توپ و تانکی در کار نبود) با همان مفاهیمی که در جامعه جاری بود، کار خود را پیش می‌برد و نمی‌توانست مفاهیمی را که هنوز نیامده است از خود اختراع کند و به مردم بیاموزد و یا از مردم بخواهد که از آن مفاهیم نیامده استفاده کنند. از این رو احکام فقهی قطعاً چنین‌اند؛ موقت هستند، مگر این‌که خلافش ثابت شود. تمام احکام فقهی اسلام موقّت‌اند و متعلق به جامعهٔ پیامبر و جوامعی شبیه به آن جامعه هستند، مگر این‌که خلافش ثابت بشود. ما باید دلیل قطعی داشته باشیم برای این‌که آن‌ها برای همیشه وضع شده‌اند و نه برای آن شرایط ویژه. البته من می‌دانم که رأی عموم فقها برخلاف این است. یعنی معتقداند همهٔ این احکام ابدی است، مگر این‌که خلافش ثابت شود. اما اگر تحلیل‌های بنده صحیح باشد، لاجرم باید لوازم و نتایج آن را پذیرفت.

آیا وحی‌ای که برای پیامبر اثبات می‌شود، با وحی‌ای که تحت عنوان وسوسه برای مردم عادی پیش می‌آید، چه با نگاه مثبت و چه با نگاه منفی، یکسان است؟ از سوی دیگر در جامعهٔ ساده هزار و چهارصد سال پیش، که عرفش الزاماً بهترین عرف نبوده، پیام‌هایی برای آن جامعه آورده شده که باعث شده نوعی تکامل روحی، روانی، اقتصادی، اجتماعی برای آن جامعه تحقق یابد. سؤال این است که این پیام‌ها چه فایده‌ای برای ما دارد؟ اصلاً اگر قرار باشد هر پیامبری در زمان خودش پیامی برای آن جامعه، به تناسب جغرافیا و فرهنگ و عقول مردم هم عصر خود، بیاورد، در آن صورت «خاتم‌الانبیاء» بودن چه معنای محصّلی دارد؟ چرا که ایشان قانونی را برای زمان خود آورده که از قضا در آن زمان هم مطلوب بوده است، ولی ممکن است امروز کارایی نداشته باشد و شاید هشتاد درصد آن آموزه‌ها برای جامعهٔ امروز ما بدون کارایی باشد. در مورد پیامبران دیگر هم به همین ترتیب.

در نتیجه اصلاً لازم نیست روی آن شخصیت‌ها نام پیامبر بگذاریم. هر زمان یك مصلح مخلصی که علاقهٔ وافری به بشریت داشته، ظهور کرده، جامعه را پیش برده، ولی محدود به زمان خودش بوده و برای زمان‌های بعد دیگر آن کارکرد را ندارد، چون آن پیام‌ها موقتی هستند نه دائمی؟ از سوی دیگر با این تئوری گویا اصل «حلالُ محمد حلال الی یوم‌القیامة و حرامُ محمد حرام الی یوم‌القیامة» منتفی می‌شود. مطلب دیگر این‌که از یك طرف قرآن ذکر است، از طرف دیگر همین قرآن در جامعه، محیط و فرهنگی نازل شده است که اکنون تغییر کرده است و با فرهنگ ما هم متفاوت است. سؤال این‌جاست که امروز قرآن برای ما چه ذکری می‌تواند داشته باشد؟

در مورد *قرآن* گفته شد که حوادثی اتفاقی می‌افتاده یا سؤالی مطرح می‌شده و طبق همان حوادث یا سؤالات، پاسخ‌هایی هم داده می‌شده است. حال سؤال این‌جاست که این مطلب که *قرآن* هفت بطن دارد و دارای مفاهیم بلندی است چه می‌شود؟ بنابراین، باید گفت در *قرآن* مسائلی از جمله مسائل ساده و پیچیدهٔ آن زمان مطرح شده است و جواب‌هایی هم به آن‌ها داده شده است و دیگر لازم نیست در *قرآن* مطالبی همچون اسرار بشریت یا کائنات را دنبال کنیم. مانند آن است که برای جامعه‌ای، نظیر جامعهٔ قبیله‌ای آفریقا، که برای خودشان مسائل و مشکلات خاصی دارند کتابی نوشته شود و دستورالعمل‌هایی هم صادر شود و آن جامعه هم با اطمینان خاطر بدانند که این قوانین برای جامعهٔ آن‌ها مطلوب است. اگر آن تئوری درست باشد، دیگر *قرآن* دارای مفاهیم ویژه‌ای نیست و تنها و تنها دوای مردمان آن روز بوده است.

قدیم یا حادث‌بودن قرآن با این تئوری چطور جمع می‌شود؟ حدود الهی در تئوری *بسط تجربه نبوی* کجا قرار می‌گیرد؟ وقتی قرآن می‌فرماید: «تِلكَ حُدودُالله» (این حدود خداست) بعضی از این حدود احکام اجتماعی‌اند که در آیات قرآن آمده است. حال چگونه می‌توان این‌ها را با آن طرحی که درانداختید، تبیین کرد؟ در ضمن با این نوع نگرش به قرآن باید تفسیر دیگری از توحید ارائه داد. در عین حال به نظر می‌رسد با این تئوری هر یك از انسان‌ها می‌توانند رسول و پیامبر شوند و جامعه‌ای را رهبری کنند.

اولاً هم‌چنان که در کتاب *بسط تجربه نبوی* آورده‌ام، تجربهٔ نبوی یا تجربهٔ شبیه به تجربهٔ پیامبران کاملاً قطع نمی‌شود و همیشه وجود دارد. اگر به لحاظ عقلی هم در این مورد استدلال نکنیم، دست‌کم شیعیان این عقیده را در مورد ائمه معصومین دارند و معتقدند آن‌ها اگر چه پیامبر نبودند و مأموریت پیامبری نداشتند، اما تجربهٔ پیامبرانه و تجربهٔ کشف از عالم را داشتند. ازاین‌رو حتی در منطق شیعه هم قول به *بسط تجربه نبوی* و تداوم آن یك قول رسمی است و

کلام شیعی کاملاً بر این امر صحه می‌گذارد. در ادبیات اهل سنت هم، اگر چه به پیشوایان معصومی غیر از پیامبر قائل نیستند، اما برای عارفان چنین شایستگی و توانایی را قائل‌اند.

در مورد این‌که آیا هرکسی می‌تواند رسولی بشود، باید اذعان داشت که کسی ممکن است برای خودش نبی شود و احوال خاصی پیدا کند و واجد اذواق و مواجیدی شود، ولی جامعهٔ دینی اسلامی با این افراد، اگر اظهار نبوت کنند، برخورد سخت‌گیرانه‌ای خواهد کرد. در واقع پیامبر وقتی می‌گفت: «پیامبری بعد از من نخواهد آمد» به پیروانش دستور داد که این باب را ببندند و دیگر به حرف هیچ‌کس که ادعای نبوت کرد اعتنا نکنند و به کسانی هم که این احساس به آن‌ها دست می‌دهد، می‌فرمود این احساسات را با کسی در میان نگذارید. شخصی ممکن است بین خودش و خدا واجد احوالی شود و احساس کند که صاحب وظایفی است از ناحیهٔ خداوند و دیگر وظیفه ندارد به دین خاصی عمل بکند. احساس من این است که بعضی از بزرگان، مانند شمس تبریزی، تقریباً چنین احوالی داشتند. اما این‌ها هیچ‌وقت ادعا نکردند که ما پیامبریم، یا این‌که برای خودمان شرع خاص و احکام خاصی داریم. به تعبیر شیخ محمود شبستری:

ولی تا با خودی زنهار زنهار   عبارات شریعت را نگـه‌دار

لذا آن‌ها بیرون از دایرهٔ بحث ما هستند. هرکس بین خودش و خدا رابطه‌ای دارد و بعداً هم باید پاسخ‌گو باشد. اگر کسی احساس می‌کند که دیگر نمی‌تواند پیرو شریعت پیامبر اسلام باشد و وظیفهٔ دیگری دارد، خودش می‌داند و خدای خودش. کسی هم که چنین احساسی را ندارد بایستی پاسخ‌گوی اعمالش باشد. اما تجربهٔ پیامبرگونه، البته، جریان دارد، برای این‌که تجلیات خداوند تمامی ندارد. ما نمی‌توانیم بگوییم خدا بر پیامبر اسلام تجلی کرد و پس از آن باب تجلی بسته شد. این تجلی برای هر کسی متناسب با ظرفیتش ادامه خواهد یافت.

اما دربارهٔ این سؤال که پیامبر امروز به چه درد ما می‌خورد، بایستی بگوییم او در روزگاری بوده و حرف‌های نیکویی هم گفته و حرکت‌های سازنده‌ای را هم ایجاد کرده است و از این خوبان و مصلحان کم نبودند. پیامبر اسلام هم یکی از آن‌ها بوده است. اما به چه کار ما می‌آید؟ ملاحظه کنید، ما می‌توانیم در مورد هر مصلح و صاحب فکری این حرف را بزنیم و این مسأله فقط در مورد پیامبران مطرح نیست. به کار آمدن *قرآن*، به این معنا نیست که انسان موجودی را از زمان خودش خارج کند و به زمان دیگری بیاورد. اجتهاد دقیقاً به همین مفهوم است، که شما بایستی بتوانید گذشته را فعّال و زنده کنید، نه این‌که آن را نسخه‌برداری طابق‌النعل بالنعل کنید. ما در تمام مسائل فکری همین کار را می‌کنیم. هرجا مسألهٔ پیروی در کار است، ما به همین صورت عمل می‌کنیم. شما هرکسی را که مقتدای خود قرار دهید،

به‌هرحال نمی‌توانید عین او رفتار کنید. باید رفتار او را در رفتار خودتان ترجمه کنید. این ترجمه همان اجتهاد ورزیدن است. نکتهٔ بعدی این‌که ما قرار است از چه چیز پیامبر پیروی کنیم؟ آن‌چه که گوهر دین پیامبر را تشکیل می‌داد و رسالت او را مشخص می‌کرد، همان پیام‌های اولیه‌ای بود که ایشان برای قوم خودش آورده بود. پیامبر در درجهٔ اول یك جهان‌بینی تازه آورد. آن‌گاه در آن جهان‌بینی اخلاق و حقوق را تنید. یعنی دین یك ساختمان سه طبقه یا یك مجموعهٔ سه لایه بود. اگر آیات مکی را که در ابتدا بر پیامبر نازل شده است، ملاحظه کنید، خواهید دید که تأکید عمده روی توحید و معاد است و در کنار خدا و معاد هم توصیه‌های اخلاقی وجود دارد. اولاً می‌گوید خدا را اطاعت کنید «فلیعبدوا رَبَّ هذا البیت»[1]. و سپس دربارهٔ انفاق سخن می‌گوید «یمنعون الماعون»[2] و مطالب دیگری از این دست. احکام فقهی بیشتر در مدینه نازل شد. احکام بیرونی‌ترین لایهٔ دین است که در نهایت بر دین افزوده شد. اعراب هم که در اثر دعوت پیامبر و مکتب او نیرو گرفتند، این مکتب را بسط دادند و به کشورهای دیگر بردند و دل سایرین را ربودند. این دلربایی مربوط به احکام فقهی نبود. ما نباید تصور کنیم که چون پیامبر توانست قواعد حیض و نفاس و احکام برده‌داری و طلاق و ازدواج بیاورد مردم جوامع دیگر متعجب شدند، بلکه آن چیزی که اعراب را مسخّر پیامبر کرد و دیگران را شیفته و دلباخته ساخت، همان پیام‌های اصلی و گوهری اسلام بود. اصلی‌ترین پیام پیامبر، عبادت خداوند بود. اصلاً عرب‌ها را همین مطلب شوکه کرد و تکان داد. همان‌طور که من در مقالهٔ *بعثت و بحران هویت* آورده‌ام، پیامبر در میان اعراب بحران هویت ایجاد کرد و هویت تازه‌ای از انسان را به آن‌ها معرفی کرد، به طوری که اعراب با خود گفتند: اگر انسانیت آن است، پس ما چه هستیم؟ و دچار این تعارض و زلزلهٔ روانی و وجودی شدند. در حقیقت پیامبر از طرفی یك نوع نهیب به آن‌ها زد و گفت: «شما با این زندگی و اعتقاداتی که دارید، انسان به حساب نمی‌آیید، شخصیت انسانی ندارید، و از طرف دیگر کالای مثبتی در اختیارشان گذاشت، که آن کالا و پیام برای همیشه جاودانی است. این‌چنین کارهایی است که تنها از پیامبران برمی‌آید. خدایی که پیامبر معرفی کرد، معاد و اصول کلی اخلاقی او و محوریت تازه‌ای که به زندگی داد همگی جاودانه‌اند، در عین حال تمامی این احکام، اجتهادی هستند.

در پاسخ به سؤال مربوط به حلال و حرام محمد(ص) تا روز قیامت، باید بگویم این درست

---

۱. قریش/۳
۲. ماعون/۷

است که حلال محمد تا روز قیامت حلال است و حرامش هم تا روز قیامت حرام، منتها همهٔ بحث بر سر این است که آن حلال و آن حرام چیست؟

فقهای شیعه دوازده قرن نماز جمعه نمی‌خواندند. بعضی اصلاً نماز جمعه را حرام می‌دانستند. این در حالی است که نماز جمعه در *قرآن* هست. شما هیچ وقت به ظاهر مطالب و مفاهیم نگاه نکنید. نماز جمعه دارای حکم روشن قرآنی است: «إِذَا نُودِيَ لِلصَّلَاةِ مِن يَوْمِ الْجُمُعَةِ فَاسْعَوْا إِلَى ذِكْرِ اللَّهِ»[1]، عموم فقهای شیعه، جز نادری در زمان صفویه، این حکم را متوقف کرده بودند و به آن عمل نمی‌کردند، و بعضی هم اصلاً این حکم را حرام می‌دانستند. در همین دوران ما و در بسیاری از دوران‌ها فقها اجرای حدود را متوقف کردند. مرحوم آقای خوانساری معتقد بودند اجرای احکامی مانند بریدن دست یا گردن‌زدن در زمان غیبت خالی از اشکال نیست. یعنی اجرای این احکام مربوط به امروز نیست[2]. لذا درست است که حلال پیامبر حلال است الی یوم‌القیامة، منتها حلال و حرام شمرده شدن حکمی منوط به قیود و شرایطی است که ممکن است اکنون دیگر آن قیود و شرایط وجود نداشته باشند و همان‌طور که گفتید در *قرآن* داریم «تلك حدودالله». درست است، اما تمام مسأله این‌جاست که حدود الهی چه موقعی و در چه شرایطی و با چه ضوابطی بایستی رعایت گردد. همیشه باید روی آن اجتهاد تازه‌ای انجام بشود. لبّ و مغز اجتهاد هم همین است. سخن شاه ولی‌الله دهلوی ناظر به همین معناست. او می‌گوید؟ پیامبر جامعه‌ای ساخت، چون کار دیگری نمی‌توانست بکند. در واقع پیامبر با این کار خود اذعان داشت که اگر من در میان هر قومی بودم به همین صورت عمل می‌کردم، پس لاجرم شما هم از این موارد الگو برداری کنید، اما نه به این معنا که طابق‌النعل بالنعل عمل کنید. هرکسی در دوران خود باید دقت کند که به چه صورتی باید این کلیات را روی جامعه خودش پیاده کند. ارزش افعال پیامبر، ارزش مدلی ـ الگویی است، نه ارزش سنگواره‌ای، که در طول زمان به نحو یکنواخت ثابت بماند. البته من قبول دارم که فقهای ما معمولاً به این صورت فکر نمی‌کنند، این طور عمل نمی‌کنند و این طور فتوا نمی‌دهند. اما هنگامی که به لحاظ تاریخی کار پیامبر را بررسی می‌کنیم، متوجه می‌شویم که ایشان تحولی در جامعهٔ خودش ایجاد کرد. ما چون دعوت پیامبر و تعلیم او را قبول کرده‌ایم، فکر می‌کنیم دیگر برای ما چیز گفتنی ندارد و آن‌چه را که گفته است ما گرفته‌ایم. در صورتی که رابطهٔ بین پیرو و پیشوا، نظیر رابطهٔ بیمار و طبیب، همیشه رابطهٔ دیالکتیکی است. بالاخره طبیب هنگامی که

---

۱. جمعه/۹

۲. حاج آقا سید احمد موسوی خوانساری، *توضیح المسائل*، کتابخانه صدوق، ۱۳۸۶، چاپخانه حیدری، ص۴۹۴

بیماری را معاینه می‌کند، به او دارو می‌دهد و او را درمان می‌کند و این بیمار رفته‌رفته سالم می‌شود. آن‌گاه این بیمار سالم نمی‌تواند ادعا کند که چون من سالم هستم، احتیاجی به طبیب ندارم. باید به او گفت شما همان کسی هستی که وقتی مریض بودی به طبیب احتیاج داشتی. منتها اصلاً رابطه طبیب و بیمار بر این اساس است که طبیب می‌کوشد تا رابطهٔ طبیب و بیمار را برهم بزند و آن بیمار هم‌چنان بیمار نماند. در رابطهٔ معلم و شاگرد نیز به همین صورت است که معلم می‌کوشد رابطهٔ معلم و شاگرد را بر هم زند. و آن شاگرد همیشه شاگرد نماند و عالِم شود.

پیامبر در جامعه‌ای که هویت مسخ شده‌ای دارد، می‌کوشد این هویت را عوض کند. وقتی که این هویت تغییر کرد آن قوم نباید بگوید دیگر به تو احتیاجی نداریم، چون دارای همان هویتی هستیم که تو می‌خواستی! اصلاً وجه حاجت ما به نبی این است که هویت پیشین ما را در هم شکند و هوّیت تازه‌ای به ما هدیت کند، به طوری که واجد این هویت بمانیم. در طول نسل‌های بعد هم وضعیت به همین صورت است. یعنی هر وقت انحرافی پیدا شود، باید بار دیگر به آن الگوی اولیه مراجعه کرد و خود را تصحیح کرد. البته در دینداری ارتباط ما با پیامبران فقط ارتباط با تعلیم‌شان نیست، بلکه ارتباط با شخصیت‌شان هم هست. این مسأله همان مفهوم ولایت معنوی است که فعلاً در آن باب بحث نمی‌کنیم. اما آموزه‌های اساسی پیامبر در حیطه‌های اعتقادات و اخلاق و حقوق است. کمترین آموزه‌های پیامبر، آموزه‌ها و احکام فقهی است که اتفاقاً عرضی‌ترین بخش دین را تشکیل می‌دهند. تاریخی‌ترین بخش دین و بیرونی‌ترین لایهٔ منظومهٔ دینی احکام فقهی است.

حدوث و قدم *قرآن* نیز یك بحث کلامی بود که بعدها ـ در قرن دوم هجری ـ در میان مسلمانان پیدا شد، که به معانی و محتوای *قرآن* ارتباط پیدا نمی‌کند و تأثیری بر تفسیر ما از *قرآن* نمی‌گذارد. این بحث مربوط به آن است که وقتی خداوند سخن می‌گوید، این سخنان، به اصطلاح، از قبل در ذاتش بوده است یا در همان موقع که می‌گوید، آن‌ها را خلق می‌کند. همان‌طور که می‌دانید، متفکران معتزلی معتقدند که *قرآن* حادث است، یعنی از ازل نبوده و به اصطلاح وسط راه خلق شده و متناسب با همین حوادث. اما اشاعره، البته، معتقد بودند که این کلام، ذاتی خداوند است و ذات خدا هم قدیم بوده است. با این وجود، خواه شما بگویید *قرآن* حادث است، خواه بگویید قدیم است، نتیجه برای بحث ما یکی است.

از نظر من، بحث شما مطابق با گفتار معتزله بود. شاید چون فقه شیعه تطابق بیشتری با معتزله دارد، این‌گونه به نظر می‌رسد. اگر قرآن حادث باشد، بیشتر رنگ مکانی و زمانی به‌خود می‌گیرد، درحالی‌که اگر قرآن قدیم باشد، زمان و مکان نقش کمتری پیدا می‌کند.

حتی کسانی، مانند معتزله، که معتقدند *قرآن* حادث است، منکر این نیستند که ممکن است محتوای *قرآن* در ذات باری‌تعالی قدیم باشد، اما به فعلیت رسیدن و ظهور آن حادث باشد. به این دلیل بود که گفتم در نتیجهٔ بحث ما تفاوتی نمی‌کند. البته اشاعره نظر افراطی‌ای دارند و معتقدند که خود این کلمات هم قدیم هستند، ولی معتزله و شیعیان معتقدند که *قرآن* حادث است و برای این مسأله هم دلیل عقلی اقامه می‌کنند و هم به یکی از آیات *قرآن* استناد می‌کنند که «مَا يأْتِيهِمْ مِنْ ذِكْرٍ مِنَ الرَّحْمَنِ مُحْدَثٍ...»[1]

معتزله می‌گفتند همان‌طور که *قرآن* کریم متذکر شده است، ذکر رحمان مُحدَث یا حادث است. اما گذشته از این استدلال‌ها، همهٔ آن‌ها معتقدند که *قرآن*، به‌هرحال، در علم باری بوده است. یعنی اگر شما اسم کلام روی آن نگذارید و آن را به مرتبهٔ علم ببرید، می‌گویند این مطلب در علم الهی بوده است، و لذا به آن معنا قدیم است، اما به صورت لفظ درآمدنش حادث است و آن‌چه که به پیامبر نازل می‌شد، همان علمی بود که جامهٔ کلام پوشیده بود و آن علم، علی‌ای‌حال، حادث بود.

شما تجربهٔ پیامبر را در واقع نوعی ارتباط با خداوند در نظر گرفتید و حتی رؤیاهای صادق و ارتباطات افراد خیلی پایین‌تر را هم نوعی تجربهٔ عارفانه، تجربه‌ای در رابطه با دنیای خارج و جهان ماوراء، قلمداد کردید. سؤال من این است که مرز بین این تجربه‌ها کجاست؟ چگونه می‌توان تشخیص داد که این مرز، مرز پیامبری است یا یك ارتباط عارفانه است؟ این دو کجا از هم تفکیك می‌شوند؟ شما فرموده‌اید که تفاوت پیامبران با دیگر اصحاب تجربه در این است که آنان در حیطه و حصارِ تجربهٔ شخصی باقی نمی‌مانند و به آن دل خوش نمی‌دارند و عمر خود را تنها در اذواق و مواجید درونی سپری نمی‌کنند، بلکه براثر حلول و حصول این تجربه، مأموریت جدیدی احساس می‌کنند و انسان تازه‌ای می‌شوند و این انسان تازه، ندای تازه در عالم در می‌اندازد و حرکت اجتماعی عظیمی را به وجود می‌آورد. این وجه تمایز و مرزبندی میان یك عارف و پیامبر در کجا ایجاد می‌شود؟ فرموده‌اید «در پیامبری مفهومی و عنصری از مأموریت مندرج است و همین ویژگی است که در تجربه‌های متعارف عارفان وجود ندارد». از کجا می‌توان فهمید که این مأموریت به پیامبر اسلام یا به سایر پیامبران داده شده و به دیگران داده نشده است. وجه تمایز پیامبر از افراد غیر پیامبر، اعم از مصلحان و عارفان، چیست؟ گفتید که در خاتمیت این مأموریت رخت برمی‌بندد. چرا پیامبر اسلام باید خاتم انبیاء باشد؟ چرا پیامبری در طول تاریخ بشریت ادامه پیدا نکرده است؟ آیا فرق پیامبران

---

۱. شعراء/۵

با بقیهٔ عرفا در این است که انبیاء ارتباط مستقیم با خداوند برقرار کرده‌اند یا این‌که مطلب چیز دیگری است؟ در مقالهٔ «بسط تجربه نبوی» گفته‌اید که کلام پیامبر را عین کلام باری دانستن، بهترین راه حل برای مشکلات کلامی تکلّم باری است. ظاهراً اعتقاد شما بر این نیست که آن‌چه پیامبر می‌گوید عین کلام خداوند است.

تجربهٔ وحیانی انبیاء با تجربهٔ عارفانه افراد یکسان نیست، ولی همه افراد بشر به تناسب روحیات‌شان کم و بیش دارای نوعی تجربه و کشف و شهود عرفانی هستند. هیچ‌وقت گمان نمی‌کردم که جنس وحی با این تجربه یکی است و در ذهن خودم وحی را مقوله‌ای می‌دانستم که خاصّ پیامبران است. به نظر می‌آید شما این دو را از یك ریشه و از یك جنس می‌انگارید. آیا برای یکی‌بودن جنس وحی و تجربهٔ دینی استدلال مستقلّی وجود دارد؟

به حضرت زکریا(ع) گفتند «تا سه روز نمی‌توانی حرف بزنی، زبانت بند می‌آید». (البته بعضی مترجمان گفته‌اند که به زکریا(ع) گفتند «سه روز حرف نزن»). این دستور به او داده شد، چراکه حضرت زکریا(ع) از خداوند علامتی خواست و علامت آن هم بند آمدن زبان آن حضرت بود. پس از این واقعه زکریا(ع) به میان قوم خود آمد «فَأَوْحَى إِلَيهِمْ أَنْ سَبِّحُوا بُكْرَةً وَعَشِيا»[1] به قوم خودش وحی کرد که «بروید و خدا را عبادت بکنید». معنای آن این است که چون دهانش بند آمده بود و نمی‌توانست حرف بزند، اشاره کرد و گفت شما مشغول نماز و دعا و تسبیح‌تان باشید. وحی در آن‌جا بدین صورت بود. هر جا که شما با نمادی و از طریق اشاره‌ای و به طریق غیرمتعارف به حقّی یا سرّی پی بردید، آن‌جا گفته می‌شود که به شما وحی شده است. حال این مطلب می‌تواند شیوه‌های مختلفی پیدا کند. ساده‌ترین شیوهٔ آن همین ایما و اشاره است که عرض کردم. به این معنا اگر پرده از جلو چشم عارف یا صاحب فضیلتی برداشته شود، در واقع به او وحی شده است. دربارهٔ این مطلب که آیا پیامبران اتصال مستقیم با خدا پیدا می‌کنند یا نه، نکتهٔ حائز اهمیت این است که خدا یك جایی نیست که کسی برود و با او اتّصال مستقیم پیدا کند. خدا همه‌جا هست. خدا فقط بیرون ما نیست که بگوییم ما می‌رویم تا به او برسیم، خدا درون ما هم هست. اصلاً در مورد سفر به سوی خدا هیچ فرقی نمی‌کند که سفر بیرونی باشد یا درونی. زیرا مطابق اعتقادات ما خدا همه‌جا هست. اما ما همیشه حرکت جبرئیل از سوی خدا به سمت پیامبر را یك حرکت مکانیکی تصور می‌کنیم؛ مثل پرنده‌ای که از آسمان پرواز می‌کند و به پایین می‌آید! خداوند همه جا هست؛ در درون ما هست، در درون ضمیر پیامبر هم هست. حرکت کردن جبرئیل از نزد خدا و آمدنش به نزد پیامبر اصلاً به این صورت نیست که موجودی از جایی راه بیفتد و چند کیلومتر راه

---

۱. مریم/۱۱

را طی کند تا، مثلاً، به در خانهٔ پیامبر برسد. هرچه اتفاق می‌افتد در ضمیر پیامبر است. خدا و جبرئیل در همان جاست و از همان جا حرکت می‌کند و به همان جا هم می‌رسد. مولوی در مثنوی بحث بسیار خوبی دربارهٔ خواب دارد. او می‌گوید وقتی تو خواب می‌بینی؛ در واقع تو ز پیش خود به پیش خود می‌روی، و به جای دیگری نمی‌روی. تو از نزد خودت راه می‌افتی و دوباره به نزد خودت می‌رسی و این حرکت دقیقاً یك حرکت درونی است. ما فکر می‌کنیم پیامبر نشسته است و از بیرون پیامبر، دقیقاً به معنای لغوی کلمه، و از بیرون جسم او، از یك فاصلهٔ چند صد کیلومتری، موجودی نظیر مرغ و پرنده راه می‌افتد و به نزد پیامبر می‌آید. این تصوّر باطلی است. مگر خداوند بیرون ماست که اگر مَلَکی خواست راه بیفتد از بیرون راه بیفتد؟! مگر ما با خدا فاصلهٔ مکانی داریم که اگر بخواهیم با او اتصال پیدا کنیم، باید یك فاصلهٔ مکانی را طی کنیم؟ خداوند همه‌جا، از جمله درون ما، هست. بنابراین ما وقتی نزد خدا می‌رویم، ابداً هیچ اتفاق بیرونی نمی‌افتد. ما فقط کشف می‌کنیم که نزد خدا هستیم:

دوست نزدیك‌تر از من به من است   وین عجب‌تر که مـن از وی دورم
چه کنم با که توان گفت که دوست   در کنار من و من مهجــــــورم[1]

فلاسفه به ما گفته‌اند که ما الان در قیامت هستیم، اما تنها وقتی که به قیامت رفتیم، می‌فهمیم که قبلاً هم در قیامت زندگی می‌کردیم، مانند جنینی که در شکم مادر است. جنین در همان حال که در شکم مادر است، در این دنیا هم هست. وقتی‌که به این دنیا می‌آید، از یك دنیای دیگر به دنیا نمی‌آید، بلکه فقط می‌فهمد که قبلاً هم در همین دنیا بوده و هست. ما الان در عالم آخرت هستیم، ولی نمی‌دانیم که در آن عالم‌ایم. بعداً می‌فهمیم. پیامبران هم مثل همهٔ ما نزد خدا هستند. همهٔ ما نزد خداییم و اکثر ما از این مطلب غفلت می‌ورزیم و این موضوع بر ما مکشوف نمی‌شود. ما نه به جایی می‌رویم و نه چیزی به نزد ما می‌آید. تفطن یافتن به این معنا دیدهٔ تیزبینی می‌خواهد.

عارفان را سُرمه‌ای هست آن بجـوی   تا که دریا گردد این چشمه چو جوی[2]

فقط باید سُرمه را به چشم کشید:

بعد ازین ما دیده خواهیم از تو بس   تا نپوشد بحر را خاشاك و خس[3]

---

۱. سعدی، حکایت شماره ۱۱
۲. مثنوی معنوی، دفتر پنجم، بیت ۱۹۰۷
۳. مثنوی معنوی، دفتر ششم،بیت ۲۳۱۱

انبیاء و عرفا یك جفت چشم بینا پیدا می‌کنند، جز این‌که بعضی از این چشم‌ها دوربین‌تر و تیزبین‌تر است و بعضی دیگر کم دیده‌تر. به این دلایل است که در واقع جنس وحی پیامبران و کشف عرفا یکی است، ولی درجات مختلفی دارد: یکی غلیظ‌تر است و دیگری رقیق‌تر، یکی نیرومند است و دیگری کم نیروتر و هکذا.

در مورد تئوری «بسط تجربه نبوی» شخصاً دو مشکل دارم؛ یکی دربارهٔ نحوهٔ استدلال است و دیگری دربارهٔ نتایجی که از این تئوری به دست می‌آید؛ یعنی نتایجی که ممکن است در آینده به صورت اجتماعی ظهور پیدا کند. مطابق برداشت من از تئوری «بسط تجربه نبوی»، پیامبر شخصی مانند دیگر انسان‌ها بودند؛ دارای تجربیاتی بودند و این تجربیات به مرور رشد و بسط و تکامل می‌یافت. تا این‌جا به نظر من هیچ مشکلی وجود ندارد، ولی این‌که قرآن را هم شامل این تجربهٔ بسط‌یابنده و رشدیابنده بدانیم مشکلاتی را ایجاد می‌کند. مشکلی که پیش از همه به ذهن می‌آید این است که در مورد وحی به پیامبر اسلام گفته‌اند که به صورت دفعة واحدة هم بر ایشان نازل شد. یعنی قرآن، بنا بر آن‌چه در سورهٔ قدر به آن اشاره شده، در شب قدری یك‌باره بر پیامبر نازل شده است. اما این مطلب به ظاهر با تئوری شما مغایرت دارد، یا لااقل نمی‌توانیم آن را در قالب این تئوری بگنجانیم.

به غیر از پیامبر خودمان، در مورد حضرت موسی هم معروف است که ده فرمان به صورت نوشته شده بر روی سنگ بر آن حضرت نازل شد. یعنی تجربهٔ شخصی موسی نمی‌توانسته است زیاد در آن دخالت داشته باشد (در کتب تاریخی این‌گونه نقل شده است. صحت و سقم آن را نمی‌دانم). اما در هر حال، ده فرمانی که به موسی نازل شده، به صورت نوشته بوده است و تفسیر حضرت موسی در آن راه نداشت. این در حالی است که حضرتعالی در مقالهٔ «صراط‌های مستقیم» اشاره کرده بودید که هیچ‌کدام از این تجربه‌ها بدون تفسیر نیست. یعنی مطابق سخن شما، تجربه‌هایی که انبیاء کسب می‌کردند به صورت خام بر آن‌ها عرضه می‌شد، آن‌گاه خود پیامبران تجربه‌ها را تفسیر می‌کردند، و به همین دلیل هم وحی‌ای که به پیامبر شده «محمدیزه» شده، یعنی با فرهنگ پیامبر و با بینش و جهان‌بینی آن حضرت هماهنگ شده است، گرچه در مورد قرآن نمی‌توان به این صراحت چنین گفت، ولی در مورد ده فرمان حضرت موسی می‌توان به ضرس قاطع گفت که اگر آن فرمان‌ها به صورت نوشته بر روی سنگ بوده، به هیچ وجه تفسیر حضرت موسی در آن‌ها دخالت نداشته است. نکتهٔ دیگر این‌که شما فرمودید قرآن زمان‌دار است، یعنی مربوط به یك موقعیت زمانی ـ مکانی و متأثر از آن بوده است. درحالی‌که اطلاعات و داده‌هایی در دست داریم که با این تئوری مغایرت دارد. این داده‌ها همان معجزات‌اند. نمونهٔ خیلی

واضح و مشهورش اعجاز عددی قرآن است. اعجاز عددی این مطلب را القاء می‌کند که قرآن امر از پیش تعیین شده‌ای بوده، نه چیزی که به مرور زمان پیش آمده و جلو رفته باشد. اگر تکوّن و شکل‌گیری قرآن به‌صورت دیالوگی بوده و بسته به هر سؤالی، پاسخ در خوری داده می‌شده است، این اعجاز عددی پدید نمی‌آمد و این کلمات در سوره‌های متعدد با نظم خاصی قرار نمی‌گرفت. به عنوان مثال، کلمهٔ «یوم» در قرآن ۳۶۵ بار تکرار شده که برابر است با تعداد روز در سال یا کلمه شهر (ماه) در قرآن ۱۲ بار تکرار شده است. از این نتیجه می‌شود که قرآن پیش از نزول تدوین شده بوده و گویندهٔ آن آیات از این امر اطلاع داشته که چه هنگام کار خاتمه می‌یابد. مطلب دیگر در مورد اعجاز علمی آیات قرآن است. به عنوان مثال، مرحوم مهندس بازرگان در کتاب *باد و باران در قرآن* نوشته‌اند که با مطالعهٔ آیات قرآن در مورد باد و باران و توجه به کلمات (اسامی و افعال) به‌کار رفته در این مورد، کاملاً مشخص می‌شود که آن کلمات و آیات فراتر از علم مردم زمان پیامبر بوده است.

مورد دیگری هم هست که در کتاب *قرآن، عهدین و علم* نوشته بوگای به آن اشاره شده است. در آن‌جا قرآن را از منظر مسائل علمی با عهدین مقایسه کرده است. مطلب جالبی که ذکر کرده این است که خیلی از مطالبی که در عهدین آمده است با علم امروز منطبق نیست ولی مشابه آن‌ها که در قرآن آمده با علم سازگار است. منظور از علم هم معلوماتی است که به ما رسیده، یا ما به آن رسیده‌ایم، نه تئوری‌های علمی، چرا که ممکن است مطالبی در قرآن باشد که با تئوری‌های علمی مغایرت داشته باشد، ولی در مورد مسلّمات و معلومات علمی ما چنین نیست، مانند این‌که از مسلمات و معلومات علمی ماست که زمین به دور خورشید می‌گردد. مطالبی در عهدین آمده است که با معلومات امروز ما منافات دارد، ولی همان مطالب در قرآن به گونه‌ای آمده است که با معلومات ما هیچ منافاتی ندارد. پس از آن مؤلف چنین نتیجه‌گیری می‌کند که عهدین عین کلمات وحی شده به حضرت عیسی و حضرت موسی نبوده است، بلکه عهدین سخنان آن دو پیامبر بزرگوار است که بعدها توسط حواریون یا دیگران نوشته شده است. از این رو، می‌توان گفت سخن شما در مورد عهدین صادق است، ولی در مورد قرآن، چون در طول زمان به یك شکل باقی مانده و از دستبرد مصون بوده، صادق نیست. البته شما فرموده بودید به دلیل نزدیکی و قرب پیامبر به بارگاه الهی، هر سخنی که می‌گفتند الهی بوده است. سؤال مهم این‌جاست که اگر سخنان آن حضرت به دلیل قرب ایشان به خداوند عین سخنان خداوند بوده است، پس می‌توان نتیجه گرفت که حتماً علم آن حضرت هم به همان نسبت مثل علم الهی بوده، و در نتیجه محدود به زمان و مکان و محیط خودش نمی‌شده است و این با نظر شما که قرآن متأثر از زمان و مکان

خودش بوده است، منافات پیدا می‌کند. این مطالبی که گفتم کمی استدلالی بود، اما مسأله جنبهٔ دیگری هم دارد که فکر می‌کنم شاید به نوعی مهم‌تر از این دلایل هم باشد. آن جنبهٔ دیگر نتایجی است که از این بحث‌ها حاصل می‌شود. فرض را بر این می‌گذاریم که «بسط تجربهٔ نبوی» پذیرفته شده و مشکلی در مورد استدلال یا شواهد و قرائن آن وجود ندارد. اما پس از پذیرفتن آن مشکلاتی ایجاد می‌شود. به عنوان مثال فرض کنید اگر بپذیریم که قرآن کتابی است زمانی و مکانی و به قول معروف زمان‌دار و تاریخ‌دار، آن‌گاه باید این را هم بپذیریم که زمانی فرا می‌رسد که تاریخش به سر می‌آید. کتابی که تاریخ‌دار است مسلماً تاریخش تمام می‌شود. کتاب‌های زیادی هستند که تاریخ‌شان گذشته است، مانند کتاب‌هایی که دانشمندانی مانند ارسطو یا بوعلی سینا راجع به طب یا جامعه‌شناسی نوشته‌اند. البته همهٔ آن کتاب‌ها الان هم خواندنی‌اند و نمی‌شود گفت که چون زمان‌شان گذشته دیگر قابل استفاده نیستند. اما این استفاده منحصر به عدهٔ خاصی است که می‌خواهند تحقیقاتی بکنند و در مسیر این تحقیقات مجبورند به برخی آثار و تألیفات قدیمی رجوع کنند. اگر قرار باشد که قرآن زنده و در میان مردم باشد و همواره در دل‌های مردم موج ایجاد کند، قاعدتاً نباید زمان‌دار باشد، البته با این فرض که جاوادنگی آن را بپذیریم، مگر این‌که به عنوان یکی از تبعات این تئوری بپذیریم که قرآن کتابی زمان‌دار بوده است، که البته الان هم می‌شود آن را خواند و از آن بهره‌هایی برد، ولی فقط به صرف یك کتاب تاریخی و بس.

ملاحظه کنید، ما وقتی راجع به وحی و کلام الهی سخن می‌گوییم، متافیزیکی را فرض می‌گیریم. حال این‌که آن متافیزیك چه باشد اهمیت بسیار زیادی دارد. من در کلمات شما این را احساس می‌کردم که می‌فرمودید اگر بگوییم *قرآن* کلام پیامبر است، آن‌گاه اشکالاتی پدید می‌آید، درحالی‌که اگر آن را کلام الهی بدانیم آن اشکالات وجود نخواهد داشت. من واقعاً نمی‌دانم شما چطور و در کجا میان خدا و جهان فاصله می‌گذارید. یك متافیزیکی که بین خداوند و مخلوقاتش این قدر فاصله می‌اندازد، اولاً باید پیش‌فرض‌هایش را بیان کند، ثانیاً دلایلش را. من در طرح خودم در جهان‌بینی و در باب مسألهٔ خدا و خلق و نسبت این دو، به چنین فاصله‌ای قائل نیستم و نباید هم قائل بود. منظورم این است که به لحاظ بینش اسلامی یا دست‌کم در فلسفهٔ اسلامی، چنین رأیی وجود ندارد.

ذهن را در این باب باید کاملاً روشن کرد. در نوشتهٔ یکی از آقایان علمای حاضر، در باب آن صدایی که موسی از درخت شنیده بود، دیدم که ذکر شده بود آن صدا از بیرون درخت می‌آمد نه از خود درخت. این سخن مایهٔ شگفتی است. وقتی پای خدا در میان است بیرون درخت و درون درخت تفاوتی نمی‌کند. این‌که این صدا، این وحی، از درون پیامبر می‌جوشیده

یا از بیرون پیامبر به او القا و تزریق می‌شده، فقط در نسبت با ماست. ماییم که چنین بیرونی و درونی را مطرح می‌کنیم و بین آن‌ها فرق می‌گذاریم. در مورد خداوند، که ما قائلیم همه جا هست و برای او هیچ جایی مناسب‌تر از جای دیگر نیست و هیچ جایی به او نزدیك‌تر از جای دیگر نیست. فرقی ندارد بگوییم خداوند از درون پیامبر سخن می‌گوید یا از بیرون پیامبر. به قول مولوی:

این دراز و کوتهی مر جسم راست
چه دراز و کوته آنجا که خداست[1]

این طول و عرض و فواصل در مورد جسمانیات و عالم اجسام است. در مورد خداوند نه این قرب و بُعدهای مکانی، نه گذشته و آینده، هیچ یك معنا ندارد. «لیس عند ربك صباح و لامساء» نزد خداوند صبح و شب نداریم؛ یعنی زمان و گذشته و آینده نداریم:

ماضی و مستقبلش نسبت به توست
هر دو یك چیزند پنداری که دوست
لامکانی که در او نور خداست
ماضی و مستقبل و حال از کجاست[2]

طول و عرض و عمق و نزدیك و دور در مورد خداوند مصداق ندارد. لذا خداوند همان‌قدر در درون پیامبر است که در بیرون پیامبر. جبرئیل نیز همان‌قدر در درون پیامبر است که در بیرون پیامبر. این تصور که مَلَکی مثل پرنده‌ای یا ملخی پر می‌زند و نزد پیامبر می‌آید، تصور صحیحی نیست. هم‌چنان که عرض کردم، ماوراء طبیعت محیط به طبیعت است و این احاطه، احاطه‌ای کاملاً فراگیر است، و مکانی نسبت به مکانی دیگر برای او تفاوت و تمایزی ندارد. لذا جبرئیل یا خداوند همان قدر در درون پیامبر است که در بیرون پیامبر، و اصلاً روح آدمی که درون و بیرون ندارد. آن جسم است که ما برایش درون و بیرون و فاصله با اجسام دیگر قائلیم. در این‌جا باید تصور ذهنی خود را عوض کنیم. یعنی این الگویی را که از عالم اجسام گرفته‌ایم ترك کنیم، این الگو، الگوی مناسبی نیست و چه بسا ما را در مواردی گمراه کند. و تصور و تصویرمان را از واقعیتی که در عالم بیرون و ماوراء طبیعت می‌گذرد معوج کند. مفهوم جبرئیل و ملك وحی هم، که می‌گویند همچون ملکی بر پیامبر نازل می‌شد، همین‌طور است. خود

---

۱. *مثنوی معنوی*، دفتر چهارم، بیت ۵۳۳

۲. *مثنوی معنوی*، دفتر سوم، ابیات ۱۱۵۱ ـ ۱۱۵۲

گویندگان این سخن، و فلاسفه، همهٔ معتقدند که ملك صورت و شکل ندارد. عالم ملائکه، عالم صور و عالم اشباح و اجسام نیست. لذا شکل پیدا کردن و صورت پیدا کردن آن در ذهن پیامبر است نه در واقع (این نکته را در *بسط تجربه نبوی* هم آورده‌ام). مولوی می‌گوید، وقتی حضرت مریم آن ملك را دید، ملك به او گفت:

مریما بنگر که نقش مشکلم   هم هلالم هم خیال اندر دلم[1]

گفت ببین، من موضوع خیلی پیچیده‌ای هستم، هم بیرونی هستم و هم درونی، هم آبجکتیو هستم و هم سابجکتیو. هم مثل هلال ماه آسمان هستم که یك امر واقعی بیرونی است و هم مثل خیال در ذهن هستم. یعنی در واقع نسبت به من بیرون و درون یکی است. الگوهایی را که در مورد این میز یا این میوه به‌کار می‌برید، روی من پیاده نکنید، چون این‌جا صادق نیست. به‌هرحال باید تصور درستی از احاطهٔ ماوراء طبیعت به طبیعت داشته باشیم. تمام طبیعت در دل ماوراء طبیعت است و هیچ بخشی از ماوراء طبیعت نزدیك‌تر یا دورتر از بخشی از طبیعت نیست، بلکه فاصله‌اش با همهٔ طبیعت یکی است، و در صدر همهٔ آن‌ها خداوند است. ما فعلاً به بقیهٔ عالم ماوراء طبیعت هم کاری نداریم، چون ممکن است محل اختلاف باشد، اما در مورد خداوند دیگر جای سخن نیست و این حکم قطعی است. فرض کنیم که کلام الهی آن باشد که جبرئیل به پیامبر می‌گوید، نه آن‌که خود پیامبر فکر می‌کند. در این صورت باز هم ما باید این سؤال را از خودمان بپرسم که جبرئیل آن کلام را از که می‌شنود؟ آیا آن کلام را ملك دیگری در گوش جبرئیل می‌گوید، یا خود جبرئیل چیزهایی را می‌فهمد و کلماتی را در ذهن خود حاضر می‌یابد و سپس واسطه‌گری می‌کند و آن‌ها را به پیامبر انتقال می‌دهد؟ بالاخره ما باید در جایی توقف کنیم و معتقد شویم که موجودی، بی‌واسطه، به مطالبی می‌رسد و درمی‌یابد که این مطالب الهی است. حال اگر شما پیامبران را چنان موجودی نگیرید که بی‌واسطه سخنی را می‌شنود، بالاخره باید این سلسله را به جایی برسانید که بی‌واسطه باشد. ما که نمی‌توانیم بگوییم جبرئیل هم خودش یك جبرئیل دیگر دارد و آن جبرئیل هم جبرئیل دیگری و... . ما ناچار باید در این سیستم و در این الگوی فکری، به جایی برسیم که بگوییم، موجودی (اسمش هر چه باشد) می‌فهمد که واجد اندیشه‌هایی شده و این اندیشه‌ها الهی است. این موجود گاه واسطه‌گری می‌کند و آن اندیشه‌ها را به دیگری منتقل می‌کند و گاه چنین نمی‌کند، بلکه می‌گوید این اندیشه‌ها برای این است که خودم بفهمم. ما معمولاً در مورد پیامبر بر این باوریم که اگر

---

۱. *مثنوی معنوی*، دفتر سوم، بیت ۳۷۷۳

خودش به این استنباط رسید که سخنانی الهی است، کافی نیست، چون چنین چیزی را مغایر با الهی بودن آن سخن می‌دانیم و گمان می‌کنیم حتماً باید خدا کسی را انتخاب کند که ناطق آن کلام به پیامبر باشد. بله، مطابق آیات *قرآن*، وحی چندگونه است: «وَمَا كَانَ لِبَشَرٍ أَنْ يُكَلِّمَهُ اللَّهُ إِلَّا وَحْيًا أَوْ مِنْ وَرَاءِ حِجَابٍ أَوْ يُرْسِلَ رَسُولًا فَيُوحِيَ بِإِذْنِهِ مَا يَشَاءُ»[1].

این‌ها همه از انواع وحی است؛ کلام وحیانی، کلام از پشت پرده، و کلام پیک و فرستاده. اما سخن این‌جاست که این باواسطه بودن مغایر الهی بودن نیست. من منکر این نیستم که وحی‌ای ممکن است با واسطه باشد، ولی باید بی‌واسطه بودن را هم معیار الهی بودن گرفت. خود پیامبر هم ممکن است فی‌نفسه برای خود به فکری، به رأیی، یا به کشفی (بیشتر مایلم کلمهٔ کشف را به‌کار ببرم) نائل شود و این کشف، الهی باشد و اسم آن هم وحی باشد. این امر هیچ اشکالی ندارد. این‌که مکانیزم رسیدن به این کشف چیست، چندان مدخلیتی در ماهیت وحی ندارد. این مکانیزم هرچه می‌خواهد باشد، بگویید ملکی به او می‌گوید یا بگویید خود پیامبر واجد ویژگی‌هایی بوده است. من همهٔ این‌ها را تحت این عنوان که پیامبر مؤید به تأیید الهی بوده‌اند، ذکر کردم. پیامبر موجودی بوده است که فکرش تحت نظارت خداوند بوده و هدایت می‌شده است؛ سخنانی هم که می‌گفته‌اند، کاملاً مضبوط و تحت هدایتی ویژه بوده است. فکر نمی‌کنم در این زمینه مشکلی وجود داشته باشد.

خلاصه این‌که ما در الهی بودن وحی هیچ مشکلی نداریم. این‌که می‌گوییم وحی پیامبر زمان‌مند، مکان‌مند، یا تاریخی و عصری بوده، هیچ یك از الهی بودن آن نمی‌کاهد، زیرا معنایش این است که پیامبر به هدایت الهی در هر زمان و هر مناسبتی همان سخنانی را می‌گفت که خداوند می‌خواست. معنای الهی بودن این نیست که هرچه انسان می‌گوید و هر کاری که می‌کند فوق زمان و فوق مکان باشد. این ماوراءطبیعی بودن است. آن‌چه شما می‌گویید، ماوراءطبیعی بودن است و ماوراءطبیعی بودن با الهی بودن تفاوت دارد. هم طبیعت الهی است و هم ماوراء طبیعت. الهی بودن اعم از ماوراءطبیعی بودن است. بلی ماوراء طبیعت، لازمان و لامکان است. یعنی اگر ما فرشته و ملك بودیم، البته نسبت دیگری با عالم داشتیم. الان هم که در درون عالم زمان و مکان هستیم نسبت دیگری با عالم داریم. هم الان الهی هستیم و هم اگر فرشته و ملك بودیم الهی محسوب می‌شدیم. یعنی در هر دو حال مخلوق خدا بودیم و در هر دو صورت نیز زمام امر ما و وجود و بقا و دوام ما دست

---

۱. شوری/۵۱

خدا بود. کار پیامبر، وجود او، وحی او، رسالت او، همه الهی‌اند. یعنی تحت هدایت و نظارت خداوندانند. اما لازمان و لامکان نیستند، به دلیل این‌که خود پیامبر لازمان و لامکان نبود. بالاخره پیامبر در قرن خاصی آمده بود، نه در همهٔ قرن‌ها و در مکان خاصی آمده بود، نه در همهٔ مکان‌ها، از پدر و مادر خاصی متولد شده بود، نه از همهٔ پدرها و مادرها، به زبان خاصی سخن می‌گفت، نه به همهٔ زبان‌ها، با مردم خاصی سخن می‌گفت، نه با همهٔ مردم، و هکذا و هکذا. پیغمبر به دلیل این‌که گرفتار جسم بود، وارد عالم طبیعت شده بود، و هر چیزی در عالم طبیعت، طبیعی است، یعنی مُهر طبیعی بودن را بر پیشانی خود دارد و خارج از این محدوده و ماوراءطبیعی نیست. حتی روح، که فلاسفه معتقدند موجودی ماوراء طبیعی است، به این عالم که آمده، طبیعی شده، یعنی گرفتار قفس بدن شده است. روح اگر بخواهد ببیند، باید با همین چشمان جسمانی ببیند و اگر بخواهد بشنود، باید با همین گوش جسمانی بشنود. فلاسفه معتقدند که شنیدن از آنِ روح است، روح هم جسم نیست؛ چشم ندارد، گوش ندارد، دست و پا ندارد. اما در این جهان که آمده، عملکردش محصور و محبوس این اندام‌های ماست و لذا نمی‌تواند آزادانه عمل کند. روح ما نمی‌تواند پرواز کند. اگر ما به مسافرت رفتیم، او هم به مسافرت می‌رود، اگر نرفتیم، او هم نمی‌رود. چنین نیست که روح بگوید من موجودی آسمانی و ماوراءطبیعی‌ام و به این قیود جسمانی بی‌اعتنا هستم. در مورد وحی هم همین‌طور است. جبرئیل هم بنابر تصویرپردازی‌های قرآنی، وقتی بر پیامبر نازل می‌شد و می‌خواست با او سخن بگوید، با زبان عربی سخن می‌گفت، نه با هر زبانی. یعنی آن ملك هم این قیود طبیعت را می‌پذیرفت. آن ملك هم برای سخن گفتن با پیامبر به حجاز در عربستان می‌آمد نه به قاره‌ای دیگر. منظورم این است که آن ملك قبول می‌کرد پیامبر محدودیت‌هایی دارد و او هم باید این محدودیت‌ها را گردن بگذارد. این از باب کلّی متافیزیكِ وحی. پس به یاد داشته باشیم که در همهٔ این بحث‌ها پیش‌فرضی وجود دارد که نباید از آن غفلت کنیم. این پیش‌فرض این است که در عالم طبیعت هستیم و همه چیز ما طبیعی است. همه چیز ما رنگ و خصلت طبیعت را دارد و مهر زمان و مکان و عصر و شرایط محیط بر آن خورده است. اما این امر به هیچ وجه لازم نمی‌آورد که شیء الهی نباشد و بشری تام و تمام باشد. این امر هدایت و نظارت الهی را نفی می‌کند.

نکتهٔ دیگری که شما گفتید این بود که *قرآن* معجزه است و این صفت معجزه‌بودن باعث می‌شود که خصلت بشری نداشته باشد. من این نکته را انکار نمی‌کنم و فکر نمی‌کنم که سخنان من با اعجاز *قرآن* منافاتی داشته باشد. معجزه‌بودن *قرآن* ناشی از و نتیجهٔ الهی بودن آن است، اما به معنی ماوراءطبیعی بودن آن نیست. معجزه‌بودن *قرآن* حکایت از این می‌کند که واجد

خصوصیات و برجستگی‌هایی است که انجام آن از عهدهٔ انسان عادی خارج بوده است. این مطلب عجیب و غریبی نیست، نه ادعای آن عجیب است و نه قبول آن. اثبات آن نیز خیلی مشکل نیست. همهٔ این‌ها درست است. اصلاً وحی را فعلاً کنار بگذارید، به شاعری که شعرِ خوب می‌گوید نظر کنید. به‌هرحال، سرودن چنان اشعاری کاری است که از عهدهٔ بسیاری از مردم برنمی‌آید. ممکن است از عهدهٔ نوادری برآید، ولی نسبت به خیلی‌ها آن کار معجزه است. اصلاً معجزه امری نسبی است. نسبت به ما، حافظ معجزه کرده است، یعنی کاری کرده که ما نمی‌توانیم بکنیم. حافظ برای کثیری از خلق جهان هم معجزه کرده، چون کاری کرده که دیگران، غیر از حافظ‌ها، نمی‌توانند انجام دهند. شما به هر صورتی که می‌خواهید این مسأله را تفسیر کنید، ولی به‌هرحال نهایتاً به این‌جا برمی‌گردد که توانایی‌هایی در حافظ بوده است که آن توانایی‌ها را دیگران ندارند. تفسیر دینی در این مورد این است که این توانایی‌ها را خداوند به او داده است، هرکس که هرگونه توانایی دارد خداوند به او داده است. منتها ما در مورد پیامبر معتقدیم توانایی‌هایی به او داده شده که بتواند نسبت به پیامی خاص دل‌ها را تسخیر بکند. به‌علاوه، خداوند به او القاء کرده‌است که متفطن به این معنا باشد که صاحب رسالتی است، و لذا در میان مردم بیاید و مأموریت و رسالت خود را با شجاعت ابراز بکند. حافظ چنین احساسی نداشت و بیش از این نیز کاری نمی‌کرد که نتایج کار خود را به صورت موزون و فصیح بیرون بریزد. کار حافظ اگرچه خودش ادعای اعجاز نکرد، اما برای کثیری از مردم اعجاز است، به معنای این‌که دیگران از آوردن مثل آن کار عاجزند. اگر ما آن چند نفری را که می‌توانند مثل حافظ فی‌المثل شعر بگویند، بشناسیم، و آن‌ها را از صحنه اجتماع حذف کنیم، آن وقت است که می‌توانیم ادعا کنیم کار حافظ به طور کامل معجزه است، برای تمام خلایق روی زمین. این را نه از باب تخفیف معجزه که از باب تسهیل قبول و تصور آن می‌گویم. می‌خواهم بگویم این امری نیست که تصورش برای ما خیلی مشکل باشد. این امر منوط به توانایی‌های شخص است و توانایی‌های شخص هم در یك تفسیر دینی به اعطای الهی برمی‌گردد. البته شما اگر ماتریالیست باشید، ممکن است آن را به نحو دیگری تفسیر کنید، ولی ما در بینش دینی همهٔ توانایی‌ها، همهٔ نیکی‌ها، و حتی همهٔ بدی‌ها را به خداوند منتسب می‌کنیم. نکته دیگر این‌که فرمودید نظارتی روی *قرآن* بوده است. این هم اشکالی ندارد، بنده هم قبول دارم. اشاره کردید که این مجموعه به صورت ویژه‌ای درآمد و، مثلاً، معجزات عددی در *قرآن* وجود دارد. در این هم مشکلی نمی‌بینم. این منافاتی با آن‌چه بنده گفتم ندارد. البته من در مورد این معجزات عددی تردیدهایی دارم، ولی آن یك بحث مصداقی است. شما می‌دانید که اصلاً سال نزد عرب‌ها قمری بود نه شمسی. بنابراین، ۳۶۵ بار تکرار کلمهٔ روز (یوم) برای آن‌ها خیلی معنا نداشت.

اگر چنین بود باید ۳۶۰ بار می‌آمد. این شمارش‌هایی که افرادی مانند آقای رشاد خلیفه در *قرآن* کرده‌اند مقداری مخدوش بود، و آخر هم کار را به جایی رساند که اسم خودش را از *قرآن* استخراج کرد، تا این‌که او را کشتند. اوایل حرف‌های نسبتاً معقول‌تری می‌زد، ولی در این اواخر دیگر خیلی نامعقول شد. به عنوان مثال تعداد الله را که ذکر کرده بود، یك الله از *قرآن* کمتر است (وقتی به کتاب معجم احصائی دکتر روحانی مراجعه کردم متوجه شدم که رشاد خلیفه یك الله کمتر ذکر کرده است) چرا؟ بتواند آن را مضربی از عدد ۱۹ بگیرد. به همین خاطر هم وجود یکی از آیات *قرآن* را انکار کرد، که گویا آیهٔ آخر سوره توبه بود. مدعای او هم این بود که هنگام جمع و تدوین *قرآن* گفته شده بود که یك نفر به وجود این آیه شهادت داده بود نه دو نفر و لذا موثق نیست. درهرحال این نظرات خالی از اشکال نیست. اما ما همهٔ این اشکالات را نادیده می‌گیریم و بحث را با فرض قبول آن پیش می‌بریم. این سخن من که اگر پیامبر عمر بیشتری می‌کرد بر این *قرآن* افزوده می‌شد و عَرَضیات دیگری وارد *قرآن* می‌شد، با این مطلب قابل جمع است. یعنی در آن صورت نظارتی که بر *قرآن* بوده است باز هم‌چنان عمل می‌کرد تا مثلاً آن مضرب ۱۹ هم‌چنان حفظ بشود. این منافاتی با سخن بنده ندارد. شبیه این است که شاعری شعر بیشتری بگوید، ولی سعی کند شعرهایی که می‌گوید باز هم موزون از آب دربیاید. این‌طور نیست که بگوییم اگر او شعر بیشتری می‌گفت، شعرهای بعدی‌اش فاقد وزن و قافیه می‌شد. نه او باز هم مراعات می‌کند و باز هم شعر خوب می‌گوید، و در عین حال حجم دیوان‌اش بیشتر می‌شود. آن نظارتی که بالای سر *قرآن* است و نظارتی است در صحت کلام، در قوت اسلوب، در فصاحت، در مناسبت سؤال و جواب، تماماً حفظ می‌شود، در عین حال حجم *قرآن* هم می‌تواند اضافه شود. سؤال من این است که اگر فی‌المثل *قرآن* این مناسبت‌های عددی را نداشت، ما واقعاً کمبودی در *قرآن* می‌دیدیم؟ یعنی اگر کسی می‌گفت در *قرآن* شما مسلمان‌ها «یوم» به جای ۳۶۵ بار مثلاً ۲۰۰ بار تکرار شده، ما این را نقصی بر *قرآن* می‌شمردیم؟ آیا در این صورت کسی می‌توانست از این بابت عیبی به *قرآن* بگیرد؟ اگر عیبی بتوان به *قرآن* گرفت، در جایی است که بگویند فلان نکته صددرصد باطل است یا فلان سخنی که پیامبر گفته از بیخ و بن نادرست است.

این‌هاست که ما را به مشکل می‌اندازد. اما اگر ما بفهمیم که مثلاً تعداد کلمات «الله» مضربی از ۱۹ نیست یا هیچ کلمه‌ای از *قرآن* مضرب ۱۹ نیست، مشکلی برای ما ایجاد نمی‌شود. اصلاً نباید روی این مطالب سرمایه‌گذاری کرد و نباید اهمیت زیادی به آن‌ها داد. اگر حجم *قرآن* اضافه‌تر شده بود و این مضرب ۱۹ به هم خورده بود و ۳۶۵ بار ذکر «یوم» در *قرآن* عوض شده بود، باز هم هیچ مشکلی پیش نمی‌آمد. این‌ها چیزی نیست که ما بخواهیم براساس‌شان به

حقانیت وحی در *قرآن* پی ببریم. چنان‌که ما می‌توانیم به مضارب دیگر فکر کنیم ولی با مراجعه به *قرآن* آن‌ها را نیابیم. اما آیا این لطمه‌ای به *قرآن* می‌زند؟ فرض کنید در مورد قانون بقا، ما دو قانون بقای انرژی و بقای جرم را می‌شناسیم، اما به قانون‌های بقای دیگر نیز می‌توانیم بیندیشیم که نداریم مانند قانون بقای وزن، قانون بقای شتاب و قانون بقای سرعت. اگر آن‌ها را داشتیم، می‌گفتیم این‌ها هم هستند. حال هم که نداریم، با عالَم بر سر جنگ نیستیم که چرا نداریم. در *قرآن* هم همین‌طور است. مهم‌ترین حرفی که غزّالی در باب اعجاز *قرآن* می‌زند این است که می‌گوید کسی که وحی‌شناس باشد، می‌فهمد که *قرآن* رایحهٔ وحی دارد. تمام حرف غزّالی همین است. او به بقیهٔ انواع دیگر اعجاز *قرآن* چندان اهمیت نمی‌دهد و آن‌ها را مهم نمی‌شمرد. وی می‌گوید اگر شما فقیه باشید، وقتی کسی سخن فقیهانه می‌گوید، همین‌که حرف از دهانش بیرون بیاید، می‌فهمید که او پر است یا خالی. اگر ریاضی‌دان باشید، وقتی کسی سخن در ریاضی می‌گوید متوجه می‌شوید که حرف مضبوط می‌زند یا سخن‌اش بی‌ربط است. او در مورد وحی هم می‌گوید، انسان وحی‌شناس، یعنی کسی که رایحهٔ کلمات الهی را می‌شناسد، می‌تواند تشخیص دهد که سخن پیامبر کجایی است:

آن کس که زکوی آشنایی است   داند که متاع ما کجایی است[1]

او در کتاب *المنقذ من الضلال* چند سخن پیامبر را نقل می‌کند و می‌گوید، این‌ها کلماتی است که انسان می‌فهمد دارای رایحه وحی است.

و اما اشکال شما درباره معجزات علمی. خب، آن‌ها همان کشف پیامبر است، پیامبری پیامبر به همین بوده است که واجد چنان کشف‌هایی باشد. چون اگر نبود، ما او را با انسان‌های عادی یکی می‌دانستیم. این‌که پاره‌ای از نکات تاریخی، و حتی پاره‌ای از نکات علمی یا فلسفی را به شیوه‌ای بیان کرده و به ما آموخته است که همیشه برای ما تازه است و گرد بطلان بر آن‌ها نمی‌نشیند، همه کشف پیامبرانه است. این‌که می‌گوییم، کلام پیامبر زمان‌مند و مکان‌مند است، معنایش این نیست که پیامبر به کشفی جلوتر از زمان خودش نمی‌رسد. منظور این است که او وقتی این‌ها را بیان کرده، در دل مفاهیمی بیان کرده، و آن‌ها را در قالب‌هایی نهاده که قالب‌هایی کلاسیك و کهن است، نه قالب‌های نوین. ببینید، هیچ اصطلاح جامعه‌شناختی جدیدی در *قرآن* وجود ندارد، هیچ اصطلاح روان‌شناختی جدیدی در *قرآن* وجود ندارد، هیچ اصطلاح فلسفی ویژه‌ای در *قرآن* وجود ندارد و در واقع به زبان هیچ علم

---

۱. *نظامی*، خمسه، لیلی و مجنون

خاصی در *قرآن* سخن گفته نشده است. ما الان به کمك این علوم و دانش‌های جدیدی که داریم، پاره‌ای از آن مطالبی را که به زبان دیگری گفته شده است، کشف می‌کنیم، وگرنه در این زمینه‌ها از هیچ ابزار و ادوات تازه‌ای بهره‌برداری نشده است. معنای زمان‌مند و مکان‌مند بودن این است. در طول زمان دائماً ابزارهای فکری ما عوض می‌شود. این ابزارهای فکری جدید در اختیار پیامبر نبوده است. خود ایشان هم یك ابزار فکری جدیدی خلق نکرده است. همان‌گونه که در جای دیگر نوشته‌ام، اگر پیامبر در یونان مبعوث می‌شد، ای بسا که از ابزارهای فکری‌ای که فیلسوفان یونان در اختیارشان قرار می‌دادند استفاده می‌کردند، و اصلاً باید هم استفاده می‌کردند، به همان دلیل که عرب‌ها بعداً همین کار را کردند. معنی زمان‌مند و مکان‌مند بودن این است. عالی‌ترین مفاهیم که مکشوف پیامبر می‌افتد، بالاخره در همان کلمات و مفاهیمی جای می‌گیرد که عرب‌ها برای چیزهای خیلی ساده‌تری وضع کرده بودند. ایشان مجبور است این کار را بکند و غیر از این راهی نیست. اصلاً هنگامی که آن مفهوم در ذهنش می‌جوشیده، همراه با این‌ها می‌جوشیده، نه بی‌صورت. وحی همیشه یك بی‌صورتی است که در ضمن صورت‌ها درمی‌آید. به این معنا زمان‌مند و مکان‌مند است، نه این‌که کشفی از ماوراء زمان بکند. گرچه مجبور است ماوراء زمان را در ظرف زمان بریزد و ماوراء مکان را در ظرف مکان بریزد و ماوراء مفهوم را در ظرف مفاهیم بریزد، آن هم مفاهیم آشنا و مفاهیمی که در دسترس اوست، و به این ترتیب آن‌ها را در اختیار ما قرار بدهد. وحی یا کشف، به مانند کودکی است که در دامن پیامبر متولد می‌شود. وقتی او می‌خواهد این کودك را قنداق کند، از همان پارچه‌های دوران خودش استفاده می‌کند. لباس بهشتی که نمی‌تواند بر تن او کند. از همین پارچه‌هایی که موجود است لباسی می‌دوزد، و این به معنای تاریخ مصرف‌دار بودن نیست. پس خلاصه معنای این دو را نباید با هم یکی گرفت. تاریخ‌مند بودن این است: برای برآوردن حاجت خود، از ابزارهای موجود و در دسترس استفاده کردن. ابزارهای موجود و در دسترس نیز همیشه ابزارهایی معین هستند نه ابزارهایی فرازمانی و فرامکانی. شما اگر در این قرن بخواهید بجنگید، بالاخره با همین سلاح‌هایی که الان هست می‌جنگید؛ اگر هم در زمان پیامبر می‌خواستید با قومی بجنگید، با اسلحهٔ آن زمان می‌جنگیدید؛ با زوبین و شمشیر و غیره. اصلاً غیر از این نمی‌شد. مگر می‌شود گفت پیامبر، از آن‌جهت که پیامبر است، دسترسی به عالم غیب دارد، و بنابراین باید از جت و جنگنده‌های شکاری استفاده کند. این معنا ندارد. پیامبر با سلاح زمان خود می‌جنگیده، دشمنانش هم با همان سلاح جواب می‌دادند، ولی مفهوم جنگیدن پایدار است. یعنی جنگ تاریخ مصرف ندارد، ولی آن سلاح‌ها تاریخ مصرف دارند. معنای تفسیر و هرمنوتیك نیز همین است که ما قالب‌هایی

را که پیامبر در آن‌ها محصور و محبوس بوده، بشکنیم و به پشت آن‌ها برویم و ببینیم که آن بی‌صورتی که پیامبر در صورت‌های زمانهٔ خودش ریخته کدام بوده، و ما اگر بخواهیم آن بی‌صورت را الان در صورت‌های زمانهٔ خودمان بریزیم چه صورتی پیدا می‌کند. لذا، آن‌چه تاریخ مصرف دارد قالب‌های آن است نه محتوایش. آن محتوا را باید به صورت‌های مختلف درآورد. این کار البته جدّ و جهدی می‌طلبد و البته معنایش این است که آن پیام برای مؤمنان زنده است و همیشه قابل کشف است. لذا ما همیشه باید آن بی‌صورتی را که مکشوف پیغمبر افتاده از نو کشف کنیم و صورت تازه به آن ببخشیم. ما نباید در صورت‌ها بمانیم.

من در مقالهٔ «بسط تجربه نبوی» گفته‌ام که وحی پیامبر اسلام، هرچه بوده، با وحی پیامبران گذشته تفاوت داشته، و تفاوت آن هم همین است که وحی او محصول یك تجربهٔ درونی و بیرونی، روانی و اجتماعی بوده است و *قرآن* هم می‌گوید که به‌تدریج نازل شده است «وَقُرْآنًا فَرَقْنَاهُ لِتَقْرَأَهُ عَلَى النَّاسِ عَلَى مُكْثٍ وَنَزَّلْنَاهُ تَنْزِيلًا»[1] (ما *قرآن* را تدریجاً نازل کردیم، تا تو هم آن را بر مردم به‌تدریج بخوانی). نزول تدریجی *قرآن* با نزول دفعی آن قابل جمع است. اتفاقاً چنان‌چه گفته‌ام، یکی از نتایج مثبت تئوری بسط تجربه نبوی این است که این دو قول را با هم، راحت و بی‌تکلّف، جمع می‌کند. درحالی‌که تئوری‌های دیگر در این باب خیلی مشکل دارند. برای مثال، این تئوری که براساس آن *قرآن* یك بار به آسمان دنیا نازل شد، یك بار به بیت‌المعمور نازل شد، یك بار در شب قدر نازل شد، و بعد تدریجاً از آن بیت‌المعمور به قلب پیامبر نازل شد، بسیار عجیب و غریب است و مفهوم روشنی هم ندارد. به نظر من معنای این‌که *قرآن* یك‌جا نازل شد، این است که شخصیت پیامبر در آن شب قدر قرآنی شد. شب قدر شبی بود که پیغمبر به مراد خودش رسید:

اوحدی شصت سال سختی دید تا شبی روی نیکبختـــی دید[2]

پیامبر چهل سال ریاضت کشید و در ۳۸ سالگی ـ یا در ٤۰ سالگی، بنا بر اختلاف اقوال ـ یك شب به یك‌باره همچون بودا روشن شد. به او وحی شد و یك‌مرتبه پرده‌ها از مقابل چشمش برداشته شدند. پیامبر همان شب (که در ماه رمضان بود) را شب قدر دانست و بعداً هم آن را به عنوان شب قدر اعلام کرد. آن شب در واقع شب قدر خودش بود، شب وصال خودش بود؛ شبی بود که ریاضت‌ها و زحمت‌های او نتیجه داد. پیامبر در غار حرا می‌خوابید

---

۱. اسراء/۱۰٦

۲. اوحدی، جام جم

(من کاملاً می‌توانم مجسم کنم)، چشم به آسمان پرستاره می‌دوخت و در افکاری غوطه می‌خورد. یك‌مرتبه یك شب ناگهان روشن شد. لیلةالقدر، خیرٌ مِن الفِ شَهر است. اگر هزار ماه ریاضت بکشی برای این‌که به یك چنان شبی برسی، آن شب به همهٔ آن هزار ماه می‌ارزد. هزارماه البته از باب کثرت است. در انتظار بنشینی، تا شبی ببینی که معشوق از در درآمد. آن شب لیلةالقدر و لیلةالوصال است. در واقع پیامبر آن شب *قرآن* شد، یعنی به یك معنا همهٔ *قرآن* بر او نازل شد. شخصیتی شد که بعد از آن، *قرآن* از او می‌تراوید. آن شخصیت سرمایه‌ای شد برای تمام دوران بعد از آن شب و تمام عمر پیامبر. لذا این *قرآن* یك‌جا بر پیامبر نازل شد، یعنی پیامبر یك‌دفعه پیامبر شد و بعد به‌تدریج این سرمایهٔ خودش را خرج کرد و آیات *قرآن* را که بر او نازل می‌شد، به مردم تحویل می‌داد. در تفسیرهای دیگر جمع میان این دو مقام چندان روشن، پذیرفتنی و سهل‌الهضم نیست.

در مورد الواح نازل شده بر حضرت موسی واقعاً ما نمی‌دانیم جریان از چه قرار بوده است. ظاهرش این است که الواحی نازل شده است، یا بر الواحی چیزهایی نوشته شده بود که آن‌ها را حضرت موسی دیده، یا لمس کرده و آورده است. پدیدهٔ بسیار اسرارآمیزی است. نه فقط این قصّه، بلکه درك و تحلیل مواردی نظیر گوسالهٔ سامری هم در داستان حضرت موسی کاری دشوار است. زمان این واقعه هم آن‌قدر قدیمی است که تواریخ نوشته شده هم چیز زیادی در این باب ندارند و انسان نمی‌تواند به درك نسبتاً روشنی از واقعه برسد. منتها، سخن این‌جاست که شما به مکانیزم نزول لوح و وحی توجه نکنید، بلکه به محتوای الواح و ده فرمان توجه کنید. این ده فرمان که در *تورات* آمده و عبارت از این است که کسی را نکشید، زنا نکنید، یا بت نتراشید و مواردی دیگری از این دست، یك رشته احکامی است که، اولاً، نرماتیو است، یعنی بیان واقعیتی از واقعیات عالم نیست، بلکه بکن و نکن و باید و نباید است. ثانیاً، در دل اندیشه‌ها و جهان‌بینی آن دوران قرار می‌گیرد و از قالب‌های مفهومی همان دوران استفاده کرده است. یعنی چنین نبوده که بر حضرت موسی اعلامیهٔ حقوق بشر نازل شود. در دل همان دوران تکلیف نازل شده است. زبان، زبان تکلیفی است. مفاهیم و قالب‌ها متعلق به همان دوران است. خود زبان همان زبان عبری است. به این معنا زمان‌مند و مکان‌مند است. اما در مورد پیامبر اسلام، البته جریان فرق دارد و هیچ چیز از پیش نوشته‌ای وجود ندارد. بله، به یك معنا همه چیز در این عالم از پیش نوشته شده است و این به *قرآن* منحصر نمی‌شود. به یك اعتبار می‌شود گفت تمام اشعار حافظ هم مقدر بوده است که او بسراید. تمام کلماتی که الان از دهان من بیرون می‌آید، مقدر بوده است. به این معنا همه چیز از پیش تعیین شده، ولی این مانع از این

نمی‌شود که ما اشکال مختلف برای پدیده‌های عالم قائل باشیم. بعضی‌ها حالت دیالوگی دارند. بعضی‌ها حالت دیالوگی ندارند، بلکه صورت و خصلت یك‌طرفه و یك سویه دارند. قرائن تاریخی روشنی به ما می‌گوید که وحی پیامبر اسلام، وحی‌ای کاملاً داد و ستدی بوده، یعنی مطابق زمان و آن حادثه‌ای که مناسب بوده نازل می‌شده است. مثلاً در جریان خندق، چنان‌چه در تواریخ آمده است، وقتی که آن قلعه‌ها فتح شد و یهودیان را گرفتند، پیامبر رایزنی می‌کردند که با این دستگیرشدگان چه کنیم. هرکسی چیزی می‌گفت. یکی از آن‌ها گفت همه را سر ببرید. آن وقت پیامبر به او گفت، تو چیزی گفتی که الان خدا هم از بالای هفت آسمان، همان را گفت. یعنی باید این‌ها را گردن بزنیم. البته امروز کسانی در اعتبار این نقل تردید می‌کنند. تواریخ یهود هم، با این‌که به سرنوشت یهودیان بسیار حساس بودند، چنین واقعه‌ای را نقل نکرده‌اند.

هم‌چنین در *قرآن* جملاتی داریم که حالت اقتباس دارند، یعنی اعراب گذشته آن‌ها را گفته بودند. مثلاً شعر یا ضرب‌المثلی بوده است که اعراب با آن آشنا بودند و در *قرآن* هم آمده است. برای مثال «اقْتَرَبَتِ السَّاعَةُ وَانْشَقَّ الْقَمَرُ»[1] شعرِ یك عرب بود. در *قرآن* غث و سمین وجود دارد. این را گذشتگان هم اشاره می‌کردند: «کی بود تبت یدا مانند یا ارض ابلعی». «*تَبَّتْ يَدَا أَبِي لَهَبٍ وَتَبَّ*» یك آیهٔ خیلی سادهٔ عربی است که هیچ برجستگی بیانی در آن نیست. دست ابولهب شکسته باد! مرگ بر ابولهب! برجستگی بیانی، معنایی، الهامی، اعجازی در این کلام وجود ندارد. اما این آیه را مقایسه کنید با «وَقِيلَ يا أَرْضُ ابْلَعِي مَاءَكِ وَيا سَمَاءُ أَقْلِعِي وَغِيضَ الْمَاءُ وَقُضِيَ الْأَمْرُ وَاسْتَوَتْ عَلَى الْجُودِيِّ وَقِيلَ بُعْدًا لِلْقَوْمِ الظَّالِمِينَ»[2].

بسیاری از مفسران و بلغای عرب گفته‌اند که این آیه شاید بلیغ‌ترین آیهٔ *قرآن* باشد. صنایع بدیعی و بلاغی بسیار در این آیه به‌کار رفته است. درباره این آیه سخنان فراوانی گفته شده است.

یعنی همهٔ *قرآن* یك‌دست نیست. جاهایی خیلی بلند است، حتی به لحاظ بلاغی و ادبی و جاهایی هم عادی و معمولی است. در این‌که آیا پیغمبر ماه را شکافت یا نه، مفسران اختلاف کرده‌اند. برخی گفته‌اند این معجزه پیغمبر بوده است که ایشان به کرهٔ ماه اشاره کرده‌اند و کرهٔ ماه دو نیمه شد و بعد دوباره این دو نیمه به هم پیوست. اشکالات زیادی به این مطلب شده است، از جمله این‌که اگر چنین حادثهٔ بزرگی در عربستان اتفاق افتاده، با توجه به این‌که ماه

---

۱. قمر/۱. گفته شده است این عبارت در شعر امرؤالقیس بوده است، به‌صورت «دنت الساعة وانشق القمر» که البته برخی هم انتساب آن شعر به امرؤ القیس را رد می‌کنند.

۲. هود/٤٤

اختصاص به جامعهٔ عربی ندارد و مردم بقیه مناطق هم آن را مشاهده می‌کنند، پس چرا این واقعه در تاریخ اصلاً ذکر نشده است؟ فقط مفسران آن را ذیل آیه مربوط به انشقاق قمر ذکر کرده‌اند. در همین دورانِ ما یکی از علما در کتابی همین اشکال را مطرح کرده بود و چنین پاسخ داده بود که اشکالی ندارد که دیگران انشقاق قمر را ندیده‌اند، زیرا اولاً، اگر بسیاری هم آن را دیده باشند، چون از منکران و مخالفان پیامبر بودند مطلب را بازگو نکرده‌اند. ثالثاً، بیشتر مردم در اغلب احوال سرشان پایین است. حال شما توجه کنید که اگر ریشهٔ قضیه را دربیاورید، اصلاً احتیاجی به این بحث‌ها نیست. این کلام قرآنی اگر اقتباسی از یك شعر عربی قبل از پیامبر باشد، اصلاً اشاره به انشقاق قمر ندارد. او نمی‌خواهد بگوید ماه شکافت!، بلکه اشاره به امر مهمی می‌کند که از فرط عظمت در حکم شکافتن ماه است.

یك نمونهٔ دیگر ملاصدراست. او در کتاب بسیار مهم و مشهورش *اسفار اربعه*، که انصافاً کتاب بلندی به لحاظ فلسفی‌ـ معرفتی است و نویسنده سبك خاصی هم در نوشتن کتاب داشته است. او از نویسندگان و فیلسوفان قبل از خود اقتباسات بسیار زیادی کرده است. یعنی در حد یك پاراگراف یا حتی یك صفحه، بدون ذکر مأخذ اصلی، مطالب دیگران را در کتابش آورده است، به گونه‌ای که وقتی شما کتاب او را می‌خوانید تصور می‌کنید این‌ها را خودش نوشته است. او به‌ویژه از آثار فخر رازی بسیار استفاده می‌کند. نکته جالب این است که فخر رازی در نوشته خود آورده است که مبتکر این مطلب من هستم و قبل از من کسی به این نکته نرسیده است، و ملاصدرا عین این جملات را در کتابش آورده و شما هنگام خواندن مطالب کتاب ملاصدرا، می‌پندارید که این سخن خود ملاصدراست. در اسفار در برخی موارد کلمات واضح نیست، اما وقتی به متن اصلی برگردید، آن وقت متوجه مطلب می‌شوید. بلی، تاریخی فکر کردن معنایش همین است. وقتی می‌گوییم *قرآن* تاریخی است، یعنی باید رشته‌های ارتباط و اتصال را به اطرافش دید و پیدا کرد. این وضعیت تاریخی مؤلفه‌هایی دارد؛ یك مؤلفهٔ آن همین تولیدات ادبی و بلاغی‌ای است که قبل از *قرآن* شده است. از جمله کتب مقدس پیشین. مؤلفه دیگرش خود الفاظ و مفاهیم زبان است و همین‌طور مؤلفه‌های دیگر. هیچکس نمی‌تواند این واقعیات را انکار کند که حتی خداوند هم وقتی وحی می‌فرستاده، و جبرئیل هم وقتی وحی می‌آورده، بعضی از کلمات‌شان را مثلاً از انجیل یا نوشته‌های فلان شاعر عربی که هم‌زمان پیامبر بوده اقتباس می‌کرده‌اند. خود *قرآن* هم می‌گوید: اِنَّ هذا لَفی الصُحُف الاولی، صُحُفِ ابراهیمَ و موسی. حال شما هر طور بخواهید می‌توانید این مطلب را تفسیر کنید. می‌توانید بگویید خداوند مصلحت را در این می‌دیده است که *قرآن* تاریخی باشد، زمان‌مند و مکان‌مند باشد یا خواست خداوند این بوده است که *قرآن* عصری باشد یا در *قرآن* اقتباساتی از دیگران باشد. اما این ماهیت ماجرا را عوض نمی‌کند که

«*قرآن* عصری است» یا «*قرآن* تاریخی است»، بلکه فقط تفسیر متافیزیکی آن عوض می‌شود. اگر این شما را اقناع می‌کند، ما همین بیان را به‌کار می‌بریم. این یك دیسکورس است، یعنی یك نوع زبان است. شما در کنار همهٔ آن‌چه ما درباره *قرآن* می‌گوییم یك «خواست خداوند بوده» است بگذارید، حساسیت متافیزیکی شما را اشباع خواهد کرد. در این صورت دیگر نخواهید گفت چون *قرآن* تاریخی است، پس، از الهی‌بودن خارج می‌شود، بلکه خواهید گفت، خواست خداوند بوده است که *قرآن* تاریخی باشد.

من چند اشکال دیگر را به این نظریه مطرح می‌کنم. فرمودید آیاتی در قرآن هست که به صورت مشخص این اندیشه را تداعی می‌کند که گویی چیزی کاملاً بیرون از پیامبر است که مراقبت و نظارتی دائمی بر پیامبر دارد و هرگونه تخطی پیامبر را از تبعیت از یك الگوی مشخص دائماً به او تذکر می‌دهد. مثلاً همین عتاب‌هایی که در قرآن هست، «عَبَسَ و تَوّلی»[۱]، «وَلَوْلاَ أَن ثَبَّتْنَاكَ لَقَدْ كِدتَّ تَرْكَنُ إِلَيهِمْ شَيًّا قَلِيلاً»[۲]؛ یا «فَلَعَلَّكَ تَارِكٌ بَعْضَ مَا يوحَى إِلَيكَ»[۳] یا جاهایی که به پیامبر می‌گوید، چرا قبل از این‌که وحی کامل شود زبانت را حرکت می‌دهی «لَا تُحَرِّكْ بِهِ لِسَانَكَ لِتَعْجَلَ بِهِ»[٤]. یعنی می‌خواهد به نوعی آن فعالیت آزادانهٔ حافظه را در پیامبر تعطیل بکند. لذا به او می‌گوید تو خودت را کاملاً به سخنان ما بسپار. نکتهٔ دیگر این است که شما جایی فرمودید چون قرآن در طول زمان انبساط پیدا کرده، می‌توانسته بسی بیش از این‌که هست باشد. یعنی به تعبیر خودتان، اگر حوادث بیشتری بر سر پیامبر می‌بارید لاجرم قرآن بیش از این‌که هست می‌شد. در مقابل آن گفته‌اند که پس می‌توانست کم‌تر از این هم که هست باشد، مشروط بر این‌که مثلاً پیامبر عمر کم‌تری می‌کرد یا حوادث کم‌تری بر سر راه ایشان قرار می‌گرفت. پرسیده‌اند، پس معنای آیهٔ «الْيوْمَ أَكْمَلْتُ لَكُمْ دِينَكُمْ»[٥] چیست؟ تعبیر عام از این آیه این است که یك جایی قرآن می‌گوید امروز آن چیزی که ما به تو وحی کردیم کامل شد. این اکمال یعنی این‌که باید حتماً این پروسه وحی طی می‌شد و به این‌جا می‌رسید. حالا امروز که به این‌جا رسیده پس کامل شده است، لذا اگر کم‌تر از این بود، دیگر «أَكْمَلْتُ لَكمْ دينَكمْ» مطرح نبود. پس حتماً می‌بایستی قرآن حجم مشخصی را می‌داشته که به این اکمال برسد.

---

۱. عبس/۱

۲. اسراء/۷٤

۳. هود/۱۲

٤. قیامة/۱٦

٥. مائده/۳

همان‌طور که اشاره کردید، در *قرآن* خطاب‌هایی هست که مستقیماً متوجه پیامبر است. شما هم به چند نمونه‌اش اشاره کردید، اما بیش از این‌هاست. من فقط در نمی‌یابم که این نکته با کدام سخن من منافات دارد و چه منافاتی دارد؟ این‌که *قرآن* به پیامبر وحی می‌شد یا پیامبر چنین حس می‌کرده است که کسی با او سخن می‌گوید، جای بحث ندارد. در مورد پیامبران که جای خود دارد، حتی افرادی مادون پیامبر هم چنین احساس‌هایی را دارند. من و شما هم ممکن است در خواب ببینیم که کسی با ما سخن می‌گوید. من خودم بسیار در خواب دیده‌ام که کسی برای من شعر می‌خواند. بعضی از شعرهایی که من آن‌ها را یادداشت کرده‌ام، شعرهای من نیست، شعر دیگری هم نیست، بلکه شعر کاملاً جدیدی است. یعنی من می‌توانم آن اشعار را به خودم نسبت بدهم، چون کسی قبلاً آن‌ها را نسروده است! ولی در عین حال سرودهٔ کسی است که در خواب به من گفته است. در احضار روح هم این موارد زیاد اتفاق می‌افتد. کتاب *الانسان روح لا جسد* را شاید دیده باشید، که در دو جلد با عنوان *انسان روح است نه جسم* به فارسی ترجمه شده و کتاب مهمی است. این کتاب انواع تماس با ارواح را بیان کرده است. کتاب با قصیدهٔ بسیار بلندی شروع می‌شود. نویسندهٔ کتاب، که یکی از استادان دانشکدهٔ عین‌الشمس مصر است، نوشته است که بعد از مرگ شوقی، امیرالشعرای مصر، روح او را احضار کردند و آن روح احضار شده قصیده‌ای بلند سرود، که در آن کتاب آمده است. وی می‌گوید آن قصیده را به ادبای عرب عرضه کردیم، همه تأیید کردند که کلام شوقی است. آن قصیده تا قبل از آن احضار روح وجود خارجی نداشت. کس دیگری هم نبود که بتواند چنان قصیده‌ای بسراید. این‌که مکانیزم احضار روح چیست، به بحث ما مربوط نیست. اگر این داستان راست باشد، معنایش این است که در واقعه‌ای که از نوع وقایع معمولی نبوده است، یعنی از نوع سخن‌گفتن، فکرکردن، نوشتن، شعرپروردن و شعرسرودن، عادی نبوده است؛ واسطه‌ای نکته‌هایی را به صورت شعر القاء کرده، آن هم شعری بسیار بلیغ که الان وجود دارد. می‌خواهم عرض کنم این در مورد آدم‌های متعارف هم صادق و جاری است. در احضار روح یا در خواب بسیار اتفاق می‌افتد که انسان احساس می‌کند کسی با او سخن می‌گوید و گاهی عین آن کلمات در یاد او می‌ماند. این‌ها چیزهای عجیبی نیست.

خود عرب‌ها هم در زمان پیامبر معتقد بودند که هر شعری را واسطه‌ای به شاعر القاء می‌کند. نصر حامد ابوزید، که مورد حملات بسیاری در مصر قرار گرفت، کتابی به نام *مفهوم‌النص* دارد. ایشان در این کتاب همین مفهوم تاریخیت *قرآن* را مطرح کرده است. یکی از سخنان اصلی او این است که می‌گوید، بسیاری از مفاهیمی که در *قرآن* هست، مفاهیمی آشنا برای اعراب بوده است. من هم این نکته را در بحث *بعثت و بحران هویت* آورده‌ام. به همین دلیل

اعراب به خاطر این مسائل با پیامبر در نپیچیدند. یعنی وقتی پیامبر گفت به من وحی می‌شود و مَلَکی این وحی را می‌آورد، هیچ کس تعجب نکرد و به پیامبر اعتراض نکردند که حرف‌های عجیب و غریبی می‌زنی. چون آن‌ها خودشان این‌گونه عقاید را داشتند. آنان معتقد بودند که به شعرا وحی می‌شود و یك چیز فرشته‌مانندی یا شیطان‌مانندی، این اشعار را به آن‌ها وحی می‌کند. پس این‌که انسان احساس کند کسی به او خطابی می‌کند یا عتابی می‌کند، فرمانی می‌دهد و امر و نهی‌ای می‌کند، تعجبی ندارد و در زندگی عادی هم اتفاق می‌افتد. ما فقط در مورد پیامبر، چون او را پیامبر می‌دانیم، نظر دیگری داریم. اگر او را پیامبر نمی‌دانستیم، می‌گفتیم خیالات عادی است که همه می‌کنند. اما چون او را پیامبر می‌دانیم معتقدیم احوالی که برای ایشان پیش می‌آمده زیر نظارت و هدایت الهی قرار داشته است. یعنی به‌هرحال بنا بوده است که از طریق این مرد یك هدایت‌ها و ارشاداتی به مردم برسد و من حیث‌المجموع تاریخی به جانب خاصی هدایت شود. درهرحال، اصل موضوع مطلب قابل درکی است.

یعنی نوعی حدیث نفس بوده که پیامبر با خود نجوا می‌کرده است؟

حدیث نفس هست و نیست. کشفی است که به شخصیت کاشف بستگی دارد. مثل شعری که شاعری می‌سراید. از او برمی‌خیزد و در او می‌ریزد.

در واقع اشراقی است که بر پیامبر حادث شده و دائماً بر او احاطه دارد و او را رهبری می‌کند؟

بله.

اشکالی دارم در این باره که شما فرمودید قرآن کشف پیامبر است و پیامبر آن را مضبوط کرده و بعد هم تبدیل به قرآن شده است. اولاً، پیامبر در زندگی شخصی خود هم مراوداتی داشته‌اند و مثلاً وقتی در مدینه به عنوان یك فرمانده و رهبر جامعه بوده‌اند، موضع‌گیری‌ها، نظرات و عمل‌کردهایی داشته‌اند که بسیاری از آن‌ها را در قرآن نمی‌بینیم. حال اگر طبق گفته شما بپذیریم که «آن‌چه آن خسرو کند شیرین کند»، پس بقیهٔ اعمال پیامبر هم باید دستور خداوند باشد. بنابراین، هم آن‌چه در قرآن آمده وحی است و هم بقیهٔ اعمال و افعال پیامبر که در قرآن نیامده است. آیا می‌توان گفت خداوند می‌خواسته است قسمتی از این‌ها به این شکل و به این صورت و به این کتابت نازل شود و به همین شکل هم ارائه شود و فقط همین بخش حفظ شود یا نه؟

در مورد اعجاز عددی هم البته ممکن است در قسمت‌هایی خدشه‌ای بر آن باشد، که در

آینده حل شود، ولی قسمت‌های زیادی از آن خدشه‌بردار نیست و نشان دهندهٔ این است که از یك قوانینی تبعیت می‌کند.

این‌که شما می‌گویید «خداوند می‌خواسته» یعنی چه؟ این‌که خداوند می‌خواسته یا نمی‌خواسته است، در این‌جا هیچ چیز را تعیین نمی‌کند. اگر *قرآن* به جای شش هزار و اندی آیه که الان هست، ده هزار آیه داشت، ما باز هم می‌گفتیم خدا می‌خواسته است ده هزار آیه باشد. اگر به جای شش هزار آیه فقط ششصد آیه داشت، بازهم می‌گفتیم خدا می‌خواسته است ششصد آیه بشود. ما برای این‌که بدانیم خداوند چه چیزی را می‌خواسته است هیچ مشخصه‌ای نداریم. این «خدا می‌خواسته» همیشه یك نوع تبیین حادثه پس از وقوع، و به قول فیلسوفان علم post hoc explanation است. اگر ما می‌توانستیم تبیین قبل از واقعه ارائه بدهیم، و بعدها با آن تبیین واقعه‌ای را که اتفاق می‌افتد مطابقه و مقایسه کنیم، آن‌گاه می‌توانستیم نتیجهٔ مشخص و ملموسی بگیریم. ما الان در مورد طبیعت چه می‌گوییم؟ ما معتقدیم که این طبیعت مخلوق خداوند است. الان زاویهٔ تابش و انعکاس نور، در طبیعت مساوی است. اما اگر نامساوی بود باز هم می‌گفتیم خدا می‌خواسته است نامساوی باشد. سخن من این است که این تئوری «خدا می‌خواسته» هیچ دردی را دوا نمی‌کند. این موضوع برمی‌گردد به نسبتی که بین علم و متافیزیك برقرار است. اگر آن نسبت خوب روشن شود، پاره‌ای از این سؤالات نیز جواب روشن خودش را پیدا می‌کند. هیچ‌وقت نباید ارادهٔ خدا، خواست خدا، مشیت خدا و امثال این‌ها را به منزلهٔ تئوری‌های تبیین‌کنندهٔ حوادث طبیعی به‌کار گرفت. نسبت مشیت خداوند و خواست او و اراده و علم او، و همهٔ اوصاف باری، با همهٔ پدیده‌های طبیعت مساوی است. یعنی هم‌چنان‌که عرض کردم، اگر زاویهٔ تابش و انعکاس مساوی باشند، می‌گوییم این مشیت باری است؛ اگر یکی دو برابر دیگری باشد باز هم می‌گوییم مشیت باری است. در مورد نسبت زاویهٔ تابش و انکسار، که مساوی نیستند، بلکه نسبت پیچیده‌تری میان سینوس این با سینوس آن وجود دارد، باز هم می‌گوییم ارادهٔ باری است. هر طوری بشود خواست خداست. از روی خواست خدا نمی‌شود چیزی را تبیین کرد و نمی‌شود تعیین کرد که چه چیزی چگونه باید باشد؛ چون هر چیزی هرگونه که هست می‌گوییم خواست خداست. درحالی‌که این با یك تئوری علمی فرق دارد.

تئوری‌های علمی، تبیین پس از وقوع واقعه نیستند، بلکه قبل از وقوع واقعه معین می‌کنند که چه باید بشود. مطابق تئوری تساوی زوایای تابش و انعکاس، می‌گوییم اگر دفعهٔ دیگر هم شما نوری را با زاویهٔ ۵۰ درجه تاباندید، زاویهٔ انعکاس هم حتماً ۵۰ است، و باید این طور باشد. اما در مورد خواست خداوند و علم او و سایر اوصاف او هیچ‌وقت نمی‌شود چنین چیزی گفت.

صد و بیست و چهار هزار پیامبر آمده‌اند؛ ما الان می‌گوییم خواست خدا بوده که این تعداد بیاید. اگر صد و بیست و پنج هزار پیامبر آمده بود، باز هم می‌گفتیم خواست خدا بوده که صد و بیست و پنج هزار پیامبر بیاید. اگر هم فقط صد پیامبر آمده بود باز می‌گفتیم خواست خدا بوده است که صد پیامبر بیاید. شخصی در کتابش این سؤال را طرح کرده بود که چرا ائمه دوازده نفر بودند. بعد در پاسخ گفته بود؟ چون با دوازده امام مقصود خدا برآورده می‌شد. برای او نوشتم، این چه جوابی است! اگر ائمه هفده نفر هم بودند باز شما همین پاسخ را می‌دادید.

با خواست خدا هیچ حادثه‌ای را نمی‌شود تبیین کرد. این نکتهٔ مهمی است. من نمی‌گویم خواست خدا در کار نیست، می‌گویم برای تبیین حوادث نمی‌شود از آن استفاده کرد. اگر پیامبر نصف این عمر را کرده بود که اکنون کرده، می‌گفتیم خواست خدا بوده است و اگر دو برابر این عمر را کرده بود، باز همین را می‌گفتیم. اگر آیات *قرآن* بیش از این بود، یا کمتر از این بود، می‌گفتیم خواست خدا بوده است. همین اوصافی که ما به *قرآن* می‌دهیم که مثلاً میان آیات آن، وفق‌های عددی و تناسب وجود دارد، اگر نبود باز می‌گفتیم خواست خدا بوده است. با این نوع پاسخ به جایی نمی‌رسیم و چیزی را هم معین نمی‌کنیم. چنان‌که گفتم، هرچه من می‌گویم شما کنار آن یك «خواست خدا» بگذارید، آن‌گاه مشکل‌تان حل می‌شود. بر این اساس می‌گویم، اگر خواست خدا بود *قرآن* بیش از این می‌شد که هست. مگر این‌که شما بگویید محال است خدا غیر از این‌که هست بخواهد. آن وقت من به شما خواهم گفت که شما یا خدایی کرده‌اید یا شاگرد خدایید، وگرنه از کجا می‌توان فهمید که «محال است خدا غیر از این را بخواهد». اگر این تعبیر «خواست خدا» شما را ارضا می‌کند، کنار هر تئوری که بنده عرض می‌کنم یك «خواست خدا» بگذارید، مسأله حل و تمام می‌شود. اما باید توجه داشت که «خواست خدا» یك اشباع کاذب است. شما باید به همان پدیدهٔ طبیعی تولد *قرآن* توجه کنید. البته بعداً هر طور که متولد شده بگویید خواست خدا بوده است که به آن صورت متولد شود، اشکالی هم ندارد. ما در مورد طبیعت هم همین را می‌گوییم. برای مثال، اگر یك بچه ناقص‌الخلقه به دنیا بیاید، می‌گوییم خواست خدا بوده است. اگر هم سالم باشد، بازهم می‌گوییم خدا خواسته است. البته اگر هم تعبیر «خدا خواسته» را در میان نیاورید اشکالی ندارد. شما می‌توانید مانند یك طبیب، یا فیزیولوژیست، یا اکولوژیست بحث کنید و بگویید این بچه به چه صورتی به دنیا آمده، علل آن چه بوده، در ژن او چه اتفاقی افتاده و پدر و مادرش چه کسی بوده‌اند. اگر از این راه هم بحث بکنید، چیزی عوض نمی‌شود. در مورد وحی هم همین‌طور است. اتفاقاً تمام سخن مرحوم بازرگان در کتاب *سیر تحول قرآن* این است که *قرآن* یك پدیدهٔ طبیعی است. نتیجهٔ

نهایی و اصلی که ایشان می‌خواهند در آن بگیرند (به ادله ایشان کاری نداریم) این است که *قرآن* مانند کوه، دریا، درخت، بهار، خزان و همه پدیده‌های طبیعی به همان اندازه طبیعی است. این سخن مهمی است. شما دارید *قرآن* را با پاره‌ای از توضیحاتی که می‌دهید و پاره‌ای از اوصافی که به آن می‌دهید، آن را یك چیز مصنوعی می‌کنید. این طراحی‌هایی که یك وصف خاصی را به *قرآن* تحمیل می‌کند با قول مرحوم بازرگان منافات پیدا می‌کند. طبق سخن مرحوم بازرگان *قرآن* همان‌طور که باد می‌وزد، دریا موج می‌زند، آفتاب می‌تابد و امثال این‌ها، متولد شده است. شما اگر همین نکته را از ایشان فرا بگیرید، خیلی از سخنان بنده از آن قابل استخراج خواهد بود. *قرآن* پدیده‌ای طبیعی است. یعنی چه؟ همان‌طور که ایشان گفته است، اگر این کوه را در نظر بگیرید، خواهید دید هیچ‌وقت یك شکل هندسی منظمی ندارد. شما هیچ شکل منظم هندسی را در طبیعت پیدا نمی‌کنید. این اشکال هندسی همه ساخته‌های ذهن ما و هندسه‌دان‌ها است. یك دایرهٔ کامل، یك مثلث کامل، یك مخروط کامل، یك استوانهٔ کامل در طبیعت وجود ندارد. *قرآن* را هم مانند باد و باران و... طبیعی بگیرید. طبیعی است، یعنی در بلاغت‌اش پستی و بلندی وجود دارد، عدد آیات‌اش کاملاً می‌توانست کمتر یا بیشتر از این باشد و.... باز هم تکرار می‌کنم که هیچ اشکالی ندارد اگر بگویید تمام ناتراشیدگی‌ها که در کوه‌هاست خواست خداوند است و اصلاً خدا نمی‌خواسته است این‌ها شکل هندسی دقیقی داشته باشد. شما این تئوری «خدا می‌خواسته و خدا نمی‌خواسته» را به‌صورت یك تئوری متافیزیکی و در سقف نگه دارید. همهٔ آن چیزی که در این اتاق اتفاق می‌افتد زیر این سقف است. ما چه بخوابیم، چه بنشینیم، چه دعوا کنیم، چه تفاهم کنیم، چه غذا بخوریم، چه گرسنگی بکشیم، همه زیر این سقف است. دیگر لازم نیست دائما بگوییم ما زیر این سقف خوابیدیم، زیر این سقف جلسه برپا کردیم، زیر این سقف با هم صحبت کردیم، زیر این سقف میوه خوردیم. این‌ها که معلوم است، بقیه آن را بگویید، یعنی علل خاصش را بگویید. سقف جزو آن علل خاص نیست. وجود خدا سقفی است که روی این عالم زده شده، هرچه اتفاق می‌افتد زیر آن سقف است و از آن گریزی نیست. در دعای کمیل هم هست: «وَ لا یُمْكِنُ الْفِرارُ مِنْ حُكُومَتِكَ» از حکومت الهی نمی‌توانیم فرار کنیم. هرجا برویم بالاخره خدا آن‌جاست «هم در تو گریزم ار گریزم». اگر فرار هم بکنم، می‌بینم گویی به سوی تو فرار کرده‌ام، نه به طرف دیگر. کجا هست که خدا نباشد؟ «فَأَيْنَمَا تُوَلُّوا فَثَمَّ وَجْهُ اللَّهِ»[1]. این یك اصل کلی متافیزیکی

---

۱. بقره/۱۱۵

جهان‌بینی است که ما منکر آن نیستیم و همیشه هم آن را به یاد داریم، اما همهٔ حرف من این است که این اصل، جواب سؤالات خاص ما را نمی‌دهد.

در مورد پیامبر، *قرآن* و شکل‌گیری وحی، به هر نحوی که ما دربارهٔ وضع طبیعی این حوادث سخن بگوییم، هیچ اشکالی ندارد، زیرا همهٔ سخنان تحت این فرض است که سقف خداوند بالای سر همهٔ این‌هاست. ما برای این‌که بدانیم این سخن الهی است، باید به محتوای سخن و ماهیت آن، توجه بکنیم. این است که راهنمای ماست و ماندگار است. ما باید بدانیم که این معلم بالاخره چه درسی به ما داده است. ما معتقدیم که خداوند پیامبران دیگری هم داشته که دون‌پایه‌تر از پیامبر اسلام بودند. خب، این هم خواست خداوند است. ما معتقدیم وحی آن‌ها این قوتی را که وحی پیامبر اسلام دارد، نداشته است. پس می‌شود خداوند وحی‌هایی بفرستد که زور آن و جامعیت آن کمتر از *قرآن* باشد. آن هم خواست خداوند است. یعنی اگر جامعیت و کمال *قرآن* کم‌تر از این هم بود، باز هم ما می‌توانستیم بگوییم، خداوند خواسته است در آن حد باشد.

و اما سؤال دوم که مربوط به اکمال *قرآن* بود. در سورهٔ مائده این آیه آمده است. «الْيَوْمَ أَكْمَلْتُ لَكُمْ دِينَكُمْ وَ أَتْمَمْتُ عَلَيْكُمْ نِعْمَتِي وَ رَضِيتُ لَكُمُ الإِسْلاَمَ دِيناً[1]». در مورد این آیه در *بسط تجربهٔ نبوی* توضیح داده‌ام. بله، دین یك مرحلهٔ کمال دارد؛ منتهی آن مرحلهٔ کمال به ذاتیات‌اش است نه به عرضیات‌اش. یعنی این *قرآن* ممکن بود بسی کم‌تر از این باشد و به کمال برسد. چون عرضیات *قرآن*، در کمال‌اش مدخلیتی ندارد. یعنی اگر پیامبر تا زمانی که این آیه نازل شده بود جنگ‌های کم‌تری کرده بودند، یا مثلاً ماجرای تهمت به عایشه اصلاً اتفـاق نمی‌افتاد و در *قرآن* هم نمی‌آمد، از کمال *قرآن* کاسته نمی‌شد. آن پیام‌های اصلی *قرآن* است که وقتی ابلاغ شد، رسالت پیامبر و ابلاغ پیام کمال پذیرفت. البته عرضیاتی هم در آن هست که ممکن بود بیاید و ممکن هم بود نیاید، ولی به کمال *قرآن* لطمه نزنند. کما این‌که، مطابق آن‌چه شما گفتید، خیلی از عرضیات دیگر زمان پیامبر هم بوده که در *قرآن* نیامده است. بنا هم بر این نبوده است که *قرآن* به اصطلاح یك کرونولوژی یا وقایع‌نگاری باشد و همه چیز در آن بیاید. آن‌چه با پیام مناسبتی داشته، یا می‌توانسته در توضیح آن کمك مؤثری بکند، یا سؤال و حادثهٔ پرحساسیتی بوده در *قرآن* آمده است. بعضی هم نیامده است، اما آن پیام اصلی پیامبر باید می‌آمد، که آمده است. در واقع ظاهراً سیر کار پیامبر این‌طور بود که اول از اعتقادات شروع کردند، بعد یك پوشش اخلاقی دور اعتقادات کشیدند، و بعد هم یك پوشش

---

۱. مائدهٔ/۳

حقوقی ـ فقهی. اولین آیاتی که پیامبر در مکه آوردند مسائل مربوط به توحید و معاد است و روی این دو مطلب خیلی تأکید می‌شد. در کنار این‌ها نیز تأکیدات اخلاقی بود؛ مثلاً «فَوَيْلٌ لِّلْمُصَلِّينَ الَّذِينَ هُمْ عَن صَلَاتِهِمْ سَاهُونَ الَّذِين هُمْ يُرَآءُونَ وَيَمْنَعُونَ الْمَاعُونَ»[1]. این قبیل دس‌*تورات* اصلاً جنبهٔ حقوقی و فقهی نداشت. در واقع هنگامی پیام پیامبر تکمیل شد که این سه لایهٔ دین اجمالاً و نه به صورت خیلی بسط‌یافته و تفصیلی، معرفی و مطرح شد. کار پیامبر در مدینه مقدار زیادی تأسیس مبانی حقوق و تشریع و ابلاغ فروع دین، در حد لزوم، بود. بنابراین دین به کمال خودش رسید، یعنی به کمال طرح خودش رسید، نه این‌که همهٔ اجزاء آن پیاده شد، درست مانند ساختمانی که شکل و ساختارش روشن شده باشد. اما هیچ کس نگفته است که کمال دین به معنای جامعیت دین است. به‌علاوه، این آیه که به پیامبر نازل شد، آخرین آیه هم نبود و بعد از آن آیات زیادی آمد. اگر معنای کمال این است که دیگر هیچ آیهٔ دیگری نباید بیاید، پس چرا بعد از آیهٔ اکمال دین آیات دیگری هم نازل شد؟ لذا این کمال همان کمال به ذاتیات است. یعنی آن ساختار اصلی دین فی‌الجمله ارائه شد و آن این‌که دین یك ساختمان سه لایه‌ای دارد: در وسط یك هسته اعتقادی و جهان‌بینی است، روی آن یك پوشش اخلاقی، و بعد هم پوششی حقوقی که روی آن دو را می‌گیرد. این پوشش‌ها نیز همه از همان پارچه‌هایی تهیه شده بود که در آن عصر پیدا می‌شد. این دو پوشش اخیر، به تعبیر عرفای ما، قشر هستند، یعنی صدف‌اند برای نگهداری آن مغز و آن گوهری که در درون است. این‌ها نقش محافظ را دارند. این محافظت، هم برای این است که آن مغز را از دست نااهلان محفوظ بدارد و هم این‌که آن را به دست نسل‌های بعدی بسپارد. این‌طور بود که رسالت پیامبر تکمیل شد، یعنی این ساختمان را در اختیار دیگران گذاشت. ساختمان هم، به قول مرحوم شاه ولی‌الله، نقش الگویی دارد، یعنی بعدی‌ها باید با اجتهاد خودشان روی این ساختمان کار بکنند. اصل الگو را باید از پیامبر بگیرند، بقیه‌اش را خودشان بسازند.

آیا می‌توان چنین گفت که آن قسمت از قرآن یا دین که جزء ذاتیات آن است زمان‌مند و مکان‌مند نیســت، ولی آن بخش که جزء عرضیات است زمان‌مند و مکان‌مند است؟

تا شما منظورتان از زمان و مکان چه باشد. اگر غرض از زمان و مکان سخنانی باشد که مربوط به یك مقطع خاص زمانی است و وقتی آن دوره گذشت آن حرف‌ها کهنه می‌شود، باید بگویيم منظور من از زمانی و مکانی بودن *قرآن* این نیست. این‌که می‌گوییم *قرآن* تاریخی است، یعنی اصلاً تمام تولد و تکون آن در یك وضعیت تاریخی معینی صورت گرفته و تمام رگ و

---

۱. ماعون/۷ ـ ٤

ریشه‌هایش در زمان خودش است، چه ذاتی‌هایش و چه عرضی‌هایش. از این جهت این دو با هم فرقی ندارند. الگوی من همان زبان عربی است؛ هم ذاتیات *قرآن* به زبان عربی گفته شده و هم عرضیات آن.

هیچ مؤلف یا متفکری نمی‌تواند از ابزار و ادوات زمان خودش فرار کند. پیامبر مجبور بود که این مفاهیم و قالب‌ها را به‌کار بگیرد. همهٔ این‌ها را به آن زبان و به آن فرهنگ بیان کرده است. ما وقتی می‌گوییم ذاتیات و عرضیات، منظورمان این نیست که بعضی از آن‌ها مقطعی‌اند و بعضی دیگر مقطعی نیستند. خود عرضیات هم ممکن است استفادهٔ همیشگی داشته باشند. منتها کار ما ترجمهٔ فرهنگی است. مانند این است که ضرب‌المثلی را از یك وضعیت تاریخی ـ جغرافیایی بیرون بیاوریم و تبدیل به ضرب‌المثل دیگری بکنیم. مثلاً انگلیسی‌ها می‌گویند، «ذغال‌سنگ به نیوکاسل بردن». ما در فارسی می‌گوییم، «زیره به کرمان بردن»، که هر دو کاملاً بستگی به محیط جغرافیایی دارد. ما ضرب‌المثل را ترجمهٔ فرهنگی می‌کنیم، نه ترجمهٔ تحت‌الفظی و کلمه‌به‌کلمه. ترجمهٔ تحت‌الفظی اصلاً معنی کردن نیست، ضایع کردن است.

ذاتیات مقاصد اصلی شارع‌اند. عرضیات همان حوادثی بودند که پیش می‌آمدند و گاهی هم لازم بوده است که ذکر شوند و از آن‌ها نتیجه‌گیری شود. امّا چه ذاتیات و چه عرضیات، همیشه می‌توانند برای ما درس‌آموز باشند، مشروط بر این‌که ما آن‌ها را ترجمهٔ فرهنگی بکنیم. ذاتی و عرضی در این‌جا به معنی مقطعی و غیر مقطعی، یا زمانی و مکانی نیست، بلکه به معنای این است که یك موجودی وقتی که پا به عرصهٔ وجود می‌گذارد، نمی‌تواند در پدیدآمدن خودش محتاج عناصر زمانهٔ خود نباشد و از آن‌ها بهره‌مند نشود. این احتیاج همیشه همراه اوست. آیندگان باید متوجه این نکته باشند تا این پوشش‌ها را از تن آن بیرون کنند و بتوانند آن پیام گوهری را که در او نهفته است بیرون بکشند. این همان است که گاه می‌گویند با این‌ها باید برخورد اسطوره‌ای کرد. منتها ما الان این لفظ را به‌کار نمی‌بریم.

با عنایت به مطالبی که شما فرمودید، چرا ما باید به اعمالی که پیامبران گفته‌اند و به صورت عبادات یا اجتماعیات و غیره است، مکلّف باشیم. اگر خود ما در زمان دیگری به آن بی‌صورت که شما اشاره کردید، برسیم، طبیعتاً ممکن است چیزهای دیگری برای‌مان پیش آید. مثلاً، چه لزومی دارد که ما در قرن بیستم مانند پیامبر نماز بخوانیم؟ می‌توانیم بنشینیم تمرکز بکنیم. همان‌طور که امروزه روش‌های مختلفی برای فکرکردن یا به وجدآمدن هست. یا این‌که چه لزومی دارد مانند پیامبر روزه بگیریم؟ ما می‌توانیم به روش‌های دیگری

خودمان را تزکیه کنیم. آیا اگر ما به آن بی‌صورت برسیم، خودمان هم می‌توانیم تکلیفی برای خودمان ایجاد کنیم یا باید هم‌چنان مکلّف به تکالیف پیامبر باشیم؟ نکتهٔ دیگر علت لزوم نسخ برخی آیات است. چرا برخی آیات نسخ شده یا حکم آن بعداً تغییر پیدا کرده است؟ چه لزومی داشته است که این‌ها در قرآن بیاید؟ آیا پیامبر فکر نمی‌کردند که مریدان‌شان یا کسانی که به اسلام دعوت می‌شدند، بعداً با این نسخه‌ها به مشکل برسند؟ نکتهٔ دیگر این‌که اگر پیامبر، برای مثال، صد سال بعد یا هزار سال بعد مبعوث می‌شدند، طبیعتاً قرآن هم تغییر می‌کرد، و این ابدی بودن قرآن را زیر سؤال می‌برد. یعنی اگر پیامبر صد یا هزار سال بعد مبعوث می‌شد، آن‌چه امروز در قرآن حاضر می‌بینیم دیگر در قرآن نبود، البته جز مسائل مربوط به توحید و معاد. یعنی اجتماعیات تغییر می‌کرد، و طبیعتاً قرآن هم تغییر می‌کرد. لذا از آن‌جا که ما در زمان پیامبر زندگی نمی‌کنیم، پس می‌توانیم تکالیف دیگری داشته باشیم. یعنی ما در حال حاضر می‌توانیم اجتماعیات را تغییر بدهیم و با توجه به این‌که امروز در زمان پیامبر زندگی نمی‌کنیم، می‌توانیم تکلیف‌های دیگر و حقوق دیگری داشته باشیم. اما آیا این حقوق باز هم الهی است؟

اول سؤال شما را در مورد نسخ پاسخ می‌گویم. دو سؤال دیگر شما به هم نزدیک‌اند و می‌توان یک‌جا به آن‌ها پاسخ داد. نسخ اتفاقاً یکی از آن پدیده‌هایی است که بشری‌بودن و طبیعی و تاریخی‌بودن تولد *قرآن* را تأیید می‌کند. جالب این‌که نسخ مسأله‌ای است که با طراحی پیشین *قرآن* منافات پیدا می‌کند. نسخ در واقع این است که من امروز مطلبی را می‌گویم، چند روز بعد می‌گویم شرایط عوض شد و بنابراین مطلب قبلی مرا کنار بگذارید؛ دقیقاً شبیه چیزی که در مجالس و پارلمان‌ها اتفاق می‌افتد. در مجالس قانون‌گذاری قانونی را وضع می‌کنند و خودشان هم می‌دانند که این قانون دائمی نیست. اساساً معنای قانون همین است. در ذات و بر پیشانی قانون نوشته شده که موقت است، نه جاودان، پیامبر بگویند یا کسی دیگر. و زمانی که ایشان قانونی را وضع می‌کنند، همه فکر می‌کنند قانونی جاودانی است، اما مدتی بعد می‌گویند، آن قانون ابطال و لغو شد. مسأله نسخ، مسألهٔ جالبی است. در قصهٔ موسی و نزول الواح، همهٔ احکام یک‌جا، در لوح نوشته‌شده‌ای به او داده شد. اما در مورد پیامبر اسلام، همان خصلت دیالوگی، جریان نسخ را هم پدید آورد، که بسیار طبیعی است. بنده قرائت‌های مختلف *قرآن*، حتی تنوع قرائات *قرآن* را امری بسیار طبیعی می‌دانم. یعنی این‌ها سخنان عجیب و غریبی نبود که در تاریخ اسلام گفته شد. یکی آیه‌ای را به لهجهٔ مصری می‌خواند، دیگری به لهجهٔ کوفی می‌خواند... . در همین سورهٔ فاتحة الکتاب که در نماز می‌خوانیم، بعضی‌ها «صراط» را با صاد خوانده‌اند، بعضی‌ها با سین خوانده‌اند. بعضی «مالك یوم الدین»

گفته‌اند، بعضی «ملك یوم الدین». بعضی «غیرالمغضوب علیهم و لاالضالین» گفته‌اند، بعضی «غیر المغضوب و غیر الضالین». همهٔ این‌ها در تاریخ *قرآن* آمده است. این‌ها بسیار طبیعی است. هیچ کس هم با هیچ استدلالی نمی‌تواند بگوید «ملك یوم الدین» فصیح‌تر است از «مالك یوم الدین»، یا بالعکس. *قرآن* در میان مردم جاری می‌شد، آن هم در دورانی که فرهنگ عموماً فرهنگ شفاهی بود و فرهنگ کتبی هنوز مستقر نشده بود. لذا رخ دادن این اتفاقات برای *قرآن* بسیار عادی بود. نسخ هم همین‌طور است. البته این‌ها در صورتی است که از اصل قائل به نسخ باشیم. چون بعضی از مفسران قائل به نسخ نیستند. مثلاً مرحوم آقای خویی تقریباً منکر نسخ بودند. البته بسیاری از موارد نسخ که مفسران گذشته ذکر کرده‌اند از نوع عام و خاص و مطلق و مقید است و واقعاً نسخ نیست، یعنی از نوع تبصره‌زدن به یك قانون کلی است و شبیه به‌همان چیزی است که در پارلمان‌های جهان اتفاق می‌افتد. یعنی اول قانون را وضع می‌کنند، بعداً به معضل تازه‌ای برخورد می‌کنند و مجبور می‌شوند توضیح خاصی بدهند یا تبصره بزنند. این همان چیزی است که اصولیون به آن مطلق و مقید، یا عام و خاص می‌گویند. حتی گاهی تخصیصی که به عمومات *قرآن* خورده، یا تقییدی که به اطلاقات *قرآن* خورده، بیرون از *قرآن* و در کلام نبوی است (تخصیص کتاب به سنت نبوی). شیعه معتقد است روایت‌های ائمه شیعه هم می‌توانند ناسخ باشند. یعنی مطلق *قرآن* را چیزی بیرون از *قرآن* مقید می‌کند. برای یك نمونه این آیه را در نظر بگیرید.

«قُلْ لَا أَجِدُ فِي مَا أُوحِيَ إِلَيَّ مُحَرَّمًا عَلَىٰ طَاعِمٍ يَطْعَمُهُ إِلَّا أَنْ يَكُونَ مَيْتَةً أَوْ دَمًا مَسْفُوحًا أَوْ لَحْمَ خِنْزِيرٍ فَإِنَّهُ رِجْسٌ أَوْ فِسْقًا أُهِلَّ لِغَيْرِ اللَّهِ بِهِ فَمَنِ اضْطُرَّ غَيْرَ بَاغٍ وَلَا عَادٍ فَإِنَّ رَبَّكَ غَفُورٌ رَحِيمٌ[1]».

ای پیامبر بگو، در احکامی که به من وحی شده، چیزی را که برای خورندگان طعام حرام باشد نمی‌یابم، جز آن که میته باشد یا خون ریخته یا گوشت خوك، که پلید است، یا حیوانی که بدون ذکر نام خدا ذبح کنند. حرام‌های دیگری هم هست که در آیه ذکر نشده است. مثلاً حرمت گوشت سگ هیچ جای *قرآن* ذکر نشده است. این آیه، که محکم و صریح هم هست، می‌گوید مجموعهٔ آن چیزهایی که به من گفته شده حرام است، همین چند مورد است. اما بیرون از آیهٔ *قرآن* مقیدات و مخصصاتی هست که *قرآن* را تخصیص می‌زنند. در واقع می‌شود گفت *قرآن* با غیر *قرآن* دست‌شان در هم است. یعنی کلام نبی، آن‌جا که حتی وحی هم شمرده نمی‌شود، می‌آید و اطلاقات *قرآن* را تقیید می‌کند. درهرحال، مقدار زیادی از موارد نسخ از قبیل عام و خاص است، که باز هم وضع انسانی و طبیعی مشهودی دارد. اول یك حکم کلّی می‌گویند؛ بعد

---

۱. سورهٔ انعام، آیهٔ ۱۴۵

مسأله‌ای پیش می‌آید، می‌گویند این را استثنا کنید. اگر هم قائل به نسخ، به معنای محدود و مشخص کلمه، باشیم، آن‌گاه یك حکم می‌آید و حکم قبلی را پاك می‌کند، نه این‌که قید و استثنایی بزند. به نظر من اصلاً نسخ مؤید آن تئوری است که من قبلاً عرض کردم. در این مورد هیچ فرقی نمی‌کند که شما بگویید خدا به پیغمبر این اختیار را داده بود که حکمی را بگوید و بعد اگر مسأله‌ای پیش آمد اعلام کند که دوره‌اش تمام شد، یا این‌که بگویید خدا این کار را می‌کرد. در هر دو حالت حکایت از این می‌کند که پابه‌پای وقایع و به تناسب آن‌ها و مشروط به شروط و حدود آن‌ها، این امر جریان پیدا می‌کرده است.

اما مسأله اعمال و آداب و حقوق و مراسم و عبادیات، که داستان بلندی است، البته *بسط تجربه نبوی* نفیاً و اثباتاً متعرض آن‌ها نمی‌شود. از تئوری بسط تجربه نبوی هیچ درنمی‌آید که فقه ماندگار است یا ماندگار نیست یا امروز هم قابل عمل است یا قابل عمل نیست. برای این‌که تکلیف این مسأله را روشن کنیم باید به مقدمات دیگری رو بیاوریم. این بستگی دارد به این‌که ما ماهیت فقه و مقاصد شارع را چه بدانیم. فقه را به نحوه‌های مختلف تقسیم کرده‌اند. تقسیمی که من می‌کنم بدین نحو است: (۱) آن‌چه را که زیر سقف عدل و جور می‌آید، اجتماعیات اسلامی می‌نامیم. یعنی شما می‌توانید بگویید که فلان کار، فلان رفتار یا فلان واکنش عادلانه است یا غیر عادلانه. هرچه که می‌تواند این صفت را پیدا کند داخل در اجتماعیات، سیاسیات و غیره است؛ یعنی عبادیات شمرده نمی‌شود. و (۲) آن‌چه زیر سقف عدل و جور نمی‌آید، ما آن‌ها را اصطلاحاً عبادیات می‌نامیم. البته فقها به این صورت تقسیم نمی‌کنند. اما من برای این‌که مطلب خودم را بگویم از این تقسیم‌بندی استفاده می‌کنم. مثلاً اطعمه و اشربه؛ این‌که خوردن چه چیزی حلال است و خوردن چه چیزی حرام، داخل عدل و جور نمی‌شود. حج و نماز و روزه و تیمم و وضو و امثال این‌ها که داخل عدل و جور قرار نمی‌گیرد در باب عبادیات می‌گنجد. اگر معنای پیامبری را خوب فهمیده باشیم، ماجرا به این صورت بوده است که اول پیامبر به کمالاتی رسیده، بعد این کمالات یك اعمالی را به او آموزش داده، سپس ایشان آمده و آن اعمال را به ما آموزش داده‌اند تا ما هم به آن کمالات برسیم. یعنی آن‌چه برای پیامبر معلول بوده برای ما علت است. درست مانند این است که وقتی فکری در ذهن شما غلبه می‌کند شما خودبه‌خود از دیگران کناره می‌گیرید، سرتان را پایین می‌اندازید؛ حتی گاهی ممکن است چشم‌های‌تان را ببندید، و برای مدتی ساکت بنشینید، و طالب سکوت دیگران شوید تا آن را حل‌وفصل کنید و بعد دوباره به حال عادی برگردید. در واقع سکوت شما، جدایی گرفتن شما از دیگران، و امثال این‌ها، معلول آن حالات تفکر است. وقتی آن فکر بر شما حاکم می‌شود و غلبه می‌کند این احوال هم به تبع عارض شما می‌شود. پس از آن شما می‌آیید و به من درس

می‌دهید؛ می‌گویید، اگر می‌خواهی درست فکر کنی باید کاملاً حواست را جمع کنی، باید سکوت پیشه کنی، باید بروی در جای ساکتی بنشینی، چیزهایی که حواست را پرت کند نباید در میان باشد. یعنی آن‌چه را برای شما معلول بوده برای من به منزلهٔ علّت برمی‌شمارید. شما خودتان از آن‌جا شروع نکردید، بلکه ناگهان آن حالت فکری قوی خودبه‌خود حواس شما را از هر چیز دیگری می‌برد تا شما را کاملاً مجذوب فکرتان می‌کند. اصلاً سکوت را آن فکر برای شما پدید می‌آورد. اما چون شما این تجربه را دارید به من می‌گویید، اگر می‌خواهی به فکر روشنی برسی، اگر می‌خواهی حل مسأله بکنی، حواست را جمع کن، سکوت کن، کناره بگیر و چنین‌وچنان کن. مثلاً شما وقتی که کاملاً مجذوب فکر کردن هستید نه به خوردن می‌اندیشید، نه به نوشیدن، نه... بعد ممکن است به من بگویید، برای آن‌که خوب فکر کنی و خوب حلّ مسأله کنی، سعی کن شکمت خالی باشد، پرخوری نکن و... آن‌چه را معلول تجربهٔ شما بوده است به منزله علّت به من معرفی می‌کنید و می‌گویید از این راه برو تا به آن‌جا برسی. به تعبیر خیلی ساده‌تر، پیغمبران واجد کمالاتی شدند، آن‌گاه عباداتی را کشف کردند. بعد به ما می‌گویند این عبادات را انجام بدهید تا به آن کمالات برسید. یعنی عبادات معلول کمالات پیامبران بود، امّا برای ما علت کمالات است.

ما به منزلهٔ پیرو پیامبران به این تجربه‌ها خیلی احتیاج داریم. چون یك معنای پیروی از پیامبران شرکت در تجارب آنان است. این تجربهٔ پیامبر (یا پیامبران) بود که روزه گرفتن امر خوبی است، یا این‌که شراب خوردن بد است. همهٔ پیامبران فهمیده بودند که شراب نوشیدن مانع تجربه‌های بلند روحی آدم‌ها می‌شود. کشف همهٔ این بزرگان این بوده است که «اندرون از طعام خالی دار / تا در او نور معرفت بینی[1]». لذا ما به پیامبران حاجت داریم. اتفاقاً شاید بیشترین جایی که به پیامبران حاجت داریم همین‌جاهاست. آنان تجربه‌های عبادی ویژه‌ای را در اختیار ما گذاشته‌اند و می‌گویند از این راه‌ها بروید. هیچ پیامبری نبوده است که شب‌خیزی نداشته باشد. هیچ مرد بزرگی، عارفی، به جایی نرسیده، مگر از طریق شب‌خیزی. در خود *قرآن* هم خدا به پیغمبر می‌گوید:

قُمِ اللَّيلَ إِلَّا قَلِيلاً، نِصفَهُ أَوِ انقُصْ مِنهُ قَلِيلًا، أَوْ زِدْ عَلَيهِ وَرَتِّلِ الْقُرْآنَ تَرْتِيلاً إِنَّا سَنُلْقِي عَلَيكَ قَوْلًا ثَقِيلاً إِنَّ نَاشِئَةَ اللَّيلِ هِيَ أَشَدُّ وَطْئًا وَأَقْوَمُ قِيلًا[2]

شب‌ها قول ثقیل و گفتار سنگینی را بر تو القا خواهیم کرد. این حادثه‌های شبانه پایدارتر

---

۱. سعدی، *گلستان*، باب دوم در اخلاق درویشان

۲. مزمل/۷ـ۲

و ماندگارترانـد. آن زمانی که سکوت برقرار است، آن زمانی که رشته‌های تعلقاتی که بر دست‌وپای روح بسته شد، پاره یا نازك می‌شود؛ خیلی راحت‌تر می‌شود پیام را جذب کرد و به کشف‌های قوی‌تر و روشن‌تری نائل شد. این دستوری است که پیامبر می‌دهد. این دستوری است که به همهٔ پیامبران داده شده، بلکه کشفی است که پیامبران کرده‌اند «اِنَّ لَكَ فِی‌النَّهارِ سَبْحاً طویلاً»[1]. در طول روز تو خیلی گرفتاری داری و باید به مشغله‌های دیگری بپردازی. شب که این مشغله‌ها کم است و همه دست از سر تو برداشته‌اند باید به کار اصلی خود بپردازی. این‌ها مواردی است که ما باید از پیامبران بیاموزیم. ما در این منطقهٔ عبادات، مصالح خفیه داریم. یعنی یك مکانیزم‌هایی به ما پیشنهاد می‌شود و ما نمی‌دانیم چرا به این صورت است و چرا به نتایج خاصی منتهی می‌شود. منتها چون کسانی آن‌ها را تجربه کرده‌اند، به تجربه‌شان احترام می‌گذاریم.

اما در مورد آن‌چه به جور و عدل مربوط می‌شود کاملاً قضیه فرق می‌کند. پیامبر با تبیین احکام اجتماعی که مربوط به عدل و ظلم می‌شود، در واقع مردم زمانهٔ خودشان را از جور زمانه به عدل زمانه بردند؛ از جهل زمانه به علم زمانه بردند؛ نه از جور زمانه به عدل فرا تاریخی، و نه از جهل زمانه به علم فراتاریخی. در احکام حقوقی، اجتماعی، سیاسی، و هر آن‌چه به عدل و جور برمی‌گردد، پیامبر در واقع چنین کاری کردند. همهٔ پیامبران هم همین کار را کردند، منتها در این‌جا الگوی آنان برای ما مهم است. ما در مواردی از الگوی پیامبر تبعیت می‌کنیم و در مواردی از عینِ تجربهٔ او تبعیت می‌کنیم. این برحسب مورد فرق می‌کند. در حقوق زن، حقوق مرد، ارث، دیات، قصاص، تمام مجموعهٔ فقه، سیاست، حکومت، احکام اجتماعی، خرید و فروش، ازدواج، طلاق و هر چه فقهی است، در واقع کاری که پیامبر کردند این بود که چیزی که در آن دوران جور خوانده می‌شد آن را پس زدند و آن چیزی را که آن موقع عدل می‌دانستند، معرفی کردند. عدالت و ظلم کاملاً عصری هستند. در روایت است که جزء سعادت مرد است که دختر او قبل از این‌که حیض ببیند شوهر کند و از خانهٔ پدر برود. در رساله‌ها هم این‌ها را می‌نویسند. من به غیرمؤمنان کاری ندارم، اما از مؤمنان جامعهٔ ما، از کسانی که از روایات و احکام و احادیث تبعیت می‌کنند، یك نفر را نشان دهید که این کار را انجام بدهد. آن‌ها اصلاً ظالمانه می‌دانند که یك دختر هفت_هشت ساله را شوهر بدهند. امروزه با هیچ منطقی نمی‌توان اثبات کرد که این کار خوب است و ثواب هم دارد. اما در روزگاری دیگر این کار عادلانه بوده است. بالاخره عدل و ظلم یك پایهٔ روان‌شناختی دارد.

---

۱. همان، آیه ۷

نمی‌گویم همه‌اش چنین است، ولی یك جنبه روان‌شناختی دارد. یعنی باید روان ما قانع بشود و در مقابل آن خاضع شود و قبول کند که این کار خوبی است و آن را انجام بدهد. قرن‌ها در همین جامعهٔ اسلامی، قضاوت صورت می‌گرفت، ولی برای متهم وکیل نمی‌گرفتند. اصلاً فقهای ما در همین اول انقلاب می‌گفتند که در فقه وکیل نداریم؛ قاضی است و متهمی و دفاعی از سوی خود متهم. قاضی هم که بنا به فرض عادل است. همین و بس! امروز شما یك دادگاه بی‌وکیل را یك دادگاه غیر عادل می‌شمرید.

به تعبیر دیگر و کلی‌تر، در احکام اجتماعی ـ سیاسی اسلام مصلحت خفی وجود ندارد، بلکه همهٔ مصالح ظاهر است. یعنی نمی‌شود گفت که شما این کار را بکنید و کاری به مصلحت آن نداشته باشید. احکام اجتماعی ـ سیاسی مصالح ظاهری دارند و اگر این مصالح ظاهر نشد، آن حکم ملغاست. این مغالطه‌ای است که برخی فقها می‌کنند و در پاسخ به این پرسش که چرا فلان قانون در باب حقوق زن، یا ارث، یا حکومت و سیاست این‌طور است، می‌گویند همان‌طور که نماز صبح دو رکعت است. در مورد نماز صبح باید بپذیرید و سؤال نکنید، پس در آن‌جا هم نباید سؤال کرد. درحالی‌که این دو، دو الگوی کاملاً متفاوت با هم دارند. الگوی عبادات واجد مصالح خفیه است و زیر چتر عدل و جور نمی‌رود و الگوی معاملات واجد مصالح خفیه نیست و زیر چتر عدل و جور می‌رود. ما تجارت و سیاست را برای این دنیا می‌خواهیم. هیچ کس نمی‌تواند به ما بگوید که هرچه به نام دین به شما می‌گویند گردن بگذارید و تمکین کنید، ولو این‌که زیر آن‌ها له بشوید، چون روز قیامت ثوابش معلوم می‌شود. این سخن غیر قابل قبول است. در این‌جا هم ما باید اجتهاد بکنیم؛ یعنی از جور زمانه به عدل زمانه برویم. این است وجه حاجت به پیامبران.

علم و تئوری‌های علمی آن‌چه را که در طبیعت اتفاق می‌افتد تبیین می‌کند و هرگاه هر پدیده و مشاهده‌ای خلاف اصول یك پارادیم باشد، ضعفی از تئوری استنباط می‌شود. آیا این چیزی که شما به عنوان یك طرح برای پدیدهٔ دین یا اسلام مطرح می‌کنید در این قالب می‌گنجد؟ یعنی ما می‌خواهیم یك چهارچوبی را تعریف کنیم که در قالب این چهارچوب و این اصول و این مفروضات قرار است که به یك سری سؤالات ما پاسخ داده شود. در قالب تئوری و نظریه‌های علمی یك سری اصول وجود دارد که اگر آن‌ها مخدوش بشود، می‌گوییم مثلاً نظریه ضعیف شده یا رد شده است. اما در این‌جا ما بر چه چیزی تکیه می‌کنیم؟ آیا تکیه بر منطق و عقلانیت است؟ آیا این طرحی که ما داریم و بر اساس آن سؤال‌های‌مان را مطرح می‌کنیم و پاسخ می‌گوییم بر اساس منطق است؟ آیا ما اصلاً

می‌توانیم مسائل اعتقادی را براساس منطق و استدلال پاسخ دهیم؟ چه اصولی را مفروض می‌گیریم؟ بدیهی‌ترین سؤالاتی که بچه‌های کوچك از ما دربارهٔ خود خدا یا در مورد علت آفرینش سؤال می‌کنند، اما ما به لحاظ استدلالی و منطقی پاسخی برای آن‌ها نداریم. در واقع ما این امور را به صورت یك سری مفروضات در نظر می‌گیریم بعد به بقیهٔ سؤال‌ها پاسخ می‌گوییم. بر اساس همین طرحی که شما فرمودید اصولی مانند ذاتی‌بودن و عرضی‌بودن را فرض می‌گیریم. می‌گویم دین سه لایه دارد: یك لایهٔ بیرونی، که احکام است؛ یك لایهٔ وسطی، که شامل اخلاقیات است؛ و یك لایه درونی یا مغز که اصول اعتقادات ماست. اگر ما فرض را بر این بگیریم که لایهٔ بیرونی احکام است و این‌ها عرضی هستند، یعنی به مقتضیات زمان وابسته‌اند و برای الگوبرداری بوده‌اند، الان هم ممکن است در این جامعه دیگر کارایی نداشته باشند، لذا باید آن‌ها را کنار بگذاریم و به لایهٔ بعدی، که اخلاقیات است، برسیم که مفاهیمی تقریباً نسبی هستند؛ مفاهیمی مانند آزادی، عدالت یا انسانیت در این عصر ممکن است تعریف کاملاً متفاوتی داشته باشند و حتی در این عصر هم در جامعهٔ شرقی و جامعهٔ غربی ممکن است تفاوت وجود باشد و امور قطعی نیستند.آن‌چه می‌ماند همان توحید و اعتقاد به آخرت است. در ادیان الهی دیگر هم تقریباً تمام این مفاهیم وجود دارد. در واقع با این تئوری چه چیز اسلام را در این‌جا ممتاز می‌کند؟ اگر ما فقط بخواهیم به لب مطلب برسیم، می‌توانیم در مسیحیت یا در یهودیت، یا حتی مکاتب دیگر، با شکل‌های دیگری به آن برسیم. یعنی الزامی نداریم که حتماً مسلمان باشیم. می‌توانیم دین دیگری را داشته باشیم.

شما می‌خواهید از این تئوری بسط تجربه نبوی همه چیز استخراج کنید. اما این تئوری برای همه چیز نیست. در واقع سؤال شما این است که ما چرا باید مسلمان باشیم. این بحث دیگری است. بسط تجربهٔ نبوی در صدد بیان دلایلی برای امتیاز اسلام نسبت به ادیان دیگر نیست. پرسش شما یك پرسش مهم، اما کلامی است، به بحث ما مربوط نیست. ما در این تئوری در واقع ساختار دین را توضیح می‌دهیم، خواه به آن مؤمن باشیم خواه کافر. شناختن دین مقولهٔ دیگری است. سخن ما این است که دین متضمن ذاتی و عرضی است. تکون و تولدش تاریخی بوده، نسبتش با شرایط زمانه‌اش چنین بوده و این‌که چه نقشی پیامبر در این‌جا داشته‌اند. حال اگر لازم بود راجع به مسیحیت هم، همین تحقیقات را می‌کردیم. منتها آشنایی ما با مسیحیت خیلی کمتر است، چون بالاخره در آن فضا پرورش نیافته‌ایم.

در این‌جا فقط به این نکته اشاره می‌کنم که بیشتر دینداری‌ها علتی است. یعنی اکثریت قاطع مردم با دلیل به طرف ادیان نمی‌روند. اکثریت بنا به علل سراغ دین‌ها می‌روند، نه دلایل.

چون در محیطی خاص زاده می‌شوند، چون تلقین و تربیت به آنان حکم می‌کند به آن طرف بروند. این فقط در مورد عوام نیست، در مورد عالمان هم همین‌طور است. بیشتر علمای ما و روحانیان ما، که مسلمان‌اند و از اسلام دفاع می‌کنند، ریشه‌اش این نیست که با دلیل مسلمان شده‌اند. چون مسلمان شده‌اند، دفاع می‌کنند. اکثریت این گونه‌اند. کسی که محققانه به دنبال دین می‌رود، نه از بنده سؤال می‌کند نه از شما. دینداری محققانه اصلاً هیچ شکل واحدی ندارد. شما ده تا مسلمان محقق را پیدا نمی‌کنید که کاملاً هم‌عقیده باشند. هم‌شکلی در عقیده در دینداری‌هایی است که معمولاً علتی است نه دلیلی. وقتی پای تحقیق و دلیل در میان باشد، اصلاً هم‌شکلی عقیدتی رخت برمی‌بندد. این تقسیمات مسلمان، مسیحی، سنی، شیعی، همه تقسیماتی است که در دین‌ورزی‌های عامیانهٔ علتی صورت می‌گیرد. دینداری محققانه میان سنی و شیعه فرق چندانی نمی‌گذارند.

من فکر می‌کنم بحث شناخت حقیقت است. یعنی دین، هر نوع و هر جنسی که باشد، وسیله‌ای است برای شناخت حقیقت. سیر شناخت حقیقت در فلسفه و شاید فلسفهٔ غرب، یك راه تاریخی داشته، که از تطابق ذهن با عین تا تطابق عین با ذهن و از وجودشناسی تا معرفت‌شناسی تغییر می‌کند، تا می‌رسد به نزاع عقل و وحی در قرون وسطی و بعد از آن مدرنیته مطرح می‌شود. پس از آن به کانت و هگل و نیچه می‌رسیم. بعد هرمنوتیك مطرح می‌شود، بعد می‌رسیم به هایدگر که دوباره به نوعی بازگشت به خدایان است؛ یا این‌که روی زمین بودن، هنوز در زیر آسمان بودن است. آیا این تئوری ما را به همان‌جا که جامعهٔ غرب رسیده، یعنی تمام این مراحل و دعواها را کرده و عقلی‌ترین جواب‌ها را داده، نمی‌رساند، که یك روز مانند نیچه بگوییم خدا مرده است، بعد روزی دیگر مانند هایدگر بگوییم ما همان انسانی هستیم که هنوز روی این زمین، زیر آسمان، و در زیر چشم خدایانیم؟ آیا می‌خواهیم با این کار همان سیر را داشته باشیم؟ آیا ما به آن تقدس‌زدایی که در غرب اتفاق افتاده، با آن صورت‌های مختلف‌اش، به افسانه‌زدایی و راززدایی نمی‌رسیم و بعد در نهایت به این نقطه برسیم که آن‌چه حقیقت است احساسی فطری است که در دل ماست؟ وقتی‌که شما می‌فرمایید حقیقت بی‌صورت است و باید بر آن صورت افکند، صورت از نظر فلاسفه انواع مختلف دارد. منظور شما صورت افلاتونی است، یا صورت ارسطویی، یا صورت هایدگری؟ چه کسی تعیین می‌کند که این صورتی که ما بر امر بی‌صورت افکنده‌ایم، شیطانی است یا واقعی؟ کانت که آمد، عقل را مطرح کرد، در حقیقت دین را از حالت مقدس خودش بیرون آورد و آن را اخلاقی کرد. حالا ما با این مباحث به چه نتیجه‌ای می‌خواهیم برسیم؟

ما از این مباحث هیچ غرض و غایت از پیش تعیین شده، نداریم. فکر غایت‌اندیش نیست. یعنی ابتدا معین نمی‌کند که چه می‌خواهم نتیجه بگیرم تا مقدمات را برای آن بچینم. مقدمات چیده می‌شود و نتیجه هم از دل آن‌ها بیرون می‌آید. بنابراین، ما هدف معینی را در نظر نگرفتیم که با صغری و کبری چیدن حتماً آن هدف را از دل مقدّمات بیرون بیاوریم.

یك نکته را باید یادآوری کنم. دشوار بتوان گفت که تاریخ به نحو یکسان در همهٔ جوامع و ادوار تکرار می‌شود. این سیری که شما برای تحوّل اندیشهٔ غربی گفتید درست است؛ عقلانیت این همه چرخ‌زده و صورت‌های مختلف گرفته است. فیلسوفان انصافاً مطالب مختلف و ضمناً دقیقی گفته‌اند، امّا مشکل بتوان گفت ما هم ناچار به همان راه خواهیم رفت و همان نتیجه‌ها را خواهیم گرفت و همان سیر در این‌جا تکرار خواهد شد. ممکن است ما دردهای مشابهی داشته باشیم، اما درمان‌های متفاوتی پیدا کنیم. ممکن است از مقدمات مشابهی شروع کنیم،اما شاید به نتیجه‌های مختلفی برسیم. من همیشه گفته‌ام، که در مغرب‌زمین همین فلسفهٔ یونان نهایتاً سر از نومینالیزم درآورد و این نومینالیزم، همان‌طور که مورخان علم نوشته‌اند، راه به ظهور علم و تکنولوژی جدید داد. یعنی علم و تکنولوژی جدید یك مبنای نومینالیستی قوی در مغرب‌زمین داشته است. حالا بیایید سراغ مشرق‌زمین، خصوصاً همین جامعهٔ اسلامی خودمان. ما یك نهضت نومینالیستی بسیار قوی داشته‌ایم. اشاعره که نود درصد و الان شاید صددرصد، مسلمانان سنی را تشکیل می‌دهند، همه به معنای فلسفی کلمه نومینالیست هستند؛ یعنی قائل به کلیات نیستند. اما از نومینالیزمِ ما اتفاقاً نه علم بیرون آمد نه تکنولوژی. یعنی ما مقدمات یا مقدمه مشابهی داشتیم، اما نتیجهٔ مشابهی نگرفتیم. گرچه ممکن است ما دردهای مشترك داشته باشیم، گرچه ممکن است برای حل‌شان از مقدمات مشترك شروع کنیم، ولی لزوماً راه واحدی را نخواهیم رفت. این را باید به تاریخ واگذار کنیم، یعنی این سؤال را مثلاً هزار سال بعد از خودمان بپرسیم. آیندگانی که هزار سال بعد می‌آیند، ببینند آیا واقعاً راه‌مان یکی شده یا نه. ما الان چاره‌ای نداریم جز پیروی از دلیل. یعنی باید ببینیم که مسأله‌مان چیست و عقل‌مان چه جوابی به مسأله می‌دهد. بیشتر از این زورمان نمی‌رسد. اما این‌که اگر من به این مسأله فلان جواب را بدهم، پیش‌بینی این‌که صدسال بعد فلان مسیر طی خواهد شد، نه در توانایی من است و نه اصلاً وظیفهٔ من است. ما باید همان مقداری که پیش پای خود را می‌بینیم عمل کنیم.

اما اصلاً فرض کنیم که ما صددرصد پای خود را در راه غرب بگذاریم، خوب اشکالش چیست؟ منظورم این است که چاره چیست؟ مگر مغرب‌زمینی‌ها می‌خواستند مبتلا به اشکالات بشوند؟ مسأله بود و حل مسأله. اصلاً زندگی حل مسأله است. چه زندگانی عقلانی،

چه زندگی عملی. شما در خانواده خودتان هم بالاخره هر روز با یك مسألهٔ عملی روبرو هستید و باید آن را حل کنید. در زندگی فکری‌تان هم همین‌طور. خب، آن‌ها هم گره‌گشایی می‌کردند. این گره‌گشایی هم، همان‌طور که گفتم، غایت‌اندیش نبود. یعنی هیچ معلوم نبود در نهایت به کجا می‌رسد. منظره‌های زیبایی هم پیش چشم‌شان بود. یعنی بحث از تکامل، تکنولوژی، علم در آن روزگاران بهشتی را جلوی چشم‌ها می‌گستراند. آن‌ها بر خودشان هم تزویر نمی‌کردند. یعنی حقیقت را مخفی نمی‌کردند، بلکه واقعاً چنین می‌دیدند. ما که الان سه یا چهار قرن، بعد از آن موقع نشسته‌ایم، با باز شدن این پرونده که آثارش را بهتر می‌بینیم، قضاوت می‌کنیم که آن‌ها مقصر نبودند، چاره‌ای هم غیر از این نداشتند. آن‌چه عقل و استعدادشان حکم می‌کرد، همان را ابزار عمل کردند. به نظر من، ما غیر از این چاره‌ای نداریم. البته ما فقط یك شانس داریم و آن این‌که، همان‌طور که شما گفتید، پیشینهٔ غرب جلوی روی ماست. یعنی ما دست‌کم الان به نتایج بعضی از افکارمان آگاه‌تریم تا آن‌ها. این نکتهٔ مهمی است. مولوی داستانی دارد. او می‌گوید که مغول‌ها به شهری حمله کردند و بزرگان این شهر را گرفتند. دو نفر را گرفتند و آوردند و به درخت بستند. می‌خواستند اعدام‌شان کنند. یکی از آن‌ها گفت، من را برای چه می‌کشید؟ گفتند، برای این‌که آن دیگری عبرت بگیرد و پول‌های پنهان کرده‌اش را رو کند. گفت، خب او را بکشید تا من عبرت بگیرم و پول‌ها را رو کنم! بعد مولانا می‌گوید، خوشبختی ما این است که پس از بسیاری از اقوام آمده‌ایم که خدا آن‌ها را کشته و عذاب‌ها و بلاها را سرشان آورده است، حال ما باید عبرت بگیریم. این واقعاً درست است. یعنی الان همین مغرب‌زمین برای ما یك آینهٔ عبرت است، هم از نظر عملی و هم از نظر فکری. منتها حرف من این است که ما چاره‌ای نداریم جز این‌که با استمداد از آن‌چه به عقل‌مان می‌رسد، بعد از همهٔ این بررسی‌ها، از جمله بررسی غرب و بررسی مشکلات‌شان، جواب مسائل خود را پیدا کنیم. البته جواب‌هایی که ما می‌دهیم عواقب ناخواسته‌ای دارد. همهٔ تاریخ عواقب ناخواستهٔ رفتار است. جامعه‌شناسی، بررسی پیامدهای ناخواستهٔ رفتار جمعی فاعلان است. یعنی انسان به اندازه‌ای که عقلش می‌رسد رفتار می‌کند. بعد این رفتارها روی هم ریخته می‌شود و یك برآیندی دارد که به عقل هیچ کس نمی‌رسد و توسط هیچ کس نیز قابل کنترل نیست. با آن پیامدهای ناخواسته کاری نمی‌توانیم بکنیم. بیش از این هم که به حل مسأله همّت بگماریم، کاری نمی‌توانیم بکنیم. البته عبرت‌گیری از دیگران شرط است. پیش‌فرض ما هم این است که تاریخ به طور یکسان تکرار نخواهد شد.

بسطِ بسطِ تجربه نبوی

گفت‌وگوی بهاءالدین خرمشاهی و عبدالکریم سروش[1]

اشاره:

انتشار دو مقالهٔ «بسط تجربهٔ نبوی» (کیان شمارهٔ ۳۹) و «ذاتی و عرضی در دین»، (کیان، شمارهٔ ۴۲)، بازتاب‌های گوناگونی در میـان دینداران و دیـن‌پژوهان داشت. گفت‌وگوی زیر حاوی ملاحظات انتقادی بهاءالدین خرمشاهی، دین‌پژوه و قرآن‌پژوه معاصر، دربارهٔ دو مقالهٔ فوق و پاسخ‌های عبدالکریم سروش، نویسندهٔ آن دو مقاله است.

امیدوارم این گفت‌وگوی روشنگر، سایر صاحب‌نظران را نیز به مشارکت در این بحث بسیار مهم ترغیب کند.

امروز در جهان اسلام، تجددگرایان و سنت‌گرایان دربارهٔ موضوع‌های متعددی با یکدیگر بحث می‌کنند. اسلام‌شناسان و قرآن‌شناسان تجددگرا نظیر نصرحامد ابوزید، محمد ارکون و حسن حنفی در نقاط مختلف جهان اسلام و استاد عبدالکریم سروش در ایران آراء جدیدی مطرح می‌کنند و در اختیار جوانان حق‌جویی که درد دین دارند، قرار

---

۱. متن تنقیح شدهٔ گفت‌وگوی منتشر شده در مجله کیان، شماره ۴۷، سال نهم، خرداد و تیر ۱۳۷۸.

می‌دهند. ما در این جلسه نمی‌توانیم به همه بحث‌ها و برخوردهای تجددگرایان و سنت‌گرایان با یکدیگر بپردازیم. به همین دلیل صرفاً معضل یا مسأله‌ای را مطرح می‌کنم که ذهن مرا، به عنوان یك قرآن‌پژوه و اسلام‌پژوه سنت‌گرا، و ذهن کثیری از مسلمانان جامعهٔ ما را به خود مشغول کرده است. به نظر من بعضی از آرایی که تجددگرایان دربارهٔ قرآن، وحی و نبوت عرضه می‌کنند، با اندیشهٔ سنتی و بلکه با ضروریات دین و مذهب تعارض دارد. بنده هنگامی که دو مقالهٔ «بسط تجربه نبوی» و «ذاتی و عرضی در دین» را به قلم برادر و سرورم دکتر سروش خواندم، با آن‌که اهل تساهل، حتی در اندیشه دینی هستم، احساس ناآرامی کردم؛ یعنی احساس کردم آن‌چه در این مقالات آمده با معتقدات رسمی و ارتدوکس اسلامی ناسازگار است. اما پیش از شروع بحث و مطرح کردن این ناسازگاری‌ها، برای آن‌که به تك‌گویی مبتلا نشوم، از آقای دکتر سروش خواهش می‌کنم اگر برای آغاز بحث نکته‌ای دارند، بفرمایند.

این بحث که با نیك‌خواهی توأم است، انشاالله برای همه مفید خواهد بود و آماده‌ام تا رأی جنابعالی را بشنوم و اگر پاسخی داشتم، عرضه کنم.

سؤال اول این است که آیا مجموعه‌ای از اعتقادات رسمی اسلامی ــ شیعی در اختیار داریم یا نه؟ آیا این مجموعه شناور و سیال و محتاج تفسیر است یا پیش از تفسیر، مسلمانان درباره این عقاید اجماع دارند؟ آیا در میان اعتقادات مسلمانان هستهٔ سختی وجود دارد که باورداشتن به آن، یك ضرورت چون و چرا ناپذیر دینی باشد؟ به نظر من، می‌توان از دل قرآن و سنت نبوی اقلامی استخراج کرد که اعتقاد به آن‌ها ضروری دینداری است و دینداران نیز دربارهٔ آن‌ها اجماع دارند؛ اقلامی نظیر توحید، نبوت، معاد، معجزه و فرشتگان.

ابتدا دو نکته را از باب مقدمه عرض می‌کنم.

نکته اول این‌که، هنگامی که دربارهٔ *قرآن*، وحی، دین‌ورزی و اسلام از منظری معرفت‌شناسانه بحث می‌کنیم، بحث‌مان ناظر به رویهٔ طبیعی *قرآن*، وحی و دین است. در چنین بحثی، متعرض رویهٔ ماوراءطبیعی این امور نمی‌شویم. در این بحث، از یك دستورالعمل ساده پیروی می‌کنیم: «هر امر ماوراءطبیعی که به طبیعت وارد شود، مقدّر به اقدار طبیعت می‌شود؛ هر امر فراتاریخی که به میدان تاریخ پا می‌گذارد، مشروط به شرایط تاریخی می‌شود». لذا مطالعه و بررسی رویهٔ تاریخی شده و طبیعی‌شدهٔ امور ماوراءتاریخی و ماوراءطبیعی، که دست‌مایهٔ اصلی مطالعات متجددانه نسبت به اسلام و وحی است، به هیچ رو با پژوهش‌ها و بررسی‌های پیشینیان منافات ندارد. قدما و پیشینیان، عموماً رویهٔ ماوراءتاریخی و ماوراءطبیعی دین را مورد مطالعه قرار می‌دادند و ادبیات

دینی ما آکنده از این نوع تحلیل‌هاست، که البته در جای خود مغتنم و مفید است. اما این قبیل مطالعات، جای مطالعات طبیعی و تاریخی را نمی‌گیرد. در فکر دینی گذشتهٔ ما عنصر تاریخیت بسیار کم‌رنگ و بلکه غایب است. درحالی‌که این عنصر در اندیشهٔ جدید کاملاً حاضر است. شاید به همین علت است که ما در مقابل اندیشه‌ها و برداشت‌های نوین دچار تشویش می‌شویم. یعنی علت تشویش ما، منافات‌داشتن قطعی جمیع برداشت‌های جدید با برداشت‌های پیشینیان نیست، بلکه نامأنوس‌بودن پاره‌ای از برداشت‌های جدید است.

نکته دوم این‌که، هنگامی که از دیدگاه معرفت‌شناسانه به امور نظر می‌کنیم، در مقام اثبات (یعنی فهم و شناخت) هستیم نه در مقام ثبوت و نفس‌الامر. یعنی آن‌چه ما می‌گوییم، در واقع ایده‌هایی است که به نظر ما رسیده است. وقتی می‌گوییم فلان امر ضروری دین است یا ضروری دین نیست، معنایش این است که چنان پنداشته‌اند یا من چنین می‌پندارم که فلان امر ضروری دین است یا نیست. من این نکته را در مقدمهٔ *قبض و بسط تئوریك شریعت* آورده‌ام که هیچ‌وقت فهمی از *قرآن* را با خود *قرآن* نمی‌سنجیم، بلکه همواره فهمی از *قرآن* را با فهمی دیگر از *قرآن* می‌سنجیم. همه فهم‌ها خودشان را به *قرآن* مستند می‌کنند، لکن حقیقت این است که در مقام داوری، همواره فهمی از *قرآن*، فهمی دیگر از *قرآن* را تخطئه می‌کند و در نهایت آن‌چه بر مسند قبول می‌نشیند، خود فهمی از فهم‌ها و قرائتی از قرائت‌ها است و هکذا و هلمّ جراً. هم‌چنان‌که در علم تجربی هم بنابر رأی فیلسوفان علم، همیشه یك تئوری با تئوری دیگر در می‌افتد، نه این‌که یك تئوری با طبیعت مقابل نهاده شود. لذا جمع و تفریق و رد و قبول ما همه در مقام فهم و شناخت صورت می‌پذیرد، نه در مقام ثبوت. سرّش هم این است که *قرآن* خود سخن نمی‌گوید. ما زبان اوییم و از جانب او سخن می‌گوییم. لذا هر وقت گفته‌شود که فلان رأی با *قرآن* مخالف است، معنای حقیقی‌اش این است که فلان رأی با رأی و مدعای دیگری (که خود را صائب می‌پندارد، و کدام رأی است که خود را صائب نپندارد؟!) منافات دارد. ما همه در اقیانوسی از آرا و تفاسیر غوطه‌وریم و هر رأی تازه‌ای که ابداع کنیم و بخواهیم، به گمان خود، آرای باطل را حذف کنیم در آن اقیانوس غوطه‌ورتر می‌شویم.

از این مقدمات که بگذریم، باید به این پرسش پاسخ دهیم که مسلمان‌بودن به چیست؟ یعنی ما چه کسی را مسلمان می‌شناسیم؟ به گمان من، مسلمان کسی است که در داوری‌های خودش کتاب، سنت و شخصیت پیامبر اسلام را مرجع قرار دهد، همین و بس. البته این‌که مرجع قراردادن این‌ها چه نتیجه‌ای به بار می‌آورد، نامشخص است، یعنی نتیجه پیشاپیش معین نیست، اما اصل مرجعیت کتاب و سنت شرط اجتناب‌ناپذیر دینداری است. ممکن است کسی، بیرون از کتاب و سنت، خدای خود را یافته باشد و برای او اوصافی قائل باشد. ممکن است کسی بیرون

از کتاب و سنت، داوری‌های اخلاقی داشته باشد و نُرم‌ها و هنجارهایی را مبنای عمل خویش قرار داده باشد که از قضا با کتاب و سنت موافق افتد، لکن این مقدار کسی را مسلمان نمی‌کند. در عالم دین‌ورزی، مسلمان کسی است که حیات و معیشت خود را حول محور کتاب، سنت و شخصیت پیامبر اسلام سامان می‌دهد.

من در کتاب *بسط تجربه نبوی* تأکید کرده‌ام که یکی از ذاتیات اسلام شخصیت پیامبر اسلام است. اگر کسی همه تعلیمات اسلامی را هم قبول داشته باشد، اما محمدبن عبدالله(ص) را به پیامبری نشناسد، مسلمان به حساب نمی‌آید. مسلمانان می‌توانند در مقام فهم کتاب، فهم سنت، تعیین دایرهٔ کتاب و سنت، مقدمات فهم کتاب و سنت، تبیین شخصیت پیامبر، تبیین نحوهٔ وحی و بسیاری امور دیگر آراء متفاوتی داشته باشند و این آرا مادام که به نفی آن محورها منجر نشود، فرد را از حوزهٔ دین خارج نمی‌کند. با این تفسیر، شیعه، سنی، اشعری، اعتزالی، خارجی و همه فرقه‌های ریز و درشتی که در تاریخ اسلام پدید آمده‌اند، مسلمان محسوب می‌شوند. هر فرد مسلمان، مسلمانی ویژه خود را دارد، یعنی پاره‌ای از اعتقاداتش ممکن است شبیه اعتقادات دیگران نباشد. اما مادام که آن محورها حفظ شوند، مسلمانی فرد دیندار نیز محفوظ خواهد ماند. در تاریخ اسلام، عالمانی وجود داشتند که معتقد بودند «کتاب» تحریف شده، یعنی آیاتی از آن کاسته شده است، لکن در مسلمان‌بودن چنین کسانی هرگز تردید نمی‌رفت و سخنان آنان نافی اسلام خوانده نمی‌شد. دایرهٔ سنت نیز همواره محل بحث بوده است. در تاریخ اسلام، بزرگانی مثل ابوحنیفه بوده‌اند که فقط ۱۹ روایت منقول از پیامبر را اصیل می‌دانستند و مابقی روایات را مجعول و مشکوک می‌خواندند. در عین حال، کسانی هم بوده‌اند که چندهزار روایت از پیامبر را قبول داشتند و براساس آن‌ها عمل می‌کردند. اینان در واقع دایره و محدوده کتاب و سنت را تضییق و توسعه می‌دادند. اختلاف از این‌جا شروع می‌شود تا برسد به فهم کتاب و سنت که موضوع جنجال‌های عظیم است.

ما در دین اسلام پنج اصل را به عنوان اصول دین می‌شناسیم: توحید، نبوت، معاد، عدل و امامت. به‌نظر شما وقتی یك میلیارد مسلمان امروز و چند صد میلیون مسلمان قرون گذشته به این اصول می‌اندیشند و می‌اندیشیدند، رأیی استاندارد و مُجمع‌علیه داشتند یا هرکس تلقی خود را از این اصول داشته است؟ یعنی آیا هرکس مثلاً مطابق برداشت خود توحید را قبول داشته یا تلقی استانداردی دربارهٔ توحید مورد اجماع مسلمانان بوده‌است؟

به‌نظر من، اجماع مانند استقراء است که تامّش به‌دست‌نیامدنی است و ناقص آن مفید علم و مرجع داوری نیست. حتی اگر چنین اجماعی نیز در کار بوده باشد، یعنی حتی اگر کسانی

فهرستی از اصول دین و ملاک‌های مسلمانی عرضه کرده باشند و فهم خود از آن اصول را نیز به عنوان فهم استاندارد بر کرسی نشانده باشند، هنوز تاریخ به پایان نرسیده است. همان‌طور که آن افراد حق تفسیر و فهم متون دینی و سنت را داشته‌اند، دیگران نیز از چنین حقی برخوردارند و می‌توانند با رعایت ضوابط و موازین، فهرست خود را عرضه کنند و هم‌چنان مسلمان به‌شمار آیند. فراموش نکرده‌ایم که خوارج مرتکب کبیره و گاه مرتکب صغیره را کافر و خارج از دین می‌شمردند و خونش را مباح می‌دانستند. قصّه خلق *قرآن* و طرفداران و مخالفانش را هم که از یاد نبرده‌ایم. سؤال شما را باید در پایان تاریخ مطرح کرد و به آن پاسخ داد نه امروز. حتی اگر امروز بتوان پاسخی به سؤال شما داد، به قول فرنگی‌ها It is an open question ، پاسخ نهایی و شایسته به این پرسش در پایان تاریخ عرضه خواهد شد.

گذشتگان به‌هرحال فهم و برداشت خود را از دین ارائه کرده‌اند (مستدل یا غیر مستدل). ما امروز از منظر زمانهٔ خود رفتار آن‌ها را تحلیل می‌کنیم؛ پاره‌ای را برمی‌گیریم و پاره‌ای را وا می‌نهیم و این کاری است که همه مورخان می‌کنند. گذشته و سنت، امروز برای ما موضوع تحقیق است نه مرجع تقلید. با آن فعالانه و ناقدانه روبه‌رو می‌شویم، نه منفعلانه و مقلدانه، هم‌چنان‌که اختلافات‌شان برای ما حاوی درس است، اجتماعات‌شان هم‌چنین است و هیچ‌کدام فوق چون چرا نیست. به قول یکی از فیلسوفان تاریخ: «همه تاریخ، تاریخ معاصر است».

آن‌چه را قدما عین اسلام و اسلامیت پنداشته‌اند، چیزی جز برداشت خودشان از اسلام نبوده است، اعم از این‌که آن را «برداشت» خوانده باشند یا نخوانده باشند، و اعم از این‌که دربارهٔ آن اجماعی وجود داشته باشد یا وجود نداشته باشد. البته اگر ما امروز تبیین تازه‌ای از پاره‌ای از مسائل بدهیم باید توضیح دهیم چرا این تبیین را برگرفته‌ایم و نیز چرا گذشتگان به تبیین دیگری رسیده بودند. نظریهٔ «قبض و بسط» می‌کوشد تا مکانیزم این تبیین‌پذیری‌ها را به‌دست دهد.

اجازه دهید با یك سؤال دیگر، سخن خود را وضوح بخشم. اگر کسی پیامبر اسلام را یك نابغهٔ سیاسی بداند که دولت‌شهر مهمی در مدینه بنا نهاد، داوری ما دربارهٔ او چیست و براساس چه مبنایی باید صورت بگیرد؟ این برداشت او رواست یا ناروا، موافق اجماع مسلمانان است یا مخالف اجماع آن‌ها؟ شما به عنوان یك مسلمان رأی او را قبول می‌کنید یا نه؟ مبنای رد و قبول شما چیست؟

نقطهٔ عزیمت برای مسلمان شدن، اعتراف به نبوت رسول اسلام است، نه اعتقاد به خدا و معاد. چه‌بسا فیلسوفی بتواند مستقل از انبیا به خدای واحد اعتقاد بیاورد. رسالهٔ *حی بن یقظان* یك‌سره دربارهٔ همین معناست که فیلسوفی توانسته بود بدون طی طریق پیامبران و صرفاً

با تفکر و کاوش عقلی، خداوند را پیدا کند. لذا دین‌ورزی از توحید آغاز نمی‌شود، هرچند که همه ادیان توحیدی به توحید معتقد بوده‌اند. کسی دیندار است که نبی دین مربوطه را رسماً به‌عنوان نبی پذیرفته باشد. حال اگر کسی به هر دلیل (آنتروپولوژیك، جامعه‌شناختی، تاریخی و غیره) شخصی را که پیامبر خوانده می‌شود، پیامبر نداند و مثلاً او را یك نابغه بداند، چنین کسی دیندار محسوب نمی‌شود. همان‌طور که عرض کردم شخصیت نبی و کتاب و سنت او ذاتی دین است؛ به‌عبارت دیگر، جزء اجزای منطقی تعریف دینداری است.

سؤال من این بود که چرا ما به کسی که پیامبر اسلام را صرفاً یك نابغه سیاسی می‌داند اعتراض داریم؟

منطقاً اعتراض ما یك اعتراض بیرون‌دینی است. و درست شبیه اعتراض ماست به کسی که زمین را کروی نمی‌داند یا بمب اتمی را دروغ می‌شمارد یا ابن‌سینا را فیلسوف نمی‌شمارد. ما معتقدیم دلایلی قوی (و غیردینی) در دست است که اعتراض ما را موجه می‌کند. پیامبر دانستن یا ندانستن یك فرد اصلاً بحثی درون‌دینی نیست. ادله‌ای که نفیاً یا اثباتاً در این زمینه عرضه می‌شود، ادلهٔ فلسفی، انسان‌شناسانه، تاریخی و ... است. ما با توجه به زندگی شخصی پیامبر، ایشان را فردی راستگو می‌دانیم و می‌پذیریم که به ایشان وحی شده است. ممکن است دلایل ما کسانی را قانع نکند، اما آن‌چه مهم است این است که طرفین ادلهٔ بیرون‌دینی خویش را در کار آورند و کسی پیروز خواهد شد که دلایل قوی‌تری عرضه کند.

اگر کسی توحید و معاد و عدل و امامت را بپذیرد، اما پیامبر را صرفاً سیاست‌مدار بداند، چه حکمی دارد؟

او غیرمسلمان است، چنان‌که کراراً گفتم.

پس دست‌کم قبول دارید که برای مسلمان شدن یك اصل ضروری وجود دارد؟ سؤال دیگر این‌که آیا صرفاً یك اصل ضروری وجود دارد یا اصول دیگری هم در کار است؟

دو نوع ضرورت داریم: ضرورت دینی و ضرورت منطقی. ضرورت اعتقاد به نبوت نبی برای دیندار شمرده‌شدن، یك ضرورت منطقی است، نه یك ضرورت درون‌دینی. یعنی منطقاً و مطابق تعریف اگر کسی نافی نبوت نبی باشد، نافی دین است.

اگر ضروری دین نیست، چرا منکرش از دین خارج می‌شود؟

این خروج از دین به دلایل درون‌دینی رخ نمی‌دهد. چنین کسی به دلیل تعریف دین است که از دایرهٔ دینداری بیرون می‌رود. به‌عبارت دیگر ضروری دین نیست، ضروری منطقی دینداری است.

به نظر من مسلمان کسی است که بدون تفسیر، اصول پنج‌گانه دین را بپذیرد. علاوه بر این اصول می‌توان فهرستی از اعتقادات اساسی مسلمانان تهیه کرد. در این فهرست اعتقاد به بهشت، دوزخ، فرشتگان، جاوادنگی روح و غیره به چشم می‌خورد. آیا شما چنین فهرستی را قبول دارید یا نه؟

اولین اشکال سخن شما این است که نود درصد مسلمانان را، که اهل سنت باشند، از دین خارج می‌کند. چون دست‌کم امامت را با تفسیر شیعی آن قبول ندارند. ثانیاً ورود عدل در اصول پنج‌گانه صرفاً علتی تاریخی دارد و به‌جای آن یا علاوه بر آن مقولات و مفاهیم دیگر می‌توانست بنشیند. باری، همان‌طور که چندبار عرض کردم، شرط ضروری دینداری اعتقاد به نبوت نبی و «ما جاء به النبی» است. فرد دیندار باید به هر چه پیامبرش، به صفت پیامبرانه آورده است، ایمان داشته باشد. شاید پیامبر کارهایی کرده و سخنانی گفته باشد که ربطی به پیامبری‌اش نداشته باشد. پیروی از این قبیل افعال و سخنان شرط ضروری دینداری نیست. اذعان به نبوت نبی و ایمان به «ما جاء به النبی» لازمهٔ دینداری است. اما این‌که «ما جاء به النبی» دقیقاً چیست و کدام عنصرش ضروری است، اجمالاً کتاب و سنت است و تفصیلش محل بحث است.

یعنی نمی‌توان چنان فهرستی تهیه کرد؟

می‌توان، اما فهرستی که من بدهم، فهرست بنده است و فهرستی که شما بدهید، فهرست شماست و جوجه‌ها را آخر پاییز می‌شمارند. و هیچ مقام فوق تاریخ و طبیعت هم وجود ندارد که بر یك فهرست خاص صحه بگذارد. یعنی هیچ‌کدام از مفسران، پیامبر نیستند.

پس مسلمانان درباره چنین فهرستی با هم توافق و تفاهم ندارند؟

اتفاقاً دارند، اما این توافق، توافقی کامل بر یك فهرست قطعیت‌یافته و نهایی نیست، بلکه توافقی است موقّت تا امروز. فهرست‌های مسلمانان، به قول ویتگنشتاین، با هم شباهت خانوادگی دارند نه بیشتر. این تلقی با تاریخ اسلام نیز توافق بیشتری دارد.

یعنی نمی‌توان از دل «آن‌چه پیامبر آورده است» (ما جاء به النبی) فهرستی استخراج کرد؟

آن‌چه پیامبر آورده است، یك مقام ثبوت دارد و یك مقام اثبات. آن‌چه «واقعاً» پیامبر آورده، مقام ثبوت است، اما همین‌که بخواهیم از آن‌چه پیامبر آورده سخن بگوییم، وارد مقام اثبات شده‌ایم. در پاسخ به این سؤال که «آن‌چه پیامبر آورده، چیست؟» من یك چیز می‌گویم و شما چیز دیگر. البته ما پراکنده‌گویی و پریشان‌گویی نمی‌کنیم و بین پاسخ‌های‌مان مشترکاتی هم وجود دارد، اما سخن هیچ کدام‌مان برای دیگری حجت نیست و برای کشف مشترکات نهایی

باید تا پایان تاریخ صبر کرد. بلی، یك کانون مشترك فکری و عقیدتی میان همه مسلمانان وجود دارد، لکن همین‌که بخواهیم آن را به بیان تفصیلی درآوریم، فهرست‌ها و تفسیرها مختلف می‌شود و آن کانون مشترك از دست می‌رود. همچون سایه است که تا نگاهش نکرده‌ای بر سر جای خود است، اما همین‌که برگردی و نگاهش کنی، او هم رو برمی‌گرداند و جا عوض می‌کند. سنت آگوستین در *اعترافات* می‌گوید تا کسی از من تعریف زمان را نپرسیده می‌دانم چیست، اما همین‌که به تعریفش می‌پردازم اصل آن را گم می‌کنم!

شما دربارهٔ آن اصول پنج‌گانه دین شك دارید؟

اگر اعتقاد شخصی مرا می‌پرسید، نه، هیچ شکی ندارم. امّا نمی‌دانم سخن از اعتقادات شخصی گفتن در یك بحث عینی و ابژکتیو، یعنی معرفت جاری و جمعی که عین یك بازی دسته‌جمعی است، چه جایی و بهایی دارد؟ ایمان یك امر شخصی است، اما معرفت امری عینی و جمعی است، همان‌که به آن می‌گویند علم بدون عالم. علم فقه نه آراء فقهی شیخ طوسی است، نه آراء فقهی شیخ انصاری، بلکه جویباری است روان که شیخ طوسی و انصاری و مفید و مرتضی هم در آن شنا می‌کنند. باری دربارهٔ آن اصول همواره می‌توان گفت‌وگو کرد. مگر یك فرقه بزرگ اسلامی (اهل سنت) درباره دو اصل از این اصول (یعنی عدل و امامت) بحث نداشتند؟

من شخصاً نه فقط به آن اصول، بلکه به بسیاری دیگر از مفاهیم دینی نظیر جن و فرشته و معجزه اعتقاد دارم یا دست‌کم در اعتقاد به آن‌ها مشکل عقلی و تجربی نمی‌بینم (با درکی و تفسیری که خود از آن‌ها دارم که شاید با درك و تفسیر ملامحمد باقر مجلسی فرق داشته باشد). اما بحث اصلی این نیست. بحث این است که با معیاری موجّه و مدلّل دایرهٔ مسلمانی را معین کنیم. این‌جاست که بنده معیار اعتقاد به شخصیت نبی و به «ما جاء به النبی» را پیشنهاد می‌کنم. پس از آن‌که فرد به این معیار گردن نهاد، مسلمان محسوب می‌شود و از این‌جاست که مسلمانی‌ها بسیار متنوع می‌شود. محی‌الدین‌ابن‌عربی به توحید قائل بود، اما کسانی معتقد بودند که او مشرك است و توحیدی که از آن دم می‌زند، از شرك هندوان هم مشرکانه‌تر است. از امام سجاد (ع) نقل می‌کنند که ایشان گفت: «من علمی دارم که اگر آن را فاش عرضه کنم، مرا بت‌پرست خواهند دانست و ریختن خونم را مباح خواهند شمرد». اگر منظور شما از توحید و معاد و غیره، لفظ توحید و لفظ معاد است که من نیز با شما موافقم و معتقدم که مسلمانان دربارهٔ این الفاظ اتفاق نظر دارند. اما لفظ نه اعتقادی می‌آورد، نه ملاك ایمان محسوب می‌شود، اما اگر معنی محققانه توحید و معاد مراد شماست باید عرض کنم در طول تاریخ اسلام موحدانی داشته‌ایم که مشرك خوانده شدند و مورد ایذا قرار گرفتند. به هرحال، در مقام اثبات می‌توان فهم‌های متنوع و متعددی

از آن‌چه پیامبر آورده است، به دست داد، چنان‌که به‌دست داده‌اند، و چون هیچ‌کدام دیگری را از میدان بیرون نکرده‌اند یا باید گفت به تعادل و تکافؤ ادلّه رسیده‌ایم و یا بگوییم پیروان و بلکه علمای دین همه مغرض یا همه ناقص‌العقل‌اند. من رأی به تکافؤ ادلّه می‌دهم.

آیا می‌توان از بی‌نهایت فهم و تفسیر سخن گفت؟

به لحاظ تئوریك می‌توان بی‌نهایت تفسیر از یك موضوع یا متن عرضه کرد، هم‌چنان‌که برای هر پدیده طبیعی، نظراً می‌توان بی‌نهایت تئوری علمی داد، اما در عمل، این امکان‌ها بسیار مشروط و محدود می‌شوند.

آیا تفسیری از نبوت وجود دارد که عموم دینداران، یعنی دینداران غیرفیلسوف که اهل تحلیل نیستند، آن را قبول داشته باشند؟

ما در این‌جا اصلاً دربارهٔ دینداری تقلیدی بحث نمی‌کنیم. بحث ما دربارهٔ دینداری و ایمان محققانه است. عوام جبراً و تقلیداً به یك دین یا مذهب یا تفسیری رسمی از آن گردن می‌گذارند؛ یکی مسلمان به دنیا می‌آید، یکی مسیحی و یکی هم زرتشتی. این افراد نیز مؤمن‌اند و مشمول رحمت واسعهٔ الهی قرار می‌گیرند، اما دینداری جبری و تقلیدی موضوع گفت‌وگوی ما نیست.

اتفاقاً به نظر من باید به این نوع دینداری بپردازیم، چون ۹۵ درصد مسلمانان از این قبیل‌اند. اگر بخواهیم مسلمانی را تعریف کنیم، به آراء شاذّ ابن‌سینا، فارابی و ملاصدرا اتکا نمی‌کنیم، بلکه دین‌ورزی توده‌ها را در نظر می‌آوریم.

توده‌ها پیرو هستند، اگر ابن‌سینا رهبر آن‌ها شده بود، رأی او را می‌پذیرفتند و حالا که مجلسی معلم آن‌هاست، رأی او را ملاك قرار می‌دهند. اما علت این مطلب را که چرا مجلسی را معلم خود گرفته‌اند نه ابن‌سینا و ملاصدرا را، باید از تاریخ سیاست و قدرت پرسید. و بیش از آن‌که رمز و رازش در حقانیت نهفته باشد در قدرت نهفته است. این‌که مارکسیسم سر از لنینیسم درآورد، برای آن نبود که لنینیسم حق‌ترین تفسیر مارکسیسم بود، بلکه برای آن بود که لنین به قدرت رسید. شیعیان، تولد فرقه سنت و جماعت را معلول عللی سیاسی می‌دانند و سنّیان هم برای تولد تشیع تعلیل مشابهی دارند. آیا این نباید چشم ما را باز کند که بر کرسی نشستن یك فکر و «ارتدوکس» شدن آن رابطه انحصاری و مستقیم با صدق و حق ندارد و علل و اسباب دیگری درکاراند؟ حالا خوب است تلقی شما از نبوت را بشنویم.

در قرآن، که اصلی‌ترین بخش «ما جاء به النبی» است، خداوند می‌فرماید کسانی برای نبوت برگزیده می‌شوند. خداوند آن برگزیدگان را تحت‌نظر می‌گیرد، از مهلکه‌ها و حوادث

نجات می‌دهد، آن‌ها را پرورش می‌دهد و به پیامبری می‌رساند. محمدبن‌عبدالله نیز برای نیل به مقام نبوت تحت پرورش خداوند قرار گرفت و در نهایت به نقطهٔ اوجی رسید که فرشته‌ای بر او نازل شد (من فرشته را مفهومی سمبولیك نمی‌دانم. فرشته موجودی ذوهویت و بلاکیف است که برای ما ناشناخته است). آن‌چنان که تاریخ می‌گوید، در زمان و مکان معینی بر پیامبر نازل شد و پیامبر زیر ضربهٔ این نزول و تجلی دریافت که به نبوت برگزیده شده است. پیامبر، برگزیده‌شدن خود را با خدیجه و علی‌ابن ابی‌طالب در میان گذاشت و کم‌کم نهضت او ریشه دواند. آن فرشتهٔ حامل پیام الهی تدریجاً پیام خداوند را به پیامبر منتقل کرد و مجموعهٔ این پیام‌ها مدون و به قرآن تبدیل شد. این تلقی رایج و عامه‌پسند و عامه‌فهم از نبوت است. تاریخ، سنت و نقل متواتر هم همین را به ما می‌گویند. اصلاً لازم نیست ما به روانشناسی ایمان‌آوردن رجوع کنیم یا به شیوهٔ پوزیتیویست‌ها بخواهیم پیامبری پیامبر را قطعاً اثبات کنیم. توده‌های عظیم مسلمان در طول تاریخ و عرض جغرافیای جهان اسلام به این تلقی اعتقاد داشته و دارند. دینداران در این زمینه اجماع دارند. هیچ کس نگفته است وحی نوعی تجربهٔ دینی است و پیامبر کسی است که یك شهود الهی ـ ربانی پیدا می‌کند و دیگر کلام پیامبر، کلام خدا می‌شود. این سخن نادرست است. آن‌چه خدا گفته، پیامبر می‌گوید نه آن‌که هرچه پیامبر می‌گوید، خدا گفته است.

من هیچ شبهه‌ای و بحثی در برگزیده‌بودن پیامبر و نزول ملك بر او و دیگر مقولات ندارم. اگر حرفی هست در درك و تفسیری است که عامه از این مقولات دارند. این‌که خداوند متکلم است، یك امر است و این‌که کلام او و سخن گفتن او دقیقاً به چه معنی و به چه نحو است امری دیگر. دشواری در مقام دوم است نه اول. و چنان‌که گفتم درك ارتدوکس عامه از این مقولات علل تاریخی بسیار دارد و به رشته‌ها و ریسمان‌های گوناگون بسته است و به هیچ رو حجیت خود را با خود ضرورتاً حمل نمی‌کند. و اصلاً در تفسیر مسائل عقیدتی تمسك به اجماع جایز نیست. ممکن است به منزلهٔ یك امر واقع (fact) بگوییم که اکثر مسلمانان فلان رأی را دربارهٔ نبوت دارند، اما این امر واقع در میزان اعتبار چه وزنی دارد؟ مسلمانان، اجماع مسیحیان بر مصلوب‌شدن عیسی مسیح را منکر هستند. اهل سنت، اجماع شیعیان بر امامت علی‌ابن ابی‌طالب و فرزندان او را منکر هستند. شیعیان نیز اجماع اهل سنت در خلافت شیخین را نمی‌پذیرند، به این ترتیب، آیا می‌توان از طریق اجماع، ملاك و قائمهٔ دینداری را به دست داد؟

در نبوت که شریك الاجماع هستند.

اولاً در اصل نبوت اجماع دارند، نه در تفسیر حقیقت آن. تفسیر حاق آن به علم مکاشفه

(به قول غزالی) برمی‌گردد که دور از دسترس عموم است. ثانیاً این یك تعریف بیرون‌دینی است، نه اجماع درون‌دینی. یعنی تعریف ما از مسلمانی این است که هرکس محمدبن‌عبدالله را پیامبر بداند، مسلمان است، نه این‌که اجماع مسلمانان دلیل حقانیت نبوت پیامبر است. بلی، اکثریت مردم تلقی خاصی از توحید و نبوت و معاد دارند، اما محققان صرفاً به استناد دلایل است که عقاید عامه را می‌پذیرند یا رد می‌کنند.

یعنی اجماع عامه بر عقیده‌ای خاص، فی‌نفسه حجت نیست.

پس به نظر شما اشکالی ندارد که دین‌پژوهان برخلاف عقاید ارتدوکس اسلامی قلم بزنند و تفسیر کنند؟

دین‌پژوهان باید تابع دلیل باشند، نه تابع عامه. عقاید ارتدوکس برای آنان ارزش تاریخی دارد. یعنی موضوع تحقیق است، نه موضوع ایمان و تقلید. فقط پس از تحقیق است که با امری موافقت یا مخالفت می‌کنند. عقاید از یك مقطع زمانی به بعد به عقاید ارتدوکس تبدیل شده‌اند. تاریخ اسلام نشان می‌دهد که این عقاید تا زمانی خاص سیال بوده‌اند و از آن زمان به بعد تحت تأثیر پاره‌ای اقتدارها و سلطه‌ها، از جمله سلطهٔ سیاسی، انجماد پیدا کرده‌اند. کسانی که در جست‌وجوی ایمان محققانه‌اند، از دلایل تبعیت می‌کنند. اگر دلایل، حقانیت عقاید ارتدوکس را به آن‌ها نشان داد که هوالمطلوب و اگر چنین نشد، محققان را چه باك.

چنان‌که گفتم من با تعریف شما از نبوت موافقم. یعنی معتقدم که خداوند کسانی را از میان خلق برمی‌گزیند و به دلیل استعدادها و خصایلی که دارند به آن‌ها سمت نبوت را عطا می‌کند، در گوش آن‌ها اخبار نهان می‌خواند و به آن‌ها مأموریت اجتماعی می‌بخشد. اما هنگامی که متکلمانه به پدیدهٔ نبوت نظر می‌کنم، چه‌بسا تفسیری از آن به‌دست دهم که دینداران ارتدوکس آن را غریب و نامأنوس بیابند. اجازه دهید یك مثال بزنم. ادینگتون، فیزیکدان انگلیسی، می‌گفت ما دو نوع میز داریم: میز عامه مردم و میز فیزیکدانان. میز عامه، همین میز یکپارچه و خوش‌تراش و ثابت و سنگین و صلب و سفت و سختی است که پشتش می‌نشینیم و گاه اشیاء دیگر را روی آن قرار می‌دهیم. اما میز فیزیکدان‌ها مجموعه‌ای از الکترون‌ها و پروتون‌ها (و ذرات دیگر) است که در مجموع، فضای خالی آن بیشتر از فضای پر آن است و مرزهای نامعین و ناتراشیده‌ای دارد و مطلقاً یك‌پارچه و به هم پیوسته نیست. هنگامی که این میز را ارّه می‌کنیم، ارّه از میان مجموعه‌ای از ابرهای الکترونی عبور می‌کند و بلکه خود ارّه هم ابری الکترونی است که با ابر الکترونی دیگری که میز باشد درهم می‌آمیزد، و بلکه اصلاً تعبیر به ابر یك تمثیل بیش نیست، به‌طوری‌که در نهایت میز و ارّه و بریدن، چنان معنا و صورتی

تمثیلی و مجازی و غیرمأنوس و خیالی پیدا می‌کنند که سخن از میز و ارّه گفتن به شعر نزدیک‌تر می‌شود تا به علم! در مورد مفاهیم و پدیده‌های دینی نیز وضع از همین قرار است. تفاوتی که میان دینداران محقق و عامهٔ دینداران وجود دارد هم تفاوتی است که میان میکروفیزیک و ماکروفیزیک وجود دارد. *قرآن* می‌فرماید: «اللّٰه الذی یرسل الریاح» (روم/۴۸) یعنی «خداوند بادها را می‌فرستد». ممکن است عوام فکر کنند که خداوند فوت می‌کند و باد می‌آید، یا خداوند بادبزنی به فرشتگانش می‌دهد تا هوا را جابه‌جا کنند یا مستقیماً و مباشرتاً بادها را روان می‌کند. نیز ممکن است کسی قوانین علوم طبیعی را بپذیرد و بر اساس آن‌ها جریان یافتن هوا را توضیح دهد و در عین حال خداوند را مرسل‌الریاح بداند.

بله من نیز قبول دارم که علم به تفسیر آن آیات کمك می‌کند و با آن‌ها منافات ندارد و نیز قبول دارم که اختلاف علما مایهٔ رحمت است. اما شما در مقالهٔ «بسط تجربهٔ نبوی» نوشته‌اید که وحی تابع پیامبر بود، نه پیامبر تابع وحی؛ نوشته‌اید که پیامبر جبرئیل را نازل می‌کرد؛ نوشته‌اید که وحی نوعی تجربهٔ دینی است. این نکات با آیات غیرمتشابه قرآن ناسازگار است. قرآن مکرر فرموده است: «إِنْ أَتَّبِعُ إِلَّا مَا یوحَی إِلَی»[۱] یا هنگامی که مخالفان پیامبر به او می‌گفتند قرآن دیگری بیاور، پیامبر می‌گفت: «إِنَّمَا أَنَا بَشَرٌ مِثْلُکُمْ یوحَی إِلَی»[۲] و یا «مرا نرسد که از پیش خود قرآنی بیاورم»[۳].

آن‌چه از مقالهٔ «بسط تجربهٔ نبوی» نقل کردید، به دلایل زیر، منافاتی با آیات *قرآن* ندارد. اولاً شما دانشمندی را در نظر آورید که اهل استدلال است. آیا معقول است به او بگوییم که چون تو می‌توانی دلیل بیاوری و دلیل آوردن به دست تو است، بیا و برای فلان امر نیز دلیل بیاور؟ روشن است که چنین درخواستی نامعقول است. این نکته دربارهٔ پیامبر نیز صادق است. یعنی نمی‌توان گفت که چون وحی تابع پیامبر است، پس نازل کردن هر آیه‌ای در توان اوست. و یا او با محتوای وحی، العیاذ بالله، بازی می‌کند. به تمثیل دانشمند باز می‌گردم. دانشمندی که استدلال می‌کند، از یك جهت او تابع دلیل است و از جهت دیگر دلیل تابع اوست. دانشمند با تأمل و پژوهش دلیلی اقامه می‌کند. لذا اوست که دلیل می‌آورد و به این معنا دلیل تابع او و اطلاعات و توانایی‌های اوست. اما از سوی دیگر، او نه می‌تواند برای هر امری دلیل بیاورد و نه هر دلیلی را قانع‌کننده و پذیرفتنی می‌یابد و نه می‌تواند از مقتضای برهان قاطع سرپیچی کند، لذا به این معنا او تابع

---

۱. احقاف/۹
۲. کهف/۱۸
۳. یونس/۱۵

دلیل است. برهمین قیاس می‌توان گفت که هم پیامبر تابع وحی بود، هم وحی تابع پیامبر.

ثانیاً این‌که می‌گوییم وحی تابع پیامبر است معنایش این است که پروسهٔ وحی تابع شخصیت پیامبر بود؛ یعنی آن اتفاقاتی که می‌افتد تا کشفی برای پیامبر حاصل شود، خود آن کشف و آن پروسه تابع شخصیت پیامبر و متناسب با ظرفیت اوست. درست مثل این‌که بگوییم دیدنی‌ها تابع چشم‌اند. یعنی به تناسب قوت و ضعف و سلامت و بیماری چشم (و سایر شرایط) اشیا در دایرهٔ دید آدمی قرار می‌گیرند و به رؤیت می‌رسند. دلایل نیز با شخصیت و ظرفیت و قدرت و معرفت کسی که دلیل می‌آورد، متناسب هستند. دانشمندی که عقل چالاکی دارد و از اطلاعات بیشتری برخوردار است، بهتر می‌تواند استدلال کند و حرف خود را به کرسی بنشاند. در مورد پیامبر نیز مکانیسم انکشاف و دامنه آن، کاملاً متناسب با ظرفیت پیامبر و در گرو شخصیت اوست. به این معنی وحی تابع پیامبر است. به همین دلیل است که بعضی از پیامبران به وحی‌های کم دامنه‌تری دسترسی داشتند. منظور عرفا از کشف تام محمدی همین بود که شخصیت پیامبر(ص) به گونه‌ای بود که قدرت کشف تمام واقعیت را داشت. پروسه و مکانیسم انکشاف واقع، تابع پیامبر بود، اما خود واقع البته تابع او نبود. به عبارت دیگر، پیامبر واجد قابلیت‌هایی بود که به او توانایی پرده‌برداری از اسرار نهان را می‌بخشید. ثالثاً نکته‌ای که در *بسط تجربهٔ نبوی* آورده‌ام نباید نادیده گرفته شود. آن نکته این بود که پیامبر شخصیتی «مؤید» است، یعنی خزانه‌ای است حامل و حاوی اسرار و علوم که اعتبارش به تأیید و تصویب الهی رسیده است. این شخصیت وقتی می‌جوشد خود را در کلامش می‌نهد و می‌ریزد، و به این معنی، آن‌چه به نام وحی با دیگران در میان می‌نهد جوششی است از آتشفشان وجود مؤید او و قطره‌ای است از دریای دریافت‌هایش. و لذا آن جوشش و آن کلام وحیانی تابع اوست، نه او تابع آن کلام؛ جوششی که رنگ و ثمر و اعتبار و تأیید شخصیت الهی جوشش‌گر را با خود دارد.

پیامبری که تیرانداختن‌اش تیرانداختن خداست «وَمَا رَمَيْتَ إِذْ رَمَيْتَ وَلَٰكِنَّ اللّٰه رَمَىٰ»[1] سخن گفتن‌اش هم سخن گفتن خداست. و لذا، بلی، سخن خداست و درك پیامبر هم سخن خداست و وحی هم چیزی جز نوعی ادارك ویژه نیست.

پس چرا فترت وحی پیش می‌آمد؟

این اتفاق خیلی طبیعی بود. باز به همان تمثیل دانشمند باز می‌گردم. دانشمندان نیز دچار فترت می‌شوند و ممکن است مدتی ایده‌ای به ذهن‌شان خطور نکند. ممکن است مدتی در

---

۱. انفال/۱۷

دورهٔ انکوباسیون باقی بمانند تا پختگی لازم فرا برسد. به‌هرحال، با هر تفسیری، وحی دو جنبه دارد: قابلی و فاعلی. کافی است که جنبه قابلی مدتی مهیا نباشد و لذا وحی منقطع شود.

به قول مولانا:

مدتی این مثنوی تأخیر شـــد   مهلتی بایست تا خون شیر شد[1]

در مورد فترت وحی نیز می‌توان دو تفسیر داد: یکی این‌که در این دوره ملکی بر پیامبر نازل نشد یا شخصیت پیامبر جوششی نکرد (تفسیر فاعلی) و دیگر این‌که در این دوره استعداد پذیرفتن ملك، در پیامبر وجود نداشت (تفسیر قابلی).

ممکن است نازل‌کردن ملك توسط پیامبر را بیشتر توضیح دهید؟

این نکته را ابتدائاً عرض کنم که استنزال ملك توسط رسول، هر چه باشد به اذن‌الله است و تصور نرود که مدلول این نظر، بیرون‌کردن خداوند از صحنه است. یعنی درهرحال، خدا ملك را نازل می‌کند. اما در توضیح مطلب، داستان مشهور معراج و توضیحات مولوی در مثنوی را به خاطرتان می‌آورد:

احمد ار بگشـــایـد آن پر جلیـــل
تا ابد بیهـــوش مانـــد جبرئیـــل
چون گذشت احمد ز سدره و مرصدش
وز مقـــام جبرئیـــل و از حَـــدش
گفت او را هین بپر انـــدر پیـــم
گفـــت رو رو مـــن حریف تو نیـم
باز گفت او را بیـــا ای پـــرده‌سوز
من به اوج خـــود نرفتســـم هنـوز
گفت بیرون زین حد ای خوش فرّ من
گر زنم پـــرّی بســـوزد پرّ مـــن
حیرت اندر حیرت آمد این قصـــص
بیهشی خاصگـــان انـدر اخـــص[2]

۱. مثنوی معنوی، دفتر دوم، بیت ۱

۲. مولوی، مثنوی معنوی، دفتر چهارم، ابیات ۳۸۰٤ - ۳۷۹۹

یعنی معراج یك تجربهٔ پیامبرانه بود، منتها تجربه‌ای که ملك نمی‌توانست تا انتهای آن پیامبر را همراهی کند.

این نکته‌ای که شما می‌فرمایید معنایش این نیست که پیامبر ملك را نازل می‌کرد.

من در حال تمهید مقدمات هستم. مقدماتی که ما را از ماکروکوزم به میکروکوزم می‌برد و به توضیح مکانیسم‌ها می‌پردازد. پیامبری که از جبرئیل فراتر می‌رود و به چیزهایی دسترسی دارد که جبرئیل به آن‌ها دسترسی ندارد، چه جای آن است که جبرئیل به او وحی کند و آموزگار او باشد؟ توجه کنیم که آموزگاری در عالم معنا، مشابه آموزگاری در عالم ماده نیست. از نظر عرفا معنی این‌که پیامبر جبرئیل را نازل می‌کرد این است که دایرهٔ وجود پیامبر آن‌قدر وسیع بود که جبرئیل هم در آن می‌گنجید؛ تجربهٔ نبوی آن‌قدر گسترده بود که تجربهٔ جبرئیل هم در آن جای می‌گرفت. معنای انسان کامل همین است؛ یعنی وجودی که مظهر اسم جامع است و محیط بر لایه‌ها و عوامل و مراتب و حضرات وجود است و لذا سیرها و رفت و آمدها در درون او صورت می‌گیرد، نه در بیرون وجود او، و او فاعل و آمر است، نه منفعل.

پس سخن شما یك سخن شاعرانه، عارفانه و متشابه است.

عارفانه است ولی شاعرانه نیست. وقتی سعدی می‌گوید:

خدایت ثنا گفت و تبجیل کرد　　زمین بوس قدر تو جبریل کرد[1]

و وقتی ابونؤاس نزد هارون الرشید در باب علی‌بن‌موسی‌الرضا می‌گوید: «قلت لا استطیع مدح امام / کان جبریل خادماً لابیه»[2] (نمی‌توانم امامی را مدح کنم که جبرئیل خادم پدرش بود)، شاید بگوییم که شاعرانه و مبالغه‌گرانه سخن می‌گویند و معانی مجازی را در نظر دارند، اما وقتی مولانا می‌گوید:

احمد ار بگشاید آن پر جلیل　　تا ابد بیهوش ماند جبرئیل[3]

دیگر سخن شاعرانه و مجازگویانه نیست. این‌که جبرئیل مدهوش پیامبر می‌شود، معنایش این است که باطن پیامبر اوسع و ارفع از اوست و محیط بر اوست و لذا او در آن گم می‌شود و ملك در فرمان اوست. هر دهشتی معلول ورود اکبر در اصغر است، چون بحر در کوزه و چون نور در سایه

---

۱. سعدی، *بوستان*

۲. علی بن طلحه ـ لیث بن عاصم، *تذهیب تهذیب الکمال فی اسماء الرجال*، ج ۷، ص ٤٥

۳. مولوی، *مثنوی معنوی*، دفتر ششم، ابیات ٤٥٨٤ ـ ٤٥٨٣

و چون شیر در آهو (تمثیلانی که خود مولانا آورده است). سجده‌بردن ملائك بر آدم هم، در تحلیل عارفان، معنای باطنی‌اش همین است، یعنی خاضع‌بودن ملك در برابر آدمی، نه بالعکس. و باز به قول مولانا:

ای هزاران جبرئیل اندر بشر　　ای مسیحان نهان در جوف خر
ای هزاران کعبه پنهان در کنیس　　ای غلط انداز عفریت و بلیس[1]

ظاهراً ماجرا برعکس است، زیرا یك بار جبرئیل به‌شکل واقعی‌اش بر پیامبر نازل شد و پیامبر مدهوش افتاد.

این واقعه مربوط به اوایل پیامبری پیامبر است. به‌تدریج، پیامبر پیامبرتر شد. به‌علاوه چنان‌که مولانا تحلیل کرده است آن دهشت از جسمانیت پیامبر برمی‌خاست نه از روحانیت او:

پس به صورت آدمی فرع جهان　　وز صفت اصل جهان این را بدان
ظاهرش را پشّه‌ای آرد بچرخ　　باطنش باشد محیط هفت‌چرخ
جای تغییرات اوصاف تنست　　روح باقی آفتابی روشنست[2]

و بعداز این نکات، با بلاغت و حکمتی تمام می‌افزاید:

روبهش گر یك دمی آشفته بود　　شیرجان مانا که آن دم خفته بود[3]

و این‌جاست که می‌گوید: احمد ار بگشاید آن پرّ جلیل...[4]

از همه این‌ها گذشته، دست‌کم از محی‌الدین اندلسی به این سو، همه عارفان نظری پذیرفته‌اند که عارف چون کان قند و نیستان شکر، از خود می‌رویاند و از خود می‌خورد. سخن محی‌الدین در فصّ شیثی از *فصوص‌الحکم* صراحت در این معنا دارد. می‌گوید: «فای صاحب کشف شاهد صورة یلقی الیه مالم یکن عنده من المعارف... فتلك الصورة عینه لا غیره فمن شجرة نفسه جنی ثمرة غرسه»، یعنی: «هر صاحب کشفی که می‌بیند کسی چیزی را به او می‌آموزد که قبلاً نمی‌دانسته است و چیزی را به او می‌بخشد که قبلاً نداشته است، بداند که آن‌کس خود اوست. و او میوه

۱. مولوی، *مثنوی معنوی*، دفتر ششم، ابیات ٤٥٨٤ ـ ٤٥٨٣
۲. مولوی، *مثنوی معنوی*، دفتر چهارم، ابیات ۳۷٦٦ ـ ۳۷٦٥ ـ ۳۷۸۷
۳. مولوی، *مثنوی معنوی*، دفتر چهارم، بیت ۳۷۹۳
٤. مولوی، *مثنوی معنوی*، دفتر چهارم، بیت ۳۷۹۹

درخت وجود خویش را می‌چیند». شارحان فصوص چون قیصری و خوارزمی نیز همین معنا را تأیید کرده‌اند و خصوصاً قیصری در شرح آن آورده است که دلیلش این است که انسان مشتمل بر همه عناصر عالم کبیر است. مولانا هم می‌گوید که وقتی آدمی به خواب می‌رود و خوابی می‌بیند از پیش خود به پیش خود می‌رود:

همچو آن وقتی که خواب اندر روی   تو ز پیش خود به پیش خود روی[1]

و البته همه این‌ها به اذن‌الله است. و سخن در این باب بسیار است.

بسیار سپاسگزارم.

من هم از شما بسیار سپاسگزارم.

---

۱. مثنوی معنوی، دفتر سوم

«خدا» به هر دردی نمی‌خورد

پاندمی کرونا و طرح «مسئله شر» در گفت و گو با عبدالکریم سروش[1]

ویروس کرونا در ایران برای نخستین بار در «شهر مقدس قم» شناسایی شد و از این شهر به سراسر ایران گسترش یافت. جایگاه مقدسی که دهه‌هاست جمهوری اسلامی و بخشی از روحانیت شیعه برای شهر قم ساخته بود، در یک لحظه به سلاحی در دست مخالفان تبدیل شد و در رسانه‌های اجتماعی، بی‌پرواتر از همیشه، اعتقادات مؤمنان به چالش کشیده و گاه به سخره گرفته شد.

قم قرنطینه نشد و کار از هر سو بالا گرفت. زخم کهنهٔ نقش روحانیت شیعه و مسؤولیت و جایگاه دینی و سیاسی آن‌ها در حکومت هم سر باز کرد و کرونا پرچم‌دار سکولاریزم شیعی شد. کم‌کم پای خدا و مسئله «شر» هم به میان آمد و این بیماری مرگ‌بار به چالشی برای زیست مؤمنانه نیز تبدیل شد، آن هم در شرایط و لحظاتی که مردم، بیماران و بازماندگان و مصیبت‌دیدگان بیش از همیشه به جایگاه و کارکرد معنوی دین برای تسکین و پناه و امید نیازمند بودند.

روحانیت و منادیان دین‌داری سنتی برای این وضعیت و این سؤالات پاسخ‌هایی کهنه و

---

۱. متن تنقیح شدهٔ گفت‌وگوی طاها پارسا با عبدالکریم سروش در سایت زیتون

تکراری و غالباً کلیشه‌ای دارند و این پاسخ‌ها کمتر کسی را جز خود آنان قانع می‌کند، دست‌کم می‌توان گفت دستگاه دین سنتی، هاضمهٔ جذب سؤالات و انتقادات نسل جدید در این روزهای پر درد را ندارد. لذا ما در «زیتون» برای مواجهه با این سؤالات به سراغ روشنفکران و نواندیشان دینی می‌رویم؛ نحله‌ای که دهه‌هاست تلاش می‌کند خوانش جدیدی از دین و مسائل دینی به‌دست دهد و به زعم خود برای سؤالات جدید پاسخ‌های نو دارد و درصدد آشتی‌دادن دین و دنیاست.

این پرونده را با عبدالکریم سروش آغاز کردیم و از او دربارهٔ چرایی قرنطینه نشدن قم، چالش کرونا با مقدسات، تأثیر این اتفاق بر سکولاریزم شیعی و سرانجام مسأله شر پرسیدم. متن کامل این گفت‌وگو را در ادامه بخوانید.

آقای دکتر، ضمن تشکر از وقتی که در اختیار ما قرار دادید، مستحضرايد که ویروس کرونا مشکلات متعددی را برای اغلب کشورهای دنیا ایجاد کرده و سیستم‌های بهداشتی و اقتصادی آن‌ها را به چالش کشیده است. در ایران، اما، این ویروس نخستین بار در قم شناسایی شد و لذا افزون بر این مشکلات روزمره و مادی، چالش‌های معرفتی و اعتقادی را هم دامن زده است. مردم در شبکه‌های اجتماعی می‌پرسند چرا دروازه‌های دوزخ از شهری باز شد که بنا به برخی روایات نزدیک به نیمی از دروازه‌های بهشت از آن گشوده می‌شوند. چرا حرمی که بنا بود دارالشفا باشد و شهری که در بلایا باید به آن پناه می‌بردیم، منبع ویروس و بلا شده‌اند. از طرفی دیگر، قرنطینه‌نشدن شهر قم، سبب شد که این ویروس خیلی سریع به شهرهای دیگر ایران کشیده شود و فرصت استفاده از امکانات و تجهیزات بهداشتی و پزشکی را از مردم بگیرد. این موضوع نیز اسباب اعتراض و انتقاد است و گفته می‌شود اگر نفوذ روحانیان و اعتقاد و اصرار آنان به مقدس بودن قم و حرم نبود، چه بسا این اتفاق نمی‌افتاد. بگذارید از همین‌جا شروع کنیم. به نظر شما چرا قم قرنطینه نشد؟

بنده هم ممنونم از فرصتی که در اختیار من گذاشتید. در نسبت با آخرین بخش سؤال و مقدمه شما که چرا قم قرنطینه نشد، بدیهی است که در آن‌جا زور روحانیان و مدّاحان بر سیاست‌مداران و بر مسئولان بهداشت کشور چربید و متأسفانه اینان نتوانستند قم را از چنگال اداره و تدبیر آن‌ها بیرون بکشند و در دست خود بگیرند ولذا فاجعه افزون‌تر و انبوه‌تر شد. گفته‌اند که هیچ مغازه‌داری به‌اختیار دکان خود را تعطیل نمی‌کند. مداحان و روحانیان مداح‌صفت هم چنین‌اند. امروز قم به‌دست مداح‌ها افتاده است و من در مقاله «پای مداحان در نعلین روحانیان» ظهور این فاجعه را آوردم و خبر دادم.

این اماکن مسمّی به مقدس به هیچ وجه از جان آدمیان مقدس‌تر نیستند. اولاً که سابقه‌ای در اسلام ندارند، ثانیاً ما هیچ دلیل عقلی و نقلی معتبری نداریم که این خفتگان در زیر خاک، خواه امام باشند خواه خواهر امام خواه برادر امام، صدای زائران را می‌شنوند و به آن‌ها پاسخ می‌دهند و یا اساساً قدرت برآوردن حاجات آن‌ها را دارند. آنان در زمان حیات خود برای درمان دردهاشان به طبّ زمانه و طبیبان دوران مراجعه می‌کردند. اینان که امروزه این‌همه از طبّ‌الرضا و طبّ‌الصادق دم می‌زنند نمی‌دانند که این همان طب جالینوس بود که امامان بدان عمل می‌کردند و به هیچ وجه جنبه الهی و آسمانی نداشت؟ کجا در حکایات و روایات شرعی آمده است که مردم بر در خانه پیامبر یا امامان صف می‌کشیدند تا امراض‌شان را شفا دهند؟ ابن خلدون می‌گوید پیامبر هنگام بیماری به طبیبان راه‌نشین حجاز مراجعه می‌کرد و از آنان داروهای گیاهی می‌گرفت. وقتی امام علی را ضربت زدند جرّاحی یهودی را بر بالین او آوردند تا او را علاج کند. نه علی نه حسن و نه حسین هیچ‌کدام دست به معجزه نبردند، بلکه شفای علی را از یک یهودی خواستند.

من مشکلی ندارم با این‌که آدمیان به بزرگان خود احترام بگذارند، حتی به قبور آن‌ها احترام بگذارند. اما قصهٔ حرمت‌نهادن و ستایش‌کردن چیزی است و قصهٔ حاجت‌خواستن و شفاخواستن چیز دیگری است. این‌ها را از یکدیگر باید جدا کرد. دیری است که در تاریخ اسلام قصهٔ رفتن به مزارها اهمیت و قداست پیدا کرده، این مزارات سرقفلی‌هایی پیدا کرده و گردانندگانی هم دارد که کرامات و معجزات مجعوله بسیاری نقل می‌کنند و در میان مردم می‌پراکنند و از این طریق دل خلایق را می‌ربایند و در هنگام ناامیدی‌ها و دشواری‌ها به آنان تلقین می‌کنند که رواشدن حاجات و برطرف‌شدن بلایا را از این مزارات طلب کنند، در صورتی که هیچ حجت عقلی و نقلی معتبری بر صحت این رفتارها نداریم.

شما نظر کنید در همین چند دهه اخیر یک مسجد متروک مجهولی به نام جمکران را به چه مرتبه و منزلتی رسانده‌اند که حتی اینک تقدس‌اش از تقدس حرم حضرت معصومه در قم افزون‌تر شده و جمعیت بیش‌تری را به آن‌جا جذب می‌کند و مردم به آن‌جا می‌روند و نذورات می‌کنند و نامه‌ها و عریضه‌ها می‌نویسند. در آن‌جا دو چاه نهاده‌اند، یکی برای زنان و یکی برای مردان، تا هر کدام عرایض خود را جداگانه در آن چاه بیاندازند تا به‌دست امام غائب برسد. امثال این‌ها متأسفانه جزء عوارض یا عناصر جدی دینداری عوامانه است. شما می‌دانید که من سه نوع دینداری را از یکدیگر تفکیک کرده‌ام؛ دینداری عوامانه یا دینداری معیشت‌اندیش، دینداری معرفت‌اندیش و دینداری تجربت‌اندیش. در دینداری معیشت‌اندیش که همان

دینداری عوامانه باشد، این‌گونه امور و آیین‌ها به‌وفور یافت می‌شود و روحانیانی که پیشوایان عوام هستند و خودشان هم عوام و عوام‌زده هستند این‌گونه امور را تشویق و تبلیغ می‌کنند. و برای آن‌ها بهتر این است که روزگاری فرا برسد که مردم تصور کنند از دست طب و پزشکی کاری بر نمی‌آید و هجوم به سوی این مزارات متبرکه ببرند.

در این میان دسته‌ای دیگر از روحانیان هم به‌پا خاستند و فکر کردند که این حادثه می‌تواند موجب تقویت پاره‌ای از معتقدات و منقولات پیشین شیعیان بشود. گفتند که روایات بسیار داریم که قبل از ظهور امام غایب مرگ سفید آدمیان را از پا خواهد انداخت و آن‌گاه به تصاویر پرتونگاری ریه‌های کسانی که در اثر ابتلا به کرونا ریه‌هاشان سفید شده است تمسّک جستند. گفتند که این همان مرگ سفید است و لذا ظهور امام غایب نزدیک است. حتی پا را فراتر نهادند و بعضی از آن‌ها که یکی در بحرین و چند تا در قم و جاهای دیگر هستند رسما اعلام کردند که ظهور امام غایب نزدیک است و سفیانی که قبل از ظهور امام ظاهر خواهد شد همین آقای اردوغان رییس‌جمهورکنونی ترکیه است! یاوه‌هایی از این دست فراوان گفتند و غافل بودند از این‌که در همین روایات آمده است که وقتی این بلایا به سرتان آمد به قم پناهنده شوید و اکنون می‌بینیم که نقیض آن رخ داده و قم خود کانون و سرچشمه این بیماری مرگ‌بار شده است. از قضا سرکنگبین صفرا فزود!

با این علما هنوز مردم   از رونق ملک ناامیدند[1]

به‌هرحال، این مایهٔ تأسف بسیار است. من در همین‌جا مایلم این نکته را اظهار کنم که از دست‌رفتن هم‌وطنان و هم‌نوعان ما در اثر این اپیدمی مرگ‌بار هم مایهٔ اندوه و هم مایهٔ تنبه است. و می‌خواهم به هم‌وطنانم بگویم که فقط از بی‌کفایتی و ناکارآمدی حکومت گله نکنند. آن‌ها به جای خود، ولی به‌جای این گله‌ها و افزون بر آن‌ها، دست به احسان و شفقت ببرند. امروز روزی است که همه ما باید بی‌علت و بی‌رشوت و بی‌منت به کمک یکدیگر بشتابیم. کارگران بسیاری سرکار نمی‌روند. مغازه‌داران بسیاری مغازه‌شان بسته شده است. بدهکاران بسیاری قادر به پرداخت بدهی‌های خود نیستند. زندانیانی که اکنون از زندان موقتا بیرون آمده‌اند و کاری ندارند و خانواده‌هایی که درمانده شده‌اند. همهٔ این‌ها در انتظار کمک و احسان و دستگیری کسانی هستند که بانواتراند و می‌توانند کمک کنند و رنج و مرارت‌شان را تقلیل دهند. امروز روزی است که ما به‌منزلهٔ یک ملت می‌توانیم و می‌باید همبستگی‌مان را

---

۱. ایرج میرزا، قطعه‌ها، شماره ۳۶

نسبت به یکدیگر نشان دهیم و اجرا کنیم. به جای حرف‌زدن عمل کنیم و بنگریم که به قول پیشینیان، دنیا چه‌قدر بی‌وفاست. چه ناگهان آدمی را از پا در می‌آورد. چه ناگهان ثروت‌ها و قدرت‌ها و منزلت‌ها و آبروها بر باد می‌روند. به قول حافظ:

فی‌الجمله اعتماد مکن بر ثبات دهـر
کاین کارخانه ایست که تغییر می‌کنند[1]

لذا تا می‌توانیم هرچه را که داریم با دیگران قسمت کنیم. این هم وظیفه شرعی است هم وظیفه ملی و میهنی است هم وظیفه وجدانی است. امیدوارم که همهٔ ما، همهٔ مردم دراین امتحان بزرگ و دشوار تاریخی و میهنی، پیروز شویم و ظفرمند بیرون بیاییم و امیدوارم دورهٔ این اپیدمی ضد آدمی هر چه زودتر سپری شود و این روزگار تلخ‌تر از زهر بگذرد و بار دگر روزگار چون شکر آید. باز از حافظ شیراز بشنویم که:

ای صاحب کرامت شکرانه سلامت
روزی تفقدی کن درویش بی‌نوا را[2]

قرآن که گفت: «وَلَنَبْلُوَنَّكُمْ بِشَيْءٍ مِنَ الْخَوْفِ وَالْجُوعِ وَنَقْصٍ مِنَ الْأَمْوَالِ وَالْأَنْفُسِ وَالثَّمَرَاتِ وَبَشِّرِ الصَّابِرِينَ»[3] (ما شمارا با مرگ و میر و تلف شدن اموال و اثمار امتحان می‌کنیم) ، مصداقش همین‌جا و همین روزهاست. صحنه، صحنه امتحان است تا چه قبول افتد و که در نظر آید.

آقای دکتر، شاید اگر کرونا از شهر دیگری از ایران شروع می‌شد این سؤال بی‌معنی بود و البته این اپیدمی هم در ایران که چندان ارتباطات گسترده‌ای با جهان خارج ندارد به این سرعت و شدت گسترش پیدا نمی‌کرد. سؤال این است آیا قرنطینه نشدن قم به خاطر این نبود که مبادا اتوریتهٔ دین، مذهب یا روحانیان زیر سؤال برود یا اصلاً این رفتار جنبهٔ سیاسی داشت؟

گفتم جنبهٔ سیاسی داشت. البته پاره‌ای از روحانیان ما خطا کردند و جهل خود را به نمایش گذاشتند و با بستن حرم یا منع زیارت مخالفت کردند. این از سر نادانی و کاسب‌کاری آن‌ها بود و فکر نمی‌کنم که جنبهٔ دیگری داشته باشد. فکر می‌کردند که این اپیدمی چندان جدی نیست و به‌زودی از میان خواهد رفت و بهتر است این زیارت‌گاه‌ها باز باشد که به قول

---

۱. غزل شمارهٔ ۲۰۰
۲. حافظ، غزل شماره ۵
۳. بقره/۱۵۵

خودشان دارالشفا است و مردم بیایند و تسکین بیابند و شفا بگیرند. اما به‌تدریج خود روحانیان متوجه سوءتدبیرشان شدند و لذا سخنان اولیه را که از آقای سعیدی، امام جمعه قم، شنیده شد، گرچه انکار نکردند، تأیید هم نکردند. و بعد سخنان دیگری گفتند که معادل نفی سخنان او بود. همه می‌دانیم این امام جمعه نامحترم در یاوه‌گویی دست بسیاری را از پشت بسته است. چند سال پیش همین آقا گفتند وقتی آقای خامنه‌ای از شکم مادر به دنیا آمدند ناگهان ذکر یاعلی گفتند. آن وقت او را برکنار یا حتی توبیخ نکردند، و در سمت خود ماند تا این نوبت بیاید و بر آن یاوه پیشین‌اش یاوه تازه‌ای بیافزاید. من خشنودم که دیگر علمای قم، مخصوصا مراجع بزرگ و روحانیان ارشد، این سخنان را دنبال نکردند و بلکه فتوا به وجوب حفظ جان دادند و از این جهت قدری آرامش در کار حاصل شد و مردم راه خودشان را دانستند...

اما این سکوت تلویحی از سوی دینداران معیشت‌اندیش، که از قضا خودتان هم در همان مقاله تأکید کرده‌اید بیشترین تعداد دینداران را تشکیل می‌دهند، حمل بر تأیید تلویحی می‌شود. مخصوصا که می‌بینند روحانیان و گاه مراجع در موضوعات کم‌اهمیت‌تری معمولاً سریعا واکنش نشان می‌دهند. یعنی وقتی امام جمعه قم می‌گوید حرم دارالشفا است و یا دیگری می‌گوید تعطیل کردن حرم تلخی دارد و مراجع تقلید سکوت می‌کنند، حمل بر تأیید می‌شود.

ضرب‌المثلی هست که می‌گوید آخوندها اگر گوشت همدیگر را بخورند، استخوان همدیگر را دور نمی‌اندازند. یعنی در مقام رعایت مسائل صنفی به‌ندرت پیش می‌آید که آشکارا در مقابل هم بایستند. من حدس می‌زنم که در پشت پرده پیغام‌هایی رد و بدل شده و بعضی از روحانیان شاید او را مورد عتاب و خطابی قرار داده باشند، به‌خاطر ملاحظاتی، اما آشکارا، این سخن را نمی‌گویند. چنان‌که شما هم [پیش از گفت‌وگو] اشاره کردید یکی از روحانیان گفته بود که روشنفکران دینی برای چنین ایامی لَه لَه می‌زنند تا به مردم بگویند دین از سیاست جداست یا بگویند دنبال علم بروید نه دنبال دین. این در حالی است که خود این مرتجعان دین و علم را به ستیز با یکدیگر برده‌اند. روشنفکران دینی سخنان‌شان همیشه روشن و معین بوده و انتظارات متفاوت از دین و علم را به نیکی تعریف و تعیین کرده اند. خلاصه بگویم که آن مرتجعان نه‌تنها در فکر تسویه حساب با علم بودند، بلکه در پی تسویه حساب با روشنفکران دینی هم بودند و از این نمد کلاهی برای خودشان می‌دوختند. این‌جا چیزی که مطرح نبود جان آدمیان بود. چیزی که مطرح نبود حرمت دیانت بود. چیزی که مطرح نبود قوت اندیشه بود. خب آقای عالم روحانی! ما می‌دانیم در صندوق شما چیزی جز آیات و روایات نیست، لذا دست‌کم می‌توانیم

از شما انتظار داشته باشیم که اگر روایتی نقل می‌کنید، بکوشید معتبرترین را نقل کنید. لای یک کتاب مجهول یا مغلوط را باز نکنید تا یك روایت بی سروته را برای مردم بیاورید و آن را به صورت یک رکن از ارکان دین معرفی کنید. ما در تشیع کتاب‌هایی چون *صحیحین* بخاری و مسلم نداریم که بگوییم همه روایات‌شان درست است. گرچه امروزه برخی روشنفکران دینی عرب و اهل سنت هم در بی‌خطابودن *صحیحین* اشکال‌های جدی کرده و می‌کنند. آیت‌الله محسنی محدّث شیعی افغان با تحقیق در روایات *بحار الانوار* توانست ۱۱۰ جلد آن را به ۳ جلد تقلیل دهد و بقیه را ضعیف بشمارد. مداح‌صفتان می‌گویند این حرف‌ها را به عوام نگویید چون ایمان‌شان تضعیف می‌شود. راست می‌گویند. ایمان‌شان به مداحان تضعیف می‌شود. اغلب روایات مربوط به امام غایب مجعول است و منقولاتی است که به هیچ وجه نمی‌توان بر آن‌ها اعتماد کرد. این روایات ساختهٔ دوره‌ها و زمان‌های مختلف است و با اهداف سیاسی خاصی ساخته شده است.

طب اسلامی یک مورد دیگر است. حالا خوشبختانه بعد از آن کتاب‌سوزی نفرت‌انگیزی که آن شخص عامی به نام تبریزیان کرد (کسی که گفته بود خانم مدیر یکی از آزمایشگاه‌های طبی هلند از او خواسته که به هلند برود و بساط تحقیقات طب اسلامی خود را آن‌جا بگستراند و ضمنا از آقای تبریزیان خواستگاری هم کرده بود!) این‌جا و آن‌جا صداهای اعتراض برخاست. چرا؟ به‌خاطر این‌که شباهتی داشت به کار کسروی. کسروی هم دیوان حافظ و دیوان مولوی را سوزانده بود و روحانیت نمی‌خواست چنان داغ زشتی بر پیشانی او نهاده شود. به همین سبب زود با او مقابله کردند. به‌علاوه او در ردهٔ روحانیان ارشد هم نبود و مقابلهٔ با او آسان بود. ضمنا او یک آدم سیاسی هم نبود. اگر از مقام رهبری تمجیدها کرده بود، آن‌گاه مقابله با او مشکل‌تر می‌شد.

در اخبار این چند روزه شنیدیم که دو نفر یکی آقای محی‌الدین حائری شیرازی و دیگری آقای محمود شاهرودی به دلیل عمل‌کردن به طب مسمی به اسلامی و نرفتن به سراغ درمان‌های جدید، جان‌شان را از دست دادند. به‌علاوه، یکی از روحانیان هم، که رئیس مرکز طب اسلامی در رشت بود، به سبب بیماری کرونا جان خود را از دست داد. این‌ها بهترین نشانه است که راه را غلط رفته‌ایم و ضدیت با غرب باعث شده است که حتی نیکویی‌ها و پیشرفت‌های علمی و تمدنی غرب را هم پس بزنیم و نادیده بگیریم و جاهلانه مورد انکار قرار دهیم.

من در این‌جا باز یک نقبی بزنم به همین مسئله غرب‌زدگی. غرب‌زدگی که متاسفانه مفهوم بسیار زیان‌باری بود و در جوف خود اندیشه‌های جبری و ارتجاعی بسیار داشت، در میان مردم

در دهه‌های قبل از انقلاب و در یک دهه بعد از انقلاب شیوع پیدا کرد. حتی توسط بسیاری از روحانیان هم مورد توجه قرار گرفت. گمان می‌کردند که منظور از غرب‌زدگی مبتلا شدن به بدی‌ها و فسادهای غربی‌هاست، درحالی‌که آن‌ها که واضع این مفهوم بودند هرگز چنین اندیشه‌ای نداشتند، بلکه خودشان اغلب مبتلا به همان مفاسد بودند؛ کسانی مانند احمد فردید و شاگردانش. آن‌ها نظریه‌ای جبرانگارانه را مطرح کردند که ایران و همهٔ کشورهای غیر غربی، جبرا و اضطرارا به راه غرب خواهند رفت. و به راه غرب رفتن‌شان هم غیر قابل بازگشت و غیر قابل علاج است. در مقابل آن باید دست‌بسته نشست تا بیاید و مانند یک توفان از سر ما بگذرد. ببینیم بعدا تاریخ در حق ما چه خواهد کرد. باری، همین آتش غرب‌زدگی، توسط برخی از افراد نادان پس از انقلاب دامن زده شد و همه چیز غربی را دوباره از غربال انکار گذراندند و هیچ چیزی را باقی نگذاشتند؛ علوم انسانی غربی را و اینك طب غربی را. ما داریم لطمه‌های آن مفهوم‌سازی‌های نامسؤولانه جبرانگارانه غرب ستیزانه را می‌خوریم. و عجیب نیست که همان فیلسوف نورچشمی که از کاسبان این مفهوم است، اخیراً دوباره از همین قصهٔ کرونا نتیجه‌ای به نفع فکر باطل خود گرفته و آن را مصادره به مطلوب کرده و دوباره بر طبل ضدیت با تکنولوژی کوبیده و گفته است که بلی، تکنولوژی در مصاف با بیماری‌ها و شرور طبیعی تواناتر بود، اما در مقابل شرور خودساخته ناتوان است. درحالی‌که این‌ها همه، سخنان بی‌دلیل و بی‌اعتباری است و او در فرار از دلیل ید طولایی دارد.

اولاً، این بیماری یا این اپیدمی را تکنولوژی نساخته است. ثانیاً، دیر زمانی از این اپیدمی نگذشته که ببینیم تکنولوژی طبی می‌تواند با آن هماوردی کند یا نه. ثالثا، در همین مدت کوتاه هم هماوردی‌ها نسبتاً موفق بوده، به طوری که گفته می‌شود چین تا حدود زیادی این اپیدمی را کنترل کرده و جاهای دیگر هم کوشش‌هایی را در ساختن واکسن آغاز کرده‌اند. این آقای نورچشمی (که اگر دستش به رسانه‌ها نمی‌رسید قابل اشارت هم نبود) همان کسی است که سال‌ها پیش در کشور جهاد پوپرکُشی راه انداخت و در ستایش ولایت فقیه گفت افلاتون هم به ولایت معتقد بوده است و مقامات و منصب‌ها گرفت. حالا ببینید که چگونه یک فلسفهٔ جبرگرایانه همراه با یک دیانت معیشت‌اندیش عوامانه همراه با یک روحانیت خرافه‌گرا بر آتش این اپیدمی دامن زدند و می‌زنند. از همه بدتر این‌که سیاست‌مداران و مدیران امور هم تسلیم آن‌ها شدند و نتوانستند دامن خود را چنان‌که باید از این ورطه بیرون بکشند. امیدواریم این‌ها موجب تنبه و بیداری بشود و از این پس مردم برای علاج کار خودشان به کارشناس مربوطه مراجعه کنند. یعنی کار عمران را به مهندس و کار بیماری‌ها را به طبیب بسپارند و دستورالعمل عبادات را از فقیهان بگیرند و بر این قیاس همهٔ امور و کارهای دیگر.

اگر درست متوجه منظور شما شده باشم، شما در حال ارائهٔ تفسیری از دین هستید که با دین رایج روحانیت در این وضعیت بحرانی تفاوت داشته باشد، یعنی درصدد مواجههٔ انتقادی با دین نیستید. اما آن‌چه از سوی مردم در رسانه‌های اجتماعی و شبکه‌های موبایلی به چشم می‌خورد فراتر از روحانیت و فقه هم می‌رود و گاه انتقاد را متوجه اصل دین هم می‌کند. من متنی را برای شما می‌خوانم که این‌روزها به شوخی و جدی، و البته بارغبت، از سوی مردم دست‌به‌دست و هم‌رسان می‌شود. متن می‌گوید: «الکل آزاد شده، نماز جمعه‌ها تعطیل شده، مراسم اعتکاف کنسل شده، می‌گویند چند تا روحانی هم در قم فوت شده‌اند، دیگه کم‌کم دارد از این کرونا خوشم میاد». اگر این بند آخر را فاکتور بگیریم، ماجرا فراتر از فرد و روحانیت و منتقدان غرب‌زدگی است. اشارات این طنز نشان از به چالش‌کشیده‌شدن دین از سوی یک ویروس است که حتی جان آدمیان را هم می‌گیرد. بحث فقط فقه و روحانیت نیست. حتی بحث گاهی این است که دین کارکرد معنوی خودش را هم در وضعیت فعلی از دست داده است.

کسانی که این سخنان را می‌گویند با کلیت دین و دیانت مخالفت دارند. روی سخن من با آن‌ها نیست. شما موضع من را می‌دانید. من با کلیت دین و خدماتی که دیانت می‌تواند به آرامش آدمیان، معنی‌بخشی به زندگی‌شان، به فروکوفتن تکبر و نخوت ذاتی‌شان، بکند مخالف نیستم، بلکه از این حیث خود از مروجان دین‌ام؛ دینداری تجربت‌اندیش و یا دینداری معرفت‌اندیش. یعنی نوعی از دینداری که ما را به تفکر در جهان و انسان و آغاز و انجام آن و به تجربه‌های عمیق خودشناسانه روحی می‌خواند. اما به قول حافظ:

کردار اهل صومعه‌ام کرد بت پرســـت
این دود بین که نامهٔ من شد سیــاه از او[1]

واقعیت این است که کسانی که به نام دین سخن می‌گویند و خرافه می‌پراکنند و مرید جمع می‌کنند و به سرکوب اندیشه‌ها می‌پردازند و با علم می‌ستیزند و دیانت را ابزار قدرت و ثروت کرده‌اند، همین روحانیان‌اند. بلی ما آب‌مان با این‌ها در یک جوی نمی‌رود. اپیدمی کرونا یک حادثه است در این عالم؛ حادثه‌ای تلخ. ما نمی‌توانیم از دین انتظار داشته باشیم که در مقابل این حوادث تلخ یک پروژهٔ درمانی آسمانی ویژه‌ای ارائه بکند، چنین چیزی وظیفه دین نبوده

---

۱. حافظ، غزلیات، غزل ۴۱۳

و چنین ادعایی را پیشوایان دین نکرده‌اند. این‌ها مطالبی است که به‌تدریج بر دیانت افزوده شده است. روزگاری بود (اگر بخواهیم بحث را دقیق‌تر کنیم) که همه چیز جامعه با هم‌دیگر در توازن و تعادل بود. یعنی طب جامعه با اقتصاد، سیاست، دیانت، تجارت و معماری‌اش هم‌آهنگی و توازنی و اختلاطی داشت. لذا پاره‌ای از وظایف طب، به دوش دین افتاده بود، همان‌طور که پاره‌ای از امور دیگر به دوش دین افتاده بود. به دوش دین، یعنی به دوش حاملان دین، همان روحانیان و آن‌ها هم ادعاهای بزرگی می‌کردند. اما به‌تدریج که آن نزاع تاریخی میان علم و دین در اروپا رخ داد، هم دین و هم علم هر دو از غرورشان کاسته شد و رفته‌رفته تقسیم کار به نحو بهتری صورت گرفت. یعنی کار دین را به دینداران سپردند و کار علم را به عالمان و چیزهایی که قبلا تحت تکفل دین بود، از زیر چتر و عبای دین بیرون آمد و به دست صاحبان اصلی‌اش افتاد و این همان معنای سکولاریزاسیون است. در ایران هنوز این سکولاریزاسیون به معنای صحیح خودش اتفاق نیفتاده است. یعنی هنوز خیلی چیزها که نباید زیر سلطهٔ دین باشد، هم‌چنان هست و لذا روحانیان به‌خودشان اجازهٔ دخالت می‌دهند. یعنی فکر می‌کنند حق دارند در این امور دخالت کنند. چرا؟ به دلیل این‌که چند روایت مجعول در پاره‌ای از کتاب‌های نامعتبر یافته‌اند که به آن‌ها جرأت و جسارت داده است در امور عالَم دخالت کنند. در ایران یکی از این روحانیان عامی را بر منبر دیدم که می‌گفت روایت داریم که در آخرالزمان در دو شهر زمین و خانه بسیار گران می‌شود، یکی در کوفه و دیگری در قم. و بعد مستمعان را تشویق می‌کرد که از همین حالا بروید در قم و یا در کوفه خانه بخرید، چون بعدا نرخش بالا می‌رود. پیداست که سازندگان این احادیث چه منافعی در سر داشتند و اهل کجا بودند.

این روزها ما متأسفانه خبرهای شوم دیگری را می‌شنویم. یعنی باز کسان دیگری در تنور تبعیض و اختلاف می‌دمند. بازار خواندن زیارت عاشورا، زیارت اربعین، نماز جعفر طیار، عمل ام‌داوود بسیار داغ شده است. قصه بسیار عجیبی را شبکهٔ سوم صدا و سیمای جمهوری اسلامی پخش کرد، از چهار تن، به چهار بیان، و آن قصه این بود که در زمان میرزای شیرازی، از مراجع شیعه در نجف، وبایی آمد و ایشان پیغام داد که من مجتهدم و نیک‌خواه و سخن از سر گزافه نمی‌گویم. شیعیان بروند و زیارت عاشورا بخوانند تا شرّ وبا کاسته شود. شیعیان رفتند و زیارت عاشورا خواندند و پس از آن شیعیان از وبا مصون ماندند، اما اهل سنت یکی پس از دیگری قالب تهی می‌کردند و جان می‌سپردند. من کاری به راست و دروغ این حادثه ندارم. البته قطعا دروغ است، ولی دروغ داریم تا دروغ. این دروغ تفرقه‌افکن است. دروغی است که به ما می‌گوید خداوند شیعیان را بیشتر از سنّی‌ها دوست دارد. یک خداپرستی بسیار خودخواهانه و قبیله‌گرایانه‌ای درون این قصه نهفته است که گویا بندگان خدا برای او فرق

دارند؛ به کمک یکی می‌رود ولی به کمک دیگران نه. والله این گونه دینداری، دینداری قابل تأییدی نیست و من از موضع روشنفکران دیندار به همهٔ دوستان و همهٔ کسانی که سخن من را می‌شنوند، می‌گویم که این‌ها نه جزء ذات دین است نه جزء اعراض دین. این‌ها با کمال تأسف زباله‌هایی است که وارد اندیشهٔ دینی شده است و یک عده هم نگاهبانان این مزبله شده‌اند و این یاوه‌ها را در بوق‌های تبلیغاتی می‌دمند و دینداران را شرمنده می‌کنند. اگر دین جوهری پاک و سالم و مفید و حق در خود نداشت، در طول تاریخ این همه ایستادگی نمی‌کرد و دوام نمی‌آورد. از هر طرف بر علیه دین، مخصوصا در دوران جدید تیر افکنده‌اند، ولی دین سپرهای محافظ محکم داشته‌است. اگر همهٔ دیانت همین یاوه‌ها بود که شما از زبان روحانیان می‌شنوید، بدانید که عمر دین، هر دینی، بسیار زودتر از این به پایان رسیده بود و به مرگ طبیعی و اجل محتوم خود از میان رفته بود.

اشاره به موضوع میرزای شیرازی کردید، که می‌گوید زیارت عاشورا را بخوانید، از زبان این چهار نفر در شبکه سه منتشر شد و تأکید داشتید که این دروغ است. این دروغ را دست‌کم می‌توان در دو سطح دید. در سطحی می‌شود گفت راویان دروغ می‌گویند یا اصل این قصه مرگ و میرها دروغ است و در سطحی دیگر می‌شود گفت آن‌چه میرزای شیرازی از مردم خواسته است بی‌اعتبار بوده. واضح است سطح دوم ارزش و اعتبار معرفت‌شناسانه هم دارد و نه فقط تاریخی. منظور شما کدام مورد است؟

در همین موضوع، منقولات هم با همدیگر تعارض دارد. یکی می‌گوید آیت‌الله فشارکی در محضر آقای شیرازی این را گفت، دیگری می‌گوید میرزای شیرازی این را گفت و فشارکی در آن‌جا حاضر بود. خود این تعارض منقولات هم آدمی را به تردید می‌افکند. اما من فرض را بر این می‌گذارم که واقعاً آقای شیرازی چنین چیزی را گفته باشد، که بعید هم نیست. اما این تفسیرهای بعدی که می‌گویند شیعیان از این وبا نجات پیدا کردند، و بعدها سنّی‌ها می‌آمدند از شیعیان سوال می‌کردند که چرا شما سالم‌اید و ما چرا بیمار، این‌ها دیگر والله افزوده‌هایی است که قطعا نمی‌توان باور کرد و ذهن عامی خرافه‌پرستان آن را به این حادثه افزوده است.

گفتید سکولاریزاسیون در ایران جا نیافتاده است! به‌نظر شما با توجه به این حواشی ایجادشده، ویروس کرونا، رنسانس مذهبی یا به عبارتی سکولاریزم شیعی را تسریع می‌کند؟ اصولا خدمتی خواهد کرد به سکولاریزم؟

من این حادثه را چندان بزرگ نمی‌دانم. البته هیاهوی بسیار برانگیخته، اما نه در حدی که رنسانس ایجاد کند و یک الهیات تازه به وجود بیاورد. ببینید رنسانس دینی شبیه آن‌چه که در

اثر اقدامات لوتر رخ داد، دو مؤلفه داشت. یک مؤلفه‌اش قیام بر علیه دستگاه «پاپ»ی و مذهبی بود و دومی یک اصلاح خیلی جدی در الهیات مسیحی بود. این دو کار را لوتر با هم کرد که خصوصا آن اصلاح الهیاتی بسیار مهم است.

حادثهٔ اصلاح که در قرن شانزدهم رخ داد با بسیاری از حوادث دیگر ارتباط داشت و فقط در کلیسا اتفاق نیافتاد. من عرض کردم برای شما که در عالم گذشته شئون جامعه با هم توازن داشت. امروزه هم در میان ما این توازن به وجود آمده است، یعنی علم و سایر شوون فرهنگ و اجتماع ما با دینداری عوامانه یک جوری کنار آمده‌اند. به رسانه‌های ایران نگاه کنید و ببینید چگونه دانشگاه‌اش می‌کوشد دل روحانی را به‌دست آورد و چگونه روحانی می‌کوشد دل دانشگاهی را به‌دست آورد. از این روحانیت و حکومت انتظار رنسانس نمی‌توان داشت. مگر روشنفکران دینی دستی به شعبده برآورند، اگر بگذارند. به قول حافظ:

چون صوفیان به حالت رقصند مقتدا
ما نیز هم به شعبده دستی برآوریـم[1]

و به همین سبب من گمان می‌کنم چالش کرونا به صورت یک حادثه زودگذر می‌آید و عبور می‌کند و آقایان روحانیان هم با قدرت تبلیغاتی آن را پوشش ایدئولوژیک می‌دهند و هرکدام هم از این خرمن خوشه‌ای می‌چینند و به فراموشی سپرده خواهد شد.

اما توسل در الهیات شیعی جایگاه قابل اعتنایی دارد. الان حرم‌ها و ضریح‌ها را با الکل ضدعفونی می‌کنند. این نمود عینی سکولاریزم نیست؟

نه! ببینید، برای آنان که چنان اعتقاداتی دارند توسّل برجا می‌ماند. در گذشته قرامطه آمدند حرم امام حسین را تخریب کردند. یا حتی قرامطـه به خانه کعبه حمله کردند و حجرالاسود را دزدیدند و بردند تا سال‌ها بعد به جایگاه خودش برگشت. در عین حال مکهٔ معظمه هم‌چنان مقدس است یا حرم امام حسین برای شیعیان بسیار مقدس است. این حوادث رخ داد و از قداست آن‌ها کاسته نشد و در الهیات شیعه هم هیچ تغییری داده نشد. این‌ها نمی‌تواند بنیان ستبری را تکان بدهد. من تنها امیدی که دارم، که امید ضعیفی هم هست، این است که مساله «شرّ» در الهیات اسلامی به طور کلی و در ایران جدی گرفته بشود. چون فلسفهٔ اسلامی به مسألهٔ شرّ کماهوحقه نپرداخته است. الان ما از رنسانس اروپا سخن گفتیم، یکی از مهم‌ترین

---

۱. حافظ، غزلیات، غزل ۳۷۲

مؤلفه‌ها در رنسانس اروپا قصهٔ شرور بود و این‌که ما باید از نو ارتباط خود را با خدا تعریف بکنیم. حادثهٔ لیسبون، یعنی آن زلزله مهیب که در پایتخت پرتغال رخ داد، خیلی وجدان مردم را تکان داد. و می‌دانید که کتاب *کاندید* ولتر هم در این زمینه نوشته شد و چیزهای دیگر. مسألهٔ شرور در الهیات مسیحی از آن به بعد بسیار جدی گرفته شد. فیلسوفان ما چنان‌که باید و شاید به شرور نپرداختند و حداکثر سخن‌شان این بود که شرّ یک امر سلبی است، یعنی نقصان و فقدان یک کمال است، همین و بس. چیزی فراتر از این نگفته‌اند. اگر ما بتوانیم از این حادثهٔ تلخ یک میوهٔ شیرین بچینیم این است که بحث شرور را خیلی جدی بگیریم و آن را وارد عالم معرفت شناسی دینی کنیم. یادم می‌آید آقای جوادی آملی که به دیدار گورباچف رفته بود، همان ایام زلزله‌ای در شوروی رخ داده بود و سی هزار نفر زیر آوار کشته شده بودند. آقای جوادی آملی وقتی که بر می‌گشت، یکی از همراهان روسی ایشان، که لابد از مترجمان بوده است، از آقای جوادی آملی پرسیده بود که خداوند چرا زلزله فرستاد که سی هزار نفر بینوا و بی‌گناه این‌چنین کشته بشوند؟ واقعاً ایشان پاسخی برای این پرسش نداشت. یعنی معلوم بود که فکر این حرف‌ها را نکرده است. تازه ایشان یکی از روحانیان ارشد و فیلسوف است. دیگران که جای خود دارند.

بد نیست من این‌جا قصه‌ای را برای شما بگویم. چون واقعاً وجدان من را گزیده است. این قصه از آن جهت برای من مهم است که راویان آن، چنان‌که گفته‌اند، همه معتبراند. راویان قصه آقایان سید محمد حسین تهرانی که صاحب کتاب‌هایی در معادشناسی، امام شناسی و غیره است. و از شاگردان مرحوم علامه طباطبایی بوده است. علامه طباطبایی هم راوی دوم این قصه است که دیگر حاجت به تعریف و معرفی ندارد و نفر سوم هم مرحوم آقا سید علی قاضی که استاد علامه طباطبایی بوده و آقای طباطبایی او را بسیار تجلیل و تمجید می‌کرد و می‌گفت من هرچه دارم از ایشان دارم. این سه نفر راویان این قصه‌اند. یعنی سند آن بسیار معتبر و محکم است. اصل قصه را هم خودِ آقای سید محمد حسین تهرانی در جلد سوم کتاب *معاد شناسی* صفحه ۱۱۰ آورده‌اند. در آن‌جا ایشان می‌گویند که آقای طباطبایی برای من نقل کرد که آقای سیدعلی قاضی برای او نقل کرده بود که در نجف در همسایگی ما تعدادی ترکان عثمانی سنّی زندگی می‌کرده‌اند. خانمی از این خانوادهٔ ترک سنّی از دنیا رفت. او را برای دفن گورستان بردند. دختر این خانم بسیار بسیار پریشان‌حال بود و به هیچ وجه نمی‌گذاشت که او را از مادر جدا کنند. آن‌قدر گریه و زاری و تضرع کرد که بالاخره اطرافیان رضایت دادند که این دختر همان شب در قبر با مادرش بخوابد. او را شب در قبر با مادرش خواباندند و به‌جای خاک روی قبر برگ و شاخه‌های درخت ریختند تا راه تنفسی باز باشد.

رفتند و صبح فردا آمدند ببینند چه رخ داده است. دختر زنده از قبر بیرون آمد، اما با موهای سفید و پریشان‌حال. به او گفتند بر تو چه گذشت؟ گفت دیشب دو نفر آمدند به سراغ مادر من و مشغول پرسیدن شدند. از مادر من پرسیدند خدای تو کیست و مادر من جواب داد. آن‌ها قبول کردند. گفتند پیغمبر تو کیست؟ مادر من جواب داد و آن‌ها قبول کردند. آن‌گاه گفتند امام تو کیست؟ ناگهان نفر سومی که پشت سر این دو نفر ایستاده بود، جلو آمد و گفت: ولی من امام او نیستم. گویا آن شخص حضرت علی بوده است. همین که گفت من امام او نیستم آن دو نفر ملائکه، گرزهای آتشین خود را بالا بردند و به سر و روی مادر من کوفتند و در اثر دیدن آن حادثه وحشتناک موهای من سفید شد. آقای قاضی نقل کرده بود که بعد از آن واقعه تعداد زیادی از آن ترکان سنّی، شیعه شدند. می‌خواهم این‌جا بگویم که من واقعاً به الهیات آقای طباطبایی، آقای تهرانی، آقای قاضی شکّ جدی کردم. من نمی‌فهمم این‌ها چه خدایی را می‌پرستیدند. به عقل‌شان هم تردید جدی کردم که چنین حادثه سراپا خرافی را باور کردند. من نمی‌دانم که خدایی که این‌ها می‌پرستیدند چه خدایی است که منتظر است خانمی را که مسلمان معتقد بوده و دشمن اهل بیت هم نبوده، و علی را خلیفه پیغمبر می‌دانسته، اما فقط مثل شیعیان قائل به امامت علی نبوده، در گوشهٔ قبر گیر بیاورند و آن‌گونه بمباران و گرزباران بکنند و هیچ عمل صالح دیگر او را به حساب نیاورند. با خود می‌گفتم که پس آقای طباطبایی هم با آن همه فلسفه‌دانی الهیات سست و قبیله‌گی داشته است، هم چنین سیدعلی قاضی، استاد ایشان که اهل عرفان و عبادت بود و از او کرامات عجیبی نقل کرده‌اند. امیدوارم این گونه الهیّات تنقیح شود و حوزه قم راهی به جلو بگشاید. ببینید که تعلقات فرقه‌ای با فیلسوف چه می‌کند، چه برسد به نافیلسوف!. در حادثه کرونا هم ما باید بار دیگر بپرسیم خدا در این میان کجاست و ما چه خدایی را می‌پرستیم.

پاسخ شما ما را عملا به موضوع اصلی گفت‌وگو هم رساند. صحنه‌های دردناکی این روزها در ایران اتفاق می‌افتد. مردم حتی امکان وداع با جنازه‌های عزیزان‌شان و برگزاری مراسم ختم را نمی‌یابند و بی‌پناه‌تر از همیشه می‌پرسند میان این همه بلا و شر، خدا کجاست؟

همان‌طور که گفتم این‌که «خدا کجاست؟» سؤالی است که از خیلی پیش آغاز شده، در همان وقتی‌که لیسبون دچار آن زلزلهٔ مرگبار شد. بعدا در غرق‌شدن کشتی تایتانیک، وقتی‌که در میان اقیانوس به یک صخره یخی خورد و شکست و در آن شب تاریک و سرد هزاران نفر در کام دریا فرو رفتند. در هولوکاست، وقتی‌که هیتلریان، یهودیان را می‌سوزاندند و می‌کشتند این سؤال پدید آمد که خدا کجا بود. و اتفاقاً این سؤال در یهودیت تاثیر بسیار گذاشت. در

یهودیت، چنان‌که در نوشته‌های خود آورده‌ام، تفسیرهای عجیب و ناپذیرفتنی از خدا به میان آمد. یکی از الهی‌دانان یهودی صریحا نوشت که خداوند در اثر خلقت جهان و آدمیان انرژی خود را از دست داده بود و لذا وقتی‌که حادثهٔ هولوکاست رخ داد، خداوند ناتوان‌تر از آن بود که دخالت کند و مانع از سوزاندن یهودیان بشود.

البته تفسیرهای دیگری هم شد. یك نمونه از آن‌ها این بود که خداوند که در شش روز جهانیان را آفرید و در روز هفتم استراحت کرد معنایش این بود که خداوند کار جهان را به جهانیان وا نهاد و گفت که از این پس تا ابد روز هفتم است. یعنی کار خودتان را خودتان بکنید، من دخالتی نمی‌کنم. در الهیات اسلامی، نه فقط الهیات شیعی، فیلسوفان در مسأله شرور، چنان‌که گفتم، خوب به میدان نیامدند و ماجرا را چنان‌که باید و شاید حل و فصل نکردند. امیدواریم که از این حیث تحولی رخ بدهد و راه جدیدی پیموده بشود. علامه طباطبایی را می‌بینم، از او چه انتظاری می‌توانم داشته باشم؟ او خود خدایی را که تبعیض‌گر و ضعیف‌کُش است، می‌پرستد. خدا کند آن نقل دروغ باشد، ولی آخر قول که را تکذیب کنیم ؟ تهرانی یا طباطبایی یا قاضی را ؟ فیلسوف آینده ما باید از این فرقه‌گرایی‌ها فاصله بگیرد، این منقولات را کنار بگذارد و به دید انتقادی در مسائل نظر کند، بلکه بتواند الهیات تازه‌ای ارائه بدهد.

تکلیف با خدای علامه طباطبایی روشن است، خدای عبدالکریم سروش این روزها کجاست؟

خدای عبدالکریم سروش از لابلای همین سخنانی که گفتم سر و کله‌اش پیدا می‌شود. خدایی است که راز و ناز است، موضوع تأملات حکیمانه است، معشوق مُطاع مُحتشم است، ما را به عاشقی دعوت می‌کند تا ما را به مرتبه معشوقی برساند، خدایی که ظالم و تبعیض‌گر نیست، ابزار قدرت و ثروت به نام دین به دست ما نمی‌دهد. وقتی‌که عاشقی در میان آمد مسألهٔ شرور هم حل خواهد شد. منتها بنده الان در مقام بسط و تفسیر این معنا نیستم.

خانم فاطمه صادقی یادداشتی نوشته بودند ناظر به این ماجرا. جایی از یادداشت گفته بودند که ما با وضعیتی مواجه هستیم که گویی غیبت خدا عین حضور خداوند شده است، و بعد منطقاً می‌پرسد که آیا در این حالت باخدایی و بی‌خدایی یکی نیست؟

ببینید، مسأله همین است که ما از خدا چه انتظاری داریم؟ من اولین بار در ایران بحث انتظار از دین را مطرح کردم، گفتم ما از دین چه انتظاری داریم؟ آیا از او علم سیاست می‌خواهیم؟ از او حکومت می‌خواهیم؟ از او علم اقتصاد می‌خواهیم؟ و امثال این‌ها، تا اگر این انتظارات برنیامد، او را متهم به کم‌کاری و نقصان بکنیم؟ یا نه. ما باید این انتظارات را عوض

کنیم و از دین انتظار نجات و سعادت اخروی داشته باشیم و بس. من عین این سؤال را در باب خدا دارم. ما از خدای پیامبران چه انتظاری داریم؟ من انتظار ندارم که در خدمت من باشد یا همهٔ دعاهای مرا مستجاب کند. من به اجابت دعا اعتقاد دارم و خود بسیار دعا می‌کنم، به خاطر این‌که پیامبر اسلام دعا می‌کرد. بلی، حکیمان الهی نتوانستند مسأله دعا را حل کنند، ولی من صرفا به دلیل این‌که پیامبران دعا می‌کردند و پیامبر اسلام هم دعا می‌کرد، دعا را قبول دارم. اما در عین حال این را هم می‌گویم و خود شرایع هم گفته‌اند که خداوند تضمین نداده است همهٔ دعاها را مستجاب کند و نگفته است که برای حل مشکلات زندگی‌تان به دعا بپردازید. من در مقدمه کتاب *قمار عاشقانه* نوشتم که دعا ابزار بندگی است نه ابزار زندگی. دینداری معیشت‌اندیش آن را ابزار زندگی معرفی می‌کند، درحالی‌که ابزار بندگی است. اصل در دعاکردن و معاشقه‌کردن با خداوند به مثابه یک دوست مهربان است. حاجت خواستن درجهٔ چندم است، آن هم بدون هیچ تضمینی. به همین سبب من از خدا انتظار ندارم که به دعای من همیشه گوش بدهد. اما همین‌که اجازه می‌دهد با او سخن بگویم خرسندم. دیگران را هم به همین دیدگاه دعوت می‌کنم. خداوند به ما عقل هم داده است، یعنی از ما می‌خواهد عقل و تجربه را هم به‌کار بریم، نه این‌که برای شفای امراض به دعا متوسل شویم. خدا را نباید تبدیل به یک ابزار کنیم، بلکه باید او را به دوستی برگیریم، خیلی فرق است بین این دو . شما اگر تمام انتظارتان از دوست‌تان این باشد که کارتان را راه بیندازد، که دوستی نیست، اما اگر دوستی که دارید فقط دوستش دارید و هر کس از شما بپرسد که نقش این دوست شما در زندگی شما چیست بگویید هیچ! زندگی من تهی نیست، چون یک چنین دوستی دارم. همین و بس. خدا در اصل چنین است. خلاء زندگی ما را پر می‌کند. من خدا را برنگرفتم که توقعات مرا برآورده کند و هر جا کار من لنگ شد آن را راه بیاندازد. به مردم هم چنین چیزی را نمی‌گویم.

تصور «خدا»یی که بخواهم فقط به من گوش بدهد و توقعی از او نداشته باشم، راحت نیست. هر چیز دیگری را می‌توان جای این خدا نشاند. این خدا بود و نبودش چه فرقی می‌کند؟

ببینید، آن خدای دین معیشت‌اندیش، که خلاءهای زندگی را پر می‌کرد، اکنون غایب است. آن خدا هیچ‌وقت حاضر نبوده است، آنان فکر می‌کردند حاضر است. هراتفاقی که می‌افتاد می‌گفتند خداوند کرده است؛ مثلاً می‌گفتند خدا به من یک دختر داده یا خدا جان من را حفظ کرده است. البته در این‌که علت‌العلل خداوند است بحثی و شکی نداریم، اما این‌که در هر

حادثهٔ خاصی شما پای خداوند را به میان بیاورید و آن را در عرض علل طبیعی بنشانید، خطاست. آن خدا که چنان نقشی را به عهده‌اش نهاده بودند هیچ‌وقت حاضر نبوده است که ما امروز بگوییم غایب است. بلی، در خیال عامیان حاضر بود. و آن نوعی دینداری بود که با دیگر اجزای زندگی‌شان توازن و تعادل داشت.

اما این‌که بودن و نبودن این خدا برای شما چه فرقی می‌کند، من جواب سؤال شما را دادم. مگر خدا کفش و کلاه است که بگوییم به من می‌خورد یا نه و به چه درد من می‌خورد؟ سؤال این است که درد شما چیست؟ **خدا به هر دردی نمی‌خورد**. به درد تنهایی‌های روح می‌خورد. به درد عاشقی می‌خورد. به درد پرستش و ستایش می‌خورد و همه ما عمیقا به این نقش‌ها احتیاج داریم. خداوند العیاذ بالله کارگر خانه نیست که اگر لولهٔ آب ترکید تعمیر بکند. ما چون از خداوند این انتظارات را داریم، می‌گوییم چرا این کار را نکرد. این اشتباه است.

عرفای ما می‌گفتند:

ما ز دوست غیر از دوست مقصدی نمی‌خواهیم
حور و جنت ای زاهد بر تو باد ارزانـــــــی[1]

منتها این خدا در حاشیه بود. اکنون برای توازن با زندگی مدرن باید خدایی را که قبلا در حاشیه بود به متن بیاوریم. آن‌گاه حضوراش با غیبت‌اش تفاوت بسیار پیدا خواهد کرد. آن خدای انسان‌واری که فکر می‌کردیم حاضر بوده و اکنون غایب شده است، هیچ‌گاه حاضر نبوده است. و این خدایی که همیشه حاضر، لکن در حاشیه بوده است، اکنون باید در متن حاضر بشود. آن‌گاه ما با خداوند به طور کامل رابطهٔ دیگری پیدا خواهیم کرد و متون دینی را هم به طور دیگری خواهیم فهمید.

و به عنوان سؤال آخر: آیا هنوز هم هر بلایی کز «تو» آید رحمتی است؟

بلی. هر بلایی که از جانب معشوق بیایـد رحمت است. «بلایی کز حبیب آید هزارش مرحبا گفتیم»[2].

---

۱. شیخ‌بهایی، *دیوان اشعار*، غزلیات، غزل ۲۵

۲. حافظ، غزلیات، غزل ۳۷۰

علم و لیبرالیسم

گفت‌وگو با عبدالکریم سروش

قضا رکن دموکراسی است[1]

اقتضای گفت‌وگو در درجه اول این است که طرفین گفت‌وگو، بی‌لکنت و بی‌آن‌که مطالب‌شان حمل بر شائبه‌های سیاسی و عقیدتی شود، سخن خود را بگویند و درباره مسائل فیمابین رأی و عقیده خویش را ابراز کنند. گفت‌وگو در باره علوم انسانی نیز از جمله همان مباحثی است که با رویکردهای سیاسی عجین شده، و به همین سبب اصل و فرع موضوع در پس ابر ضخیمی از سوءتفاهم گرفتار مانده است. اگر سودای اسلامی‌کردن علوم انسانی را در سر داشته باشیم، لازمه‌اش آن است که آرای مخالفان و منتقدان را بی‌کم و کاست بشنویم و با آن‌ها وارد گفت‌وگو شویم. روزنامه اعتماد بنا بر وظیفه رسانه‌ای‌اش بر خود فرض می‌داند تا اسباب گفت‌وگو در این باب را فراهم آورد و نحله‌های مختلف فکری را به میدان بحث و تبادل نظر فرا بخواند. باشد که از این رهگذر بتوانیم به رونق محافل فرهنگی و فکری ایران عزیز کمک کنیم.

---

۱. متن تنقیح شدهٔ گفت‌وگوی هومن دوراندیش با عبدالکریم سروش، روزنامه اعتماد، شماره: ۴۶۷۱، شنبه ۳۱ خرداد ۱۳۹۹

متن زیر پاسخ‌های مکتوب دکتر عبدالکریم سروش به دوازده پرسش مرتبط با علم و لیبرالیسم و دموکراسی و مارکسیسم است. نخ تسبیح این سوالات به ظاهر پراکنده، آرا و مباحث چند سال اخیر عبدالکریم سروش بوده است. برای مثال درباره لیبرالیسم باید گفت که دکتر سروش زمانی که در ایران بود، اگر چه لیبرالیسم را به تمامی نمی‌پذیرفت، ولی غالبا بر وجوه مثبت لیبرالیسم انگشت تأکید می‌نهاد؛ اما در چند سال اخیر، سروش آن‌چه را که نقاط ضعف لیبرالیسم می‌داند، در مباحثش برجسته می‌کند. کافی است مقاله «رهایی از یقین و یقین به رهایی» (منتشر شده در ۱۳۷۸) را با سخنرانی «نئولیبرالیسم مسلح» (۱۳۹۵) مقایسه کنیم تا تغییر اولویت‌های این روشنفکر دینی لیبرال را در مواجهه با لیبرالیسم دریابیم. سروش در سال ۱۳۷۸ گفته بود که لیبرال‌دموکراسی را بیش از سوسیال‌دموکراسی خوش دارد، در این مصاحبه سوسیال‌دموکراسی را خواستنی‌تر از لیبرال‌دموکراسی، اما آرمانی ناممکن می‌شمارد. بر همین سیاق، آرای دو دهه قبل عبدالکریم سروش درباره مدرنیته رنگ و بوی انتقادی کمتری داشت. این‌که تقویت جبرباوری در سایه پیشرفت علم و نیز گسترش خداناباوری در پیشرفته‌ترین کشورهای جهان مدرن، مبانی حقوق بشر را سست می‌کند، در زمرهٔ دغدغه‌های فکری متاخر این روشنفکر علم‌گرای خداباور است. سروش در این مصاحبه، شاید برای نخستین بار، جبرگرایی و تحویل‌گرایی را «انحرافی عظیم» در علم قلمداد می‌کند. با این حال او تأکید می‌کند که نقدهایش به لیبرالیسم و مدرنیته و علم جدید به معنای موافقتش با مارکسیسم و غرب‌ستیزی و ارتجاع نیست.

مصاحبه مکتوب روزنامه اعتماد با عبدالکریم سروش، نخستین حضور او در روزنامه‌های ایران پس از قریب به دوازده سال است. آخرین مصاحبه روزنامه اعتماد با این روشنفکر دینی پرطرفدار، گفت‌وگویی بود درباره ترجمه‌ای از *قرآن*، که در نیمه دوم سال ۱۳۸۷ منتشر شد.

شما همواره بر ضرورت مدیریت علمی تأکید کرده‌اید و البته معتقدید «باید» از «است» برنمی‌خیزد. آیا مدیریت علمی نوعی استنتاج «باید» از «است» نیست؟ اگر نه چنین است، در صورتی که بنا بر مدیریت علمی جامعه باشد، آیا می‌بایست «باید»های برآمده از مدیریت علمی را «باید حقیقی» (و نه اعتباری) قلمداد کنیم؟ اگر بین بایدهای مدیریت علمی و بایدهای اخلاقی تعارضی ایجاد شود، حاکمان جامعه باید جانب کدام یک را بگیرند؟

بلی، بایدهای مدیریتی جنس ارزشی ندارند و از جنس روش‌اند و لذا با قاعده «عدم استنتاج باید از است» منافات پیدا نمی‌کنند. و اگر میان «باید مدیریتی» و «باید ارزشی» تعارضی بیفتد، البته ارزش‌ها تقدم دارند. به این مثال توجه کنید: «برای دزدی باید از دیوار

خانه بالا رفت.» این باید (روشی) با «نباید دزدی کرد» (ارزشی) تعارض دارد، لذا جانب ارزش را باید گرفت.

داروینیسم را موجب بی‌مبنا شدن حقوق بشر می‌دانید. اگر مبنای حقوق بشر کرامت انسان نزد خداست، آیا ماتریالیسم و خداناباوری در درازمدت به زیان حقوق بشر تمام خواهد شد؟

ژاک ماریتن، فیلسوف فرانسوی، که خود در تحریر پیش‌نویس اعلامیه حقوق بشر حضور داشت، می‌گوید وقتی آن اعلامیه را می‌نوشتیم هیچ کس از دیگری نپرسید به چه دلیل آدمی محترم و ارجمند است؟ می‌دانستیم این پرسش، نزاع‌های بی‌پایانی را به دنبال دارد. بنا را بر این گذاشتیم و توافق کردیم آدمی محترم و مکرّم است و حقوقی دارد که باید محترم شمرده شود. لذا اعلامیه حقوق بشر اجماع و توافقی است مبتنی بر پیش‌فرضی مقبول و نامدلل. اکنون که پس از عقد قرارداد می‌خواهیم آن را بررسی فلسفی کنیم، البته جا دارد بپرسیم چه شد که آن پیش‌فرض نهفته، مقبول همگان افتاد؟ ساده‌ترین جواب آن است که جنگ‌های پرهزینه و خون‌آلود، همه را به تنگ آورده بود. عقلای قوم صلاح در این دیدند که آدمی را برتر از همه ملاحظات بنشانند و دین و نژاد و ملیت و رنگ و تاریخ را در کار نیاورند و به جای تکالیف آدمی سخن از حقوق او بگویند و قاعده طلایی اخلاق را در میان آورند که آن‌چه بر خود نمی‌پسندی بر دیگران روا مدار. این پاسخ فقط فایده عملی آن اعلامیه را به دست می‌دهد و ریشه‌های فلسفی‌اش را ناگفته می‌گذارد. بالاخره مکرّم بودن آدمی یا قرارداد صرف است یا ریشه در خودخواهی آدمی دارد یا واقعاً از کرامتی برمی‌خیزد که از آدمی جدانشدنی است. حال اگر به این کرامت جدانشدنی قائل باشیم، باید عقب‌تر برویم و ببینیم آدمی آن را از کجا کسب کرده است. ادیان الهی معتقدند این کرامت عطیه الهی است (*قرآن*: «و لقد کرّمنا بنی‌آدم»؛ تورات: «و خدا آدمی را بر صورت خویش آفرید») و آن نفحه خداوندی که آدمی حامل اوست، او را چنین مکرّم و معزّز کرده و رعایت حقوقش را واجب نموده است. اگر ناتورالیسم و ماتریالیسم محض، جامعه بشری را فراگیرد، راهی جز بناکردن حقوق بشر بر قرارداد محض نیست که البته بسیار نااستوار و شکننده خواهد بود.

هراری در کتاب *انسان خردمند* می‌گوید: «[امروزه] شکاف عظیمی بین انسان‌گرایی لیبرال و آخرین یافته‌های علوم زیستی ایجاد شده است. دانشمندان استدلال می‌کنند که رفتار انسان را هورمون‌ها و ژن‌ها و سیناپس‌های عصبی تعیین می‌کنند، نه اراده آزاد. نظام‌های سیاسی و قضایی لیبرال به شدت در تلاش‌اند چنین یافته‌های نامناسبی را از دور خارج سازند.» درباره این تعارض چه نظری دارید؟

مدت‌هاست من دل‌مشغول این دغدغه‌ام که تناقضی عجیب جامعه مدرن را بیمار کرده است. از یک‌طرف در دانشگاه‌ها به دانشجویان جبر علمی را به‌منزلهٔ آخرین دستاورد علم می‌آموزند و می‌فروشند و اراده آزاد و اختیار را افسانه می‌شمرند و آدمی را چون ماشین می‌انگارند، از طرف دیگر، فریاد لیبرالیسم و حقوق بشر و آزادی برمی‌دارند. جالب است که دانشکده‌های بیولوژی و عصب‌شناسی در کنار دانشکده‌های حقوق قرار دارند که یکی مبتنی بر اختیار مسلم آدمی است و دیگری جایی برای اراده آزاد در مغز و اعصاب نمی‌یابد و همه چیز را دستخوش جهش نورون‌ها و تراوش هورمون‌ها می‌شمارد. باید اختیار را دوباره به میدان آورد. و این کار آسانی نیست. فیلسوفان اگر واجد همت و طالب خدمت‌اند، بسم‌الله. نهال پژمرده اختیار را آبیاری کنند. اختیار هر چه هست، همان است که اگر نباشد، دستگاه قضا و پلیس و مجازات و پاداش و تربیت و مسؤولیت و حقوق و ... همه از نفس خواهند افتاد و بی‌معنا و بی‌اعتبار خواهند شد. کرامت آدمی هم به هر معنا و هر مبنا، آسیب مهلک خواهد دید.

اگر یافته‌های علمی با بعضی از اصول اومانیسم و لیبرالیسم جور درنیاید، آیا لیبرال‌ها باید اصول‌شان را کنار بگذارند؟ و دیگر این‌که، به نظر شما علم پس از تضعیف دین و کنار زدن مارکسیسم، به‌تدریج در حال سرشاخ شدن با لیبرالیسم است؟

علم نمی‌تواند با اومانیسم و لیبرالیسم درافتد. اومانیسم یعنی انسان‌مداری و لیبرالیسم یعنی حقوق‌مداری. و این‌ها دو پیش‌فرض نامدلل و غیرعلمی انسان‌شناسانه‌اند که اینک بر عقول و اذهان آدمیان چیره شده‌اند و شاید در آینده جای خود را به مفروضات و مقبولات دیگر دهند. هم‌چنان‌که نگاه تکلیف‌مدارانه به انسان هم با علم برنیفتاد، بلکه با نگاه حقوق‌مدارانه برافتاد که نه علمی بود نه ضدعلمی (یعنی محصول هیچ تجربه حسی نبود). در مارکسیسم، آن‌چه برافتاد مدعیات «علمی»اش در باب تاریخ و اقتصاد بود که با مدعیات علمی دیگر در تعارض افتاد، وگرنه اومانیسم مارکسیستی کمتر از اومانیسم لیبرالیستی نبود و نیست. هم‌چنین نگاه لیبرالیسم به نیک‌سرشتی بشر می‌تواند با مردم‌شناسی تاریخی تعارض پیدا کند و مثلاً معلوم شود که آدمیان هیچ‌گاه چندان خردمند و نیکخواه نبوده‌اند (که گویا واقعاً چنین است). با این همه حقوق‌مداری لیبرالیستی معارض علمی ندارد.

با گذشت چهار دهه از نقدهای شما به مارکسیسم، امروز چه نگاهی به این ایدئولوژی دارید؟

گذشته از اشکالات فلسفی مارکسیسم، نظامی که بر جبر تاریخ بنا شود و راهی برای مهار قدرت عرضه نکند، نهایتا انسان‌ستیز از آب درخواهد آمد.

جایی گفته بودید که منظورتان از دموکراسی «عدم استبداد» بوده است. آیا هنوز هم فقط

«دموکراسی حداقلی» را برای جامعه ایران مناسب می‌دانید؟

بلی، در مقطع و مرحله کنونی جامعه ایران، هم‌چنان دموکراسی حداقلی و عدم استبداد را خواستنی و شدنی می‌شمارم. «جامعه حافظی» نیز به شرحی که در جای دیگر آورده‌ام، جامعه مطلوب من در این دوران است.

در سخنرانی «نئولیبرالیسم مسلّح» از لیبرالیسم بابت «غفلت از اخلاق» انتقاد کردید. اما در کتاب «اخلاق خدایان» فرموده‌اید ارزش‌های اخلاقی به دو دسته خادم و مخدوم تقسیم می‌شوند و ۹۹ درصد ارزش‌های اخلاقی «خادم و نسبی»اند، آیا اخلاقی قلمدادشدن تحولات سبک زندگی در جوامع غربی، ناشی از این نیست که اکثر ارزش‌های اخلاقی، خادم انسان‌اند نه مخدوم او؟

حق‌مداری لیبرالیسم گاه در مقابل اخلاق سنتی می‌ایستد و بسی از رفتارهای نکوهیده اخلاقی را به‌منزلهٔ یک حق مجاز می‌شمارد. کاپیتالیسم لجام‌گسیخته نیز بر این آتش نفت می‌افشاند. لیبرال‌کاپیتالیسم جایی برای قناعت و تقوا و صبر و سخاوت و گذشت باقی ننهاده است. ظاهربینان فقط روابط ناروای جنسی را می‌بینند و تقبیح می‌کنند، درحالی‌که تباهی این نظام بسی افزون‌تر از این‌هاست. اما معضل اصلی و بزرگ‌تر آن است که آلترناتیوی در افق برای این نظام دیده نمی‌شود. کمونیسم، جهدی بی‌توفیق بود و چشم‌انداز تازه‌ای هم پیدا نیست. ناگفته نگذارم که سربرآوردن این نظام علل تاریخی دارد و بیهوده بر خاک تاریخ نروییده است. اما علاوه بر علل، دلایلی هم در کار است که آن را پایدار کرده است. نیکی‌هایی ستودنی در این نظام هست که نادیده نمی‌توان گرفت؛ چون علم تجربی و آزادی ادیان و نصب و نقد و عزل مسؤولان و قوه قضاییه قوی و منصف (در حد طاقت و امکان و ضعف‌های بشری). اگر این‌ها نبود، آن‌گاه هیچ گونه دلربایی و استواری در این نظام نبود و بسی زودتر از نظام رقیب صحنه را خالی می‌کرد. قوه قضاییه نقطه قوت این نظام است و دموکراسی بدون آن پا نمی‌گیرد. چون نماز که رکن مسلمانی است، قضا هم رکن دموکراسی است و اصلاح‌طلبان، بیش از انتخابات باید در طلب اصلاح قضا باشند.

امیل دورکیم می‌گفت انحرافات امروز، اخلاقیات فردا هستند. این‌که پیشاپیش ضرورت رعایت «اخلاقیات» را از سوی جامعه مفروض بگیریم، آیا موضعی محافظه‌کارانه و خلاف سیر طبیعی تطور نیست؟

چنین نیست که هر چه پیش آید خوش آید، بلکه تحول اجتماعی هم لزوما به سوی بهتر شدن نیست. یعنی تضمینی برای آن نیست. در جوامع جدید، مدهای زودگذر فکری و اخلاقی

غلبه کرده‌اند که اغلب ریشه ندارند و قابل توجیه و پیروی نیستند. لنگرها و سنگرهای اخلاق را نباید به سهولت و سخاوتمندی به توفان تحولات روزپسند سپرد. سعادت انسان خطیرتر و عظیم‌تر از آن است که به دست تلاطم‌های بی‌سامان روزگار افتد.

کارل پوپر معتقد بود که در جهان کنونی نوعی «مذهب بدبینی به مدرنیته» شکل گرفته است. آیا سال‌ها زندگی مداوم در غرب، شما را هم تا حدی متاثر از این مذهب بدبینی نکرده است؟

طومار مدرنیته به‌تدریج بازتر و بازتر و تاریخی‌تر می‌شود و رازهای درونش آشکارتر می‌شود و شناخت ما هم از آن بهتر و بیشتر می‌شود. از یک‌طرف هابرماس می‌گوید که مدرنیته هنوز همه ظرفیت‌های خود را به فعلیت نرسانده، لذا آینده‌ای روشن در انتظار آن تواند بود. آدورنو و هورکهایمر، از طرف دیگر می‌گفتند مدرنیته به وعده‌های خود وفا نکرده و انسانی در تراز نوین نیافریده است. هایدگری‌ها هم در انتظار یک ناکجاآباد موهوم، کل مدرنیته را نفی و طرد می‌کنند و به حوالت تاریخ چشم دوخته‌اند تا چون شعبده‌بازان از میان دستمال خالی خود ناگهان پرنده‌ای را به پرواز درآورند. نکته این است که کسی از آینده خبر ندارد. گذشته را هم بهتر از امروز دانستن و برای بازگشت‌اش اشک حسرت‌ریختن نابخردانه است. ماییم و حال و امروز. هر چه در توان داریم باید به‌کار گیریم تا باغچه اکنون‌مان را شخم بزنیم. آینده را به آیندگان بسپاریم. بدترین کار، کاری نکردن است. بعضی‌ها که مدرنیته و توسعه و علم را نفی می‌کنند بدبین و مدرنیته ستیزاند. من چنین نیستم و به قول پوپر وقتی باران می‌بارد چتر به دست می‌گیرم، نه این‌که هوس خشک کردن دریاها را داشته باشم تا ابری برنخیزد و بارانی نریزد!

در «نئولیبرالیسم مسلّح» در نقد عملکرد رسانه‌ها در جهان غرب فرموده‌اید «هیچگاه آدمیان به لحاظ فکری دربندتر از اکنون نبوده‌اند.» آیا این انتقاد، نافی دفاع پیشین شما از رسانه‌های آزاد نیست؟ نهایتا به نظر شما، رسانه‌های آزاد حقیقت جامعه را به حاکمان نشان می‌دهند یا مردم را دچار اسارت فکری می‌کنند؟

آزادی رسانه‌ها خیری است آمیخته به شرّ لازم. عوام مسخر رسانه‌ها می‌شوند و چون پشه‌ها به این‌سو و آن‌سو می‌روند و پسند و ناپسندشان را از القائات و تلقین‌های رسانه‌ها اخذ می‌کنند. اما برای خواص، بحث و تحقیق آزاد، البته نعمتی است بهشتی و آسمانی. هر چه سطح آگاهی مردم در جامعه بالاتر رود، آزادی رسانه‌ها، کمک بیشتر به رشدشان خواهد کرد.

برخی از منتقدان، روشنفکری دینی را طرفدار سوسیال‌دموکراسی می‌دانند. شما در

مجموع بیشتر به سوسیال‌دموکراسی مایل هستید یا لیبرال‌دموکراسی؟

ای کاش سوسیال‌دموکراسی شدنی بود، دریغا که نیست. لذا به لیبرال‌دموکراسی با همه اشکالاتش و با کوشش در رفع آن‌ها، باید دلخوش و پای‌بند بود.

شما ظاهراً هیچ یک از نظام‌های فکری را بی‌انتقاد قبول ندارید. آیا به علم جدید هم نقدی دارید؟

علم جدید بسیار جبرگرا و تحویل‌گرا (Reductionist) شده است و این انحرافی عظیم است. بزرگ‌ترین قربانی تحویل‌گرایی علم جدید، اختیار آدمی است. بیولوژی و عصب‌شناسی مدرن، آدمی را به بسته‌ای از ارتباطات الکتریک و بیوشیمیک تحویل کرده که جایی برای اختیار او باقی نگذاشته است. پیش‌تر این نکته را با شرح بیشتر آوردم. هم‌چنین غلبه جزءبینی، کل‌گرایی را از علم ستانده است. با این همه، علم در کشف نظم‌های طبیعت خوب پیش می‌رود و به کمک ریاضیات سرعت پیشروی خود را افزون‌تر می‌کند و تصویر شفاف و بدیعی از شرق و غرب و گذشته و حال جهان پیش چشم ما می‌نهد که بسیار ستودنی است. علم انسانی، به دلایل مختلف، غل‌ها و زنجیرها بر دست و پا دارد که ناگشودنی نیستند، اما سخت‌جانی می‌کنند. اسلامی کردن علوم انسانی زنجیر تازه‌ای است که ناشی از آشنا نبودن به روش‌شناسی علمی است و تکامل این علوم را به تعویق و توقف می‌افکند. این هوس‌ها معلول و محصول همان غرب‌ستیزی است که چندین دهه است گزینش از دستاوردهای غربی را ناصواب و ناممکن می‌شمارد و اینک به جان علوم انسانی افتاده است.

در مارکسیسم، آن‌چه برافتاد مدعیات «علمی»اش در باب تاریخ و اقتصاد بود که با مدعیات علمی دیگر در تعارض افتاد، وگرنه اومانیسم مارکسیستی کمتر از اومانیسم لیبرالیستی نبود و نیست.

گذشته از اشکالات فلسفی مارکسیسم نظامی که بر جبر تاریخ بنا شود و راهی برای مهار قدرت عرضه نکند، نهایتا انسان‌ستیز از آب درخواهد آمد.

در جوامع جدید، مدهای زودگذر فکری و اخلاقی غلبه کرده‌اند که اغلب ریشه ندارند و قابل توجیه و پیروی نیستند. لنگرها و سنگرهای اخلاق را نباید به سهولت و سخاوتمندی به توفان تحولات روزپسند سپرد. سعادت انسان خطیرتر و عظیم‌تر از آن است که به دست تلاطم‌های بی‌سامان روزگار افتد.

کسی از آینده خبر ندارد. گذشته را هم بهتر از امروز دانستن و برای بازگشت آن اشک

حسرت ریختن نابخردانه است. ماییم و حال و امروز. هرچه در توان داریم باید به‌کار گیریم تا باغچه اکنون‌مان را شخم بزنیم. آینده را به آیندگان بسپاریم. بدترین کار، کاری نکردن است.

انقلاب فرهنگی، نه انقلاب بود و نه انقلابی در فرهنگ[1]

آیا انقلاب فرهنگی واجد تغییراتی بنیادی در زمینهٔ آموزش و فرهنگ دانشگاهی بوده است؟ موفقیت‌ها و ناکامی‌های آن را بیان نمایید.

بسم الله الرحمن الرحیم. دربارهٔ انقلاب فرهنگی و ماهیت و آرمان‌های آن، آن زمان که من در ستاد انقلاب فرهنگی شاغل بودم، سخن کم نگفته‌ام ولی آن‌چه که الان به اختصار خدمت شما عرض می‌کنم این است که انقلاب فرهنگی واقعهٔ بزرگی بود که در دانشگاه‌ها اتفاق افتاد، ولی فی‌الواقع نه انقلاب بود و نه انقلابی در فرهنگ بود. بیش از این که انقلاب فرهنگی باشد، تحول آموزشی بود. همه می‌دانیم که انقلاب فرهنگی به معنای تغییر و زیرورو کردن و بسیاری از اصول و ارکان را عوض کردن است. فرهنگ هم یك سیل جاری است که همهٔ اجتماع و از جمله دانشگاه‌ها و مراکز آموزشی را در بر می‌گیرد. لذا نه می‌توان فرهنگ را محصور به دانشگاه‌ها و مراکز رسمی آموزشی دانست و نه می‌توان گفت که یك تحول زیرورو کننده پدید آمده است. بنابراین، به نظر من برای این که تفسیر و توصیف دقیق‌تری از ماجرایی که در دانشگاه‌ها واقع شده به دست دهیم بهتر است نام آن را تحول آموزشی بگذاریم، در کنار

---

۱. این مصاحبه نخست در مجلهٔ «دانشگاه انقلاب»، شماره‌های ۴۹ و ۵۰ مورخ دی و بهمن ۱۳۶۶ تحت عنوان «گفت‌وگویی با دکتر عبدالکریم سروش» منتشر شده است.

تحول پاره‌ای از ایده‌آل‌ها و آرمان‌ها. پس از انقلاب فرهنگی (یا تحول آموزشی)، هم برنامه‌ها عوض شد و هم دانشجویان با معیارهای خاصی وارد دانشگاه‌ها شدند. هم فضای اسلامی دانشگاه عوض شد و هم ارزش‌های حاکم بر علم‌آموزی تحولاتی پیدا کرد. اما آنچه در دانشگاه باید رخ بدهد، یعنی پیشتازی عقل و علم، و منزلت اجتماعی یافتن عالمان و حرمت اجتماعی دادن به تفکر و استفاده‌های مستمر و عمیق از فنون جدید علمی، این‌ها به نظر من چیزهایی است که ما هنوز در نیمهٔ راه آن‌ها هستیم و به تحقق کامل و ایده‌آلی نرسیده‌ایم. حالا که از انقلاب سخن می‌گوییم به این نکته باید توجه داشته باشیم که انقلاب همیشه یك آغازی دارد و بعد بسط پیدا می‌کند. هیچ‌وقت یك‌جا و یك‌شبه و یا در نقطهٔ واحدی انقلاب رخ نمی‌دهد. انقلاب آغاز می‌شود، اما تحقق آن دورانی طولانی را می‌طلبد. دانشجویان ما، اساتید، زمامداران و مسؤولان ما، اگر اعتقاد به این تحول فرهنگی دارند باید بکوشند که این انقلاب را به آخرین مراحلش ان‌شاءالله برسانند.

به یاد دارم که در بحث‌هایی که در ستاد انقلاب فرهنگی دربارهٔ تحول‌های عمیقی که در دانشگاه‌ها باید رخ بدهد داشتیم، مخصوصاً بر ارزش‌هایی که از نظر اسلام برای شخص عالم مطرح است تأکید زیادی می‌کردیم؛ این‌که علم نباید موجب مراء باشد، علم برای عمل است، علم برای جدال نیست، برای تفاخر و حتی برای استرزاق نیست، علم باید نافع باشد.

پیامبر(ص) از علم غیرنافع به خدا پناه می‌برند. حتی آن‌جا گفتیم که در مدرك‌های دانشگاهی علم نافع را بگنجانند. حالا شما خودتان می‌توانید حساب کنید که چه‌قدر از این‌ها در دانشگاه‌ها رخ داده است، و ما چه‌قدر به معیارهای اسلامی نزدیك شده‌ایم. اما به‌هرحال، تحولاتی که در برنامه‌های آموزشی رخ داده قابل توجه است، یعنی از پراکندگی‌هایی که احیاناً بوده، رهایی پیدا کرده‌ایم و قدری به انضباط و تمرکز نزدیك شده‌ایم، ولی باید بیفزایم که فشاری که از ناحیهٔ جامعهٔ بیرونی به دانشگاه‌ها آمده و می‌آید تحقق بعضی اهداف فرهنگی را کلاً در بوتهٔ اجمال و عدم تحقق انداخته است. الان فشار دانشجویان به دانشگاه‌ها و تمام‌وقت کردن اساتید چیزهایی است که به شدت آن را مورد تهدید قرار داده است. واقعاً یکی از نتایجی که ما از دانشگاه‌ها می‌خواستیم این بود که برای کشور به حد مقدور، خودکفایی علمی و صنعتی بیاورند و من جداً در تردیدم که با کیفیتی که الان در این جامعه حاکم است خودکفایی به هیچ وجهی قابل وصول باشد. وقتی که آموزش در درجهٔ اول و تقدم قرار می‌گیرد و بقیهٔ امور تابع آن می‌شوند باید از این‌که ما به خودکفایی برسیم قطع امید کرد، مگر این‌که یك چارهٔ جدی برای این امر بیندیشیم. به‌هرحال، انقلاب فرهنگی همین‌طور که عرض کردم یك رود جاری است که باید در آن شنا کرد و کار را نباید تمام‌شده انگاشت. نسبت به آموزش معارف دینی هم در دانشگاه‌ها نگرانی

جدی وجود دارد که آیت‌الله منتظری بعضی از آن‌ها را تذکار دادند، حیف است که این امر مهم مورد توجه قرار نگیرد و سست و نیمه‌جان و بی‌رمق بماند.

با توجه به این‌که در سال‌های اخیر کمیت دانشگاه‌ها افزایش پیدا کرده است و این افزایش کمیت، کم شدن کیفیت در دانشگاه‌ها را موجب شده است، برای ارتقاء کیفیت دانشگاه‌ها چه تلاش‌هایی باید صورت پذیرد؟

دانشگاه قائم به استاد و دانشجو و برنامه‌های درسی است. برنامه‌های درسی که از ناحیهٔ شورای انقلاب فرهنگی تدوین می‌شود و به دانشگاه‌ها فرستاده می‌شود و دانشگاه‌ها خودشان زیاد در این امر نقشی ندارند. اما از نظر استاد، ما کمبود داریم و همین تعداد کمی را هم که داریم مجبور شدیم به کار زیاد بکشانیم. این یك نوع خرابی است که خرابی را در جاهای دیگر تشدید می‌کند. از یك جایی باید جلوی این را گرفت و از تجربه‌های دیگران هم باید استفاده کرد. الان کاری که می‌توان در کشور ما تا حدود زیادی انجام داد این است که در برابر دانش‌آموزانی که از مدارس فارغ‌التحصیل می‌شوند، راه‌های عدیده‌ای نهاده شود تا تنها راه، ورود به دانشگاه نباشد. در این صورت، هم بار دانشگاه‌ها سبك می‌شود، هم اساتید به آموزش بهتر می‌رسند و هم جوان‌های این مملکت در جاهای مختلف قرار می‌گیرند و نقش‌های مختلف را بازی می‌کنند، به طوری که هماهنگی بهتری در کل مملکت و در دادن خدمت به وجود می‌آید. ظاهراً هم شورای انقلاب فرهنگی و مسؤولان در فکر این هستند که چنین کیفیتی را به وجود بیاورند. شما کشورهای دیگر را هم که نگاه کنید چنین نیست که دانش‌آموزان فارغ‌التحصیل همه‌شان بخواهند وارد دانشگاه بشوند یا دانشگاه‌ها آن‌قدر جا داشته باشد که به آن‌ها بتوانند جا بدهند. بنابراین، بهترین راه این است: اولاً جذب اساتید، و ثانیاً به وجود آوردن مجراهای دیگری برای استفاده از نیروهای وطنی جوانان در خدمت به کشور. تنها کار متدیکی که بعد از انقلاب اسلامی و فرهنگی برای تربیت اساتید صورت گرفت، تشکیل مدرسهٔ تربیت مدرس بود که با نشیب و فرازهایی که داشته فعلاً به کار خودش ادامه می‌دهد. از همان ابتدا هم ما می‌گفتیم که مدرسهٔ تربیت مدرس فرزند مشروع ستاد انقلاب فرهنگی است؛ هنوز هم به آن چشم، به آن نگاه می‌کنیم و امیدواریم مسؤولینی که آن‌جا هستند به اهمیت این مدرسه بیش از پیش توجه کنند و ان‌شاءالله فارغ‌التحصیلان آن‌ها از غنای علمی هرچه بیشتری برخوردار باشند و دانشگاه‌ها را آباد بکنند. ما تا بنشینیم و به حالت انفعالی از فارغ‌التحصیلان دانشگاه‌های خارج و داخل استاد تهیه کنیم کارمان به همین قرار خواهد ماند، مگر این که خودمان تولید نیرو بکنیم و آن‌جا نیروگاه بزرگی است، که مدد زیادی به دانشگاه‌ها خواهد رساند. لذا تقویت آن دانشگاه به نظر من یك فریضه است، هم

از نظر بودجه و هم از نظر وضع گزینشی و هم سختگیری و دقت علمی و هم از نظر تقویت کتابخانه و رئیس و استادان آن‌جا. و البته باید به طعن طاعنان و خصومت خصمان توجه نکنند و کار خودشان را بکنند. بزرگی و درخشندگی آن‌ها ان‌شاءالله نمایان خواهد شد، مشروط به این‌که در غنا و تابندگی بیشتر خودشان بکوشند.

یکی از اهداف انقلاب فرهنگی تغییرات در علوم انسانی است چون در سایر علوم ما به چنان تغییر محتوایی کلی نیاز نداریم. آیا به نظر شما در این مدت تغییر صورت گرفته و اگر نگرفته برای تغییرات در علوم انسانی چه روش‌ها و چه فعالیت‌هایی باید صورت بگیرد؟

وقتی‌که در علمی از علوم، صحبت از تغییر بنیادی می‌کنیم باید برای خودمان این بنیاد را و تغییر در این بنیاد را روشن کنیم. علوم انسانی جزء علوم تجربی است و علوم تجربی بنیادهایی دارد. یکی از بنیادهای آن‌ها روش آن‌هاست. پیش‌فرض‌های فلسفی این علوم یکی دیگر از بنیادهای آن‌هاست و اهداف و انگیزه‌های بنای آن علوم هم یکی دیگر از بنیادهای آن‌هاست. تقریباً علوم تجربی را می‌توان با این سه رکن مشخص کرد. شما به علم زمین‌شناسی نگاه کنید، روشی دارد و مسبوق به یك دسته سوابق فلسفی هم هست، یعنی قائل است به این‌که دنیایی هست، قائل است به این که «تجربه» فی‌المثل حقیقت‌نماست و کشف از واقع می‌کند و قائل به کمیت‌گرایی است، و علاوه بر این دو، عالمان این علم اهداف و انگیزه‌هایی دارند. مثلاً می‌آیند و خاك‌های ایران را شناسایی می‌کنند و بعد شناسایی‌ها و مکشوفات خود را هم مصروف تحقق بعضی از اندیشه‌ها و آرمان‌ها می‌سازند. لذا الان که ما دربارهٔ تحول بنیادی در علوم انسانی سخن می‌گوییم باید برای خودمان روشن کنیم که تحول در کدام یك از این بنیادها مورد نظر ماست. اتفاقاً به نظر من روشن‌نبودن یا روشن‌نکردن این امور به ابهام این مسأله دامن زده است. آن‌چه به نظر بنده قابل تحول نیست ــ یعنی وقتی از تحول بنیادی علوم انسانی سخن می‌گوییم منظور و مرادمان تحول در آن بنیاد نیست ــ عبارت است از بنیاد روش تجربی علوم انسانی. علوم انسانی اگر بخواهد علوم انسانی باقی بماند باید ملتزم به روش علوم باشد (حالا روش علوم را هرچه بدانید)؛ نمی‌توان روش علم را از علم گرفت و باز هم ادعای ماندن علم را کرد.

در جامعهٔ ما یکی از اشکالات و ابهاماتی که به وجود آمد، همین بود. یك عده می‌خواستند به جای علوم انسانی، فلسفه را بنشانند. بنده هیچ مخالفتی با فلسفه ندارم و خیلی هم به آن علاقه‌مندم، اما فلسفه جای علم را نمی‌گیرد، علم هم جای فلسفه را نمی‌گیرد. شما در مورد فیزیك هم نمی‌توانید روش تجربی علمی فیزیك را سلب کنید و به جایش طبیعت‌شناسی فلسفی

بگذارید؛ اگر این کار را بکنید شما دیگر فیزیك ندارید، نمی‌توانید بگویید که ما فیزیك را متحول کرده یا فیزیك جدیدی آورده‌ایم، بلکه باید بگویید ما یك علمی را برداشتیم و یك دانش دیگر را به جای آن گذاشتیم. در علوم انسانی معمولاً این توجه کمتر می‌شود که به جای علوم انسانی نامطلوب باید علوم انسانی مطلوب گذاشت. بودند کسانی که در زمان ما ذهنشان به «علم‌النفس فلسفه» متعلق بود، یا بعضی‌ها که از فلسفه‌های جدید اطلاعات بیشتری داشتند تعلق خاطری به اگزیستانسیالیسم داشتند. آن‌ها می‌خواستند آن انسانی را که در علم‌النفس فلسفه و یا در اگزیستانسیالیسم معرفی شده، بیاورند و به انسانِ جای علوم انسانی بگذارند. علوم انسانی تجربی، ما را از فلسفه مستغنی نمی‌کند، و حتماً دانشجویان علوم انسانی ما باید فلسفه هم بخوانند و قطعاً به آن‌ها کمك خواهد کرد. منتها مستغنی‌شدن از علم و فلسفه را به جای علوم انسانی نشاندن چیزی است و همکاری فلسفه و علوم انسانی چیز دیگری، این نکته‌ی اول. بنابراین، در تحول بنیادی علوم انسانی روش تجربی علوم دست نخواهد خورد و نباید بخورد و بنده سرّ این را که در دانشگاه‌های ما تحول بنیادی علوم انسانی به سامان خوبی نرسید همین می‌دانم که در این نکته تأمل کافی نشده، و توجه نشده که تحول بنیادی در کجا باید واقع شود و در کجا نباید واقع شود.

برویم سراغ دو رکن دیگر. به نظر من در هر دو رکن دیگر می‌تواند تحول رخ بدهد و باید رخ بدهد و نظر دانشمندان ما و فیلسوفان ما باید معطوف به آن‌جاها شوند. قسمت‌های اجرایی مسأله را من بعداً ذکر می‌کنم. آن‌هایی را که الان ذکر می‌کنم جنبه‌های معرفتی مطلب است. مسلماً ما انسان‌شناسی‌مان با انسان‌شناسی پاره‌ای از متفکران مغرب‌زمین فرق دارد و مسلماً وقتی شما روش‌های علمی را به کار می‌گیرید آن را روی یك موجودی که نمی‌دانید چیست اعمال نمی‌کنید، روی موجودی اعمال می‌کنید که نسبت به او پاره‌ای معرفت‌ها را دارید و یا قائل‌اید که دارید. اگر آدمی انسان‌ها را ماشین بداند (و این یك تعریف فلسفی است) در آن صورت نتایجی که از تجربهٔ خودش می‌گیرد، یعنی تفسیری که از مشاهدات خودش می‌کند، فرق دارد با وقتی‌که آدمی انسان‌ها را موجودی روحی و غیرماشینی بداند. صاحب نفس دانستن و یا صاحب نفس ندانستن، معرفت‌های فلسفی ماست نسبت به انسان، و هر یك از آن دو را که برگیریم مشاهدات تجربی خودمان را به نحو خاصی تفسیر خواهیم کرد (مثل این که جمله‌ای را که ماشینی ادا کند مسبوق به نیت و اراده نمی‌دانیم ولی همان جمله را اگر از انسان بشنویم، مسبوق به نیت و ادراك می‌دانیم). بنابراین ما چند درس مهم در انسان‌شناسی فلسفی لازم داریم که هم مبتنی بر یافته‌های فکری بشر باشد و هم متخذ از معارف وحی؛ آن هم به نحو بسیار غنی و عمیق که هم دانشجویان علوم انسانی و هم اساتید

علوم انسانی ما بدانند و بخوانند. در این‌جا باید یك تحول بنیادی رخ بدهد برای این‌که در علوم انسانی تجربی که از مغرب‌زمین رسیده مبانی فلسفی هم به دانشجو داده می‌شود. نه این‌که این مبانی فلسفی عین آن علوم‌اند ولی بسیار آمیخته با آن‌هاست، طوری که هنگام تعلیم و تعلم آن‌ها، از هم تفکیك نمی‌شوند و با همدیگر فروخته می‌شوند.

رکن دیگری که در او تغییر و تحول می‌تواند رخ بدهد، آرمان‌ها و ایده‌آل‌هایی است که برای شخص عالم مطرح است، یعنی این‌که این معرفت، می‌خواهد انسان‌شناسی خود را خرج و مصروف چه چیزی کند و با آن چه جامعه‌ای بسازد؛ در این‌جا مسأله ارزش‌هاست. بله، ارزش‌های ما با ارزش‌های بسیاری دیگر از کسانی که در علوم انسانی کار می‌کنند فرق می‌کند. در آن‌جا هم باید تحول بنیادی به وجود آوریم. بلی، بنده معتقدم که دانش از ارزش جداست و به چاقوی منطق می‌توان آن‌ها را کاملاً از هم تفکیك کرد، ولی این را هم عرض می‌کنم که در عالم واقع یعنی در این علومی که به وجود آمده است و در کتاب‌ها نوشته‌اند، با بی‌پروایی دانش را با ارزش آمیخته‌اند، یعنی هنگامی که درسی را به کسی یاد می‌دهند ارزش‌های آن را هم همراه با آن می‌فروشند. در این‌جا هم ما یك ذهن نقاد لازم داریم و یك تحول بنیادی که تکلیف ارزش‌ها را از دانش‌ها جدا کنیم و آن دانش را بیاموزیم و نسبت به قسمت‌های ارزشی هم حساسیت ایجاد کنیم و آن‌ها را شناسایی نماییم.

لذا در این دو جهت ما باید تحول بنیادین در علوم انسانی به وجود بیاوریم. در این که ما به علوم انسانی در جامعه‌مان احتیاج داریم هیچ حرفی نیست، یعنی شما الان برای حل مسألهٔ مهاجران جنگی و جنگ‌زده‌ها و برای رسیدگی به مسألهٔ معلولین، تورم در جامعه، جوانان و ده‌ها از این نوع مسأله، هیچ چاره‌ای ندارید جز این‌که بررسی علمی تجربی کنید، ریشه‌های این‌ها را پیدا کنید و موافق یافته‌های‌تان پیش‌بینی‌هایی بکنید و به دنبال پیش‌بینی‌های‌تان روان بشوید. نه فلسفه و نه اگزیستانسیالیسم را، و نه هیچ مکتب فلسفی دیگر را به جای این بررسی‌ها نمی‌توان گذاشت. البته این‌ها را هم به جای آن مطالب فلسفی نمی‌توانیم بگذاریم؛ هر کدام از این‌ها کار خودش را می‌کند. اشتباه از آن جایی است که آدم تصور کند از یکی از این‌ها مستغنی است و آن را باید به دور بیندازد. این یك دلیل که چرا علوم انسانی سامان درستی پیدا نکرد؛ یعنی به نظر بنده یك درك فلسفی درست از حقیقت علوم انسانی و از ارکان و مقدمات آن‌ها در دست نبود، و این تشخیص صائب کمتر پیدا شد که به کجا باید حمله کرد و کجا را باید نگه داشت و استفاده کرد؛ این اشکال اول.

اشکال دوم در ضعف علوم انسانی پس از پیدایش تحول فرهنگی در دانشگاه‌ها، کیفیت

عمل بود. عقیدهٔ من این است که علوم انسانی در بستر و دامن خود دانشگاه‌ها باید رشد پیدا بکند، در همان‌جا شست‌وشو بشود و در همان‌جا تحول پیدا بکند. بیرون از دانشگاه‌ها، چه یك عده اساتید دانشگاه بنشینند، چه یك عده از اساتید حوزه‌ها و چه مخلوطی از آن‌ها (فرقی نمی‌کند) و چیزی را فراهم بکنند و بگویند این یك علوم انسانی شست‌وشوشدهٔ تطهیرشده است که به‌کار تعلیم و تربیت می‌خورد، به نظر من سرنوشت بسیار تاریکی دارد و آن عبارت است از «شکست». هیچ جای دنیا (شما به تاریخ علم رجوع کنید) هیچ‌وقت چنین چیزی واقع نشده است که یك عده از بیرون، علمی را خلق بکنند و بعد به میان متعلمان بفرستند. علم همیشه در دادوستد بین عالمان خلق می‌شود و آن هم دادوستد و شست‌وشویی مستمر. لذا در داخل دانشگاه‌ها باید این علوم را مورد بررسی و نقادی قرار بدهند؛ یعنی ضمن آموزش و ضمن حیات متعارف آن علم، نه به صورت جریانی جدا. باید ضمن آموزش به دانشجو و ضمن داشتن سمینار و جلساتی که در آن‌ها نقادی جدی صورت می‌گیرد خرده‌خرده به یك نظریه‌های تازه‌ای برسند و کم‌کم روزنه‌های تازه‌ای کشف کنند و مسأله‌های تازه پیدا کنند و به دنبال آن علوم انسانی پی‌افکنده شود. یك علم، مجموعهٔ تئوری‌ها و قانون‌های علمی است و این تئوری‌ها هم تدریجاً کشف می‌شوند، نه به دست کسی یا گروهی منصوب شده خاص. اصلاً نقد یك علم، جزء خود آن علم است نه بیرون از آن. یك علوم انسانی اسلامی فقط توسط دانشمندانی به وجود خواهد آمد که هم معارف اسلامی را عمیقاً بدانند و هم علوم انسانی جدید را، و آن‌چه که از ضمیر آن‌ها بیرون بتراود علوم انسانی اسلامی است. شما برای یك لحظه فکر کنید که چرا در مغرب‌زمین علوم انسانی‌ای به وجود آمد که ما امروز نمی‌پسندیم (گفتم حالا آن هم قابل بحث است که کدام تکه‌هایش را نمی‌پسندیم و کدام تکه‌هایش را می‌پسندیم ولی من‌حیث‌المجموع چنان‌که عرض می‌شود ما آن را خالی از خلل نمی‌دانیم). این البته تئوری رنگ‌ورورفته و باطلی است که ما بگوییم یك عده‌ای در مغرب‌زمین غرض داشتند و می‌خواستند علیه بشریت توطئه بکنند یا خدمتی به ابلیس بکنند یا علوم انسانی‌ای را به وجود آورند که سراپا اشکال و اعراض از حق و استکبار در برابر خداوند باشد. این‌طور نیست. آن‌ها هم مانند ما آدمیان هستند. میان آن‌ها هم همان‌طور اغراض و توطئه‌گری است که میان ما هست. میان آن‌ها هم همان کارهای تحقیقی سالم انجام می‌گیرد که میان ما. آن‌جا هم عده‌ای دانشمند نشستند و این علوم انسانی را پی افکندند، تحقیق کردند، مطالعه و مشاهده کردند و خرده‌خرده مطالبی را جمع کردند. آن‌چه در بین آن‌ها با ما فرق داشت که محتوای ذهنی و ارزش‌های آن‌ها بود و نتیجه‌اش آن علوم انسانی شد که آن‌جا به وجود آمد. برای این‌که علوم انسانی ما در جهات مهمی با علوم انسانی

مغرب‌زمین متفاوت بشود، باید دانشمندانی که این‌جا این علوم را به وجود می‌آورند با آن‌ها فرق بکنند؛ همین و بس.

هیچ‌وقت کسی نمی‌تواند بگوید من می‌خواهم یك علمی به وجود بیاورم که فلان نتیجه را داشته باشد. در مقام تحقیق، هیچ‌وقت نمی‌توان نتایج را مفروض گرفت. اگر نتیجه معلوم است دیگر تحقیق برای چیست؟ در تحقیق، ما همیشه مبادی را باید تأمین کنیم و این مبادی نتایج را تأمین خواهد کرد. شخصی می‌گفت کسی نزد من آمده بود و می‌گفت یك استخاره بکن که خوب بیاید! ما نمی‌توانیم استخاره کنیم و یك علمی درست کنیم که به ما همان چیزهایی را که محبوب ماست بدهد. این چه‌جور علمی است؟ ما باید فقط بگوییم که یك مبادی خاصی را تأمین می‌کنیم، جواب این‌ها هرچه شد قبول است. آن مبادی، علی‌الاصول عبارت است از اطلاعات و تبحر کافی در معارف اسلامی و اطلاعات و تبحر کافی ــ نه حاشیه‌ای ــ در علوم انسانی جدید. جواب این‌ها هرچه شد همان علوم انسانی اسلامی است. پیشاپیش هم نباید کسی بگوید اگر فلان طور شد اسلامی است اگر فلان طور دیگر شد اسلامی نیست. این باطل است و معنایش این است که پیش‌تر از خلق علم، علم را خلق کرده‌ایم؛ پیش‌تر از کشف، آن‌چه را که می‌خواهید کشف کنید، کشف کرده‌اید و این‌ها تناقض است. لذا این کار در خود دانشگاه‌ها باید انجام شود.

یکی از دلایل بدبینی نسبت به علوم انسانی این است که قبل از انقلاب اسلامی، علوم انسانی در کشور ما معمولاً به تعلیمات گروه‌های چپ آمیخته بود و پاره‌ای از کسانی که در آن تدریس یا تألیف می‌کردند معمولاً مروج اندیشه‌های چپ بودند و همین برای عالمان دینی ما ایجاد تردید و سوءظن می‌کرد و حالا باید نشان داد که واقعاً چنین نیست و علوم انسانی می‌تواند پیراسته از این‌ها باشد. آن رنگ‌ها به علوم انسانی نمی‌چسبد و نباید بچسبد. البته این روشن‌کردن هم فقط از طریق اجازه‌دادن به بسط علوم انسانی است و این‌که این علوم به هیچ وجه در دایرهٔ تنگ یك ایدئولوژی، لزوماً نمی‌مانند و خیلی آزادتراند و چنین اسارتی را به دست‌وپای خود نمی‌پسندند. من همین‌جا نکتهٔ بعدی را عرض کنم که در کشور ما، متأسفانه افراد بسیار برجسته در زمینهٔ علوم انسانی که دانشجویان علوم انسانی به آنان نگاه کنند و از آنان الگو بگیرند، کم هستند و همین هم، قدری مایهٔ بی‌مهری نسبت به علوم انسانی در کشور ماست. بعد از انقلاب اسلامی و بعد از انقلاب فرهنگی نسبت به علوم انسانی تحقیر روا داشتند. این را هم باید بدانیم. شما هم خودتان دانشجوی علوم انسانی هستید و می‌دانید که اگر علمی منزلت اجتماعی پیدا نکند، مورد قبول متعلمان و دانشجویان واقع نخواهد شد. ما چه انتظار داریم؟ وقتی‌که رشته‌های پزشکی و جامعه‌شناسی را در مقابل یك دانش‌آموز که

تازه از مدرسه بیرون آمده بگذارند انتظار داریم علوم انسانی تحقیرشده را انتخاب کند یا علوم پزشکی پُرپرستیژ را؟ طبیعی است که علوم پزشکی را انتخاب خواهد کرد و او را نمی‌توان ملامت کرد. فقط با تقویت این علوم و با بسط آن‌ها و اهمیت‌دادن و به‌کارگرفتن آن‌هاست که این علوم جاه و منزلت اجتماعی خود را پیدا می‌کند.

پالودن این علوم غیر از تحقیر آن‌هاست. اگر کسانی بیایند و وصلهٔ کفر و پلیدی را به این علوم بچسبانند و برای آن‌ها نجاستی قائل شوند که پاك‌شدنی نباشد، در این صورت انتظار فربهی این علوم را دیگر نمی‌توان داشت و وقتی که فربهی پیدا نکرد ما ناچار واردکنندهٔ این علوم خواهیم بود نه تولیدکننده. این خطاست که ما علوم انسانی را تحقیر کنیم و تصور کنیم با این تحقیر، خود می‌توانیم تولید کننده‌اش باشیم؛ خیر. با این تحقیر، ما به وارد کننده بودنش ادامه خواهیم داد و این معضل را تقویت بیشتری می‌کنیم. راهش هم تقریباً همان بود که عرض کردم.

تألیفات در زمینهٔ علوم انسانی تئوریك متأسفانه در کشور ما خیلی زیاد نبوده است. حتی بعد از انقلاب فرهنگی هم ترجمه در این زمینه بیشتر بوده است تا تألیف، و انجمنی به نام انجمن علوم انسانی یا انجمن جامعه‌شناسی در این زمینه‌ها، اگر هم بوده، خیلی نادر بوده است. یکی از راه‌ها برای تقویت این علوم و پالودن و شست‌وشو دادن آن‌ها، به‌وجودآمدن این گونه انجمن‌های علمی و جدی است که در آن‌ها تئوری‌های مختلف مورد بررسی قرار بگیرد. دو درس جدی برای رشته‌های تئوریك علوم انسانی، حتماً باید در سطح خیلی وسیع گذاشته شود، یکی فلسفه و دیگری معارف اسلامی؛ آن‌هم نه در این حدی که الان تدریس می‌شود. کسانی که می‌خواهند جامعه‌شناس بشوند و محقق جامعه‌شناسی، جداً باید به معارف اسلامی، به خوبی و عمیقاً وارد باشند، هم‌چنین باید به تفکر فلسفی کاملاً آشنا شوند. برخورد این اندیشه‌ها در ضمیر آن‌ها آرایی به وجود خواهد آورد که کمابیش ما را به آن جامعه‌شناسی مطلوب اسلامی ان‌شاءالله نزدیك خواهد کرد.

مباحث و مسائل فلسفی در کجاها و تا چه حدی در علوم انسانی می‌توانند تأثیر بگذارند؟

پیش‌فرض‌های فلسفی عالمان نه تنها در علوم انسانی، بلکه در علوم تجربی طبیعی هم تأثیر می‌گذارد و در عین حال از واقع‌نمایی آن‌ها هم نمی‌کاهد. چون هم‌چنان‌که من در بعضی از نوشته‌هایم اشاره کرده‌ام درواقع چه در علوم انسانی و چه در علوم تجربی طبیعی دو مقام داریم: مقام شکار و مقام داوری. در مقام شکار، شخص دانشمند به دنبال جمع‌آوری مواد خام است. در مقام داوری مواد خام را مورد سنجش و قضاوت قرار می‌دهد و از غربال تجربه و برهان می‌گذراند و آن را به جامعهٔ علم عرضه می‌کند. تأثیری که جهان‌بینی و ایدئولوژی و مکاتب فلسفی

بر علوم دارند، اعم از علوم انسانی و تجربی طبیعی در مقام شکار است. یعنی به دانشمندان می‌آموزند که به دنبال چه بگردند و در جست‌وجوی خود به چه حیثیاتی التفات کنند. اما بعداً اگر یافته‌های اینان در فلسفه باشد، باید مورد سنجش برهان قرار بگیرد و اگر در علم تجربی باشد باید مورد سنجش تجربه واقع شود. لذا واقع‌نمایی علم لطمه نمی‌خورد چون واقع‌نمایی علم در مقام داوری است نه در مقام شکار. تأثیر پیش‌فرض‌های فلسفی در مقام شکار است نه در مقام داوری. به این ترتیب، هم بی‌طرفی علم حفظ می‌شود و هم احتیاج این علوم و عدم استغنای‌شان از مقدمات فلسفی. الان شما توجه کنید که در خود علوم تجربی طبیعی مشهور است که می‌گویند از رنسانس به این طرف، دانشمندان به چشم هندسی و کمیت‌گرا به عالم نظر کردند (احیای روح هندسی)، علی‌الخصوص دکارت که در این زمینه خیلی افراطی بود. گالیله و دیگران هم کمابیش همین‌جور فکر می‌کردند. از چشم دکارت جهان چیزی نیست جز امتداد و حرکت. این را دکارت از طریق تجربی اثبات نکرده بود، بلکه برای او یك پیش‌فرض فلسفی بود، آن‌وقت بعداً تمام علم دکارت بر مبنای این پیش‌فرض ساخته شد، یعنی او در جهان همین دو را می‌دید و لذا تمام جمع و تفریق‌های خود را و تمام مشاهدات و تحقیقات خویش را، بر این دو واقع می‌کرد. هم‌چنین است در علوم انسانی. شما در علوم انسانی، همان‌طور که گفتیم، اگر انسان را ماشین بدانید یك جوری مشاهدات خود را تفسیر می‌کنید، اگر ندانید جوری دیگر.

پیش‌فرض‌های فلسفی در دو جا تأثیر می‌گذارند: اول تعیین قلمرو خاص تحقیق و دوم در تفسیر مشاهدات. اما در خود مشاهدات که همان تجربه است، تأثیر نمی‌گذارند. لذا واقع‌نمایی هم لطمه نمی‌خورد.

شما بنیاد روش تجربی علوم انسانی را اساساً قابل تحول ندانستید. با توجه به این‌که اصلاً رواج علم در غرب و به تبع آن رواج علوم انسانی در غرب مبتنی بر کمی‌کردن پدیده‌ها و این قبیل مسائل بود، اگر بگوییم رواج علوم انسانی به این روال خواهد بود که آن را تجربی و کمّی بکنیم، آیا شما باز هم احساس می‌کنید با همان روشی که غرب در علوم انسانی دنبال کرد ــ که الان هم کمابیش در دانشگاه‌های خودمان تدریس می‌شود ــ باز هم قابل تحول نیست؟

ببینید، زیر سؤال بردن روش علمی به چه معناست؟ اگر شما بخواهید ضبط صوت درست بکنید روش خاصی دارد؛ نمی‌توان روش دیگری را در پیش گرفت، مگر این که شما مقصدتان را عوض کنید و بگویید ما ضبط صوت نمی‌خواهیم. علوم انسانی تجربی آن است که قدرت پیش‌بینی در جامعه داشته باشد، یعنی بتواند به شما بگوید حالتِ بعد چه خواهد شد و از روی همین احوال کنونی، حالت بعد را بتوانید به دست بیاورید.

البته تکنیک‌های روش تجربی خودش دائماً مورد تحقیق است ولی به‌هرحال روش علم، تجربی است. شما ممکن است بگویید مقصد ما داشتن چنین علمی نیست، ما نمی‌خواهیم پیش‌بینی بکنیم، ما هدف دیگری در عالم داریم. وقتی هدف‌تان را عوض کردید دنبال این علم نمی‌روید ولی اگر ما بخواهیم علوم انسانی تجربی داشته باشیم، راه، همین است. اما ما و دانشمندان دیگر لزوماً به نتایج واحدی نمی‌رسیم چون ما می‌توانیم دو بنیاد دیگر را عوض کنیم. اگر شما علوم انسانی نخواهید و چیز دیگری را بخواهید، خوب باید آن چیز دیگر را بنا بکنید. لذا تغییردادن در روش علوم معنایش این نیست که علم را حفظ می‌کنیم و روش آن را عوض می‌کنیم؛ چون عمود خیمهٔ علم، روش علم است. اصلاً وقتی ما می‌گوییم چیزی، علمی است یعنی به روش علمی قابل بررسی و نقادی است؛ هیچ معنای دیگری ندارد. «علمی» به معنای «صحیح» نیست؛ «علمی» به معنای «قطعی و یقینی» نیست، بلکه به معنای آن است که قابل بررسی تجربی و قابل تحقیق به روش علمی است. هیچ معنای دیگری ندارد و آن‌چه که در مغرب‌زمین پدید آمده‌است، به دنبال این مقصد و برای این‌گونه شناسایی بوده است.

ما می‌توانیم از دانش و معرفت دو نوع غرض داشته باشیم: یکی شناخت و دیگری مهار و پیش‌بینی. اگر ما فقط بخواهیم چیزی را بشناسیم، و مهارکردن، کنترل کردن، زیر مهمیز گرفتن و در چنگ گرفتن، غرض ما نباشد، دانش‌های فلسفی این منظور را تأمین می‌کنند. هم از انسان، شناخت می‌دهند و هم از طبیعت و ماوراءطبیعت و غیره. اما اگر غرض شما مهارکردن و پیش‌بینی هم باشد ــ چه مهار اجتماع و چه مهار فرد و طبیعت ــ در آن صورت شما به علم خاصی نیاز دارید که این نوع مهارکردن را میسر کند.

الان سیاستمدار ما به این امر احتیاج دارد. آیا می‌توانیم امروز مانند خشایارشاه به دریا تازیانه بزنیم که چرا موج می‌زند، و یا امواج دریا قوانینی دارند که باید روی قوانین‌شان شناخت داشت و آن‌ها را مهار کرد؟ جامعه هم عیناً چنان امواجی دارد. وقتی گرانی و ارزانی و تورم و رکود می‌شود، تبی در جامعه پیدا می‌شود و فرو می‌نشیند. این تب همان امواج جامعه است، نمی‌توان مانند خشایارشاه تازیانه‌اش زد. باید قوانین‌اش را شناخت و بعد آن را مهار کرد.

بلی دو نوع مهارکردن داریم: مهارکردن به نفع فرد و مهارکردن به نفع سعادت جامعه، اما بالاخره مهارکردن است. بنده سخنم این است که در علم میان‌بر وجود ندارد و علاوه بر این، آلترناتیو هم وجود ندارد؛ یعنی شما نمی‌توانید بگویید که بنده علمی را به جای علم شیمی می‌گذارم و نمی‌توانید بگویید علم شیمی را، که بعد از سالیان دراز تجربه، به نتیجه‌هایی خواهد رسید، کاری می‌کنم که ظرف دو سال به آن نتایج برسد. هیچ‌کدام از این دو مسیر میسّر نیست.

شما به عنوان صاحب‌نظر در علوم انسانی بفرمایید که آیا می‌توانیم علوم انسانی دیگری، با هدفی غیر از علوم انسانی فعلی، طراحی کنیم؟

ما می‌توانیم این کار را بکنیم و این کاری است که همه می‌کنند، یعنی چیز عجیبی نیست. بله شما می‌توانید روش‌های علوم انسانی را متوجه آرمان‌های مختلف کنید. این ارزش‌ها و آرمان‌ها چند نوع هستند: امور محققناشده و امور کشف‌ناشده.

شما یك زمین‌شناس یا خاك‌شناس را در نظر بگیرید. روش کار را بلد است، منتها یك‌وقت می‌آید زمین‌های ایران را می‌شناسد و یك‌وقت زمین‌های انگلستان را. روش یکی است، اما یك‌وقت آن‌را خرج ایران می‌کند و یك‌وقت خرج کشورهای دیگر. شما می‌توانید روش‌های جامعه‌شناسی را بدانید، زمانی خرج جامعهٔ ایرانی بکنید و زمانی خرج جامعهٔ دیگر. پس این علوم برحسب اختلافِ متعلّق (نه اختلاف روش) عوض می‌شوند و جامعه‌شناسی ایرانی با جامعه‌شناسی انگلیسی فرق خواهد کرد. نکتهٔ دوم این است که شما وقتی این جامعه را شناختید و دانستید که افراد این جامعه آمالی دارند و می‌خواهند به جایی برسند و رسیدن به آن‌جا هم مستلزم رفتن از راهی است، شما به طریق علمی راه رسیدن به آن‌جا را به آنان نشان می‌دهید. به‌هرحال سؤال مهم این است که شما از علوم انسانی چه انتظاری دارید؟ می‌خواهید واقع را به شما نشان دهد و یا چیز دیگر را؟

پاره‌ای از این واقعیت‌ها از طریق تجربه مکشوف می‌افتد و پاره‌ای هم از غیر طریق تجربه. اگر ما می‌خواهیم کشف از واقع بکنیم، آن قسمتی که باید از طریق تجربه کشف شود باید فقط از همان طریق کشف شود نه از راه دیگر، مگر این که بگوییم ما نه طالب علم هستیم نه طالب تحقیق، و فقط می‌خواهیم در این دنیا غوغا راه بیندازیم و چیزی بگوییم. اما اگر حقیقتاً می‌خواهیم چیزی را بشناسیم، باید این را بدانیم که پاره‌ای از امور جز از طریق مشاهده و تجربه کشف نمی‌شود و باید از همین راه هم کشف‌شان کرد. اما پس از کشف، شمایید و چیزهایی که می‌دانید. این‌ها را خرج هرچه دل‌تان می‌خواهد بکنید؛ این حرف دیگری است.

اگر شما همراهی کنید ما می‌توانیم این کار را بکنیم. باز این مسأله پیش می‌آید که شما همه چیز را به مشاهده و تجربه محول کردید. تجربه خود برمی‌گردد به این که ما با چه انگیزه‌ای وارد می‌شویم و در واقع می‌خواهیم کدام بخش از این واقع را ببینیم. یاد سخن یکی از دانشمندان می‌افتم که می‌گوید: ما چیزی را که بخواهیم تجربه می‌کنیم. این همه اختلافی که رخ می‌دهد، واقع‌نمایی علم را زیر سؤال می‌برد و حقیقتاً بخشی از واقعیت را قربانی می‌کند.

در این که علم تجربی گزینشی است شکی نیست، و به همین هم باید قانع بود، و در همین محدوده هم موفق است و قدرت پیش‌بینی دارد.

انگیزهٔ ما برای تجربه، هیچ‌وقت محتوای تجربه را عوض نمی‌کند، تفسیر تجربه را هم عوض نمی‌کند، بلکه فقط متعلَّق تجربه را عوض می‌کند. درست شبیه این که شما میکروسکوپ و یا تلسکوپ دارید و این تلسکوپ‌تان را به جاهای مختلف آسمان می‌گردانید. شما با یك تلسکوپ نمی‌توانید بر همهٔ آسمان و اجرام آن احاطه داشته باشید. در این که چرا به این سوی آسمان نگاه می‌کنید نه به سوی دیگر، حتماً انگیزه‌ای شما را راهنمایی می‌کند و هیچ‌کدام این‌ها از واقع‌نمایی علم نمی‌کاهد. ما وقتی روش‌های جامعه‌شناسی را یاد گرفتیم، آن‌ها را در جامعهٔ خودمان اعمال می‌کنیم. این قطعه از عالم و این دسته از انسان‌ها را می‌شناسیم، آن‌هم فقط از جهاتی خاص، و از واقع‌نمایی علم هم چیزی کاسته نمی‌شود، و این همان مطلب است که می‌گویند کار علم گزیدن و برش‌زدن در واقعیت‌ها و شناختن آن است. اگر بخواهیم دانشی غیرگزینشی داشته باشیم آن فلسفه است، و هم‌چنان‌که گفتم، هم این لازم است و هم آن و هیچ‌کدام جای دیگری را نمی‌گیرد.

جدایی دانشگاه و دانشجو از مسائل اجتماعی و سیاسی و فرهنگی، بر کیفیت آموزشی و علمی دانشگاه مؤثر بوده است. اگر با این نظر موافقاید راه حل شما چیست؟

بنده معتقدم که دانشجو وقتی تحصیل می‌کند، یك نوع عزلتی را در علم‌آموزی برای خود اختیار می‌کند. کسی که نجاری هم می‌کند در شغل نجاری عزلت دارد. یعنی از بسیاری چیزهای دیگر فارغ است و تنها به نجاری می‌پردازد. کسی هم که متعلم است و دانشجویی می‌کند، کار اصلی او باید همین باشد و باید همراه با مدرکی که به دست می‌آورد معرفت را نیز کسب کند. این اصلی‌ترین کار اوست و کارهای دیگر تا اندازه‌ای مجاز است که به این حیثیت لطمه‌ای وارد نیاورد. بله، دانشجو و یا دانشگاه چه بخواهد و چه نخواهد پاره‌ای از اجتماع است؛ آن‌چه مهم است این است که پاره‌ای از اجتماع در اجتماع غوطه‌ور بماند.

اصلاً یکی از دلایل آن فریادها که در بدو انقلاب فرهنگی از سرِ درد برخاست و خواستار تحولی در دانشگاه‌ها شد همین بود که احساس می‌شد دانشگاه‌ها راه‌شان را از جامعه جدا کرده‌اند و آن‌ها از یك‌سو می‌روند و جامعه از سوی دیگر. آن‌ها ارزش‌ها و مقاصدی برای خودشان گزیده‌اند، سخنانی می‌گویند، تحلیل‌هایی می‌کنند و مردم راه‌ها و ارزش‌ها و مقاصد و تحلیل‌های دیگری. این جدایی آن‌قدر دردآور بود که بالاخره عده‌ای را برانگیخت تا دوباره ندای وحدت بین «دانشگاه و جامعه» سر بدهند، یعنی بگویند شما هم پاره‌ای از این مجموعه هستید و ملتزم به لوازم آن، محکوم به احکام آن و احترام‌گذارنده به ارزش‌های اجتماعی. الان

هم فی‌الواقع باید همین کار را کرد. دانشگاه باید دانشگاه بماند، یعنی کار اصلی خود را انجام بدهد. فقط حوادثی که در جامعه می‌گذرد ــ حرکت‌ها، آرمان‌ها، ایده‌آل‌ها، عشق‌ها، ایثارها، اخلاص‌ها ــ این‌ها باید به‌طور طبیعی به درون دانشگاه راه پیدا کنند. در این صورت ما می‌توانیم بگوییم دانشگاه جدا از جامعه نیست. هرگونه روش مصنوعی برای این کار به نظر من قرین توفیق نیست. شما می‌دانید که ما به مردم هیچ‌وقت نمی‌گوییم که مسجدها را باید همگام با جامعه کرد، برای این که همین‌طور هست. دیگر اصلاً این معنی ندارد که کسی بخواهد مسجدها را مردمی بکند. دانشگاه‌ها هم باید یك چنین وضعی پیدا بکنند. دانشجویان ما هرچه بیشتر در اجتماع باشند این خاصیت تأمین‌شده است. به چشم دیگری به این مجموعه نگاه‌کردن و به نحو تحمیلی آن را به این راه کشاندن، خیلی قرین توفیق به نظر نمی‌رسد. تحلیل این قضیه نزد من این است.

اما مبادلهٔ دانشگاه با بیرون از دانشگاه باید هرچه بیشتر تشدید شود. این امر انواع و انحاء طرق خواهد داشت: از کارهای رسمی دانشجویی گرفته، یعنی رفتن به وزارت‌خانه‌ها و کارگاه‌ها و مراکز تحقیق، تا شرکت در بقیهٔ امور به طور طبیعی. این امر دانشگاه را هم‌نشین با سایر نهادهای جامعه خواهد کرد و همان حکمی را که در آن‌جاست در این‌جا هم جاری خواهد کرد.

سال ٦٢ عنوان شد که دانشجو نباید در مسائل سیاسی هیچ‌گونه دخالتی بکند و ما شاهد موضع‌گیری حضرت امام و حضرت آیت‌الله العظمی منتظری در مقابل این نظر بودیم. منظورمان از دخالت در مسائل اجتماع به طور مشخص دخالت در سیاست است.

عرض می‌شود، آن تزی که عده‌ای دادند که دانشجو نباید در سیاست دخالت بکند تز مشکوکی بود. آنان فقط دانشجویان را نمی‌گفتند، بلکه تقریباً تمام جامعه را مراد داشتند. افرادی بودند بسیار تنگ‌نظر، بسیار اهل تحمیل و کج‌سلیقه و تشنهٔ قدرت. کسانی که واقعاً نه تنها حق فکرکردن برای دیگران قائل نبودند، بلکه لیاقت فکر کردن را هم برای دیگران قائل نبودند. معتقد بودند که یك چند نفری می‌گویند و بقیه هم باید بشنوند، همین و بس. واقعاً اگر آن فکر رواج پیدا می‌کرد و جدی گرفته می‌شد، بدترین اتهامات به تفکر سیاسی حکومتی ما وارد می‌شد و حکومت‌های فاشیستی را تداعی می‌کرد. می‌گویند که از چند نفر گفتن، از بقیه هم شنیدن. حداکثر احترامی که به دیگران می‌گذاریم، این است که اطاعت کنند. این واقعاً خیلی زشت و غیراسلامی است. موضع‌گیری امام واقعاً خیلی‌خیلی زیبنده و به‌جا بود و آفت‌های خیلی جدی‌ای را از سر تفکر سیاسی کشور دور کرد.

دانشجویان دخالت در سیاست می‌کنند و باید هم بکنند و دخالت کردن آن‌ها به هیچ وجه به معنای موضع‌گرفتن در مقابل روحانیان نیست ـ چنان‌که بعضی توّهم کرده‌اند ـ بلکه حق آنان است و به نظر من مادام که لوازم سلامت یك حرکت دانشجویی را رعایت بکنند و آلوده به بعضی اغراض نشوند و خود را به جریان‌های بیرون از دانشگاه نسپرند و استقلال در عمل داشته باشند، کار بسیار شایسته‌ای است و هیچ غبار ملامتی بر آن نمی‌نشیند.

من به راستی تا حالا نفهمیده‌ام کسانی که دانشجویان و دسته‌جات دیگر را از دخالت در سیاست منع می‌کنند جداً دلیل‌شان چیست. بیش از این نفهمیده‌ام که می‌گویند آن‌ها عاجزاند از تشخیص، عاجزاند از تفکر، و لیاقت این امور را ندارند. لذا باید قانع به منزلت پایین خود باشند و بنشینند تا کسانی که می‌دانند، حکم موضوع را به آن‌ها بدهند و آن‌ها عمل کنند. شکر خدا که از جهت رهبری مملکت، تکلیف مسأله بسیار روشن است و دلیل ندارد دربارهٔ آن بیشتر از این صحبت کنیم.

در رابطه با سخنان آیت الله العظمی منتظری و برخورد صحیح با اساتید و دانشجویان و برچسب تکفیر و تفسیق‌زدن در دانشگاه، نظر خود را بیان فرمایید.

عرض می‌شود که واقعاً سخنان آیت‌الله منتظری در این باره مایهٔ شعف است، و جداً باید مورد توجه دانشجویان و قشر عالم قرار گیرد و کسانی که در این مورد بد عمل می‌کردند باید در کار خود تجدیدنظر واقعی و عمیق انجام دهند. ما از آن کج‌روی‌ها کم لطمه نخورده‌ایم و امیدواریم که به یاری خدا لطمات، کاسته و زدوده شود. من در یك کلمه عرض می‌کنم کسانی که خودشان به فکر حرمت نمی‌گذارند، از طریق غیر فکر برای برانداختن فکر، وارد می‌شوند. درحالی‌که فکر را جز با فکر نمی‌توان تحدید کرد. در یك جامعهٔ مارکسیست، از لقب‌ها و برچسب‌هایی استفاده می‌شود و در جامعهٔ غیرمارکسیست از لقب‌ها و برچسب‌های دیگر.

حالا سرّ این که کسانی به فکر، حرمت نمی‌گذارند چیست؟ این است که خودشان اهل فکر نیستند. کسانی که خودشان اهل معرفت و تفکر باشند، قطعاً به تفکر و اهل تفکر احترام خواهند گذاشت. لذا اگر ما نتیجه‌ای از این سخن بخواهیم بگیریم این است که خودتان در درجهٔ اول اهل فکر بشوید، معرفت‌تان را بالا ببرید، نتیجه‌اش این می‌شود که خودتان به فکر، حرمت خواهید گذاشت. نتیجه‌ی بعدی‌اش هم این است که به اهل فکر هم احترام و حرمت خواهید گذاشت و چون فکر در هوا نیست، بلکه نزد اهل فکر است، به این ترتیب به جای مقابلهٔ عاطفه‌ها و مخاصمهٔ شخص‌ها، مقابلهٔ فکرها خواهد نشست. این اساسی‌ترین قسمت پیام ایشان است.

در دانشگاه‌های ما و یا در جامعه کسی نمی‌آید صراحتاً با تفکر مقابله بکند (مگر این که دل به

فاشیسم عریان سپرده باشد) بلکه یك سمبل‌هایی را برمی‌گزینند و یا به اسم این‌که فکر از فلان کس یا فلان جامعه است آن را می‌کوبند. در این‌جا هم روش‌شناسی خیلی مهم است. بعضی فکر می‌کنند سخن تا حق نباشد نباید گفت؛ درحالی‌که مطلب همین است که سخن حق از میان ناحق‌ها بیرون می‌آید و راهی غیر از این وجود ندارد. بلی، هر کسی سخن خود را حق می‌داند، اما داوری درباره‌ی آن پس از اظهار آن میسر است و بس. عده‌ای می‌گویند اول بعضی از سخن‌ها باید پالوده و پیراسته بشود و حق‌بودن آن معلوم بشود، بعد اجازهٔ رواج و پخش داده شود. این خطا بر خطاست. باید سخنان گفته بشود تا در تضارب آراء، حق‌ها آشکار شود. اگر ما این روش را قبول داشته باشیم آن‌وقت تسامح ما خیلی زیاد خواهد شد.

البته وقتی می‌گوییم سخنان گفته شود، غرض ما این نیست که هر کس از هرجا آمد، هرچه را خواست بگوید. مبانی و مقدسات در جای خود، ولی چنین نیست که در داخل آن‌ها نتوان قدم از قدم برداشت. مقدار زیادی مجال برای زیرورو کردن و جستجوکردن هست. مخصوصاً برای به دست آوردن فهم تازه‌ای از همان مبانی کهن. لذا باید اجازه داد که فهم‌های مختلف عرضه بشود. قول حق همیشه جزء نتایج است نه جزء مبادی؛ یعنی نه این‌که از اول باید حق گفته بشود، بلکه باید روشی در پیش بگیریم که حق نتیجهٔ آن باشد. اگر این معنا حقاً پذیرفته بشود، به نظر من باب تسامح باز خواهد شد و افراد در چارچوب فراخی اجازه می‌یابند که سخن خودشان را بگویند. ما در جامعهٔ خودمان اگر مخالفان انقلاب را کنار بگذاریم چون جایی در این جامعه ندارند (یعنی کسانی که مسلحانه در برابر انقلاب ایستاده‌اند و یا با تفکر اسلامی از بن دشمن و مخالف‌اند)، بقیهٔ کسانی که با این مبادی مقدس اولیه خصومتی ندارند، باید اجازه داشته باشند که سخن بگویند. حتی ما محتاجیم که سخن آن‌ها را بشنویم. گاهی می‌بینیم بعضی‌ها می‌گویند باید دیگران سخن خود را بگویند تا رنجیده نشوند. اما بحث رنجیدن نیست. در این دنیایی که تك‌تك انسان‌ها قدرت عقلانی و تشخیص‌شان محدود است، همه به آراء دیگران محتاج‌اند، نه این‌که احساس استغنا بکنند و بعد بگویند به دیگران اجازه بدهید سخن‌شان را بگویند، فقط برای این‌که نرنجند. این حرف چه معنایی دارد؟ اگر واقعاً کسی خود را مستغنی نداند و نپندارد که به او وحی می‌شود، اگر کسی خود را عالم مطلق نداند و به مسند الوهیت تکیه نداده باشد، در آن صورت، هم واقعاً خودش را به افکار دیگران محتاج می‌داند و هم روشی را در پیش می‌گیرد که نتیجهٔ آن روش، ظهور حق‌ها باشد، نه این‌که از اول فرض‌اش این باشد که بنده به حق رسیده‌ام و احتیاجی به احدی ندارم.

برچسب‌های تکفیر و تفسیق در موارد بسیاری معلول این است که یا شخص از فهم اندیشه‌ای عاجز است و یا آن‌قدر دایرهٔ اسلام‌شناسی او تنگ است که به محض برخورد با

اندیشه‌ای که در آن دایرهٔ تنگ نمی‌گنجد، بلافاصله به جای وسیع‌تر کردن دایرهٔ فهم خود از اسلام، راحت‌ترین کار را این می‌یابد که طرف مقابل را از دایرهٔ اسلام بیرون براند. در سطح عام جامعه هم این کارها ضررهایی دارد، ولی در محیطی که اصلاً قوامش بر تفکر و استدلال و نقادی است (یعنی دانشگاه) این کار، لطمه‌های خیلی بیشتری خواهد زد و در آن‌جا هرچه بیشتر باید جلوی این امور منفور گرفته بشود. بنده که به این توصیه‌های آیت‌الله منتظری بسیار خوش‌بین‌ام و امیدوارم که ان‌شاءالله در شست‌وشوی فضای دانشگاه و جامعه مؤثر بیفتد.

یکی از مشکلات شیوه‌های برخورد با اندیشه‌های مخالف این است که بر اساس استنباط‌های شخصی افراد صورت می‌گیرد. لطفاً شیوه‌های برخورد با اندیشه‌های مخالف در زمینهٔ فرهنگی را بیان بفرمایید و بفرمایید که در حرکت‌های علمی و فرهنگی، معیارهای جذب و دفع نیروها بر چه اصولی باید استوار باشد.

در بحث قبلی من این نکته را آوردم و این‌جا فقط به یکی دو نکتهٔ کوچك در تکمیل بحث قبلی اشاره می‌کنم. یکی مخلوط نکردن انگیزه است با انگیخته. ما احتیاج داریم که این درس را بیاموزیم و به آن عمل کنیم. افراد انگیزه‌های خوب یا بد دارند. اما سخنان‌شان را باید مجزا از انگیزه‌های‌شان بررسی کرد و در بررسی سخنان‌شان به انگیزه‌های آن‌ها نباید توجه کرد و نباید گفت که چون تو این سخن را از فلان جا آوردی، پس اصل سخن‌ات هم باطل است، بلکه به جای آن باید به ادلهٔ شخصی نگاه کرد.

ما در جامعهٔ فکری و عملی خودمان چوب مخلوط کردن انگیخته‌ها با انگیزه‌ها و سرایت دادن حکم انگیزه به انگیخته را زیاد خورده‌ایم. غرض ما این نیست که نباید به انگیزهٔ افراد توجه کرد. غرض این است که برای تشخیص حق از باطل کلام، انگیزه‌ها دخالت ندارند. نمی‌توان گفت چون سخنی، خاستگاه‌اش غرب است یا علوم انسانی، غربی است پس باطل است. این راحت‌طلبانه‌ترین راه قضاوت و بهترین راهِ فکرنکردن است. از فحش نمی‌توان فلسفه ساخت و فکر کسی را با کلمه‌ای تحقیرآمیز نمی‌توان از میدان بیرون کرد.

نکتهٔ بعدی هم این است که اصلاً نگاه‌کردن به افکار دیگران به چشم شبهه، همیشه این آفت را خواهد داشت که آدمی را برانگیزد که هرچه زودتر دفع شبهه کند. درحالی‌که ما در جامعهٔ اسلامی خودمان باید بنا را بر صحت بگذاریم، مگر این که خلاف آن ثابت بشود.. آن‌وقت ما از هر سخنی هزاران عبرت و درس خواهیم گرفت و فهم ما تکمیل خواهد شد.

همیشه باید در نظر بگیریم که از مخالف می‌توان چیزها آموخت. اگر این فکر را داشته باشیم، کار ما در جذب اندیشه‌های مخالف خیلی آسان‌تر خواهد شد. بنده واقعاً معتقدم

بسیاری از این نزاع‌ها و طردها از تکبر برمی‌خیزد. همان وصف مذمومی که عالمان باید از خودشان دور کنند.

تواضع علمی دقیقاً معنایش این است که آدمی، دیگران را لایق و قابل بداند که به حقی برسند. تکبر علمی یعنی این‌که بنده رسیدن به حق را فقط نصیب خودم بدانم و دیگران را از آن عاجز بدانم. تکبر در هرجا، یك شکلی پیدا می‌کند. یك‌وقت به مال تکبر می‌کنید، یك‌وقت به جاه و قدرت و یك‌بار به علم. «تکبر علمی» غیر از این نیست که من گمان می‌کنم خداوند همیشه حق را در زر ورق می‌پیچد و با من پیمان می‌بندد و در اختیار من می‌گذارد، و بقیه عاجزتر و پست‌تر از آن‌اند که به حق برسند. لذا هرکس سخنی غیر از من می‌گوید نه تنها مخالف من است، بلکه کمتر از من و پست‌تر از من است؛ این است تکبر شیطانی در علم.

اگر ما تواضع علمی داشته باشیم، همه همنشین خواهیم شد و آن غبار تکفیر و تفسیق ان‌شاءالله فروخواهد نشست.

شما در گفتار *فلسفهٔ مالکیت* گفته‌اید که طرح‌تان هم به نفع سرمایه‌دار است و هم به نفع کارگر. با توجه به این‌که انقلاب اسلامی بر اساس این شکل گرفته که در حقیقت در جهت تخریب نظام سرمایه‌داری حرکت بکند، چه‌طور می‌توان طرحی را ارائه داد که هم اسلامی باشد و هم منافع سرمایه‌داری را تأمین کند؟

این که آیا انقلاب اسلامی سرمایه‌داری را باید تخریب کند یا نه، بنده فعلاً سخنی نمی‌گویم و تا معنای سرمایه‌داری تا حدودی معلوم نشود و تعریف نگردد و تا معنای دقیق تفقّه در دین روشن نشود، سخن‌گفتن در این باب سزاوار نیست. شما نظر خود را بیان کردید. اما آن‌چه که در کتاب بنده آمده است، یعنی در کتاب *دانش و ارزش*، این نبوده است. *فلسفهٔ مالکیت* را الان به یاد ندارم که جملاتش دقیقاً چیست. زیرا آن مطالب، متن پیاده شده سخنرانی من در یکی از دانشگاه‌های لندن بود که بدون اجازهٔ من چاپ شد و من آن‌ها را تنقیح نکردم. اما همان مطالب را در *دانش و ارزش* نوشتم که در آن‌جا می‌توانید ببینید. سخن من نه طرفدار سرمایه‌دار است و نه طرفدار کارگر. سخن وقتی از سطح امور اقتصادی بالاتر بود هم به نفع دو طرف است و هم به معنایی دیگر، طرفدار هیچ یك از دو طرف نیست. مثلاً علم شیمی طرفدار سرمایه‌دارهاست یا کارگرها؟ هم می‌توانید بگویید طرفدار هر دو است، و هم می‌توانید بگویید که نه طرفدار این است نه طرفدار آن، مطلبی است از سطح این دو بالاتر. بحث ما هم یك بحث منطقی در باب مالکیت است و خلاصهٔ بحث من در آن‌جا این بوده است که این استنتاج که «کسی به دلیل

این‌که سرمایه دارد (سرمایه‌دار) یا کار می‌کند (کارگر) لذا فلان سود یا مزد برای او ثابت است» استنتاج باطلی است و از نمونه‌های استنتاجِ «باید» از «است» می‌باشد، چون مالکیتِ سود یا مزد از قبیل امور اعتباری است ولی سرمایه داشتن یا انرژی بدنی صرف‌کردن، امری حقیقی است، و میان حقیقت و اعتبار رابطهٔ تولیدی نیست.

حرف بنده این بود که هم استدلال سرمایه‌داران و هم استدلال کارگران، هر دو باطل است و بنابراین حرف من به یك معنا به نفع هر دو است و به یك معنا طرفدار هیچ یك از دو طرف نیست. برای این‌که اصلاً از سنخ بحث‌های اقتصادی نیست که بخواهد سودی را برای کسی ثابت بکند، یا از کسی سلب بکند. فقط معنایش این است که اگر می‌خواهید حق کارگر یا حق سرمایه‌دار را معلوم کنید، باید از راه دیگری بروید. آن راهی که بخواهد معلوم کند چه چیزی حق کارگر است و چه چیزی حق سرمایه‌دار، راه دیگری است. (راهش مراجعه به نظام ارزش‌هاست). و این سخن ما نسبت به آن‌ها ساکت است. به‌هرحال، آن‌چه توجه به آن در این‌جا مهم است این است که این بحث، بحثی منطقی و بیرون از ایدئولوژی (یعنی نظام اعتبارات) و در سطح دیگری است. مثلاً اگر شما زبان فارسی را پیراسته کنید، به یك معنا می‌توانید بگویید که هم به درد سرمایه‌دار می‌خورد و هم به درد کارگر، و نیز می‌توانید بگویید که برای هر دو بی‌طرف است چون هر دو می‌توانند آن را به کار ببرند. به‌هرحال، از دستور زبان برنمی‌آید که سرمایه‌دار و کارگر باید چه‌قدر سود ببرند. این را باید از ایدئولوژی درآورد و ایدئولوژی هم با تعریف خاص خودش تکلیف را معین خواهد کرد.

چیزی که الان در جامعهٔ ما مطرح است، دو تفکری است که در زمینهٔ مالکیت وجود دارد. یك گروه استنباط‌شان از مالکیت در اسلام این است که ما می‌توانیم در جهت سرمایه‌داری حرکت کنیم ــ نه سرمایه‌داری غربی ــ و عده‌ای می‌گویند که ما می‌توانیم به سمت محرومین و پابرهنه‌ها و مستضعفان حرکت کنیم، همان چیزی که نمود بارز آن را در منشور حضرت امام دیدیم. چگونه این را با آن دیدگاه توجیه می‌کنید؟

این اصلاً به دیدگاه ما مرتبط نیست. دیدگاهی که ما بیان کردیم، معنایش این بود که اگر کسی بخواهد با ضوابط منطقی از حوادث، از عالم، یا از کارهایی که سرمایه‌دار و کارگر می‌کنند در بیاورد که حق هر کدام چیست، این کار ناممکن است، و گفته بودیم این کار بر عهدهٔ ایدئولوژی است. الان شما دقیقاً همین را می‌گویید که از ایدئولوژی اسلام چه در می‌آید؟ یعنی شما وارد قدم دوم این مسأله شدید. یعنی قدم اول پیموده شده است که خودمان نمی‌خواهیم حقوق را از مقدمات و ادراکات حقیقی استنتاج کنیم. می‌خواهیم از

مکتب اسلام استنتاج کنیم. این در واقع دیگر بحث منطقی نیست، این بحث به فهم شریعت، با ضوابط آن برمی‌گردد. یعنی این‌که ما چگونه و کی و کجا می‌توانیم فی‌الجمله مطمئن بشویم که مجموعه متون شریعت را درست فهیمده‌ایم و آن را درست تفسیر می‌کنیم. این کار ضوابطی دارد که من الان نمی‌خواهم وارد آن‌ها بشوم. اما به‌هرحال، آنان هم که چنین ادعایی می‌کنند، هر دو مدعی هستند که فهم درستی از شریعت اسلام دارند. یعنی ظاهراً هیچ‌کدام نه غرضی دارند (در حدی که ما اطلاع داریم) و نه مثلاً مایل‌اند از دس‌*تورات* اسلامی سرپیچی بکنند و به هر حال، دنبال آن‌اند که حکم خدا را به دست بیاورند. مع‌الوصف این اختلاف فهم پیدا شده است.

من فقط به یك نکته اشاره می‌کنم: حقیقت مطلب این است که ما چه طرفدار مستضعفان باشیم و چه طرفدار سرمایه‌داران، این طرفداری کار خودش را در فهم متون دینی خواهد کرد. مثال می‌زنم: تا قبل از ظهور نظریهٔ کپرنیك نسبت به نظام خورشیدمرکزی، اجماع روحانیان مسیحی این بود که نصّ کتاب مقدس می‌گوید زمین ثابت است و خورشید به دور آن می‌گردد؛ به طوری که وقتی کپرنیك کتاب خود را منتشر کرد، گفتند آن‌چه شورای ترانت گفته است تنها تفسیر کتاب مقدس است وتفسیر دیگری مقبول نیست. نظریهٔ کپرنیك فرضیه‌ای بیش نیست، اما وقتی آن نظریه قوت گرفت و معلوم شد که ماندنی است نه رفتنی، آنان در فهم کتاب مقدس تجدید نظر کردند و صریحاً گفتند که ما تاکنون این‌طور می‌فهمیدیم؛ بعداً اگر دیدیم این تئوری قوی است، خواهیم گفت که تاکنون کتاب مقدس را بد می‌فهمیده‌ایم. یعنی این حوادث بیرونی، اثرش را در فهم می‌گذارد. شما غافل نباشید از این‌که بشر با تمام بشریت‌اش وارد فهم متون دینی می‌شود. و این که می‌گویند باید ذهن را خالی کرد، خود این حرف از ذهنِ تهی از معرفت برآمده است.

انسان با جمیع جوانبی که دارد وارد فهم عالم می‌شود. این‌ها تأثیر خودش را می‌گذارد وگرنه این همه تحول آراء معنا نداشت. کسی که در جهان گشته باشد، کسی که با مکاتب دیگر آشنایی داشته باشد، کسی که تئوری انسان‌شناسی و جهان‌شناسی خودش را تنقیح کرده باشد، این‌ها قطعاً در فهم او از متون دینی تأثیر خواهد گذاشت و فرق خواهد داشت با کسی که مطلقاً از این جهان بی‌خبر است و با یك ذهن خیلی خام وارد متون دینی می‌شود. لذا گرایش به مستضعفان و یا به طرف مقابل، ابتدا در دل و در ذهن می‌نشینند و بعد استنباط‌های بعدی را تحت‌الشعاع خود قرار می‌دهد. به همین دلیل است که شما می‌بینید گزینش‌ها متفاوت است و برای عده‌ای یك دسته از متون اهمیت و برجستگی پیدا می‌کند، و برای عده‌ای دیگر متون دیگری. همهٔ ما تصوری از جهان و از نبوت و از انسان و نیز انتظاراتی از دین داریم و

هم‌چنین ارزش‌هایی پیشینی داریم و پس از این‌هاست که به سراغ فهم متون می‌رویم.

دینداری همواره مسبوق به یك رشته ارزش‌ها و دانش‌هاست، نه این‌که بر هر ارزش و دانشی مقدم باشد. فی‌المثل اسلام عادلانه است، نه این‌که عدل، اسلامی باشد. لبّ اختلاف معتزله و اشاعره در همین است. آن‌که عدل را به نحو خاصی (آن هم سابق بر اسلام) می‌فهمد، هم عادلانه بودن اسلام را با آن می‌سنجد و هم انتظارات‌اش از اسلام را با آن تنظیم می‌کند و هم فهم‌اش از متون بر وفق آن سامان می‌یابد.

شما به عنوان یك متفکر، مطلع‌اید که ما امروز با نظامی مواجه هستیم که دارای مشکلاتی از همین موضعی است که شما فرمودید و به همین خاطر بسیاری از سؤال‌ها در نظام اجرایی ما بی‌جواب مانده است. شما فکر نمی‌کنید که خودتان هم پا به این میدان بگذارید و به برخی از این سؤالات از نظر خودتان پاسخ بدهید؟

بنده بیشتر از هر چیزی علاقه‌ام به کشف آفت‌های فکری ـ آفت‌هایی که به جان عالمان می‌افتد ـ و تصحیح برخوردهای علمی ـ معرفتی در این دیار، و رسواکردن هر مانعی است که در این راه شناخته می‌شود. و در این زمینه تا حدی که توانسته‌ام کوشش کرده‌ام و به قدر مقدور سخنی گفته‌ام یا قلمی و قدمی زده‌ام. مثلاً یکی از مسائلی که به نظر من مهم بوده و هست، مسألهٔ برخورد روشنفکری و دینداری در این کشور است. این از آن مسائل حل‌نشده است که جوامع دانشگاهی و متفکران به روشن شدن آن احتیاج زیادی دارند. خُب، من مستمراً در این امر هم فکر می‌کنم و هم سخن می‌گویم. گاهی هم نوشته‌ای را به این امور اختصاص می‌دهم. اخیراً هم صحبتی دربارهٔ مبانی فلسفی فاشیسم داشتم که درواقع به همین منظور بود.

من دیده‌ام کسانی را که مزورانه، زیر پوشش ولایت فقیه، اندیشه‌های فاشیستی را ترویج می‌کنند. یعنی خودشان به ولایت فقیه معتقد نیستند و به فاشیسم معتقدند، اما از این اسم استفاده می‌کنند برای تزریق آن اندیشه، و ما را در مقابل بدترین اتهامات قرار خواهند داد. روشن کردن اذهان نسبت به این مطالب، کاری است که تا حدی که از ما برمی‌آید، انجام می‌دهیم. منتها شما می‌دانید کارهای فکری همیشه دیر نتیجه می‌دهد، یعنی آدم باید مدت‌ها فکر کند تا به چیزی برسد و بعد آن را بگوید یا در مقاله‌ای بنویسد.

موضع ما به عنوان یك مسلمان انقلابی در برابر تفکرات متضاد افرادی چون پوپر و هایدگر چگونه باید باشد؟

بنده نمی‌دانم که چرا شما این دو را متضاد می‌نامید؛ یعنی کدام وجوه تفکر این‌ها را در

نظر گرفته‌اید که کلمهٔ متضاد را برای آن‌ها به کار بردید. من قبل از این که به این سؤال جواب بدهم بهتر است نکته‌ای را که شاید انگیزهٔ طرح این سؤال بود، باز کنم و در باره‌اش صحبت کنم.

عده‌ای در جامعهٔ ما دربارهٔ پوپر به گونه‌ای سخن گفته‌اند که بنده اصلاً نمی‌پسندم راجع به هیچ متفکری (هایدگر باشد یا دیگران) آن‌گونه سخن گفته شود. روش را باید کاملاً تصحیح کنیم. عده‌ای، به هر دلیلی بسیار رغبت داشتند که دربارهٔ پوپر فحاشانه و هتاکانه حرف بزنند و با این کارشان و تحت این لواء، مقاصد فرصت‌طلبانه هم داشتند. موضع‌گیری متقابل هم نباید این باشد که شخصی مثلاً نسبت به هایدگر بدین‌گونه صحبت کند. به نظر من، هم تفکر هایدگر قابل تأمل است و هم تفکر پوپر.

آن‌چه برای من واقعاً مورد تعجب بوده، این است که کسانی که آن طور علیه امثال پوپر هتاکی می‌کردند و فلسفهٔ او را کفر می‌خواندند و دست به تکفیر و تفسیق برده بودند، (خصوصا فردید و داوری) مطلقاً دربارهٔ فلسفه‌های الحادی بسیار بدتر از فلسفهٔ او که وارد جامعهٔ ما شده بود، یك کلمه سخن نگفتند؛ نه تنها نگفتند، بلکه گاهی با سکوت‌شان یا با بعضی اشارت‌های‌شان آن را تأیید کردند. فلسفهٔ الحادی سارتر مدت‌ها بود که در جامعهٔ ما آمده بود و کتاب‌های آن ترجمه شده بود. این افراد یك سطر در رد این‌ها ننوشته بودند. اگر هدف‌شان مبارزه با فلسفه‌های الحادی است کتاب‌های الحادی‌تری ترجمه شده است که از ناحیهٔ این ناقدان کمترین سخنی دربارهٔ آن‌ها نرفته است؛ حتی گاهی تأیید هم شده است. مثلاً سارتر را در زمرهٔ متفکران درجهٔ اول و بزرگ قرن خوانده‌اند و امثال این‌ها.

نکتهٔ دیگر این که پوپر البته یك فیلسوف ضدفاشیسم و ضدمارکسیسم است، به این معنی که مارکسیسم را علمی نمی‌داند. این‌ها دو وجه بزرگ تفکر سیاسی ـ اجتماعی او است. تفکرش در فلسفهٔ علم، البته بحث دیگری را می‌طلبد.

اتفاقاً باز از ناحیهٔ کسانی که علیه پوپر سخن گفتند، نه دربارهٔ ضد فاشیسم‌بودن او سخن گفته شد، نه ضد مارکسیسم بودن او. آنان قبلاً هم چیزی بر ضد مارکسیسم و یا فاشیسم نگفته بودند. یعنی محاسنی را که در نوشته‌های پوپر است به‌طورکلی فراموش کردند، شاید به علت تعلق خاطری که به آن مکاتب داشتند یا احترامی که در دل به آن‌ها می‌گذاشتند. پوپر اصلاً ضد هایدگر هم هست، در *جامعهٔ باز* خود از هایدگر جملهٔ کوتاهی را بیان کرده است.

هایدگر در زمان هیتلر و به قدرت رسیدن فاشیسم، رئیس یکی از دانشکده‌های دانشگاه فرایبورگ بود، و در آن‌جا تعریف‌هایی از هیتلر کرد که چون لکهٔ ننگی در همهٔ زندگی او باقی

ماند. پاره‌ای از این ستایش‌گران هایدگر، بعدها گفتند که چون خودش دیگر توضیحی دربارهٔ آن مداحی‌ها نداده، ما هم نباید بدهیم. او واقعاً حرف‌های غریبی هم زده بود، مثلاً: «نظام هیتلری خانهٔ امنی است در میان زلزلهٔ هستی» با همان کلمات پرطمطراق فلسفی.

به‌هرحال، به دلیل این‌که پوپر ضد فاشیسم است و به دلیل این‌که کتاب *جامعهٔ باز* را اصولاً علیه فاشیسم نوشته است، به نظر من کتاب‌اش قابل خواندن است و هم‌چنین به دلیل نقد خیلی بلند و علمی‌ای که از مارکسیسم کرده قابل خواندن و قابل استفاده می‌باشد. از فصل سیزدهم به بعد این کتاب مفصلاً تحلیل مارکسیسم است. شما یك دوره آموزش کتاب *کاپیتال* را و یك نوع بازسازی از مکتب مارکسیسم را در آن‌جا می‌بینید. بی‌جهت نیست که پوپر این‌قدر منفور مارکسیست‌ها واقع شده است. شاید کسی مانند او دربارهٔ مارکسیسم سخن نگفته است. به قول یکی از نویسندگان، او نه به مواضع ضعف مارکسیسم، بلکه به مواضع قوت مارکسیسم حمله کرده است؛ هم آن‌ها را خوب شناخته و هم نسبت به آن‌ها نقد علمی استواری نوشته است. اما نقدنویسی نسبت به پوپر سابقهٔ زیادی دارد. فیلسوفی به نام آقای کونفورث که فیلسوف حزب کمونیست انگلستان است کتابی علیه کتاب *جامعهٔ باز* پوپر دارد به نام *فلسفهٔ باز* (Open Philsophy) که از جمله نقدهایی است که از ناحیهٔ کمونیست‌ها نوشته شده گزنده و فحاشانه است. نقدهای علمی خیلی زیادی هم بر او نوشته شده است. پوپر در کشورهای انگلوساکسون یك شخصیت بسیار مطرحی است، مخصوصاً فلسفهٔ علم او، و همیشه دربارهٔ او سخن می‌رود و شما کم‌تر بحثی در فلسفهٔ علم پیدا می‌کنید که به آراء او ارجاع ندهد.

آن‌چه در جامعهٔ اسلامی ما برای ما مهم است، چه نسبت به آراء هایدگر باشد و چه آراء پوپر، برخورد جدی و عالمانه با این اندیشه‌هاست، نه برخوردهای عقده‌گشایانه و خصمانه و ناسزاگویانه. این کار نسبت به هر فیلسوفی انجام بشود حقاً غلط است. پوپر کشف مهمی کرده است و کشف مهم‌اش این است که افلاتون طرفدار فاشیسم یا مهیاکننده و هموارکنندهٔ زمینه برای فاشیسم بوده است. و این جای چون و چرا ندارد. حالا اگر کسی بگوید افلاتون (که زمینه‌ساز غرب بوده) طرفدار ولایت هم بوده است چه معنایی دارد؟ و جز فرصت‌طلبی سیاسی چه نامی بر آن می‌توان نهاد؟ ولایت چیزی را حل نمی‌کند. به‌هرحال، ولایت او یك نوع ولایتی بوده‌است که سر از نظامات هیتلر و امثال آن درمی‌آورد. هم‌چنین است هگل که امروز هیچ کس نمی‌تواند انکار بکند که او هم، راه را برای ظهور فاشیسم در آلمان هموار کرد. چند تز خوب در *جامعهٔ باز* هست که یکی، سؤال اصلی فلسفهٔ سیاسی از نظر پوپر است، و آن عبارت است از این که

«چگونه باید حکومت کرد نه این‌که چه‌کسی باید حکومت کند». می‌دانید چه در نظام فاشیسم، چه در مارکسیسم و چه در نظام سلطنتی، همیشه این بحث مطرح بوده است که چه‌کسی باید حکومت کند؛ طبقهٔ پرولتر یا ابرمرد یا نژاد برگزیده و یا امثال این‌ها. در این که چگونه باید حکومت کرد، کم‌تر سخن رفته است. دیدم که مرحوم مطهری این سخن را در یکی از نوشته‌های خود با تحسین ذکر کرده بود.

پوپر در مسألهٔ دموکراسی تعریف خوب و تازه‌ای دارد. او می‌گوید «دموکراسی آن نیست که گروهی یا فردی به مدد آراء مردم به قدرت برسد ـ برای این که ممکن است کسی به قدرت برسد ولی بعد بنای دیکتاتوری و زورگویی را بگذارد ـ دموکراسی آن است که بتوان با آراء مردم یا به روش‌های دموکراتیك آن گروه یا فرد را برانداخت. و این با رأی ابطال‌پذیری در علم مشابهت زیادی دارد. آراء مهم دیگری هم در آن کتاب هست.

به‌هرحال، بحث در این است که در تقسیم‌بندی بین فاشیسم و غیرفاشیسم و یا بین مارکسیسم و غیرمارکسیسم، حق این است که فلسفهٔ پوپر در نقد جامعه‌شناسی ضدفاشیسم و ضدمارکسیسم است و فلسفهٔ هایدگر، اگر نگوییم مؤید است، دست‌کم ضدفاشیسم نیست. پوپر یك فیلسوف علم است که در علم، آراء خاص خود را داراست و به روش تجربی (به معنای ویژهٔ نزد او) برای حصول علم پای‌بند است. با پوزیتیویست‌ها هم مخالف است. اگر پوزیتیویسم به معنای نحله‌ای باشد که مخالف متافیزیك است، پوپر مخالف متافیزیك نیست. اگر پوزیتیویسم به معنای نحله‌ای باشد که متافیزیك را بی‌معنا می‌داند، پوپر متافیزیك را بی‌معنا نمی‌داند، و اگر پوزیتیویسم متافیزیك را غیرسودمند می‌داند، پوپر غیرسودمند نمی‌داند. اتفاقاً خودش در کتاب زندگی‌نامهٔ فکری‌اش می‌گوید «من قاتل پوزیتیویسم هستم و این جرم را می‌پذیرم که پوزیتیویسم را کشته‌ام». و از همه مهم‌تر، اگر قوام مکتب پوزیتیویسم را به تکیه‌اش بر استقراء بدانیم، می‌دانید که پوپر در فلسفهٔ علم خود، منکر استقراء است، و معتقد است که اثبات قوانین علمی استقرائاً صورت نمی‌گیرد. بلکه آن‌چه که ما می‌توانیم انجام دهیم ابطال قوانین علمی است.

فلسفهٔ هایدگر عالمی دیگر دارد. او در زمرهٔ فیلسوف‌های اگزیستانسیالیست است و اصلاً وارد این مقولات نمی‌شود. بنده معتقدم که این دو فلسفه را باید با نقادی خواند. اصلاً پوپر فیلسوف نقادی است و مکتب‌اش «عقلانیت انتقادی» (Critical Rationalism) می‌باشد. هیچ‌وقت نه خودش از نقادی بدش می‌آید و نه دیگران را از آن بازداشته است. در نقادی جای

مرید و مرادی نیست. جای جراحی و مناقشه است. بنابراین، هیچ خلاف فلسفهٔ او نیست اگر کسی به چشم نقد علمی و عقلی در آراء او نگاه کند، و هم‌چنین به نقد علمی و عقلی در آراء فیلسوفان دیگر، و از جمله، در آراء هایدگر، بدون فحاشی و خودستایی و فرصت‌طلبی.

حالا بنده معتقدم علاوه بر خصلت‌های شخصی که در برخورد با این فیلسوفان بعضی‌ها را به هتاکی واداشته، قدری نو بودن مسائل و نامأنوس بودن آن‌ها هم دخیل است. حقیقت مطلب این است که در کشور ما، سال‌های سال است که در گروه‌های فلسفه، فلسفه هیوم، فلسفه کانت، فلسفه هگل و فیلسوفان قرون وسطا و قرون جدید و غیره، تدریس می‌شود. فلسفه‌های جدید اروپا فرزند همان فلسفه‌های کهن است. این دیگر درست نیست که کانت را درس بدهند، کتاب کانت یا هیوم و فیلسوفان دیگر را ترجمه بکنند، و اجازهٔ رواج بدهند، اما نوبت به فیلسوفان جدید که برسد این‌جور حساسیت نشان بدهند. این یك مقدار معلول جهل است، هیچ دلیل دیگری ندارد به جز ناآشنایی؛ «النّاسُ اَعْداء ما جَهِلُوا»، مردم دشمن چیزی هستند که نمی‌دانند. معمولاً می‌خواهند وانمود کنند که این چیزهایی که ما نمی‌دانیم در خور دانستن نیست. لذا اگر ما آن‌ها را نمی‌دانیم از ما فوت علمی نشده است، و این دشمنی خودشان را با انواع بیانات عاطفی، احساس و توأم با ناسزا، ظاهر و بیان می‌کنند. فلسفهٔ علم که در کشور ما امر کم‌تر شناخته‌شده‌ای است، نه مداحی علم است نه فحاشی به آن. آن مداحی‌ها و فحاشی‌ها یك علت بیشتر ندارد، آن هم جهالت است. فلسفهٔ علم فن دقیقی است و شخص باید مجهز به ابزار زیادی باشد، به ریاضیات، به منطق و علوم تجربی؛ وقتی هیچ‌کدام از این‌ها نبود و شخص خواست که اظهارنظر بکند، آن‌وقت آشفته‌سرایی و ناسزاگویی‌هایی هم پیش می‌آید.

به‌هرحال، هروقت شما بخواهید فلسفهٔ علم بخوانید، ناگزیرید که آراء پوپر را هم بخوانید. او یکی از استوانه‌های این فن است و کتاب‌های‌اش مورد توجه است و کسی نمی‌تواند با نخواندن آن‌ها به فلسفهٔ علم وقوف تام پیدا کند. البته در داخل فلسفهٔ علم، پوپر مخالفانی و نقادانی هم دارد. مهم‌ترین مخالف و نقاد او شاگردش، لاکاتوش، فیلسوف و ریاضیدان مجاری، است که به انگلستان آمده بود و بعدها مکتب دیگری در همان مدرسه‌ای که پوپر تدریس می‌کرد، تشکیل داد و کتاب نوشت و الان شاگردان او در همان مدرسه شاید بیشتر از شاگردان پوپر هستند و مروج افکار او می‌باشند. در امریکا کسی به نام توماس کوهن از جهت دیگری وارد فلسفهٔ علم شد. فایرابند، کارناپ، همپل و دیگران نیز هستند و آرایی دارند. این‌جا، جای نقادی و بحث است، به شرط این که کسی چیزی از اصل موضوع بداند.

الان مکتوبات در فلسفهٔ علم آن‌قدر حجیم است که واقعاً کسی تا در این دریا غوطه نخورد به گوهری نمی‌رسد و با خواندن یکی دو کتاب ساده مثلاً از ماکس پلانك، نباید فکر کرد که به عمق این فلسفه راهی پیدا می‌کند. این یکی از شقوق جدی و محترم معرفت‌شناسی است و باید مورد توجه قرار بگیرد.

سخن من این است که در برخورد با فلسفه‌هایی مثل هایدگر و پوپر، اولاً نه مداحی کنیم و نه فحاشی، ثانیاً نقادی پیشه کنیم، و ثالثاً گزینش انجام دهیم. بنده البته فلسفهٔ بعضی از فیلسوفان و خصوصاً فلسفه‌های اگزیستانس را تا حدی رقیب عرفان در این دیار می‌دانم و از این جهت هم افراد را تحذیر می‌کنم. این نوشته‌ها و این‌جور فلسفه‌ها را همین‌طور بی‌دقت نمی‌توان برگرفت. پاره‌ای از آن‌ها را باید انتخاب کرد و پاره‌ای را باید وانهاد. اما آن‌چه در کار مشتغلان به فلسفه در این دیار دیده می‌شود، این است که یك جا دیده نشده که مثلاً به آراء امثال هایدگر انتقادی بکنند. همه جا رابطهٔ مریدی و مرادی و تسلیم و توجیه خطاها به چشم می‌خورد، و این شأن فیلسوف نیست که باید نقّاد کلام باشد.

آن چیزی که دربارهٔ پوپر و هایدگر به‌طور مشخص مطرح است دو قسمت است، یکی فلسفهٔ علم و یکی هم فلسفهٔ سیاسی، و آن‌چه که بیشتر در جامعهٔ علمی ما مطرح است فلسفهٔ سیاسی این دو است. ظاهراً شما صراحتاً یا اجمالاً پوپر را در هر دو وجهه‌اش قبول می‌کنید، با دید نقادی که خودتان دارید. اگر ما این حرف را بپذیریم که نتیجهٔ تفکر هایدگر به فاشیسم می‌انجامد، آیا پوپر که صراحتاً از سرمایه‌داری و دموکراسی غربی و به طور مشخص از نوع آمریکایی آن ستایش می‌کند، شما فکر نمی‌کنید که تفکر او هم به‌هرحال منجر به گرایش و سمت‌گیری‌ای بشود که مخالف با انقلاب ما باشد؟

این‌جا دومطلب وجود دارد. مطلب اول این است که فیلسوفان همیشه در تعیین مصداق می‌توانند اشتباه بکنند، در عین این‌که اصول و مبانی‌شان می‌تواند درست باشد. بوعلی‌سینا می‌گفت که جسم ممتد است و دارای انقطاع و انفصال نیست و نتیجه می‌گرفت این اجسامی که جلوی ماست هم همین‌طور است. درحالی‌که آن کلی می‌تواند درست باشد، ولی مصداق آن غلط باشد. اجسام که در برابر ما هستند ذره‌ای هستند و ذومفاصل‌اند. لذا به فرض اگر کسی قائل است به جامعهٔ باز، در این‌که کدام را جامعهٔ باز تشخیص می‌دهد، همیشه ممکن است اشتباه بکند.

این نکتهٔ اول. نکتهٔ دوم هم این است که دموکراسی یك روش است و بر اصولی بنا می‌شود. یك نفر آدم مسلمان که ملتزم به یك دسته اصول اسلامی است، هیچ‌وقت نمی‌تواند جمیع

اصولی را که دموکراسی غربی برای تحقق آن‌ها به وجود آمده و یا بر آن‌ها بنا شده بپذیرد، ولی پذیرفتن پاره‌ای از آن‌ها قطعاً بی‌اشکال است. به هایدگر هم که نگاه بکنید ماجرا از همین قرار است. به فرض که فلسفهٔ هگل یا هایدگر به فاشیسم بینجامد، باید دید که این در اصول آن‌ها نهفته است یا در تعیین مصداق‌شان. و بنده معتقدم آن‌چه که در آن طرف است در اصول است. یعنی آن‌ها اصولاً به فاشیسم معتقدند و به آن احترام می‌گذارند، نه به نظام خاص هیتلری یا استالینی. مخصوصاً در فلسفهٔ هگل تعریفی که هگل از دولت دارد و بیاناتی که هایدگر از «رهبر» دارد، دولت و رهبر را در موضعی فوق عدل و اخلاق قرار می‌دهد، و هایدگر نیز خلق همه چیز، از جمله هنجارها و اخلاق را به دست رهبر می‌سپارد، و او را فی‌الواقع خدای روی زمین می‌کند؛ و این چیست جز فاشیسم عریان و وحشی؟

از این گذشته کسی نگفته است که از پوپر پیروی کنید تا رستگار شوید (در مورد هایدگر نمی‌دانم). اصلاً صحبت این نیست. آن‌چه از پوپر در جامعهٔ ما مطرح است، کتاب اوست که باید خوانده بشود تا معلوم شود که چه چیزی از آن پذیرفتنی است و چه چیزی از آن پذیرفتنی نیست.

اصلاً در علوم و فلسفه، مرید و مرادی نداریم، برهان است و نقادی. بزرگان گفته‌اند فرزندِ دلیل باشید. این چیزها را چه کسی گفته است که اگر در فلسفهٔ سیاسی کتابی نوشته شد دیگران آن را به *قرآن* یا *انجیل* تبدیل کنند و از آن پیروی کنند؟ کجا چنین معنایی دارد؟ بله، برای یك دسته از کسانی که در فلسفه به مریدی و مرادی قائل‌اند و انگشت انتقاد روی سخنان پیشوای خود نمی‌گذارند همین‌طور است. *جامعهٔ باز* یك کتاب است و با آرایی آمده است. عده‌ای برخوردشان این است که می‌گویند این آراء را مطرح نکنید، و سخن ما این است که می‌گوییم خیر، آراء باید مطرح بشود. این غیر از این است که آدمیان بیایند و مرید یك نفر بشوند. عده‌ای می‌گویند آن کتاب را مطرح نکنید چون پیشوای ما را از پیشوایی خلع می‌کند، یا چون ما آن را نمی‌پسندیم. صحبت ما این است که مقام و دایرهٔ علم، دایرهٔ پسند و ناپسند زید و عمرو نیست. این‌جا باید کارها به نقادی واگذار شود و بس. نقادی هم هویت جمعی دارد. همگان باید در نقد شرکت جویند. این‌که نقد امری است همگانی، از مهم‌ترین آموزش‌های مکتب «عقلانیت انتقادی» است. کتاب پوپر اتفاقاً از کتاب‌های نسبتاً کهنه است؛ در سال ۱۹۴٤ درآمده و اکنون بیش از ٤۰ سال از عمر آن کتاب می‌گذرد. البته کتاب مهمی در فلسفهٔ سیاسی بوده و هست. به نظر من برای کسانی که بخواهند تئوری دموکراسی را خوب بدانند خواندن این کتاب واجب است و مخصوصاً باید در قیاس با تئوری‌های رقیب خوانده شود.

در مورد هایدگر، ما مصداق را فاشیسم یاد می‌کنیم و از این هم فراتر نمی‌رویم.

در مورد پوپر هم چنین است؟ یعنی ممکن است همان‌طور که هایدگر آن مصداق را اشتباه کرده، پوپر هم مصداق را اشتباه کرده باشد؟ شما در این مورد چه نظری دارید؟

سخن من این بود که یك وقت مصداق بیرون از اصول فلسفه است، یك‌وقت جزء اصول فلسفه. صحبت من این بود که فلسفهٔ هگلی اصلاً فلسفهٔ فاشیستی است، نه این‌که هگل فقط در تعیین مصداق، رژیم‌های فاشیست را تقویت کرده و برگزیده باشد. درست مثل این است که بگوییم فلسفهٔ پوپر فلسفهٔ دموکراسی است. این جزء مبانی است نه جزء مصادیق.

فلسفهٔ دموکراسی با تعریفی که پوپر دارد، سه نکتهٔ اساسی دارد: یکی این‌که در روی کرهٔ خاك، بهشت نمی‌توان ساخت؛ دوم این که هرکس وعدهٔ زیاد در سیاست و در طبابت بدهد، شارلاتان است؛ سوم این که حکومت دموکراتیك حکومتی است که بتوان به روش‌های دموکراتیك آن را برانداخت نه حکومتی که به روش‌های دموکراتیك آن را بنا کنند. این سه اصل خیلی مهم، در فلسفهٔ او وجود دارد.

آن‌چه در فلسفهٔ پوپر برای ما محترم و مغتنم است، جهت‌گیری ضدفاشیستی (هیتلری و استالینی) اوست و توجه و احترام عمیق او به منطق و ضدیت او با تاریخ‌پرستی، و محوریت بخشیدن به نقادی، و تأکید بر تفکیك معرفت علمی از معرفت غیرعلمی؛ این جهت‌گیری‌ها خیلی مهم است. در جزئیات آراء او همیشه می‌توان مناقشه کرد و قابل مناقشه هم هست.

اصلاً فلسفهٔ پوپر، فلسفهٔ نقادی است. یعنی از نقادی‌کردن فربه‌تر می‌شود نه لاغرتر، یعنی همین بحث ما، در حقیقت داخل فلسفهٔ او قرار می‌گیرد نه بیرون از آن.

با این تفکیك که شما از دموکراسی از نظر پوپر مطرح کردید و تصدی روش انتقادپذیری در علوم اجتماعی را گفتید، حالا ما یك پوپر می‌شناسیم که مخالف انقلاب و موافق رفرم است. خودتان این را چگونه ارزیابی می‌کنید و چه‌قدر با آن موافق هستید؟

اتفاقاً یکی از حرف‌های خیلی خوب پوپر هم در این‌جاست و بسیار قابل تأمل است. پوپر قائل به مهندسی اجتماعی است و در همین کتاب *جامعهٔ باز* هم آن را آورده است. در کتاب *حدس‌ها و ابطال‌ها* هم دربارهٔ آن سخن گفته و مصاحبه‌ای هم دارد که مجزا چاپ شده است. انقلاب، عملاً ممکن نیست و اخلاقاً جایز نیست. خلاصهٔ حرف او این است که همه‌چیز جامعه را به یك‌باره نمی‌توان عوض کرد. شما باید قائل به تقدم و تأخر بشوید. غرض از انقلابِ نشدنی در اعتقاد او همین است که «کسی یا گروهی یا حزبی عزم کنند همه چیز یك جامعه را با هم عوض کنند»، یعنی یك طرحی بریزند که در آن طرح، جامعهٔ دیگری، تصویر

شده باشد؛ با سنت‌ها و روحیه‌های دیگری در مردم، با حکومت دیگری و با نظام دیگری در خانواده و اقتصاد، و با نظام دیگری در اجتماع و هنر و حتی خانه‌سازی و غیره. این را روی کاغذ بنویسند و بگویند که ما انقلاب می‌کنیم (متوسل می‌شویم به روش‌های قهرآمیز و غیر قهرآمیز) برای این‌که جامعهٔ کنونی را کنده و به جای آن یك جامعهٔ سرتاپا متفاوت بنشانیم. تعریف پوپر از انقلاب این است و معتقد است آن‌چه نشدنی است همین است و مارکسیست‌ها هم (به عقیدهٔ او) به دنبال همین چیز نشدنی هستند. او می‌گوید همهٔ کسانی که آمدند این کار را بکنند، زندگی را جهنم‌تر کردند به جای این‌که آن را بهشت‌تر کنند.

مهندسی اجتماعی یا مهندسی قدم‌به‌قدم از نظر او این است که شما باید در این تغییر اجتماعی (ولو تغییر بنیانی هم بخواهید بدهید) برای مراحل آن تقدم و تأخر قائل شوید. مثلاً در قدم اول حکومت را برمی‌اندازید، در مرحلهٔ بعد به اقتصاد می‌پردازید و سپس به خانواده و آنگاه به نهادهای دیگر. آن وقت نکتهٔ مهمی که او در این‌جا می‌گوید ـ این را در *فقر تاریخی‌گری* آورده است ـ این است که آدمی قدرت و شجاعت اعتراف به گناهان کوچك را دارد، اما اگر خطا خیلی بزرگ شد، نه تنها به خطا اعتراف نمی‌کند، بلکه آن را توجیه هم می‌کند و وقتی توجیه کرد نه تنها از راهی که رفته بود برنمی‌گردد، بلکه به آن راه ادامه می‌دهد. او می‌گوید معمولاً وضعیت مارکسیست‌ها این‌طور است. تحول بسیار بزرگی را در جامعه به خیال خودشان به وجود می‌آورند که اگر خطا باشد نمی‌توانند به خطای آن اعتراف کنند، برای این‌که خطا آن‌قدر بزرگ است که هیچ بشری شجاعت اعتراف به آن را ندارد. پس چه‌کار می‌کنند؟ توجیه می‌کنند، می‌گویند کار خوبی کردیم و بعدش هم ادامه می‌دهند.

بنابراین، انقلابی که مورد انکار پوپر است، اولاً، این است که به خیال خود کاری کنیم همه‌جانبه و من‌حیث‌المجموع و دفعة واحدة. ثانیاً کاری که اگر زمانی بخواهیم برگردیم راهِ برگشت بسته باشد. او این گونه انقلاب را بد می‌داند و می‌گوید باید در حدود توانایی بشری و در حدود عقل بشری حرکت کرد، آن گونه کار (به‌اصطلاح انقلاب) عملاً نشدنی است و اخلاقاً بد است.

گفتم مکتب او Critical Rationalism است، یعنی «عقلانیت انتقادی». به اندازه‌ای باید قدم برداشت که جای نقادی داشته باشد و وقتی نقادی کردید، بتوانید به مقتضای نقادی هم عمل کنید. اگر شما کاری کنید که دیگر جرأت نقدش را ندارید و مجال بازگشت از آن را هم ندارید و تنها راه آن، ادامه دادن به آن است، چنین کاری غلط است. پس ما نمی‌توانیم به این معنا انقلاب کنیم، چون مسؤولیت اخلاقی‌اش را نمی‌توانیم بپذیریم.

به‌علاوه، تغییر همه‌جانبه و دفعهٔ واحده، اگر اخلاقاً هم جایز باشد عملاً محال است و تجربه‌های جاهای دیگر هم این را نشان می‌دهد. او قائل به مهندسی قدم‌به‌قدم است. مهندسی قدم‌به‌قدم به این معناست که شما بنشینید و محاسبه کنید که چه کار می‌توانید بکنید و اولویت با کدام است. در همین شعاعی که عرض کردم. نکتهٔ بعدی هم (چون شما از آراء او سؤال می‌کنید، می‌گویم) این است که او البته معتقد است جایی که اصلاح‌ها به این میزان میسر نباشد، توسل به قهر البته جایز است و اشکال ندارد. اجمالاً این است آن‌چه در نزد او به‌عنوان انقلاب مذموم خوانده شده است. پاره‌های مختلف این بحث‌ها را در کتاب *جامعهٔ باز*، علی‌الخصوص یادداشت‌های انتهای کتاب که قسمت‌های علمی‌تر کتاب است، و هم‌چنین در *فقر تاریخی‌گری* می‌توانید بیابید.

بحث ما به جای خوبی رسیده است. شما فکر نمی‌کنید پوپر با اعراضی که از انقلاب می‌کند و انقلاب‌ها عمدتاً در دنیای امروز گرایش به مارکسیسم دارند، او دارد نظام غرب و سرمایه‌داری را به این ترتیب ستایش می‌کند و این اساساً مصداق تفکر عمومی‌اش است؟

شما از یك متفکری که در این نظام بار آمده چه انتظاری دارید؟ یعنی پوپر وقتی‌که انقلاب به معنای مارکسیستی را عملاً و اخلاقاً نفی می‌کند، یك انقلاب به معنای اسلامی را که اثبات نمی‌کند. این خیلی روشن است و از بدیهیات است. نباید از او انتظار داشت که انقلاب اسلامی را تمجید بکند. شما این انتظار را داشته باشید که در حد درك بشری، سخن منصفانه بگوید. او می‌گوید، کاری باید کرد که شجاعت اعتراف به خطا بودن آن را بتوان داشت؛ راهی را باید رفت که اگر خطا بود، بتوان بازگشت. این حرفی است که هم به انقلاب اسلامی می‌خورد هم به دموکراسی. این سخن، سخنی ضدانقلابی نیست، درهرحال، سخن عاقلانه‌ای است. یعنی این سخن، سخن حقی است فی‌نفسه، که روی کرهٔ زمین به دست انسان‌های معمولی و خاکی نمی‌توان بهشت درست کرد، و وعدهٔ زیاد در عالم سیاست و طبابت نمی‌توان داد، و کار را باید سنجیده کرد، به اندازه‌ای که اگر خطا بود بتوان آن را جبران کرد. این حرف بدی نیست و بلکه بسیار مهم است، و چه رنج‌ها و ضررها که ما از کارهای ناسنجیده برده‌ایم. انتظار هم نداریم که او یا هر فیلسوف دیگری خطا نکند، او هم بشر است.

شما خودتان را به جای یك فیلسوف قرار بدهید. مثلاً به او انتقاد کرده‌اند که چرا در زمان هیتلر فرار کرد و به نیوزیلند رفت. به نظر شما چه کار باید می‌کرد؟ بماند در آلمان و مداحی هیتلر را بکند؟ نه، او نمی‌خواست چنین کاری را انجام بدهد. فیلسوفانی در آن‌جا ماندند مثل

هایدگر ـ که شما مثال زدید ـ و مدح هیتلر را هم خواندند، ولی او چنین نکرد. شما یك فیلسوف فرنگی دانشگاهی را در نظر بگیرید که فاشیسم را در برابر خود می‌بیند و همین‌طور فیلسوفان مداح فاشیسم را. باید چه کند؟ اگر فاشیسم و فلسفه‌های فاشیستی، از افلاتون گرفته تا هگل و هایدگر را، محکوم کند کار بدی کرده است؟

در حد تشخیص یك بشر، باید به فکر او و کتاب او نگاه کرد، همین و بس. این را هم عرض بکنم که اصلاً تفکر دموکراسی و تفکر فاشیسم را باید با توجه به ریشه‌های انسان‌شناسی و جهان‌شناسی آن‌ها مورد توجه قرار داد. در این جاهاست که بحث عمیق‌تر خواهد شد.

من فکر می‌کنم این درست است که او نباید انقلاب اسلامی را تأیید بکند و این انتظار هم از او نیست، اما او اساساً با انقلاب مخالف است و این می‌تواند تفکر ملی‌گراهای ما هم باشد که به هر تقدیر، در مخالفت با نوعی انقلاب به مفهومی که امام به آن معتقد بودند و ما در ۲۲ بهمن به آن رسیدیم، قرار دارند. فکر می‌کنم این مقاربت و نزدیکی فکری، در این‌گونه تفکر بیشتر حاصل می‌آید.

مخالف انقلاب بودن پوپر گفتم که به چه معناست. کلمهٔ «انقلاب» نباید در این‌جا ما را بفریبد. انقلاب در یك معنای‌اش آن چیزی است که نشدنی است و اخلاقاً هم قابل توجیه و تحمل نیست و به یك معنا هم شدنی است. به‌علاوه، شما به آن‌ها هم که خیلی سخن از انقلاب می‌گویند دل نبندید. فیلسوفانی مثل هایدگر، مگر می‌گویند انقلاب کنید؟ مگر می‌گویند افکار الهی را پیاده کنید؟ مگر اصلاً به افکار دینی و اخلاق ازلی و ابدی باور دارند؟ آن‌ها تاریخ‌گرا هستند و می‌گویند هرچه پیش آید خوش آید. به‌علاوه، آن ملی‌گراها در واقع مسأله‌شان مطرح کردن هر فکر دیگری است در برابر فکر اسلامی در کلیت آن. مارکسیست‌ها هم اتفاقاً همین‌طوراند. آن‌ها هم می‌خواهند فکر دیگری را در برابر فکر اسلامی مطرح کنند. وگرنه، مگر مارکسیست‌ها قائل به انقلاب نیستند، لااقل به نظر خودشان؟ خطر از آن کسانی است که می‌خواهند بگویند انقلاب اسلامی، انقلابی است به مفهوم فاشیستی آن. می‌خواهند از ولایت، معنای هیتلریسم و استالینیسم را بیرون بیاورند. کتاب پوپر برضد این‌گونه تفسیر است. ملی‌گراها هم ابتدا این حکومت را مساوی استبداد مطلق می‌گیرند و بعد کتاب پوپر را مطرح می‌کنند. پوپر مقصر نیست. آن نظریه‌ای که حکومت دینی را مساوی استبداد مطلق می‌گیرد مقصر است. هم ملی‌گراها و هم تاریخ‌پرستان فاشیسم‌مشرب و هم دلدادگان به تفکر استالینی در این‌جا مقصراند. فیلسوفان هایدگرستای این دیار نیز، مغالطه می‌کنند و می‌گویند چون کتاب پوپر را ملی‌گراها چاپ کرده‌اند، پس افکار پوپر باطل است. راحت‌طلبی فکری را می‌بینید؟ حد استدلال

آن‌ها که فکرشان در تاریخ‌پرستی ضایع و فاسد شده همین‌قدر است! ما تا حالا ندیده بودیم که نقد کتابی را با نقد ناشر یا مترجم آن شروع کنند!

اگر اشکالی هست در مساوی دانستن حکومت دینی با استبداد مطلقه است، همان کاری که قائلان به ولایت افلاتونی (یعنی رضا داوری) می‌کنند. این را باید رد کرد. اگر این رد شود، دیگر باکی از کتاب امثال پوپر نیست. مرحوم نائینی هم در کتاب *تنبیه الامه* همین دغدغه را داشت و از استبداد دینی می‌نالید.

به‌هرحال، آن‌چه که به نظر من از امثال پوپر باید آموخت همین انصاف علمی و نقد عقلانی و ضدیت با فاشیسم در تمام چهره‌های آن، و تمسك به منطق و نقادی، و روشن و روان نویسی، و نفی تاریخ‌انگاری و رو آوردن به معرفت‌شناسی و ترك فحاشی و هتاکی و تواضع علمی و سقراط‌صفتی است، وگرنه مناقشه در تك‌تك افکار او و هر فیلسوف دیگری رواست، بلکه عین فلسفه است. از بی‌اعتقادهایی باید ترسید که پس از انقلاب، انقلابی شده‌اند و ظاهرسازی و عوام‌فریبی می‌کنند؛ نفی نقادی می‌کنند، مبادا مشت‌شان باز شود؛ دشمنی با منطق می‌ورزند مبادا سستی افکارشان آشکار شود؛ از محك تجربه می‌گریزند، مبادا سیه‌رویی‌شان فاش گردد؛ و خفاش‌صفت همه را به چشم بستن بر آفتاب اندیشه دعوت می‌کنند و جهان را تاریك می‌پسندند تا خود در آن بدرخشند.

ای بریده آن لب وحلق و دهان
که کند تف سوی ماه آسمان[1]
چون تو خفاشان بسی بینند خواب
کین جهان ماند یتیم از آفتاب[2]
از همه محروم‌تر خفاش بود
که عدوّ آفتاب فاش بود[3]
نیست خفاشك عدوّ آفتاب
او عدوّ خویش آمد در حجاب[4]

---

۱. مولوی، مثنوی معنوی، دفتر ششم، ۲۰۹۸

۲. همان، ۲۰۸۳

۳. همان، دفتر سوم، ۳۶۲۱

٤. همان، دفتر دوم، ۷۹۳

منتظرم تا آقای مصباح شرایط مناظره را احراز کند[1]

اشاره:

عبدالکریم سروش یکی از اندیشمندان معاصر کشورمان است که بسیاری او را از نظر اندیشه و آراء از نسل علی شریعتی، روشنفکر دینی معاصر، می‌دانند. وی در سال‌های نخست انقلاب اسلامی به حکم آیت‌الله خمینی یکی از هفت عضو ستاد انقلاب فرهنگی بود. فعالیت‌های این استاد دانشگاه در چند سال اخیر، به‌ویژه پس از رحلت آیت‌الله خمینی، رفته‌رفته محدودتر شد؛ به طوری که ابتدا سخنرانی‌های ایشان از صدا و سیما قطع شد و سپس فشارهای دیگری از جمله ممنوع‌التدریس شدن در دانشگاه‌ها بر وی اعمال شد و در سال‌های اخیر حتی جلسات سخنرانی ایشان نیز با دشواری‌ها و موانع بسیاری مواجه است. اما سروش فعالیت‌های علمی و تحقیقاتی خود را با نوشتن کتاب و استفاده از فرصت‌های مناسب دیگر در داخل و خارج از کشور دنبال می‌کند و دست‌به‌دست شدن و فروش بالای کتاب‌ها و نوارهای سخنرانی‌های ایشان در میان مردم، به‌ویژه قشر روشنفکر و دانشجو، مبین این موضوع است که نمی‌توان اندیشه را زندانی کرد.

سروش در حال حاضر گوشه‌ای از فعالیت‌های علمی و تدریس خود را در خارج از کشور ادامه می‌دهد. او می‌گوید که در آمریکا علاوه بر تدریس و فعالیت‌های علمی و تحقیقاتی،

---

۱. این مصاحبه در تاریخ دی ماه ۱۳۷۹ انجام شده است.

روزانه یك ساعت به مطالعهٔ اطلاعات بین‌المللی بر روی شبکهٔ اینترنت می‌پردازد و جست‌وجوی او برای مطالعهٔ روزنامه‌های رسالت و جمهوری اسلامی بر روی شبکهٔ اینترنت به جایی نرسیده است.

دکتر سروش در این گفت‌وگو علاوه بر پاسخ به پرسش‌های متعدد فکری، علمی و مذهبی، به بررسی وضعیت فرهنگ کنونی ایران و بیان آفت‌ها و مشکلات دین و اخلاق پرداخت. وی ضمن پاسخ به شبهات مطروحه پیرامون عدم مناظرهٔ خود با آقای مصباح یزدی، قاطعانه اعلام کرد: «من کاملاً آمادهٔ مناظره با ایشان هستم.»

دکتر سروش هم‌چنین در مورد کتاب *جامعه و تاریخ* آقای مصباح یزدی که در بخش‌هایی از آن عبارت‌هایی از کتاب‌های ایشان بدون ذکر منبع آمده، توضیحاتی داده و خواستار عذرخواهی آقای مصباح یزدی در این زمینه شده است.

آن‌چه در ادامه می‌خوانید، ماحصل دو ساعت گفت‌وگو با ایشان است.

***

لطفاً در ابتدا از فعالیت‌های علمی خود در آمریکا بگویید.

بعد از انقلاب اسلامی، من بارها از طرف کشورهای مختلف از جمله آمریکا، کشورهای اروپایی و آفریقایی، استرالیا و نیوزلند برای شرکت در کنفرانس‌های مختلف دینی، علمی، سیاسی و غیره دعوت شده‌ام که از میان آن‌ها بیش‌تر توفیق سفر به اروپا و آمریکا را داشته‌ام. یك بار هم برای تدریس به مالزی رفتم که یك ترم در آن‌جا بودم. در چند ماه اخیر، بنا به دعوت رسمی دانشگاه هاروارد، دروس «بررسی سیر تحول فکر دینی پس از انقلاب اسلامی در ایران» و «عرفان اسلامی با تمرکز بر روی مثنوی مولانا جلال‌الدین رومی» را تدریس می‌کردم.

در مورد موضوع اول، تدریس بلندمدت نکردم و تنها یك سخنرانی طولانی برای اعضای دانشگاه، اساتید و دانشجویان انجام دادم. اما در مورد موضوع دوم، نه فقط تدریس می‌کنم، بلکه مشغول تحقیق هم هستم و می‌کوشم تا ترجمه‌ای را که نیکلسون، شصت سال پیش، از مثنوی به انگلیسی انجام داده است، مورد تنقیح و تصحیح قرار بدهم و ویرایش تازه‌ای از این ترجمه را منتشر کنم که انشاءالله در کتابی دوزبانه به چاپ خواهد رسید که در یك‌طرف آن مثنوی و در طرف دیگر ترجمهٔ انگلیسی آن قرار خواهد داشت. ممکن است با تجدید دعوت دانشگاه هاروارد، اقامت من در آن‌جا طولانی‌تر از یك ترم هم بشود و من هم مشغول بررسی هستم که آیا باز هم در آن‌جا بمانم یا خیر. هم‌چنین احتمال دارد برای تدریس به

دانشگاه استنفورد یا پرینستون هم بروم. من چون در ایران از تدریس محروم هستم و برای سخنرانی‌کردن هم مشکلاتی دارم، لذا اگر فرصتی برای تدریس در دانشگاه‌های خارج پیش بیاید، استقبال می‌کنم و پس از بررسی، آن را اجابت می‌کنم.

وقتی در مالزی تدریس می‌کردم، خرسندتر بودم چرا که عموم دانشجویانم از کشورهای جهان سوم و اکثر آن‌ها مسلمان بودند. البته در هاروارد دانشجوی غیرغربی هم زیاد است، دانشجویانی که به دلیل رشتهٔ تخصصی و علائق دینی به عرفان اسلامی علاقه‌مند هستند و در کلاس درس و جلسات سخنرانی حاضر می‌شوند.

خوشبختانه، در کمبریج، شهری که دانشگاه هاروارد در آن‌جاست، دانشگاه ام.آی.تی هم وجود دارد که دانشجویان ایرانی بسیاری در آن هستند و من توانستم در طول چند ماهی که در هاروارد بودم، برای دانشجویان ایرانی هم جلسات درسی و سخنرانی داشته باشم که در مجموع برای آن‌ها تعداد ده سخنرانی در زمینهٔ «دین در جهان معاصر» داشتم. هم‌چنین دعوت‌های زیادی از دانشگاه‌های آمریکایی به من رسید که بعضی از آن‌ها را اجابت کردم. به انجمن خاورمیانه‌شناسان در فلوریدا رفتم و در آن‌جا یك سخنرانی در باب «آزادی آکادمیك» انجام دادم. به انستیتو خاورمیانه در واشنگتن رفتم که در آن‌جا مباحثه‌ای بین من و یکی از فیلسوفان آمریکایی در باب «سنت و مدرنیسم» برگزار شد. هم‌چنین به انجمن جامعه‌شناسان در واشنگتن رفتم و سخنرانی‌ای دربارهٔ «پلورالیزم دینی» کردم. نشستی در دانشگاه جورج تاون در واشنگتن برگزار شد که این‌جانب نیز در آن شرکت داشتم و مباحثه‌ای دربارهٔ «دین و مدرنیسم» با پاره‌ای از روحانیان مسیحی انجام دادم. در دانشگاه بوستون نیز سخنرانی‌ای درباره‌ی «یقین و قانون» داشتم. به مجامع ایرانی دیگر بیرون از کمبریج به‌خصوص در اوکلند در ایالت تگزاس رفتم و مجموعاً هفت سخنرانی هم در آن‌جا داشتم. علاوه بر این‌ها، ارتباط‌هایی هم با برخی شخصیت‌های علمی آن‌جا برقرار کردم. در مجموع، دوران پرمشغله‌ای بود و من از اقامت و توقف‌ام در آمریکا بحمدالله خشنودم. دعوتی هم از طرف دانشگاه فیلادلفیا دارم که اگر بتوانم آن را اجابت می‌کنم.

آیا اگر فرصت تدریس در ایران پیش بیاید، باز استقبال می‌کنید؟

صددرصد. بنده به تعبیر شاملو «چراغم در این خانه می‌سوزد». من متعلق به این آب و خاك هستم و تمام وقت‌ام برای نشستن و سخن‌گفتن با دوستان و خواهران و برادران مشتاق ایرانی است و تاکنون هم تمام همت و تلاش من در راه باز کردن این مسیر و برداشتن موانع آن بوده است و امیدوارم که این موانع هم با حسن تدبیر عقلای قوم برداشته شود و من بتوانم تدریس و زندگی آکادمیك خود در ایران را از سر بگیرم.

شاید بسیاری مایل باشند تعداد ساعات مطالعهٔ شما را به‌عنوان یك متفکر و اندیشمند بدانند. اگر ممکن است بفرمایید روزانه چند ساعت مطالعه دارید؟

پاسخ‌دادن به این سؤال مشکل است؛ چرا که برحسب فصول و برحسب احتیاج فرق می‌کند. البته همیشه یك بالانس و تعادلی بین مطالعه و تفکر برقرار می‌کنم و شاید اوقاتی که صرف تفکر می‌کنم خیلی بیش‌تر از اوقاتی باشد که صرف مطالعه می‌کنم.

اگر ممکن است تعداد تألیفات خود را هم بفرمایید.

بیش از بیست تألیف منتشرشده دارم و حداقل ده عنوان هم منتشر نشده است که مقدمات انتشار برخی از آن‌ها تا هشتاد درصد و برخی دیگر تا پنجاه درصد فراهم شده است.

لطفاً در مورد فضای فکری و فرهنگی آمریکا، در مورد تحولات و مسائل جدید ایران و واکنش آمریکایی‌ها نسبت به این تحولات توضیحاتی ارائه فرمایید.

سؤال وسیعی است که بنده به همهٔ جوانب آن احاطه ندارم. یك بخش از آن به روابط سیاسی آمریکا و ایران برمی‌گردد که به نظر من «تابو» است و فعلاً جز اظهارنظرهای رسمی، جرأت اظهارنظر دیگری وجود ندارد و متأسفانه نمی‌توان این مسألهٔ بسیار مهم را به بحث عمومی گذاشت و کسانی هم که گاهی جرأت کرده‌اند و سخنی غیرمتعارف و برخلاف عرف گفته‌اند، کیفر یا پاداش سخن خود را دیده‌اند و گرفته‌اند. اتفاقاً از همین نکته می‌خواهم استفاده کنم و بگویم یکی از تفاوت‌های فضای آمریکا با فضای کشور ما این است که در آمریکا همهٔ مسائل، حتی تابوها، مورد بحث قرار می‌گیرند. یعنی شما نه تنها در مورد سیاست خارجی آمریکا نسبت به ایران، بلکه نسبت به فلسطین، اسرائیل و هر جای دیگر، هر بحث و اظهار نظر ممکن را می‌شنوید و می‌بینید. من در آن‌جا در یك سخنرانی در دانشگاه ام.آی.تی شرکت کردم که سخنران آن نوام چامسکی بود. چامسکی از اساتید دانشگاه ام.آی.تی و مرد بسیار نامور و با پرستیژی است. او یکی از منتقدان مشهور و جدی حکومت آمریکا و سیاست خارجی آن کشور است. وی در مورد رابطهٔ آمریکا و اسرائیل سخن می‌گفت و اسناد بسیار مشخصی را دربارهٔ نفاقی که آمریکا می‌ورزد، می‌آورد و بدون این که دسترسی به اطلاعات سرّی داشته باشد نمونه‌هایی را از روزنامه‌ها برمی‌شمرد. چامسکی، به عنوان نمونه، در مورد همین جنگی که در حال حاضر بین اسرائیل و فلسطین در جریان است و آدم‌کشی پرقساوتی که در آن‌جا صورت می‌گیرد، سخنانی ایراد کرد؛ جنگی که تاکنون سیصد نفر کشته داشته که تنها ده درصد آن‌ها اسرائیلی و نود درصد بقیه فلسطینی بوده‌اند. علی‌رغم محکومیت این کشتار و جنایت از طرف دنیا و اظهار تأسف ظاهری‌ای که سیاستمداران خارجی آمریکا

می‌کنند، در همین ایام آمریکا هلی‌کوپترهای توپ‌دار به اسرائیل می‌فروشد و همین هلی‌کوپترها هستند که آتش را بر سر فلسطینی‌های مظلوم می‌ریزند. چامسکی در سخنرانی خود چند بار تکرار کرد که «وقتی من می‌گویم اسرائیل، یعنی آمریکا، و اسرائیل چیزی نیست جز دست آمریکا که در خاورمیانه از آستین قدرت و قساوت بیرون آمده است و آتش و باروت بر سر فلسطینیان مظلوم می‌ریزد».

عرضم این است که هم این صدا در آن‌جا شنیده می‌شود و هم صداهای دیگر، و این نکته بسیار مهم است که گرچه مردم مواضع رسمی حکومت را می‌دانند، مواضع غیررسمی و مخالف دولت هم اجازهٔ نشر و پخش دارند و حداقل جماعات کوچکی که آراء دیگری دارند، می‌توانند رأی‌شان را ابراز کنند و مورد بحث و نقادی قرار بدهند.

اما آن‌چه ما در میان خود می‌بینیم، متأسفانه، چه در مورد دوستان و چه در مورد دشمنان، این چنین نیست، و تابوها و خط قرمزهای قوی و پررنگی وجود دارد که اجازهٔ عبور را به عالم و غیرعالم نمی‌دهد. به همین سبب، مسائل چنان مجمل و سربسته و حل‌نشده باقی می‌ماند که به مُلك و ملت و آیندهٔ این قوم ضرر می‌زند. گویی که حاکمان خودشان را از مشارکت فکری مردم و رعایا مستغنی می‌پندارند.

اما در ارتباط با جماعات ایرانی‌ای که در خارج از کشور زندگی می‌کنند و مسأله‌شان بیش‌تر به ما مربوط می‌شود، لازم می‌بینم یك نکتهٔ مهم را ذکر کنم. وقتی‌که آقای خاتمی به‌عنوان رئیس‌جمهور کشورمان انتخاب شدند، حقیقتاً تشکل‌های اپوزیسیون سیاسی ایرانی خارج از کشور دچار بحران هویت شدند. من این بحران هویت را هم از نزدیك دیدم و هم از چیزهایی که به گوشم می‌رسید استنباط کردم. یعنی پاره‌ای از این تشکل‌ها به‌طور جدی گریبان خود را گرفتند که ما چه‌کاره‌ایم و چه می‌گوییم و چه پیام مهم‌تری برای مردم ایران داریم که این مردم به نحو درون‌جوش از میان خودشان آن را ندارند و نمی‌دانند و به منصهٔ اظهار و ابراز و اِعمال نرسانده‌اند. بعضی از آن‌ها عازم برگشت شدند. بعضی از طرف همرزمان و همفکران خودشان مورد اعتراض و انتقاد قرار گرفتند و درکل بحران و شکافی در تشکل‌های آن‌ها افتاد و این نکتهٔ پوشیده‌ای نیست و در نوشته‌ها و انتشارات ایرانیان خارج از کشور به بحث گذاشته شد.

انصافاً جنبشی که مردم ایران داشتند و این انتخابی که صورت دادند، یك تأثیر جهانی عظیم داشت، از جمله تأثیر بر تشکل‌های ایرانی خارج از کشور. اما و هزار اما، با کمال تأسف، در همین ماه‌های اخیر به دلیل اتفاقات منفی و معکوسی که در داخل کشور رخ داد،

این تشکل‌ها دوباره جان گرفتند و احساس کردند که جای‌گاه ویژه و لازم و مناسبی در خارج از کشور احراز کرده‌اند و این دقیقاً به دلیل انسداد سیاسی‌ای است که در درون کشور رخ داده است. هر وقت که در ایران انسدادی می‌شود، بیرون‌نشینان احساس قوتی می‌کنند و هر گاه که در ایران انفتاحی رخ می‌دهد، بیرون‌نشینان هم رفته‌رفته برای بازگشت و خدمت به وطن، برای ذوب کردن یخ‌ها و برای فراموش کردن گذشته‌ها آماده‌تر می‌شوند. فراموش نکنیم همهٔ آن‌هایی که بیرون از وطن نشسته‌اند، مخالفان جمهوری اسلامی نیستند؛ بسیاری از آن‌ها کسانی هستند که به سبب پاره‌ای از تنگناها و کج‌رفتاری‌ها وادار به مهاجرت شده‌اند. در میان آن‌ها مغزهایی یافت می‌شود که می‌توانند به عناصر خدومی برای مملکت تبدیل شوند. باید توجه داشته باشیم که محرومیت از آن‌ها محرومیت از خدمتگزاران است.

با توجه به این‌که شما در اوایل انقلاب منصوب آیت‌الله خمینی در شورای انقلاب فرهنگی بودید، وضعیت فرهنگی آن زمان و امروز را چگونه مقایسه و ارزیابی می‌کنید؟

یك تفاوت بسیار عمده بین فضای فرهنگی آن روز و امروز وجود دارد و آن این است که آن روز فضای فرهنگی در حال ساخته‌شدن بود و سیال بود، ولی امروز فضای فرهنگی منجمد شده و از سیالیت بیرون آمده است و از ستبری و تحجر نگران‌کننده‌ای برخوردار شده است. این عمده‌ترین تفاوت آن زمان و این زمان است. البته تفاوت‌های دیگری هم می‌توان ذکر کرد؛ این‌که در آن زمان مسؤولان سامان‌دهندهٔ شئون فرهنگی کشور به راحتی مورد انتقاد قرار می‌گرفتند و از هر جهت خود را در مقابل مردم و خصوصاً دانشجویان و اهل علم پاسخگو و مسؤول می‌دانستند، ولی امروز بسیاری از عناصر شورای انقلاب فرهنگی برای مردم شناخته‌شده نیستند. بعضی از آن‌ها در نماز جمعه‌ها برای مردم شاخ و شانه می‌کشند و حکم ارتداد صادر می‌کنند و پاپوش می‌سازند. شورای انقلاب فرهنگی، به نظر من، در حال حاضر تبدیل به شورایی کاملاً تزئینی شده است. و اگر نگوییم (چه اگر هم بگوییم، شما چاپ نمی‌کنید! ولی این مقدار را می‌توانم به جد و به جرأت بگویم و به تعبیر شاعر «می‌گویم و می‌آیم‌اش از عهده برون») مضر است، بود و نبودش برای این کشور حقیقتاً علی‌السویه است.

نه تنها شورای انقلاب فرهنگی، بلکه فرهنگستان علوم و فرهنگستان زبان و ادب، فرهنگستان هنر و فرهنگستان پزشکی، هیچ کدام ذره‌ای از زیور و زینت‌بودن فزونی ندارند. این‌جانب خود سال‌ها عضو فرهنگستان علوم بودم و این را علم معاینه دارم نه این‌که از راه خبر و افواه و شایعات بگویم. و کاملاً این را می‌دانم که این ارگان‌ها جز یك حالت زینتی، هیچ حالت و شأن دیگری ندارند.

شورای انقلاب فرهنگی هم فعلاً این‌طور است؛ درحالی‌که در آن دوران، ستاد انقلاب فرهنگی، علی‌رغم این‌که این همه عضو نداشت، بلکه برای مدت طولانی تنها آقایان جلال‌الدین فارسی، شریعتمداری و این‌جانب از اعضای آن بودیم، کارهای زیادی بر عهده‌اش بود. وزارت علوم هم تعطیل بود و برای مدتی وزیر نداشت. همهٔ این کارها را در نظر بگیرید، آن وقت تفاوت‌های آن دوران و این دوران برای شما آشکار می‌شود. آن موقع کمتر کسی می‌توانست به دیگری زور بگوید. در آن روزها بالا نشستن و عضو شورایی بودن برای کسی مزیت نمی‌آورد و قدرت و منصب و مسندی محسوب نمی‌شد. انصافاً انجام وظیفه بود. بنده خشنود بودم که منصوب آیت‌الله خمینی هستم؛ یعنی رهبری مردمی که در تاریخ این کشور بی‌نظیر بوده است، مرا که سال‌ها به دنبال یافتن فرصتی برای خدمت به فرهنگ کشور بودم، شایسته دید و در آن مسند و جای‌گاه نشاند. بنده هم هر چه در توانم بود، صرف کردم و کوشیدم که خدمتی انجام بدهم. ولی همان‌طور که گفتم در حال حاضر، مسائل بسیار تفاوت کرده است. من واقعاً از بی‌عملی شورای انقلاب فرهنگی بسیار بسیار متأسفم. علیرغم این بلاها که بر سر دانشگاه‌ها و دانشجویان مظلوم آورده می‌شود، آیا شما یك کلمه از این شورا چیزی می‌شنوید؟ این‌ها کار چندانی برای دانشگاه‌ها نمی‌کنند، چون کارها توسط وزارت علوم انجام می‌شود.

من می‌دانم که برخی از اعضای شورای انقلاب فرهنگی، بیرون از شورا حتی یك دقیقه هم وقت‌شان را صرف کارهای شورا نمی‌کنند. آن‌ها تنها سر جلسات شورا حاضر می‌شوند و همان‌جا هر چه از دهان‌شان بیرون می‌آید می‌گویند. برخی از آن‌ها اهل موضع‌گیری‌های سیاسی و جناحی هستند. افراد را خط‌کشی‌های سیاسی می‌کنند و بر حسب آن خط‌کشی‌ها حقی را می‌دهند و حقی را می‌گیرند. امتیازی را می‌دهند و امتیازی را می‌گیرند. از همان موقعی که وحشی‌گری‌ها در دانشگاه نسبت به من شروع شد، می‌دیدم آن‌ها چگونه عمل می‌کنند و چه‌قدر غیرمسؤولانه نسبت به حوادث دانشگاه سخن می‌گویند و موضع‌گیری می‌کنند. در مورد واقعهٔ کوی دانشگاه در ۱۸ تیرماه ۷۸، در مورد تشکل‌های دانشجویی، در مورد بلاهایی که بر سر تحکیم وحدت آوردند و می‌آورند، شما حتی یك کلام از شورای انقلاب فرهنگی نمی‌شنوید. به همین دلیل است که عرض می‌کنم این‌ها حتی دیگر زینت هم محسوب نمی‌شوند.

این در حالی است که ما ابراز نگرانی‌هایی را هم از وضعیت فرهنگی کشور شاهد هستیم. شما علت وضع موجود فرهنگی را چه می‌بینید؟

فرهنگ کشور به‌شدت سیاست‌زده است و من این را سم قاتل برای فرهنگ و دانشگاه‌های کشور می‌دانم. این نکته‌ای است که من سال‌هاست به آن رسیده‌ام و تأسف آن را می‌برم و

البته در حدی که توانایی داشته‌ام برای ابهام‌زدایی و حل آن تلاش کرده‌ام، ولی معضل مهیب‌تر و ستبرتر از آن است که یك نفر یا چند نفر از عهدهٔ حل آن‌ها برآیند.

اصولاً حاکمیت نمی‌تواند معین کند که فرهنگ چه باشد. اگر چنین نظری در میان بیاید و جواب سؤال‌ها از پیش معین باشد، معنای آن از بین رفتن و مردن فرهنگ است. شما اگر راجع به دین بپرسید، به شما می‌گویند جواب‌هایش معین است و نزد فلان آقاست. اگر کسی فراتر از او حرف بزند باید به قبرستان برود. اگر راجع به ارتباط با آمریکا سؤال کنید، جوابش معین است. اگر فراتر از آن بگویید، سروکارتان با داغ و درفش است. اگر دربارهٔ علم و توسعه پرسش کنید، آن هم باز جوابش از پیش معین است و یك نوع توسعه را بعضی از آقایان نسخه‌پیچی کرده‌اند و برای مملکت صالح و مفید تشخیص داده‌اند.

از پیش مهیا بودن و معین بودن پاسخ‌ها، عین مرگ سؤال‌هاست. مرگ سؤال‌ها هم عین مرگ فرهنگ است. سیاست‌زدگی در عرصهٔ فرهنگ به معنای این است که سیاستمداران جواب سؤال‌های فرهنگی را پیشاپیش داده باشند و لذا دیگران حق نداشته باشند در مورد آن‌ها بحثی بکنند. ملاحظه کنید در تلویزیون بحث‌ها از حد خاصی نمی‌تواند فراتر برود. افراد نمی‌توانند به سؤالات جواب‌هایی بدهند که مخالف جواب‌های رسمی است. این‌ها ضرری است که فرهنگ می‌برد و مانعی است که در راه رشد و شکوفایی آن نهاده می‌شود. من مهم‌ترین مشکل را در همین‌جا می‌بینم و برای این‌که چنین چیزی اتفاق نیفتد، باید افراد حرّ و آزاده و فکور و کاردان کارها را به دست گیرند، نه مداحان و ملاحظه‌کاران و سیاسی‌کارها و پیاده‌ها. باید انتخاب‌ها بر انتصاب‌ها بچربد. باید آزادی عادلانه و عدالت آزادانه بر همه چیز حاکم شود. ما در کشور آزادی و تهور کم داریم و از این بابت هم زیان بسیار دیده‌ایم. همهٔ ما در این کشور دچار سانسور هستیم و این سانسورها، هم از بیرون و هم از درون، بر ما اعمال می‌شود و همهٔ ما را تبدیل به افرادی کوتوله کرده است. این مشکلی است که ما در عرصهٔ فرهنگ داریم. ای کاش بتوان زمانی این مسائل را به صورت آزاد مورد بحث قرار داد. شاید اکنون نتوانید تصور کنید که چه برکاتی در آزادی هست و انسانی که خودش را آزاد می‌بیند، چه‌قدر خوب می‌تواند فکر کند و چه‌قدر خوب می‌تواند تولید اندیشه کند.

در اوایل انقلاب اسلامی، شما پیرامون تفسیر مثنوی معنوی درس‌هایی داشتید که پس از مدتی از صدا و سیما قطع شد. آیت‌الله خمینی پیامی در این زمینه دادند مبنی بر این‌که «این‌جانب مولانا را قبول دارم ولی عده‌ای این‌طور نمی‌پسندند». اگر ممکن است در این زمینه توضیحی بفرمایید؟

بنده مثل آن درویشی هستم که گفتند «از متاع دنیا چه داری؟» گفت «همین اشتها را دارم و بس.» این‌جانب هم از متاع دنیا فقط اشتهای تدریس و بحث دارم، ولی فعلاً مجالش را ندارم. به قول حافظ:

رقیب آزارها فرمود و جای آشتی نگذاشت
مگر آه سحرخیزان سوی گردون نخواهد شد[۱]

اگر ما از طریق طبیعت نتوانیم کاری بکنیم، از طریق ماوراءطبیعت کارهایی خواهیم کرد و اگر اجساد طبیعی آدمیان را به زندان بیفکنند، نیروهای ماوراءطبیعی را که نمی‌توانند به زندان بیفکنند. باز هم به قول حافظ که گفت:

با دعای شب‌خیزان ای شکردهان مستیز
در پناه یک اسم است خاتم سلیمانی[۲]

اما قصه از این قرار بود که این‌جانب برنامه‌هایی را در باب مولانا در تلویزیون اجرا می‌کردم. قرار بود این برنامه به چهل شماره برسد. نزدیك به بیست و چهار شمارهٔ آن ضبط شده بود، اما وقتی‌که سیزدهمین شمارهٔ آن پخش شد، پخش برنامه قطع شد. من همین‌قدر شنیده بودم که آیت‌الله خمینی دستور داده بودند که از پخش آن جلوگیری شود. اما از این مطلب متعجب هم بودم، چرا که حتی از پدر خانم ایشان ـ مرحوم آیت‌الله ثقفی ـ نقل کرده بودند که ایشان می‌گفتند «مثنوی، تفسیر ملا جلال است». البته این تعبیر را در حضور عوام به کار می‌بردند. به‌هرحال، بعد از چند روز آقای خامنه‌ای، که در آن زمان رئیس‌جمهور بودند، به من تلفن زدند و گفتند که من الان از محضر امام می‌آیم و ایشان نکته‌هایی را به من گفته‌اند که مایلم تا فراموش نکرده‌ام آن‌ها را با شما در میان بگذارم. البته این‌جانب گلهٔ این امر را قبلاً نزد آقای خامنه‌ای کرده بودم و به ایشان گفته بودم که من یکی از اعضای ستاد انقلاب فرهنگی این کشورم و با این احوال، سخنرانی‌های من از تلویزیون قطع می‌شود و این برای مردم ابهام و سؤال ایجاد می‌کند. ایشان هم تصدیق کردند و گفتند: بله، این مطلب سؤال‌زا و ابهام‌آفرین است. گویا موضوع را با امام در میان گذاشته بودند و امام هم نکته‌هایی گفته بودند که آقای خامنه‌ای تلفنی به من گفتند. آن نکته این بود که امام فرموده بودند: «شما می‌دانید که من با مثنوی هیچ مخالفتی ندارم، بلکه به مثنوی بسیار هم اعتقاد دارم. من با این برنامه مخالفتی

---

۱. حافظ، *غزلیات*، غزل ۱۶۵
۲. همان، غزل ۴۷۳

نداشتم ولی از اطراف کشور، از شهرهای مختلف، اعتراضاتی به من می‌رسید و من به این اعتراضات اعتنا نمی‌کردم. تا این‌که طوماری به دست من رسید که این طومار در یکی از شهرها تهیه شده بود.» آقای خامنه‌ای اسم آن شهر را به من نگفتند، ولی من ظن قوی دارم که منظور شهر مشهد بود. پاره‌ای از روحانیان آن شهر طومار را امضاء کرده بودند و امام فرموده بودند که من بر آیندهٔ فلانی خائف شدم. او باید سال‌ها در این کشورکار و خدمت کند و پاره‌ای از روحانیان نخواهند گذاشت. به همین سبب من مصلحت دیدم که برنامهٔ مثنوی قطع شود. این کل داستان بود که جناب آقای خامنه‌ای برای من نقل کردند و نظر امام را به من ابلاغ کردند.

بخش‌هایی از کتاب *جامعه و تاریخ* آقای مصباح یزدی، حاوی عباراتی است از کتاب‌های شما بدون ذکر منبع. لطفاً در این زمینه توضیحی بفرمایید.

بله، این مطلب بسیار معروف و روشنی است. چند سال پیش کتابی به نام *جامعه و تاریخ* از آقای مصباح یزدی منتشر شد که متضمن پاره‌ای از نوشته‌هایی بود که من در کتاب‌هایم آورده‌ام. ایشان در این کتاب آن‌ها را مورد استفاده قرار داده بود، بدون این‌که به منبع نقل قول خود اشاره‌ای بکند. بعدها هم حاضر نشد اعتراف کند که چنین کار خطایی را صورت داده است. کتاب ایشان بحمدالله الان وجود دارد. نوشته‌های من هم وجود دارد و خوانندگان می‌توانند آن‌ها را با یکدیگر مقایسه کنند و صحت کلام من و خطای کردار ایشان را دریابند.

در همان ایام که کتاب *جامعه و تاریخ* منتشر شد، شخصی به نام جواد زرندی در «کیهان فرهنگی» مقاله‌ای نوشت و موارد نقل‌ها و اقتباسات را در آن‌جا به طور کامل یادآور شد و عجیب این است که در همان دوران به جای اعتراف به خطا و پوزش‌طلبی، یکی از شاگردان مصباح مقاله‌ای در «روزنامهٔ کیهان» نوشت و گفت که می‌خواهند با این حرف‌ها دامن این حکیم الهی را لکه‌دار کنند، درحالی‌که اگر لکه‌ای است خود ایشان بر دامن خود افکنده و اگر راهی برای پاک‌کردن لکه است، اعتراف به آن خطاکاری است.

از عجایب این است که اخیراً که صحبت از مناظرهٔ مصباح با من شد، برخی از نویسندگان مداح نوشتند که فلانی شاگرد مصباح بوده است. من اگر شاگردی کسی را کرده باشم، ابایی از اعتراف به شاگردی ندارم و برخلاف برخی از تکیه‌زدگان به قدرت، مداحانی را نپرورده‌ام تا مرا استاد کل بخوانند و همه را شاگردان من بشمارانند.

حتی روحانی کم‌مایه‌ای که اسمش را هم نمی‌خواهم بیاورم، در مشهد گفته بود که فلانی اگر چهار کلمه هم بلد است از نوشته‌های مصباح یاد گرفته است. می‌خواهم به امثال او یادآوری کنم که اگر هم چنین اتفاقی افتاده باشد، در جهت عکس رخ داده است. یعنی ایشان

از کتاب‌های من برداشت کرده و اسمی هم نیاورده است و دست‌کم آن‌چه اتفاق افتاده است، اقتباس ایشان از نوشته‌های من است.

مدتی پیش در نشریهٔ فیضیه و برخی نشریات خاص، به نقل از آقای مصباح یزدی آمده بود که من (مصباح یزدی) راز کار او (سروش) را می‌دانم و چون می‌داند که راز او را می‌دانم، حاضر به مناظره نمی‌شود. لطفاً نظر خود را در مورد این‌گونه جملات آقای مصباح یزدی بفرمایید؟ هم‌چنین در مورد پیشنهاد مناظرهٔ ایشان چه نظری دارید؟

ایشان اگر رازی می‌دانند، بیایند فاش کنند. من به ایشان اجازه می‌دهم که چنین کنند. در ثانی، اصلاً چرا ایشان این راز را فاش نمی‌کنند؟ مگر آقای مصباح دل و جگرشان برای اسلام نمی‌سوزد؟ مگر معتقد نیستند که من به اسلام لطمه می‌زنم؟ چرا منتظر مناظره با من نشسته‌اند؟ فرض کنیم من از مناظره فرار می‌کنم؛ ایشان که دلش برای اسلام می‌سوزد، زودتر بیاید و حرف‌ها را برای مردم بزند و مردم را از گمراهی نجات بدهد. چرا مردم را در ضلالت رها کرده است؟ این خلاف منطق دینی و وظیفهٔ شرعی است.

اما در مورد مناظره، من بارها اعلام کرده‌ام و باز هم اعلام می‌کنم که برای مناظره با ایشان کاملاً حاضرم و منتظرم تا آقای مصباح شرایط مناظره را احراز کند. اما تا وقتی‌که ایشان شرایط مناظره را احراز نکند با ایشان مناظره نخواهم کرد. شرایط مناظره هم چیزی نیست جز این‌که ایشان نظریات خودشان را به صورت مکتوب به جامعه ارائه کنند (چنان‌که من کرده‌ام) تا در وقت مناظره قابل استناد باشد. در غیر این صورت، من با کسی که می‌خواهد مناظرهٔ هوایی و فضایی بکند، هرگز وارد مناظره نمی‌شوم, چرا که مناظره لوث خواهد شد.

باز هم می‌گویم منتظرم تا آقای مصباح شرایط مناظره را احراز کند. آن‌گاه بنده هم حاضر به مناظره خواهم بود. این درست نیست که بالای منبر بروند و تهدید کنند و یا به شاگردان‌شان بگویند از این‌سو و آن‌سو به رقیب تیر بیفکنند. این‌ها شرط مناظرهٔ علمی نیست و هیچ عالمی هم وارد این مناظره نخواهد شد.

پیام دین برای انسان معاصر چیست؟ چگونه است که جوامع مدرن با سیستم دموکراسی انتظارات شهروندی را به‌خوبی پاسخ می‌دهند، اما در جامعهٔ ما که داعیهٔ حکومت اسلامی داریم، جوانان دچار سرخوردگی و دلزدگی هستند؟

در کشور ما اتفاقی افتاده است که من از پانزده سال پیش نسبت به آن هشدار داده‌ام و آن اتفاق این است که وجهی از دین و اسلام حاکم شده است که «اسلام فقاهتی» نامیده می‌شود.

این امر بدون دلیل و علت هم نبوده است. از سال ۱۳۵۷ روحانیت در کشور ما حاکم شد و بزرگ‌ترین سرمایهٔ روحانیان هم فقه است. درك دینی آن‌ها هم عمدتاً در درك فقهی از دین خلاصه می‌شود، درحالی‌که فقه بالاترین و مهم‌ترین پیام دین نیست. برای این‌که فقه عبارت از قوانین و مقررات عملی فردی و اجتماعی است و مقرارت اجتماعی جهان جدید یك رقیب جدی در وضع مقررات اجتماعی محسوب می‌شود. یعنی به هیچ وجه با برهان عقلی نمی‌توان اثبات کرد که مقررات اجتماعی جهان مدرن نسبت به مقررات اجتماعی دین برتری دارد یا برعکس. به عنوان مثال، نمی‌توان اثبات کرد که قوانین رهن و اجاره که در کشورهای غیردینی و لائیك جاری است، فواید و آثار کم‌تری از قواعد رهن و اجارهٔ فقه اسلامی دارد. دین در این زمینه نه پیام چندانی برای انسان معاصر دارد و نه اثبات برتری عقلانی پیام آن امکان‌پذیر است.

به نظر من، جمهوری اسلامی با تکیه‌ای که بر فقه و فقاهت کرده، فاصلهٔ خود را با جهان مدرن بسیار زیاد کرده است و جاانداختن خود را در جهان مدرن بسیار مشکل نموده است. فقهای ما اگر بدل به عرفا و علمای اخلاق شوند، آن‌گاه برای جهان معاصر و برای جامعهٔ ایرانی معاصر پیام‌های بهتر و مفیدتر و ماندگارتری خواهند داشت.

دین در جهان معاصر دو کار مهم انجام می‌دهد که یکی تسهیل تجربهٔ باطنی و دیگری تسهیل تجربهٔ اخلاقی است. دین اگر بتواند این دو نقش را بازی کند، یعنی پشتوانهٔ اخلاق و تجربه‌های دینی، معنوی، عرفانی و خداگرایانه باشد، در آن صورت نقش نیکوی خود را ایفا نموده و قلوب را تسخیر خواهد کرد. با فقه و مقررات اجتماعی و با سخت‌گیری‌های حقوقی شروع کردن، دقیقاً شیپور را از سر گشاد زدن است و این اتفاقی است که در جامعهٔ ما افتاده است.

پیامبر اسلام هم، چنان‌که تاریخ نشان می‌دهد، از تجربهٔ باطنی شروع کرد و بعد حول آن تجربه، جامه‌ای از اخلاق تنید. لذا فقه قشری‌ترین، عَرَضی‌ترین، ناپایدارترین، آفت‌پذیرترین، تغییرپذیرترین و حتی عبوس‌ترین بخش دین است. چهره‌های شاداب‌تر، انسانی‌تر، ماندگارتر، عمیق‌تر و نافذتر دین همان چهره‌های اخلاقی و عرفانی آن هستند که متأسفانه در جمهوری اسلامی زیر سنگینی ستبر فقه له و دچار خفگی شده‌اند.

قبل از انقلاب، همهٔ رهبران روحانی کشور، وقتی مردم را به اسلام و انقلاب اسلامی دعوت می‌کردند، تکیه بر چهره‌های باطنی و اخلاقی دین داشتند. هرگز کسی نمی‌گفت که فردا اگر صدای مخالفی درآمد ما حکم به ارتداد خواهیم داد و سر او را خواهیم برید. نه کسی چنین چهره‌ای از اسلام را معرفی می‌کرد و نه اگر هم می‌کرد سخنش مؤثر و نافذ واقع می‌شد. اما متأسفانه پس از انقلاب اسلامی، دقیقاً بر همین عنصر تأکید ورزیدند. به همین دلیل

است که شما می‌بینید پس از انقلاب اسلامی، نواب صفوی چهرهٔ بارزی شده است. صرفاً به دلیل این‌که از روی یك اخلاق عصبی، به دنبال کشتن و ترورکردن این و آن بوده است، بدون این‌که یك منطق سیاسی قوی و یك تئوری اخلاقی و عرفانی قوی پشتوانهٔ عمل او باشد. این‌ها همه انحطاط‌هایی است که ما دچار آن شده‌ایم.

یکی از مشکلات کنونی جوامع دینی، مسألهٔ سکولاریسم و کاهش قدرت دین است و این‌که دین نباید در امور دنیوی، سیاست و حکومت مداخله کند. نظر شما در این‌باره چیست؟

در این مورد در نوشته‌هایم توضیح داده‌ام. به این صورت که دین به یك معنا از سیاست جداست و به یك معنا از سیاست جدا نیست. از آن نظر دین از سیاست جداست که هیچ کس به اعتبار موقعیت دینی‌ای که دارد، نمی‌تواند واجد حق سیاسی ویژه‌ای بشود. کسی نمی‌تواند بگوید جایگاه دینی من، جایگاه فقهی من یا اعتقادات دینی من، به من حق ویژه‌ای در قدرت و سیاست می‌بخشد که دیگران از آن محروم‌اند. دین یك عنصر فرهنگی است و به اندازهٔ زور و قوتی که دارد می‌تواند در جامعه مطرح باشد و فرمان براند. حاملان علوم دینی هم به اندازهٔ قدرت فکری‌ای که دارند و وزن سیاسی و اجتماعی‌ای که مردم به آن‌ها می‌دهند، حق دارند که در امور اجتماعی و سیاسی مشارکت بورزند، و نه بیش‌تر. دین به این معنا از سیاست جداست. اما دین به یك معنا از سیاست جدا نیست و آن معنا این است که اعتقادات و ارزش‌های دینی مردم، به طور طبیعی و نه دستوری، بر روی سیاست کشور تأثیر می‌گذارد؛ هم‌چنان‌که اعتقادات غیردینی‌شان در سیاست کشور تأثیر می‌گذارد. حکومت دینی به این معنا نیست که دین حقوق ویژه‌ای به پاره‌ای از افراد می‌بخشد، بلکه به این معناست که حاکمان را وادار می‌کند تا ارزش‌های دینی‌ـ‌اجتماعی را محترم بشمارند و در جهت خلاف آن‌ها حرکت نکنند. به عنوان مثال، الان حکومت در جامعهٔ آمریکا بسیار تحت تأثیر کلیساست و کلیسا از نظر نفوذ سیاسی، بسیار قوی است. گرچه در قانون اساسی آمریکا به صراحت آمده‌است که دین از سیاست جداست و حتی تعبیر «دیوار بین سیاست و دین» را به کار برده‌اند، ولی چون دین قوی است، همین قوی‌بودن آثار خودش را ظاهر می‌کند، به طوری که حتی بر روی دلارهای آمریکا نوشته‌اند «in God we trust» یعنی توکل ما بر خداست. حتی در جمهوری اسلامی هم چنین جمله‌ای بر روی اسکناس‌ها نیست. دلیل آن این است که کلیسا قوی است؛ به‌طوری که ۸۰ ـ ۷۰ درصد مردم در آن‌جا به کلیسا می‌روند، که بسیار بیش از اروپاست، و با همین اعتقادات دینی‌شان حکومت را کنترل می‌کنند. اگر حاکمان آمریکا اظهارات صریح ضد دینی بکنند، از چشم مردم می‌افتند و لذا اگر شده

منافقانه، اظهار دینداری می‌کنند. البته باید حساب سیاست را از دیانت مردم جدا نگاه داشت.

در کشور ما، اعتقادات شیعی مردم حاکمان را وادار می‌کند که به ارزش‌های شیعی و اعتقادات‌شان احترام بگذارند. در کشور ترکیه اگر یك حکومت مردمی سر کار بیاید، اعتقادات و ارزش‌های مردم آن جامعه که اغلب اهل سنت هستند، حاکمان را وادار می‌کند که به ارزش‌ها و شخصیت‌های سنی احترام بگذارند و در یك جامعهٔ مسیحی هم همین‌طور خواهد بود. به این معنا، دیانت از سیاست جدا نیست و این دو، دست در دست هم پیش می‌روند. خواجه نظام‌الملك در پیغامی که به ملك‌شاه سلجوقی داد، گفت: «آن تاج وابسته به این دستار است و اگر این دستار را از سر من بردارند آن تاج را هم از سر تو برمی‌دارند.» در جهان جدید هم همین‌طور است و از این جهت به نظر من حکم گذشته و حال عوض نشده است و هم‌چنان یکسان است.

مهم‌ترین نظریات روشنفکران دینی در بحث دنیوی‌کردن دین چیست و بیش‌تر به کدام بخش از کارکردهای دین توجه یا انتقاد دارند؟

البته همهٔ روشنفکران دینی به دنیوی‌کردن دین نمی‌اندیشند. قبل از انقلاب اسلامی، روشنفکران دینی بیش‌تر به دنیوی‌کردن دین می‌اندیشیدند؛ به این معنا که تلاش می‌کردند اثبات کنند که دین به درد دنیا می‌خورد؛ با دین و منطق دینی انقلاب هم می‌توان کرد؛ می‌توان حکومتی را فروانداخت و حکومت دیگری را به مسند نشاند؛ با داشتن دین به آبادانی دنیا هم می‌توان دست یافت و می‌توان جامعه‌ای مرفه با اقتصاد و تکنولوژی عالی ساخت. اما پاره‌ای از روشنفکران دینی، در حال حاضر این‌چنین فکر نمی‌کنند و بیش از آن‌که به دین حداکثری بیندیشند، به دین حداقلی می‌اندیشند. خود من از کسانی هستم که اعتقاد دارم جهت‌گیری دین علی‌الاصول معطوف به سعادت اُخروی است و سعادت دنیوی در نظام دینی به صورت تبعی و طفیلی مورد ملاحظه قرار گرفته است، نه به صورت امری اصیل و دارای موضوعیت. من معتقدم که دین فقط مزاحمت‌های دنیا را نسبت به سعادت اخروی برطرف می‌کند، نه این‌که مستقیماً و مستقلاً برای توسعه و آبادانی دنیا برنامه‌ریزی کند. یعنی آن جاهایی که احتمالاً دنیا مزاحم است و شیفتگی نسبت به دنیا مانع از سعادت اُخروی می‌شود، دین حرفی برای گفتن دارد؛ به طوری که اگر ما آخرتی نداشتیم، دین برای ما نمی‌آمد. یعنی اگر خدایی که ما را خلق کرده است، ما را جاودانی خلق نکرده بود و حظ ما از بقا، بقای دنیوی بود و بس، و بقای اخروی نداشتیم، دین و پیامبری هم برای ما نمی‌فرستاد. مهم‌ترین پیام پیامبران این بود که ما را نسبت به حیات اخروی متنبه و متذکر کنند و از این جهان برای آن جهان برنامه‌ریزی و مقدمه‌سازی کنند.

اگر ما این تعلیم و منطق دین را قبول داشته باشیم که از یك عمر بی‌نهایت، تنها ۷۰ـ۶۰ سال آن را در این دنیا هستیم، آن‌گاه خیلی عجیب خواهد بود که دینی بیاید و بیش‌ترین همت خود را صرف این پارهٔ کوتاه بکند و آن بقیه را تبعی و فرعی قرار بدهد. بنابراین، کاملاً معقول و منطقی است که دین اساس دعوت و همت خود را مصروف سعادت پارهٔ بی‌نهایت کند و این بخش اندك را به خود آدمیان بسپارد و حداکثر از مزاحمت‌ها و ممانعت‌های او نسبت به سعادت اخروی جلوگیری کند. فکر می‌کنم یك مطالعهٔ منصفانه و مؤمنانه از دین کاملاً این را نشان می‌دهد. بسیار روشن است که دین تکنولوژی و شهرسازی نمی‌آورد و تسخیر طبیعت را به مؤمنان توصیه نمی‌کند. سعادت از نظر دین این نیست که افراد حجم عظیم‌تری از نیروهای طبیعت را تسخیر کرده باشند. این‌ها کارهایی است که عقلای قوم کرده‌اند و به میزانی که مخالفت با حلال و حرام شرعی نداشته باشد، مجاز است و برنامه‌ریزی‌اش هم با مردم است. فقها و علمای دین برای مردم نه جاده آوردند، نه پل، نه تلفن و نه هواپیما. پیامبر هم این‌ها را نیاورد و البته این‌ها هیچ‌کدام نقصی در دین نیست. زیرا پیام دین این‌ها نبوده و این امور به مردم وانهاده شده است. مردم قرن چهارم و قرن دهم دیندار بوده‌اند، مردم قرن بیستم هم دینداراند و در قرن صدم هم باید دیندار باشند. لذا دینداری باید چنان تعریف بشود که با انحاء مختلف زندگی موافق بیفتد. همان‌طور که گفته‌ام، دین بیش از آن‌که بخواهد روی مقررات اجتماعی و بر روی برنامه‌ریزی اقتصادی، اجتماعی و سیاسی کار کند، باید بر روی اخلاق و تجربه‌های دینی تأثیرگذار باشد.

تفاوت دین سنتی و دین مدرن چیست؟ آیا در عصر حاضر می‌توانیم به همان دین سنتی بازگردیم یا باید آن را مدرن کنیم؟

این سؤال را باز باید پرسید که منظور از دینداری، کدام دینداری است. ما دست‌کم سه نوع دینداری داریم: دینداری‌معیشت‌اندیش، دینداری معرفت‌اندیش و دینداری تجربت‌اندیش. لذا وقتی می‌پرسید دینداری سنتی و دینداری مدرن چیست، این تفاوت را باید در هر یك از این سه لایه بحث کرد.

در دینداری معیشت‌اندیش که عمدتاً دینداری فقهی است، تفاوت دین سنتی و دین مدرن از طریق تفاوت در فتواها و اجتهادات ظاهر می‌شود. جهان جدید مسائلی را پیش پای فقیه می‌گذارد که در گذشته وجود نداشته است. لذا آن فقیه، دینداری فقهی معیشت‌اندیش خود را که همان دینداری تقلیدی و اسطوره‌ای است، با سؤالات معیشتی تازه روبه‌رو می‌بیند و برای آن‌ها باید جواب‌هایی دست‌وپا کند. مثلاً، اگر به قطبین برویم، آن‌جا چگونه باید نماز

بخوانیم؟ اگر به کرهٔ ماه یا مریخ برویم، نماز، روزه، غسل، زکات، قبله و غیره در آن‌جا چگونه می‌شود؟ کارهایی که در طب امروز انجام می‌شود، مثلاً عضوی را می‌برند و عضوی را جانشین عضو دیگری می‌کنند یا به آن پیوند می‌زنند، این‌ها حکم‌شان چه می‌شود؟ داروهای جدیدی که پدید آمده، مانند الکل، نجس هستند یا پاک؟ این‌ها سؤالاتی است که دینداری معیشت‌اندیش جدید پیش روی فقیهان می‌گذارد و در گذشته نبوده است.

اما دینداری معرفت‌اندیش مشکل‌ترین مشکلات را در جهان جدید پیدا کرده است و این همان چیزی است که می‌خواهم باز گله کنم که در داخل کشور، اجازهٔ پروبال باز کردن را به آن نمی‌دهند. ببینید دین فقط با مسائل عملی روبه‌رو نمی‌شود یا با مسائل عملی صرف تغذیه نمی‌شود، بلکه با مسائل نظری هم تغذیه و روبه‌رو می‌شود و این دومی فوق‌العاده مهم‌تر است. امروز بیش‌ترین چالش با دینداری معرفت‌اندیش صورت می‌گیرد. من تعجب می‌کنم از کسانی مثل آقای مطهری که وقتی می‌خواستند خاتمیت دین را اثبات کنند، تمام سعی‌شان معطوف به این بود که نشان بدهند فقه می‌تواند به مشکلات علمی جدید پاسخ بدهد. البته در همان بخش هم حرف‌هایی دارم که نظراتم را در کتاب *بسط تجربهٔ نبوی* نوشته‌ام. اما گیریم که نظر ایشان درست باشد ــ که هیچ‌وقت به نحو بیرون‌دینی نمی‌توانیم آن را ثابت کنیم ــ و ما بتوانیم ثابت کنیم که فقه ما از چنان غنا و توانایی و فربهی‌ای برخوردار است که هر مسألهٔ علمی تازه‌ای تا قیام قیامت جلوی فقه بگذارید، جوابش را با اجتهاد به دست می‌آورید. اما باز هم نمی‌توانیم بگوییم ثابت شد که دین خاتم است. برای این که خاتمیت دین در عرصهٔ نظری هم باید به اثبات برسد. یعنی باید توضیح داد و اثبات کرد که دین برای هر مسألهٔ فکری تازه هم جوابی دارد. فقه تنها متکفل مباحث حقوق است و بس. اما مگر تمام مسائل جامعهٔ انسانی، مسائل حقوقی است؟! صدها مسأله داریم که غیرحقوقی است و از همه مهم‌تر، مسائل فکری، نظری، فلسفی و علمی است. آیا دین برای این‌ها می‌تواند بهترین پاسخ را عرضه کند یا خیر؟

دینداری معرفت‌اندیش در دوران گذشته، مانند دوران ملاصدرا، ابن‌سینا، غزالی و متکلمان گذشته، با یك رشته مسائل نظری یا به تعبیر علما با یك رشته شبهات روبه‌رو بود، اما امروزه با یك رشته مسائل نظری دیگر روبه‌رو است. این مسائل نظری هم دو دسته هستند: یك دسته از آن‌ها برای برانداختن دین می‌آیند و دستهٔ دیگری از آن‌ها نسبت به دین بی‌طرف هستند، اما دینداران می‌توانند از آن‌ها تغذیه‌های معرفتی کنند و دین‌شناسی را فربه‌تر بکنند. من یکی از مشکل‌ترین و مهم‌ترین مشکلات جامعهٔ خودمان را این می‌دانم که روحانیان ما با مسائل

نظری جدید کم‌تر آشنایی دارند و به همین دلیل با عصبانیت، با حاملان معرفت‌های جدید روبه‌رو می‌شوند.

از آن طرف، دینداری تجربت‌اندیش هم با چالش‌های مناسب و ویژهٔ خود روبه‌رو است. دینداری تجربت‌اندیش یعنی آن دینداری‌ای که بهجتی، وصالی، قدسی و مبتنی بر تجربه‌های باطنی تجربه‌گران است. این دینداری در جهان جدید دچار تنگناهای بی‌سابقه‌ای شده است؛ چرا که در جهان گذشته، جهان اسطوره‌زدایی نشده بود. از در و دیوار آن عالم اسرار می‌بارید و مردم، گرچه به طور طبیعی در عالم صغیر زندگی می‌کردند، خودشان را ساکنان عالم کبیر می‌دانستند. در جهان جدید گرچه عالم کبیر مورد انکار قطعی قرار نگرفته، اما مورد غفلت واقع شده است؛ یعنی دیده نمی‌شود و افراد از آن یاد نمی‌کنند. بنابراین، ما ساکنان عالم صغیر هستیم درحالی‌که تجربه‌های دینی در دل عالم کبیر صورت و سامان می‌پذیرد و وقوع‌شان تسهیل می‌شود. در جهان صغیر تجربه‌های دینی بسیار سخت حادث می‌شود. به همین سبب دینداری تجربت‌اندیش در جهان اسطوره‌زدایی‌شدهٔ جدید با موانع و تنگناهایی روبه‌روست که در گذشته با آن‌ها مواجه نبوده است. در گذشته تجربه‌گران و عارفان مانند ماهیانی که در آب باشند به راحتی از این‌سو به آن‌سو می‌رفتند و احساس حیات می‌کردند. در حال حاضر، تجربه‌گران در این جهان غریبه‌اند و ماهیان از آب بیرون افتاده‌اند. لذا پدیدآوردن یك جوّ معنوی جدید و جهانی که معادل و مشابه جهان کبیر گذشتگان باشد کاری است که تا انجام نشود، دینداری تجربت‌اندیش را دچار مشکل و کندی می‌کند.

اسطوره‌سازی در دین و جامعهٔ ما جایگاه ویژه‌ای دارد. پیامد آن چیست و روشنفکری دینی چه تعریفی از نقش مثبت یا منفی اسطوره‌ها در تاریخ ایران می‌تواند داشته باشد؟

اسطوره‌ها پاره‌های قوی، محکم و با ارزش فرهنگ‌ها هستند و بدون آن‌ها فرهنگ‌ها اصولاً حیات و غنایی ندارند. به‌طور کلی، اسطوره‌ها بیان سمبلیك احوال انسان و جهان هستند؛ بیان سمبلیك آرمان‌های روابط انسان با طبیعت. شما اگر به جنگ‌های خدایان در یونان باستان نظر کنید، یا به اسطوره‌های دینی مثل سجده نکردن شیطان به آدم و رانده‌شدن از درگاه خداوند و سپس به زمین‌آمدن و هبوط آدم توجه کنید، صدها معنا از دل‌شان بیرون می‌آید که آن‌ها را بدل به یك مخزن پایان‌ناپذیر حکمت می‌کند. اگر این اسطوره‌ها برداشته شود، اندیشه‌های دینی و حتی فرهنگ‌های ملی بسیار کم‌غنا و کم‌مایه خواهند شد. لذا اسطوره‌ها به دستور کسی به وجود نیامده‌اند و به دستور کسی هم از بین نمی‌روند و حکایت از لایهٔ زیرینی از حیات اقوام می‌کنند و مادامی که قوم‌ها زنده‌اند، آن‌ها هم زنده و ثمربخش و

الهام‌بخش باقی می‌مانند. البته ما در میان خود به دلیل این‌که یك قوم دینی هستیم، هم اسطوره‌های دینی داریم و هم اسطوره‌های ملی. این‌ها برای همیشه می‌توانند برای ما قصهٔ زندگی، مرگ، شکست، پیروزی، سعادت و شقاوت را بسرایند و آیندهٔ ما را با تکیه بر یك رشته دیدگاه‌های حکیمانه، مقبول‌تر و روشن‌تر کنند.

تفاوت اسطوره‌سازی با قهرمان‌سازی و قهرمان‌خواهی که گاهی به‌عنوان یك آفت برای جامعهٔ ما مطرح است چیست؟

قهرمان‌ها هم در خاك ملت‌ها و فرهنگ‌ها می‌رویند. قهرمان در یک محیط و موقعیت تاریخی بدل به یك قهرمان می‌شود و به چشم یك عنصر برگزیده، ویژه و استثنایی به او نگریسته می‌شود و آن‌گاه الهام‌بخش پاره‌ای از حرکات و رفتارها می‌شود. این مقدار از قهرمان‌رویی امری طبیعی و اجتناب‌ناپذیر است. البته در دوران‌هایی که فردیت قوی بوده است، قهرمان‌ها هم بیش‌تر روییده‌اند. اما در حال حاضر که حیات آدمیان جمعی و دموکراتیك است، اساساً وزنهٔ شخصیت‌ها کم‌تر شده است، چرا که تئوری‌های دموکراتیك اساساً بر آن هستند تا شخصیت‌ها را کم‌وزن کرده و گردش امور را به عقل جمعی بسپارند.

قهرمان‌ها از یك‌طرف الهام‌بخش هستند و از طرف دیگر می‌توانند تا حدودی مثل یك دیوار یا سایه عمل کنند و نگذارند افراد نور آفتاب را ببینند و به شکوفایی و رشد و فعلیت کافی برسند. درهرحال، پدیدآمدن و از بین رفتن قهرمان‌ها به فرمان کسی نیست. منتها یك نکتهٔ مهم در این‌جا هست و آن این‌که هرگاه پیشرفت جامعه‌ای محتاج فداشدن افراد و قهرمان‌ها شود، آن جامعه بیمار است. البته برخی از قهرمان‌ها پس از فدا شدن قهرمان می‌شوند؛ یعنی گاهی ویژگی‌های شخصیتی شخص در گذشت و فداکاری متجلی می‌شود و هنگامی که فدا شد تازه بدل به قهرمان می‌شود و چهرهٔ قهرمانی می‌یابد. درهرحال، جامعه‌ای که حاجت به قهرمان داشته باشد و در آن فداکاری بسیار زیاد مورد احتیاج باشد، نقایص، عیوب و آفات بالفعل بسیار دارد. جامعهٔ متعادل آن است که اولاً، در آن نیکی بر بدی غلبه داشته باشد، نه این‌که بدی به طور کامل در آن محو شده باشد، چرا که ساختن بهشت آرزویی محال است و از دل آن جز جهنم بیرون نخواهد آمد. یعنی همین‌قدر باید قانع باشیم که نیکی‌ها بر بدی غلبه یابد. ثانیاً، پیشرفت امور در چنین جامعه‌ای، حاجت به قهرمانی‌ها و فداکاری‌های کلان نداشته باشد؛ یعنی انسان‌ها با فعالیت‌های نرمال، بهنجار و معمولی خودشان بتوانند به مقاصد نیکویی برسند. فداکاری بزرگ مربوط به دوران‌های استثنایی است و اگر ادامه پیدا کند، خبر از یك عیب اساسی و بنیانی در جامعه می‌دهد.

اشاره داشتید به تمنای محالِ ساختن بهشت. پوپر هم اعتقاد داشت کسانی که برای ساختن بهشت به روی زمین آمدند، جهنم ایجاد کرده‌اند. نظر خود را در این‌باره بفرمایید.

به‌نظر من، این جمله یکی از حکیمانه‌ترین جملات پوپر است که بسیاری از تجربه‌های تاریخی آن را تأیید می‌کند. پوپر با توجه به تجربهٔ مارکسیسم و البته سال‌ها قبل از فروریختن نظام مارکسیستی این حرف را زده بود و اکنون این نظریه به عنوان یك تابلوی زیبا و گویا مقابل چشم عموم فیلسوفان سیاسی است. حرف پوپر این است که «در دو حوزه نباید وعدهٔ بسیار داد: یکی در حوزهٔ طبابت و دیگری در حوزهٔ سیاست و هر کس در این دو حوزه وعدهٔ بسیار دهد شارلاتان است نه خدمتگزار». خواه کسی بگوید «من داروهایی آورده‌ام و شیوه‌هایی کشف کرده‌ام که دیگر هیچ بیماری را بر جای نخواهد گذاشت و همه جوان و سالم می‌شوند!» و خواه کسی بگوید «من تمام مسائل اجتماع و اقتصاد را حل می‌کنم، فرمولی پیدا کرده‌ام که هیچ زخمی بر پیکر اجتماع باقی نمی‌گذارد و روی همین کرهٔ زمین بهشت می‌سازم!». مسلماً هر دو دروغ می‌گویند. نخستین کسانی که این حرف‌ها را زدند، استالینیست‌ها بودند که مسلماً بهشت که هیچ، حتی یك باغچه هم برای مردم به وجود نیاوردند و در عوض آنان را در چاله‌های جهنم سیاست و گودال‌های آتش تاریخ انداختند. آدم با نگاه کردن به این نظام‌ها باید بگوید «ربنا وقنا عذاب النار». پوپر در همان‌جا می‌گوید: «سیاست برای کم کردن رنج‌ها و سختی‌ها و برای سرد کردن آتش دوزخ است نه برای ساختن بهشت بر روی زمین، و همهٔ کسانی که وعدهٔ ساختن بهشت بر روی کرهٔ زمین را داده‌اند، عاقبت مردم را به جهنم وارد کرده‌اند.» چنین شارلاتان‌های پر مدعایی را که بسیار وعده می‌دهند باید شناخت و آن‌ها را از عرصهٔ سیاست حذف کرد.

اصلاح دینی در ایران و اروپا چه تفاوت و تشابهی با هم دارند؟

در حال حاضر، روشنفکری در اروپا جریان ضعیفی است و در این‌جا منظور باید روشنفکری دینی در گذشتهٔ اروپا باشد، چون روشنفکری عموماً و عمدتاً در دوران‌های گذار پدید می‌آید. وقتی فرهنگ یك جامعه از دوره‌ای به دورهٔ دیگر پا می‌گذارد و به اصطلاح پوست می‌اندازد، روشنفکران در شکاف میان این دو دوره ظهور می‌کنند.

در دوران جدید، وقتی جوامع از دوران سنتی عبور می‌کنند و به دوران مدرن پا می‌گذارند، روشنفکران به عنوان حاملان اندیشهٔ مدرن و هموارکنندگان راه برای عبور از سنت به مدرنیته، برای فعال‌کردن سنت و به‌کار گرفتن آن در راه بومی‌شدن و بومی کردن مدرنیته پا به عرصه می‌گذارند. من در کتاب *رازدانی و روشنفکری* به طور مبسوط در باب روشنفکری نوشته‌ام. در

آن‌جا خصوصاً بر عنصر رازدانی و روشنفکری تأکید کرده‌ام. این رازدانی به معنای آن است که روشنفکران راز تحول جوامع را می‌دانند. شخص عادی صبح از خواب برمی‌خیزد، صبحانه می‌خورد و بعد به سر کار می‌رود و شب هم دوباره به خانه برمی‌گردد. روزهای تعطیل را استراحت می‌کند یا به مهمانی می‌رود و غیره. او زندگی خودش را می‌بیند، اما شاید نتواند ببیند که همین زندگی آرام به‌تدریج جامعه را از دورانی به دوران دیگر عبور می‌دهد. او از رادیو و تلویزیون استفاده می‌کند، تلفن می‌زند، لباسش را به خشکشویی می‌برد و فکر می‌کند که این نحوهٔ زندگی، عادی است. دیگر توجه نمی‌کند که این نحوهٔ زندگی را پدران و مادرانش نداشته‌اند و فرزندانش هم نحوهٔ دیگری از زندگی را خواهند داشت. یعنی در دل آن آرامش، تلاطمی است.

روشنفکران به راز تحول جوامع و به آن آب‌های مخفی که زیر پوستهٔ ظاهری جامعه جریان دارند، آشنایی دارند. می‌بینند که این کشتی جامعه سرانجام به کدام طرف می‌رود و مردم را مهیای آن می‌کنند. این بستر تولد روشنفکری است. در حال حاضر، چون جوامع اروپایی عبوری را تجربه نمی‌کنند، لذا روشنفکران چندانی هم ندارند. نویسنده و متفکر دارند، ولی نام روشنفکر را نمی‌توان بر آن‌ها نهاد. البته ممکن است کسی بگوید که جوامع غربی اکنون گذار از مدرنیته به پست‌مدرنیته را تجربه می‌کنند. اگر این امر جدی باشد، آن وقت ما باید در مغرب‌زمین هم منتظر ظهور پاره‌ای از روشنفکران به معنای دقیق کلمه باشیم.

اما آن‌چه در قرن شانزدهم در اروپا رخ داد، یعنی تجربهٔ اصلاح دینی، علی‌الاصول علیه دستگاه‌مندی مسیحیت روی داد. مسیحیت، به نظر من، یك مغز بی‌پوسته بود. حال یا پیامبر مسیحیت، عیسی (ع)، فرصت نیافت که قشری به دور آن مغز بتند، و یا این‌که ماهیت دین و سرشت رسالت و دعوت او جز این نبود. به‌هرحال، دین او یك دین شریعتی نبود؛ یعنی فقه و آیین جمعی نداشت، بلکه یك رشته تجربه‌های لخت و برهنهٔ معنوی و اخلاقی بود که عیسی(ع) در فرصت کوتاهی که داشت با قوم خود در میان نهاد. اما همین تجربهٔ برهنه و عریان به‌تدریج در دل یك دستگاه عظیم به نام کلیسا جا گرفت و انواع اختلافات کلامی را پدید آورد و یك سلطنت دنیوی را با خود همراه کرد. یعنی پاپ‌ها تا چند قرن پیش سلطان‌تر از هر سلطانی بر سر مردم و حتی بر سر سلاطین فرمان می‌راندند. وضعی که بعدها هگل آن را Positivity، به معنای دین کلیسایی شده، دین دستگاه‌مندشده و به‌قدرت‌رسیده، نامید. در کلام این دین هم به خاطر دستگاه‌مند شدن آن تحولاتی پدید آمد؛ چرا که نمی‌شود گوهر با پوسته مخالفت و مزاحمت داشته باشند. این دو باید با هم سازگار باشند و با هم کنار بیایند. یعنی رفته‌رفته این مسیحیت بود که با سلطان شدن پاپ، درباری شدن مسیحیت و دنیوی و مقتدر شدن‌اش سازگار افتاد.

آن‌چه در قرن شانزدهم در اروپا رخ داد عصبانیتی بود علیه دستگاه‌مند شدن، مقتدر شدن و دنیوی شدن مسیحیت به معنایی که ذکر شد. البته کالون، لوتر و هم‌فکرانش به دنبال این بودند که در درجهٔ اول این وسایط، اسباب، حصارها، سقف‌ها و پرده‌ها را کنار بزنند و دست فرد را بگیرند و مستقیم در دست خدا بگذارند. این عمده‌ترین تلاشی بود که پروتستانتیسم در اروپا انجام داد. در مسیحیت کاتولیک، انسان با کلیسا پیمان می‌بندد و سپس این کلیساست که آدمی را به خدا نزدیك می‌کند. درحالی‌که در پروتستانتیسم ادعا و تلاش این بود که بتوانند به صورت مستقیم و انفرادی با خدا تماس بگیرند و با او ارتباط برقرار کنند و دستگاه دینی در این میان حاجب و حائل نباشد.

اکنون نیز یکی از مهم‌ترین پیام‌های روشنفکری در ایران، همین مخالفت با فقاهتی‌شدن اسلام است. این نقش بسیار درستی است. حال اگر شما می‌خواهید این نقش را نقشی پروتستانی بنامید، حرفی نیست. به نظر من این هدف‌گیری خیلی صحیحی است؛ چرا که دستگاه‌مندشدن دین و به قدرت دنیوی رسیدن آن و خلاصه‌کردن دین در مقررات عبوس فقهی و این‌که دین مبنای قدرت دنیوی برای افراد باشد و حق ویژهٔ سیاسی به افراد بدهد، همان چیزی است که پروتستانتیسم در اروپای قرن شانزدهم علیه آن قیام کرد. الان هم دین ما به همان علل و دلایل، نوعی روشنفکری، روشنگری و احیاگری را می‌طلبد. ما احتیاج به روشنگری و احیاء داریم و این کاری است که روحانیت از عهدهٔ آن برنمی‌آید. روحانیت، چنان‌که من بارها گفته‌ام، از راه دین ارتزاق می‌کند و قشری که از راه دین ارتزاق می‌کند، نمی‌تواند نگاه نقادانهٔ جدی به منبع ارتزاق خود داشته باشد. این کاری است که روشنفکری دینی از عهدهٔ انجام آن برمی‌آید. اصلاً یکی از مؤلفه‌های جدی روشنفکری دینی، عبارت از عدم ارتزاق از راه دین است و این مؤلفهٔ مهم برای روشنفکران دینی حرّیت می‌آورد، درحالی‌که شما در میان روحانیان این حرّیت را پیدا نمی‌کنید. البته در این مورد توضیحات بیش‌تری را در مقاله‌ای تحت عنوان «حرّیت و روحانیت» آورده‌ام و صریحاً به این مسأله اشاره داشته‌ام.

برخی معتقدند که مولوی و بعضی شاعران دیگر با تفسیرهای خود از دین، بانی نگاه فاشیستی به جامعه بوده‌اند. شما که یکی از طرفداران مولوی هستید، این نظریه را چگونه رد می‌کنید؟

البته مولوی مانند حافظ ناقد محیط اجتماعی خود نبود. یعنی آن درجه از حساسیت در برابر دردهای اجتماعی و آفات جامعهٔ دینی در کلمات مولانا موج نمی‌زد. مولوی اساساً یك انسان زمینی نبود، بلکه یك انسان آسمانی بود که از غیب آمده بود و به غیب می‌رفت. او از

بالای زمین پرواز می‌کرد و سایه‌اش روی زمین بود. مخصوصاً پس از ملاقات با شمس که بدل به یك موجود دیگری شد، تحولی بنیادی و جوهری پیدا کرد و به قول خودش از حالت زاهدی غزّالی‌وار و سجاده‌نشینی باوقار، تبدیل به یك دیوانهٔ بزرگ و بازیچهٔ کودکان کوی شد. عاشقی اساساً جای عالِمی، زاهدی و فقیهی را گرفت. این وصف مولانا بود. اما مولوی فاشیست نبود. اصلاً نباید این تقسیم‌بندی‌ها را به دوران گذشته برد. البته یك نکته است که من با شما در مورد آن همدلم و آن نکته، که من در نوشته‌هایم نیز نسبت به آن تنبیه و تحذیر داده‌ام، این است که عرفان اگر وارد عرصهٔ سیاست شود، ویرانی به بار خواهد آورد. عرفان، مخصوصاً در شکل دستگاه‌مند آن که تصوف خانقاهی باشد، مبتنی بر رابطهٔ مرید و مرادی و تعطیل عقل است. یعنی همین که شما مرید کسی شوید، معنایش این است که چشم‌بسته تابع و تسلیم او می‌شوید و در سخنان و آراء او کم‌ترین چون‌وچرایی نمی‌کنید و اصلاً اجازهٔ چون‌وچرا ندارید. خود مولوی می‌گوید:

پیر را کو پیشوا و رهبر است
گر مریدی امتحان کرد، او خر است[1]
هر که او بی‌سر بجنبد دم بود
جنبش او جنبش کژدم بود[2]

اساساً انسان در سلوك معنوی بر روی صراطی راه می‌رود که در وصفش گفته‌اند از شمشیر تیزتر و از آتش سوزنده‌تر است. در آن‌جا انسان حتماً باید یك ناظر و مراقب داشته باشد و در پناه و سایهٔ او حرکت کند.

اما عالم سیاست عالم ارادت‌ورزی نیست، بلکه عالم مشارکت است. عالم استفاده از حقوق خویشتن است و معنا ندارد که افراد یك جامعه از حقوق خودشان چشم‌پوشی کنند و ذوب در کسی بشوند. من در مقالهٔ «ولایت سیاسی و ولایت باطنی»، این نکته را توضیح داده‌ام و گفته‌ام که در کشور ما یك خطا و مغالطهٔ بزرگ میان «ولایت سیاسی» و «ولایت معنوی و باطنی» رخ داده است. ولایت معنوی یعنی همان ولایتی که پیران و مشایخ بر مریدان خود داشته‌اند که منحصر به حلقه‌های صوفیانه و عارفانه است. ولایت سیاسی یعنی زعامت سیاسی و من در آن‌جا پیشنهاد کرده‌ام که اصلاً به‌جای «ولایت فقیه» بگویند «زعامت فقیه». فقیه، ولایت معنوی

---

۱. مولوی، *مثنوی معنوی*، دفتر چهارم، ۳۷۳
۲. همان، ۱٤۲۹

بر قوم خودش ندارد؛ حداکثر زعامت و رهبری سیاسی دارد. یعنی ولی فقیه نه رهبری فکری جامعه را دارد و نه رهبری معنوی جامعه را. حتی بنا بر تئوری ولایت فقیه نیز این‌گونه است.

البته من در این‌جا در اصلِ تئوری فقهی «ولایت فقیه» مناقشه نمی‌کنم. فرض کنیم که این تئوری، تئوری صحیحی باشد، اما باز هم معنایش همین است. یعنی تمام فقهایی که قائل به تئوری ولایت فقیه بوده‌اند، از جمله خود آیت‌الله خمینی، هرگز نگفته‌اند که فقیه رهبر فکری جامعه است و آخرین تئوری‌ها را در باب سیاست، اقتصاد، فلسفه و غیره می‌دهد. این کلمهٔ «ولایت» که مشترك لفظی است، در این‌جا موجب مغالطه شده است. آن‌هایی که در گذشتهٔ تاریخی می‌گفتند می‌خواهیم ذوب در ولایت بشویم، ولایت‌های معنوی را می‌گفتند نه ولایت سیاسی را. هیچ کس نمی‌گوید شما ذوب در والی سیاسی شوید. کسانی که طرفدار تز ولایت فقیه‌اند، می‌گویند فقیه باید حاکم باشد و حکومت‌اش هم حکومت سیاسی است. یعنی مدیریت سیاسی کشور را در دست دارد و این اصلاً ربطی به ولایت باطنی و رهبری فکری ندارد.

پس در بحث مرید و مرادی، حریت مرید در مقابل مراد را نخواهیم داشت؟

البته که نخواهیم داشت. آن‌جا یك انتخابی است که مرید انجام می‌دهد. تازه انتخابی هم نیست، چرا که اگر به سخنان خود صوفیان و عارفان توجه کنیم، می‌بینیم که در آن‌جا این مراد است که مرید را صید می‌کند، نه این‌که مرید برود و تابع و تسلیم مراد شود. نوع رابطه کاملاً از بالا به پایین است، نه از پایین به بالا. مولوی می‌گوید «چون گرفتت پیر، هین تسلیم شو»، نمی‌گوید «چون گرفتی». اما در سیستم تفکر سنتی حوزوی، ما شاهد این آزادی هستیم، به‌طوری‌که مراجعِ هم‌عرض داریم و فرد می‌تواند حتی مرجع خود را عوض کند. آن‌جا نظام عاشقی و ارادت‌ورزی نیست. نظام ارادت‌ورزی متعلق به سلوك باطنی است. اما فقه مقررات اجتماعی است نه سلوك باطنی. فقها به شما درس سلوك باطنی نمی‌دهند، بلکه به شما می‌گویند رهن و اجاره چیست، غسل و تیمم کدام است و ذبح حلال و گوشت حلال و حرام کدام است. این‌جا اصلاً عرصهٔ ارادت‌ورزی و سلوك باطنی نیست.

در کتاب *بسط تجربه نبوی*، اشاره‌ای داشتید به این‌که تجربهٔ پیامبری قابل بسط است. آیا این بحث می‌تواند منجر به رهبری کاریزماتیك بشود که برخی به آن معتقدند؟ آیا می‌توان از این تئوری، ولایت فقیه را استخراج کرد؟

این‌ها را نباید با هم مخلوط کرد. اولاً، رهبری کاریزماتیك لازم نیست که از پیامبری بیرون بیاید. پیامبران تجربه و شخصیتی داشتند و آن‌ها هم که تجربهٔ پیامبران را بسط می‌دهند، در ظل و ذیل پیامبر این کار را می‌کنند، نه این‌که خودشان پیامبر مستقلی بشوند و معارض یا

رقیب پیامبر شوند، بلکه در میدانی که پیامبر فراهم آورده، به ظهور می‌رسند و تجربهٔ او را ادامه می‌دهند و عناصر تازه‌ای را کشف می‌کنند، اما آن عنصرها هم‌چنان در دل آن حوزهٔ فرهنگی بزرگ جا می‌گیرد.

اما قصهٔ فاشیسم چیزی دیگر است. اگر کسی در عرصهٔ سیاست و نه عرصهٔ سلوك باطنی، بگوید که من نمایندهٔ یك عنصر ماوراءطبیعت هستم و بر این اساس از یك سری امتیازات سیاسی و قدرت برخوردارم و سپس آن امتیازات را اعمال کند و مورد بهره‌برداری قرار دهد، چنین چیزی البته فاشیسمی است که باید نسبت به آن حساس و هوشیار بود.

با توجه به این‌که از آیاتی از قرآن هم استنباط می‌شود که ارادهٔ الهی این است که مردم انتخاب کنند و پاسخگوی انتخاب خود هم باشند، در بحث مردم‌سالاری دینی، آراء مردم تا چه اندازه می‌تواند مرجع حقیقت باشد؟

رأی و رأی‌گیری برای امورِ اعتباری است نه امور حقیقی. امور اعتباری هم یعنی امور قراردادی، توافقی و ارزشی. مثلاً می‌خواهیم ببینیم چه کسی رئیس ما باشد. این در زمرهٔ امور اعتباری است نه امور حقیقی. چرا که این طور نیست که کسی همان‌طور که از رحم مادر بیرون آمد، رئیس باشد. ریاست باید با توافق مرئوسین پدید بیاید. مدیر باید با توافق زیردستان و یا با انتصاب از طرف بالادستان در پست خود قرار بگیرد. لذا این سخن که حقیقت با انتخابات و رأی‌گیری معلوم شود، سخن ناصوابی است. ما می‌توانیم رأی بگیریم که مثلاً دانشگاه‌های‌مان را توسعه بدهیم یا خیر. ماهواره را مورد استفاده قرار بدهیم یا خیر؛ اما نمی‌توانیم در مورد امور حقیقی رأی‌گیری کنیم ــ مثلاً در مورد لیموشیرین رأی‌گیری کنیم که ویتامین C دارد یا خیر. اگر تمام پارلمان‌های دنیا هم رأی بدهند که لیموشیرین ویتامین C ندارد، در محتوای لیموشیرین تأثیری نمی‌گذارد.

رأی‌گیری، هم در جاهای اعتباری است و هم مربوط به اموری است که چند نحوهٔ تحقق می‌تواند داشته باشد. راجع به حقانیت دین نمی‌توان رأی گرفت. حق بودن دین برمی‌گردد به ادله‌ای که برای حقانیت آن اقامه می‌شود. با رأی کسی هیچ باطلی حق نمی‌شود و هیچ حقی هم باطل نمی‌شود. این در مورد بحث‌های استدلالی. اما در مورد این‌که چه کسی حاکم ما باشد و یا مقررات جامعه چه باشد، بحث دیگری است که ربطی به حقانیت ندارد. این‌که در عرصهٔ جامعه به کدام مقررات باید عمل شود، بسته به انتخاب مردم است و ربطی ندارد به این‌که گروهی آن را واجب بدانند یا ندانند.

همان‌طور که شما در نظرات‌تان گفته‌اید، زبان دین سنتی «زبان تکلیف» است و زبان جامعهٔ مدرن «زبان حق» است. برای رفع تعارض بین این دو چه باید کرد؟

زبان دین، به‌طور کلی، زبان تکلیف است. درك سنتی ما هم از دین، درکِ تکلیفی است. یعنی پیش از این‌که دین بخواهد برای ما تعیین حقوق بکند، تعیین تکلیف کرده است. این نقشی است که تاکنون دین در جوامع داشته و به تبع آن نیز زبانی پیدا کرده است.

اما یکی از بارزترین و مهم‌ترین مشخصات جامعهٔ جدید این است که بر عنصر حق به اندازهٔ تکلیف و حتی بیش از تکلیف تکیه می‌کند و به آن بها می‌دهد. این نکته‌ای است که اگر ما درنیابیم، اصلاً دوران جدید را کماهوحقه درك نکرده‌ایم. زبان دورهٔ جدید زبان حق است. این‌که شما می‌بینید بحث از حقوق بشر این همه اهمیت دارد، به دلیل همین توجه به حقوق انسان است. انسان در دوران جدید یك جاندار محق است. محق‌بودن هم به معنی ذاتی آن است، نه این‌که کسی این حقوق و رخصت‌ها را به او داده است، درحالی‌که در دوران قدیم این‌چنین نبود.

یکی از تلاش‌هایی که روشنفکری دینی باید بکند، این است که از عنصر حق دعوت کند تا پا به درون اندیشهٔ دینی بنهد و جای از دست‌رفته و بازنیافتهٔ خود را بازیابد. شاید اکنون نیاز به پارادایم سومی داشته باشیم که نه پارادایم خالص حق باشد و نه پارادایم خالص تکلیف. این پارادایم سوم باید از درون تلاش‌های روشنفکران دینی بیرون آید.

در پایان، در مورد یزد و آقای خاتمی اگر صحبت و نظری دارید بفرمایید.

یزد برای ما عزیز بود و با درخشیدن خاتمی عزیزتر هم شد. امیدوارم این درخشش در فزونی باشد تا دل دوستان را مسرور گرداند. در پایان این شعر حافظ را هم برای مردم یزد تکرار می‌کنم:

ای صبا با ساکنان شهر یزد از ما بگو
کای سر حق‌ناشناسان گوی چوگان شما
گرچه دوریم از بساط قرب، همت دور نیست
بنده‌ی شاه شماییم و ثناخوان شما[1]

۱. حافظ، *غزلیات*، غزل شماره ۱۲

مصباحی که مصباح نبود!

به نام خدا

این روزها مقارن سومین سالگرد درگذشت محمدتقی مصباح یزدی، مدرس حوزه علمیه قم است. و ثناخوانان و کرامت‌تراشان گرد آمده‌اند تا وی را نابغهٔ شرق و علامهٔ دهر فرانمایند و تاج علامگی بر سر و مصباح هدایت به‌دست ،روانه تاریخش کنند.

نخستین آشنایی من با وی، به سال ۱۳۵۶ در شهر لندن بود که دانشجوی تاریخ و فلسفهٔ علم بودم و همراه با دوست قدیم، کمال خرازی (بعدها وزیر امور خارجه جمهوری اسلامی و اینک از مشاوران رهبری)، مؤسسه‌ای دایر کرده بودیم با عنوان: مؤسسه تحقیق و تعلیم (Institute for Research & Education) که تنی چند از دانشجویان ایرانی در آمریکا و انگلستان اعضای آن بودند و به دنبال آن بودیم تا اساسی بنهیم که به کار آیندهٔ ایران بیایند. مصباح را دعوت کردیم تا بیاید و به ما چیزی بیاموزاند. وی با یکی از شاگردان جوانش به نام ابوالحسن نوّاب (اینک رئیس دانشگاه ادیان قم) از راه رسید. من و کمال به استقبالش رفتیم و رخت و اثاثش را در منزلی نزدیک منزل خودمان نهادیم (Tooting Broadway). نوّاب نزد وی *بدایة الحکمه* می‌خواند و شاگردانه خدمت می‌کرد.

دروس آغاز شد، کلاسی بود با شش شاگرد. ابتدا من از او خواستم تا در باره غایت و

علّت غایی سخن بگوید. عذر آورد که آمادگی ندارد و افزود که حکیمان غایت را با علّت غایی برآمیخته‌اند و بر ظلمات افزوده‌اند! من خود در آن ایام به‌سبب تأمل و توّغل در فلسفهٔ بیولوژی و فرضیهٔ داروینی و حرکت جوهری، سخت وحشت‌زدهٔ اخراج علّت غایی از تصویر مکانیکی طبیعت بودم. جواب سردش مرا ناکام نهاد. ظرف یک‌ماه دروسی داد که بعدها تحت عنوان «چکیدهٔ چند بحث فلسفی» در قم به طبع رسید و من تقریرات آن را با خود دارم. همزمان، طوفان‌هایی در عرصهٔ سیاست ایران وزیدن گرفته بود. صادق قطب‌زاده همراه با اریک رولو، ژورنالیست زبردست و نامدار فرانسوی، به نجف رفته بودند و مصاحبه‌شان با آیت‌الله خمینی، مطبوعات انگلستان را درنوردیده بود. همه جا سخن از آیت‌الله و آیندهٔ ایران بود. در حاشیهٔ کلاس هم به طبع یا به قهر، سخنانی از این مقوله می‌رفت. خصوصاً این سخن آیت‌الله که "در ایرانِ آینده مارکسیست‌ها هم در نشر عقایدشان آزادند،" سخت ناارتدکس می‌نمود. یکی از دانشجویان از مصباح پرسید آیا چنین است؟ وی رو تُرش کرد و گفت که مگر ما می‌گذاریم مارکسیست‌ها جوانان ما را کشتار کنند؟! و به درشتی (و اینک می‌فهمم که به درستی) گفت که سخنان آیت‌الله مصلحت‌ورزانه است! که البته بی‌جواب نماند و دوست ما گفت ما از آیت‌الله انتظار نداریم که در مقابل چشم‌ها و گوش‌های جهانیان ظاهراً سخنی بگوید و باطناً نیّت دیگری داشته باشد!

کلاس‌ها به آهستگی پیش می‌رفت. مصباح هم اظهار علاقه کرد که نزد من زبان انگلیسی بیاموزد. کتاب یک‌*صد سال فلسفه* جان پاسمور را به او می‌آموختم. یا ذوق زبانی خوبی نداشت، یا دل نمی‌داد و کوشش چندانی نمی‌کرد، و فرصت کافی هم نداشت. هر چه بود طرفی از آن درس برنبست. عربیتش اما بد نبود و بعدها که متنی عربی از او را دیدم، تحسینش کردم. مکتوبی بود شسته و رُفته و بسی بهتر از عربیّت *تفسیر المیزان* یا پاره‌ای عربی‌نویسی‌های صادره از حوزه علمیه قم که یضحک به‌الثکلی! چند بار هم در کلاس پرسش‌هایی فلسفی ـ کلامی پیش آمد که او را برآشفت و پاسخ‌های موهِن داد که این مزخرفات چیست و امثال آن. خصوصاً وقتی سخن به شریعتی می‌رسید، طبع پرخاشجویش بیرون می‌زد و قشریّتش نمایان می‌شد. کلاس‌ها پایان یافت و او راهی وطن شد و من ماندم و تحلیل یکی از دوستان در بارهٔ او که: مرد خطرناکی است! درک من هم فاصلهٔ چندانی با او نداشت. مصباح را مردی دیدم متعصّب و متجزّم و بی‌تحمّل و پرخاشگر که فلسفه‌ورزی‌هایش به او سعهٔ صدر و حریّت فکر نداده بود.

باری بهمن ۵۷ دررسید و انقلاب چون بهمنی درآمد و تاج کیانی را واژگون کرد و آیت‌الله خمینی را به ایران بازگرداند. من چند ماه پس از انقلاب به ایران آمدم و در دانشگاه تربیت

معلّم (اینک دانشگاه خوارزمی) سِمَتی یافتم و به تدریس مشغول شدم. مؤسسهٔ «در راه حق»، به ریاست مصباح یزدی ، که قبل از انقلاب هم با آن همکاریهایی داشتم،از من خواست تا در آنجا درسی بدهم. دروس معرفت‌شناسی من در آنجا، مصباح را ناخوش افتاد و پس از یک ترم، دعوتش را تجدید نکرد! از شاگردان آن کلاس‌ها اینان را اینک به یاد دارم: غروی، مصباحی، میرسپاه، محمّدی عراقی (داماد مصباح) و ...

در سال ۱۳۶۰ و در اوج کوشش‌های سیاسی-ایدئولوژیک حزب توده، اولیاء امر مصلحت را در مناظره دیدند (و چه نیک تدبیری بود و کاش تا امروز ادامه می‌یافت و صفیر گلوله‌ها به جای نفیر اندیشه‌ها نمی‌نشست، و به وعده‌های آغازین انقلاب وفا می‌شد و صلاح رعیّت را به سلاح و خشونت نمی‌فروختند! دریغا که هم روحانیت و هم مجاهدان معاند، هم توده‌ای‌ها و چپ‌روان دیگر، همه دماغی مستبد و مزاجی مستعد جنگ‌افروزی داشتند و انقلابی بودن را در حذف و طرد و قتل و قلع و قمع یکدیگر می‌دیدند و البته در این میان ، مردم بازندهٔ مطلق میدان بودند و از انقلاب چیزی جز استبداد نصیب‌شان نشد). مناظره‌ها آغاز شد، یک سو من و مصباح، و سوی دیگر احسان طبری و فرّخ نگهدار. ابتدا صدا و سیمائیان (همان بنگاه بانگ و رنگ) مصباح را فراخوانده بودند و او خود مرا فراخواند و گفت بدون تو بدان مناظره نمی‌روم. یک روز به دعوت او، در منزل پدرش در تهران، بر سفرهٔ چاشتگاهی حاضر شدم و با هم در بارهٔ محتوای مناظرات گفت‌وگوکردیم. وی گفت که به ماتریالیسم تاریخی نمی‌پردازم و فقط در باب ماتریالیسم دیالکتیک مناقشه خواهم کرد. بر همین قرار نهادیم و از هم جدا شدیم. در طول مناظرات چندماهه هم هرگز یکدیگر را جز در جلسات تلویزیونی ندیدیم و هماهنگی پیشینی نکردیم. تا چرخ زمانه چرخید و پس از عزل و سقوط بنی‌صدر، مجاهدان معاند به قول خودشان وارد فاز نظامی شدند و آتش فتنه‌ای افروختند که نازنین‌ترین قربانیانش امنیت و آزادی بودند.

جلسات مناظره قطع شد امّا رابطهٔ من با مصباح قطع نشد. آیت‌الله خمینی به ستاد انقلاب فرهنگی فرمان داد تا برای سامان دادن علوم انسانی به نزد علمای قم برویم. با هاشمی رفسنجانی در میان نهادیم. صریحاً گفت آنها هیچ کاری برای شما نمی‌کنند. ناچار به جامعهٔ مدرسین پناه بردیم. آنان ما را به مدرسهٔ راه حق و مصباح یزدی حوالت دادند. مصباح برای تهیهٔ دوربین‌های ضبط دروس پول کلانی از ما طلب کرد و وقتی ما گفتیم ضرورتی نمی‌بینیم، نامهٔ خشمگینانه‌ای نوشت: من که سال‌ها طلبگی دروس آیت‌الله بروجردی را کرده‌ام بهتر از شما می‌دانم که مصلحت اسلام و محلّ خرج اموال چیست!

باری کار تدوین کتب علوم انسانی آغاز شد. هر هفته تعدادی از اساتید علوم انسانی به قم می‌رفتند و امهات مسایل را درس می‌دادند و سپس مصباح و شاگردانش اشکال‌ها و انتقادهای مبتدیانه می‌کردند. مجموع این درس‌ها و شبهه‌ها را جمع کردند و کتاب کردند و به عنوان علوم انسانی اسلامی به دانشگاه‌ها فرستادند که البته توفیقی نیافت. در تدوین این دروس بود که مخالفت شدید مصباح با ستاد انقلاب فرهنگی و بالاخصّ با من آغاز و آشکار شد. وقتی به او گفتم شما هیچ کس را قبول نداری و فقط رأی خود را صائب می‌دانی و دانشگاه‌ها را برای آراء یک نفر تعطیل نمی‌کنند،خشمگین شد و جواب درشتی داد و پیدا بود که سر ستیز برداشته است و هیچ رقیبی را برنمی‌تابد. پس از آن هم به گوش من می‌رسید که در پس پشت من سخن‌ها گفته و نسبت‌ها داده است. از جمله گفته بود فلانی از شریعتی خطرناکتر است.

ستاد انقلاب فرهنگی ناچار بود رابطی با قم بیابد. مناسب‌ترین کس را در مرحوم دکتر احمد احمدی، استاد دانشگاه و حوزه و رفیق صدیق سی‌ساله مصباح یافتیم و به آن سِمَت نصب کردیم. پس از دو هفته آمد و گفت مرا مستعفی بدارید، با مصباح نمی‌توان حرف زد. پس از یکی دو جمله دست به یقه می‌شویم (این عین عبارت او بود، رحمت‌الله علیه). و چنین بود که با قم و مصباح به آخر خط رسیدیم.

عزیزالله خوشوقت (روحانی دیگر ستاد انقلاب فرهنگی که شرح احوالش را قبلاً نگاشته‌ام: عزیزی که جان برایش عزیز نبود!) با اینکه نهایت قرابت سنّتی و کسوتی و صنفی را با مصباح داشت، به مصباح اعتراض کرد که تو با چنین اعصاب ویران چرا بارهای سنگین برمی‌داری؟ کار ویرانی اعصاب مصباح او را به پیش پزشکی در آمریکا برد، و پزشک به او توصیه کرد آبجو بنوشد و دختر جوان بگیرد و موسیقی بشنود! بیچاره پزشک نمی‌دانست که آبجو، آب را به جو باز نخواهد گرداند و پرده‌های موسیقی پردهٔ گوش‌های کر را نخواهد نواخت!

زمان به کام مصباح می‌گذشت. آیت‌الله خمینی که اعتنایی به مصباح غیرمبارز نداشت، درگذشت و رهبری نوین انقلاب که برای تأیید و تطهیر خود حاجت به یک مؤیّد مطّهِر داشت، از مصباح یک مطهَّری ساخت و در وصف او داد سخن داد و او هم الحق پشت به خدمت دو تا کرد و کرسی اندیشه را زیر پا نهاد تا بوسه بر رکاب قزل ارسلان دهد. مؤسسهٔ باقرالعلوم به امر و نظارت رهبری و سرمایه وصندوق او ساخته شد و چون رَبع رشیدی به مصباح اهدا گردید تا در تحکیم و نشر اسلام رسمی و حکومتی، قدم‌های بلندتر بردارد.تک‌روی و کژروی واعجاب به نفس و مزاج رنجور و دماغ سوداوی وطبع متعصب و مستبّد وسابقه حزن اسود و قبض ممتد مصباح ،آن را رسماً به دستگاهی پاپی بدل کرد که نه تنها ذره‌ای تسامح و مدارا و حرّیت

در آن نبود، بل به‌گزارش یکی از طلاب نزدیک به مصباح و اینک بریده از وی (محسن غرویان) پهلو به دستگاه تفتیش عقاید قرون وسطا می‌زد، و رسماً برای طلاب منتقد و معترض پرونده می‌ساخت و با تهدید و تطمیع دهانشان را می‌بست.

انکار نمی‌کنم که مصباح، فلسفهٔ مسمّی به اسلامی را خوب می‌دانست و خوب تحلیل و تدریس می‌کرد و حواشی نیکویی بر *نهایة الحکمه* طباطبایی نوشت که به اصرار من کتاب برگزیده سال شد، و چنانکه پیشتر گفته‌ام در این جهت بر جوادی آملی تفوق داشت که فقط تقریر کنندهٔ خوبی است و هیچ (مطلقاً هیچ) نوآوری ندارد و فقه و حدیث چنان مغزاو را به زنجیر انسداد و انجماد بسته است که علم شیمی را هم از روایات طلب می‌کند که مثلاً در آن حدیث نورانی امام ششم به جابر گفت مس، نقره‌ای است که فاسد شده است! و با این بضاعت پیش دبستانی می‌خواهد با شبهات نوین چالش کند و از طلاب می‌طلبد که به علم کلام نوین مسلح شوند!

ز منجنیق فلک سنگ فتنه می‌بارد　　　　من ابلهانه گریزم به آبگینه حصار

امّا و هزار امّا! از آنجا که به قول هیوم عقل بردهٔ عواطف است، چراغ نیم‌سوز عقل مصباحی در طوفان احساسات و غلظت عصبیت‌ها جان می‌بازد و بی‌فروغ می‌شود تا آنجا که ارهاب (تروریسم) و برده‌گیری و برده‌داری را در نهایت کج سلیقگی و بی پروایی روا می‌شمارد و بر آنها مهر تأیید می‌نهد! و به صراحت مطهّری را هم متأثر از مارکسیسم می‌داند و بر او خرده می‌گیرد. وی با روشنفکران دینی بالاخصّ، عداوتی بی‌منتها داشت و تعدّد قرائات دینی را فتنه‌ای می‌دانست که از زمان آدم تا کنون، فتنه‌ای عظیم‌تر از آن نیامده است.و ازسربازان ولایت می‌خواست که " غیرت نوّابی" نشان دهند و بر کسروی های زمانه بشورند. مروّج بی امان خشونت و استبداد دینی بود. در ادب و هنر و شعر دستی نداشت و در جوار تاریخ نزیسته بود تا رنگارنگی آدمیان و افکار را ببیند و دماغ را تر کند. لاجرم شخصیتی نا متوازن وچهره‌ای عبوس و دماغی خشک داشت. گفته‌اند و شنیده ام که در جوانی رنج و ریاضت می‌برده تا نفس را در فرمان گیرد و خلق و خوی خود را به‌سامان کند. اگر چنین است پس چنانست که مولانا در وصف آن زاهد گفته است:

پیشش آمد زاهدی غمدیده‌ای
خشک مغزی در بلا پیچیده‌ای
گوشمال محنت بی‌زینهار
داغ‌ها بر داغ‌ها چندین هزار

تجلیل گزافی که اکنون از وی می‌رود، نه سبب علمی که اسباب سیاسی دارد، از جمله سکوت‌های ننگین و سنگین او و دیگر هم کسوتانش در برابر مظالم حکومت و بالاخصّ، فروکوفتن ظالمانهٔ آیت‌الله منتظری، فقیه آزاده و دلیر که مظلمه‌اش را آسمان‌ها هم نتوانند کشید. روحانیت قم در آن ماجرا امتحان بزدلانه‌ای داد و بازنده شد.

هم در آن ایّام که رهبری زور عریان را در دستور کارنهاده بود و رسم زمانه کرده بود و اوباشان و داعش‌مندانی چون الله‌کرم و ازغدی و ده‌نمکی رابه میدان آورده بودتا بروی آزادی بیان شمشیر بکشند و اجتماعات را پاره پاره کنند، مصباح هم به تحریک و تشویق‌شان برخاست و مرا به مناظره در باب قبض و بسط شریعت فراخواند! ابتدا شاگردانش شأن استاد را اجلّ از مناظره دانستند ولی او دست آخر رضایت داد! مرا البته باکی از مناظره نبود، امّا از یک سو وزارت اطلاعات مرا مؤاخذه و نهی اکید کرده بود که به مناظره نروم، و حتی سخنرانی نکنم! دهان بسته من باگلوی گشادهٔ آنان چه نسبت داشت ؟از سوی دیگر حجّتی علمی داشتم که مرا بازمی‌داشت. یارای اعلان علّت اصلی نبود. ناچار گفتم که مصباح دست کم در بارهٔ آراء و کتابهای من، کتابی یا مقاله‌ای بنویسد و مواضع خود را روشن کند تا مستند بحث قرار گیرد؛ و اگر نمی‌خواهد می‌توانیم مناظرهٔ مکتوب کنیم که ماندگارتر و علمی‌تر است. او به هیچ کدام تن نداد! غوغائیان بسیجی و حکومتی البته همچنان اشتلم‌کنان بر طبل مناظره می‌کوفتند و مرا به فرار متهم می‌کردند! حتّی طبق را وارونه کردند و گفتند فلانی گستاخی را به جایی رسانده که می‌خواهد با علما مناظره کند!

امروز هم که چند سال از درگذشت مصباح می‌گذرد، باز همان آواهای نامبارک از حلقوم‌های نامسئول مصباحیان شنیده می‌شود! اخیراً محمود نبویان که «افتخار» شاگردی نُه سالهٔ مصباح را دارد، در گفت‌وگویی با رسانهٔ مهر (۱۲ دی‌ماه ۱۴۰۲) گفته است که: «... چندین بار علامه مصباح یزدی، عبدالکریم سروش را ... دعوت به مناظره کرد امّا وی ... قبول نکرد! سروش علّتش را یک‌جا مطرح و تأیید کرد که قوی‌ترین فیلسوفی که با استدلال صحبت می‌کند، مصباح یزدی است و من با او مناظره نمی‌کنم!». این سخنان به شرحی که آوردم، نامسئولانه و ناراست و معوجّ ومحرّف است و ابداً مطابق با حقیقت نیست. امّا مهم‌تر از این، سخن دیگری است که می‌گوید: « ... عبدالکریم سروش که الآن *قرآن* و اسلام و هیچ چیزی را قبول ندارد، آن زمان عضو شورای عالی انقلاب فرهنگی بود ...»! من البته مسلمان و مؤمن به کتاب‌الله هستم و درک خود را از آنها دارم و نان این ایمان را هم نمی‌خورم؛ لکن نبویان و بزرگتر از او در شأن و مرتبتی نیستند که راجع به کفر و ایمان کسی نظر بدهند ...

نعوذ باللّه من سبات العقل وقبح الزلل و به نستعین.

وقت آنست که و ان یکاد بخوانم ولب فراز کنم و سخن دراز نکنم. در حالیکه برای روح آن مرحوم مغفرت می‌طلبم، جوانان و خصوصاً طلاب را توصیه می‌کنم که قدم در سنگلاخ رفتار ویخبندان پنداراو ننهند و سیره و صراط این شیخ فضل‌اللّه نوری دوم را به فراموشی بسپارند و بدانند که:

آسایش دو گیتی تفسیر این دو حرف است — با دوستان مروّت با دشمنان مدارا!

و به قداست بافیهای رطب خوردگان ولایت و مرتزقان شریعت، اعتنا نکنند. مصباح اگر چراغ بود، چراغ مصطفوی با شرار بولهبی بود و گرنه او خود چراغ نبود، بل ترمز بود! وچه جای شگفتی‌ست؟.مگر سراپای حوزه علمیه بازار ترمز فروشان و تهور ستانان نیست؟

الحذر زین قوم خود علاّمه بین
کاسبان شرع خیرالمسلمین
عاشقان را ملّت و مذهب خداست
کاسبان را خوی و خصلت چون گداست
عاشقان را بخشش و جوشش خوش است
کاسبان را سود بی‌کوشش خوش است
پختگی کم خواه، از این قوم خام
ناقصان سرمدی، تمّ الکلام[1]

عبدالکریم سروش ــ دی ماه ۱۴۰۲

۱ منظومه جرس *جنبانان اصلاح*، نشر اندیشه‌های نو، اسن، آلمان، ۱۴۰۱

عقل‌گرایی انتقادی[1]

جناب استاد، برای ما بسیار جالب و نکته‌آموز خواهد بود که در ابتدا دربارهٔ گذشته و تلاش و کوشش شما در راه تحصیل معرفت، مطالبی بدانیم.

من هر چه نگاه می‌کنم، در طول کودکی و دبستان و دبیرستان من حادثه یا تلاطم عجیب و عظیم یا نکتهٔ برجسته و قابل ذکری وجود ندارد. در یکی از روزهای آذرماه ۱۳۲٤ شمسی در تهران، در یکی از محلات جنوبی، متولد شدم. آن روز ۲۵ آذرماه بود که بعدها دانستم روز وفات مولانا هم بوده است و بعدها مادرم به من گفت که آن روز، روز عاشورا هم بوده است. در خیابان ما که خیابان خراسان بود، مدرسهٔ ابتدایی دینی‌ای وجود داشت به نام «قائمیه». مؤسس آن یك روحانی بود که پیش‌نمازی مسجدی را هم بر عهده داشت. تا سال آخر دبستان در آن مدرسه بودم (سال ۱۳۳٦). سال اول دبیرستان را به مدرسهٔ «مرتضوی» رفتم که در محله‌ای به نام محلهٔ ارمنی‌ها بود. این محله در ابتدای خیابان مولوی ـ باز هم «مولوی»! ـ و در ابتدای بازار بزرگ تهران قرار داشت و دبیرستان جدیدالتأسیس مرتضوی در انتهای کوچه‌ای بود که کلیسایی در ابتدای آن قرار داشت. کلاس هفتم را به آن مدرسه رفتم. در همین ایام، آوازهٔ دبیرستان علوی برخاست و پدرم مرا برای کلاس دوم دبیرستان به

---

۱. متن تنقیح شدهٔ مصاحبه با نشریهٔ دانشجویی *تردید*، شمارهٔ سوم، بهار ۱۳۸۲

مدرسهٔ علوی برد و در آن‌جا ثبت‌نام کرد و چنین شد که من پنج سالِ بعد را تماماً در دبیرستان علوی سپری کردم. دبیرستان علوی از دبیرستان‌های خوشنام و موفـق آن دوران ایران بود و معلمان بسیار مجربی داشت. مدیر مدبر فوق‌العاده توانا و پارسایی داشت به نـام آقای رضا روزبه و مؤسس و ناظمی داشت به نام آقای کرباسچیان که نویسندهٔ اولین رسالهٔ علمی ـ فقهی به زبان روان فارسی بود. این هر دو مرد، فوق‌العاده در امر تعلیم و تربیت جدی بودند و می‌خواستند شاگردانی را بپرورانند که واجد دو خصیصه باشند: یکی علم و دیگری ایمان. الگوی یك «مازلم ساینتیست»[1] در ذهن آنان بود. البته این الگو بیش‌تر در ذهن آقای روزبه بود و به همین سبب سعی می‌کرد که مدرسهٔ علوی از لحاظ علمی برترین مدرسه باشد. و اگر به‌واقع هم چنین نبود، دست‌کم می‌توان گفت که به شهادت تعداد قبولی‌هایی که در کنکور داشت و اقبال و توجهی که مردم به آن می‌کردند، یکی از برترین‌ها بود. گزینش این مدرسه نسبتاً گزینش دشواری بود و هر کسی از فیلتر گزینش‌گران رد نمی‌شد. خصوصاً بر نقاط اخلاقی انگشت می‌نهادند و مایل بودند که دانش‌آموزانی را جذب و ثبت‌نام کنند که از خانواده‌های متدین و خوشنام باشند. این مدرسه شهریهٔ نسبتاً سنگینی می‌گرفت، ولی نسبت به خانواده‌های متوسط و کم‌درآمد، ارفاق‌های قابل توجهی می‌کرد. حتی چنان که بعدها دانستم در اساسنامهٔ مدرسه یك بند به این مضمون بود که این مدرسه اساساً برای خدمت به سادات ایتام است، لذا از آن‌گونه افراد پذیرایی خاص و ویژه‌ای می‌کردند. کسانی که با این مدرسه همکاری داشتند، نوعاً تجّار خوشنام و روحانیان علاقه‌مند به پیشرفت علمی بودند و از طریق آن‌ها کمك‌های مالی ویژه‌ای به مدرسه می‌شد و مدرسه فقط متکی به شهریهٔ ثبت‌نام دانش‌آموزان نبود. از معلمان خوب ما در آن مدرسه، آقای گل‌زادهٔ غفوری بود که یك دوره هم نمایندهٔ مجلس شد، آقای رضا روزبه بود و استادانی مثل مرحوم ضیاءالدین جزایری در ریاضیات و آقای کوشا در شیمی و کسان دیگری که اکنون به یاد ندارم. به‌هرحال، در دوران ما قاعده بر این بود که پس از کلاس سوم دبیرستان، سه رشته در مقابل دانش‌آموزان قرار داشت: ادبی، طبیعی و ریاضی. من به رشتهٔ ریاضی رفتم و در سال ٤۲ از دبیرستان فارغ‌التحصیل شدم و در همان سال هم به دانشگاه رفتم.

رشتهٔ دانشگاهی‌تان چه بود و چرا آن رشته را انتخاب کردید؟

من برای دانشگاه هم در رشتهٔ فیزیك امتحان دادم و هم در رشتهٔ داروسازی و در هر دو رشته هم پذیرفته شدم. اما به توصیهٔ رئیس دبیرستان، آقای روزبه، به رشتهٔ داروسازی رفتم. در سال

---

۱. Muslem scientist؛ مسلمان علم‌گرا

۴۷ از رشتهٔ داروسازی فارغ‌التحصیل شدم و در همان سال به سربازی رفتم. مهرماه سال ۴۹ از سربازی بیرون آمدم و در جست‌وجوی کار به وزارت بهداری مراجعه کردم. به من گفتند که آزمایشگاهی جدیدالتأسیس در بوشهر وجود دارد و برای این آزمایشگاه به دنبال سرپرست می‌گردیم، و چنین شد که به سمت سرپرست برای آزمایشگاه مواد خوراکی و آشامیدنی و بهداشتی به بوشهر رفتم و نزدیك به یك سال و نیم در آن‌جا ماندم و بعد به تهران بازگشتم و مدتی در تهران در آزمایشگاه کنترل دارو خدمت کردم. در همین ایام به توصیهٔ پاره‌ای از دوستان و اولیای مدرسه و پس از فراهم کردن مقدمات و تسبیب اسباب، راهی انگلستان شدم.

برنامهٔ شما در انگلستان چه بود و می‌خواستید چه رشته‌ای را دنبال کنید؟

آن‌چه در آن دوره در ذهن من می‌جوشید، اول دنبال کردن رشتهٔ روان‌شناسی بود و دوم یافتن رشته‌ای که فلسفهٔ محض نباشد و پاسخ بعضی از سؤالات فلسفی من دربارهٔ یافته‌های علوم را بدهد. من هنوز نمی‌دانستم که آیا چنین رشته‌ای وجود دارد یا خیر و کجا باید به دنبال آن بروم. با این اندیشه از ایران خارج شدم و دلیل آن هم این بود که من در تمام دوران دانشگاه حدوداً به مدت پنج سال نزد یك روحانی فلسفهٔ اسلامی می‌خواندم. من این روحانی را از طرف مرحوم آقای مطهری یافته بودم و اصلاً به معرفی ایشان به پای درس آن بزرگوار رفتم و بهرهٔ بسیار از او بردم. در ضمنِ بحث‌های فلسفی گه‌گاه گذار ما به نظریه‌های علمی، مثل نظریهٔ نیوتن، نظریهٔ داروین و غیره می‌افتاد. من در آن بحث‌ها احساس می‌کردم که هم استاد و هم خود من به طریق اولی، فاقد پاره‌ای اطلاعات لازم برای داوری‌های فلسفی در باب نظریات علمی هستیم. من هنوز نمی‌دانستم که آن اطلاعات لازم را در کجا باید کسب کرد و آیا اساساً فنی وجود دارد که به فلسفهٔ علم بپردازد یا نه. به همین سبب وقتی از ایران خارج شدم به دنبال چنین حوزهٔ درسی‌ای می‌گشتم.

آیا انگیزه و علاقهٔ شما به اندیشه‌های فلسفی، تنها به همین مسأله باز می‌گشت یا علل دیگری هم در کار بود؟

من در ایران علاوه بر تحصیل فلسفه نزد آن استاد، آثار فلسفی دیگر را هم مطالعه می‌کردم و علاقهٔ فلسفی قوی‌ای داشتم. در زمینهٔ فلسفه مقاله می‌نوشتم و حتی درس می‌دادم. کتاب *روش رئالیسم* مرحوم مطهری و علامه طباطبایی را به طور خصوصی درس می‌دادم و از این رو به خوبی انگیزه‌های فلسفی و کلامی در من برانگیخته بود. دبیرستان ما دبیرستانی دینی بود و معلمان آن، مخصوصاً معلمان معارف دینی، کسانی بودند که از دریچهٔ فلسفه به دین نگاه می‌کردند و نه از دریچهٔ علوم اجتماعی و به همین سبب من دنبال این کار را گرفتم. بد نیست بدانید که در دورهٔ

دبستان، اولین کتاب غیردرسی‌ای که من خریدم و خواندم، کتابی بود به نام *سقراط، مردی که جرأت پرسیدن داشت*. این کتاب را هنوز هم دارم. در خیابان ما کتاب‌فروشی جدیدی باز شده بود و من هر روز که از خانه به مدرسه می‌رفتم و برمی‌گشتم، از جلوی آن می‌گذشتم و این کتاب را هر روز در ویترین آن کتاب‌فروشی می‌دیدم. بعد از مدتی تصمیم گرفتم که آن کتاب را بخرم. پولی از پدرم گرفتم و آن را خریدم و در اثر خواندن این کتاب بود که من در همان سنین کودکی با سقراط و مفاهیمی مثل پرسیدن و نقد آشنا شدم و تلقی‌هایی کودکانه و ابتدایی از این مسائل پیدا کردم.

در دبیرستان هم علاوه بر تعقیب علاقه‌های فلسفی، استادی روحانی داشتم که به ما از روی کتاب *جامع‌السعادات* مرحوم ملامهدی نراقی ـ پدر ملا احمد نراقی، صاحب *معراج السعاده* و *عوائدالایام* و بنیان‌گذار نظریهٔ ولایت فقیه در شیعه علم اخلاق یاد می‌داد. هم‌چنین نمی‌دانم از کجا دانستم که کتابی به نام *المراقبات* منتشر شده است. این کتاب را هم در همان سال‌ها تهیه کردم و خواندم. این کتاب شاید بیش از هر کتاب اخلاقی ـ دینی دیگر بر دل من نشست. نویسندهٔ این کتاب مرحوم آقاجواد ملکی تبریزی است که از شاگردان مرحوم میرزا حسین‌قلی درجزینی است که گویا از اساتید امام خمینی هم بوده است یا دست‌کم امام در دوران جوانی، به درس او می‌رفته و بهره می‌جسته است. قبر او هم اکنون در مقبرهٔ شیخان قم است. این کتاب مثل کتاب‌های غزّالی ـ که بعدها با آن‌ها آشنا شدم ـ جوشش است نه کوشش. یعنی محصول فوران ضمیر مؤلف است و پرده از تجربه‌های برهنهٔ نویسنده برمی‌دارد و به جای آن‌که در آن سعی در تتبع کتب شده باشد و آرای این و آن نقل شده باشد، بیش‌تر بر یافته‌های خود مؤلف متکی است. به هر صورت، این‌ها جهت‌بخش ذهن من بودند.

در دوران دانشکده، علاوه بر عالمان علوم تجربی، با غزّالی و فیض کاشانی و مولانا جلال‌الدین آشنا شدم که هرکدام البته ریشه و شیوه و پیشینهٔ خود را داشت. با مرحوم مهندس بازرگان و آثار او، با مرحوم دکتر شریعتی، با شریعت سنگلجی ـ که آن روزها آوازهٔ بددینی یا بی‌ولایتی او پیچیده بود و من می‌خواستم بدانم که در ذهن او چه می‌گذرد ـ و خصوصاً با آقای مطهری آشنا شدم. مرحوم مطهری در آن ایام به دانشکدهٔ الهیات رفت‌وآمد می‌کرد. دانشکدهٔ الهیات مدتی در میدانی بود که اکنون میدان انقلاب نامیده می‌شود و قبلاً ۲۴ اسفند نامیده می‌شد. عصرها که من از دانشکده به خانه می‌رفتم، گاهی مرحوم مطهری را می‌دیدم که از دانشکدهٔ الهیات می‌آمد. هر دوی ما ماشین‌های کرایهٔ پنج‌ریالی را سوار می‌شدیم و به منزل می‌رفتیم. منزل مرحوم مطهری در خیابان ری، ایستگاه دردار بود و منزل ما کمی پس از آن، در خیابان خراسان بود. لذا بخشی از راه را

توأماً طی می‌کردیم و با یکدیگر گفت‌وگو می‌کردیم. در همین ایام بود که من با ایشان آشنایی بیش‌تری پیدا کردم و آشنایی ما تا زمان شهادت آن بزرگوار ادامه یافت. البته مدتی که من در خارج از کشور بودم با ایشان ارتباط مستقیم نداشتم. اما ایشان کتاب *نهاد ناآرام جهان* مرا خوانده بود و نکته‌هایی در باب آن گوشزد کرد که من آن نکته‌ها را در کتاب اعمال کردم و آن کتاب اینك وامدار ایشان است؛ هم‌چنان‌که وامدار دکتر مهدی حائری هم هست. به هر صورت، آقای مطهری به من و کارهای من علاقه داشتند و منتظر بودند که من زودتر از سفر خارج برگردم و در ایران مشغول به خدمت شوم. در ابتدای انقلاب که به ایران برگشتم، شبی را در منزل ایشان با دوستان دیگر مهمان بودیم و بعد از آن بود که ایشان به شهادت رسیدند و دست همهٔ ما از ایشان کوتاه شد.

فرمودید که عازم انگلستان شدید و در آن‌جا در جست‌وجوی رشته‌ای بودید که به پرسش‌های فلسفی شما در زمینهٔ علوم پاسخ بدهد. چه شد که به رشتهٔ فلسفهٔ علم وارد شدید؟

بله، من بعد از دوران دانشکده و پس از اقامت کوتاه در بوشهر و پس از گرفتن شغلی در تهران، البته برای مدتی کوتاه به انگلستان رفتم. در انگلستان من در شیمی آنالیتیك تخصص گرفتم و پس از آن بود که رشتهٔ فلسفهٔ علم را کشف کردم و دانستم که رشته‌ای به نام فلسفهٔ علم وجود دارد که دقیقاً به دغدغه‌ها و پرسش‌های کهنهٔ من جواب می‌دهد. از مسائل جالب این‌که من در همان زمان که در انگلستان شیمی می‌خواندم، دو کتاب فلسفی و کلامی را پیدا کردم که از این طریق، عطش فلسفی خود را فرو می‌نشاندم؛ یکی کتاب *اعترافات* سنت‌آگوستین بود و دیگری کتاب *A hundred years of philosophy* از جان پاسمور. با این کتاب بود که من برای اولین بار با فیلسوفان جدید مغرب‌زمین مثل ویتگنشتاین و پوپر آشنا شدم. از عجایب این بود که وقتی من برای امتحان به دپارتمان فلسفهٔ علم رفتم، رئیس دپارتمان با من گفت‌وگو کرد و یکی از سؤالات او در باب پوپر بود و می‌خواست که اطلاعات من را در باب فلسفهٔ این فیلسوف بداند. به‌هرحال، من به رشتهٔ فلسفهٔ علم راه یافتم و گمشدهٔ خود را در آن یافتم. یعنی به درستی دیدم که آن رشته‌ای که به پرسش‌های بی‌شمار من پاسخ می‌دهد و مرا در راه حل و تحقیق آن‌ها یاری می‌کند، همین رشته است.

در آن زمان، در ایران مطلقاً نامی از این رشته شنیده نمی‌شد. هیچ کس با این رشته آشنایی نداشت و هیچ کتابی با این عنوان ترجمه نشده بود. دپارتمان‌های فلسفه و هیچ استادی خبری از چنین رشته‌ای نمی‌دادند. یك نفر فارغ‌التحصیل این رشته در ایران وجود نداشت و به طور کامل رسم و نشانی از این رشته به چشم نمی‌خورد و چنان‌که گفتم، وقتی‌که من از

ایران می‌رفتم، مطلقاً خبری از این رشته نداشتم. بعد هم که برگشتم، هم‌چنان کسی خبری از این رشته نداشت تا رفته‌رفته با کتاب‌هایی که نوشتم و بحث‌هایی که مطرح کردم و درس‌هایی که در دانشگاه دادم و کوششی که برای گنجاندن این درس در فهرست دروس دانشکده‌ها و به‌خصوص دپارتمان فلسفه کردم، این رشته معرفی شد و بحمدالله امروز در بالندگی است و البته همان‌گونه که سنتِ همیشگی بوده، مالکان تازه‌ای پیدا کرده است. اما من علی‌رغم همهٔ بی‌مهری‌ها و کجروی‌ها، بسیار خشنودم و می‌بینم که آشنایی دانشجویان با این رشته و نیز ترجمه‌ها در این زمینه بحمدالله رو به فزونی است و مایهٔ خشنودی.

فلسفه در دیار ما، اگر با فلسفهٔ علم و معرفت‌شناسی همراه نمی‌شد، چیزی کم داشت و یك لنگی جدی داشت. اکنون هم نمی‌گویم آن کسری به طور کامل جبران شده است، لکن اگر دانشجویان به نحو عمیق در این حوزه به تحقیق بپردازند، می‌توان امیدوار بود که در آینده سرنوشت فلسفه بسیار به از این باشد که اکنون هست. من حقیقتاً وضعیت گروه‌های فلسفه را در کشور اسف‌بار می‌بینیم. اساتید کمتر مطالعه می‌کنند؛ شغل‌های متعدد دارند و رساله‌های دکتری و غیردکتری بسیار زیادی را راهنمایی می‌کنند؛ درس‌دادن و شاگردپروری را کاری جدی نمی‌دانند و بعضی از آن‌ها نیز بسیار سیاسی شده‌اند. من هرگز ندیده‌ام که وقتی در جلسه‌ای با اساتید فلسفه نشسته‌ایم، فی‌المثل کسی حتی بر سبیل تفاخر، به دیگری بگوید که من فلان کتاب یا فلان مقاله را خوانده‌ام و دیگران هم در مقابل او مقاله یا کتاب دیگری را به رخ بکشند. اصلاً مقاله و مجلهٔ خارجی خواندن در میان اساتید قدیمی گروه‌های فلسفه ـ اگر نگوییم محال است ـ نادر یا معدود است. امیدوارم که جوان‌ترها این کسری را جبران کنند.

باری، من چند سالی را در رشتهٔ تاریخ و فلسفهٔ علم در دانشگاه لندن سپری کردم و در ابتدای انقلاب به ایران برگشتم.

گویا شما برای مدت کوتاهی عضو انجمن حجتیه هم بوده‌اید. چه شد که به عضویت آن‌جا درآمدید؟ و آیا آشنایی با انجمن حجتیه تأثیری هم در آراء و افکار شما داشته است؟

من در مصاحبه‌ای که با روزنامه‌ای داشتم، این مسأله را مفصلاً گفته‌ام و الان هم مختصراً عرض می‌کنم. ورود من به انجمن حجتیه به دوران دبیرستان برمی‌گردد. دبیرستان علوی یکی از جاهایی بود که انجمن حجتیه با آن‌جا ارتباط مستقیم داشت. پاره‌ای از استادان آن انجمن در دبیرستان تدریس می‌کردند و به همین دلیل بعضی از دانش‌آموزان مستعد را به انجمن معرفی می‌کردند. به همین سبب، ششم دبیرستان، من و پاره‌ای از هم‌کلاسی‌هایم وارد این انجمن شدیم. انجمن حجتیه چند محفل درسی در تهران داشت. یکی از مهم‌ترین محفل‌های

آن، در منزل آقای کمال خرازی برگزار می‌شد. پدر ایشان مانند پاره‌ای دیگر از متدینان، نسبت به این انجمن تعهد مالی و ایمانی داشت.

ما را برای انجام خدمات دینی به انجمن حجتیه معرفی کردند و در آن‌جا دانستیم که فعالیت اصلی انجمن علیه بهاییت است. تاریخچه‌ای از بهاییت به ما آموختند و سپس بعضی از کتاب‌های آن‌ها، علی‌الخصوص کتاب *ایقان* نوشتهٔ میرزا حسینعلی بهاء، مورد نقد و جراحی عمیق قرار گرفت. من نزدیك یك سال در آن انجمن بودم و بعد از یك سال از انجمن بیرون آمدم. چون می‌خواستم آن وقت را صرف کارهای مفیدتری کنم. شروع به خواندن *قرآن* و کار بر روی تفسیر کردم. اما پاره‌ای از دوستان برای سال‌های مدید در انجمن حجتیه باقی ماندند و فعالیت خود را ادامه دادند.

انجمن حجتیه، چنان که می‌دانید، گرایش مصلحت‌اندیشانهٔ ضدسیاسی قوی‌ای داشت و اعضای خود را از ورود در سیاست منع جدی می‌کرد، چرا که ورود آن‌ها در سیاست به فعالیت‌های انجمن لطمه می‌زد. آن‌ها خوشدل بودند که به امام زمان خدمت می‌کنند و فعالیت‌های بهاییان را خنثی می‌نمایند. مرحوم شیخ محمود حلبی که رئیس این انجمن بود، قلباً این اعتقادات را داشت و حقیقتاً معتقد بود که بهترین خدمت دینی را در زمان خود انجام می‌دهد و به جوانان هم همین نکات را می‌آموخت. به هر حال، ورود من به انجمن حجتیه در سال ششم دبیرستان بود و خروج از آن در سال اول دانشگاه بود. اما در باب دیگران، این دوران طولانی‌تر بود.

آن‌چه من از انجمن حجتیه آموختم که اکنون دست‌مایهٔ من است، اطلاعات نسبتاً وسیع و عمیقی دربارهٔ بهاییت بود. شاید من چنین اطلاعاتی را در جایی دیگر کمتر می‌توانستم پیدا کنم. معلمان این انجمن دقایق بسیاری را دربارهٔ این نحله می‌دانستند و آن را به‌صورت جزوه درآورده بودند و آن‌ها را در محافل درسی به دانشجویان دیکته می‌کردند. متأسفانه جزوه‌هایی را که داشتم تماماً گم کرده‌ام و الان هیچ کدام را ندارم و تنها یادگاری که از آن دوران دارم، این است که یکی از تکالیفی که در انجمن بر عهدهٔ ما نهادند، خواندن یکی از کتاب‌های مفید در رد بهاییت و تلخیص آن بود. نمی‌دانم من به چه سبب کتابی را انتخاب کردم به نام *گفتار خوش یارقلی*. این کتاب به شیوهٔ داستانی نوشته شده بود. نویسنده خود را در میان افرادی نشانده بود که هر کدام مسلکی و مذهبی داشتند: سنی، صوفی، بهایی، دهری (ماتریالیست) و شیعهٔ دوازده امامی که خود نویسنده، یعنی آقای محلاتی باشد. بخش عمدهٔ کتاب در گفت‌وگو با یك بهایی می‌گذرد اما پاره‌ای از کتاب هم به نقد و رد مسالك و مذاهب دیگر،

یعنی دهریین و صوفیین و غیره، اختصاص دارد. این کتاب، کتابی نسبتاً شیرین و با نثری نیمه‌آخوندی بود. من آن را خواندم و بنا بر تکلیف، تلخیص کردم. آن ایام که سال آخر دبیرستان و سال اول دانشگاه بود، من سر پرشوری در آموختن زبان عربی داشتم و زبان عربی‌ام بد نبود، به طوری که نوشته‌های عربی را خیلی راحت می‌خواندم و استفاده می‌کردم. حتی به عربی شعر می‌گفتم و پاره‌ای از داستان‌های عربی را به فارسی ترجمه می‌کردم. لذا هنگامی که نوبت تلخیص این کتاب رسید، من تصمیم گرفتم که این کتاب فارسی را به عربی تلخیص کنم و اکنون آن تلخیص عربی را دارم. اسم آن را گذاشته بودم *القسطاس المستقیم فی رد فرقة من اهل الجحیم*. بد نیست نکته‌ای را هم که نشانگر میزان علاقهٔ من به زبان عربی بود، برای شما بگویم. در آن زمان حافظهٔ من خیلی بهتر بود. کتب لغت مثل کتاب *المنجد* را می‌گرفتم و مطالعه می‌کردم ــ به جای آن‌که مراجعه کنم مطالعه می‌کردم ــ و لغات عربی با معانی متعدد و مختلف همان‌طور در ذهن من می‌ماند و هم‌چنان مانده است. به همین سبب، من حتی در خواندن متون دشوار عربی هم دشواری ندارم و معانی لغات مهجور و متروك عربی را هم می‌دانم.

من از کلاس دهم دبیرستان دچار تحول عجیبی شدم. تا آن زمان پسر بچهٔ بسیار شیطانی بودم که هیچ کس از دست من در امان نبود؛ بچه‌های کوچه، معلم مدرسه، پدر و مادر و غیره. به قول حافظ: «همه را جامه‌دران، نعره‌زنان می‌داری». تنها چیزی که می‌توانم دربارهٔ این تحول بگویم این است که گویا کسی روی من را گرفت و از سویی به سوی دیگر کشاند. جهت من کاملاً عوض شد و من به‌طور کامل آدم دیگری شدم. از سال ۱۳۴۰، که اکنون نزدیك ۴۰ سال از آن زمان می‌گذرد، من کم‌وبیش در همین جادهٔ دوم سیر کرده‌ام. به امور عبادی توجه عظیمی پیدا کردم و لذت عجیبی از عبادت می‌بردم و در همان ایام بود ــ دقیقاً سال ۱۳۴۱ ــ که رساله‌ای نوشتم به نام *النبراس المتوقّد فی تفسیر خمسه آیات مستحب قرائتها للمتهجّد*. شما از این نام‌گذاری می‌توانید دریابید که من اولاً چه‌قدر به عربی مغلق علاقه پیدا کرده بودم و ثانیاً به محتویات ضمیر من هم پی ببرید. پنج آیه در انتهای سورهٔ آل عمران قرار دارد که در روایات بسیار آمده است که خواندن آن‌ها برای متهجد ــ یعنی نماز شب‌خوان ــ مستحب است. من در باب این آیات تأمل بسیار کرده بودم و به خیال خودم در آن‌ها نکات نابی یافته بودم. بنابراین، تصمیم گرفتم یافته‌های خود را به صورت یك رسالهٔ کوچك بنگارم و نامش را گذاشتم *النبراس المتوقد*؛ یعنی چراغ فروزان. کلمهٔ نبراس از کلمات مهجور عربی است. بعدها دریافتم که *النبراس* نام یکی از کتاب‌های حکیم سبزواری است که در منطق نگاشته شده است.

گویا ملا هادی سبزواری کتابی به نام *نبراس* دارد.

بله، اتفاقاً این کتاب را در همین اواخر دیده‌ام. اما البته نامش *نبراس* است نه *نبراس متوقد*.

آشنایی شما با مولوی هم در همین سال‌ها و در حاشیهٔ همین تحول بود؟

بله، در دبیرستان خرده‌خرده با مولانا آشنا شدم. البته آشنایی عمیق‌تر متعلق به سال‌های بعد است. یکی از اسباب آشنایی من با مولانا، وجود یکی از معلمان دبیرستان بود. این معلم که به ما درس اخلاق می‌گفت، با مثنوی بسیار آشنا بود و گاه و بی‌گاه اشعار مولوی را در ضمن دروس و جملات خود می‌خواند. حقیقت این است که من در ابتدا به لحاظ سستی ادبی و عبارتی، اصلاً از اشعار مولوی خوشم نمی‌آمد. هنوز معنای ابیات مولوی برای من چنان نمی‌درخشید که سستی الفاظ را بپوشاند. اولین شاعری که با او آشنا شدم، سعدی بود. ما چاپ سنگی کتاب کلیات سعدی را در منزل داشتیم و پدرم صبح‌ها پس از نماز بوستان می‌خواند. ما بچه بودیم و صدای بوستان خواندن او را می‌شنیدیم. از آن‌جا بود که من به سعدی علاقه‌مند شدم و بسیاری از ابیات سعدی که اکنون در حافظه دارم، مربوط به همان دوران کودکی است. شعرهای سعدی را می‌خواندم و بعضی را می‌فهمیدم و بعضی را نه. اما خود شعر را بسیار دوست داشتم و لذا زیاد مطالعه می‌کردم و پیداست که اگر به لحاظ عبارتی اشعار مولانا را کنار اشعار سعدی بگذاریم، نمرهٔ کمی می‌گیرد و به همین دلیل در ابتدا مجذوب اشعار مولانا نمی‌شدم. بعدها بود که آشناتر و مجذوب‌تر شدم و همان شعر مولانا را دربارهٔ خود مولانا برخواندم که:

همه را بیازمودم، ز تو خوشترم نیامد
چو فرو شدم به دریا، چو تو گوهرم نیامد[1]

پدر من عطار بود و چای و شکر و قند و غیره می‌فروخت. برای پیچیدن جنس، احتیاج به کاغذ داشت و به همین مناسبت، روزنامه و مجلات باطله می‌خرید و آن‌ها را مورد استفاده قرار می‌داد. یکی از کارهای من این بود که میان این روزنامه‌ها و مجلات باطله می‌گشتم و مجلات پلیسی ـ که به آن‌ها هم بسیار علاقه‌مند بودم ـ و گاه کتاب‌هایی خواندنی میان آن‌ها پیدا می‌کردم. مهم‌ترین چیزی که در میان این کاغذپاره‌ها پیدا کردم، کتابی بود از مرحوم فروزانفر. تلخیصی از دفتر اول و دوم مثنوی به همراه شرحی از ابیات مربوطه. از آن‌جا بود

---

۱. مولوی، *دیوان شمس*، *غزلیات*، غزل ۷۷۰

که با مولوی همدلی پیدا کردم. احساس کردم که به‌تدریج به کام او کشیده و جذب می‌شوم. ابیات پُرمفهوم و زیبای مثنوی، همراه با شرح فروزانفر، در این تلخیص گردآوری شده بود و چنین بود که من به دنیای مولوی راه پیدا کردم. در اثر آن تحول نیز ارتباط من با مولوی خیلی بیشتر شد. در دوران دانشکده آن را بیشتر خواندم و چنان‌که در ابتدای یکی از کتاب‌هایم نوشته‌ام، هنگامی که به خارج از کشور رفتم، بیش از چند کتاب با خود برنداشتم که یکی از آن‌ها *مثنوی* بود. در آن دوران که در انگلستان بودم، *مثنوی* و *المحجة البیضاء* را بسیار مطالعه می‌کردم و این دو منبع، غذایی روحی و معنوی برای من بودند.

بازگردیم به دوران تحصیل و فعالیت‌های شما در انگلستان...

من در انگلستان کتاب‌های *تضاد دیالکتیکی*، *نهاد ناآرام جهان*، و *دانش و ارزش* را تألیف کردم. در این کتاب‌ها آثار مطالعات من در فلسفه و تاریخ علم کم و بیش آشکار است و در آن‌جا می‌توانید ببینید که رفته‌رفته در کنار فلسفهٔ مشرق‌زمین از فلسفهٔ مغرب‌زمین هم سخن می‌گویم و آرای فیلسوفان آن دیار را، علی‌الخصوص کسانی که در معرفت‌شناسی نظر داده‌اند، می‌نگارم.

من، هم از دوران دبیرستان خود بسیار راضی‌ام و هم از دوران اقامتم در انگلستان. آن‌چه از آن کمتر رضایت دارم، دوران تحصیل در دانشکدهٔ داروسازی است. نه به این خاطر که آن رشته را نمی‌پسندیدم، بلکه به این دلیل که آن رشته در آن دوران قوی نبود و من بسیار عطش علم داشتم و فکر می‌کنم که می‌توانستم آن دوران را با غنای بسیار بیش‌تر طی کنم. در انگلستان البته به رشتهٔ روان‌شناسی هم رفتم. بعد دانشگاه لندن مطلع شد که من در دو رشته تحصیل می‌کنم و این ممنوع بود. مرا صدا زدند و گفتند که ناچار باید یکی از این دو رشته را انتخاب کنی. یادم می‌آید که یکی از استادان رشتهٔ فلسفهٔ علم هراسان به پیش من آمد و گفت، می‌دانی چه کرده‌ای؟ آشوبی به پا شده‌است. گفتم، چه آشوبی؟! گفت ما فهمیده‌ایم که تو در دو رشته درس می‌خوانی و... . به‌هرحال، من مجبور شدم که فقط یك رشته را ادامه بدهم و ناچار روان‌شناسی را فرو نهادم. البته در رشتهٔ روان‌شناسی مطالعه می‌کردم، ولی به طور رسمی قادر به ادامه دادن آن نبودم.

می‌رسیم به دوران اخیر زندگی شما که دورهٔ بسیار پرتلاطم و پرماجرایی است، یعنی بازگشت شما از انگلستان و اتفاقاتی که بعد از انقلاب رخ داد...

دوران بیست‌سالهٔ اخیر زندگی من که بعد از انقلاب سپری شده است نیز حکایت ویژهٔ خود را دارد. اما آن حکایتی است که شاید همگان می‌دانند و احتیاجی به بازگفتن آن نیست.

از انگلستان که آمدم، در دانشگاه تربیت معلم مشغول به تدریس شدم و پس از چندی وارد ستاد انقلاب فرهنگی شدم و مسؤولیتی در ستاد انقلاب فرهنگی به من سپرده شد. از دانشگاه تربیت معلم به سرعت عبور کردم و به انجمن حکمت و فلسفه رفتم. از ستاد انقلاب فرهنگی هم پس از چهار سال استعفا کردم و یك شغل آکادمیك محض را اختیار کردم، یعنی فقط و فقط مشغول تحقیق و تدریس شدم. هم در تهران و هم در خارج از تهران تدریس می‌کردم و تحقیق هم که شغل شاغل من در انجمن حکمت و فلسفه بود. پس از مدتی موفق شدم انجمن فلسفه و حکمت را به دو پژوهشکده مبدل کنم: پژوهشکدهٔ تاریخ و فلسفهٔ علم و پژوهشکدهٔ حکمت و تاریخ ادیان. خود من برای مدتی ریاست پژوهشکدهٔ تاریخ و فلسفهٔ علم را بر عهده داشتم، اما پس از آن‌که رئیس آن‌جا عوض شد، به توصیه یا به هوس رئیس جدید، آن ریاست را هم کنار گذاشتم و به او واگذار کردم و پس از مدتی هم به دستور همان رئیس از کار برکنار شدم. اگر چه اخیراً وزارت علوم مرا به کار بازگردانده است، هم‌چنان حقوق دریافت نمی‌کنم و کار من به رسمیت شناخته نمی‌شود. برای مدتی هم در فرهنگستان علوم بودم، اما از آن‌جا هم کنار گذاشته شدم و اکنون می‌توانم بگویم که هیچ شغل رسمی دولتی ندارم و به طور مستقل کار می‌کنم.

حوادثی هم که ظرف چند سال گذشته بر من رفته بر شما پوشیده نیست. از زمانی که مدیریت سیاسی کشور تصمیم گرفت که از خشونت عریان استفاده کند، یکی از اولین قربانیان آن بنده بودم. سخنرانی‌های من به هم زده شد، کلاس‌هایم تعطیل شد و حتی نوشته‌ها و کارهایم مورد تهدید و تحدید و تضییق قرار گرفت. بعد از دوم خرداد ۷۶، گشایشی نسبی در این زمینه‌ها حاصل شده است، اما هم‌چنان از تدریس در دانشگاه محروم هستم.

ارتباط من با دانشگاه‌های خارج از کشور خوب بوده و هست و دعوت‌های زیادی از آن‌ها به من می‌رسد و من پاره‌ای از آن‌ها را اجابت می‌کنم. بحمدالله این دعوت‌ها باعث شد که من با پاره‌ای از بزرگان ادب و فلسفهٔ جهان آشنا شوم. علی‌الخصوص در کشورهای اسلامی و با متفکران مسلمان که در سمینارهای متعدد آن‌ها را می‌بینم و از نوشته‌ها و افکارشان بهره می‌برم. من در این بیست سال، چه به صورت موظف و چه به صورت غیر موظف، موفق شدم که کتاب‌هایی منتشر کنم که اسامی آن‌ها را می‌دانید. چند کتاب هم در دست انتشار دارم که جلد دوم *سیاست نامه*، *در حضور حضرت حافظ*، *اصناف دینداری*، *قمار عاشقانه* و تصحیح *لبّ لباب مثنوی* جزو آن‌هاست. هم‌چنین امیدوارم که بعضی جزوات درسی گذشته‌ام را در باب فلسفهٔ تاریخ، فلسفهٔ علم، فلسفهٔ تطبیقی و غیره پس از ویرایش کلی به چاپ رسانم. درس‌هایی که من در دانشگاه‌ها داده‌ام، عمدتاً حول فلسفهٔ علم و معرفت‌شناسی متمرکز بوده

است. فلسفهٔ علوم تجربی، فلسفهٔ علوم انسانی، فلسفهٔ تاریخ، فلسفهٔ دین و فلسفهٔ اخلاق تدریس کرده‌ام. بیرون از حیطهٔ معرفت‌شناسی، تصوف ایرانی_اسلامی با تمرکز بر مثنوی را هم به دفعات تدریس کرده‌ام. هم‌چنین در قم چند بار به طلاب درس کلام جدید داده‌ام و چنان‌که گفتم در دانشگاه‌های دیگر کشور هم عمدتاً در فلسفهٔ تاریخ و فلسفهٔ علم، بر حسب مورد، تدریس کرده‌ام. اکنون هم مشغول تحقیق و تألیف در مسائل مورد علاقه‌ام هستم. کتاب *قبض و بسط* تماماً به عربی ترجمه شده است که به زودی در لبنان به طبع می‌رسد. هم‌چنین مجموعه مقالاتی از من به انگلیسی توسط انتشارات دانشگاه آکسفورد (OUP) چاپ شده است.

اگر اجازه بفرمایید، سؤالاتی دربارهٔ زمینهٔ کلی آثار شما داشته باشیم. بیش‌تر آثار فلسفی و حتی غیرفلسفی شما آشکارا صبغهٔ معرفت‌شناسانه دارد. شاید بتوان موضع شما در معرفت‌شناسی را به طور خلاصه، نقد و نفی عقلانیت حداکثری و رئالیسم خام دانست. نظر شما در این باره چیست و به‌طور مشخص ارزیابی شما از عقلانیت حداکثری چیست؟

بله، البته این هم تعبیری است. می‌توان گفت که نوشته‌های من هیچ کدام در تأیید عقلانیت حداکثری نبوده است. برای من یکی از بدیهیات است که عقل نمی‌تواند همهٔ مشکلات عالم و حتی مشکلات خودش را حل کند. انسان اولین درسی که در معرفت‌شناسی می‌گیرد، درس فروتنی عقلانی است. معرفت‌شناسی، به لحاظ منطقی و تاریخی، می‌آموزد که عقل خدا نیست و در مقام کشف مسائل و حل مسائل از توانایی محدودی برخوردار است. معرفت‌شناسی‌ای که شما در مغرب‌زمین تحصیل می‌کنید، کانت، هیوم، دکارت و غیره را به منزلهٔ قهرمانان خویش معرفی می‌کند. قهرمانی آن‌ها در این است که هر کدام‌شان در نشان‌دادن محدودیت‌های عقل ید طولایی داشته‌اند و لذا عقلانیت حداکثری امری است که به نحو بدیهی مورد رد و طرد قرار می‌گیرد.

من هم در دل چنین مدرسه‌ای تربیت شدم و همیشه یکی از شگفتی‌های من این بود که چرا فیلسوفان ما در نقد فلسفی عقل کوشش رسایی نکرده‌اند. بلی، عارفان ما از موضع عشق به عقل طعنهٔ بسیار زده‌اند. اما بحث دربارهٔ محدودیت‌های عقل و این‌که عقل پای خود را تا کجا می‌تواند دراز کند نزد فیلسوفان ما یافت نمی‌شود. اساساً کسی که وارد فلسفهٔ اسلامی می‌شود، واجد چنین تلقی‌ای می‌شود که گویی هر مسأله‌ای را پیش روی او بگذارند، می‌تواند مورد بررسی قرار دهد و جوابی برای آن فراهم بیاورد. نه حدود قوهٔ عاقله و نه حدود قوهٔ ناطقه، هیچ‌کدام مورد بحث جدی فیلسوفان ما نیست. عارفان بودند که این کارها را کردند، اما آن‌ها هم برای ساختن یك سیستم فلسفی، طعن در عقل و منطق نزدند، بلکه برای آن‌که

عرفان را از شرّ خرده‌گیری‌ها و مزاحمت‌های فیلسوفان رهایی بخشند، چنین کردند. علی‌ای‌حال، من نقد عقل و نقد دستاوردهای عقلانی را بسیار جدی گرفتم و می‌گیرم و به همین سبب به مکتب آن فیلسوفانی که نقادی عقلانی را شغل شاغل خود قرار داده‌اند، نزدیك‌ترم تا فیلسوفانی که justificationist هستند، یعنی می‌خواهند از مبانی بی‌خلل (به گمان خود) آغاز کنند و به نتایج بی‌خلل هم برسند. من گمان می‌کنم که تجربهٔ کسانی چون دکارت از این حیث تجربهٔ چشم‌گشا و عبرت‌آموزی است و نشان می‌دهد که به راه آن‌ها نمی‌توان رفت.

به نظر شما معرفت عقل‌گرایی انتقادی چه ویژگی‌هایی دارد؟

حقیقت این است که عقل‌گرایی انتقادی تعریف روشن و جامعی ندارد؛ یا من جایی ندیده‌ام. این لقبی است که دیگران بر مکتب بعضی از فیلسوفان نهاده‌اند و آن‌ها را critical rationalist خوانده‌اند. شاید یك خصلت عمده در عقل‌گرایی انتقادی وجود دارد و آن این‌که anti justificationist است، یعنی با توجیه و اثبات بر سر مهر نیست. justificationism یعنی این‌که ما بکوشیم از مبانی صددرصد ثابت‌شده یا بدیهی آغاز کنیم و از آن‌ها استنتاجات بدیهی به عمل آوریم و یك نظام فلسفی مبتنی بر بدیهیات، که هم ریشهٔ آن بدیهی است و هم میوه‌های آن اثبات‌شده و برهانی‌اند، به دست آوریم. این را مکتب justificationism می‌گویند. دکارت کسی است که به این راه می‌رفت و به تعبیر خود می‌خواست سبد ذهن خود را مورد وارسی قرار بدهد، تمام میوه‌هایش را بیرون بریزد و آن‌هایی را که لکه‌زده و معیوب است کنار بگذارد و میوه‌های سالم را دوباره به سبد برگرداند و به این طریق نظام فلسفی بی‌خللی را پدید آورد. اما تاریخ تفکر و فلسفه به ما آموخته است که این راه، اگرچه در بادی نظر و از دور دل‌انگیز است، در مقام عمل کامیاب و پاسخگو نیست و عطش فیلسوف را برنمی‌آورد. شروع‌کردن از مقدمات صحیح و بدیهی ـ و به تعبیر دکارت، واضح و متمایز ـ و آن‌گاه به نتایج صحیح و واضح و متمایز رسیدن و بنا را هم‌چنان بالا بردن، امری بود که آرزوی دکارتیان بود، اما تاریخ فلسفه نشان داد که توقع آن‌ها برنیاوردنی است.

در برابر justificationism، به معنایی که گفتم، critical rationalism یعنی عقل‌گرایی انتقادی قرار می‌گیرد. سخن عقل‌گرایی انتقادی این است که به هیچ وجه در بند این نباشید که از مقدمات صددرصد بدیهی، واضح و متمایز آغاز کنید و تمام تلاش خود را مصروف آن کنید که سنگ‌های اولیهٔ بنای شما هرچه راسخ‌تر و محکم‌تر و پرصلابت‌تر باشد، چرا که به گواهی تاریخ، نیروی خود را در جایی به کار می‌برید که نتیجه‌اش متناسب با تلاش صرف‌شده نیست و اصلاً ممکن است برای همیشه در همان‌جا بمانید. عقل‌گرایی انتقادی می‌گوید که

بنا را با دقتی نسبی بالا می‌بریم، لکن قدم‌به‌قدم خود را نقد می‌کنیم و از استواری آن‌چه ساخته‌ایم و بنا نهاده‌ایم، پرسش می‌کنیم و در محکم‌تر کردن آن می‌کوشیم، بلکه اصلاً اول طرحی کلی را می‌دهیم و بعد نقدش می‌کنیم، نه این‌که اول بر سر آجرها چون و چرا کنیم، چراکه شاید تا آخر در همان‌جا تخته‌بند شویم. عقل‌گرایی انتقادی دقیقاً در مقابل مکتب دکارت قرار می‌گیرد. این معنای دقیق اولیهٔ عقل‌گرایی انتقادی است.

بنابراین، در عقلانیت نقادانه بنا را بالا می‌برند، اما هیچ‌گاه از استحکام جاودانهٔ بنا اطمینان کافی ندارند. به همین سبب، عقل‌گرایی انتقادی به دنبال یقین قطعی هم نیست و برخلاف مکتب دکارتی و شبه‌دکارتی است که به یقین دلبستگی بسیار دارد و سعی می‌کند از مقدمات یقینی آغاز کند و نتایج یقینی هم بگیرد. در عقل‌گرایی انتقادی، نه این‌که یقین را طرد می‌کنند، بلکه یقین را آسان‌یاب نمی‌دانند و معتقدند که اگر یقینی هم به‌دست‌آمدنی باشد، از مسیر نقدهای مکرر و متوالی و پایان‌ناپذیر صورت خواهد گرفت و باز به همین سبب به جای یقین، «تقرب به یقین» را می‌نشانند و معتقدند که ما حداکثر می‌توانیم خود را به یقین نزدیک کنیم. اما این‌که به یقین برسیم، امری نیست که به راحتی ثابت‌شدنی و حاصل‌شدنی باشد. بنابراین، عقل‌گرایی انتقادی بیش از آن‌که به استحکام زیربنا راغب و متمایل باشد، به تیزی حربهٔ نقد راغب و متمایل است و در تخریب تواناتر است تا در سازندگی. اما معتقد است که از دل این ویرانی‌ها آبادانی سر بر می‌آورد. به تعبیر مولوی:

من چه غم دارم که ویرانی بود
زیر ویران، گنج سلطانی بود[1]

به‌هرحال، بین عقلانیت انتقادی و عقلانیت اثباتی، یا بین عقلانیت یقین‌گرا و عقلانیت نقدگرا، چنین تقابل کلی‌ای را می‌توان دید.

مرز بین عقل‌گرایی انتقادی و نسبی‌گرایی کجاست؟ در عقل‌گرایی انتقادی در عین اقرار به محدودیت‌های عقل، برای قوهٔ داوری عقل و منطق عقلانی، اعتباری قطعی قائل می‌شوند، اما در نسبی‌گرایی بر جامعه‌شناسی معرفت یا روان‌شناسی معرفت بسیار تأکید می‌شود و این رویکردهای نسبی‌گرایانه، در این‌که عقل یک قوهٔ سنجش‌گر معتمد باشد چون‌وچرای بسیار کرده‌اند. نظر شما دربارهٔ این رویکردهای نسبی‌گرایانه و تمایز آن‌ها با عقلانیت انتقادی چیست؟

---

۱. مولوی، مثنوی معنوی، دفتر اول، ۱۷۴۷

وقتی‌که قائل به فروتنی عقل شدیم، البته به نسبی‌گرایی نزدیک می‌شویم. به‌هرحـال، ماییم و عقل، و هیچ سرمایه‌ای هـم به جز عقل نداریم. به قول پوپر، خود rationalism یك امر irrational است. یعنی عقلانیت امری غیرعقلانی است؛ برای این‌که ما نمی‌توانیم دلیل عقلی بیاوریم که عقل اعتمادپذیر است. ما باید بنا

را بر اعتمادپذیری عقل نیز بگذاریم و اگر کسی بنا را بر اعتمادپذیری عقل نگذاشت، ما نمی‌توانیم از طریق ادلهٔ عقلی او را قانع کنیم که عقل اعتمادپذیر است، چرا که او به همین ادلهٔ عقلی اعتماد و اعتقاد ندارد. لذا این‌که عقل را باید مبنا و محور قرار داد، خود یك تصمیم و یك داوری غیرعقلانی است. اما ما از این داوری و بنای غیرعقلانی گریز و گزیری نداریم. قول به اعتمادناپذیری عقل مبنای دیگری است که علیه آن نمی‌توان استدلال کرد. لذا در مبناهای اولیه چندان نمی‌توان مناقشه کرد، چون هیچ کدام از آن‌ها عقلانی، یعنی استدلالی و منطقی، نیست. پس ما باید نقد را روی مبناهای اولیه نبریم چون آن‌ها می‌توانند متفاوت باشند. آن‌چه بر روی این مبناها ساخته می‌شود باید از هماهنگی برخوردار باشد، یعنی ما بیش از هر چیزی به دنبال هماهنگی (consistency) می‌گردیم. یعنی نتایجی که می‌گیریم، فروعی که بر اصول اولیه مبتنی می‌کنیم و استفاده‌ای که از اعتمادپذیری عقلانی می‌کنیم، باید چنان باشند که یك نظام منسجم متلائم بی‌تناقض را در اختیار ما بگذارند. این نکتهٔ بسیار مهمی است. می‌توان گفت که کوچك‌ترین مخرج مشترك عقلانیت عبارت است از عدم تناقض؛ سیستمی که می‌سازید باید بی‌تناقض باشد.

به هر حال، نظامی که بر مبناهای اولیه می‌سازیم، باید برخوردار از دو ویژگی باشد: یکی این‌که نظامی بی‌تناقض باشد و دوم این‌که به پرسش‌های ما پاسخ‌های قانع‌کننده بدهد. با این دو معیار باید نظام‌های فلسفی را سنجید و مورد بررسی قرار داد. وقتی ما وارد نظام هگلی، کانتی، ارسطویی یا دکارتی می‌شویم، باید با این دو معیار داوری کنیم. مثلاً این که دکارت می‌گوید «من فکر می‌کنم» یا «من ادراك می‌کنم» ـ شاید این تعبیر صحیح‌تر باشد ـ «پس من هستم»، این «ادراك کردن» جزو مبناهای اولیهٔ دکارت است و اثبات‌شدنی نیست. آن‌چه از پس آن می‌آید، مثل وجود آدمی و خدا و باقی مسائل، اثبات‌شدنی است یا دست‌کم به نظر دکارت قابل اثبات است. ما باید ببینیم که نظام دکارت جان سالم از نقد بیرون می‌برد یا خیر، نقدی که متوجه دو امر است: یکی این که آیا این نظام consistent و هماهنگ و بی‌تناقض از آب درمی‌آید؛ و دوم این که آیا نظام او به پرسش‌هایی که پدید می‌آورد، مثل جدایی امر ممتد از امر مدرَك، پاسخ قانع‌کننده می‌دهد یا خیر. یعنی یکی از نظر

consistency و دیگری از نظر explanation (تبیین). این دو نکته است که ما آن‌ها را در هر نظامی مد نظر داریم و در هر نظام فلسفی دیگری جست‌وجو می‌کنیم. این‌جاست که به نظر من عقل‌گرایی انتقادی لبهٔ تیغ برنده‌اش را نشان می‌دهد.

نسبی‌گرایی هم به نظر من باید به همین شیوه مورد بررسی قرار بگیرد. خوب است که اول توضیحی دربارهٔ نسبی‌گرایی بدهم. اگر بخواهیم از چشم فیلسوفان اسلامی به مفهوم نسبی‌گرایی بنگریم، از آن‌جا که فیلسوفان ما، به پیروی از فیلسوفان یونانی، معتقدند که اشیا ماهیتی دارند و علم عبارت است از رسیدن به آن ماهیت یا انعکاس آن ماهیت به وجود ذهنی نزد فاعل شناسا، در آن صورت نسبی‌گرایی معادل است با دو قول: «ماهیت اشیا در ما منعکس نمی‌شوند» یا این‌که «اشیا اصلاً ماهیتی ندارند». بنابراین، در آن‌جا نسبی‌گرایی بر اساس نفی ماهیت یا نفی اصالت ماهیت شکل می‌گیرد. اما در معرفت‌شناسی جدید باید نسبی‌گرایی را به نحو دیگری تعبیر کرد. نسبی‌گرایی در معرفت‌شناسی جدید از آن‌جا به وجود می‌آید که ما در حصول معرفت و در مضمون ادراک، علل را از دلایل دخیل‌تر بدانیم. تمام آن‌چه شما تحت عنوان جامعه‌شناسی معرفت و روان‌شناسی معرفت ذکر کردید، همه به این‌جا برمی‌گردد که درون‌مایهٔ دانستنی‌های ما بیش از آن‌که مدلول دلایل باشند، معلول علل هستند و اگر علل عوض شوند، اعتقادات و دانستنی‌های ما عوض می‌شوند. مثلاً اگر جامعه یا احوال روانی عوض شوند، درک ما هم از واقعیات عوض خواهند شد. به عبارت دیگر، ما در حوزهٔ ادراک، فاعل و فعال‌ایم نه منفعل. ورود علل به صحنهٔ معرفت و جدی‌گرفته‌شدن آن‌ها در جهان جدید، مسألهٔ نسبی‌گرایی را بسیار دامن زده است و به همین سبب هم عقلانیت را تضعیف کرده است. چرا که عقل قوه‌ای است که با دلایل کار می‌کند و اگر پای علل به صحنهٔ عقل باز شود، عقل باید به گوشه‌ای بخزد و به تعبیر مولوی:

عقل چون شحنه است، چون سلطان رسید
شحنه‌ی بیچاره در کنجی خزید[1]

آن سلطان در این‌جا همان علل هستند که وقتی می‌آیند، شحنهٔ عقل را می‌ترسانند و به گوشه‌ای می‌برند و نقش آن را تضعیف می‌کنند. نه تنها عقلانیت تضعیف می‌شود که اختیار آدمی هم که هم‌عنان با عقلانیت آدمی است تضعیف می‌شود. جبر علّی نه تنها عقل و معرفت، که اختیار آدمی را نیز تضعیف می‌کند. این تأثیرگذاری جبر در حوزهٔ اراده و اخلاق و

---

۱. مولوی، *مثنوی معنوی*، دفتر چهارم، ۱۷۴۷

عقلانیت، به نسبی‌گرایی منتهی می‌شود. به میزانی که ما بتوانیم دست علل را از دامن معرفت کوتاه کنیم، می‌توانیم از شرّ نسبی‌گرایی در امان بمانیم.

من این گرایش را که پاره‌ای از نویسندگان یا متفکران ما دائماً نسبی‌گرایی را به منزلهٔ یك ناسزا مطرح می‌کنند یا مهم‌ترین سخنی که علیه نسبی‌گرایی دارند این است که اگر ما نسبی‌گرا باشیم دیگر سنگ بر روی سنگ بند نمی‌شود، نمی‌پسندم و آن را واقعاً فیلسوفانه نمی‌دانم. باید فهمید که نسبی‌گرایی از توجه به نقش مهم علل در حصول معرفت پدید آمده است و علل روانی، اجتماعی و سیاسی ـ یعنی نسبتی که علم با قدرت و سلطه پیدا می‌کند ـ باعث شده است که برخی نسبی‌گرایی را مطرح کنند؛ یعنی بگویند اگر فیلسوفان ما در دل نظام و جامعهٔ دیگری می‌زیستند و شرایط روانی دیگری داشتند، فلسفهٔ دیگری پدید می‌آوردند. ما به جای آن‌که فحش بدهیم یا بگوییم سنگ روی سنگ بند نمی‌شود، باید جداً آستین بالا بزنیم و به میدان بیاییم و نشان دهیم و اثبات کنیم که «علل»، آن نقشی را که معتقدان به نسبی‌گرایی گمان می‌برند، ندارند یا عملاً فضایی را به وجود آوریم که نقش علل را کم‌تر کند و دست علت را از دامن دلیل و معرفت کوتاه کند.

بدین ترتیب است که ما می‌توانیم به یك معرفت نسبتاً معتمدی اکتفا کنیم. در غیر این صورت، مادامی که در حصول معرفت دست علل دراز باشد، مجبوریم که بر یقین خود خائف باشیم. یعنی یقین کنیم که وقتی پای علل به عرصهٔ معرفت باز شد، از یقین ما کاسته خواهد شد. عقل‌گرایی انتقادی از آن‌جایی که به نقد حساس است و می‌بیند که علل مختلف به حوزهٔ معرفت دست دراز می‌کنند، ناچار است به ضعف یقین در حوزهٔ معرفت فتوا بدهد و این ناشی از واقع‌بینی اوست. در عین حال، خواستهٔ او آن است که عقل آزادتر از آن‌چه اکنون هست، باشد و خود به دلایل بیش‌تر بپردازد تا به علل.

گاهی ادعا می‌شود که شما در بعضی از آثارتان از مرزهای عقل‌گرایی انتقادی خارج شده‌اید و به حوزهٔ نسبی‌گرایی وارد شده‌اید؛ مثلاً در *قبض و بسط* که در آن مباحثی نظیر مباحث جامعه‌شناسی معرفت آمده و حکم به تاریخیت معرفت دینی داده شده است و یا در توجه تامی که در آثار اخیرتان به پلورالیسم نشان داده‌اید.

نه، این طور نیست. اتفاقاً من در این باب با یکی از دوستان سخن می‌گفتم و در نهایت سخن ما به این‌جا رسید که آن‌چه من در *قبض و بسط* آورده‌ام، معرفت‌شناسی معرفت دینی است، نه روان‌شناسی معرفت دینی و نه جامعه‌شناسی معرفت دینی. من مبانی معرفت‌شناسی را بر معرفتی به نام معرفت دینی منطبق کرده‌ام و نتایجی گرفته‌ام. این غیر از آن است که من جامعه‌شناسی

معرفت دینی بکنم. من آن‌کار را ناروا نمی‌دانم، اما خود پای در آن راه نگذاشته‌ام و همیشه فاصلهٔ خود را با جامعه‌شناسی علم حفظ کرده‌ام و بیش از آن‌که وارد علت‌گرایی شوم، به دلیل‌گرایی التزام دارم و همیشه جواب من در برابر کسانی که *قبض و بسط* را متهم به نسبی‌گرایی می‌کردند، این بوده است که حرف *قبض و بسط* این است که مدلول منسوب به دلیل است و این مقدار از نسبی‌گرایی بسیار بهداشتی و عقلانی است و عین عقلانیت انتقادی می‌باشد.

آن‌چه نسبی‌گرایی مذموم است، منسوب کردن مدلول‌ها به علل و نه به دلایل است. من مدلولات را به دلایل (و نه به علل) منسوب کرده‌ام و بدین معنی آن‌ها را نسبی شمرده‌ام. اگر می‌گفتم فلان پدیدهٔ اجتماعی باعث می‌شود که مفسر در تفسیر آیه‌ای به نتیجه‌ای برسد و بر پا شدن یك نظام سیاسی دیگر او را به نتیجهٔ دیگری می‌رساند و حق و صدق در هر نظام سیاسی مطابقت با آن نظام است، شما حق داشتید دم از نسبی‌گرایی من بزنید. اما حرف من این نبود و چنان‌که گفتم، من نسبی‌گرایی را با منسوب کردن نتایج به علل تعریف می‌کنم، اما منسوب کردن نتایج به دلایل به هیچ وجه نسبی‌گرایی نیست، بلکه عین عقلانیت انتقادی و حتی عقلانیت قیاسی و عقلانیت استقرایی است. حرف من در آن‌جا این است که به میزانی که معرفت جمعی یا معرفت فردی رشد می‌کند، به تناسب آن، معرفت دینی هم تحول پیدا می‌کند و اگر ما از عقل چنین انتظاری نداشته باشیم، باید عقل را پاك تعطیل کنیم. عقل آن است که معارف خود را جدی بگیرد و به معارف خود به نحو سیستمی نظر کند. یعنی شما فی‌المثل واجد معرفت تازه‌ای در جهان‌شناسی، تاریخ و جامعه‌شناسی می‌شوید و این‌ها به ناچار مقدمه یا، به تعبیر ما، دلیل می‌شوند برای آن‌که نتیجه‌گیری‌های پیشین خود را مورد بررسی و نقد مجدد قرار دهید. پس تئوری قبض و بسط، معرفت‌شناسی معرفت دینی است، نه رابطهٔ معرفت دینی با سیاست و سلطه و قدرت و نظایر این‌ها. من این راه‌ها را هم به هیچ وجه بسته نمی‌یابم و ناروا نمی‌دانم، اما کار من آن نبوده است. ورود به عرصهٔ تبیینِ رابطهٔ معرفت دینی با سیاست و جامعه و امثال آن‌ها، ورود در یك راه درشتناك است و اگر *قبض و بسط* باعث آن شود که کسانی قدم در چنین راه‌هایی بگذارند، من خشنود خواهم بود. علی‌ای‌حال، ما باید میان دو نوع نسبی‌گرایی دلیلی و علّی تفاوت بگذاریم. نسبی‌گرایی دلیلی اصلاً نسبی‌گرایی نیست و من در *قبض و بسط* به این راه رفته‌ام.

این صحیح است که در *قبض و بسط*، تغییر و تحول در معرفت دینی به تغییر و تحول در معرفت جمعی منسوب شده و بین این‌ها نیز نوعی ربط دلیلی وجود دارد، اما پاره‌های بسیاری هم در *قبض و بسط* به چشم می‌خورد که در آن‌ها خود معرفت جمعی به علل بیرونی منسوب گشته است.

من این بحث را نکرده‌ام، اما به‌هرحال، شما اگر یکی دوگام عقب‌تر بروید، ناچارید که عوامل اجتماعی، تاریخی، سیاسی و روانی را در حصول معرفت منظور کنید و این سرنوشت همهٔ معارف از جمله معرفت دینی است و من اصلاً منکر آن نیستم. اما مسألهٔ مهم نحوهٔ دخالت و تأثیر آن‌ها در معرفت است که بسیار حساس می‌باشد. به همین سبب، من معتقدم که معرفت‌شناسی را باید از خطاشناسی آغاز کرد، هم‌چنان‌که منطق را باید از باب مغالطات آغاز کرد؛ چرا که آن‌چه امروز علم منطق خوانده می‌شود، وارونهٔ سیر تاریخی علم منطق است. منطق از مغالطات آغاز شد و بعد برای حل مغالطات یا پیشگیری از وقوع مغالطات، قواعدی را به وجود آوردند و تثبیت کردند. اما اکنون شما منطقی دارید که باب مغالطات به جای آن‌که اولین باب آن باشد، آخرین باب آن است. معرفت‌شناسی هم از خطاشناسی آغاز شد، ولی اکنون کمتر از خطاشناسی صحبت می‌شود. یکی از اسباب ورود خطا در معرفت ورود علل به صحنهٔ معرفت است، وگرنه چرا باید این همه خطا در عرصهٔ علم و فلسفه به وجود آمده باشد. آدمی علاوه بر این‌که در تنظیم دلایل خطا می‌کند، در سهمی هم که به علل می‌دهد دچار خطا می‌گردد. کاری که من کردم این بود که چشم دینداران را به این باز کردم که معرفت دینی و تفسیر کتاب و سنت، قائم به ذات نیست و به هزار رشته و طناب به معارف بیرونی بشری وابسته است و آن معارف بیرونی هم به معارف بیرونی‌تر و آن معارف بیرونی‌تر نیز به دلایل و علل دیگر. کار دیگر من این بود که مرز میان دلیل و علت را معین و گوشزد کنم و تذکار دهم که از علل هم غافل نباشید و لذا ادعای یقین گزاف هم نکنید. این یك نظر واقع‌گرایانه نسبت به عرصهٔ معرفت دینی و غیردینی است. شما باید به معرفت چنان‌که هست نگاه کنید، نه چنان‌که می‌خواهید.

حال که به بحث معرفت دینی وارد شدیم، جا دارد این سؤال را هم بپرسیم که در سنت کلامی و فلسفی ما بعضی از متفکران قائل بوده‌اند که عقاید و ایمان دینی را باید بر یك نظام یقینی معرفت بنا کرد، یعنی به یقین باید حکم به درستی بعضی گزاره‌های اولیه بدهیم و بعد بنای اعتقادات دینی را بر آن‌ها استوار کنیم. اما با توجه به عقل‌گرایی انتقادی که در آن یقین امـری دور از دسترس و نادر تلقی می‌شود، در این باور خلل بسیار وارد می‌شود. به نظر شما چگونه می‌توان مسـألهٔ اعتقاد دینی را تبیین کرد؟

من برای این امر تبیین‌های بسیار متعددی دارم. نه تنها بر مبنای عقلانیت انتقادی چنین است، یعنی یقین امری بسیار دیریاب و کمیاب است، بلکه نگاه به واقعیت جامعهٔ دینداران هم بر این امر گواهی می‌دهد. ۹۹ درصد دینداران اعتقادات‌شان تقلیدی است و معنای اعتقاد تقلیدی آن است که سنجیده و به یقین رسیده نیست. به همین سبب هم پیشوایان دین گفته‌اند که شبهه افکندن در عقول و اذهان مؤمنان کاری نارواست و در مقابل آن سخت‌گیری‌های

جدی کرده‌اند، مانند قتل مرتدین و بدعت‌گزاران. پیشوایان دین می‌دانسته‌اند که مؤمنان ساده‌دل در مقابل اولین شبهه به زانو درمی‌آیند و اعتقاد و یقین‌شان متزلزل می‌شود و بر باد می‌رود و یقینی که بر باد برود، به این معناست که از همان ابتدا یقین نبوده است؛ چرا که بنا بر تعریف، یقین امری متزلزل‌ناشدنی است. پس حتی خود پیشوایان دین، یقین مؤمنان را واقعی نمی‌دانند. اما همین یقین‌های غیرواقعی و غیرراسخ را از آن‌ها می‌پذیرند. ما اگر واقع‌گرایانه و واقع‌بینانه به عرصهٔ دین و معرفت دینی نظر کنیم، اعتراف خواهیم کرد که از بدو تاریخ و فجر ادیان یك میلیونیم دینداران هم در عرصهٔ دین به یقین نرسیده‌اند. اما خود خداوند و خود شارع همین بی‌یقینی را می‌پذیرد. چرا؟ برای آن‌که خداوندی که ما را خلق کرده است، به ناتوانی‌ها و محدودیت‌های ما وقوف تام دارد و خود می‌داند چه ساختمان عقلی‌ای به بشر داده است، لذا از انسان یقین نمی‌طلبد. رسیدن به یقین ریاضی و منطقی در عرصه‌های معرفت، خصوصاً آن‌جا که با تاریخ و متافیزیك سروکار دارد، امری بسیار مشکل و گاه ناشدنی است. به همین سبب به نظر من عقلانیت انتقادی با واقعیت ایمان و دین جاری در جامعهٔ دینداران بسیار سازگارتر است تا آن یقین آرمانی‌ای که پاره‌ای از متکلمان می‌طلبند که یا هیچ‌گاه یافت نشده یا بسیار بسیار اندك یافت شده است. شما از غزّالی بشنوید که یکی از بزرگ‌ترین دینداران تاریخ است. او می‌گوید که سست‌ایمان‌ترین مردمان متکلمان‌اند که این همه دم از ایمان و یقین می‌زنند. وی می‌گوید این نصیحت رایگان را از کسی بشنوید که به اعلا درجهٔ متکلمان رسیده است و خوب می‌داند که در علم کلام چه می‌گذرد. مثال او این است که متکلمان به ظاهر چکش‌کاری می‌کنند و میخ ایمان را محکم‌تر می‌کنند، اما حقیقت آن است که آن چکش را بر سر میخ ایمان نمی‌کوبند، بلکه آن را به ریشهٔ درخت ایمان می‌کوبند و به جای آن‌که درخت را راسخ‌تر و محکم‌ریشه‌تر کنند، آن را سست‌ریشه‌تر می‌کنند، و چه کسی دیده است که از کوفتن تیشه بر ریشهٔ درخت، درخت محکم‌تر شود؟! بنابراین، اگر ایمان و یقین هم یافت شود، نه در ایمان‌های عامیانه است و نه در یقین‌های متکلمانه. اما شاید در نزد عارفان یافت شود. این شعر بسیار زیبا از مولانا را به خاطر می‌آورم که:

اغلب الظنین فی ترجیح ذا   لا تماری الشمس فی توضیح‌ها[1]

می‌گوید که خورشید در روشنگری خود دچار تردید نمی‌شود، زیرا همین که دچار تردید شود از روشنگری خود می‌افتد. فقط خورشیدِ ضمیر عارفان است که می‌تواند مولد یقین باشد، وگرنه شمع کوچك عقل که در حجرهٔ ذهن فیلسوفان و متکلمان روشن است، قادر به ایجاد چنان گرما

---

۱. مولوی، مثنوی معنوی، دفتر اول، ۳۴۴۹

و نورانیتی نیست. مضمون این شعری را که از مولوی خواندم، در یکی از اشعار الیوت شاعر انگلیسی یافتم که می‌گوید:

should the sun or the moon doubt
it will immediately go out

یعنی اگر ماه یا خورشید برای یك لحظه دچار شك شوند، بلافاصله خاموش می‌شوند. شك برای خورشید بد است، اما برای شمع بد نیست، نور شمع گاه کم می‌شود و گاه زیاد می‌شود، اصلاً نحوهٔ حیات‌اش این است. به تعبیر منوچهری: «چون شوی بیمار، بهتر گردی از گردن زدن». شمع اگر بیمار شود، یعنی ضعف در نورانیت پیدا کند، گردن‌اش را می‌زنند و قدری از رشتهٔ او را می‌تراشند تا روشن‌تر شود. به هر حال، نباید از شمع انتظار خورشید را داشته باشیم. این با واقعیت جامعهٔ دینداران بسیار سازگارتر است.

پس شما تا حدود بسیار زیادی به رویکردهای غیرگزاره‌ای به ایمان دینی باور دارید.

بله، من حساب ایمان را از یقین فلسفی جدا می‌کنم. یقین فلسفی یك امر گزاره‌ای است، یعنی انسان یا به فلان گزارهٔ خاص عقیده دارد یا ندارد. اما در ایمان دینی علاوه بر این‌که عقل و ادراکِ گزاره‌ای دخیل هستند، عنصر اراده هم دخیل است و حتی واقع مطلب این است که همین با عقلانیت انتقادی سازگارتر است، چرا که یکی از مسائل اصلی که باعث شده عقلانیت انتقادی متولد شود، نقدی بود که بر مسألهٔ استقرا داشت و می‌گفت که استقرا هیچ‌وقت ما را به گزاره‌های کلی مفیدِ یقین نمی‌رساند و هیچ قاعده‌ای هم برای تبدیل استقرا به قیاس وجود ندارد؛ مثل قاعدهٔ الاتفاقی و امثال آن. اما علم پر است از گزاره‌های کلی. این‌ها از کجا می‌آیند؟ آیا جهشی از استقرا صورت می‌گیرد؟ یعنی نتیجهٔ استقرایی، نتیجهٔ بسیار محافظه‌کارانه‌ای است و شما اگر بخواهید پابه‌پای استقرا پیش بروید، اصلاً به برداشتن گام‌های بلند در علم موفق نخواهید شد. تئوری‌های بزرگ در علم مثل تئوری اَینشتین، نیوتن، ماکسول و حتی داروین، همه جهشی از روی استقرا و پریدن به یك عرصهٔ نسبتاً تاریك است؛ عرصه‌ای که عقلانیت محافظه‌کار استقراگرایانه اجازهٔ آن جهش و پرش را نمی‌دهد. اما شما می‌پرید و بعد برحسب اقبالی که نصیب شما می‌شود، این پرش موفق یا ناموفق از کار در می‌آید.

ما در عرصهٔ ایمان هم، کم‌وبیش، چنین چیزی داریم. دلایلی که ما داریم کارشان این است که ما را به یك پرش بلند موفق گردانند، وگرنه اگر شما بخواهید پای پرش را به اندازهٔ گلیم دلایل

دراز کنید، در همان اولین قدم درمی‌مانید و هر چیزی که بگویید، دلیلی در مقابلش پیدا می‌شود. اصلاً کار عقل همین است. کار عقل تراشیدن ادلهٔ معارض و مخالف است:

هرچه آن را راست گرداند دلیل
از دلیـلی کـژ شـود نـزد عقیل

به تعبیر مولوی: «قفلگر گه قفل سازد، گه کلید». همان عقل که برای شما کلید می‌سازد تا قفلی را بگشایید، بلد است قفلی هم بسازد که شما در گشودن آن درمانید. ما در امور ایمانی، از روی دلایل جهش می‌کنیم و با اراده هم این کار را انجام می‌دهیم. قدرت آدمی بر این جهش قمارآسا، نامش ایمان است. همین و بس. گاهی این جهش، اصابت به واقع می‌کند و گاهی نمی‌کند. آن یك امر ثانوی است. من در «قمار عاشقانه مولانا»، عیناً همین نکته را آورده‌ام. آن‌چه شمس تبریزی به مولانا داد، پیشنهاد یك قمار بود. گفت دست از هر چیزی که داری باید بشویی. این را با هیچ استدلالی نمی‌توان ثابت کرد. هیچ وعدهٔ خوش یا در باغ سبزی هم به او نشان نداد. گفت ای بسا که در این قمار همه چیز را هم ببازی، اما پاداش تو همین بس که می‌توانی چنین قماری بکنی و همان بود که مولوی بعدها گفت:

خنك آن قماربازی که بباخت هر چه بودش
بنمـاند هـیـچش الا هـوس قـمـار دیـگـر[1]

ایمان در مراتب بسیار بالا یك قمار است. در مراتب پایین است که ایمان یك دادوستد است. یعنی به شخص مؤمن متدین ساده می‌گویند که نماز بخوان تا ثواب آن را ببری، گناه نکن تا عذاب نبری. البته این‌ها هم مطلوب و ممدوح است. اما اگر ما بخواهیم که با دیدهٔ نقاد عقل به حوزهٔ معرفت و ایمان دینی نظر کنیم، باید عنصر جهش و اراده و دلبستگی و توکل و امید را منظور کنیم، چون بدون آن، ایمان و یقینی در عرصهٔ دین حاصل نخواهد شد.

ایمان آوردن مثل انقلاب کردن است. هیچ کس از نتیجهٔ انقلاب صددرصد مطلع نیست. اما به امید بهبود اوضاع، همهٔ زندگی خود را در گرو آن می‌گذارد و به خطر می‌اندازد. آدمی پاره‌ای از داده‌ها را در اختیار دارد، اما در نهایت دل به دریا می‌زند و از آن داده جهش می‌کند، وگرنه، با هیچ داده و دلیلی نمی‌توان وجوب انقلاب را ثابت کرد. ایمان واقعی هم انقلابی در شخصیت ایمان‌آورنده است. این را کسانی بهتر می‌فهمند که از دینی به دین دیگر گرویده

---

۱. مولوی، *دیوان شمس*، غزلیات، غزل ۱۰۸۵

باشند. برای آنان که از اول متدین بوده‌اند، آن هم به نحو تقلیدی، که اکثریت مؤمنان این گونه‌اند، درك این معنا چنان که باید ممکن نیست.

مشتاق بودیم که گفت‌وگوی ما به مولوی ختم شود که چنین شد.

بله، راجع به مسألهٔ ایمان و یقین و علم و شك نزد مولوی، سخن بسیار می‌توان گفت. انصافاً مولوی از کسانی بوده است که به این مسأله خوب توجه داشته است. من فقط اشاره می‌کنم به مقدمهٔ دفتر دوم و صد بیت ابتدای آن. آن‌جا مولوی کشاکش خود را با مسألهٔ خیال و یقین آورده است و در همان جاست که می‌گوید:

چشم من چون سرمه دید از ذوالجلال
خانـه‌ی هستی است نه خانه‌ی خیال[1]

سرمه‌ای باید بر چشم کشید، چون در آن صورت است که چشم اسیر وسوسهٔ خیالات نخواهد شد. آن وقت آن‌چه در آن نقش می‌بندد، عین هستی و عین واقعیت است و خیال نیست. در شعر بسیار زیبای دیگری می‌گوید: کسی که به منزل خود می‌رود قدم‌های‌اش را محکم برمی‌دارد، چرا که راه منزل خود را بلد است و روی‌اش را این سو و آن سو نمی‌کند. اما کسی که دزدانه به جایی می‌رود و نشانی‌اش را بلد نیست، دائماً دچار تردید می‌شود:

پا نهم گستاخ، چـون خانـه روم
پـا نـلرزانم، نـه کورانـه روم[2]

از همه بالاتر این‌که می‌گوید ملت ـ یعنی عامه ـ دنبال ثواب و عقاب است (به تعبیر او فضل و خلاص)، اما عاشقی و پاکبازی و قمار و فتوت بیرون از دین عامه است:

که فتوت دادنِ بی‌علـت است
پاکبازی خارج هـر مـلت است[3]
زانك مـلـت فضل جـوید یا خلاص
پـاکبـازانـنـد قـربـانـان خـاص
نـی خـدا را امـتـحـانـی می‌کـنـنـد

---

۱. مولوی، مثنوی معنوی، دفتر دوم، شماره ۱۰۸
۲. مولوی، مثنوی معنوی، دفتر سوم، ۴۱۲۷
۳. همان، دفتر ششم، ۱۷۲۹

نی در سود و زیانی می‌زنند[1]

هم‌چنین آن‌جا که می‌گوید:

روشن است این لیکن از طمع سحور
آن خورنده چشم می‌بندد زنور[...][2]
حرص چون خورشید را پنهان کند
نه عجب گر پشت بر برهان کند[3]

می‌گوید حرص در آدمی باعث می‌شود که آدمی چشم خود را بر خورشید ببندد و به سحری خوردن ادامه دهد. چنین فردی چرا چشم را بر برهان نبندد؟!

این ابیات ورود علل در عرصهٔ معرفت را نشان می‌دهد. چون حرص یکی از علل روانی است که می‌تواند بر حصول معرفت یقینی (طلوع خورشید) حجاب افکند و آدمی را از آن باز دارد.

آری، در مدرسهٔ مولانا از این درس‌ها بسیار می‌توان گرفت.

---

۱. همان، ۱۹۷۴ - ۱۹۷۳
۲. همان، دفتر پنجم، ۳۰۵۵
۳. همان، ۳۰۵۷

مدرنیته یك هزارپاست[1]

آقای دکتر سروش، ضمن خوشامدگویی به شما به جهت بازگشت به ایران، اگر امکان دارد کمی دربارهٔ فعالیت‌های پژوهشی‌تان در سال‌های اخیر که در ایران حضور نداشتید، توضیح دهید.

به نام خداوند. بنده هم از بازگشت به وطن و نیز آمدن شما به این‌جا خشنود و سپاسگزارم.

به اختصار عرض می‌کنم که شش سال اخیر که در ایران نبودم، دو سال را در آمریکا در دانشگاه هاروارد، دو سال را در دانشگاه پرینستون و دو سال اخیر را در موسسهٔ مطالعات عالی در برلین بودم. موسسهٔ مطالعات عالی برلین، یك موسسهٔ پژوهشی است که هر سال چهل نفر از محققان سراسر جهان را به مدت چهل هفته در برلین اقامت می‌دهد و برای آن‌ها امکانات تحقیق در رشته‌های گوناگون را فراهم می‌آورد. بنده به طور نسبتاً استثنایی مدت دو سال در این مؤسسه مشغول تحقیق بودم. عمدهٔ پژوهش من مربوط می‌شد به اندیشهٔ معتزله و تجدید تجربهٔ اعتزال و نسبتی که اندیشهٔ اعتزال با افکار و دوران جدید برقرار می‌کند و به خصوص از میان اندیشه‌های جدید، مسألهٔ حقوق بشر و چگونگی بنا کردن یك اخلاق سکولار بر مبنای اندیشه‌های معتزلیان. در این میان البته من کارهای دیگر هم

---

۱. این مصاحبه در روزنامهٔ «شرق»، در تاریخ ۲۵ مرداد ۱۳۸۵ باعنوان «از اسلام هویت تا سیاست عرفی» منتشر شده است.

می‌کردم که شرح آن‌ها مفصل است و به همین اجمال قناعت می‌کنم.

بحث ما دربارهٔ نسبت میان دین و مدرنیته است. جنابعالی در این زمینه بسیار اندیشیده‌اید و بحث‌هایی را هم در مکتوبات خود ارائه کرده‌اید. به عنوان اولین سؤال بفرمایید که مؤلفه‌های مدرنیته چه هستند و چه نسبتی با سنت برقرار می‌کنند؟

انواع و اقسام فهرست‌ها را می‌توان از مقوّمات مدرنیته به دست داد، ولی قبل از این‌که من وارد بحث از مقوّمات مدرنیته شوم، مایلم این نکته را در این‌جا به تصریح بیاورم و بر آن تأکید کنم که از «مدرنیته»، از «سنت»، از «عقل»، از «غرب» و امثال این‌ها به این نحو کلی سخن گفتن، ما را به هیچ جایی نمی‌رساند. وقتی که ما می‌گوییم «عقل مدرن» یا «مدرنیته» یا «سنت» یا «عقل سنتی»، همهٔ این‌ها کلماتی است به غایت مبهم و مجمل. علت ابهام آن‌ها هم این نیست که ما معنای عقل یا سنت یا تجدد را نمی‌دانیم. علت ابهام این است که این‌ها در دل خود ده‌ها و بلکه صدها مطلب را نهفته دارند. وقتی ما با یك کلمه یا یك مفهوم به آن‌ها اشاره یا درباره‌شان داوری می‌کنیم و بر آن‌ها حکم می‌رانیم، دچار مغالطه‌ای می‌شویم که منطقیون ما به آن مغالطهٔ «جمع المسائل فی مسئله واحده» می‌گفتند؛ یعنی ده‌ها مسأله را در یك صندوق و در یك انبان ریختن و همه را مورد داوری واحد قرار دادن و از این طریق ذهن را برآشفتن و فضای داوری را تیره و وهم‌آلود کردن. من مایلم از این نارسایی‌ها و ابهام‌آفرینی‌ها حذر کنم و بر اساس آن حکمتی که در انجیل آمده است و می‌گوید: «تُعرف الاشجار باثمارها» (درختان را از روی میوه‌های‌شان باید شناخت) معتقدم چه برای «سنت»، چه برای «مدرنیته»، چه برای «غرب»، چه برای «عقل» و چه هر مفهومی از این قبیل نباید یك هویت مستقل قائل باشیم؛ گویی که خداوند یك چیزی به نام مدرنیته آفریده است یا از دل تاریخ چیزی، موجودی، هیولایی بدان نام بیرون آمده است. این کار آفت‌هایی دارد که بیان خواهم کرد. ما باید این‌ها را از روی میوه‌های‌شان بشناسیم. به نظر من «عقل» چیزی نیست (حداقل هنگامی که می‌خواهیم درباره‌اش داوری کنیم) جز محصولاتی که از عقل بیرون می‌آید. همین‌طور است «سنت» و «مدرنیته». یعنی به نظر من «عقل» مساوی است با محصولات عقل؛ مساوی است با فلسفه، علم، اخلاق، سیاست، تکنولوژی، آداب و رسوم، شهرسازی، معماری، زبان، صنعت و غیره. تمام این‌ها فرآورده‌های عقل‌اند. یعنی اگر آدمیان عاقل نبودند چنین تولیداتی نداشتند و چنین کارهایی را در عرصهٔ تاریخ انجام نمی‌دادند و سرانجامِ تاریخ بشری به این‌جا نمی‌رسید. اگر هم می‌گوییم عقل متحول است به دلیل این است که این محصولات متحول‌اند. به تعبیر پست‌مدرن‌ها «یك عقلانیت» نداریم، «عقلانیت‌ها» داریم. هر یك از این گونه داوری‌ها به محصولاتی که این‌ها دارند برمی‌گردد. اگر به فرض بگوییم که مادرِ مولّد این محصولات عقل

است چندان چیزی عوض نمی‌شود. ماییم و فرزندان آن مادر. این فرزندان همین‌ها هستند که نام بردم و بر این لیست، نام فرزندان دیگری را هم می‌توان افزود. همین ماجرا در مورد «مدرنیته» و «سنت» هم جاری است. این، مغالطه‌ای است که مورخان به آن مغالطهٔ personification می‌گویند، یعنی شخصیت‌بخشیدن به امری که شخصیتی ندارد. همین کار را گاهی با تاریخ کرده‌اند. گویی تاریخ شخصیتی است که روانه است و حوادث می‌آفریند و از راهی می‌رود یا از جاده‌ای منحرف می‌شود و امثال این‌ها. دوستی داشتم که اکنون مرحوم شده است. او پای درس‌های فلسفهٔ تاریخ من می‌آمد و گاه به شوخی می‌گفت: «فلانی! ما داریم زیر چرخ‌های تاریخ له می‌شویم!» این اصطلاح «له شدن زیر چرخ‌های تاریخ» متعلق است به همان نحلهٔ فکری که به تاریخ شخصیت می‌بخشد و لذا آن را مثل یك قطار یا ماشین بزرگ تصویر می‌کند که چرخ‌هایی دارد و کسانی سوار این ماشین‌اند، کسانی پیاده‌اند و کسانی هم در حال له شدن زیر چرخ‌ها هستند و هکذا. من مایلم در همین ابتدا شما و خودمان را از چنین مغالطهٔ مردافکن و علم‌آشوبی برحذر دارم و عرض کنم که ما اساساً نباید از «تجدد» یا «مدرنیته» چنین تصویری داشته باشیم. شما وقتی به نوشته‌هایی که در همین دههٔ اخیر، در ایران تولید شده نگاه کنید، خواهید دید که این مغالطهٔ personification چقدر قوی است. همین که شما این را به زبان آورید و به رخ بکشید و تحذیر کنید و بگویید که «مواظب باشید که چنین مغالطه‌ای نکنید!»، همه خواهند گفت که ما منظورمان این نبود که «تاریخ» یا «مدرنیته» یك شخص است؛ «معما چو حل گشت، آسان شود». اما حقیقت این است که در داوری‌ها چنین مغالطه‌ای به وفور رخ داده و می‌دهد و باید که با هوشیاری تام از چنین مغالطه‌ای حذر کرد.

من جزوهٔ اخیر «خردنامه» در باب سنت و تجدد را می‌دیدم. می‌توانم از این نشریه برای شما انواع جملات را بیاورم و شما ببینید که اگر چنین اندیشه‌ای که من نامش را personification گذاشتم در کار نبود، بسیاری از جملات و عبارات اصلاً صادر نمی‌شد. اگر شما آن مغالطه را حذف کنید، آن جملات کاملاً بی‌معنی می‌شود. مثلاً همین مفهوم «تصلب سنت»! یعنی چه؟ این است که ما برای سنت یك وحدت، شخصیت و مغز و پوسته‌ای قائل شده‌ایم و بعد چنین مفهومی را به آن نسبت داده‌ایم. این با «چرخ‌های ماشین تاریخ» یا «زباله‌دان تاریخ» هیچ فرقی ندارد و همان معانی و پیش‌فرض‌ها را پشت سر خودش دارد. شاید در پایان این مصاحبه من پاره‌ای از این جملات را برای شما خواندم تا این نکته‌ای که می‌گویم، روشن‌تر شود. گمان نکنید که این، یك سخت‌گیری بی‌جای منطقی است. اصلاً این‌طور نیست، مثل خون در افکار و گفتار پاره‌ای از صاحب‌نظران جاری است و سخنان آنان را خون‌آلود کرده است. باید از این ناپاکی پرهیز کرد. به این دلیل من اساساً مایل نیستم

که از چیزی به نام «تجدّد» سخن بگویم. به گمان من چنین چیزی فقط در اعتبار اعتبارگران و در وهمِ صاحبان توّهم وجود دارد. ما وقتی از «تجدد» سخن می‌گوییم، باید ببینیم که «آیا از فلسفهٔ جدید سخن می‌گوییم؟»، «آیا از علم جدید سخن می‌گوییم؟»، «آیا از اخلاق جدید سخن می‌گوییم؟»، «آیا از سیاست جدید سخن می‌گوییم؟»، «آیا از شهرسازی جدید سخن می‌گوییم؟»، «آیا از فرقه‌های جدید دینی سخن می‌گوییم؟» و امثال این‌ها. اما من معنای چیزی به نام «تجدد» را چندان درك نمی‌کنم.

فکر کنم شما در مورد «غرب» هم چندین سال پیش چنین هشداری را در کتاب تفرج صنع داده بودید.

بله، احسنت.

شما هنوز به آن دیدگاه‌تان مبنی بر این‌که ما باید در مورد مدرنیته دست به انتخاب بزنیم، معتقدید؟ آیا این انتخاب ممکن است؟ یا باید «کل مدرنیته» را برگرفت؟

برای طرح این سؤال باید قدری صبر کرد. اما من برای این‌که سؤال شما را بی‌پاسخ نگذارم، باید بگویم که من هم‌چنان معتقدم که راهی جز گزینش وجود ندارد. همه آن‌هایی هم که نافی گزینش‌اند در عمل گزینش‌گراند، زیرا در عمل هیچ راه دیگری وجود ندارد. ساده‌ترین دلیل و مصداق‌اش این است که ما فلسفهٔ جدید را وارد دانشگاه‌های‌مان کرده‌ایم. ما بخشی از مدرنیته را گرفته‌ایم. ما علم جدید، تکنولوژی جدید مثل کامپیوتر، تلفن، هواپیما و صدها ابزار و آلات دیگر را وارد کرده و از آن‌ها استفاده کرده‌ایم. مگر این‌که شما بازگردید به همان اندیشه و بگویید که این‌ها هیچ کدام «مدرنیته» نیست. «مدرنیته» چیز دیگری، روحی، حقیقتی، موجودی در پشت سر این‌هاست. من از آن خبری ندارم و معتقدم کسانی هم که این حرف‌ها را می‌زنند از آن خبری ندارند! فقط یك الفاظ خالی از معنا را به کار می‌برند که مایهٔ آشوب ذهن شده است.

به هر حال، پیشنهاد من در این بحث، این است که به شیوهٔ فیلسوفان تحلیلی، قبل از این‌که به طرح پاسخ بپردازیم، باید به تحلیل پرسش بپردازیم. اگر سؤال درست مطرح نشود، به پاسخ درستی هم نخواهیم رسید. برای طرح پاسخ باید به سراغ مفاهیمی برویم که در سؤال نهفته است. ما در این‌جا سه مفهوم داریم: «نسبت»، «دین» و «تجدد». همهٔ سخنان من هم سلبی نیست. یعنی صرف deconstruction (شالوده‌شکنی) و اوراق کردن و شرحه‌شرحه کردن نیست، بلکه جنبه‌های ایجابی هم دارد. وقتی من می‌گویم مواظب باشیم که مبادا واژهٔ «تجدد» برای ما خلق هویتی و موجودیتی مستقل بکند که در عالم واقع وجود

ندارد، در همین جا توقف نمی‌کنم و پیشنهاد می‌کنم که «تجدد» چیزی نیست جز یک رشته اموری که جدیداً رخ داده‌اند. البته بر سر این که «جدید» چیست، هم ما باید مواضعه‌ای بکنیم و بگوییم از کِی و از کجا؛ چون باز هم بنده حقیقتاً قائل به گسست مطلق تاریخی نیستم، گرچه معتقدم اتفاقات بزرگی در تاریخ رخ داده و وقتی شما محصولات نهایی این اتفاقات را در نظر می‌گیرید، با آن‌چه که پیش‌تر وجود داشته تفاوت‌های زیادی می‌بینید. وقتی شما هواپیماهای جت را مقایسه می‌کنید با حیوانات یا مرکب‌ها یا گاری‌هایی که در گذشته بوده است، جهش بزرگی را می‌بینید. اما وقتی شما در دل تاریخ تکنولوژی و تاریخ علم بروید، پیوستگی را به وضوح مشاهده خواهید کرد و این‌طور نیست که بعد از گاری، یک مرتبه جت خلق شده باشد. در عالم افکار و علوم و فلسفه هم همین‌طور است.

به هر حال، با این قصهٔ «گسست» باید بسیار با احتیاط برخورد کرد. اگر از این امور بگذریم و به حسب قرارداد و به نحو اعتباری، شروع رنسانس را از نقطهٔ ویژه‌ای بدانیم و ماقبل آن را «دوران ماقبل مدرن» و بعد از آن را «دوران مدرن» بدانیم، آن‌گاه این دوران مدرن محصولاتی داشته که دربارهٔ هر یک از این محصولات می‌توانیم صحبت کنیم. بنده «سنت» را به معنای «ماقبل تجدد» می‌دانم و دوران ماقبل تجدد هم همان حکم را دارد که دوران تجدد دارد. ما چیزی به نام «سنت» که واجد هویتی و ماهیتی باشد، نداریم بلکه «فلسفهٔ ماقبل مدرن»، «دین ماقبل مدرن»، «علم ماقبل مدرن»، «اخلاق ماقبل مدرن» و غیره داریم. اگر اینطور باشد دست‌کم سؤال ما روشن خواهد شد و حالا نوبت پاسخ درمی‌رسد.

اگر ما علل همین محصولات و ثمرات مدرنیته را بررسی کنیم و علل ِعلل آن‌ها را هم در نظر بگیریم و همین‌طور با این سیر پیش برویم، می‌توانیم یک یا چند علت و عامل مشخص را برای مدرنیته بیابیم؟

سؤال خوبی است. ببینید، در این‌جا معمولاً دو چیز با هم مخلوط می‌شود. ما ممکن است بین محصولات مدرن بگردیم و امور مشترکی بین این‌ها ببینیم و متوجه شویم چیزهایی از جنس فلسفه و هنر و غیره که مثلاً از قرن ۱۶ به این سو در اروپا تولید شده مشترکاتی دارند. ممکن است این مشترکات را (به فرض این‌که پیدا کنیم و البته هیچ‌گاه هم تماماً پیداشدنی نیستند) مبانی مدرنیته بنامیم. اما فرق است بین مبانی و علل. چون اگر شما به دنبال علل بروید، باید بروید به عالم ماقبل مدرن، برای این‌که آن علل، از آن‌جا نشأت گرفته است. نهایتاً باید اعلام کنیم که «سنت، علت مدرنیته است». به چیزی بیش از این نمی‌رسیم و این هم که دستاورد بزرگی نیست. اما اگر بخواهیم به آن‌چه منظور شماست برسیم، باید مشترکاتی بین

این محصولات یا، به قول ویتگنشتاین، مشابهت‌هایی بین این فرزندان بیابیم و آن‌گاه بگوییم که چیزی هست که در تمام محصولات مدرنیته مشترك است و آن‌ها را مبانی یا مقوّمات مدرنیته بدانیم. اما همان‌طور که عرض کردم، باید بدانیم که اولاً، اگر عبارتِ مقومات یا مبانی مدرنیته را به کار می‌بریم، مجازاً به کار می‌بریم، نه حقیقی. یعنی ماهیت واحدی نداریم که پایه‌هایی داشته باشد، و این‌ها را از طریق مقایسه و کشف وجوه مشترك به دست می‌آوریم. ثانیاً، این فهرست، یك فهرستِ همیشه استعجالی است. بر هیچ عنصری هم نمی‌توان انگشت تأکید نهاد که این یکی مهم‌تر از دیگری است. آن‌چه در نوشتهٔ نویسندگان در باب مدرنیته دیده می‌شود، یکی مغالطهٔ personification و دیگری تحلیل تك‌عاملی تاریخ است. گویی یك عامل اصلی وجود دارد که مدرنیته به منزلهٔ یك شخص بر او نشسته و تکیه کرده یا روح آن شخص مدرن است و بعد بر سر این عامل واحد نزاع می‌کنند. بعضی می‌گویند این عامل واحد اومانیسم و انسان‌گرایی است. بعضی می‌گویند استکبار است؛ ارادهٔ معطوف به قدرت است؛ عقلانیت انتقادی است؛ تحول وجودی انسان است و... . به نظر من پاره‌ای از این‌ها می‌تواند درست باشد، اما نه به منزلهٔ ماهیت و ذات مدرنیته؛ فقط به منزلهٔ عنصری که از مقایسهٔ محصولات مدرنیته به دست می‌آید و نکتهٔ مشترکی است که در آن‌ها کمابیش می‌توان دید. ادعای این‌که فی‌المثل در تمام محصولات مدرنیته (یعنی فلسفه و علم و هنر و اخلاق و غیره) اومانیسم رخنه کرده و نشسته، ادعای بی‌باکانه‌ای است، مگر این‌که انسان به لحاظ علمی دچار غرور باشد. به نظر من آن‌چه در دوران مدرن پدید آمده، بسیار متنوع‌تر از آن است که بتوان آن را با یک عامل توضیح داد. یکی از نویسندگان نوشته بود که اومانیسم در تمام رمان‌هایی که در غرب پدید آمده حاضر است. من در جواب او نوشتم که «آیا شما همه رمان‌های غربی را خوانده‌ای؟! شما از همهٔ رمان‌هایی که بعداً می‌خواهد نوشته شود، خبر داری؟!» انسان باید خیلی از خودش راضی باشد که این گونه حرف بزند، مگر این‌که به یك توتولوژی متوسل شویم و بگوییم که «منظور من همان رمان‌هایی است که در آن‌ها اومانیسم حاضر است»، که در آن صورت «رمان‌هایی که در آن‌ها اومانیسم حاضر است، در آن‌ها اومانیسم حاضر است»! من به هیچ وجه نمی‌فهمم که این اومانیسم در علم فیزیك چگونه رخنه کرده است! حقیقتاً برای من مجهول است که چگونه اومانیسم در شیمی و بیولوژی جاری شده است! مجهول است، هم به دلیل این‌که خود من به آن‌ها نرسیده‌ام و هم به دلیل این‌که هیچ کس دیگری هم آن‌ها را تحلیل نکرده است. من هیچ نوشته‌ای را ندیده‌ام که به طور دقیق، فلسفی و علمی نشان داده باشد که اومانیسم چگونه در علم فیزیك رخنه کرده است. این‌ها همه سخنان بی‌دقت و وهم‌آلودی است که گفته شده و دیگران هم به

تقلید تکرار می‌کنند و کسی نیست که گریبان گویندگان این‌ها را بگیرد و بگوید که شما مصداقی بحث کنید و نشان بدهید که در فلان مصداق، فلان روح که شما به آن معتقداید چگونه تأثیر گذاشته و چگونه جاری شده است. حال به نظر من، سنت و تجدد هم دو مفهومِ متضایف‌اند. به این معنا که، اگر به یکی از آن‌ها بپردازیم، تکلیف دیگری هم روشن می‌شود. چون همان‌طور که گفتم، ما «تجدد» را به دوران جدید و از آن روشن‌تر، به محصولات دوران جدید و «سنت» را به محصولات دوران ماقبل مدرن اطلاق می‌کنیم. هرکدام را که بگیریم دیگری هم به‌تبع تعریف شده است.

به دلیل سختی بحث از ریشه‌های مدرنیته بوده است که نویسندگان بیشتر به میوه‌های آن پرداخته‌اند؟

نه، من اصلاً معتقدم که معلوم نیست بحث از ریشه‌های مدرنیته، بحث صحیح و نتیجه‌بخشی باشد. ما باید درك خود را از سنت و مدرنیته عوض کنیم. این مفاهیم، مفاهیمی ساده‌تر از آن‌چه گاهی وانمود می‌شوند، هستند. دیگر این‌که محصولات مدرنیته را باید پیش چشم خود بگذاریم و بعد اگر توانستیم، آن‌چه در این‌ها مشترك است پیدا کنیم. این یك کار تجربی درازمدت پایان‌ناپذیر است. یعنی جرأت زیادی می‌خواهد که کسی بگوید روح فلسفهٔ مدرن را می‌داند یا روح هنر مدرن را می‌داند. ممکن است ما در این زمینه پیشنهادات یا فرضیات موقت و مستعجلی داشته باشیم، اما سخن از روح این‌ها گفتن، بسیار دشوار است. تازه اگر شما فلسفه را بدانید، علم را چطور؟ علم را بدانید، هنر را چطور؟ هنر را بدانید، اخلاق را چطور؟ سیاست را چطور؟ به‌علاوه، تنوعی که در جهان مدرن است به ما اجازه نمی‌دهد که همهٔ این‌ها را بدانیم و یك حکم بدهیم. این بحث historically که امروز در تاریخ‌نگاری و فلسفه و پست‌مدرنیسم مطرح است، به گمان من جوانب روشنگر و سودبخشی دارد. غرض از historically این است که ما حوادث را با همان خصوصیت و ویژگی تاریخی- فرهنگی‌ای که دارند ببینیم و سعی نکنیم که این ویژگی‌ها را حذف کنیم و مثل میوه‌ای آن را پوست بکنیم و به ذات و هسته و گوهر برسیم و بعد این ذات و هسته و گوهر را به طور فراتاریخی به همه‌جا تعمیم بدهیم و مفهومی از مدرنیته بسازیم که گویی یك موجود ازلی و ابدی است و هیچ خصوصیت تاریخی و جغرافیایی نداشته است. گویی ذاتی است که همه‌جا یکسان پدیدار می‌شود و غفلت کنیم از این‌که یك حادثهٔ تاریخی مشخصی بوده در زمان و مکان مشخصی با ویژگی‌هایی که داشته است. هم‌چنین است «سنت». یکی از علل امر هم این است که اصلاً تاریخ، عرصهٔ امور ممکن است نه عرصهٔ امور ضروری. آن‌چه در اروپا رخ داده یك حادثهٔ ممکن بوده نه یك حادثهٔ ضروری. می‌توانست چیز دیگری رخ دهد.

لذا برای مدرنیته قائل به ذات شدن و آن ذات را فراتاریخی دیدن و هرگونه تصوری از این قبیل را باید کنار گذاشت. به نظر من بهترین راه در این‌جا، روش تجربی، استقرایی، نومینالیستی، تاریخی و پارتیکولاریستی است؛ یعنی نظرکردن به ویژگی‌ها و خصوصیات و مشترکات میوه‌ها و محصولات. همین و بس.

آقای دکتر، این مدرنیته که شما هیچ ذاتی برای آن در نظر نمی‌گیرید، با سنت چه می‌کند؟

من به جای این‌که به پاسخ سؤال شما بپردازم، باز به تحلیل و شکافتن این سؤال می‌پردازم. یافتن پاسخ مسأله، وقتی‌که سؤال واکاوی شد، آسان‌تر می‌شود. این‌که بپرسیم مدرنیته با سنت چه می‌کند، به‌گمان من راه طرح صحیح سؤال نیست. همان‌طورکه گفتم مدرنیته، یعنی فلسفهٔ مدرن، هنر مدرن، اخلاق مدرن، سیاست مدرن و مانند این‌ها. من بارها این را تکرار می‌کنم تا جا بیفتد. سنت هم یعنی فلسفهٔ ماقبل مدرن، هنر ماقبل مدرن و مانند این‌ها. حالا این سؤال چنین تحلیل می‌شود که «فلسفهٔ جدید با فلسفهٔ قدیم چه می‌کند؟»، «علم جدید با علم قدیم چه می‌کند؟»، «هنر جدید با هنر قدیم چه می‌کند؟». شما اگر مدرنیته را یك چیز کلی بزرگ بگیرید و سنت را هم یك چیز کلی بزرگ، چنان فضای تاریکی پدید می‌آید که هیچ پاسخی به آن سؤال نمی‌توان داد و هر پاسخی، پاسخ مغشوش و مبهمی خواهد بود. اما وقتی این را شرحه‌شرحه و اوراق کردید، جواب، نسبتاً روشن می‌شود. شما الان به چشم دارید می‌بینید که علم جدید با علم قدیم چه‌کرده است. خیلی روشن است که علم قدیم را کنار زده است. با علم قدیم نمی‌توان بسیاری از چیزهایی را که با علم جدید می‌سازیم، ساخت. علم قدیم همان قدر توانایی و زور داشت که نشان داد. تازه وقتی می‌گوییم «علم قدیم»، هنوز سخن ما مبهم است. علم قدیم، طب قدیم است؟ فیزیك قدیم است؟ دانش‌های دینی قدیم است؟ کدام را منظور داریم؟ طب قدیم و داروشناسی قدیم را در نظر بگیرید و با طب و داروشناسی جدید قیاس کنید. حالا دیگر این سؤال برای شما خیلی نرم شده و جواب آن هم تقریباً در دسترس است. بحث بر سر خوبی و بدی نیست. ما ممکن است بایستیم و تأکید کنیم که طب قدیم نسبت به طب جدید مزایای بیشتری داشته است . این سخن دیگری است. اما این‌که طب جدید با طب قدیم چه‌کرده، به چشم سر قابل مشاهده است. هیچ یك از این بیمارستان‌ها با امکانات و تجهیزات کنونی در گذشته وجود نداشته است. این دانش‌های عظیم مثل بیوشیمی، بافت‌شناسی، جنین‌شناسی و غیره که الان داریم مطلقاً وجود نداشته است. تصمیم‌ها و تشخیص‌هایی که براساس این دانش‌های پایهٔ پزشکی در مورد بیماری‌ها گرفته می‌شود، بدیهی است که در گذشته وجود نداشته و هکذا. در هر یك از شاخه‌های دیگرِ دانش هم چنین است. این‌که «مدرنیته با سنت چه می‌کند؟» را همین که

تجزیه به اجزا کردید (همان دستور دکارت) پیروز می‌شوید. اصلاً صحنهٔ سؤال روشن می‌شود. تاریکی‌ها کنار می‌رود و پاسخ خیلی راحت به دست می‌آید. دست‌کم، راه پاسخ روشن می‌شود. همین حالا من یك جمله را به طور تصادفی در «خردنامه» دیدم: «بحث مهم دیگر در مورد تصلب سنت است. باید دریافت آیا تصلب ویژگی ذاتی سنت است یا خیر.» ببینید! این کلام واقعاً برای بنده معنا ندارد. یعنی من هرچه ذهن خودم را می‌کاوم چیزی از این درك نمی‌کنم. «تصلب ویژگی ذاتی سنت است» یعنی چه؟ آخر سنت چیست؟ تصلب چیست؟ ویژگی ذاتی یعنی چه؟ وقتی شما یك سری مفاهیم را که همه نادر است به‌کار گرفته شده در هم ترکیب کنید، ظلمت بر ظلمت افزوده می‌شود و به دست خودتان راه رسیدن به روشنایی را می‌بندید. مقاله‌ای که جمله مذکور را از آن خواندم مربوط به حقوق است. بسیار خوب، ما حقوق سنتی داریم، حقوق مدرن داریم. سؤال از نسبت این دو، معقول است. بنده هم همیشه گفته‌ام که حقوق مدرن، بیشتر حق‌مدار است تا تکلیف‌مدار و حقوق ماقبل مدرن بیشتر تکلیف‌مدار است تا حق‌مدار. این را من به هیچ وجه به منزلهٔ ذات و ماهیت حقوق مدرن نگفته‌ام. اما به گمان من یکی از وجوه برجستهٔ اختلاف این دو سیستم حقوقی، آن هم در مقام مقایسه، این است. حتماً کسی که حقوقدان و متخصص در حقوق است می‌تواند به جوانب دقیق‌تر و عمیق‌تری هم برسد. به‌هرحال، راه این است. اما اگر شما از یك چیز مجهولی به نام سنت و چیز مجهول‌تری به نام ویژگی ذاتی سنت بخواهید پرسش کنید، درهای روشنایی را بر خودتان می‌بندید و هیچ‌وقت هم به جوابی نمی‌رسید. ببینید ده پانزده سال است که در کشور ما صحبت از سنت و مدرنیته است. شما بگویید که آیا ما یك قدم جلوتر رفته‌ایم؟ داوری من این است که هیچ نوری بر این بحث افکنده نشده است. برای این‌که ما از ابتدا تاریك‌خانه‌ای درست کرده‌ایم که اصلاً نور به درون آن نفوذ نمی‌کند. چنان دیوارهای ستبر حاجبی در این‌جا برافراشته شده که هیچ خورشیدی نمی‌تواند از لای این دیوارها به درون نفوذ کند و این تاریك‌خانه را روشن کند. باید این دیوارها را فروبریزیم و به جای این دیوارهای ستبر، شیشه‌هایی تعبیه کنیم یا درها را باز کنیم تا هم نور به درون بیاید و هم هوا به درون بیاید. تنفسی و تفرجی کنیم. در آن صورت می‌توانیم به نتیجه نزدیك‌تر شویم.

من سعی می‌کنم در ادامه کمتر از لفظ «مدرنیته» استفاده کنم و بیشتر به ویژگی‌های جهان مدرن اشاره کنم.

نه! شما در مقام طرح سؤال با همان مفاهیمی که رایج است و راحت‌تر هستید سخن بگویید. این به عهده من است که آن‌ها را شرحه‌شرحه کنم و احیاناً نشان بدهم که خطاهای نهفته در این گفتمانی که پدید آمده کجا است تا بتوانیم نیشِ عقربِ سؤال را بکشیم و سؤال

را رام خود بکنیم.

آقای دکتر، به هر حال ثمرات مدرنیته در دنیای جدید حضورِ مؤثر دارند. در این دنیای جدید مهم‌ترین تأثیرات ثمرات مدرنیته بر دین چه بوده است؟

بگذارید من اول در این حملهٔ تعرضی‌ام کمی پیش‌تر بروم! ما گفتیم که مدرنیته را از طریق میوه‌هایش بشناسیم. حالا من می‌خواهم ادعایم را بالاتر ببرم. میوه یعنی چه؟ این‌ها خودِ مدرنیته‌اند. این‌که فلسفهٔ مدرن و علم مدرن و سیاست مدرن و هنر مدرن میوه‌های‌اش مدرنیته‌اند، چه معنایی دارد؟ مدرنیته همین‌ها است. مدرنیته عبارت است از این عناصر مدرن. این‌ها را کنار هم می‌چینیم و این می‌شود دنیای مدرن.

آقای دکتر، شما تیغ اُکام را برداشته‌اید و پیش می‌روید!

(با خنده) تا هر جا می‌بُرَد باید برید. چرا نیمه‌راه بایستیم؟ ببینید، ما از باب مماشات با خصمِ موهوم گفتیم که این‌ها میوه‌های مدرنیته‌اند. حالا من می‌خواهم بگویم که چرا این‌ها خود مدرنیته‌اند و نه میوه‌های آن. من گفتم که ما دو جهان داریم: جهان ماقبل مدرن و جهان مدرن. عرض کردم که این جدا کردن هم قراردادی است، اما آن را کم و بیش می‌پذیریم و عرض کردم که پیوستگی میان این دو جهان را هم نباید انکار کرد. فقط به گسستگی نباید نظر کرد. گسستگی حق است، اما پیوستگی هم حق است، گرچه گسستگی آشکارتر است و پیوستگی مخفی‌تر و باید آن را با میکروسکوپ تجزیه و تجربه دید. باری، جهان مدرن یعنی همان اشیای مدرن که حالا ما فعلاً جوانب مفهومی‌شان را در نظر داریم، وگرنه جنبه‌های غیرمفهومی‌اش را هم می‌توانیم بیفزاییم، مثل وسایل و ابزار مدرن. پس این، خودِ مدرنیته است. مدرنیته شاخ و دم ندارد. دنبال روحی، صندوق‌خانه‌ای یا تاریک‌خانه‌ای نباید رفت که این‌ها از دل آن بیرون آمده باشد. مدرنیته همین‌ها است. این بحث، درست شبیه مفهوم «جهان خارج» در فلسفهٔ مشائی است. انسان ابتدا با ذهن نیازموده می‌گوید که در جهان خارج میز هست، کتاب هست، دریا هست، آب هست، خورشید هست و... ولی وقتی ذهن او پیچیدگی فلسفی پیدا کرد می‌فهمد که اینها در جهان خارج نیستند، بلکه خودِ جهان خارج‌اند. جهان خارج چیزی نیست که این‌ها را درون آن جا داده باشند. خود جهان خارج عبارت است از این میز و این کتاب و این استکان و این نعلبکی و این الف و آن ب و... . چیز دیگری نیست. این‌ها نباشند دیگر جهان خارجی نیست، نه این‌که جهان خارجی باشد و خالی باشد و بعد آن را پر کنند. قصهٔ مدرنیته هم چنین چیزی است ولی قوهٔ واهمهٔ ما برای مدرنیته ظرفی ساخته که گویی فلسفه و هنر، مظروف آن ظرف‌اند. درحالی‌که چنین نیست.

خودِ ظرف و مظروف در این‌جا متحداند، هر دو باهم‌اند. هم‌چنین است در باب سنت. این‌گونه نیست که فلسفهٔ ماقبل مدرن در سنت است، بلکه خودِ سنت است. علم ماقبل مدرن و غیره هم خودِ سنت است.

حال برویم سراغ قصهٔ دین. اولاً من با کلمهٔ «دین» هم مشکل دارم، زیرا از به‌کار بردن این کلمه بوی این می‌آید که گویا شما برای همه ادیان ذات واحدی در نظر گرفته‌اید و می‌خواهید یك‌جا سودا کنید، و تکلیف دین را در جهان مدرن معین کنید. آن شیوهٔ نومینالیستی، پارتیکولاریستی و تاریخی که بنده دارم، یعنی توجه به ویژگی‌های شخصی و تاریخی هر پدیده، به ما اجازه نمی‌دهد که از چیزی به نام «دین» سخن بگوییم. فیلسوفان و مورخان دین به این نکته نزدیك شده‌اند و تقریباً همه اذعان کرده‌اند که ادیان واجد یك ذات واحد یا روح واحد نیستند. تجزیه و تحلیل تاریخی به این‌ها نشان داده که ادیان، مشابهت‌ها و مشترکاتی دارند، اما ذات واحدی ندارند. لذا همیشه از «ادیان» سخن می‌گویند نه از «دین». پس ما باید بگوییم در جهان مدرن بر سر «ادیان» چه می‌آید؟ با این‌همه، ما در مورد همهٔ ادیان هم نمی‌خواهیم بحث کنیم. چون هر یك از آن‌ها حکایت جدایی دارند. پس ما باید وارد یك منطقهٔ ویژه شویم که با آن آشناتر و به آن حساس‌تریم و برای ما مسأله‌سازتر و سرنوشت‌آفرین‌تر بوده و هست که همان دین اسلام است. سؤال به این‌جا می‌رسد که در جهان مدرن بر سر اسلام چه می‌آید و یا چه خواهد آمد. حتی اسلام هم کلمه‌ای است که گفته می‌شود و ده‌ها معنا از آن اراده می‌شود. منظور من قرائت‌های مختلف دینی هم نیست. بلی، اسلام چیزی نیست جز تفسیرهایی که از اسلام شده است. مسیحیت هم چیزی نیست جز تفسیرهایی که از مسیحیت شده است. اما الان منظور من چیز دیگری است: گاه اسلام را یك دین هویت‌بخش در نظر می‌گیریم و گاه به صورت یك دین حقیقت‌آموز. حداقل این دو حیث را دارد. هم‌چنین دینداری گاه معیشت‌اندیش است، گاه معرفت‌اندیش است و گاه تجربت‌اندیش. وجوه دیگری را هم برای دینداری و برای دین اسلام می‌توان در نظر گرفت. به نظر من هر یك از این‌ها را باید جداگانه مورد بررسی قرار داد.

در مورد ادیان دیگر خصوصاً مسیحیت، جواب سؤال تا حدودی روشن است. اگر شما بپرسید در جهان مدرن بر سر مسیحیت چه آمده است، من می‌گویم بفرمایید و نگاه کنید! این جهان مدرن و این غرب! دست‌کم به لحاظ هویتی و سازمانی می‌توان دید که بر سر مسیحیت چه آمده است. سکولاریسم در غرب حاکم شده و مسیحیت را تا حدود زیادی از عرصهٔ عمومی خارج کرده و به کلیسا نقشی داده که با نقش کلیسا در جهان ماقبل مدرن خیلی فرق دارد. در مورد اسلام، ما هنوز باید منتظر تجربهٔ تاریخی باشیم. یعنی ببینیم که از لحاظ هویتی

و حقیقتی چه اتفاقی برای اسلام خواهد افتاد و بر سر تجربهٔ دینی و معرفت دینی چه خواهد آمد. پاره‌ای از جواب‌ها در این موارد روشن است و پاره‌ای هم ناروشن است و می‌شود آن‌ها را فقط حدس زد.

اگر اجازه دهید در مورد اسلامِ هویت سخن بگوییم که بحث‌های بسیاری در مورد نسبت آن با مدرنیته مطرح است. دین هویت چه وضعیتی در دنیای جدید می‌یابد؟

باز سراغ مغرب‌زمین برویم. در جهان جدید یکی از اتفاق‌هایی که افتاده، خلق هویت‌های تازه است. در گذشته، هویت ناسیونالیستی نداشتیم. زیرا چیزی به‌نام دولت‌ـ ملت وجود نداشت. «دارالاسلام» داشتیم و «دارالمسیحیه» (Christendom). در دوران جدید دولت‌ـ ملت‌ها پدید آمدند و مفهوم ملت خلق شد و هویت تازه‌ای به‌نام هویت ملی پدید آمد که ابتدا به‌نظر می‌آمد با هویت دینی بی‌تعارض است، اما این دو رفته‌رفته با هم تعارض پیدا کردند. این تعارض هم‌چنان در دل جهان مدرن وجود دارد. هرگاه که دین ضعیف بوده، این تعارض هم ضعیف بوده و هرگاه دین قوت پیدا کرده، این تعارض هم به چشم آمده است. من به یاد دارم که در آمریکا بودم و دوران لشکرکشی آمریکا به عراق بود. در ارتش آمریکا، آمریکایی‌های مسلمان هم حضور دارند. آمریکا ضمن فرستادن سربازان به عراق، می‌خواست تعدادی از این مسلمانان را هم بفرستد. سؤال ایجاد شد: «آیا یك مسلمان آمریکایی حق دارد به جنگ با یک کشور مسلمان برود؟» این سؤال فقط در دل یك تعارض بین هویت ملی و هویت دینی می‌روید. پاسخ چه بود؟ دولت آمریکا از چند تن از علمای اهل سنت که آمریکایی بودند و در آمریکا زندگی می‌کردند فتوا گرفت و آن را در روزنامه‌های معتبر در آمریکا منتشر کردند که هویت ملی مقدم است بر هویت دینی، و سرباز آمریکایی مسلمان، حق دارد و بلکه وظیفه دارد به منزلهٔ سرباز وظیفه به جنگ با عراقیان برود و هیچ هراسی از کشتن یا کشته شدن نداشته باشد. این‌که می‌گویید بر سر دینِ هویت چه می‌آید، این مصداقِ خیلی مشخص آن است. هویت‌های تازه‌ای در دوران مدرن پدید آمده است که اهمّ آن‌ها همین هویت‌های ملی است. البته هویت‌های ملی کم‌وبیش در حال رنگ باختن هستند. یکی از بحث‌هایی که در این اواخر شده این است که به چه می‌گویند «اروپا»، و «اروپایی» کیست؟ می‌دانید که اتحادیهٔ اروپا رفته‌رفته مفهوم «ملت آلمان» و «ملت انگلستان» و «ملت بلژیك» و «ملت هلند» و... را کمرنگ می‌کند. ملت‌های تازه‌ای را هم دارند وارد اتحادیه می‌کنند. الان بحث بر سر ترکیه و ورود آن به درون اتحادیهٔ اروپا است. الان یکی از سؤالات مطرح این است که «اروپایی بودن» به چه چیز است. آیا ترك‌ها هم اروپایی هستند یا نه؟ ذات اروپایی بودن به چیست؟ و بعد هم به این نتیجه رسیدند که چنین ذاتی وجود ندارد. اگر ذات اروپایی بودن وجود داشته باشد، کسانی خود به خود خارج

هستند و کسانی خود به خود وارداند. گفتند که چنین ذاتی نداریم. حال سخن این است که این مفهوم دولتـ ملت (که هم‌چنان باقی است ولی البته رفته‌رفته کمرنگ شده است) در مقابل هویت دینی قرار می‌گیرد. در مورد مسیحیت می‌توان گفت که دیگر چیزی به‌نام هویت مسیحی در عرصهٔ کلان اجتماعی برای کسی تعریف نمی‌شود. آن‌چه فرد به آن شناخته می‌شود هویت ملی او است. نه در شناسنامه، نه در پاسپورت، هیچ جا قید نمی‌شود که فرد مسیحی است، بلکه فقط ملیت او قید می‌شود. پس الان هویت ملی آمده و روی هویت دینی را گرفته و آن را کنار زده است. اما چنان‌که گفتم این به دلیل ضعف دین است. اگر هویت دینی، به هر علت ، قوت بگیرد، این تعارض خیلی شدید می‌شود. بنیادگرایی چیزی غیر از این نیست. هویت دینی در حال ابراز وجود است. یعنی عده‌ای می‌گویند ما نه آمریکایی هستیم، نه ایرانی، نه عرب؛ بلکه ما مسلمان هستیم و این هویت ماست و به‌نام هویت اسلامی با آمریکا درافتاده‌ایم. این را بنیادگرایی خوانده‌اند و شاید بهتر بود هویت‌گرایی خوانده شوند. اما اگر هویت‌گرایی خوانده می‌شدند، ایرادی داشت که پاسخِ آن را نمی‌توانستند بدهند: اگر هویت‌گرایی بد است چرا خودتان هویت‌گرا هستید؟ چطور هویت آمریکایی خوب است ولی هویت اسلامی بد است؟ در همین ایران می‌بینید که بسیار بر طبل هویت می‌کوبند. کثیری از آن‌چه که به نام شعائر دینی در کشور ما جاری است، کثیری از محتوای گفتارهای مذهبی که در جامعهٔ ما به‌خصوص از تریبون‌های رسمی پخش می‌شود، اساس‌اش هویت‌اندیشی و تزریق هویتی به نام هویت دینی است، نه حقیقت‌آموزی. اگر یادتان باشد اول انقلاب کسانی می‌خواستند هویت ایرانی را در مقابل هویت اسلامی بگذارند. این مسأله دقیقاً از دل دنیای مدرن برمی‌خیزد.

شما چه تصوری از آینده دارید؟ فکر می‌کنید همان‌طور که عناصر مسیحیتِ هویت‌اندیش کمرنگ‌تر و کمرنگ‌تر شد، در مورد اسلام هم چنین می‌شود؟

نه، من اصلاً چنین تلقی‌ای ندارم. اولاً، شواهدی که در دنیای کنونی داریم به هیچ وجه گواهی نمی‌دهند که چنین اتفاقی در راه است. ثانیاً ، به اصطلاح «ماهیت تاریخ» (با خنده) چنین نیست. تاریخ پر از امور ممکن است و حقیقتاً آینده از این جهت بازِ باز است و اتفاقاتی خواهد افتاد که انسان امروز به هیچ وجه نمی‌تواند گمان بزند . برای دوستی نقل می‌کردم که با پیشرفت دانش و کتاب‌نویسی، تعدادی از صاحب‌نظران نگران بودند که بریدن درخت‌ها و از بین رفتن جنگل‌ها برای تولید کاغذ و کتاب، لطمهٔ بزرگی به محیط زیست خواهد زد، ولی یك مرتبه نیرویی امدادی از چاه‌های نفت و گاز رسید. آن‌ها به مواد اولیه‌ای تبدیل شدند برای ساختن سی‌دی‌ها و دیسکت‌ها و کامپیوترها، به طوری که مصرف کاغذ به شدت پایین آمد و اصلاً شاید علمِ آینده ، علم بی‌کاغذ باشد؛ چیزی که اصلاً ما تصورش را هم نمی‌کردیم.

این است که من می‌گویم امکانات تاریخ آن‌قدر متنوع و نیندیشیدنی و گمان‌نزدنی است که ما را از دترمینیسم تاریخی به طور مطلق دور می‌کند. از جهت دیگر، جامعه‌شناسان عموماً از آن رأیی که قبلاً داشتند و می‌گفتند سکولاریسم، آیندهٔ اجتناب‌ناپذیر تاریخ است برگشته‌اند. یکی از دلایلش هم همین ظهور بنیادگرایی یا به تعبیر بنده هویت‌گرایی در جهان جدید است. هویت‌های دینی اینك سر برآورده‌اند و آن تز سکولاریسم که می‌گفت ادیان رو به خاموشی می‌روند و فقط در حوزهٔ شخصی عرض‌اندام خواهند کرد، کم‌وبیش ابطال شده است. همیشه در جامعه‌شناسی از یك استثنا سخن می‌گفتند و می‌گفتند آمریکا دیندار مانده ولی بقیهٔ جهان به سمت سکولاریسم پیش می‌رود، اما رفته‌رفته استثناها آن‌قدر زیاد شد که معلوم شد اصلاً قاعده‌ای در کار نبوده که این همه استثنا بر آن بخورد . لذا من هیچ پیش‌بینی‌ای نمی‌توانم بکنم. آن‌چه می‌توانم عرض کنم این است که قطعیتی وجود ندارد که آیندهٔ تاریخ، آیندهٔ هویت‌های غیردینی باشد. اتفاقاً بسیار ممکن است که هویت‌های دینی دوباره سربرآورند، دوباره حادثه‌ساز و سرنوشت‌آفرین شوند و آینده کاملاً شکل متفاوتی با جهان کنونی داشته باشد. لذا هویت‌آفرینی ادیان می‌تواند رو به قوت داشته باشد. یک نکتهٔ نُرماتیو (تجویزی) هم بگوییم: باید به هوش باشیم و پابه‌پای رشد و فربه شدن هویت، به فربه شدن حقیقت هم بیندیشیم، چون واقعاً بنیادگرایی عبارت است از غلبهٔ هویت بر حقیقت. نه فقط رشد هویت دینی، بلکه رشد هویت دین به هزینهٔ حقیقت آن، یعنی فربهی و چاقی و تورم هویت در قبال فراموشی یا ضعف حقیقت. این هویت‌گرایی دینی، به معنای مذموم آن است که اهل نظر باید مواظب باشند چنین اتفاق نامیمونی نیفتد.

آقای دکتر، سخنان شما مرا به یاد سخن آقای شایگان در سال‌های قبل انداخت که می‌گفت اسلام یا به صورت معنوی (spritual) درمی‌آید و یا به صورت یك دین بنیادگرا ظهور می‌کند و بعد هم کنار می‌رود. آیا این دو راه پیش‌روی است؟

به نظر من، راه سومی می‌توان فرض کرد و در عمل آن را تحقق بخشید و آن توازن میان وجوه حقیقتی و هویتی دین است. اگر این توازن از دست برود، یا به بنیادگرایی می‌رسیم یا به صوفی‌گری، که یك نوع غلبهٔ حقیقت بر هویت است.

آقای دکتر، چگونه می‌توان یك مسلمان بنیادگرا را واقف کرد به این‌که باید بر وجه حقیقت دین تأکید کند و به قیمت لاغر کردن یا از بین بردن آن، وجه هویتی دین را فربه نکند؟

ببینید، بی‌جهت نیست که چیزی به نام بنیادگرایی دینی پدید آمده و رشد کرده است . من بعد از حادثهٔ ۱۱ سپتامبر، سخنرانی‌ای در دانشگاه پرینستون داشتم و در آن‌جا گفتم تا شما

خصومت هویتی با مسلمانان داشته باشید، این قصه ادامه خواهد داشت. هویت و حقیقت احکام متفاوتی دارند. شأن حقیقت صدق و کذب است. وقتی کسی مطلبی را به شما به عنوان حقیقت عرضه کرد، شما باید در صدق و کذب آن تحقیق کنید. اما هویت، ربطی به صدق و کذب ندارد. احکامِ هویت ، کرامت و حقارت است. یك هویت، یا بزرگ و شریف است یا حقیر، یا مورد تکریم قرار می‌گیرد یا مورد تحقیر. حالا اگر قومی، قوم دیگر را مورد تحقیر قرار داد و هویت و کرامت آن را پایمال کرد، تحقیرشدگان، عکس‌العمل هویتی نشان می‌دهند. لذا قصه، فقط قصهٔ استدلال و بحث و منطق نیست. اگر شما مورد حملهٔ هویتی قرار بگیرید، عکس‌العمل‌تان پیداست که چگونه خواهد بود و این اتفاقی است که در جهان جدید می‌افتد. با از بین بردن ریشه‌ها و علل باید با معلول‌ها جنگید. من کم‌وبیش با تئوری رویارویی تمدن‌های آقای هانتینگتون موافق‌ام؛ نه به منزلهٔ یک پیش‌بینی تاریخی، بلکه به این معنا با ایشان موافق‌ام که تمدن‌ها هویت‌اند و هویت‌ها با هم نزاع می‌کنند. لذا در آن‌جا هم باید به تعبیر اشپنگلر، توازنی بین فرهنگ و تمدن ایجاد کرد. فرهنگ، به تعبیر او، روح تمدن است و تمدن، جسم فرهنگ. اگر این‌جا توازنی برقرار نباشد، نزاع، اجتناب‌ناپذیر است. درست مثل این‌که کسی خیلی قلدر باشد، اما مغز کوچکی داشته باشد. این آدم فقط به دنبال نزاع است.

راجع به هویت گفتید، راجع به حقیقت هم بگویید.

بله، این در واقع مکمل سؤال قبلی است. این را هم باید تجزیه به اجزا کرد. این سؤال هم منحل به چند سؤال می‌شود: «فلسفهٔ جدید بر سر اسلام چه می‌آورد؟»، «علم جدید بر سر اسلام چه می‌آورد؟»، «هنر جدید بر سر اسلام چه می‌آورد؟» و مانند این‌ها. این همان معنای سادهٔ آن عبارت بزرگ «نسبت اسلام و تجدد» است. یعنی ببینیم فلسفهٔ جدید بر سر اسلام حقیقت، یعنی تعالیمی که در اسلام آمده، چه آورد . نظرها در این‌جا مختلف است. آقای مطهری معتقد بود که فلسفهٔ اسلامی، فلسفهٔ بسیار قوی‌ای است و از عهدهٔ جواب دادن به مشکلات فلسفی جدید برمی‌آید و در دل اسلام هم هیچ خطای فلسفی وجود ندارد. این یك رأی است. آرای دیگری هم هست. بنده نه معتقدم که فلسفهٔ اسلامی قوی‌ترین فلسفهٔ عالم است نه معتقدم که پاسخ همه سؤالات فلسفی را می‌دهد و نه معتقدم که از دل اسلام یک سیستم فلسفی قابل استخراج است. علم جدید چه بر سر اسلام حقیقت می‌آورد؟ این، به نظر من سؤال بسیار مهم‌تری در دنیای کنونی است.

چندماه پیش سمیناری با عنوان «علم و دین» در تهران و زیر نظر مؤسسه حکمت و فلسفه برگزار شد. من این‌جا نبودم، اما اخبارش را دورادور دنبال می‌کردم، چون به این موضوع

بسیار علاقه‌مندم. یکی از چیزهایی که خیلی نظر مرا جلب کرد، قطعنامهٔ پایانی این سمینار بود. آیتی بود در خامی و در نخوت، نخوتِ برخاسته از خامی. قطعنامه سه چهار بند بیشتر نداشت و به نظر من آن را یکی از طلبه‌های صفرکیلومتری نوشته بود که نه از تاریخ، نه از دنیای جدید، نه از علم هیچ خبری نداشت. دل من خیلی به درد آمد وقتی آن را خواندم. یکی از بندهای این قطعنامه این بود که ما مسلمان‌ها چون تنازعی میان علم و دین نداشتیم، می‌توانیم به جهانیان در این زمینه یاری برسانیم و آن‌ها را از این معضله رهایی بخشیم. در این کلام، غرور ناشی از خامی موج می‌زند. بله، ما چنین تنازعی را نداشتیم، ولی نه این‌که، سود بردیم، بلکه زیان کردیم. نزاعی که علم جدید با کلیسا و کتاب مقدس پیدا کرد، نزاع بسیار پربرکتی بود. برکات این نزاع، هم به علم رسید هم به دین؛ هم به حاملان علم، هم به حاملان دین. آن برکت در یك کلام این بود که هم علم را متواضع‌تر کرد و هم دین را. هم دین فهمید که گلیم‌اش تا کجاست که پای خود را از آن درازتر نکند، هم علم. و البته آتش‌بسی هم میان این‌ها برقرار شد. من نمی‌گویم که نزاع حل شد و فیصله یافت. خیر. اما آتش‌بس شد؛ آتش‌بسی که گاه‌گاه هم شکسته می‌شود ولی هیچ‌وقت به آن داغی چهار قرن قبل نمی‌رسد. ما این نزاع را نداشتیم. اگر روزی چنین نزاعی دربگیرد و امکانات اجتماعی ـ سیاسی برای رویارویی مستقیم آن‌ها پدید آید، به گمان من آن‌جا باید داوری کنیم که دین چگونه از این نزاع بیرون خواهد آمد. داوری من البته این است که از غرور حاملان شریعت بسیار کاسته خواهد شد و چیزی شبیه آن قطعنامه‌ها دیگر بیرون نخواهد آمد. می‌توان از سیاست جدید هم پرسید. این بحث به همان قصهٔ سکولاریسم می‌رسد.

ببینیم سیاست جدید، دین را به میدان می‌آورد یا کنار می‌گذارد. داوری من در این‌جا بیش از آن‌که مفهومی و ذهنی باشد، جنبهٔ عملی و خارجی دارد. به نظر من، این به قوت دین بستگی دارد. یعنی من معتقدم که نباید فکر کرد که جدایی دین از سیاست توصیهٔ ویژهٔ کسی بوده است (از سر خیرخواهی یا بدخواهی). فیلسوفان سیاست، البته در این باره بسیار سخن گفته‌اند اما آن‌چه حقیقتاً تعیین‌کننده است، خودِ ضعف و قوت دین است. همین نزاع علم و دین یکی از عوامل مولد سکولاریسم در مغرب‌زمین بود؛ چیزی که معمولاً کم‌تر به آن توجه می‌شود. واقع این است که در نزاع علم و دین، دین بی‌اعتبار یا کم‌اعتبار شد و قوت پیشین‌اش را از دست داد و هرگز به جای‌گاه قبلی برنگشت. خب، بازیگر ضعیف دیگر به بازی گرفته نمی‌شود. این بازیگر تا وقتی قوی بود، داخل بازی بود و حرفی در عرصهٔ قدرت و سیاست داشت. اصلاً تعریف سیاست چیست؟ سیاست، یعنی تئوری قدرت و اعمال قدرت. اگر شما در عرصه سیاست، یك موجود مقتدر نباشید، اعتنایی به شما نمی‌کنند، اما وقتی مقتدر

شدید وارد سیاست می‌شوید و دیگر نمی‌شود شما را نادیده گرفت. درست مثل این‌که وقتی شما یك مجلس شورا تشکیل می‌دهید، عقلای قوم را جمع می‌کنید که مشورت کنید بچهٔ پنج ساله را که به مجلس شورا نمی‌آورید. اما وقتی او به بلوغ رسید، بزرگ شد و پخته‌تر شد، آن وقت او را به بازی می‌گیرید. عرصهٔ سیاست هم همین‌طور است. بازیگر ضعیف به بازی گرفته نمی‌شود و حرف او شنیده نمی‌شود. دین یك موقعی قوی بود، قوتش هم به این بود که در دل مردم جای داشت؛ پشتوانهٔ ایمانی داشت، اما وقتی این پشتوانهٔ ایمانی و قلبی ضعیف شد و دین بالطبع ضعیف شد، در عرصهٔ سیاست هم به چیزی گرفته نشد و به صورت بسیار طبیعی، بدون این‌که جنبهٔ توصیه‌ای و فرمانی و استدلالی داشته باشد، خودش از سیاست جدا شد. درست مثل وقتی‌که یك زن و شوهر برای جدایی اقدام می‌کنند. این یك جنبه ارادی و حقوقی دارد. اما یك وقت یکی از آن‌ها می‌میرد. این دیگر اقدام و توصیه نمی‌خواهد. یک جدایی طبیعی است. یك وقت دین و سیاست با هم بودند، همکاری هم می‌کردند و قدرت معتبر داشتند، گاهی این بر آن می‌چربید و گاهی آن بر این، ولی رفته‌رفته کار به جایی رسید که یکی از این دو همسر آن‌قدر ضعیف شد که جانش را از دست داد. بنابراین، دیگر جایی برای این‌که ما فرمولی بنویسیم و استدلالی بکنیم و امثالهم نماند.

به همین دلیل من معتقدم که اگر دین دوباره قدرت پیدا کند، در سیاست به بازی گرفته خواهد شد و دیگر سکولاریسم به صورت کنونی باقی نخواهد ماند. جوانه‌های این امر به گمان من آشکار شده است. همه چیز در این‌جا دائرمدار قدرت و اقتدار است و البته بستگی دارد به این‌که زور دین چه‌قدر باشد. یك موجود زورمند را نمی‌توان به راحتی کنار گذاشت و گفت «تو نباش». این‌که در اروپا و آمریکا سکولاریسم برقرار است علت‌اش این است که دین دیگر آن جای‌گاه قبلی را در دل‌ها ندارد. نشانه‌اش هم این است که شما با یك نفر اهل علم یا عامی می‌نشینید و پنج ساعت با هم صحبت می‌کنید، ولی یك کلام از خدا یا تکلیف دینی سخن به میان نمی‌آید. این نشانهٔ سکولاریسم است. درحالی‌که اگر شما با یك آدم دینی بنشینید، می‌بینید مدام دغدغه‌های دینی دارد: «این کارم غلط است، آن کارم درست است»، «حلال است یا حرام؟»، نقل‌قول می‌کند از فلان عالم دینی، حدیث یا آیه‌ای می‌خواند و... اما وقتی این‌ها نیست شما می‌فهمید که اصلاً ذهن فرد خالی از این چیزها است. دین باید در دل مردم باشد. دین وقتی غایب و ضعیف شد، دیگر در سیاست به حساب نمی‌آید. به قول سعدی «هیچ‌کسی» است! اما اگر این «هیچ‌کس» فردا دوباره کسی شد و جان و قوتی گرفت، محال است که شما بتوانید آن را نادیده بگیرید. دوباره باید با آن وارد معامله شوید. به نظر من قصه فقط مفهومی نیست. یك جنبهٔ واقعی عملیِ خارجی دارد.

شما فرمودید که باید میان اسلام هویت و اسلام حقیقت توازنی برقرار کرد. به عنوان حسن ختام سؤالات خواستم بپرسم که به نظر شما اولویت‌های روشنفکران دینی در محقق کردن این هدف چه باید باشد؟

روشنفکر دینی بیشتر از این‌که به هویت دینی بپردازد به حقیقت دینی می‌پردازد. هویت برای روحانیت است. اسلام روشنفکران دینی، اسلام حقیقت است، و هویت فرع بر آن است. روشنفکر دینی بیش از هر چیز باید به ایمان، تجربهٔ دینی و تفسیرهای مختلف دینی و فراهم آوردن امکان عملی این‌ها بپردازد.

متشکریم از این‌که وقت‌تان را در اختیار ما قرار دادید.

من هم ممنون‌ام.

خواب آشفتهٔ بازگشت به سنت[1]

گرچه آخرین بار در ایران عبدالکریم سروش با حضور در منزل عبدالله نوری به بحث درباره روشنفکری دینی پرداخت و به دفاع از این مفهوم و عملکرد روشنفکران دینی پرداخت و پیش از آن نیز، اما ما در این گفت‌وگو به موضوعی دیگر می‌پردازیم، موضوعی که سروش در ماه‌های اخیر بیشتر درگیر آن بوده است.

سروش مدتی است که به بحث درباره ناکامی مسلمانان پرداخته است و از این رهگذر بار دیگر با مفاهیمی مثل سنت، مدرنیته و ... درگیر شده است، یك درگیری انتقادی.

او در این بحث‌ها که تاکنون در ۸ جلسه سخنرانی در آمریکا و اروپا به آن پرداخته است، رویکردی تاریخی و اندیشه‌ای دارد، رویکردی که در آثار گذشتهٔ سروش چندان پررنگ نبود.

آیا توجه به این رویکرد حاصل توجه به پاره‌ای از منتقدان نیست؟ آخرین پرسش‌ام را از سروش به این موضوع اختصاص می‌دهم و می‌پرسم: گاهی دربارهٔ شما گفته می‌شود که به نقدهایی که برآثارتان وارد می‌شود توجهی ندارید و با منتقدان‌تان برخوردهای تندی دارید، اما به نظر می‌رسد بحث‌های اخیرتان حاصل توجه به نقدها است. می‌گوید: فکر نمی‌کنم هیچ نقد خرد یا درشتی از نظر من دور مانده باشد.

---

۱. متن تنقیح شدهٔ گفت و گوی انجام شده در تاریخ ۲۸ آبان‌ماه ۱۳۸۵ در روزنامهٔ «اعتماد ملی»

شما مدتی است که به بحث از «ناکامی مسلمانان» پرداخته‌اید. سابقهٔ بحث از ناکامی، انحطاط یا عقب‌ماندگی مسلمانان و ایرانیان به دورهٔ قاجار می‌رسد. روشنفکران اولیهٔ ایران اغلب به این بحث پرداخته‌اند و در سال‌های بعد نیز کسانی این بحث‌ها را دنبال کرده‌اند. به نظر می‌رسد روشنفکران اولیه همیشه در برخورد با این موضوع نگاه دوگانه‌ای داشتند، همزمان غرب را به عنوان الگویی از پیشرفت و ترقی پیش‌رو داشتند و دوره‌ای از تاریخ ایران را به عنوان دورانی شکوهمند، مثلاً ایران باستان یا دوران طلایی دورهٔ اسلامی. می‌خواستم بپرسم با توجه به تأملاتی که در این باره داشتید، نگاه به ناکامی‌ها و تأمل در آن در ایران چه ویژگی‌هایی داشته و چه آسیب‌هایی به همراه داشته است؟

در اشارات شما هم بود که توجه و تنبّه مسلمانان و بالاخص ایرانیان به قصهٔ ناکامی و انحطاط، تنبه دیرینی است. لذا برخلاف پندار برخی از مدعیان، طرح مسألهٔ انحطاط به هیچ وجه تازه نیست، هم از نظر لفظ و هم از نظر معنا. ما شاهد این بحث در ۱۵۰ سال گذشته بوده‌ایم و بالاخص از هنگامی که مشروطه وارد ایران شد و آرای سیاسی نوین در ایران مطرح شد، نه تنها روشنفکران ما بلکه روحانیان ما هم با پاره‌ای از آرای جدید، آن هم آرای جدید سیاسی آشنا شدند. این هم خوب بود و هم خوب نبود؛ خوب بود، چون نوعی آشنایی با اندیشه‌های زمانه بود که تحرک‌آفرین بود. چنان‌که می‌دانیم، بعضی از روحانیان به جد کمر همت بستند و وارد عرصهٔ مبارزات سیاسی شدند؛ برعلیه بی‌عدالتی‌های دوران قیام کردند، همگام با مردم خواستار عدالتخانه و خواستار قانون شدند. حتی پاره‌ای از علمای بزرگ مثل مرحوم آیت‌الله آخوند خراسانی با علم به این که مشروطیت ذاتاً دینی نیست و نوعی سکولاریسم در آن نهفته است، از آن پشتیبانی کردند و یك نظم آرمانی عادلانهٔ دنیوی را خواستار شدند. علمای دیگری هم بودند که به گونهٔ دیگری می‌اندیشیدند و مشروطه را منحرف از شرع می‌دانستند و لذا در مقابل آن موضع گرفتند. غرض من از بیان این مقدمهٔ کوتاه این بود که نخستین آشنایی جدی ما با مغرب‌زمین و با اندیشه‌های جدید و نخستین آگاهی ما به ناکامی‌های‌مان از طریق مواجه‌شدن با اندیشه‌های سیاسی غرب بود.

شما گفتید این آشنایی خوب بود، اما گویی دربارهٔ آسیب‌های آن هم بحثی داشتید.

بله، گفتم هم خوب بود و هم خوب نبود. این خوب نبودن به این دلیل است که مواجههٔ جدی ما با اندیشه‌های جدید از طریق فلسفه و از طریق علم تجربی صورت نگرفته است. مرحوم ملا مهدی نراقی، پدر ملا احمد نراقی که صاحب تئوری ولایت فقیه است، نوشته‌های نجومی هم دارد. در این نوشته‌های نجومی، گویی برای اولین بار از هیئت جدید و نظریهٔ

کوپرنیك به نحو بسیار مبهم و مغشوشی سخن می‌رود. بعدها می‌بینیم که فلسفهٔ کانت با مرحوم ملا علی زنوزی به میدان می‌آید، بعدهاست که یك یهودی ایرانی به نام ملا لاله‌زار کتاب دکارت را به فارسی، آن هم فارسی بسیار نامفهوم و مبهمی، ترجمه می‌کند. در دوران ناصرالدین‌شاه و کمی پیش‌تر از آن است که بعضی از پدیده‌های مدرن مثل تلگراف و دوربین‌های عکاسی ابتدایی اولیه وارد ایران می‌شود.

برق هم همان دوران ناصرالدین‌شاه وارد ایران می‌شود؟

برق بعد می‌آید. الان که در سال ۱۳۸۵ هستیم، دقیقاً ۱۰۱ سال پیش یعنی در ۱۲۸٤ پاره‌ای از مناطق تهران برق‌کشی می‌شود. در حکایت‌ها نقل شده است که مرحوم حاج ملاهادی سبزواری حکیم بزرگ، و همشهری شما، وقتی‌که دوربین عکاسی را می‌بیند می‌گوید عکاسی ممکن نیست، چون از طریق عکاسی اعراض منتقل می‌شود. باری آشنایی ما با علم، با فلسفه و با تکنولوژی مغرب زمین بسیار ابتدایی بود و مطلقاً از این مسیر و از این دریچه‌ها با اندیشه‌های جدید آشنا نشدیم.

به نظر شما مشکل از نحوهٔ روبرو شدن ما با دنیای جدید بود و ما اگر از طریق علم و فلسفه جدید با آن دنیا روبرو می‌شدیم، وضعیت بهتر می‌شد؛ چرا این اتفاق نیفتاد آقای دکتر؟ چرا درگیری علمی- فلسفی پیش نیامد و بیشتر درگیری سیاسی پیش آمد؟

دقیقاً همین‌طور است. ما درس‌خوانده‌ای که فلسفهٔ مغرب‌زمین را به خوبی بداند نداشتیم. درس‌خوانده‌ای که علم مغرب‌زمین را بداند نداشتیم. شما می‌دانید که به تعبیر مولانا:

آدمی اول حریص نان بود
زانك قوت نان، ستون جان بود
چون به نادر گشت مستغنی ز نان
طالب نام است و مدح شاعران[1]

یعنی ابتدا انسان به تأمین و رفع حاجات اولیه می‌پردازد و پس از این‌که آن حاجات مرتفع شدند به حاجات عالی‌تر روی می‌آورد. حاجات اولیهٔ هر جامعه‌ای و هر انسانی غذا، مسکن، سلامتی و بهداشت و امثال آن است. به همین دلیل در ابتدا پاره‌ای از طبیبان فرنگی وارد ایران شدند. از اولین علومی که دانشجویان ما با آن آشنا شدند و در دارالفنون آموخته شد

---

۱. مولوی، مثنوی، دفتر چهارم، ۱۱۸۸ و ۱۱۹۰

طب و داروسازی بود. پاره‌ای از کتاب‌های طبی از دوران ناصری به‌جا مانده که من خودم بعضی از آن‌ها را دیده‌ام، اصطلاحات بسیار غلیظ عربی در تبیین طب مدرن به کار برده‌اند.

البته در کنار طب، علوم نظامی هم پررنگ بود!

احسنتم. ولی به فلسفهٔ جدید احساس نیاز نمی‌کردند. چون فلسفه جزء نیازهای عالی و لطیف است.

ضمن این که احساس نیاز به فلسفه، مستلزم نوعی آگاهی هم هست.

دقیقاً. و دوم هم این که این احساس استغنایی که ما داشتیم (و متأسفانه هم‌چنین داریم و معتقدیم که هنر نزد ایرانیان است و بس، و خیال می‌کنیم خصوصاً در فلسفه و دین ما برترین مکتب و برترین مشرب را داریم) البته اجازه نمی‌داد که به سوی دیگران آغوش بگشاییم و طالب درك و فهم اندیشه‌های آن‌ها باشیم. به فرض هم که مطرح می‌شد به صورت سؤالاتی از حکیمان بزرگ مطرح می‌شد و آن‌ها هم طبعاً چون با ریشه‌های آن مکاتب غربی آشنایی نداشتند، پاسخ‌های مبهم و غیرمفیدی به سؤالات می‌دادند، که حتی آن هم به هیچ وجه انعکاس عمومی حتی در خود حوزه‌های فلسفی پیدا نکرد. بله، من این را یك غبن می‌دانم. یعنی معتقدم که اگر این مراوده در حوزهٔ علمی بود، در حوزهٔ فلسفه بود، البته ما مبناسازی دقیق‌تری برای مدرن شدن و برای غرب‌شناسی پیدا می‌کردیم و آن‌گاه اندیشه‌های سیاسی هم بر آن زمینه‌ها می‌نشست و گره‌ای از کار فروبستهٔ ما می‌گشود.

اما این چنین نشد، علی‌ای‌حال، در همین برخوردها بود که رفته‌رفته، پاره‌ای از هوشمندان و دردمندان ما با قصهٔ انحطاط به طور جدی روبه‌رو شدند و دیدند که در نقطه‌ای از کرهٔ زمین اتفاقی افتاده و ما مدت‌ها بی‌خبر بودیم و اکنون آن‌ها فاصله‌ای با ما پیدا کرده‌اند که پرکردن این فاصله بسیار مشکل است.

پس بحث از انحطاط در واقع بیشتر در مقام مقایسه با غرب شکل گرفته بود و حاصل یك نگاه بیرونی بود؟

یعنی مسلمانان تا با آنتی‌تز خود مواجه نشدند، حتی به خودشان هم آگاهی کافی نداشتند. یعنی نمی‌دانستند که در چه وضعیتی به سر می‌برند: «تعرف الاشیاء باضدادها»، هر چیزی را از روی ضد آن می‌توان شناخت. این مواجهه، مواجههٔ میمونی بود، ما را از خواب غفلت بیدار کرد و ما را وادار کرد که نسبت به خودمان بازاندیشی کنیم و ببینیم که در کجای تاریخ ایستاده‌ایم و سرّ عقب‌ماندن یا انحطاط یا ناکامی ما چیست (کلمه انحطاط و عقب‌ماندن و

غیره را از سر ناچاری و فعلاً با مسامحه استعمال می‌کنم تا در جایی به این برسیم که این کلمات را باید به‌کار ببریم یا نه). در روزگار ما نه فقط ایرانی‌ها و عالم اسلام، بلکه کشورهای دیگر هم که متفطن به این فاصله شده‌اند، تئوری‌پردازی درباره این که به قول برنارد لوییس «کار از کجا لنگ شد؟» آغاز شده و ادامه دارد؛ بحث دربارهٔ این که ایراد چه بود، و ما چه کم داشتیم که به چنین روزگاری مبتلا شدیم. هم در مقام دردشناسی و هم در مقام دادن درمان و علاج درد، فراوان بحث شده است. من فقط می‌خواستم این را عرض کنم که تشخیص این که انحطاطی یا ناکامی‌ای رخ داده و فرق عظیمی بین ما و مغرب زمین پدید آمده تشخیص کهنی است. اما دربارهٔ چرایی و تعلیل و تبیین این انحطاط، آراء بسیار متفاوت بوده و هست؛ هم‌چنین است در مقام علاج. فی‌المثل سیدجمال اسدآبادی معتقد بود که ما نیروی نظامی‌مان را از دست داده‌ایم و اگر نیروی نظامی را تقویت کنیم، اگر یك ارتش نیرومندی داشته باشیم، چه بسا که بتوانیم از استعمار و از زیردست بودن رهایی پیدا کنیم و خود را به قافلهٔ کشورهای پیشرفته برسانیم.

اما مرحوم عبده رفته‌رفته متوجه شد که کار با یك ارتش نیرومند درست نمی‌شود، چون خود ارتش نیرومند فرزند نیرومندی‌های دیگری در شئون دیگر است و به این نتیجه رسید که درك مسلمانان از دین‌شان و از اسلام‌شان درك ناقص و انحطاط‌آفرینی بوده و باید به علاج آن پرداخت و تا امروز این بحث ادامه دارد.

اما آقای دکتر ما کشورهایی را هم می‌شناسیم که بدون این که سنت فلسفی قوی داشته باشند و هم‌اکنون نیز در حوزهٔ فکر و علم جایگاهی داشته باشند، صرفاً از راه استفاده از فراورده‌های علم و فکر وارد این منظومه شدند، مثل برخی از کشورهای اروپای شمالی یا حتی ژاپن.

به تقسیمات امروزین کشورهای اروپایی نظر نکنید. در گذشته تعدادشان بسی کمتر از این‌ها بوده است. مرزها بسیار تغییر کرده است. مثلاً قبر حکیم آلمانی، کانت، اکنون در روسیه است و بر این قیاس.

اما اروپای شرقی که در پس قافله تمدن روان است شاهد گفته من است و بر همین نهج است تفاوت‌ها که در کشورهای اروپایی دیگر می‌بینید. اما قصهٔ ژاپن با همهٔ این‌ها تفاوت دارد. در مورد مدرن شدن ژاپن تئوری‌پردازی بسیار شده است. یکی از آن‌ها این است که ژاپن سنت نداشت، یعنی سنت دست‌وپاگیر نداشت، و لذا با عزم بر مدرن شدن، ظرف خالی وجود خود را آسان از دستاوردهای نوین پر کرد.

توجه کنید که سنت دو نقش دارد: یکی تکیه‌گاه و دیگری زنجیر از طرفی هویت می‌بخشد و استقرار ایجاد می‌کند و از طرفی باری سنگین بر دوش ملت می‌شود و حرکت‌شان را کند می‌کند. بودن آن هم خوب است هم بد. نبودن آن هم، خوب است و بد. باید آن را نیك به کار گرفت.

پرسش دیگری که پیش می‌آید دربارهٔ نوعی غرب‌ستیزی است که از دل چنین بحث‌هایی به وجود آمد، یعنی به جای بحث بر سر این که چگونه این فاصله کم می‌شود و ناکامی‌ها پایان می‌گیرد، یك ستیزی با غرب به وجود آمد، مشخصاً کسانی مثل جلال آل احمد. آیا این‌ها را هم می‌توانیم به همان انحطاط یا ناکامی‌ها نسبت بدهیم؟

در اثر تفطّن و تنبّه نسبت به انحطاط، تنبه و تفطن به قومیت ملی یا هویت اسلامی هم پیدا شد.

یعنی هویت هم یك مفهوم جدید است که در مقایسه با دیگری شکل می‌گیرد؟

بله و تنبّه نسبت به هویت، خودش اندیشه‌های تازه‌ای را آفرید، چون تنبّه نسبت به هویت غیر از تنبّه نسبت به حق و باطل بودن اندیشه‌هاست. حق و باطل بودن یك مطلب است، کرامت و شرافت و حقارت مطلبی دیگر. اگر قومی احساس کنند که تحقیر شده‌اند و کرامت‌شان پایمال شده است مایل به ابراز هویت خواهند شد و این ابراز هویت شکل‌ها و صورت‌های مختلف به خود خواهد گرفت.

آن‌چه که من در کار مرحوم جلال آل احمد می‌بینم نوعی ابراز و احراز هویت در مقابل غرب است؛ غربی که ایران و کشورهای اسلامی و شرقی را لگدکوب کرده، تحقیر کرده، استعمار کرده و هویت‌شان را از آن‌ها ستانده است و آن‌ها را «هیچ‌کس» کرده است. در مقابل چنین عملی انسان زمین‌خورده و شکست‌خورده ابراز هویت می‌کند و یکی از راه‌های ابراز هویت نفی طرف مقابل است. کار آل احمد این است. البته کار آل احمد الهام‌گرفته از کار فردید است. سخنان فردید، هم غرب‌ستیزانه بود، هم جبرگرایانه و من از این حیث است که رأی او را رأی منحطی می‌دانم و رأی خطرناکی هم می‌دانم. چون اگر شما به هر زبانی چنین اندیشه‌ای را ترویج کنید که ما ناچاریم بنا بر جبر تاریخی در این وضعی باشیم که هستیم، ولو این‌که آن را در لفافه‌ها و لعاب‌های جدید و پست مدرن و مدرن بپیچانیم، این خودش انحطاط است. وقتی نتیجه‌اش این بشود که تاریخ یك حرکت دترمینیستی[1] (جبری) تخلف‌ناپذیری دارد و دول شرق که به این‌جا رسیده‌اند باید می‌رسیدند و اکنون هم باید چندان دست‌وپا بزنند تا مردی از ناکجاآباد تاریخ برسد و آن‌ها را نجات بدهد، یا دریای وجود

---

1. deterministic

موج تازه‌ای بزند و آن‌ها را به ساحل نجات پرتاب کند، چنین رأیی عین انحطاط است. این به گمان من نه تنها گره‌ای از کار نخواهد گشود، بلکه ما را در این دام و چاله‌ای که افتاده‌ایم، بیشتر و بیشتر متوقف خواهد کرد و بر ناکامی و بر انحطاط ما خواهد افزود.

یعنی غرب‌زدگی آل احمد از این حیث با فردید ارتباط دارد؟

فردید و شاگردان او که اکنون تقیه می‌کنند، واقعاً تاریخ غرب را تاریخ سلطهٔ متافیزیك می‌دانستند و روی‌شان نمی‌شد بگویند و حالا هم روی‌شان نمی‌شود (به دلیل کاسب‌کاری سیاسی) که بگویند حضور دین در انقلاب اسلامی عین سلطهٔ متافیزیك است که عین غرب‌زدگی است. غرب‌زدگی آن‌ها غرب‌زدگی سیاسی نبود یا دست‌کم در درجهٔ اول این نبود. «متافیزیك‌زدگی» بود! به همین سبب است که می‌گوییم آل احمد، روح این فکر را نگرفت و فقط جنبهٔ سیاسی‌اش را گرفت، ولی چون روح آن نظریه یك روح جبرگرای مطلق و خشن است، آل احمد هم موفق به دادن راه‌حلی نشد. او حداکثر کوشید تا به ما آگاهی بدهد که در چنین دام و چاله‌ای افتاده‌ایم و غرب همه چیز ما را غارت کرده و ربوده و اگر به خود نیاییم چوب حراج بر تتمهٔ هویت ما هم خواهد زد و ما را از میان خواهد برد. اما حالا چگونه به خود بیاییم؟ کار را از کجا شروع کنیم؟ آب رفته را چگونه به جوی برگردانیم؟ و به تعبیری که آقای شایگان دارند، کی و چگونه از مرخصی تاریخ برگردیم؟ در گفتهٔ مرحوم آل احمد هیچ نشانی از آن نیست.

اما بحث از نوع سیاسی غربزدگی تا همین حالا ادامه پیدا کرده و در عرصهٔ سیاسی ما تاثیر بسیار گذاشته است.

بله، یك جنبه از جنبه‌های تفطن به انحطاط، انگشت تأکید بر هویت نهادن بود. از این هویت‌آگاهی نوعی غرب‌ستیزی (به تعبیر شما) هم زاده شد. غرب‌ستیزی البته معنای محصّلی نزد روشنفکران ما نداشت، اما نزد متدینان داشت. این غرب‌ستیزی در نزد متدینان دقیقاً ترجمه به جهاد دینی شد. شما این مطلب را در انقلاب اسلامی به وضوح می‌بینید، نزد سید قطب و اخوان‌المسلمین می‌بینید، نزد پاره‌ای از روحانیان که اندیشهٔ غرب‌ستیزی را به طور سطحی فراگرفته بودند به وضوح می‌بینید.

این دیدگاه در جهان امروز اسلامی هم هوادارانی دارد و به نوعی در پیوند با بنیادگرایی است.

صددرصد. انعکاس دینی این غرب‌ستیزی هویت‌آگاهانه در اردوگاه دینداران عبارت بود از نوعی غرب‌ستیزی مسلحانه که نام جهاد هم بر آن نهادند و میراث‌بران این اندیشه را هم امروز ما در جهان می‌بینیم. به طور کلی در اردوگاه دینداران این غرب‌ستیزی ترجمه شد به چیزی که

من نام آن را زنده شدن اسلام هویتی می‌نامم. در پاره‌ای از نوشته‌های خود آورده‌ام که در یك تقسیم‌بندی، اسلام را می‌توان به دو گونه اسلام تقسیم کرد: اسلام حقیقت و معرفت و اسلام هویت، یا اسلامی که به ما معرفت می‌آموزد و اسلامی که به ما هویت می‌بخشد.

مگر اسلام معرفت و اسلام هویت لزوماً نافی یکدیگرند؟

نه، اسلام هویت‌بخش و اسلام معرفت‌بخش، ماده و صورت تضاد و تنافی با یکدیگر ندارند، اما در مقام عمل گاهی اسلام هویت غلبه می‌کند و قلعهٔ مسلمانی چنان می‌شود که سعدی گفت «بر در سلاح دارد و کس در حصار نیست».

اگر بخواهیم به عمل برگردیم آیا می‌توانیم بگوییم گرایش به اسلام هویت نتیجه وضعیت تحقیرشدگی است؟

بله، این وضعیت تحقیرشدگی باعث می‌شود برای مبارزه با آن، پرچمی به نام اسلام هویت را بلند کنند. شکل‌های مبارزه را هم خودشان تشخیص می‌دهند. نامش را هم می‌گذارند دفاع از اسلام، ولی این که نتیجهٔ آن مبارزات آیا به نفع اسلام خواهد بود، حرف دیگری است. در این فضا پیش از این که اسلام مطرح باشد، خودشان مطرح‌اند. خدا رحمت کند مرحوم شریعتی را که می‌گفت: یك عده‌ای از ده محمدآباد دسته راه می‌اندازند فی‌سبیل‌الله و فی‌سبیل‌الله نیست، بلکه فی‌سبیل ده محمدآباد است!

در بسیاری از کارهایی که آدمیان می‌کنند، خودشان مطرح‌اند و خودشان مقدم‌اند، اما پرچم به نام دیگری است. برقرار کردن توازن میان اسلام حقیقت و اسلام هویت از دشوارترین کارهای روشنفکری دینی است.

اما جدا از این دو نوع اسلامی که نام بردید ما اسلامی هم می‌شناسیم که اگرچه از این دو جداست، اما در جاهایی به این‌ها نزدیک می‌شود؛ همان اسلامی که به نحوی آقای نصر و برخی دیگر دنبال می‌کنند و با نام سنت‌گرایی شناخته می‌شود، آن‌ها هم به اندازهٔ هویت‌گرایان با دنیای جدید مشکل دارند، اما برخوردشان با آن متفاوت است. نسبت سنت‌گرایی با اسلام هویت‌اندیش و اسلام معرفت‌اندیش چگونه است و به کدام نزدیک‌تر است؟

سنت‌گرایان هم هویت‌گرا هستند؛ نه حالا، از مدت‌ها پیش. من آقای دکتر نصر را پیامبر اسلام هویت خوانده‌ام. مهم‌ترین محوری که در کتاب‌ها و سخنرانی‌های دکتر نصر وجود دارد این است که مسلمانان امروزه کسی هستند، چون در گذشته کسی بوده‌اند. من تأثیرات سخنان وی را در اقلیت‌های مسلمان موجود در اروپا و آمریکا به‌وضوح دیده‌ام. به آنان غرور

می‌دهد تا از مسلمانی خود شرمنده نباشند، بلکه به آن مفتخر باشند. بلی، این هویت را بر درك سنتی از دین بنا می‌کند، سنتی تعریف نشده و مبهم و ناتوان در حل موضوعات عملی و معرفتی دنیای جدید و طفره‌رونده از طرح آن‌ها.

آقای دکتر من سخنرانی‌های اخیر شما و گفت‌وگوهای اخیرتان را دنبال کرده‌ام. شما در بحث‌هایتان به مغالطه‌هایی اشاره کرده‌اید و از افتادن در دام مغالطه‌ها زنهار داده‌اید، یکی از این مغالطه‌ها را هم بازی با مفاهیم بزرگ مثل سنت و مدرنیته خوانده‌اید، تأکید هم کرده‌اید که این‌ها را خدا نساخته و مورخان ساخته‌اند. آیا این بحث به نوعی پرهیز از مفهوم‌سازی نیست؟ به هر حال برای توصیف وضعیت‌هایی ناچاریم مفهوم‌هایی بسازیم؛ با مفهوم عقلانیت بالاخره داریم از یك وضعیتی صحبت می‌کنیم که تقریباً کمابیش می‌توانیم درباره‌اش به توافق برسیم، حتی وقتی از مدرنیته سخن می‌گوییم می‌توانیم دربارهٔ ویژگی‌های‌اش به توافق برسیم. شما هم گفته‌اید که می‌توانیم یك شاخصه‌هایی پیدا کنیم و خودتان تکنولوژی و علم تجربی و حق را به عنوان شاخصه‌های مدرنیته معرفی کرده‌اید. آیا این بحث به نفی مفهوم‌سازی نمی‌انجامد، درحالی‌که خود شما هم از مفاهیم استفاده می‌کنید؟

به هیچ وجه، من مفهوم‌سازی را نه تنها نفی نمی‌کنم، بلکه امری بسیار لازم و اساسی می‌دانم. یکی از کارهای مهمی که هر عالمی باید بکند، نه‌تنها در علوم انسانی- اجتماعی، بلکه در علوم طبیعی- تجربی نیز، مفهوم‌های نو ساختن است. شما در علوم تجربی مفهوم بسیار کارساز «انرژی» را در نظر بگیرید. انرژی مفهومی است که فیزیکدان‌ها ساخته‌اند، چیزی به نام انرژی جایی مشهود نیست. ما این مفاهیم را که می‌سازیم، آن‌ها را به منزلهٔ ابزارهایی به‌کار می‌گیریم. اما برای چه؟ برای شناخت بیشتر پدیده‌هایی که در اختیار داریم یا تصرف مدّبرانه در آن‌ها. تا این‌جا هیچ مشکلی نیست. بسیار هم مطلوب است. ولی هشدار من متوجه این است ما گاهی این ابزارها را با خود واقعیت اشتباه می‌گیریم و تصور می‌کنیم چنین چیزهایی فی‌الواقع وجود دارند. مثل آن رمان‌نویسی که می‌گفت قهرمان‌هایی که خودم ساخته‌ام، در مقابلم مقاومت می‌کنند. وضعیت ما الان این گونه است. بالاخره علم انسانی، علم تاریخ، علم طبیعت، فیزیك، شیمی و غیره به میزان زیادی دست‌ساختهٔ ما هستند. ما مفاهیمی می‌سازیم و از طریق آن‌ها و در پرتو آن‌ها طبیعت را و جامعه را تحلیل و تبیین می‌کنیم، ولی در میانهٔ کار گویی فراموش می‌کنیم که این مفاهیم ساخته‌های ما هستند و آن‌ها را عین حقیقت و واقعیت می‌پنداریم. من با توجه به این خطا و این مغالطه بود که آن نکته را گوشزد کردم. شما ببینید همین مفاهیمی مثل عقل، غرب، سنت، مدرنیته واقعاً وقتی‌که واکاوی بشوند و Deconstruct (شالوده‌شکنی) شوند، یعنی تجزیه به اجزا بشوند و

مؤلفه‌های مختلف‌شان بازشناسی شود، پاسخ بسیاری از سؤالات روشن‌تر می‌شود. برای این‌که پاسخ روشن‌تر شود، باید سؤال روشن باشد.

شما اگر سؤال مبهمی بکنید، پاسخ روشنی هم برای سؤال مبهم پیدا نخواهید کرد. به همین سبب من به شیوهٔ فیلسوفان تحلیلی همیشه راغب‌ام که سؤال روشن شود. من حتی در کلاس‌های درس‌ام وقتی‌که دانشجویان سؤالی می‌کنند که قدری مبهم است، اول سؤال را برای آن‌ها روشن می‌کنم و می‌پرسم آیا منظور شما الف بود یا ب بود یا ج بود تا بعد سراغ پاسخ دادن بروم. در غیر این صورت، به هیچ جا نمی‌رسیم، نه پرسنده و نه پاسخ‌دهنده. این قصهٔ سنت و مدرنیته و احکام عجیبی که بر سنت و مدرنیته مترتب کرده‌اند به‌گمان من پاره‌ای ناشی از سست‌اندیشی در این زمینه است و با جهد اندکی می‌توان آن خطاها را رفع کرد و نتایج بزرگ گرفت.

آیا این مغالطه‌ها در بحث انحطاط یا به تعبیر شما ناکامی هم دیده می‌شود؟

بله، یکی از مغالطه‌ها در بحث از انحطاط یا ناکامی مسلمانان چیزی است که فرنگی‌ها به آن می‌گویند «شخصیت‌بخشی به تاریخ» (personification)، یعنی تاریخ را چنان تصویر کنیم که گویی تاریخ یك شخصی است که به راه افتاده به این نیت که به این‌جا که ما نشسته‌ایم برسد، و تمام حوادث را چنان ردیف کنیم و پشت هم بچینیم و آرایش بدهیم که گویی یك شخصیتِ دارای انگیزه، نیت و آگاهی در حرکت بوده است تا به منزلگاه امروز وارد شود. چنین تفسیری بسیار ساده‌لوحانه و غلط‌انداز است. ما اگر بنشینیم و گذشتگان تاریخ را ملامت کنیم که چرا مفهوم مصلحت را نمی‌دانستند، که چرا مفهوم حق را نمی‌دانستند و چرا درك ماکیاولیستی از سیاست نداشتند و مانند این‌ها، به نظر من با یکی از ساده‌اندیشانه‌ترین نوع تاریخ‌نگاری‌ها روبه‌رو هستیم. مخصوصاً اگر جبرگرایی را هم همراهش کنیم و فکر کنیم یك نوع تاریخ بیشتر نمی‌توان داشت و لذا جز یك نوع تاریخ‌نگاری از تاریخ راستین ممکن نیست. و نیز اگر احوال امروز را ترازوی داوری گذشتگان کنیم و بر آنان طعن بزنیم که چرا مثل امروزی‌ها فکر نمی‌کردند، از جمله خطاهایی است که من هشدار داده‌ام نباید گرفتار آن‌ها شد. یکی از این مغالطه‌ها هم به‌کار گرفتن ناشیانهٔ مفاهیم بزرگ و برساخته‌های مورخان است. برساخته‌های مورخان گرچه در مقام تحلیل مفیدند، اما اگر آن‌ها را به منزلهٔ واقعیت‌هایی خداداده و خداآفریده به‌کار بگیریم، البته ما را دچار خطا خواهند کرد.

من در نوشته‌های یکی از مشاهیر سرزمین خودمان که نام نمی‌برم دیدم که نوشته بود غرب ابتدا لیبرالیسم را پیش انداخت و چون لیبرالیسم با ناکامی مواجه شد، مارکسیسم را

پیش انداخت! آخر این چه جور سخن گفتنی است؟ چه جور تحلیلی است؟ گویی غرب یك شخص توطئه‌گری است که در پی فریفتن دیگران است و یك توطئه را پس از دیگری از صندوق جادویی خود بیرون می‌آورد. مغالطهٔ شخصیت‌بخشی به غرب در این‌جا دقیقاً شکل گرفته است. چنین شیوهٔ شخصیت‌بخشی برای شعرا خوب است، ولی برای یك متفکر سمّ قاتل است. مولانا وقتی که می‌گوید: «عقل را معزول کردیم و هوا را حد زدیم» خیلی زیبا گفته، گویی که هوی و هوس، یك انسان مجرم است که خوابانده‌اند و تازیانه‌اش می‌زنند. این همان شخصیت‌بخشی شاعرانه است، ولی وقتی شما این شیوه را وارد عرصهٔ تفکر و وارد علوم می‌کنید، چنان‌که گفتم سم قاتل خواهد بود و لطمهٔ اساسی به داوری‌های شما وارد خواهد کرد. بعضی‌ها هم فکر می‌کنند فلسفی سخن گفتن و فلسفی اندیشیدن همواره ملازم است با لقمه‌های بزرگ برداشتن. من مطلقاً چنین تصوری ندارم و معتقدم که از قضا به شیوهٔ دکارتی باید دائماً تجزیه و تحلیل کنیم تا بر مسأله پیروز بشویم و حتی بدانیم کجاییم تا بدانیم چقدر مسأله را حل کرده‌ایم و چقدر باقی‌مانده است. شما تا هزار سال دیگر دائم تکرار کنید سنت، مدرنتیه، آخرش نمی‌فهمید چقدر از این مشکل حل شده است. در سخنرانی آقای خاتمی در کنگرهٔ مشروطیت ــ من از میانه رسیدم ــ جزء آخرین کلماتی که ایشان گفتند این بود که «ما در مشروطیت بازیابی هویت ملی کردیم و حال باید در سنت، بازاندیشی بکنیم». من می‌پرسم آخر سنت مگر یك چیز است که ما در آن بازاندیشی کنیم؟ سنت هزار چیز است. سنت، علم قدیم است، سنت، فلسفهٔ قدیم است، سنت، اخلاق قدیم است، شهرسازی قدیمی است، اقتصاد قدیم است، سیاست و سلطنت قدیم است، و صدها چیز دیگر. کدام‌اش را بازاندیشی بکنیم؟ سؤال من از آقای خاتمی و امثال ایشان این است که آیا باید علم قدیم، طبیعیات قدیم، طب قدیم را بیاوریم و بازخوانی بکنیم؟ از آن تئوری‌های جالینوسی چه در بیاوریم؟ آخر با این جور مبهم‌گویی چه حاصل می‌شود؟ من در کنفرانسی در ترکیه شرکت کرده بودم که از قضا در مورد سنت و مدرنیته بود. یك نومسلمان اسپانیایی، در آن‌جا در باب اقتصاد اسلامی سخنرانی می‌کرد، در میان سخنرانی، یك قطعهٔ فلزی از جیبش بیرون آورد و به مردم نشان داد و گفت، می‌دانید این چیست؟ این همان دِرهم است. البته او با لهجه خودش گفت «درخم». سپس گفت که ما باید اقتصاد دِرهم و دینار را زنده بکنیم، آن‌گاه خواهیم دید که نه تورمی خواهیم داشت و نه دیگر مشکلات جدید را! همه لبخند می‌زدند، اما او ادامه داد که من در بازاندیشی سنت به این نتیجه رسیده‌ام که اسکناس و دلار باید برود به قبرستان. شنیده‌ام یکی از ائمهٔ جمعه هم اخیراً به چنین کشفی رسیده است. مبارك است!

آقای دکتر وقتی آقای خاتمی یا امثال ایشان از بازاندیشی سنت حرف می‌زنند به اجزایی اشاره دارند که در بحث‌های‌شان هم اشاره شده مثلاً دین. فکر نمی‌کنید اگر چنین برخوردی با مفاهیم داشته باشیم دیگر اصلاً نتوان سخنی گفت؟ با چنین نگاهی در هر سخنی می‌توانیم اشکال‌هایی از این دست پیدا کنیم که در آن صورت امکان گفت‌وگو از بین می‌رود!

بسیار خوب، اگر منظورشان این است، خوب است با وضوح سخن بگویند و از سنت دینی یا سنت فلسفی یا سنت علمی و غیره نام ببرند. اما من شخصاً گمان نمی‌کنم کسی که از تصلّب سنت سخن می‌گوید چنین دقت‌هایی را در کار کرده باشد. کل‌گرایی (holism) و شخصیت‌بخشی به تاریخ، در آثار آنان آشکارتر از آن است که قابل اغماض باشد.

در واقع اشکال شما به این بحث، بیشتر یك اشکال روشی است؟

بله، اشکال روش‌شناسانه است. روش مثل جاده است. اگر شما از جادهٔ غلط بروید به جای کعبه از ترکستان سر در می‌آورید. بله این روش‌های غلط متأسفانه با نوعی نخوت هم همراه شده است. این‌ها گمان می‌کنند دیگران نمی‌توانند آن الفاظ قلنبه را به‌کار برند یا نمی‌توانند آن تکرار مکررات را بازتولید بکنند. مقلدانی را در کشور خودمان داریم که دائماً همین الفاظ تهی از معنا را کنار هم می‌چینند و صفحه‌ها پر می‌کنند و خطابه ایراد می‌کنند، اما حقیقتاً گره‌ای را باز نمی‌کنند. تواضع علمی به ما الزام می‌کند که دست از آن‌گونه سخن‌گفتن و نوشتن برداریم. مشکلات را ریز و خرد بکنیم. مفاهیمی را که به‌کار می‌بریم، با تعاریف دقیق و با بیان اجزا به‌کار بگیریم. مشکلات کوچکی را پیش روی خود بگذاریم. وقتی‌که با یك مفهوم یا هویت عظیمی روبه‌رو هستیم، به همه چیز آن نچسبیم، کل‌گرایی نکنیم، چون به هیچ جا نمی‌رسیم. در این صورت ما قدر زحماتی را که دیگران می‌کشند هم خواهیم دانست. دیده‌ام اغلب آن‌ها که از سنت و مدرنیته در مملکت ما می‌نویسند و قلم می‌زنند، خدمات کسانی را که در تکنولوژی، در زیست‌شناسی و امثال این‌ها می‌کوشند، به تمسخر می‌گیرند. خیال می‌کنند تا تکلیف مدرنیته را روشن نکنیم، این‌ها همه‌اش بیراهه رفتن است! حکایت همان قصه‌ای است که مارکس در کتاب *ایدئولوژی آلمانی*‌اش می‌گوید که کسی می‌ایستاد و می‌دید که مردمی که وارد آب می‌شوند غرق می‌شوند؛ گفت برای این است که این‌ها مفهوم شنا را درست نمی‌دانند!!!

پس شما به کسانی مثل آقای آجودانی هم که تأکید بسیار بر بدفهمی و کج‌فهمی از مفاهیم می‌کنند و این را ریشهٔ بسیاری از مشکل‌ها می‌دانند، یا به کسانی که به لغزش‌گاه‌های زبانی اشاره کرده‌اند، نقد دارید؟

من این کتاب را سال‌ها پیش در آلمان گرفتم، فکر کنم ۱۰ سال پیش بود، و آن را خواندم. کتاب خوب و روشنگری است. من زحمات نویسنده را به هیچ وجه، دست کم نمی‌گیرم، ولی به آن نقد دارم. اصلاً چرا باید از این در وارد شد؟ مفاهیم در طول تاریخ همیشه سیال بوده‌اند، ما سیالیت مفاهیم را نمی‌توانیم مورد انکار قرار بدهیم. حتی در عرصهٔ علوم دقیقه هم این چنین است، یعنی به هیچ وجه مفهوم Force (نیرو) یا mass (جرم) از آغاز به معنای که امروز آن به کار نمی‌رفته است. اگر به تاریخ فیزیك مراجعه کنید این تحول را می‌بینید. این است که در تاریخ علم مبحثی هست به نام Concepts in flux یعنی مفاهیمِ در حال جریان نه مفاهیم ثابت. همین‌طور است مفهوم ملت یا قوم و امثال آن. ایزوتسو کتابِ مهمی دارد که در آن تحول مفاهیم عربی را قبل و پس از اسلام مورد بحث قرار داده است. در علوم انسانی هم همین‌طور است.

آقای دکتر فکر می‌کنم حالا وقتش رسیده باشد که بپرسم وقتی می‌گوییم «ناکامی»، از چه چیز یا چه چیزهایی صحبت می‌کنیم؟ این را می‌پرسم تا خود لفظ ناکامی هم گرفتار همان مغالطه بزرگ که گفتید نشود.

من کلمهٔ ناکامی را عمداً اختیار کردم تا کلمهٔ انحطاط را به کار نبرم. کلمهٔ انحطاط را به کار نمی‌برم به این دلیل که انحطاط متضمن ارزش‌گذاری اخلاقی است. از ابتدا نمی‌خواهم داوری ارزشی کرده باشم. یعنی نمی‌خواهم بگویم مسلمان‌ها یا ایرانی‌ها دچار پستی شده‌اند. «ناکامی» را به این معنا به‌کار می‌برم که چیزهایی هست که ما در قیاس با دیگران نداریم و از داشتن و تحصیل‌شان ناکام مانده‌ایم. این را همین‌جا روشن کنم که حقیقتاً من نمی‌دانم که جهان مدرن بهتر است یا جهان سنتی؛ زندگی در دوران مدرن آدم را سعادت‌مندتر کرده است یا زندگی در دوران ماقبل مدرن. نه تنها من نمی‌دانم، بلکه گمان نمی‌کنم هیچ کس بتواند با برهان یا از راه تجربه نشان بدهد که مدرنیته بهتر از دوران سنت است، یا دوران سنت بهتر است از دوران مدرن. هیچ یك از دو مدعا برای من مسلم نیست و از هر دو سو می‌توان حجت آورد. البته فراموش نمی‌کنم که ما در دوران مدرن به دنیا آمده‌ایم و در دنیای مدرن به سر می‌بریم و زندگی می‌کنیم. مسائل‌مان را باید در همین جهان حل بکنیم و لذا این جهان را باید بشناسیم. آرزوی بازگشتن به دوران ماقبل مدرن آرزوی محال است، خواب آشفته‌ای است که تعبیر نخواهد شد. من نمی‌دانم که بشر که از دوران سنتی گذشته و به دوران مدرن رسیده ترقی کرده یا دچار انحطاط شده است. برای من حقیقتاً روشن نیست و برای همین آگاهانه از کلمهٔ انحطاط می‌گریزم. ترجیح می‌دهم کلمه‌ای که بار ارزشی کمتری دارد، یعنی کلمهٔ «ناکامی»، را به کار ببرم.

آقای دکتر چنین نگاهی به منزلهٔ نادیده گرفتن این همه سال تجربه و کوشش‌های بشری و این همه استعدادهای انسانی که به منصهٔ ظهور رسیده نیست؟

نه، ابداً نیست! من کلمهٔ ناکامی را که به این معنا به‌کار می‌برم، که بسیاری از دستاوردهای مدرن، در عالم طبیعت و در عالم انسانی، هست که ما از داشتن آن‌ها و از تحصیل آن‌ها ناکام مانده‌ایم.

آخر شما دارید می‌گویید که من نمی‌دانم دنیای سنتی بهتر است یا دنیای مدرن. وقتی بگوییم که معلوم نیست کدام بر دیگری ارجحیت دارد، یعنی این که این همه کوشش‌های بشر و دستاوردهای علمی و فرهنگی و سیاسی و پیشرفت را نادیده گرفته‌ایم!

خوب پس اجازه بدهید این را دقیق‌تر و مصداقی‌تر بحث کنیم.

من در سخنرانی‌های‌تان هم این نکته را دیدم و این سؤال برایم پیش آمد که آیا این به معنای نفی دنیای جدید و تأیید سنت‌گرایی رایج نیست.

ملاحظه بکنید که من تعبیر بهتر و بدتر را به کار نمی‌برم. چنان که عرض کردم، نمی‌دانم انسان مدرن سعادت‌مندتر از انسان گذشته است یا نه و برعکس. این سخن متضمن انکار دنیای جدید نیست. ما در دنیای جدید با هواپیما مسافرت می‌کنیم، با کامپیوتر کار می‌کنیم، به جام جهان‌نما یعنی تلویزیون نگاه می‌کنیم، و از داروهای جدید برای درمان بیماری‌های‌مان استفاده می‌کنیم و غیره. به هیچ وجه انکار نمی‌کنیم که بسیاری از بیماری‌هایی را که امروزه طبیبان نمی‌بینند و فقط در کتاب‌ها می‌خوانند، اما در قدیم بیماری‌های رایجی بود، مثل آبله و طاعون.

هم‌چنین نوع خانه‌سازی‌های ضد زلزله و انواع امنیت‌هایی که در شهرها کسب کرده‌ایم در گذشته نبود. گذشتگان بیشتر در معرض سیل و توفان و رعدوبرق و حملهٔ حیوانات وحشی بوده‌اند. من هیچ یك را انکار نمی‌کنم، اما با علم به همهٔ این‌ها باز ادعای خودم را تکرار می‌کنم که من نمی‌دانم انسان جدید سعادت‌مندتر از انسان گذشته شده است یا نه. به این دو جنگی که در قرن بیستم اتفاق افتاد، یعنی جنگ جهانی اول و جنگ جهانی دوم، نگاه بکنید. ظاهراً نزدیك ۵۰ میلیون کشته داشت. اگر تمام جنگ‌های تاریخ را روی هم جمع بزنید فکر نمی‌کنم این قدر کشته داشته باشد. بشریت در یك ناامنی بالقوه‌ای به سر می‌برد که هیچ‌گاه این ناامنی در این وسعت وجود نداشته است. ما خشنودیم، بلکه مفتخریم که بشر جدید در عصر اطلاعات به سر می‌برد. یعنی ما دربارهٔ آن چه که در اطراف‌مان می‌گذرد، از گذشتگان بسی مطلع‌تریم. امروز اگر زلزله‌ای در آمریکا اتفاق بیفتد، همین امروز و در همان ساعت از وقوع زلزله مطلع می‌شوید. اگر اتفاق کوچك یا درشتی راجع به فلان هنرپیشه یا کشف فلان

غار یا انتشار فلان کتاب بیفتد، فی‌الحال شما از آن‌ها مطلع می‌شوید. دانشمندان در گذشته ممکن بود چند قرن بگذرد و اسم یکدیگر را هم نشنوند، اما من و شما امروز به راحتی نه تنها به شهر و زندگی‌شان، بلکه به اندیشه‌های‌شان و به نقد اندیشه‌های‌شان نیز دسترسی داریم. همهٔ این‌ها را می‌دانیم و جای انکار نیست. ولی من حرفم این است که پابه‌پای این رشد اطلاعات ما رشد دروغ هم داشته‌ایم، یعنی به همان میزان اطلاعات درست که می‌توان در جهان پخش کرد به همان میزان می‌توان اطلاعات دروغ پخش کرد، و این واقعیت دارد. یعنی کثیری از مردم جهان امروز تحت نفوذ و سیطرهٔ انتشار اطلاعات غلط زندگی می‌کنند، یعنی رسانه‌ها و دستگاه‌های خبری. در ایران، و در آمریکا و اروپا چنان با اذهان و عقول مردم بازی می‌کنند که سابقه‌ای در تاریخ نداشته است. یعنی کارخانه‌های انسان‌سازی و شست‌وشوی مغزی بنا بر مدلی که قدرتمندان خواستاراند امروز به قوت در کار است که درگذشته هرگز چنین نبوده است. به همین سبب من معتقدم که جهان جدید درست پابه‌پای پدیده‌های افتخارآفرین چیزهایی را پدید آورده که شرم‌آفرین است. گذشتگان بی‌خبرتر بودند، اما دروغ کمتری هم در کار بود. امروزی‌ها با خبرتر هستند، اما دروغ بیشتری هم می‌شنوند. گذشتگان ابزار تکنولوژیك کمتری داشتند، لذا شرآفرینی‌شان کمتر بود. امروزه ابزار تکنولوژیك کارآمدتری دارند، لذا هم در خیرآفرینی و هم در شرآفرینی تواناتر شده‌اند. به طور کلی توانایی جدیدی که بشر جدید به دست آورده در هر دو مسیر متخالف می‌تواند حرکت کند: هم خیر هم شر، هم نیك هم بد، هم حق هم باطل. حال همهٔ این‌ها را که روی هم بگذاریم راه داوری را بر ما می‌بندد، ما را در داوری بسیار محتاط می‌کند که آیا واقعاً ما در جهان سعادت‌بخش‌تری زندگی می‌کنیم یا در جهان سعادت‌ستان‌تری؟ معنای این‌ها این نیست که علم جدید از علم قدیم تواناتر نیست. مسأله این‌جاست که این توانایی چقدر به سعادت بشر کمك کرده است، یعنی به کمال قوهٔ نظری و کمال قوهٔ عملی او.

آقای دکتر، ظاهراً بحث دربارهٔ چگونگی استفاده از این توانایی‌ها است. به نوعی می‌توانیم بگوییم که به هر حال اخلاق جدید متکفل حل چنین مشکلاتی است و در دنیای جدید راه‌هایی برای کاستن از شرها وجود دارد.

بله، تمام کوشش دلسوزان و دردمندان معطوف به این امر است، ناامید هم نیستیم. باید کوشش هم بکنیم، ولی این چیزی از آن داوری کم نمی‌کند. ما به‌هرحال در جهانی هستیم که گرچه لذت‌های‌اش بسیار انبوه شده، رنج‌های‌اش هم بسیار انبوه شده است و زمانی که آن را با جهان گذشته می‌سنجیم به یك نتیجهٔ قطعی و مشخص نمی‌رسیم.

پس با این مقدمه ما می‌توانیم این طور نتیجه بگیریم که وقتی ما صحبت از ناکامی می‌کنیم، یا بحث از مثلاً مدرنیته می‌کنیم، لزوماً سخن از یك وضعیت مطلوب‌تر نیست؛ یعنی فقط یك وضعیت دیگری است که می‌خواهیم آن را بشناسیم.

یك وقت هست که ما از مدرنیتهٔ موجود بحث می‌کنیم. مدرنیتهٔ موجود همین است که هست! و چنان که گفتم اصلاً طالب بازگشت به گذشته بودن سخن ناصوابی است، چون ناشدنی است و فرض محال است. به‌علاوه، دلیلی هم ندارد. ما نباید دنبال یك کار ناشدنی برویم و نیروهای‌مان را به هدر بدهیم . ما مشکلات‌مان را در همین جهان مدرن باید حل کنیم، اما این را هم می‌دانیم که وقتی صحبت از جهان مدرن می‌کنیم نباید فکر کنیم که لزوماً ما وارد جهان بهتری شده‌ایم. نه، این جهان مدرن هم اشکالات ویژهٔ خودش را دارد. اما برای بهتر کردن‌اش نباید به گذشته برگشت و ضمناً به حال گذشتگان تأسف نباید خورد که آن‌ها چقدر ناکام و بداقبال بودند. آنان دنیای خود را داشتند و دنیای ما دنیایی است که اکنون داریم و باید برای بهبودبخشیدن به وضعی که در آن هستیم کوشش کنیم. حال در صحبت از وضعیت تاریخی مسلمانان باید گفت: این ناکامی است و نه لزوماً همه جا انحطاط. گرچه انحطاط هم ممکن است دیده شود و من منکر آن نیستم، اما نامِ کلی انحطاط بر همهٔ وجوه نهادن درست نیست؛ مخصوصاً وقتی که این انحطاط همراه می‌شود با پاره‌ای از تحلیل‌ها که به نظرم سراپا ناصواب است. ببینید مثلاً شخصی با تقلید از پاره‌ای اندیشمندان فرانسوی، تز «امتناع تفکر» را مطرح کرد و حرف او این بود که مسلمان‌ها به دلیل دینداری دچار امتناع تفکر هستند.

البته ایشان از مفهوم دین‌خویی استفاده کرده...

بله، «دین‌خویی». این قصهٔ «امتناع تفکر» یا تقسیم مقولات به اندیشیدنی و نیندیشیدنی، چیز سابقه‌داری است. در نوشتهٔ فیلسوفان فرانسوی بسیار دیده می‌شود و محمد ارکون هم در نوشته‌ها و سخنان خود این را زیاد به کار می‌برد. بعد شخص دیگری آمد آن تئوری امتناع تفکر را گرفت و بسط داد و خصمانه با دین در افتاد. در ایران هم مقلدانی پیدا کرد. صرف‌نظر از این‌که سازنده و فروشندهٔ این فکر چه کسی بوده است، من با خود این نظر کار دارم. ببینید، هر نظام فکری با خودش یك امتناع تفکر هم می‌آورد؛ یعنی شما را وارد یك فضایی می‌کند که پاره‌ای سؤالات در آن فضا قابل مطرح شدن است و پاره‌ای از سؤالات مطرح نمی‌شود. اختصاص به دستگاه دینی هم ندارد، هر دستگاه فکری همین طور است. اما عده‌ای چون از ابتدا با دین مشکل داشتند این نظر را گرفتند و بلافاصله آن را بر منظومهٔ فکر دینی تطبیق کردند و آن را انحصاراً از آنِ منظومهٔ فکر دینی دانستند. پارادایم‌های علمی که تامس

کوهن مطرح می‌کند، مگر غیر از این است؟ می‌گوید شما در پارادایم علمی نیوتن که باشید، اصلاً یك رشته پرسش‌ها ناپرسیدنی است و مطرح نمی‌شود یعنی اصلاً به ذهن دانشمندان نمی‌رسد. نه کسی می‌پرسد، نه کسی دنبال جواب آن‌ها می‌گردد. تا این پارادایم، دوران خودش را طی بکند و رفته‌رفته آنومالی‌ها[1] (اعوجاجات) پیدا بشود و خرده‌خرده مشکلات آن تفکر به چشم همگان برسد و عمر طبیعی آن به سر بیاید و پارادایم تازه‌ای به وجود بیاید. این پدیده، هم در نظامات علمی‌ـتجربی دیده می‌شود هم در نظامات فلسفی و هم در نظامات دینی. اختصاص به تفکر دینی ندارد. نیندیشیدنی‌ها در همهٔ نظامات فکری هستند. ناپرسیدنی‌ها در همهٔ نظامات فکری هستند. حتی در فیزیولوژی مفهومی داریم به نام منع (inhibition). پاولوف از این مفهوم زیاد استفاده می‌کند. او می‌گوید وقتی وارد کاری می‌شویم، خودبه‌خود سیستم عصبی‌مان، ما را از کارهای دیگر منع می‌کند. مثال می‌زند که شما وقتی پای راست‌تان را پیش می‌گذارید، سیستم عصبی شما پای چپ‌تان را از پیش آمدن نگه می‌دارد، چون در غیر این صورت شما می‌افتید بر زمین و این باعث زوال شخص و نوع است. بدن باید به گونه‌ای عمل کند که حفظ نوع بشود. این مفهوم inhibition که از فیزیولوژی پاولوف می‌گیریم واقعاً در نظام‌های فکری هم مصداق دارد. هر نظام فکری یك فضاهایی را باز می‌کند، یك فضاهایی را می‌بندد. پرسیدنی و ناپرسیدنی اختصاص به تفکر دینی ندارد. اگر وجود ناپرسیدنی‌ها علت اصلی انحطاط باشد، پس تمام عالم و آدمیان دچار انحطاط‌اند! هر نظام فکری که شما در نظر بگیرید، یك نوع امتناعی را بر پیروان خود تحمیل می‌کند. حالا کسانی آمده‌اند و مفهوم نامفهوم «تصلب سنت» را هم بر این امتناع افزوده‌اند و معجون مخنثی را ساخته‌اند که نه ماده دارد نه صورت! از آن طرف، تاریخ عرصهٔ ضرورت‌ها نیست، بلکه عرصهٔ امکانات است. عرصهٔ ممکن‌هاست. از اول نوشته نشده که نظامی سرنوشت تاریخ را رقم بزند و نظام دیگری همیشه در بن‌بست بماند.

ببینید از دل قرون وسطا، روشنگری بیرون آمد. قرون وسطایی که خود اروپاییان می‌گویند تاریك‌ترین قرون بود. از این ظلمت‌کده آفتاب بیرون آمد. من بر این نکته تأکید می‌کنم که اگر ما دچار ناکامی شده‌ایم، ناکامی سرنوشت اجتناب‌ناپذیر تاریخی‌مان نیست. یك پدیدهٔ ممکن بوده است، این پدیدهٔ ممکن می‌تواند به یك پدیدهٔ ممکن دیگر بدل بشود. این ایده، ما را از چنگال دترمینیسم (جبرگرایی) خشن رهایی می‌بخشد. البته عمل را نباید فراموش کنیم، زیرا در همین عمل‌هاست که فرصت‌های تاریخی پیش می‌آید و راه عبور را نشان می‌دهند.

---

1. anomaly

شما سه ویژگی برای مدرنیته برشمرده‌اید: یکی علوم تجربی، یکی تکنولوژی، و سومی حق؛ و معتقدید که به هر حال علوم تجربی و تکنولوژی وارد کشور شده است، اما در زمینهٔ حق مشکل داریم. با این حساب آیا می‌توانیم بگوییم ناکامی ما در واقع یك ناکامی حقوقی است؟

در پاره‌ای از نوشته‌هایم آورده‌ام که هیچ فهرستی از مشخصات مدرنیته، فهرست کامل و جامع نخواهد بود. مثلاً من اخیراً آثار گیدنز را نگاه می‌کردم، اصلاً ذکری از فی‌المثل چیزی به نام «عقلانیت انتقادی» یا «اومانیسم» و مانند این‌ها به عنوان ویژگی‌های مدرنیته در آن نبود. او بر عناصر دیگری انگشت تأکید می‌گذارد. ما هم می‌توانیم به تشخیص خودمان روی عناصری که داریم یا باید داشته باشیم، انگشت تأکید بگذاریم. من همان‌طور که می‌دانید واقعاً معتقدم که می‌توانیم گزینش بکنیم و اساساً تا به حال نیز گزینش کرده‌ایم و راهی هم غیراز این نبوده و نیست. فتوا به عدم امکان گزینش فتوا به جبر سنگدل اجتماعی و تاریخی است. ما اگر هم برای مدرنیته روحی قائل باشیم، آن روح از طریق فرزندان مدرنیته منتقل می‌شود. بله، من معتقدم که در عرصهٔ سیاست مفهوم محوری و فربه، مفهوم حق است، تمام بنیان‌ها و نهادهای مهم سیاسی جدید بر مفهوم حق بنا شده است. اگر ما بخواهیم وارد مدرنیتهٔ سیاسی بشویم غیر از این راهی نداریم. تا مفهوم حق بین ما مثل مفهوم ناموس و مثل مقولهٔ شرافت اهمیت پیدا نکند، نهادهای مدرن‌مان معنایی نخواهند یافت و جز اسم‌های بی‌مسما نخواهند بود. البته در علم تجربی هم، جای کار بسیار هست و قس‌علی‌هذا.

پس مشکل ما فقط با «حق» حل نمی‌شود؟

این که معلوم است! ما که نمی‌خواهیم بگوییم ما در علم و تکنولوژی کامل شده‌ایم. توسعه، یعنی توسعهٔ علمی. همه چیز دائرمدار این امر است. عقلانیت جدید هم تجلی‌گاهش همین علم و فلسفهٔ جدید است.

آقای دکتر شما وقتی می‌گویید علوم تجربی، ظاهراً علوم انسانی هم مدنظرتان است.

بله، این که معلوم است.

به عبارتی منظورتان علم جدید است؟

بله، علم جدید.

هم در این بحثی که داشتیم و هم در جاهای دیگر، به این نکته اشاره کرده‌اید که اگر مواجههٔ ما با مدرنیته از طریق مواجههٔ علمی و فکری بود، وضعیت بهتری داشتیم. هم‌چنین دربارهٔ ناکامی مشروطه هم به گونه‌ای دیگر به این بحث اشاره کرده‌اید که مشروطه بدون

این‌که علوم تجربی و تکنولوژی وارد شده باشد طرح شد، و به همین دلیل ناکام ماند. این پرسش پیش می‌آید که اکنون که ما، هم با علوم جدید آشناییم و هم از تکنولوژی استفاده می‌کنیم، چرا این ناکامی کماکان با ما است؟

ما نسبت به دورهٔ مشروطه امروز کامیاب‌تریم، چون پاره‌ای مفاهیم را رفته‌رفته شناخته‌ایم. در دورهٔ مشروطه «حق» مطرح نشد، به جای آن «قانون» مطرح شد. مرحوم مستشارالدوله کتاب *یك کلمه* را نوشت و گفت که درمان همهٔ دردهای ما در یك کلمه نهفته است و آن «قانون» است. او حرف حقی می‌زد، ولی یك نکته از نوشتهٔ او غایب بود: روح قانون جدید، «حق» است. انسان حق‌اندیش و حق‌مدار انسان دورهٔ جدید است که این حق در صورت قانون ظاهر می‌شود. در آن دوره این حق‌مدار بودن انسان را نمی‌بینیم. مع‌الوصف با قانون آشنا شدیم و آشنا هستیم، صورت قانون و مفهوم تبعیت از قانون را گرفتیم. اما قانونی که روحش «تکلیفی» بود، درحالی‌که باید روحش «حقی» باشد. این آگاهی‌ها، آگاهی‌های میمونی است. باید بقیه‌اش را هم تحصیل کنیم.

دربارهٔ شما گاهی گفته می‌شود که شما توجهی به نقدهایی که بر آثار و گفتارتان می‌شود، ندارید و گاهی با منتقدان‌تان برخوردهای تندی می‌کنید. به نظر من بحث‌های اخیرتان و توجه‌تان به تاریخیت، حاصل توجه به نقدها است. نظر خودتان چیست؟

من به نقدها توجه زیادی دارم. ممکن است به همه جواب ندهم و بعضی را جواب‌دادنی ندانم، ولی فکر نمی‌کنم هیچ نقد خرد یا درشتی باشد که از نظر من دور بماند.

پاره‌ای را خود می‌گردم و پیدا می‌کنم، پاره‌ای را هم دوستان من برای من می‌فرستند. لذا گمان نمی‌کنم هیچ نقدی را نخوانده باشم. حتی آن‌هایی که به زبان‌های دیگر درمی‌آیند به نحوی به دست من می‌رسد. من می‌توانم ادعا کنم که به نوع این نقدها، به محتوای‌شان، آگاهی دارم و از آن‌ها با خبر هستم، اما در مقام پاسخ، البته همه را پاسخ نمی‌دهم. گاهی هم که پاسخ می‌دهم، پاسخ مستقیم نمی‌دهم، بلکه در بحث‌ها، با چشمی که به آن‌ها دارم، مسأله را مطرح می‌کنم و بدون این‌که مستقیماً سخنی از گویندهٔ نقد به زبان بیاورم سعی می‌کنم که پاسخی ارائه کنم.

نقدهایی را هم که بعد از همایش دین و مدرنیته و بحثی که دربارهٔ سید حسین نصر کردید و در مطبوعات هم نوشته شد لابد دیده‌اید؛ نظرتان دربارهٔ آن‌ها چیست؟ اساس این نقدها این بود که دعوا دعوای علمی و معرفتی نیست، بلکه غیرمعرفتی است و به جایی نمی‌رسد. چنین نکته‌ای را آقای بابک احمدی هم دربارهٔ بحث پوپر وهایدگر در ایران مطرح کرده است. نظر شما چیست؟

در مورد بحث پوپر و هایدگر توضیح مبسوطی خواهم نوشت. آقای احمدی صورت مسأله را درست مطرح نکرده‌اند، گرچه نقدشان بسیار خیرخواهانه است. نزاعی میان پوپری‌ها وهایدگری‌ها مطرح نبود. بیست سال پیش یك نفر به دلایل صددرصد سیاسی و غیرفلسفی دشنام‌هایی به پوپر داد و پاداش گرفت. من هم نه به او جواب دادم نه پای هایدگر را به میان کشیدم. همین و بس. اما در باب آقای دکتر نصر، من راز پنهانی را فاش نکردم. آقای نصر خود به رابطه با دربار مباهی و مبتهج است و این را به صدای بلند فریاد می‌زند. به‌علاوه، پروژهٔ مطرح شدن دکتر نصر یك پروژهٔ صددرصد سیاسی است، برای پاك کردن خط روشنفکری دینی. لذا شایستهٔ برخورد سیاسی است. عجب از روزنامه‌نگار روزنامهٔ غروب‌کردهٔ «شرق» است که ناگهان اخلاقی شده است و بر این کار خرده می‌گیرد. درحالی‌که خود او هرگاه در هر جا فرصت می‌یافت، میکروفن را به دست دشمنان بی‌ادب من می‌داد تا عقده‌گشایی کنند و مرا «نقال مثنوی» و امثال آن بخوانند و دراین کار هیچ عیب معرفتی و اخلاقی نمی‌دید!

آقای دکتر کمی هم از اوضاع و احوال این روزهای‌تان برای خوانندگان ما بگویید بد نیست. شنیده بودیم که برای ماندن به ایران آمده‌اید، اما ناگهان بار سفر بستید و خبرتان را از بیرون شنیدیم. ماجرا چیست؟

اگر شما به جای من بودید چه می‌کردید؟ نه امنیتی، نه قراری، نه امکان تدریسی، نه اجازهٔ خطابه‌ای

غم زمانه خورم یا فراق یار کشم؟
به طاقتی که ندارم کدام بار کشم؟[...]
نه دست صبر که در آستین عقل برم
نه پای عقل که در دامن قرار کشم[1]

...

چو پرده‌دار به شمشیر می‌زند همه را
کسی مقیم حریم حرم نخواهد ماند.[2]

---

۱. سعدی، *دیوان اشعار*، *غزلیات*، غزل ۴۰۴

۲. حافظ، *غزلیات*، غزل شماره ۱۷۹

ظالم آن قومی که چشمان دوختند،
از سخن‌ها عالمی را سوختند[1]

مایلم نخستین سؤال خود را به بحران به‌وجودآمده از قبال چاپ کاریکاتورهای اهانت‌آمیز نسبت به پیامبر اسلام اختصاص دهم. به یاد دارم بیش از شش‌سال پیش طی نشستی در نیکوزیای قبرس به اتفاق جمعی از اندیشمندان خدمت جنابعالی و دکتر ساموئل هانتینگتون نظریه‌پرداز «برخورد تمدن‌ها» بودم و جنابعالی در آن نشست به نقادی نظریهٔ برخورد تمدن‌ها پرداختید. حال بعد از گذشت چندسال از آن جلسه، آیا اساساً بحران پیش‌آمده از قبال چاپ کاریکاتورهای اهانت‌آمیز نسبت به پیامبر اکرم را می‌توان سرآغاز تحقق نظریهٔ برخورد تمدن‌های هانتینگتون تلقی کرد؟ یا این‌که می‌توان امیدی به ایجاد مفاهمه و گفت‌وگو میان تمدن غرب با جهان اسلام داشت؟

همان‌طور که فرمودید چند سال پیش و در ابتدای ریاست جمهوری آقای خاتمی همراه با تعدادی از ایرانیان اهل نظر و اهل سیاست در قبرس کنفرانسی با حضور آقای هانتینگتون برگزار شد که بنده هم در آن شرکت داشتم. از قضا یکی از بحث‌های داغ آن کنفرانس نظریهٔ آقای ساموئل هانتینگتون دربارهٔ رویارویی تمدن‌ها بود که من نگاه انتقادی به آن داشته و هم‌چنان هم دارم.

---

۱. متن تنقیح شدهٔ مصاحبه با شبکه هما، ۱۸ اسفند ۱۳۸۴.

بد نیست اشاره کنم که چهار سال پیش وقتی حوادث برج‌های دوقلو در آمریکا اتفاق افتاد، رشته سمینارهای متعددی در آمریکا و از جمله در دانشگاه هاروارد که اتفاقاً محل تدریس آقای هانتینگتون هم هست، برگزار شد و آقای هانتینگتون در پاره‌ای از آن سمینارها شرکت کرد، اما چنان‌که من شاهد بودم ایشان در هیچ کدام از آن سمینارها مایل و راغب نبود تا دربارهٔ نظریهٔ رویارویی تمدن‌ها سخنی بگوید یا آن حادثهٔ فجیع را قرینه و شاهدی برای صدق تئوری خود بینگارد. گمان می‌کنم اکنون هم اگر شما همین سؤال را از آقای هانتینگتون بپرسید، ایشان باز با تردید به شما پاسخ بگوید که واقعهٔ اهانت به پیامبر بزرگوار اسلام و جنبشی که در جهان اسلام علیه آن رخ داده، شاهدی بر صدق نظریهٔ او هست یا خیر.

اما به نظر من نظریهٔ هانتینگتون در وهلهٔ نخست نظریه‌ای است که برخوردار از دو مؤلفه است. یک مؤلفهٔ آن دموگرافیک و مربوط به قصهٔ جمعیت‌شناسی است و مؤلفهٔ دوم آن، مؤلفه‌ای فرهنگی - مفهومی است. بخش دموگرافیک این نظریه می‌گوید که رشد جمعیت در جهان اسلام، اعم از اقلیت‌هایی که در کشورهای اروپایی و آمریکا زیست می‌کنند و مسلمانان مقیم کشورهای اسلامی، از نرخ بسیار بالایی برخوردار است. به اعتقاد هانتینگتون این نرخ رشد بسیار بالا روزی برای کشورهای اروپایی و به‌طور کلی برای غرب مبدل به مسأله‌ای سیاسی-امنیتی و فرهنگی خواهد شد و مسلمان‌ها از نظر تعداد از غربی‌ها فزونی و پیشی خواهند گرفت.

اما نکتهٔ دوم نظریهٔ هانتینگتون که نکتهٔ مهم‌تری هم هست، تأکید ایشان بر ویژگی فرهنگی غرب است. به اعتقاد هانتینگتون پاره‌ای از مفاهیم مانند آزادی و حقوق بشر و جدایی دین از دولت یا جدایی سیاست از حکومت، مفاهیم ویژهٔ فرهنگ غربی است و این مفاهیم در فرهنگ اسلامی جایی ندارند و نمی‌شود بذر آن مفاهیم را در قلمرو اندیشهٔ اسلامی کاشت و اساساً فرهنگ اسلامی با این مفاهیم بیگانه بوده و خواهد بود. به همین سبب، وی معتقد است روزی این تمدن‌ها با یکدیگر تصفیه‌حساب خواهند کرد.

جدای از میزان صدق و کذب مؤلفه‌های نظریهٔ هانتینگتون (که به نظر من مؤلفهٔ دوم آن جای سخن بسیار دارد)، تئوری ایشان از نظر علم سیاست و جامعه‌شناسی به گونه‌ای است که همزمان می‌تواند در اثبات و نفی خود بکوشد.

آن‌چه من در نشست قبرس مطرح کردم این بود که تئوری هانتینگتون چنان است که می‌تواند خود را نفی کند؛ به این معنا که وقتی ابراز می‌شود، دیگران در مقام پیشگیری از وقوع آن برآیند. آن‌چنان‌که در مورد پیش‌بینی مارکس در باب ظهور سوسیالیسم و سپس کمونیسم در اروپا دیده شد. البته می‌تواند خوداثبات‌کننده نیز باشد؛ به این معنا که پاره‌ای از افراد

بکوشند تا آن را جلو انداخته و تحقق بخشند. اتفاقاً پس از حادثهٔ کاریکاتورها دیدم پاره‌ای از نویسندگان در همین راستا کوشش‌هایی کرده و خواسته بودند نشان دهند که جنگ تمدن‌ها (میان اسلام وغرب) آغاز شده و این‌ها علائم آن است. اما آن‌چه ما در جهان اسلام دیدیم، خصوصاً آن دسته از برخوردهای متمدنانه‌ای که با این امر شد، نشان داد که این امر قابل پیشگیری است و به هیچ وجه نمی‌توان در این مورد از رویارویی محتوم تمدن‌ها سخن به میان آورد. به‌علاوه، شما و بینندگان فاضل ما می‌دانند که هیچ امر حتمی و ضروری‌الوقوعی در تاریخ وجود ندارد و ما همیشه می‌توانیم تنها از امکان‌ها و احتمال‌ها سخن بگوییم. این امکان‌ها و احتمال‌ها نیز چنان‌اند که گاه می‌توانند بیش‌تر و گاه کم‌تر شوند و کمی یا افزونی آن بستگی به حسن تدبیر عاملان و بازیگران و گردانندگان امور دارد که با حادثه چگونه برخورد کنند و آن را در کدام جایگاه و منزلت تاریخی و اجتماعی بنشانند و چه سرنوشتی را برای یک تئوری یا یک پیش‌بینی آن رقم بزنند.

توجه دارید که صرف‌نظر از غیرقابل دفاع بودن چاپ چنین کاریکاتورهایی، تبعات آن نزد پاره‌ای از مسلمانان، بالا گرفتن خشم و نفرت هیستریک ایشان نسبت به عاملین و حامیان این عمل مذموم بود. حال با توجه به آن‌که جنابعالی سال‌ها نقاد عاملین و تئوری‌پردازان خشونت بوده‌اید، آیا واکنش مسلمانان را نیز می‌توان خشونت‌ورزی مذموم تلقی کرد؟ با این توضیح که بعد از این‌که جنابعالی مطلبی در مذمت چاپ آن کاریکاتورها به رشتهٔ تحریر درآوردید، عده‌ای در مقام نقادی نظر شما اعتراضی را مطرح کردند، به این مضمون که دکتر این غائله را به آتش آزادی در مقابل آتش غیرت تلقی کرده، درحالی‌که تقابل آتش آزادی و آتش غیرت سخنی ساختگی است و صحنهٔ تاریخ از تقابل غیرت دینی با غیرت دینی خونین شده و تاریخ سرشار از جنگ مذهب‌هاست ــ خاصه جنگ‌های درون دین‌ها ــ و مسلمانان بیش‌تر به دست خود مسلمانان بر خاك افتاده‌اند.

بله. من آن نوشته‌ای را که شما به آن اشاره می‌کنید خواندم و مایهٔ تعجب و تأسف من شد. من در یادداشت کوتاهی که در باب حادثهٔ کاریکاتورها نوشته بودم، اشاره کردم که در این واقعه دو فاندامنتالیسم یا دو نوع بنیادگرایی روبه‌روی هم قرار گرفتند. یکی فاندامنتالیسم سکولار و دیگری فاندامنتالیسم دینی و این دو هستند که مایهٔ حدوث حوادث ناگوار شده‌اند. یعنی از یک‌طرف کسانی سکولاریسم را چماق کرده و محتوای آن را که عبارت از حقوق بشر و آزادی بیان است، بهانه قرار داده‌اند تا در پناه این مفاهیم به مقدسات دیگران هجوم ببرند، اهانت کنند، ناسزا بگویند و جان‌های شیفتهٔ مسلمان‌هایی را که عاشقان و مشتاقان پیامبر خود هستند بی‌تاب کنند و برنجان‌اند و این را حق خود بدانند(!) و از طرفی دیگر مسلمانان

نیز وقتی خشمگین می‌شوند، گاهی حد و حدود عمل خود را نمی‌شناسند و بی‌محابا دست به کارها و رفتارهای ناصوابی می‌زنند، مانند آتش‌زدن سفارتخانه‌ها که مقبول و پذیرفته نیست. نویسندهٔ آن نقد هم، حمله بر منِ مسکینِ یک‌قبا آورد که سکولاریسم دین نیست. بنده هم نگفته بودم که سکولاریسم دین است و اگر هم چنین ادعایی می‌کردم بد نبود و تازه به معنای تقدیس سکولاریسم بود! حرف من این بود که پاره‌ای از افراد همان رفتار و استفاده‌ای را از سکولاریسم می‌کنند که پاره‌ای از متعصبان و بنیادگرایان دینی از دین. یعنی سکولاریسم را چماق می‌کنند و متعصبانه بدون توجه به موازین اخلاقی آن را به کار می‌برند. آن‌جا هم که صحبت از «به آتش آزادی» یا «به آتش غیرت» کرده بودم، چنان‌چه ایشان به‌دقت در آن متن نظر می‌کردند متوجه می‌شدند که کلمهٔ آزادی و غیرت را در گیومه قرار داده بودم؛ یعنی «مسمّی به آزادی» و «مسمّی به غیرت». لذا نه آن غیرت‌فروشی دینی غیرت واقعی است و نه این آزادی‌نمایی سکولار آزادی‌خواهی واقعی است. قصد من آن بود که بگویم برخی به نام «آزادی بیان» آتش در جان دیگران زدند. امروز اگر کسی به پدرتان اهانت کند شما از او خواهید رنجید و این را امری مطلوب و مقتضای آزادی بیان نخواهید شمرد. لذا چه جای آن دارد که آگاهانه یا ناآگاهانه پدر معنوی یک امت را کسانی مورد تمسخر قرار دهند؟

آن منتقد سکولار برای آن‌که نیشی هم به دین بزند گفته است که تاریخ پر از جنگ‌های دینی است. من این را انکار نمی‌کنم. می‌پرسم آیا دو جنگ جهانی اول و دوم که روی همهٔ جنگ‌های تاریخ را سپید کردند و پنجاه میلیون کشته برجا نهادند، جنگ‌های مذهبی بودند یا سکولار؟ حالا جالب است که اگر یک نسل پیش‌تر همین سؤال را مطرح می‌کردیم، مارکسیست‌ها می‌گفتند اصلاً جنگ دینی در تاریخ وجود نداشته و همهٔ جنگ‌ها طبقاتی بوده است! آن افراط و این تفریط همه از شیفتگی‌هایی اعتدال‌ستان برمی‌خیزد.

حالا اجازه بدهید کمی دایرهٔ بحث را از این نقد و انتقادی که صورت گرفته فراتر ببرم. به نظر من چنان‌که در پاره‌ای از نوشته‌هایم نیز آورده‌ام یکی از مشکلات امروز تمدن لیبرال این است که نسبت میان حق و اخلاق را کاملاً نکاویده‌اند. اگر هم کاویده‌اند این امر به‌خوبی آموزش داده نشده و در میان مردم ناشناخته مانده است. این درست است که ما برخوردار از پاره‌ای حقوق هستیم، اما در پاره‌ای از موارد، اخلاق حد و مرزی بر حقوق ما می‌نهد. یعنی علی‌رغم این‌که من حق آزادی بیان دارم، اما اخلاقاً حق ندارم کسی را برنجانم یا به کسی ناسزا بگویم یا به ترویج پورنوگرافی کمک کنم. به نظر من، در جامعهٔ غرب این تعارض حق و اخلاق حل نشده است. آن‌چه ما امروزه شاهد آن هستیم این است که حق سیل‌وار آمده و پاره‌ای از سرزمین‌های متعلق به اخلاق را شسته و از بین برده است. این همان چیزی است

که پاره‌ای از افراد را می‌رنجاند و باعث می‌شود تا برخی از استفاده‌کنندگان از حق، پا در سرزمین اخلاق گذاشته و موجبات برآوردن خشم و اعتراض دیگران را فراهم کنند. به گمان من، یکی از واجب‌ترین واجبات روزگار ما نگه داشتن حد این دو و نشاندن هر کدام در جای خود است. انتقاد من به غربیان این نیست که چرا لیبرال هستند، انتقاد من این است که چرا به اندازهٔ کافی لیبرال نیستند. انتقاد من این نیست که چرا دموکرات هستند، بلکه انتقاد من این است که چرا به اندازهٔ کافی دموکرات نیستند. من راه خود را و انتقاد خود را و مواجههٔ خودم را در این واقعه از کسانی که در داخل کشور به بهانهٔ چاپ همین کاریکاتورها حمله به دموکراسی و لیبرالیسم غربی می‌آورند، جدا می‌کنم. اما در این‌که بر تمدن مغرب‌زمین انتقادها وارد است و باید آن را نقد کرد هم شکی ندارم. صحیح نیست ما گمان کنیم که چنین اهانت کردن‌هایی دستاورد دموکراسی یا آزادی بیان در مغرب‌زمین است. اتفاقاً این‌ها همان سوءاستفاده‌هایی است که با شناخت کافی باید جلوی آن‌ها را گرفت.

اما در ادامهٔ همان بحث نقادی خشونت، مایلم سؤال بعدی را متوجه مسائل داخلی ایران کنم. جنابعالی اخیراً طی یکی از صحبت‌های‌تان حول موضوع نقادی خشونت و واعظان خشونت در ایران، نقطهٔ کانونی تئوری‌سازی خشونت در ایران بعد از انقلاب را متمرکز بر شخص احمد فردید کردید. آیا تصور نمی‌کنید این نظر کمی مبالغه باشد؟ چراکه فردید هر که بود و هر چه که گفت اما شعاع عمل و اندیشه‌اش را نمی‌توان تا این حد گسترده دید که جمیع فعالیت‌ها و موضع‌گیری‌های خشونت‌آمیز صورت‌گرفته توسط لایه‌هایی از حکومت را به اندیشه‌های وی گره زد. بنابراین، تصور نمی‌کنید فردید را از قوارهٔ واقعی خود خارج و بزرگ‌نمایی‌اش کرده‌اید؟

شما می‌دانید من برای نخستین بار دو ماه پیش طی مصاحبه‌ای این توضیحات را در باب جریان فردید و انصار و اذناب او دادم. اگرچه همهٔ این‌ها را در ذهن داشتم، طی ۲۷ سالی که از انقلاب اسلامی ایران می‌گذرد هیچ‌گاه چنین سخنانی را نگفته و ننوشته بودم و این نیست مگر به‌خاطر آن‌که اکنون می‌بینم تدریجاً پاره‌ای از این افکار به‌طور رسمی بر کرسی قدرت می‌نشیند و دست تصرف از آستین اقتدار بیرون می‌آورد و خشونت می‌آفریند. به همین سبب است که کوشیدم پاره‌ای از سرچشمه‌های خشونت در جامعه را نشان دهم و اگر دقت کنید آن‌چه من دربارهٔ فردید گفتم اندکی است از بسیار و ذره‌ای است از خروار. قصد من آن نبود که در اهمیت افکار فردید مبالغه کنم. افکار او آن‌چنان‌که در مصاحبهٔ خود آورده بودم، اهمیتی ندارد. حقیقتاً من فردید را دارای یک ذهن پریشان و زبانی پریشان‌تر می‌دانستم و می‌دانم. اما چه باید کرد که ایشان در میان جمع محدودی اهمیت و مرجعیت یافت و تدریجاً آن جمع

محدود تولید مثل کرد، آن هم نه فقط در میان روشنفکرنمایان، بلکه نزد پاره‌ای از طلاب و روحانیان و جرایدی همچون روزنامهٔ «کیهان» و مجلهٔ «سوره» و حوزهٔ اندیشه و هنر اسلامی. اکنون ما در دوره‌ای زیست می‌کنیم که طی چند ماه اخیر بسیاری از این افراد دست‌شان به قدرت رسیده و از دیوارهای قدرت بالا رفته‌اند.

من تعمداً این قصه را مطرح کردم چون دیدم بعضی نادانسته و ناآگاهانه آدرس غلط می‌دهند و همه چیز را به حجتیه وصل می‌کنند. البته من مدافع حجتیه نیستم. آن‌ها قومی بودند که اکنون حقیقتاً منقرض شده‌اند. آن افرادی هم که من از آن‌ها می‌شناسم، اساساً مایل به پانهادن در عرصهٔ سیاست نبودند و اساساً تئوری سیاسی نداشتند. این‌که رئیس جمهور کنونی از امام زمان دم می‌زند و آمدن ایشان را نزدیک می‌داند و پاره‌ای از موضع‌گیری‌های سیاسی خود را بر این اصل بنا می‌کند، نباید باعث فریب ما شود و گمان کنیم که حجتیه نفوذ کرده‌اند و حرف‌های‌شان را از دهان رئیس‌جمهور و دیگران می‌زنند. اتفاقاً من خواستم سرچشمه‌های اصلی چنین حرف‌ها و نظریه‌ها و موضع‌گیری‌ها را نشان دهم. حجتیه هر که و هر چه بودند، اهل خشونت نبودند و ترویج و دعوت به خشونت نمی‌کردند، اما جریان فردید جریان دیگری است.

همین دیروز دیدم عده‌ای از دانشجویان بسیجی در یکی از جلسات‌شان صحبت از این کرده بودند که دموکراسی ظهور نفسانیت است. این حرف حجتیه نیست. این حرف احمد فردید است. تمام دستاوردهای نیکوی مغرب‌زمین را که امروز و در این جوّ خشونت‌زدهٔ کشورمان به ذره‌ای از آن‌ها احتیاج داریم از طریق همین الفاظ به مسخره گرفته و لوث کرده‌اند.

کلماتی مانند نفسانیت، استکبار، غربزدگی، ماسونیت و اباحی‌گری را به‌کار گرفتند تا به‌راحتی و بدون استدلال خط بطلانی بر تمام این اندیشه‌های نیکو بکشند و ما را از آن‌ها محروم کنند و تنها جایگزینی که برای آن داشتند همین مسألهٔ خشونت بود. چنین است که من بر این مطلب آن‌قدر تأکید کردم و کوشیدم تا به‌درستی نشان دهم مشکل کار کجاست. شما به یاد دارید پاره‌ای از شاگردان او همچون رضا داوری در برنامهٔ تلویزیونی «هویت» که چندسال پیش در تلویزیون جمهوری اسلامی نشان داده شد چه گفتند و چه کردند و آب به آسیاب چه کسانی ریختند. هم‌چنان‌که به یاد دارید یکی از امام جمعه‌های تهران که هم‌چنان در این کسوت هست و در عمر بلند بی‌حاصلی که خداوند به او داده هیچ کاری جز حمله به دیگران نکرده، چند سال پیش، بدون این‌که حتی یک برگ از کتاب پوپر را خوانده باشد، در نماز جمعه به کتاب *جامعهٔ باز* حمله کرد. این امر به نظر من محصول ارتباطی است که همان

حضرات با این امام جمعه داشتند و رفته‌رفته نیز از آن طریق با بقیهٔ روحانیت ارتباط خود را گسترش دادند و این‌چنین بود که توانستند افکار خود را پخش کنند. به طور کلی، آن‌چه به‌صورت ضدیت و نفرت از غرب و تمدن مغرب‌زمین و دموکراسی و حقوق بشر در کشور ما می‌گذرد و در بسته‌بندی‌های نسبتاً ظریف و زرورقی عرضه می‌شود، محصول کارخانهٔ همان حضراتی است که جملگی به‌نحوی به آقای احمد فردید مرتبط و متصل‌اند. جالب است که پس از مصاحبهٔ دو ماه پیش من در باب فردید و تأییدش از آیت‌الله خلخالی، نامهٔ درشت‌گویانه‌ای از پسر آقای خلخالی به دستم رسید که در آن آمده بود آقای خلخالی نشست‌های متعددی با فردید داشته است. این هم تأئید دیگری بر گفته‌های پیشین من که خشونت‌پروری و خشونت‌گستری فقیهان، همه‌اش از فقه نبوده؛ از فلسفهٔ این فیلسوفان فاشیست‌مآب هم بوده است.

البته نقد غرب امر دیگری است و بنده به هیچ وجه مخالف آن نیستم. هم‌چنان‌که پیش‌تر گفتم در خود مغرب‌زمین هم فیلسوفانی هستند که غرب را نقد می‌کنند. ما هم دربست نباید همه چیز را بپذیریم. اما ضدیت با غرب، پراکندن نفرت علیه غرب و غرب‌ستیزی خشونت‌گرایانه، میراث نامیمون حاملان اندیشهٔ فردیدی بود و هست که اکنون نیز هم‌چنان مشغول سربازگیری برای اردوگاه خود می‌باشند. به گمان من، شناختن و شناساندن چنین بیماری و بیمارانی یک فریضه است، به‌خصوص که اکنون شاهد هستیم پاره‌ای از این‌ها به بعضی از مواضع قدرت هم دست پیدا کرده‌اند.

من خبر دارم که نه تنها در پاره‌ای از مطبوعات، بلکه حتی در لایه‌هایی از سپاه این افراد نفوذ کرده‌اند و افکار خود را در آن‌جا نیز رسوخ و رواج داده و باعث شده‌اند تا به طور کلی یک ذهنیت ناصاف و ناموزون نسبت به عالم پیرامون در میان ما پیدا شود. از همه بدتر، همین بحث یهودی‌ستیزی است. این واقعاً از عجایبی است که در تاریخ کشور ما پدید آمده است. یهودی‌ستیزی هرگز مسألهٔ ما نبوده‌است. ما هیچ‌گاه با یهودیان مسأله نداشته‌ایم. من در خارج از کشور گاهی با بعضی از همکاران و اساتید غربی که صحبت می‌کنیم و راجع به یهودیان از من سؤال می‌کنند، وقتی به آن‌ها می‌گویم که یهودیان در کشور ما در پارلمان نماینده دارند همه تعجب می‌کنند، چرا که ایشان گمان می‌کنند که مشت‌های همهٔ ما گره شده تا بر سر یهودیان بکوبیم و آن‌ها را از کشور بیرون کنیم و من توضیح می‌دهم که این‌چنین نیست، نه دین به ما چنین اجازه‌ای می‌دهد و نه انسانیت. خوشبختانه، آن تعداد از یهودیان باقی‌مانده در ایران هم برخورداری‌هایی مشابه با دیگران دارند. حال در چنین کشوری که هیچ‌گاه مسأله‌ای با یهودیان و یهودیت نداشته، حتی سابقهٔ نیکو دارد و در سابقهٔ تاریخی خود

کوروشی دارد که یهودیان را از اسارت رهایی داده و چنین افتخاری برای ایران آفریده است، عده‌ای بر اساس یک رشته تعلیمات باطل که از فلان استاد آلمانی آموخته یا به علت زندگی در فلان جوّ مسموم آلمانی با خود به ایران آورده‌اند، دشمنی با یهود و خصوصاً نقد فلسفی فیلسوفان بر اساس یهودی بودن یا یهودی نبودن را به بچه‌های این مملکت و دانشجویان فلسفه می‌آموزند. این یکی از نابخردانه‌ترین کارهایی است که در مملکت ما صورت گرفته و می‌گیرد. من حتی این شکل افراطی سخنان تأسف‌آور آقای رئیس‌جمهور را که دربارهٔ از بین بردن اسرائیل مطرح می‌کنند تا حدودی تحت تأثیر چنین اندیشه‌هایی می‌دانم. لذا گمان می‌کنم حال که این تفکر چنین ابعادی پیدا کرده هرگز مبالغه نیست اگر ما سرچشمه‌های این فکر را نشان دهیم و جهدمان را مصروف پرکردن چاهی کنیم که از آن جز مار و عقرب بیرون نمی‌آید، تا بتوانیم محیط سالم‌تری داشته باشیم.

چندی پیش در ایران فیلم «رستگاری در هشت و بیست دقیقه» از سیروس الوند به نمایش گذاشته شد. در این فیلم جوانی با ریش انبوه و چهره‌ای نیکو و فیلسوف‌مآب می‌خواست جامعه را از ناپاکی، پاک کند. شیوه‌اش هم آدم‌دزدی و آدم‌کشی بود. در اتاق کار این جوان عکسی از هایدگر بر دیوار بود و کتابی هم دربارهٔ فلسفهٔ هایدگر در دست‌اش بود. دیدم که فیلم‌ساز زیرک، انگشت بر نقطهٔ حساس و بر منبع ویروس نهاده است. به او آفرین گفتم.

«قرائت فاشیستی از دین» بهترین عنوان برای مکتب بیماری‌زای فردید است که متأسفانه قربانیانی هم از میان روحانیان گرفته است.

اما بعد از مواضع اخیر جنابعالی در نقد خشونتِ برخاسته از دیدگاه‌های فردید، یکی از سایت‌های داخل کشور مدعی شد که «شخصی که اینک نقاد تندروی و خشونت‌ورزی شده، خود در سال‌های اول انقلاب بی‌نصیب از این مشی نبود» و عمدتاً انگشت اشاره‌شان متوجه حضور شما در ستاد انقلاب فرهنگی طی سال‌های تعطیلی دانشگاه‌ها در دوران انقلاب فرهنگی است که منجر به اخراج و پاکسازی گستردهٔ بسیاری از اساتید و دانشجویان شد.

این کهنه داستانی است که می‌گویند.

محتسب شیخ شد و فسق خود از یاد ببرد
قصه‌ی ماست که بر هر سر بازار بماند[1]

---

۱. حافظ، *غزلیات*، ۱۷۸

این را بارها گفته‌اند و من هم بارها در موردش توضیح داده‌ام و عجیب این است که نه تنها مخالفان من یا مخالفان حکومت جمهوری اسلامی این سخن را می‌گویند و این تهمت را بر من می‌بندند، بلکه حتی از داخل و از جانب پاره‌ای از حکومتی‌ها و کسانی که از شاگردان همان فیلسوف‌اند که نامش رفت، این اتهام تکرار می‌شود، البته هر کدام از موضعی و منظری و با انگیزه‌ای و هدفی خاص. من البته خداوند را شکر می‌کنم که اهل خشونت نبوده و نیستم. در هیچ یک از نوشته‌های من هم هیچ سخنی نرفته که بتوان از آن اندک رایحهٔ خشونت‌پروری استشمام کرد. تمام جرم و گناه من که مرا مستوجب پاره‌ای عقوبت‌ها و پرداخت پاره‌ای از هزینه‌ها در داخل ایران کرد، همین بود که همواره دعوت به مدارا کرده و با خشونت‌ها ستیزه می‌کردم. اما من باز هم دربارهٔ آن‌چه در قصهٔ انقلاب فرهنگی است، توضیح می‌دهم و متشکرم که شما با طرح این پرسش این فرصت را پدید آوردید.

دو حادثهٔ «انقلاب فرهنگی» و «ستاد انقلاب فرهنگی» را باید از یکدیگر جدا کرد. این‌ها دو چیز کاملاً متفاوت هستند. انقلاب فرهنگی حوادث بعضاً خونینی بود که در سراسر کشور و در پاره‌ای از دانشگاه‌ها رخ داد. حملاتی به دانشگاه‌ها صورت گرفت و درگیری‌های نسبتاً درشت و سختی روی داد که منجر به تعطیلی دانشگاه‌ها شد. این‌که انگیزهٔ درگیری‌ها چه بود و پشت آن حرکت‌ها چه کسانی بودند و کدام جناح‌های سیاسی افراد را تقویت می‌کردند تا این حملات را انجام دهند، داستانی است که بخش بزرگی از آن هم‌چنان در تاریکی است. بنده هم نمی‌دانم و شاید کم‌تر کسی هم آن را بداند تا روزگاری که تنگناها و تاریکی‌ها برطرف و حقایق روشن شود. اما دو ماه پس از وقوع این واقعه، رهبری انقلاب، آقای آیت‌الله خمینی، تصمیم گرفت که دانشگاه‌ها را به دست کسانی که امین او بودند بسپارد تا از نو برای دانشگاه‌ها برنامه‌ریزی کنند و سپس آن را بگشایند. چنین بود که ایشان هفت نفر را اختیار کردند و به آن‌ها حکم دادند تا ستاد انقلاب فرهنگی را تشکیل دهند و در بازگشایی دانشگاه‌ها بکوشند. لذا ما دو حادثهٔ کاملاً متفاوت و مجزا داریم، یکی حادثهٔ خشونت‌آمیز انقلاب فرهنگی و بسته‌شدن خونین دانشگاه‌ها و دیگری حادثهٔ بازگشایی دانشگاه‌ها که نه تنها خشونت‌آمیز نبود، بلکه فرونشانندهٔ خشونت نیز شد.

در داوری‌ها، آگاهانه یا ناآگاهانه، عمداً یا غیرعمد، این دو امر با یکدیگر مخلوط می‌شوند. کاری که ما در ستاد انقلاب فرهنگی می‌کردیم (که به‌گمان من از جانب همهٔ کسانی که آگاه‌اند و همهٔ دانشجویانی که الان به دانشگاه راه یافته‌اند، شایستهٔ سپاسگزاری است) این بود که کوشیدیم محیط امنی برای آموزش در دانشگاه‌ها پدید آوریم و جلوی تندروی‌ها را بگیریم. همهٔ

کسانی که روزگار ابتدایی انقلاب را دیده‌اند، می‌دانند که همهٔ انقلاب‌ها روزگار اولیهٔ مشابهی دارند. اگر تمام سیر و مسیرشان یکسان نباشد، لااقل چند سال اول آن‌ها با هم یکسان است، از جمله این‌که تندروی در حد اعلی و عقلانیت در نازل‌ترین درجه قرار دارد.

ما با چنین وضعیتی در کشور مواجه بودیم. آن روز هرکس تندروتر بود، هرکس شعارهای تندتر و خشونت‌آمیزتر و به اصطلاح آن روز انقلابی‌تر و حزب‌اللهی‌تر می‌داد، پیروزتر بود و پیروان بیش‌تری داشت و در چنین وضعی چه‌قدر کار برای افرادی که طالب مدارا و عقلانیت بودند، دشوار می‌شد. بیش‌ترین بخش انرژی ما در ستاد انقلاب فرهنگی، مصروف دفعِ، و مواجهه با، این امواج تندروانه و خشونت‌گرایانه در دانشگاه‌ها می‌شد تا رفته‌رفته جای امنی برای آموزش و پرورش در دانشگاه به وجود بیاوریم. ما تا حدی که آن فضا و چارچوب اجازه می‌داد در این کار موفق شدیم و دانشگاه را بازگشایی کردیم. لذا داوری مخدوش و معکوسی که در این باب صورت گرفته این است که گمان می‌کنند حادثهٔ قبل از تشکیل ستاد عین همان حادثهٔ تشکیل ستاد است و هر دو را تحت نام واحد «انقلاب فرهنگی» می‌آورند و بر همان اساس هم قضاوت می‌کنند. این قضاوت صحیحی نیست، من در باب آن بارها سخن گفتم، اما از همه عجیب‌تر و ناشنیدنی‌تر سخنان پاره‌ای از راستی‌ها و امنیتی‌ها و حزب اللهی‌هاست. آن‌ها به‌خاطر این‌که یکی از مخالفان و ناقدان خود را از میدان بیرون کنند، انگشت روی قصهٔ انقلاب فرهنگی گذاشته‌اند و آب را گل‌آلود کرده‌اند!

حقیقت این است که اگر به فرض در آن ایام خشونتی هم صورت می‌گرفت، فقط شخص من در ستاد انقلاب فرهنگی نبودم و ستاد شش عضو دیگر هم داشت. اگر بناست حکومتی‌ها افراد را به این تهمت متهم کنند، همهٔ آن افراد را باید مطرح کنند. گذشته از این، خودشان هم می‌دانند که با این کار یکی از دستاوردهای انقلاب (به زعم خودشان) را مورد حمله قرار می‌دهند. اما فعلاً برای آن‌ها این محاسبات مهم نیست؛ مهم فروکوفتن یک نفر است. این حق مطلب بود که من خدمت شما عرض کردم. خوشبختانه، ستاد انقلاب فرهنگی در فروخواباندن آن امواج خشونت نسبتاً موفق بود و حتی دانشجویانی را که حقیقتاً طالب این بودند که دوران تعطیلی دانشگاه طولانی‌تر باشد قانع کردیم تا دست از آن ایده و اندیشه بردارند، چرا که مملکت حاجت به دانشگاه و دانایان دارد و مملکت را باید دانایان اداره کنند نه نادان‌ها. البته این توضیحات هم با دشواری‌های مخصوص خود همراه بود و ما پس از یک سال‌ونیم بود که توانستیم دانشگاه‌ها را باز کنیم و خیل وسیعی از جوانان را که یا در خیابان‌ها سرگردان بوده و یا به‌دنبال خروج از کشور بودند به همراه اساتید به دانشگاه‌ها برگردانیم و روال عادی تعلیم و تربیت را در دانشگاه‌ها برقرار کنیم.

البته این قصه تا آن‌جایی است که بنده در ستاد بودم و پس از آن شورای انقلاب فرهنگی تشکیل شد که من در ابتدای این شورا از آن‌جا خارج شدم و بیش از ۲۰ سال است که دیگر هیچ ارتباطی با آن شورا ندارم.

البته من خود نیز از این شورا گله دارم. گلهٔ من این است که تمام این گروه‌های خشونت‌گرایی که گاه به نام انصار حزب‌الله و گاهی به نام لباس شخصی‌ها و گاه گروه‌های فشار نامیده شدند، کسانی بودند که ظرف ۲۰ سال بعد از تشکیل شورای انقلاب فرهنگی پدید آمده‌اند و من خود از اولین قربانی‌های این خشونت‌گران در دانشگاه‌های اصفهان، تهران، مشهد، قم و خرم‌آباد (که نه خرم بود و نه آباد) بودم.

در همهٔ این مکان‌ها من از قربانیان بودم و شورای انقلاب فرهنگی این خشونت‌ها را دید و دم برنیاورد و هم‌چنان ادامه می‌دهد. الان دیگر وضع به جایی رسیده است که انجمن‌های اسلامی داخل دانشگاه‌ها نیز با هزار مانع روبه‌رو هستند تا یک جلسه تشکیل دهند که در آن دم از اسلام بزنند؛ اسلامی که ممکن است قدری با اسلام حکومتی زاویه داشته باشد. امروز این انتقاد البته به شورای انقلاب فرهنگی وارد است. شورای انقلاب فرهنگی که (باز من برمی‌گردم به سؤال نخست شما) چند نفر از شاگردان همان آقای فیلسوف در آن حضور مرتب و سخن نافذ و مؤثر دارند و بر این خشونت‌ها چشم می‌پوشند، اگر نگوییم که نفت بر آتش آن‌ها می‌ریزند.

من از وقتی‌که وارد ستاد انقلاب فرهنگی شدم، می‌دانستم که چه‌کار باید بکنم و در حد توانم این کاروان را به‌کجا باید ببرم. روش من چنان بود که بعدها از طرف دو نفر دو لقب به من داده شد. یکی از آن‌ها شخص آقای مصباح بود و دیگری دوست آقای مصباح، یعنی حجت الاسلام دکتر احمد احمدی که اکنون عضو شورای انقلاب فرهنگی است و در مجلس شورای اسلامی نیز نماینده است؛ هم‌چنان‌که در دپارتمان فلسفهٔ دانشگاه تهران نیز استاد است. آقای مصباح کلمهٔ نرم‌تر و ملایم‌تری به‌کار برد و گفت در آن موقع در ستاد انقلاب فرهنگی نفوذی‌هایی بودند، که منظورشان من بودم، و این‌که من با اندیشهٔ خشونت سر آشتی نداشتم. اما آقای احمدی بنا به طبع و اخلاق حسنه‌ای که دارند، لفظ درشت‌تری به‌کار بردند و گفتند منافقانی در ستاد انقلاب فرهنگی بودند. البته من این هر دو کلام را که آن‌ها در ذم من گفتند، عین مدح خود می‌گیرم. در واقع، هر دو به این مطلب اشاره کردند که من اجازه به تصویب پاره‌ای از تندروی‌ها در ستاد انقلاب فرهنگی نمی‌دادم و به این ترتیب این نقطهٔ افتخاری است برای من، و بابت این از خداوند سپاسگزارم.

با توجه به این‌که ضمن صحبت‌تان اشاره‌ای به آیت‌الله مصباح یزدی داشتید، مایلم سؤال بعدی خودم را به نوعی مرتبط با ایشان کنم. جنابعالی در موضع‌گیری اخیرتان اشخاصی همچون فردید را در کنار آیت‌الله مصباح یزدی قرار دادید. متعاقباً دیده شد یکی از سایت‌های داخل ایران با توجه به چنین ادعایی این پرسش را از شما کرد که: آقای سروش چگونه مصباح یزدی که مزاج صدرایی-سینوی دارد را کنار فردید و امثال داوری می‌نشانید؟ کجا روحانیانی مثل مصباح یزدی نیازمند افلاتون و هایدگر شدند که امثال داوری و فردید بتوانند کاری برای آن‌ها بکنند؟ و اصلاً چگونه می‌شود فردید را پیرو راستین افلاتون و هایدگر دانست؟ و از همه مهم‌تر، چگونه آقای سروش به‌عنوان یک متکلم سرشناس، ارتباط‌شان با فلسفه می‌تواند این‌قدر ضعیف شده باشد که هایدگر را کسی بشناسد که از مدرسهٔ او فقط فاشیست بیرون می‌آید؟

اولاً، که من به هیچ وجه معتقد نیستم که از مکتب هایدگر فقط فاشیسم بیرون می‌آید. البته در این‌که هایدگر با نازیسم سر و سّری داشت جای هیچ تردیدی نیست. از قضا همین چند روز پیش با یکی از استادان فلسفهٔ کشور فرانسه سخنی داشتم و ایشان می‌گفت که در پایان ماه مارس ۲۰۰۶ کتاب پرسروصدایی در باب ارتباطات هایدگر و نازیسم که حاوی اطلاعات تازه‌ای خواهد بود، منتشرخواهد شد. باری، از این کتاب‌ها و نوشته‌ها در مغرب‌زمین بسیار است، ولی سخن من اصلاً این نبود که هایدگر معلم نازیسم است یا فقط معلم نازیسم است و درس دیگری نمی‌دهد. اتفاقاً خیانتی که آن گروه یهودی‌ستیز در کشور ما کردند این بود که هایدگر را بدنام کردند.

هایدگر در کنار بعضی موضع‌گیری‌های ناروای سیاسی، که به حق در مورد آن‌ها بدنام شده، فلسفهٔ معتبری دارد که قابل نقد است و مثل هر فیلسوف دیگری می‌توان فلسفهٔ او را خواند و بررسی کرد. باز یکی از جفاهایی که در کشور ما به هایدگر شد این بود که اصلاً فلسفهٔ هایدگر مورد نقادی قرار نگرفت. بالاخره هایدگر خدا یا پیامبر که نیست. ایشان هم بشر است و اندیشه‌های بشری دارد و می‌تواند مورد نقد قرار بگیرد. اتفاقی که در مملکت ما افتاد آن بود که پیروان و مریدان هایدگر کوشیدند ارادت‌ورزی و سکوت وخضوع نسبت به هایدگر را تعلیم و تعمیم دهند. هرگز یک نکته نه در گفته‌ها و نه در نوشته‌های ایشان ظاهر نشد که فلسفهٔ هایدگر را نقد کرده باشند. البته این از دو جهت بود: یکی از باب ضعف فکری خود آن‌ها که اساساً به آستانهٔ نقد و نقادی نمی‌رسیدند، و دوم هم این‌که اصولاً به نقد باور نداشتند. آن‌چه را که تعلیم می‌دادند ارادت‌ورزی بود، چرا که هایدگر با موضع‌گیری‌های خشونت‌گرایانهٔ سیاسی‌شان منطبق‌تر بود. به هر حال، سخن من در باب

هایدگر این است که مانند هر فیلسوف دیگری او را باید خواند، فهمید، نقد کرد و از او گذشت و در یک نقطه متوقف نماند.

اما قصهٔ آقای مصباح و رابطه‌اش با فردید و امثال او در ارتباط فلسفی خلاصه نمی‌شود. من اساساً نمی‌خواستم در آن مصاحبه، جغرافیای فلسفه در کشور را ترسیم کنم. اگر بنا بر آن بود باید پای بسیاری از مسائل دیگر را به میان می‌آوردم و نکته‌های بسیاری در این‌جا بود و هست که امیدوارم زمانی فرصت کنم تا آن‌ها را بگویم یا بنویسم.

بله، این درست است که آقای مصباح چندان اطلاعی از فلسفهٔ هایدگر ندارد و چندان اعتنا و التفاتی هم به آن ندارد. این‌ها را من به درستی می‌دانم. اما حقیقت این است که آقای مصباح با این‌که در مقام نقد از کسانی که خوشش نیاید بسیار بی‌پرواست و هیچ ملاحظه‌ای هم نمی‌کند، هیچ‌وقت ندیدیم نقدی از این گروه کرده باشد.

اجازه بدهید ابتدا این را عرض بکنم که من اساساً با آقای مصباح یا آن افراد دیگر مسألهٔ شخصی ندارم، بلکه مسألهٔ اجتماع و فکر و نقش و تأثیر منفی آنان در جامعه و جوانان ما سبب شده تا من گاهی به صراحت دربارهٔ آن‌ها سخن بگویم.

من سال‌هاست که گفته‌ام آقای مصباح مرد صاحب‌نظری در فلسفهٔ اسلامی است. حتی در نوشته‌های پیشین خود آورده‌ام که ایشان مقدم بر آقای جوادی آملی است. یعنی آن‌چنان که من می‌فهمم و از نوشته‌های ایشان درمی‌یابم، قدرت نقادی آقای مصباح در فلسفهٔ اسلامی بهتر از همگنان اوست. حتی وقتی که من از داوران کتاب سال بودم این اصرار من بود که باعث شد یکی از کتاب‌های فلسفی آقای مصباح یعنی کتاب *نهایة‌لحکمه* مرحوم آیت‌الله طباطبایی که آقای مصباح آن را شرح و حاشیه نوشتند و به گمان من کتاب باارزش و معتبری است، کتاب سال شناخته شود. لذا خدای نکرده تصور نرود که من مسألهٔ شخصی با ایشان دارم.

من گمان می‌کنم تا آن‌جایی که پای فکر و فلسفهٔ اسلامی در میان است، آقای مصباح رتبه و نمرهٔ بالایی می‌گیرد. اما متأسفانه پا را که از این‌جا بیرون بگذارید، ناموزونی‌ها و زشتی‌ها ظاهر می‌شود. من حقیقتاً شخصی کج‌سلیقه‌تر از آقای مصباح در امر دین و سیاست ندیده‌ام.

شما ملاحظه کنید در روزگاری که کسانی مانند مرحوم مطهری می‌کوشیدند تا قصهٔ بردگی را به نحوی حل کنند و برای مسلمانان توضیح دهند که چرا بردگی بر پیامبر اسلام تحمیل شد و به لحاظ شرایط اجتماعی ایشان وادار شد تا بردگی را به رسمیت بشناسد و برای آن قوانینی وضع کند و از طرفی هم قوانینی برای آزاد کردن بردگان وضع کنند، در چنین وضعیتی آقای مصباح

با کمال کج‌سلیقگی در سخنرانی‌های عمومی خود بردگی را تأیید می‌کند و می‌گوید: «امروز هم اگر بین ما و کفار جنگی در بگیرد ما برده خواهیم گرفت، حکم بردگی منسوخ نیست و ابدی است. برده می‌گیریم و می‌آوریم در جهان اسلام و نزد مسلمانان نگه‌داری می‌کنیم، هدایت می‌کنیم، مسلمان می‌کنیم و آن‌گاه آن‌ها را به کشورهای خودشان بازمی‌گردانیم.»

واقعاً چنین کج‌سلیقگی‌ای سابقه ندارد! وقتی‌که مناظره‌ای بین آقای مصباح و محمد جواد حجتی برگزار شد (من همهٔ این‌ها را از حافظه نقل می‌کنم وگرنه، اگر بنا به تتبع و استقصاء باشد مواردی بسیار بیش‌تری می‌توان پیدا کرد)، من خود شاهد این مناظره بودم که آقای حجتی به آقای مصباح یزدی می‌گفت که در سخنرانی‌های عمومی بی‌حرمتی کردن نسبت به مستمعان و مخاطبان کار شایسته‌ای نیست و آقای مصباح به جای این‌که روش خود را در مقام سخن‌گفتن تصحیح کند در جواب آقای حجتی گفت که: «نخیر، ما خطبه‌هایی در *نهج‌البلاغه* داریم که در آن خطبه‌ها، امام علی هم هنگام سخن گفتن و خطابه خواندن به مستمعین خود اهانت می‌کرد.» یا وقتی‌که قصهٔ تروریسم مطرح بود، ایشان به صراحت در خطبه‌های پیش از نماز جمعه مطرح می‌کرد که: «باید این لکهٔ ننگ را زدود که پاره‌ای فکر می‌کنند خشونت در اسلام نیست. ما می‌خواهیم و عازم‌ایم و تصمیم گرفته‌ایم تا احتجاج و اثبات کنیم که خشونت در متن اسلام وجود دارد.» حقیقتاً یک چنین کج‌سلیقگی‌ای فریاد انسان‌های آزادی‌خواه را برمی‌آورد، فریادی که هم از عمق انسانیت برمی‌خیزد و هم از عمق اسلامیت. من هرگز و به هیچ وجه باور ندارم که دل آقای مصباح برای اسلام بیش‌تر از دوستان اصلاح‌طلب ما می‌سوزد. موضع‌گیری‌های بنده در مورد آقای مصباح فقط به این سبب است که معتقدم ایشان در این روزگار در زشت کردن چهرهٔ اسلام از همه سهیم‌تر و مؤثرتر است، اسلامی که من هم به آن علاقه‌مندم و مانند کثیری از خلق خداوند در روی کرهٔ زمین به آن دلبسته و مؤمن و معتقدم. این اسلام را نباید مُشوّه کرد. اسلام عظیم‌تر و عزیزتر از آن است که تفسیرش به مشتی روحانی خشونت‌گرای کج‌سلیقه سپرده شود. این سرمایهٔ عظیم و میراث قدسی پیامبر عظیم‌الشأن اسلام را باید از دست آنان بیرون آورد. آنان خزانه‌داران امینی برای این میراث گران‌بها نیستند. اگر من جهد و جهادی می‌کنم، به همین خاطر است. بدتر از همه این‌که شما شاهد پیوند نامیمون و نامقدسی میان پاره‌ای از این روحانیان کج‌سلیقه با آن فیلسوف‌نمایان خشونت‌گرا باشید. این بیش از همه آدمی را می‌رنجاند. شما می‌بینید که سخنان آن‌ها، تحلیل‌های آن‌ها و استدلال‌های آن‌ها، مفهوم‌سازی‌های همان فیلسوف‌نمایان است که از دهان این‌ها بیرون می‌آید که به نام مخالفت با غرب و مخالفت با دموکراسی و مخالفت با حقوق بشر ابراز می‌شود.

آقای مصباح روزی در یکی از فرمایشات‌شان گفتند، نه هر کس دو متر چلوار بر سر بگذارد، روحانی و دین‌شناس است. من نمی‌دانم خود ایشان چند متر چلوار بر سر می‌بندند، اما اصل سخن‌شان را درست می‌دانم.

روحانیت ما یک بار یک سمینار برگزار نکرد که در آن استبداد دینی مورد بحث قرار بگیرد. صدها سمینار در باب ولایت فقیه داشتیم، اما یک سمینار نداشتیم که در آن قصهٔ استبداد دینی مورد بحث قرار بگیرد. این نیست مگر به سبب رسوخ روح خشونت در آنان.

از غرائب است که اخیراً می‌بینم همین آقای مصباح که روزی در خشم و خشونت علیه دکتر شریعتی عمامه به زمین می‌زد و به صراحت می‌گفت شریعتی امروز در قعر جهنم به سر می‌برد، رفته‌رفته تحلیل‌های انقلابی و شبه‌انقلابی شریعتی را در سخنرانی‌های خود به‌کار می‌گیرد تا متاع خشونت‌آلود خود را بفروشد. در این میان از همه مظلوم‌تر، دینداری مداراگرایانه و معرفت‌اندیش است که مورد مظلومیت تام و تمام قرار گرفته و حق آن ادا نمی‌شود.

روزی مرحوم شریعتی می‌کوشید تا اسلام را با انقلاب و انقلابی‌گری آشتی دهد، امروز کسانی از روحانیان دست در دست پاره‌ای از فیلسوف‌نمایان خشونت‌گرا می‌خواهند اسلام را با خشونت آشتی دهند و حتی می‌خواهند کسانی چون شریعتی را از اعضای همین کاروان و همین اردوگاه معرفی کنند.

اما اردوگاه سومی هم وجود دارد که می‌خواهد اسلام را با آزادی‌خواهی و مدارا و نرمی و انسان‌نوازی آشتی دهد و دور را از دست این خشونت‌گرایان بگیرد. من پاره‌ای از مخالفان روشنفکری دینی را دیده‌ام که دقیقاً بر همین نقطه انگشت تأکید می‌گذارند و به من و امثال من می‌گویند اسلامی که شما می‌گویید اسلام واقعی نیست. اسلام واقعی آن است که مصباح و خزعلی و حسنی و جنتی و امثال این‌ها می‌گویند!! مشکل کوچکی نیست. ما باید توضیح دهیم و نشان دهیم و گاه با صراحتی پرهزینه بیان کنیم که این چنین نیست و آن کیش محبوبی که ایرانیان و مسلمانان به آن دلبسته‌اند مطلقاً سخن‌گوی‌اش آقای مصباح و خشونت‌گرایانی مانند او نیستند.

آقای دکتر مایلم بحث قرائت خشن از اسلام را در این‌جا مختومه کنم و سؤالی هم در خصوص جنبش اصلاحات از شما داشته باشم. جنابعالی در نقد جنبش اصلاحات طی سخنرانی چند ماه پیش خود در آلمان ضمن گلایه‌هایی از عملکرد آقای خاتمی اشاره‌ای به این مضمون داشتید که تذبذب عملی ایشان ناشی از تذبذب نظری‌شان بود. هم‌چنین در همان سخنرانی در پاسخ به سؤالی دربارهٔ ادعای اکبر گنجی مبنی بر ابتر بودن اندیشهٔ دینی برای تحقق دموکراسی فرمودید که گنجی ادعای خود را مبتنی بر قرائت‌های متصلبی از دین

همچون قرائت آقایان مصباح و خزعلی قرار داده، درحالی‌که با قرائت‌های دیگر می‌توان به چنین هدفی رسید. اما اخیراً طی مراوده‌ای که با یکی از منتقدان‌تان داشتید، ادعایی نزدیک به ادعای گنجی کردید و آن این‌که تسری عصمت انبیا به اولیاءالله در اندیشهٔ شیعه مانع از تحقق دموکراسی در مذهب تشیع است، و دیدیم این نظر تا حدودی موجبات تکدر خاطر برخی از اصلاح‌طلبان را هم فراهم کرد و حتی دکتر کدیور به طعنه و اشاره اظهار داشتند کسانی که خود نظریه‌پرداز قرائت‌های متفاوت بودند از ایشان توقع خویشتنداری می‌رود. آیا می‌توان این شیفت فکری را به حساب تذبذب نظری دکتر سروش گذاشت؟ اساساً آیا سیالیت نظر یا عدم تصلب آن بالذات مذموم است یا ممدوح؟ و آیا پایان ریاست جمهوری آقای خاتمی را باید به معنای پایان پروژهٔ اصلاحات در ایران تلقی کرد؟

این‌که من در باب آقای خاتمی پاره‌ای سخنان صریح و احیاناً گزنده گفتم انکار نمی‌کنم. اما آن‌ها همه از سر دوستی و به دلیل این بود که با آقای خاتمی امکان ارتباط و هم‌سخنی بود. در حال حاضر، با رئیس جمهور کنونی متأسفانه باب این هم‌سخنی بسته شده است. گذشته از آن، آقای خاتمی تکیه بر مسندی زده بودند و در موقعیتی قرار داشتند که با ایشان سخن شخصی نمی‌گفتیم. سخن و خطاب ما با موضع و موقعیتی بود که ایشان در آن قرار داشت. به همین سبب هم برای روشن‌کردن نسل‌های حاضر و آینده باید صریح می‌بودیم.

من در جناب آقای خاتمی این مشکل را دیده بودم؛ مشکلی که قبلاً هم از آن به طور کلی‌تر سخن گفته بودم و آن این‌که عدم بصیرت در نظر موجب عدم شجاعت در عمل می‌شود. اگر شما به اندیشه‌ای به نحو روشن و قطعی پای‌بند باشید، در عمل هم شجاعت پیدا می‌کنید. اما اگر اندیشه ناروشن باشد و بصیرت نظری کافی حاصل نباشد، البته در مقام عمل هم دچار سستی و تزلزل خواهید شد. من گمان می‌کنم و هم‌چنان بر این گمان هستم که جناب آقای خاتمی علاوه بر موانع بیرونی‌ای که ایشان را احاطه کرده بود و مانع از اجرای افکار و برنامه‌های او و یارانش می‌شد و من در آن هیچ تردیدی ندارم، پاره‌ای موانع درونی هم داشت. یعنی مفهوم‌هایی که از آن‌ها دم می‌زد، مانند آزادی، حقوق بشر و جامعهٔ مدنی که شعار اصلی‌اش بود، ظاهراً حد و مرزشان برای ایشان کاملاً روشن نبود.

ایشان گاهی به این سو می‌رفت و گاه به آن سو؛ ایده‌ای را مطرح می‌کرد و دیگران هم دنبال او را می‌گرفتند، ولی ناگهان ترمز می‌کرد، عقب می‌کشید و باز می‌ایستاد و همه را متحیر می‌گذاشت! این قصه خصوصاً در جامعهٔ مدنی از همه‌جا مشهودتر بود. ایشان ایدهٔ جامعهٔ مدنی را مطرح کرد. من به یاد دارم چقدر در باب تحلیل و توضیح جامعهٔ مدنی مقاله نوشته

شد. روشنگری‌های بسیار خوبی شد و مفهومی که تا آن موقع نسبتاً غریب و ناآشنا بود، آشنا شد و جامعهٔ علمی و دانشگاهی ما، فرهیختگان و تحصیل‌کردگان ما آشنایی خوبی با آن پیدا کردند. من خودم به یاد دارم چند سخنرانی در این باب کردم و از من چند یادداشت و نوشته در این خصوص چاپ شد و دیگران هم هر کدام به نوبهٔ خود جهدی در این راه کردند. اما ناگهان مواجه شدیم با این‌که آقای خاتمی گفتند مراد من از جامعهٔ مدنی، مدینةالنبی است. این آب سردی بود که بر مغز و ملاج همه ریخته شد. ایشان یا از ابتدا چنین درکی از جامعهٔ مدنی داشت یا بعداً به دلایل خاص سیاسی و فکری نظرشان را عوض کرده و مدینةالنبی را به‌جای جامعهٔ مدنی نهاد و این تذبذبی آشکار در فکر ایشان بود.

شاهد همین تذبذب سخنان ایشان در باب آزادی هم بود. البته اگر بخواهم جناب آقای خاتمی را با دیگر سیاستمداران و مردان سیاست‌پیشه‌مان مقایسه کنم خواهم گفت که اصلاً جای مقایسه نیست. به هر حال، من در آقای خاتمی چنین مشکلی را، که نام آن را می‌توان تذبذب گذاشت، می‌دیدم و آن را منشأ پاره‌ای از مشکلات عملی ایشان می‌شمردم و معتقدم همین باعث شد تا ما به پاره‌ای از ناکامی‌ها برسیم که اکنون گناهش را به پای روشنفکری دینی یا مردم‌سالاری اسلامی و غیره می‌نویسند.

در پاسخ به بخش دوم سؤال‌تان هم باید بگویم جناب آقای خاتمی نه نمایندهٔ روشنفکری دینی بودند و نه مبدع نظریهٔ مردم‌سالاری دینی، بلکه ایشان از محصولات و مخلوقات روشنفکری دینی بودند. به همین سبب با سستی و ناکامی یا تذبذب ایشان نباید نتیجه گرفت که روشنفکری دینی یا مردم‌سالاری دینی به نقطهٔ پایان رسیده و دچار ناکامی مطلق شده است. چنین چیزی نیست. به‌گمان من، مردم‌سالاری دینی، هم معنای روشنی دارد و هم برخوردار از شیوه‌های عملی روشنی است که اگر مخالفان و خشونت‌گرایان بگذارند، امکان اجراشدن دارد و می‌تواند الگوی خوبی برای همهٔ جهان اسلام شود. خصوصاً که خوشبختانه در حال حاضر گفتمان غالب و مسلط در جامعهٔ ما گفتمان دموکراتیک شده است. یعنی دموکراسی الان توجیه‌کنندهٔ خود است. خود موجِّهِ خویشتن است. حاجت به دلیل ندارد تا از او دفاع شود. درست مانند کلمهٔ انقلاب در روزهای نخستین پس از انقلاب که عمل انقلابی به دلیل کلمهٔ انقلاب توجیه و اثبات‌اش در خودش نهفته بود، اکنون نیز شما صفت دموکراتیک را به هر چه نسبت دهید چنین اثبات و توجیهی را همراه آن می‌کنید و این البته واقعهٔ میمونی است که باید قدر آن را دانست. دموکراسی اسلامی و روشنفکری دینی هم‌چنان موجه و قابل دفاع هستند.

اما در باب این‌که ما می‌توانیم قرائت‌های مختلف از دین داشته باشیم، من هیچ تردیدی ندارم و هم‌چنان‌که اشاره کردید و از قول یکی از دوستان عزیز و بزرگوار ما آوردید، خود من در ترویج این مفهوم پیشقدم بوده‌ام. اما من باید یک تحذیر در این‌جا بکنم و آن این‌که معناداشتن و موجه‌بودن قرائات مختلف این نیست که در عالَمِ قرائت‌های دینی هرج‌ومرج برقرار است و هر قرائتی ممکن و موجه است. این را در نوشته‌هایم هم آورده‌ام. اگر بنا باشد که ما بتوانیم هر معنایی را از هر متنی بیرون آوریم، در این صورت تنها معنای این کار این است که آن متن بی‌معنا است. اما اگر متن محدوده‌ای معنایی دارد، ما باید در کشف آن محدوده بکوشیم. البته من به هیچ وجه معتقد نیستم که متن فقط یک معنا دارد یا معنا مساوی با مراد متکلم است، لیکن یک نکته را به قوت می‌توانم عرض و تأکید کنم و آن این‌که هر قرائتی از هر متنی ممکن نیست. به گمان من، هیچ کس نمی‌تواند روزی مدعی شود که از *قرآن* می‌توان شرک و چندخدایی را هم بیرون آورد. *قرآن* آن‌قدر در این قصه صریح است و آن‌قدر تأکید و تکرار دارد که آن‌ها را نادیده گرفتن و زیر پا گذاشتن در حکم نابینایی است. به گمان من، این ادعا که می‌توان اسلام را با نوعی حکومت عادلانهٔ دموکراتیک آشتی داد، ادعای موجهی است و دلایل زیادی هم برای آن می‌توان آورد. البته این آشتی‌دادن راهی طولانی دارد. من به هیچ وجه مانند فضل‌الرحمان و کثیری از نویسندگان عرب بر این رأی نیستم که از پاره‌ای از مواد درون‌دینی مانند بیعت و شورا و امثال این‌ها می‌توان استفاده کرد تا نوعی دموکراسی مدرن را استخراج کنیم. چنین کاری به گمان من نشدنی است و همهٔ جهدهای پیشین هم بی‌توفیق بوده‌اند. ما باید در باب وحی و در باب نسبت خدا و جهان، در باب منزلت دین در تاریخ، در باب منزلت فقه در درون دین و اساساً معنای شریعت و معنای کلام الهی و کثیری از این‌ها تئوری داشته باشیم. وقتی همهٔ این‌ها را دست‌نخورده بگذاریم و فقط به داخل فقه روی بیاوریم و سعی کنیم با پاره‌ای جمع و تفریق‌های ساده برخی احکام را عقب بزنیم، بعضی‌ها را پیش بیندازیم و یک برخورد گزینشی ناموجه با تعلیمات و محتویات دین کنیم، با چنین کارهایی به نتیجهٔ مطلوب نخواهیم رسید و هر نتیجه‌ای که بگیریم، نتیجهٔ مشکوکی است. ما حاجت به یک دین‌شناسی جامع داریم و در دل این دین‌شناسی جامع است که می‌توانیم پاره‌ای از اندیشه‌های مدرن را بخوانیم یا نحوهٔ استفادهٔ دیندارانه از آن‌ها را نشان دهیم و اگر چنین چیزی ممکن نیست، تکلیف خود را معین کنیم.

مسألهٔ ما این نیست که دموکراسی را با تعلیمات درون‌دینی سازگار کنیم یا از تعلیمات درون‌دینی بیرون بکشیم. ما باید نشان دهیم که چگونه می‌توان در عصر حاضر دیندار بود و در

دل جامعه و سیاستی عادلانه زیست کرد، آن هم عدالت امروزی که یک ضلع آن به دموکراسی و حقوق بشر می‌خورد و ضلع دیگرش با آزادی بیان نسبتی دارد و دیگری هم با حکومتی پاسخ‌گو، مسؤول و نقدپذیر همسایه است. ما چنین جهدی را باید انجام دهیم و اگر چنین اتفاقی افتاد، آن‌گاه می‌توانیم نام مردم‌سالاری دینی را بر زبان آوریم. به‌هرحال، همهٔ ما از مسلمان و غیرمسلمان طالب عدالت هستیم و این را فرو ننهاده‌ایم و این عدالت وقتی که به صورت‌های جدید و در جامعهٔ پیچیدهٔ امروزین ترجمه می‌شود، فقط نمی‌تواند منحصر به عدالت حاکم شود، بلکه باید عدالتی ساختاری، اجتماعی و اقتصادی باشد.

لذا تکرار می‌کنم که هر قرائتی ممکن نیست. من معتقدم پاره‌ای از درک‌ها که امروز از مسألهٔ امامت یا مهدویت و یا حتی از مفهوم خدا در جامعهٔ ما جاری است، چندان سازگاری با حکومت پاسخ‌گو ندارد و اجازهٔ رشد و توسعه به معنای امروزین کلمه را به جامعه نمی‌دهد. چنین درک‌هایی مفهوم حق را برتری نمی‌بخشد و بر مسند نمی‌نشاند و آدمیان را از آزادی وافی و کافی برخوردار نمی‌کند. این‌ها آن چیزهایی است که باید مورد توجه قرار بگیرد. حالا این‌که در آراء من تذبذبی بود یا نه، داوری‌اش را به دیگران می‌سپارم.

در تعقیب این بحث مشاهده شده و می‌شود که با پایان ریاست‌جمهوری آقای خاتمی، پاره‌ای از روشنفکران لائیک، شکست اصلاح‌طلبان در انتخابات اخیر ریاست‌جمهوری را به معنای شکست پروژهٔ روشنفکری دینی معرفی می‌کنند و اساساً روشنفکری دینی را پروژه‌ای بلاموضوع اعلام می‌کنند که از اساس فاقد مفهوم و موضوعیت است.

حقیقت این است که این افراد انگیزه‌های سیاسی دارند، اما این انگیزهٔ سیاسی را از راه اندیشه‌ای ناروا اعمال و اجرا می‌کنند. چرا باید روشنفکری دینی مفهوم متناقضی باشد؟ روشنفکری شاخه‌ای از تفکر است. مگر این‌که ما معتقد باشیم که اساساً تفکر و متفکربودن با دیندار‌بودن منافات دارد. اگر کسی چنین ادعایی کند (که علی‌الظاهر لُب و حاقّ مدعای این مدعیان و منتقدان هم همین است، یعنی معتقدند شخص دیندار نمی‌تواند متفکر راستین باشد)، آن‌گاه ما می‌توانیم با او هم بحث مفهومی و هم بحث تجربی کنیم. لااقل تجربتاً می‌توان نشان داد که متفکران درجه اول تاریخ جهان و نه فقط تاریخ جهان اسلام، از میان دینداران بودند. هیچ کس نمی‌تواند منکر متفکر بودن فارابی، ابن سینا، ابوریحان بیرونی و بزرگانی چون حافظ، یا در جهان مغرب منکر متفکر بودن هگل شود که جهد بلیغی برای همراستایی فلسفه و تفکر با پروتستانتیسم کرد. این‌ها همه متفکران بزرگی بودند که اتفاقاً علائق ایمانی و دینی داشتند و البته اگر کسی منکر ایشان به مثابهٔ متفکران راستین باشید، آن‌گاه ما در

متفکر بودن او دچار تردید و سؤال خواهیم شد.

بعضی از افراد هم گفته‌اند که ما هنگام تفکر، علائق دینی‌مان را در میان نمی‌آوریم. این هم سخنی نیست که از آن به منزلهٔ یک برهان بتوان استفاده کرد. حربهٔ کندی است. اولاً، در مقام داوری از هیچ علاقه‌ای نباید سخن گفت نه فقط از علاقهٔ دینی. در روایات از پیامبر اسلام آمده است که سه چیز موجب نجات آدمی است که یکی از آن‌ها این است که انسان در مقام داوری از حُب و بُغض‌ها پرهیز کند. یعنی باید هر تعلق خاطری را، خواه تعلق خاطر دینی و خواه دیگر تعلقات و یا عشق به هر چیز و هر کسی که شما را در مقام داوری کور و کر کند، کنار گذاشت. این اختصاص به دین هم ندارد. وقتی پای عشق یا حب و بغضی در میان است، البته که داوری‌ها تیره می‌شود. ثانیاً، وقتی چیزی نامربوط است باید آن را کنار گذاشت. بنده در مقام داوری فلسفی نباید معلومات شیمی خود را در میان آورم؛ همچنان‌که وقتی کسی در باب حرکت زمین، یا در باب وجود و ماهیت سخن می‌گوید تعلقات دینی او یا هر تعلق دیگر نباید به میان آید. ثالثاً اساساً تفکر امری فردی نبوده، بلکه امری جمعی است. هم‌چنان‌که معرفت امری جمعی و جاری است. نمی‌توان به کسی گفت چون متدین و دیندار است نمی‌تواند فکر کند یا حرف بزند. شخص دیندار مانند شخص غیردیندار و سکولار است. او سخن خود را با جمع در میان می‌گذارد. جمع هم سخن و نقدشان را در میان می‌گذارند و برآیند این حرکت جمعی است که معرفت نامیده می‌شود.

فکری که گوشه‌نشینی کند، تفکر و معرفت خوانده نمی‌شود. معرفت‌شناسی جدید به ما می‌گوید معرفت امری جمعی و جاری است. مفهوم نقد هم همین است. شما سخن خود را در میان می‌گذارید و دیگران آن را نقد می‌کنند. همین حضور دیگران شرط حصول معرفت است. لذا این بحث که شما دین دارید یا ندارید یا اهل فلان فرقه هستید یا نیستید، اساساً سؤال بی‌ربطی است. شما باید به محصول سخن نظر کنید؛ آن هم به برآیند جمعی سخنان که با رقابت متفکران و با نقادی متفکران همراه شده باشد. روشنفکری دینی سخن‌اش را همراه با اعتقاد و ایمان دینی و دلیل به جامعهٔ متفکران عرضه می‌کند. از نقد هم استقبال می‌کند و مجموع و برآیند این‌ها مبدّل به معرفت می‌شود. ما به هیچ وجه نمی‌توانیم کسی را که دیندار است از فکرکردن و حرف‌زدن بازداریم. این شیوهٔ حذفی که پاره‌ای از سکولارها در پیش گرفته‌اند، شیوهٔ فوق‌العاده غیردموکراتیک، غیرمعرفتی و ضدمعرفتی و بسیار زیانباری است و برای موقعیت کنونی ما نه تنها به هیچ کاری نمی‌آید، بلکه لطمات فرهنگی ـ معرفتی بسیاری هم به ما خواهد زد. روشنفکران دینی چه رنج‌ها برده‌اند تا همگان حرف بزنند و حالا که به حرف آمده‌اند، اول کاری که می‌کنند حذف دینداران است.

در آب و رنگ رخسارش، چه جان دادیم و خون خوردیم
چـو نقش‌اش دســت داد، اول رقـم بر جان‌سپاران زد[1]

مایلم برای آخرین سؤال از مباحث اندیشگی فاصله بگیریم و پرسش خود را متوجه مسائل سیاسی روز کنم. جنابعالی در آخرین روزهای نزدیک به انتخابات ریاست جمهوری، برخلاف توقع پاره‌ای از احزاب سیاسی اصلاح‌طلب، انگشت اشارهٔ خود را متوجه حجت‌الاسلام کروبی به عنوان گزینهٔ مناسب‌تر برای احراز پست ریاست جمهوری کردید. آیا این گزینه به معنای شناخت واقع‌بینانهٔ شما از منظومهٔ قدرت در ایران بود که در چنین منظومه‌ای امثال آقای کروبی حضور مؤثرتری می‌توانند داشته باشند تا دیگران؟

من اگر بخواهم به صراحت سخن بگویم، آقای کروبی را رئیس جمهور ایران می‌شناسم؛ چرا که رأی، رأی ایشان بود. اما این‌که من چرا در باب آقای کروبی سخن گفتم، به دلیل اطلاعی بود که از جامعهٔ ایران دارم و خشنودم از این‌که دریافت من دریافت ناصوابی نبود. میزان آرایی که به ایشان داده شد مؤید این دریافت است. من دلایل خود را که چرا معتقدم آقای کروبی در شرایط حاضر برای ریاست‌جمهوری از دیگران شایسته‌تر هستند، پیش از این بیان کردم؛ بدون این‌که شایستگی دیگران را مطلقاً زیر سؤال ببرم (می‌دانید همیشه شایستگی با مجموعه‌ای از شرایط تعریف و تعیین می‌شود). من دوست نزدیک جناب آقای دکتر معین هستم. به اندیشه‌های ایشان احترام می‌گذارم و اگر بنا باشد اردوگاه خودمان را تعریف کنیم، من و ایشان مواضعی نزدیک به یکدیگر داریم. اما رفتاری را که من از آقای کروبی دیده بودم، خصوصاً وقتی در مقام ریاست مجلس بودند و نسبتی که با روحانیت دارند و شیوه‌های ریش‌سفیدانه‌ای که برخی اوقات در پیش می‌گیرند و فضای آزاد نسبی‌ای که برای اهل فکر و اهل نظر فراهم می‌آورند، مجموعهٔ این‌ها به من می‌گفت که آقای کروبی در شرایط حاضر برای احراز این پست از دیگران شایسته‌تر است. شایسته به این معنا که در دوران ریاست جمهوری ایشان، فراغت و مجالی پیدا می‌کنیم تا بدون داشتن مسؤولیت‌های اجرایی، پاره‌ای از تئوری‌های خود را تست یا اجرا کنیم. بعد هم البته خشنود بودم که دیدم چندان بی‌راه نرفته‌ام و مردم جامعهٔ ما بدون این‌که ظاهراً از طرف من تحریک یا تشویقی شده باشند (چون من سخنانم در آخرین فرصت‌ها پخش شد) با دلایلی که خود داشتند به آن سو رفتند. فعلاً رئیس‌جمهور دیگری داریم و در ضوابط و چارچوب قانونی هم ما با ایشان مواجههٔ لازم

---

۱. حافظ، *غزلیات*، ۱۵۳

را خواهیم داشت و توصیهٔ ما به ایشان این است که هنگام سخن‌گفتن سخن‌شان را سنجیده‌تر ادا کنند. با سخنان‌شان محذور و تنگنای تازه‌ای بر تنگناهای این ملت نیفزایند. شعر مولانا را به‌یاد می‌آورم که:

ظالم آن قومی که چشمان دوختند
از سـخن‌ها عـالـمی را سوختند
عالـمی را یک سخن ویران کند
روبهـان مـرده را شیـــران کند[1]

من اگر جای ایشان بودم به‌جای فرستادن یهودیان به آلاسکا، آنان را به ایران دعوت می‌کردم و می‌گفتم آن‌ها که از سیاست‌های اسرائیل دل خوشی ندارند، می‌توانند مهمان ایرانیان باشند. این کوروشی‌تر است. تعارف هم باشد، تعارف گرم‌تری است. حقیقت هم باشد، حقیقت زیباتری است.

من به همهٔ کسانی که به این ملک و ملت خدمت می‌کنند و گوش شنوایی برای انتقاد دارند احترام می‌گذارم و امیدوارم خداوند آن‌ها را در کار دشواری که در پیش گرفته‌اند یاری کند.

---

۱. مولوی، مثنوی، دفتر اول، ۱۵۹۹ و ۱۶۰۰

طرحی از یك زندگی فکری[1]

اشاره:

عبدالکریم سروش را بی‌تردید باید معروف‌ترین و تأثیرگذارترین روشنفکر دینی پس از انقلاب اسلامی ایران به‌شمار آورد. این صفات ـ معروف‌ترین و تأثیرگذارترین ـ به اندازه‌ای پررنگ است که عدهٔ زیادی وضعیت او را با موقعیت دکتر شریعتی در قبل از انقلاب مقایسه می‌کنند. موضوعات متنوعی که سروش به آن‌ها پرداخته است، از دین‌شناسی گرفته تا حج و دعا و روحانیت و تاریخ اسلام و عرفان و... ، بی‌شباهت با مباحث اصلی پروژهٔ روشنفکری شریعتی نیست. هرچند که تفاوت رویکرد این دو روشنفکر را نمی‌توان و نباید از نظر دور داشت. سروش، هم‌چنان‌که خود اذعان دارد، بیش‌تر از نگاه یك «معرفت‌شناس» به مباحث گوناگون، از دین و جامعه گرفته تا انسان و تاریخ و اخلاق، نگاه می‌کند، درحالی‌که شریعتی نگاهش نگاه یك «جامعه‌شناس و مورخ» بود.

سروش متولد آذر ۱۳۲٤ در تهران است. پس از پایان تحصیل در دبیرستان علوی وارد دانشگاه تهران شد تا در رشتهٔ داروسازی تحصیل کند. پس از پایان تحصیل و گذراندن دورهٔ نظام وظیفه، چند سالی را در بوشهر و تهران به کار در رشتهٔ تحصیلی خود پرداخت. اما در اسفند ۱۳۵۱ به

---

۱. متن تنقیح شدهٔ مصاحبه انجام شده توسط حسین کاجی یزدی، در سال ۱۳۷۸

قصد ادامهٔ تحصیل، ایران را به مقصد انگلستان ترک کرد. در آن‌جا ابتدا به تحصیل شیمی‌آنالیتیک پرداخت و سپس در رشتهٔ فلسفه ادامهٔ تحصیل داد. او در سال ۱۳۵۸ به ایران بازگشت. کارنامهٔ فکری و فرهنگی او پس از انقلاب هم مستغنی از تعریف است.

***

محور سخن، زندگی فکری شماست. اولین سؤال من هم دربارهٔ نخستین بارقه‌ها و جرقه‌های معرفتی شماست و این‌که انگیزهٔ فکرکردن در شما چگونه به وجود آمده است؟ السدیر مکینتایر ـ که او هم یك فیلسوف دیندار است ـ در جواب به این سؤال که تفکر فلسفی را چگونه آغاز کرده است، بر وجود تناقض بین اعتقادات خود دست گذاشته است. او می‌گوید که جدی‌گرفتن این تناقضات، زندگی فکری او را به وجود می‌آورند. آیا شما هم میان افکار و اعتقادات خودتان تناقضاتی مشاهده می‌کردید یا انگیزه‌های دیگری شما را به سوی تفکر فلسفی رهنمون ساخت؟

برای من رفتن به گذشته و کاوش در اعماق ذهنم کار آسانی نیست. مخصوصاً وقتی‌که به دوران کودکی و اوایل نوجوانی برمی‌گردم، تیرگی و تاریکی افزون‌تر می‌شود. این را گفته‌ام و شما هم خوانده‌اید و شنیده‌اید که در دوران دبستان به شعر و ادبیات علاقهٔ بسیار داشتم و شعر می‌گفتم و پاره‌ای از کتاب‌های بزرگان را می‌خواندم و گرچه همهٔ آن‌ها را نمی‌فهمیدم، از خواندن دست برنمی‌داشتم. به یاد دارم که در دوران کودکی ـ قبل و بعد از دبستان ـ زیاد تب می‌کردم و یادم هست که کسی به مادرم می‌گفت که یکی از علل تب‌های زیاد فلانی، خواندن کتاب‌های سنگین است. کتاب‌هایی که درخور او نیست و برداشتن این بار سنگین در توان او نیست.

در دوران دبیرستان علاقهٔ من به مطالب فلسفی فزونی گرفت و به طور مشخص به این دسته از اندیشه‌ها توجه زیادی پیدا کردم. در آن دوران کتابی خریدم که هنوز هم آن را دارم. نام کتاب این بود: *سقراط، مردی که جرأت پرسیدن داشت*. در آن کتاب مباحثه و مناظرهٔ سقراط با سوفسطاییان آمده بود. یکی از مناظرات این بود که سقراط ایستاده بود و شاهد گفت‌وگوی یك سوفیست با یك فرد عادی بود. آن سوفیست می‌خواست برای آن فرد عادی ثابت کند که سگ است:

- *شما گفتید که در منزل‌تان یك سگ دارید؟*
- *بلی.*
- *شما گفتید که این سگ یك توله هم دارد؟*
- *بلی.*

- *گفتید این سگ در منزل شماست؟ مال شما است؟*
- *بلی.*
- *توله هم دارد؟*
- *بلی.*
- *یعنی پدر شده است. پس شما در واقع تصدیق می‌کنید که پدری در منزل شماست که مال شماست و سگ است؟*
- *بلی.*
- *پس شما تصدیق می‌کنید که شما پدری دارید که سگ است و لذا باید تصدیق کنید که خود شما هم که فرزند آن پدر هستید، سگ هستید.*

سقراط شاهد این مباحثه بود و از این‌جا بود که تصمیم گرفت با سوفیست‌ها مبارزه کند. این‌گونه استدلال سوفسطاییان برای من بسیار جذاب بود. مرا بسیار به فکر فرو می‌برد و یادم هست که این گفت‌وگو چندان در من تأثیر کرده بود که ظرف چند روز، چند بار در دبیرستان آن را برای دوستانم نقل کردم. به آن‌ها می‌گفتم نگاه کنید، این هم یك سبك استدلال!

شاید یکی از دلایل علاقهٔ فراوان شما به «دلیل» و تلاشی که برای نجات «دلیل» در مقابل «علت» صورت می‌دهید و حساسیتی که در قبال «نسبیت فرهنگی و معرفتی» و مشکلات آن دارید، ریشه در همین ماجرا داشته باشد.

این استنباط را، البته به شما واگذار می‌کنم. من فقط دارم به اصطلاح فرنگی‌ها Recollection یعنی «یادآوری» می‌کنم. این از اولین برخوردهای من با مباحث جدی فکری و فلسفی بود که در من نسبت به استدلال و مغالطه، نسبت به سفسطه و سوفسطایی‌گری حساسیت ایجاد کرد. این هم‌چنین شاید اولین برخورد جدی من با یك اندیشه و یك استدلال فلسفی و شبه‌فلسفی بود.

باز به یاد می‌آورم که دو سال بعد در دبیرستان من جداً به فکر بنا کردن یك نظام فلسفی افتاده بودم. این‌که یك دستگاه فلسفی بسازم و قصدم این بود که آن دستگاه فلسفی را از تعریف وجود آغاز کنم. با دوستان و همکلاسی‌هایم در این زمینه بحث می‌کردم و آن‌ها هم در این موارد حرف‌های مرا شنیدنی می‌یافتند و لذا می‌نشستند و با من گفت‌وگو می‌کردند.

در آن زمان چیزی از صدرالدین شیرازی و اندیشه‌های او شنیده بودید؟

ابداً. شاید اسمی به گوش من خورده بود، اما از اندیشه‌های او چیزی نخوانده بودم. این را

که می‌گویم مربوط به سال ۱۳۴۰ است. فکر می‌کردم اگر بناست دستگاه فلسفی‌ای بنا شود، باید از تعریف «وجود» آغاز کند. من راجع به وجود و تعریف وجود اندیشه می‌کردم و درست به یاد دارم که نهایتاً به این نتیجه رسیدم که تعریف وجود عبارت است از «علت اطلاق مفهوم ذهنی بر مصادیق خارجی». این تعبیر دقیقاً مال آن دوران است. پیش خود می‌گفتم که چه می‌شود که ما می‌گوییم آن‌چه در ذهن من است در خارج هم مصداق دارد؟ جوابش این است که وجود باعث می‌شود ما مفهوم ذهنی خود را بر مصداق خارجی اطلاق کنیم. اگر چیزی وجود نداشت این اطلاق مفهوم ذهنی صورت نمی‌گرفت.

این افکار خیلی به دغدغه‌های ملاصدرا نزدیك است.

به‌هرحال، این فکرها مرا به خود مشغول می‌داشت. نکته‌ای که باید اضافه کنم این است که من در این ایام خیلی از فکر و تأمل در مفاهیمی چون زمان و مکان و امثال آن لذت می‌بردم. به یاد دارم که گاهی اگر یکی از معلمان ما به مناسبت در میان کلمات درس یك نکتهٔ فلسفی می‌گفت و یا من می‌پنداشتم که این نکته فلسفی است، به‌قدری خوشحال می‌شدم و به‌قدری به وجد می‌آمدم که بی‌اختیار می‌خندیدم و دچار یك شعف فوق‌العاده می‌شدم. احساس می‌کردم که در تازه‌ای از عالم کائنات بر روی من گشاده شده است. ارتباط من با تأمل و فکر و فلسفه این‌چنین بود.

در یك تقسیم‌بندی کلان می‌توان پرسش‌ها را به دوگونه تقسیم کرد: پرسش‌های تعجب‌زا و پرسش‌های اضطراب‌آور. در تاریخ اندیشه هم ما دوگونه اندیشه‌ورز داریم: پاره‌ای از آن‌ها بیش‌تر به دلیل اضطرابی که در خود حس می‌کردند به سوی اندیشه، تأمل و تفکر می‌رفتند و برای پاره‌ای دیگر، تعجب و حس کنجکاوی بوده که آن‌ها را متفکر می‌کرده است. شما را در کدام‌یك از این دو دسته می‌توان جای داد؟ برداشت من این است که در شما کنجکاوی بر تشویش برتری و رجحان داشته است. نمی‌دانم نظر خود شما چیست؟

من چندان اضطراب و تشویشی را به‌خاطر نمی‌آورم. شاید هم تعبیر شما صحیح‌تر باشد که بگوییم بیش‌تر کنجکاوی، عشق به دانستن و فهمیدن، سوراخ‌کردن مفاهیم و نفوذکردن به دل آن‌ها، مرا به طرف اندیشیدن می‌کشانده است. البته نباید غافل بود که فضای مدرسهٔ ما ـ دبیرستان علوی ـ طوری بود که این اندیشه‌ها را اگر ایجاد نمی‌کرد، دست‌کم تشویق می‌کرد. بنابراین، این‌گونه اندیشیدن در آن محیط چندان امر بیگانه و نامطلوبی نبود. ما یك دبیر فیزیك داشتیم که مدیر مدرسه‌مان هم بود، به‌نام آقای رضا روزبه، که ایشان طبع فلسفی داشت و گاهی نامی از بزرگان این فن از جمله صدرالدین شیرازی می‌برد. به همین سبب توجه ما قاعدتاً به این‌گونه مطالب برانگیخته می‌شد. او دست‌کم به ما آموخت که ـ چون

مدرسه ما یك مدرسهٔ دینی بود دینداری با تأملات فلسفی منافاتی ندارد؛ برخلاف نظر پاره‌ای از دینداران دیگر که چنان‌که می‌دانید بین این دو مقوله تعارض مطلق قائل‌اند.

هنگامی‌که من به کلاس یازدهم می‌رفتم، ذهنم به شدت گرفتار مسألهٔ جبر و اختیار بود. در آن موقع من خیلی به این مسأله می‌اندیشیدم. مسألهٔ جبر برای من مسألهٔ درجه اولی بود و حقیقتاً به این‌جا رسیده بودم که ما انسان‌های مجبوری هستیم و دلیل متقن و روشنی برای اختیار وجود ندارد.

نکتهٔ جالب این‌که اخیراً، پس از سال‌ها جدایی، به دیدن یکی از معلمان دبیرستان خود رفتم. این معلم که روحانی هم هست، در آن زمان به ما فقه، عربی و دروس دینی می‌آموخت. او به من گفت اخیراً که در میان جزوه‌های بازمانده از دوران دبیرستان جست‌وجو می‌کردم، جزوه‌ای از تو پیدا کردم. آن جزوه را به من داد، به شرط این‌که یك نسخه از آن تهیه کنم و نسخهٔ اصلی را به او بازگردانم و من هم این کار را کردم. این جزوه را من در سال ۱۳۴۲ نوشته‌ام که راجع به جبر و اختیار است. نقل قول‌هایی که از ملاصدرا کرده بودم، نشان می‌دهد کم و بیش این مقولات را می‌آزمودم و مزه‌مزه می‌کردم.

نکتهٔ دیگری که به‌یاد می‌آورم این است که در کلاس یازدهم، نمی‌دانم به چه سبب، ذهنم به شدت با اندیشهٔ مرگ گلاویز شده بود. در پاره‌ای از کتاب‌های دبیرستانم ــ کتاب جبر، شیمی و غیره ــ که هنوز هم آن‌ها را دارم، می‌بینم که در بالای جلد آن‌ها نوشته‌ام: «مرگ». مرگ برای من امر خیلی عجیبی بود و این اندیشه تقریباً تا امروز با من باقی مانده است. البته نمی‌گویم که آن تشویش‌انگیزی آغازین برقرار است، اما می‌توانم بگویم که من شخصی مرگ‌اندیش هستم.

یکی از گلایه‌هایی که همیشه همسرم از من داشته، این است که می‌گوید تو از ابتدا که به خواستگاری من آمدی و بعدها که با هم ازدواج کردیم، برخلاف مشی زوج‌های جوان که با یکدیگر سخنان شیرین و لذیذ و امیدزا می‌گویند، شروع کردی به گفتن از مرگ و مردن. البته او حق دارد؛ این مشی من خیلی برخلاف قاعده و عرف بود، ولی من آن‌قدر به این اندیشه مشغول بودم و آن‌قدر با آن کلنجار می‌رفتم که فکر می‌کردم در میان گذاشتن آن با دیگران هم به همان اندازه طبیعی است. نمی‌دانستم که چقدر توی ذوق دیگران می‌زند و چقدر در آن موقعیت، در ابتدای ازدواج و شروع زندگی، گفتن چنین سخنانی خلاف عرف و خلاف قاعده است.

شما مرتب این حدیث را نقل می‌کنید که «زیرك‌ترین افراد کسانی هستند که بسیار به مرگ می‌اندیشند» و به این گفته بسیار تعلق خاطر هم دارید. با این حساب، مرگ‌اندیشی شما طبیعی به نظر می‌رسد.

بله، ولی نمی‌دانم از کجا و چگونه این اندیشه وارد زندگی من شد. به یاد دارم در کلاس ششم دبیرستان، در کلاس انشاء، من موضوع گورستان را انتخاب کردم. دریغا که آن نوشته‌های من همه از بین رفته‌اند. مدتی که در ایران نبودم و در خارج از کشور تحصیل می‌کردم، به دلایل امنیتی، پدر و مادر من که نگران تفتیش ساواک بودند، تقریباً همهٔ نوشته‌های دوران دبیرستان و دانشگاه مرا از بین بردند. آن نوشته‌ها اگر الان موجود بودند برای خود من فوق‌العاده معنی‌دار بودند و رجوع من به گذشته و نفوذ مرا در گذشته بسی آسان‌تر می‌کردند.

با این حساب، مسائلی که آن زمان فکر شما را به خود مشغول می‌داشتند، مسائلی نظیر جبر و اختیار و وجود و مرگ بودند. این‌ها همه مسائلی هستند که مولوی هم به نوعی به آن‌ها می‌پردازد. آیا این دغدغه‌ها شما را به مولوی نزدیک کرد؟

نکتهٔ دیگری که ذهن مرا به خود مشغول می‌داشت، مسألهٔ «شر» بود. ما نزد یك روحانی فیلسوف، که از شاگردان مرحوم مطهری بود، فلسفه می‌خواندیم. ایشان نامه‌ای را به من داد که کسی برای او نوشته بود و از او سؤالاتی دربارهٔ فلسفهٔ «شُرور» کرده بود. آن روحانی از من خواست که پاسخی برای او بنویسم و من هم در چندین صفحه پاسخی نوشتم.

لذا همان‌طور که اشاره می‌کنید قصهٔ شرور، قصهٔ مرگ و جبر و اختیار از اصلی‌ترین نکاتی بود که مرا در آن ایام به خود مشغول می‌داشت و این مشغولیت هم مشغولیت خیلی عمیقی بود. این‌ها به هیچ وجه امور فرعی زندگی من نبودند. به یاد دارم که مسجدی نزدیك منزل ما بود و من گاهی به این مسجد می‌رفتم. این مسجد پیش‌نماز بسیار خوبی داشت؛ فردی مبارز و بسیار دوست‌داشتنی. یك نوبت که به مسجد رفته بودم، بعد از نماز، نمی‌دانم به چه مناسبتی، با آن روحانی گفت‌وگو می‌کردم. من در آن زمان نوجوانی۱۷ـ ۱۶ ساله بودم. یکی از نکته‌هایی که ایشان به من گفت این بود که شما خیلی در فکری، به چه فکر می‌کنی؟!

من خودم متوجه نبودم، ولی حالا که به گذشته برمی‌گردم، تصدیق می‌کنم که بسیار در فکر بودم و همین فکرها را می‌کردم، فکر دیگری نداشتم. این افکار مرا بسیار مشغول می‌داشتند و من را از اطراف خودم تا حدود زیادی غافل می‌کردند. کشف‌هایی را که به خیال خودم در این زمینه‌ها می‌کردم، در باب جبر، در باب اختیار، دربارهٔ وجود، عدم، زمان، مکان و غیره، گاهی با دوستان خودم در میان می‌گذاشتم و همیشه به یاد دارم که اعجاب آن‌ها را برمی‌انگیختم، ولی در پی این تحسین‌ها نبودم. برای خودم همین افق‌گشایی‌ها جالب بود: راجع به جبر و اختیار، راجع به این‌که آیا علم باری نسبت به حادثه‌ای باعث حتمی‌الوقوع شدن آن می‌شود. اصلاً نسبت علم با واقعیت خارجی چیست؟ به این موضوعات زیاد فکر

می‌کردم. من نمی‌دانم که این فکرها را می‌نوشتم یا نه، اما چون از حافظهٔ نسبتاً نیرومندی برخوردار بودم می‌توانستم آن‌ها را با خود نگه دارم.

این را هم باید بگویم که من در نوشتن تنبل بودم. بسیاری از چیزهایی را که فکر می‌کردم یا می‌آموختم، هر وقت مایل بودم احضارشان می‌کردم. بنابراین، یادداشت‌برداشتن و نوشتن در عادت من نبود. هنوز هم کم‌وبیش این طور هستم. گرچه کمی رویهٔ خود را تغییر داده‌ام. الان من هیچ سخنرانی بدون یادداشتی نمی‌کنم. هیچ درسی را بدون یادداشت نمی‌دهم (یادداشت قبل از درس و یادداشت بعد از درس). اما در هنگام کتاب‌خواندن، تقریباً هیچ‌گاه نمی‌توانم خواندن را قطع کنم تا یادداشتی بردارم؛ خیلی برای من گران است.

شاید عامل این امر حافظهٔ بسیار قوی شما باشد.

احتمالاً همان قوی بودن حافظه‌ام بوده که مرا قدری در این کار تنبل کرده است. گرچه در این سن باور کرده‌ام که آن تکیهٔ پیشین بر حافظه را نباید داشته باشم. سن که بالا می‌رود، هم حافظهٔ آدمی قدری ضعیف‌تر می‌شود و هم اشتغالات فراوان و به دنبال آن تفرق خاطری که آدمی حاصل می‌کند، طبعاً به تمرکززدایی از حافظه می‌انجامد. من دوران دبیرستان را بدون تعهد و تعلق، بدون شغل و فرزند و همسر، بدون این گرفتاری‌های سیاسی، اجتماعی و بین‌المللی می‌گذراندم، آن کجا و وضعیت کنونی من کجا!

باری، من در دوران دبیرستان، هم با فلسفه آشنا شدم هم با مولوی. یکی از معلم‌های ما با مولوی انس زیادی داشت. سرکلاس از مولوی زیاد نقل می‌کرد و من به یاد دارم که در ابتدا مولوی را زیاد نمی‌پسندیدم و ابیات‌اش را از نظر ادبی سست می‌یافتم، و چون با سعدی انس داشتم، هنگامی که میان شعر سعدی و شعر مولوی مقایسه می‌کردم، طبعاً شعر مولوی نمرهٔ کم‌تری می‌آورد. اما نمی‌دانم، حقیقتاً نمی‌دانم، از کجا و چگونه گردشی در من پیدا شد که واقعاً مولوی مرا در کام کشید. ناگهان احساس کردم چنان مجذوب این مرد شده‌ام و چنان او در چشم من می‌درخشد و جلوه می‌کند که بی‌اختیار به‌دنبال او راه افتادم.

در مورد فلسفه، چنان‌که گفتم، مدرسهٔ ما به مسائل فلسفی اهمیت می‌داد. یك‌بار در ماه رمضان، مدرسهٔ ما از یك روحانی فلسفه‌دان دعوت کرده بود تا برای ما پاره‌ای از مباحث کلامی را مطرح کند و من یادم هست آن روحانی خوش‌بیان و آشنا به فلسفهٔ صدرایی، مسألهٔ ایجاد و خلق را برای ما بحث می‌کرد: این‌که وقتی می‌گوییم علتی معلولی را ایجاد می‌کند، دقیقاً چه می‌کند؛ آیا به معلول وجود می‌دهد؟ آیا معلول هست و وجود را می‌گیرد؟ یا نیست و وجود را می‌گیرد؟ به هر صورت هر دو فرض باطل است. چون اگر هست، گرفتن وجود

محال است، چون تحصیل حاصل و اجتماع مِثلین است، و اگر نیست، چه چیزی و چگونه می‌خواهد وجود را بگیرد؟ به‌علاوه، مگر وجود همچون یك شیء است که از جایی بردارند به جای دیگر ببرند؟ این‌گونه تحلیل‌ها که خیلی نزدیك به تحلیل‌های فلسفهٔ آنالیتیك بود، و البته بعدها با آن فلسفه آشنایی پیدا کردم، بسیار به دل من می‌نشست.

من الان وقتی به گذشته مراجعه می‌کنم، می‌بینم و می‌فهمم که به دلیل این‌که همین نکات قویاً و به نحوی روشن در ذهن من باقی مانده است، به آنالیز فلسفی واقعاً علاقه داشتم. نوشته‌های اندک گذشتهٔ من هم که باقی مانده، گواه همین مطلب است. آنالیز فلسفی و منطقی بسیار برای من دل‌انگیز بود و توجه مرا جلب می‌کرد. این‌ها بود تا این‌که وارد دوران دانشکده شدم و بعد هم برای تحصیل به خارج از کشور رفتم.

مسائلی که با آن‌ها دست به‌گریبان بودید، مانند مسألهٔ جبر و اختیار و مسألهٔ شر و مسئلهٔ زمان و مکان، بدون توجه به مقولهٔ خدا معنا و مفهومی نمی‌یابند. اما به نظر می‌رسد شما مستقیماً به مسألهٔ خدا نمی‌پرداختید و با واسطهٔ این مفاهیم، به دریای پرخروش اندیشه دربارهٔ خدا نزدیك می‌شدید. آیا ملای روم نبود که سبب شد شما مستقیماً به اندیشه‌هایی دربارهٔ خدا و عشق به خدا نزدیك شوید؟

جواب‌دادن به سؤال شما برای من خیلی مشکل است. یعنی باید برای مدت‌ها بنشینم و تأمل و مراقبه کنم و به گذشته‌های دور برگردم تا به درستی جواب این سؤال را بدهم. من حقیقتاً نمی‌دانم اولین مفهومی که از مثنوی و اولین درسی که از مولوی گرفتم کدام درس بود. و نمی‌دانم که آیا مقوله و مفهوم عشق در مثنوی در بادی امر مرا جذب کرد یا نکرد؟ من این را واقعاً به یاد نمی‌آورم.

من البته در دوران نوجوانی بودم. در نوجوانی، چنان‌که خودتان می‌دانید، آدم با یك رشته عواطف خیال‌انگیز سروکار دارد. یکی از دوستان که خاطراتی را از من ضبط می‌کرد، از من خواست که از عشق‌هایم بگویم. من این را برای وقت‌های دیگری گذاشته‌ام و فعلاً وارد آن مقولات نمی‌شوم. اما من با مقولهٔ عشق، البته خیلی درگیر بودم. اما آن را در شعرهای دیگران مثلاً سعدی می‌جستم. غزل‌های عاشقانهٔ سعدی در آن دوران برای من بسیار معنی‌دارتر بود. آن‌ها را می‌خواندم و لذت می‌بردم و به کار می‌بردم.

در آن زمان با حافظ آشنا نشده بودید؟

خیر، در آن زمان با حافظ خیلی آشنا نبودم و خیلی حافظ را درك نمی‌کردم، بلکه سعدی را می‌خواندم. خصوصاً این غزل سعدی را از چهارده سالگی در یاد داشتم:

خرامان از درم بازآ، که از جان آرزومندم
به دیدار تو خشنودم، به گفتار تو خرسندم[١]

شاید این از اولین غزل‌های عاشقانهٔ سعدی بود که در حافظهٔ من نشست.

برداشت شما از این عشق، یک عشق آسمانی بود؟

ابداً، به هیچ وجه. من از آن کاملاً یك عشق جسمانی می‌فهمیدم و به همین دلیل هم برای من مطلوب بود. بسیاری دیگر از اشعار سعدی را هم این‌گونه می‌فهمیدم. من تقریباً هیچ‌وقت از اشعار کسانی چون سعدی و بعدها حافظ رایحهٔ عشق قدسی را استشمام نکردم. در مولوی استشمام کردم، آن هم بعدها. اما خصوصاً نسبت به غزل‌های سعدی، چنین احساس و تلقی‌ای نداشتم و به همین دلیل هم برای من بسیار دلنشین بود. به‌هرحال، ایام جوانی است و فکرهای زیادی در ذهن آدمی می‌گذرد. اما این‌که اولین قلابی که مولوی به گردن من افکند، قلاب عشق باشد، به‌یاد نمی‌آورم و گمان نمی‌کنم که چنین بوده باشد. فکر می‌کنم که بیش‌تر، مقوله‌های اخلاقی مثنوی بود که مرا مجذوب مولوی کرد و این گمان را قویاً دارم.

در دبیرستان که تحصیل می‌کردم، گاهی به مغازهٔ پدرم می‌رفتم و در میان کاغذهای باطله‌ای که در مغازهٔ عطاری خودش برای بسته‌بندی اجناس مورد استفاده قرار می‌داد، می‌گشتم و مجلات زیادی پیدا می‌کردم. گاه نیز کتاب‌هایی کهنه پیدا می‌کردم. در میان آن‌ها کتاب تلخیص مثنوی فروزانفر را هم پیدا کردم. مرحوم فروزانفر برای دانشسراهای آن دوره، دو دفتر اول مثنوی را تلخیص کرده بود و با پاره‌ای از حواشی و شروح به چاپ رسانده بود. این کتاب که تا همین اواخر هم کمیاب بود و اخیراً گویی تجدید چاپ شده است، برای من گنج بود؛ اولاً، چون تلخیص شده بود و آن تداعی‌های سرگردان‌کنندهٔ مثنوی را نداشت، ثانیاً، چون شرح هم همراه با ابیات بود خواندن و فهمیدن‌اش برای من بسی آسان‌تر بود.

شاید به همین دلیل هم اکنون به شاگردان خود توصیه می‌کنید تا برای وارد شدن به دریای مثنوی از تلخیص این کتاب استفاده کنند.

شاید همین‌طور باشد. آن تلخیص درِ مثنوی را به روی من گشود. مثنوی از عبوسی و صعوبت بیرون آمد و حلیم و نرم شد و تماس‌گرفتن با آن آسان‌تر گشت. شاید برجسته‌ترین داستان مثنوی که در آن کتاب توجه مرا جلب کرد، داستانی بود که مولوی در دفتر دوم آورده

---

١. سعدی، *دیوان اشعار*، *غزلیات*، غزل ٣٧٦

است. این‌که مرد چرب‌زبانی بوتهٔ خاری در راه مردم نشانده بود. مردم که از کنار این بوته می‌گذشتند، گاهی پای‌شان خونی می‌شد، گاهی لباس‌شان دریده می‌شد؛ و به همین دلیل نزد حاکم شهر شکایت بردند. اما چون نشانندهٔ خار، مرد قوی و متنفذی بود، حاکم شهر از عهدهٔ او بر نمی‌آمد. روزی حاکم، نشانندهٔ خار را که مرتب وعدهٔ برکندن خار را می‌داد، صدا زد و به او گفت: آن‌قدر فردا و پس‌فردا نکن، چون نسبت میان تو و خار به‌تدریج معکوس می‌شود، امروز تو بر بوتهٔ خار مسلطی، وقتی‌که تو پیرتر شدی و بوتهٔ خار ستبرتر شد، او بر تو مسلط می‌شود و اگر هم بخواهی، نمی‌توانی بوتهٔ خار را بکنی:

همچو آن شخص درشت خوش‌سخن
در میان ره نشاند او خار بُن
رهگذریانش ملامتگر شدند
بس بگفتندش بکن آن را نکند[1] [...]
مدتی فردا و فردا وعده داد
شد درخت خار او محکم نهاد
گفت روزی حاکمش ای وعده کژ
پیش‌آ در کار ما واپس مغژ
گفت الایام یا عم بیننا
گفت عجل لا تماطل دیننا
تو که می‌گویی که فردا این بدان
که به هر روزی که می‌آید زمان
آن درخت بد جوان‌تر می‌شود
وین کننده پیر و مضطر می‌شود
خار بُن هر روز و هر دم سبز و تر
خارکن هر روز زار و خشك‌تر
او جوان‌تر می‌شود تو پیرتر
زود باش و روزگار خود مبر[۲]

۱. مولوی، ثنوی معنوی، دفتر دوم، ۱۲۲۹ ـ ۱۲۲۸
۲. مولوی، مثنوی معنوی، دفتر دوم، ۱۲۴۰ ـ ۱۲۳۳

مولوی به دنبال این داستان، نتیجه‌گیری اخلاقی دلچسبی می‌کند:

خاربن دان هر یکی خوی بـدت
بارهـا در پای خار خواهد زدت[1]

می‌گوید که خصلت‌های سوء مانند خار هستند، اگر زود آن‌ها را نکنی، در آینده از کندن آن‌ها ناتوان خواهی شد و وجود تو یك خارزار خواهد شد. این داستان در من بسیار اثر کرد. در اصل، کتاب مثنوی مرا به طرف اخلاقیات و تأملات اخلاقی بیش‌تر کشاند.

یعنی تأثیر اخلاقی *مثنوی* بر روی شما از تأثیر *گلستان* سعدی هم بیش‌تر بود؟

قطعاً بیان مولوی در این زمینه‌ها برای من خیلی شیرین‌تر و دلنشین‌تر بود. بنابراین، اکنون می‌توانم بگویم که اولین کمندی که مولوی به گردن من انداخت، کمند عشق نبود، کمند اخلاق بود و من از دریچهٔ اخلاق وارد دنیای مثنوی شدم. اما بعداً مقولهٔ عشق و بسی مقولات دیگر مورد توجه من قرار گرفت.

در آن دوران آیا دین هم برای شما چهرهٔ اخلاقی داشت یا این‌که دامنه و گسترهٔ وسیع‌تری را در برمی‌گرفت؟

دین برای من ــ به‌خصوص در دورهٔ نوجوانی ــ یك مقولهٔ بسیار لذت‌بخش بود. هنوز هم بقایایی از آن در من باقی مانده است. در آن دوران من از عبادت بسیار لذت می‌بردم. از خلوت‌کردن، از عبادت، از صحبت با خدا، از دعا و مناجات بسیار لذت می‌بردم و اصلاً اگر در طول شبانه‌روز فرصتی پیدا نمی‌کردم تا خلوتی بکنم و دعایی بخوانم، تقریباً ملول بودم. شاید بعداً هم به همین دلیل به مولوی وصل شدم. دیدم او هم یك چنین دین فرح‌انگیزی را معرفی می‌کند و ما با هم هم‌زبان‌ایم.

آیا می‌توان گفت که در آن ایام به دید عاشقانهٔ مولوی به دین و خدا نزدیك‌تر بودید تا دین و حس خوفناك غزّالی؟

نمی‌توانم بگویم خالصاً این‌گونه بود. به همین دلیل هم بعدها که با غزّالی برخورد کردم، او را چندان بیگانه با خود نیافتم. در پاره‌ای از موارد دیدم که حقیقتاً او هم سخن دل مرا می‌گوید. از این‌جا هم البته عبور کردم و دوباره ارتباط و اعتقاد من به مولوی بیش‌تر و بیش‌تر شد، ولی

---

۱. مولوی، مثنوی معنوی، دفتر دوم، ۱۲۴۱

در بادی امر که غزّالی مرا در کام کشید، آن خوف غزّالی‌وار برای من چندان ناآشنا و بیگانه نبود.

فضای اجتماعی، تحصیلی و حتی خانوادگی، اصولاً نمی‌تواند این ویژه بودن و منحصر به‌فرد بودن را تحمل کند. شما آیا با این مشکل روبه‌رو بودید؟

البته جو مدرسه جو عجیبی بود. گرچه من نمی‌خواهم خدای ناکرده آن را تخفیف کنم؛ چون به هرحال دوران دبیرستان من، چنان‌که اکنون می‌نگرم، دوران پربرکتی بود و حقیقتاً از جهات بسیاری به من خدمت کرد و در شکوفایی استعدادهای من مؤثر بود. اما می‌خواهم این را بگویم که ما معلمان یك‌دستی نداشتیم. کسی مثل آقای گلزادهٔ غفوری، شریعت‌مدار بود و کسی هم مثل آقای علامه کرباسچیان، خیلی ضد روحانی بود. اما آقای روزبه از همهٔ این‌ها شریعت‌مدارتر بود. با این‌که مردی مکلّا و غیرروحانی بود، اما عجیب مرد مقلدی در امور فقهی بود؛ طرفدار فقها و روحانیت، مروج تقلید و تسلیم به آرای فقیهان و مبلغ این‌که در این موارد باید باب عقل را بست و چیزهایی از این قبیل.

این را هم بد نیست اضافه کنم که همین آقای روزبه ، این مرد شریف ، شاید اولین کسی بود که جوانه‌های مسألهٔ رابطهٔ علم و دین را در ذهن من بیدار کرد؛ مسأله‌ای که هنوز هم با من است. بعدها آقای مهندس بازرگان هم در این امر نقش داشت. آقای روزبه مایل بود اثبات کند که دین و علم با هم مطابق‌اند و می‌خواست پاره‌ای از یافته‌های علمی جدید را به‌تکلف از پاره‌ای روایات بیرون بکشد. من از همان موقع این رویکرد را نمی‌پسندیدم و زیر بار نمی‌رفتم. ایشان چیزی می‌گفت و ما هم چیزی می‌گفتیم و این نزاع ادامه داشت. اما ایشان مرا نسبت به قصهٔ علم و دین حساس کرد. هنوز هم پس از چهل سال که از آن دوران می‌گذرد، مسأله را جدی می‌دانم و واقعاً معتقدم تعیین تکلیف دین در گرو این است که ما راجع به علم رأی روشنی داشته باشیم و موارد معارضهٔ علم و دین را به‌درستی مورد تحقیق قرار دهیم.

البته رابطهٔ علم و دین اکنون برای من گسترده‌تر شده و به‌صورت تعارض فراورده‌های درون‌دینی و فراورده‌های بشری بیرون‌دینی درآمده است. نسبت میان این دو، به نظر من، تکلیف دین و دینداری را در جهان حاضر معین خواهد کرد، و حقیقتاً آن‌چه من در *قبض و بسط* نوشتم، دنبالهٔ همین فکرها و تأملات و انگیزه‌ها بود. اکنون هم من این‌گونه فکر می‌کنم؛ یعنی فکر می‌کنم این‌که می‌گویند در مغرب‌زمین اومانیسم آمد و لذا دین ضعیف شد، سخن چندان درستی نیست. من حقیقتاً معتقدم که دستاوردهای علمی جدید با پاره‌ای از محتویات *تورات* و انجیل منافات پیدا کرد و عده‌ای از دانشمندان را مسأله‌دار کرد و تا آخر هم جواب روشنی به آن تعارضات داده نشد. عین این تعارضات، بین *قرآن* و روایات با علم و فراورده‌های جدید پدید آمده است و تا

کسی این‌ها را برای خودش حل نکند، نمی‌تواند یك دیندار به معنای واقعی کلمه باشد. من سعی کرده‌ام در این زمینه‌ها با خودم بسیار صادق باشم و دنبال توجیهات و تکلّفات نروم. دین‌شناسی من در واقع از همین جا آغاز شده است و همین خط سیر را دنبال می‌کند.

به گمان من، یکی از کلیدهای مهمی که می‌توان با آن، پروژه و طرح روشنفکری شما را گشود و سرّ آن را دریافت، همین رابطهٔ علم و دین و کلاً توجه به دین‌شناسی‌ها و علم‌شناسی‌های شماست که طبعاً پرداختن به آن‌ها نیازمند فرصت مجزایی است. اما شما در کتاب *رازدانی و روشنفکری و دینداری*، تفکیکی میان مقام «بازی‌گری» و «نظاره‌گری» قائل شده‌اید. تعریف شما از نظاره‌گری این است که آدمی همهٔ بازی‌ها و غفلت‌های زندگی را از مقامی بالاتر به نظاره بنشیند؛ امری که به زعم شما می‌تواند پیامدی طبیعی به‌نام عزلت و انزوا هم به همراه داشته باشد. در نگاه شما، پیامبران و پس از آن‌ها روشنفکران نیز از این ویژگی و خصیصه بهره‌منداند و بازی‌های غافلانهٔ آدمیان را مشفقانه به نظاره می‌نشینند. اما آن‌ها هم‌چنین توانسته‌اند به‌خوبی میان بازیگری و نظاره‌گری ارتباط و نسبت برقرار کنند و نظاره‌گری، بازیگری آن‌ها را تعطیل نکرده است. این گونه نمایان است که در زندگی فکری شما نیز این دو مقام، اهمیت و جای‌گاه مهمی را از آن خود می‌کند. آیا نظاره‌گری زندگی فکری شما ریشه در بحران معنا داشته است، و آیا شما با عمیق‌ترین پرسش‌های عالم و آدم (مرگ، خدا، اختیار و...) در یك سطح وجودی کلنجار می‌رفتید یا این‌که از سطح معرفتی و عقلی به این مقولات نظر می‌افکندید؟

البته من یك آدم کلاً عقلانی- معرفتی بودم. یعنی می‌توانم بگویم یك تیپ فکری بودم. در این تیپ‌شناسی‌ها که از گرجیف رسیده، یك تیپ فکور یا فکری داریم و یك تیپ احساساتی، هنرمندی. گرچه احساسات و عواطف در من خیلی قوی بوده است، تصور می‌کنم که همیشه زیر مهار و مهمیز عقل و معرفت قرار گرفته است و من بیش‌تر به آن طرف غلتیده‌ام، یعنی به طرف آنالیز و تحلیل فکری. مسألهٔ مرگ برای من یك مسألهٔ فکری بود، همیشه فکر می‌کردم نبودن یعنی چه. چگونه بودنِ من به نبودن بدل می‌شود؟ درست یادم است که از حدود ۱۵- ۱۴ سالگی در این زمینه‌ها فکر می‌کردم. اما سؤالات دیگری که شبیه به این سؤالات باشد و از وجود و بودن و توجیهِ بودن و امثال این‌ها بحث کند، در من نبوده و من آن‌ها را به یاد نمی‌آورم. اگر هم چنین سؤالاتی بوده، بیش‌تر مفهومی و معرفتی بوده تا وجودی.

در واقع، من در زندگی‌ام هیچ‌وقت احساس پوچی نمی‌کردم. درست یادم است که در سنین ۱۸-۱۷ سالگی، وقتی که به دیگران نگاه می‌کردم، پیش خود می‌گفتم این مردم برای چه زندگی

می‌کنند؟ برای چه هر روز اتوبوس‌ها پر می‌شود و مردم از خانه‌ها به مغازه و سر کارشان می‌روند و دوباره عصر اتوبوس‌ها پر می‌شود و به خانه‌های‌شان برمی‌گردند؟ آیا گریبان خودشان را نمی‌گیرند؟ آیا نمی‌گویند که امروز بر دیروز چه افزود و فردا بر امروز چه می‌افزاید؟ حقیقتاً من وقتی که به مردم نگاه می‌کردم این ادراك را داشتم. سرّش هم این بود که من خودم پر از معنی زندگی و بسیار شاد و منبسط بودم. بعضی وقت‌ها فکر می‌کردم که من بالای زمین راه می‌روم نه روی زمین. این‌طور احساس ارتفاع می‌کردم و ابتهاجی در من بود که باعث می‌شد به همه‌چیز از یك منظر بالا نگاه کنم و احساس کنم که زندگی مردم حقیقتاً تکرار مکررات است و تعجب می‌کردم که چرا آنان از این تکرار خسته نمی‌شوند؟ چرا خودکشی نمی‌کنند؟ چرا اعتراض نمی‌کنند؟ چرا ادامه می‌دهند؟ من هر روزم نو بود و این نو شدن و ابتهاج کلاً صبغهٔ عرفانی و الهی داشت. نوعی ارتباط با خدا و ماوراء طبیعت داشتم که بسیار برای من دل‌انگیز بود.

ژان گیتون بر آن است که اندیشه‌ورزان در برابر سؤالات اساسی زندگی دو حالت دارند: پاره‌ای از آن‌ها پوچ‌گرا هستند و پاره‌ای رازگرا. با این تعبیر شما را بیش‌تر باید رازگرا به حساب آورد؟

بلی، من رازگرا بودم و مطلقاً احساس پوچی، بیهودگی، احساس تکرارهای ملال‌آور نمی‌کردم. به معنای واقعی خیلی‌خیلی خوش بودم و تا سال‌ها این‌چنین بودم. شاید مولوی‌صفت بودم. مولوی هیچ‌گاه از خود سؤال نمی‌کند که چرا آمده‌ام و در این دنیا چه کار می‌کنم؟ چنان خوش است و در چنان ارتفاع بالایی پرواز می‌کند که پر و بالش به آب‌های زندگی روزمره خیس و آلوده نمی‌شود. سؤال‌های وجودی دغدغه‌آور و تشویش‌آور، از آن نوعی که در خیام است، در مولوی نیست. باری، درست است، من هم رازآلود زندگی کردم. البته بعدها ذهنم و زندگی‌ام رازآلودتر شد. الان فکر می‌کنم تا حدودی می‌فهمم که راز یعنی چه و چگونه است که آن‌ها را نمی‌توان گفت و نباید گفت. فکر می‌کنم که می‌فهمم امثال مولوی دولایه بودن زندگی‌شان چه معنایی داشته است و پاره‌ای از سخنانی را که گفته‌اند چرا گفته‌اند. گمان می‌کنم که زود حرف‌های مولوی را می‌فهمم؛ یعنی همین که دهان باز می‌کند تا چیزی بگوید، فکر می‌کنم که تا انتهای آن را می‌خوانم. من مدتی را این‌گونه به شکل غیرتماشاگرانه زیسته‌ام، و الان نسبت به آن گذشته دارم بیشتر تماشا می‌کنم. اما من سال‌هایی را بازیگرانه زیسته‌ام؛ یعنی رازگرایانه، پر از ابتهاج، پر از زندگی و البته با تماشاگری در زندگی دیگر مردم و حتی تأسف خوردن به حال آن‌ها که زندگی غیررازآلود خود را چگونه تحمل می‌کنند.

این را هم اشاره کنم که من بعد از دوران دانشگاهم، در دوران خدمت وظیفه، در پادگان دژبان به افسری برخورد کردم که مرد بسیار عجیبی بود، تجربه‌های روحی باطنی غریبی داشت. او مرا پیدا کرد و نزد من آمد و تجربه‌های خود را با من در میان گذاشت. یکی از خصوصیاتی که او را به من نزدیک می‌کرد و مرا به او، همین بود. او هم از همین موضع تماشاگرانه در مردم نگاه می‌کرد و همین احساس را داشت که مردم برای چه زندگی می‌کنند. چرا صبح‌ها بلند می‌شوند می‌روند سر کار؟ چرا خسته نمی‌شوند؟ چرا ملول نمی‌شوند؟ من در آن زمان می‌فهمیدم که او چه می‌گوید، چون من هم در همان احوال بودم. لذا من دورانی نسبتاً طولانی را با این حالت سپری کردم.

شاید آن‌جا که می‌گویید، عشق هم بازی‌گری و هم تماشاگری است، به این حالت ابتهاج‌گونه نظر دارید؟

دقیقاً، یعنی عشق ضمن بازی‌گری، تماشاگری در احوال دیگران هم هست. بله درست است.

شما روشنفکر دینی هستید. به معنای دیگر اندیشه‌ورزی روشنفکر به‌حساب می‌آیید. اندیشمند زیاد داریم، اما باید این تیپ با خصیصهٔ دیگری به‌نام دردمندی اجتماعی، فراتررفتن از خود و دردهای دیگران را به مثابهٔ دردهای خود دیدن همراه شود تا تیپ روشنفکری به وجود آید. سؤال این است که اولین جوانه‌های دردمندی‌های اجتماعی چگونه در وجود و اندیشه‌های شما رویید؟

چنان‌که قبلاً عرض کردم، من مدتی بسیار درون‌گرا و رازگرا بودم و عالم شخصی من برایم همه‌چیز بود تا آن حادثهٔ عادی و در عین حال عجیب رخ داد. منزل ما در جنوب شهر و در میدان خراسان بود و کم‌تر از دو کورس ماشین مرا به دانشگاه نمی‌رساند. مجبور بودم به میدان فوزیه (امام حسین کنونی) بروم و از آن جا به دانشگاه تهران برسم (و یا از راه‌های دیگر). معمولاً وقت زیادی از من در راه سپری می‌شد تا به دانشگاه برسم. عصرها هم که از دانشگاه برمی‌گشتم یا تمام راه را پیاده می‌آمدم یا پاره‌ای از آن را اتوبوس سوار می‌شدم. یکی از روزها که در اتوبوس بودم کنار من یك جوان دانشجو نشسته بود و کتابی را مطالعه می‌کرد. این کتاب از مجموعهٔ «چه می‌دانم؟» و عنوانش *سوسیالیسم* بود. من که در کنار او نشسته بودم نگاهم به کتاب و به نام کتاب افتاد. علاقه‌مند شدم که این کتاب را بگیرم و بخوانم. نمی‌گویم نخستین جرقه‌ها، ولی شاید بتوانم بگویم که همین کتاب یکی از نیرومندترین جرقه‌ها را در باب تفکر اجتماعی و تعهد اجتماعی در من زد. من در دوران دبیرستان بالاخره چیزهایی شنیده بودم و پاره‌ای مطالب به گوشم خورده بود، ولی این‌ها کافی نبود. اولین بار بود که به سوسیالیسم برمی‌خوردم و خصوصاً به این‌که مبنای

سوسیالیسم، سود شخصی نیست و لذا علاوه بر خودمداری، دیگرمداری هم در او شرط است، برخلاف نظام کاپیتالیسم که فقط برمحور خودمداری و سود شخصی می‌گردد. اولین بار بود که توجه من به این مقوله جلب شد. شاید وضع خانوادگی‌ام هم بی‌تأثیر نبود. من در خانواده‌ای زندگی می‌کردم که با هیچ استانداردی، خانوادهٔ مرفهی محسوب نمی‌شد. زندگی بسیار ساده‌ای داشتیم. ما چهار فرزند بودیم. پدر ما یك کاسب بسیار سادهٔ کم‌درآمدی بود و ما تا مدت‌ها در منزل‌مان تلفن که هیچ، یخچال هم نداشتیم. شاید همین باعث شده که من تا امروز هم اندیشه‌های سوسیالیستی را کاملاً ترك نگویم. یعنی هیچ‌وقت به یك کاپیتالیسم مطلق تمام‌عیار فکر نکنم و مفهوم عدالت اجتماعی برای من همیشه یك مفهوم زنده است.

شاید هنگامی که عدالت را به برآورده شدن جمیع حقوق انسان تعبیر می‌کنید، بیش‌تر به جنبه‌های عدالت اجتماعی نظر دارید؟

شاید همین‌طور باشد، باید خود را بکاوم. اما می‌دانم که از آن‌جا به بعد توجه من به این قصه خیلی جلب شد؛ به مفاهیم عدالت، فقر، توزیع صحیح ثروت و وظیفهٔ اجتماعی نسبت به فقرا و کم‌تر به فکر خود بودن و بیش‌تر به فکر دیگران بودن. این چیزها چنان‌که اکنون به یاد می‌آورم، بعد از خواندن آن کتاب برای من زنده شده و مرا به تأمل مجدد واداشت.

بعدها هم که مجاهدین خلق ظهور کردند و نام‌شان بر سر زبان‌ها افتاد و فعالیت‌شان مورد توجه قرار گرفت، من همیشه از دیدهٔ سوسیالیسم و عدالت سوسیالیستی به آن‌ها نگاه می‌کردم و تحسین‌شان می‌کردم و معتقد بودم که آن‌ها هم در این راه گام برمی‌دارند؛ چون در بادی امر چندان با اندیشه‌های فلسفی‌شان آشنا نبودم. هم‌چنین گروه‌های چپ که به‌طور کلی، هم ضد ستم بودن‌شان برای من تحسین‌انگیز بود و هم سوسیالیست مزاج بودن‌شان.

آیا شریعتی را هم در ابتدا از این مجرا نگاه می‌کردید؟

آری، من شریعتی را از همین دو دریچه دیدم: یکی ستم‌ستیزی و دیگری هم سوسیالیست‌مزاج بودن. همین بود که مرا آن‌قدر به طرف مارکسیسم کشاند. من خیلی علاقه‌مند بودم که بدانم مارکس چه می‌گوید و واقعاً در داخل این مکتب چه می‌گذرد. در انگلستان که بودم خیلی در مورد مارکسیسم مطالعه می‌کردم. مطابق فرمولی که داشته‌ام و به دیگران هم توصیه کرده‌ام، سعی کرده‌ام آب را از سرچشمه‌ها بردارم و به ادبیات و منابع دست دوم و سوم اکتفا نکنم. یادم هست که یك‌بار مهمانی به منزل ما در انگلستان آمده بود و به کتاب‌های من که نگاه کرد، یك مرتبه با حیرت به من گفت، شما مگر مارکسیست یا مارکس‌شناس هستید؟ از آن همه کتاب‌های مارکسیستی در کتابخانهٔ من به حیرت افتاده بود.

این مطالعات حتماً بعدها خیلی به شما در مناظراتی که با اعضای حزب توده و کلاً مارکسیست‌های ایرانی داشتید کمك کرد.

بله، من اطلاعات دست اول را می‌گرفتم و پیش خودم تحلیل می‌کردم. حتی یکی از دلایل جاذبهٔ پوپر برای من همان گلاویزشدن او با مارکسیسم بود. من نقد بر مارکسیسم کم نخوانده بودم، اما نقد پوپر و گلاویزی او با مارکسیسم را خیلی عالمانه یافتم. یعنی احساس کردم بسیار آنالیتیك، مدوّن و طبقه‌بندی‌شده افکار مارکس را معرفی می‌کند و بعد هم به قول یکی از نویسندگان به نقاط قوت او حمله می‌کند. این همان چیزی بود که پوپر را در چشم من بزرگ جلوه داد.

مشی مهندس بازرگان و شریعتی هم روی شما تأثیر داشت؟

صددرصد. یادم است که در دوران دانشگاه نوشته‌های آقای بازرگان را خیلی می‌پسندیدم. البته قسمت‌هایی از آن را که مربوط به استخراج مطالب علمی از دین بود نمی‌پسندیدم، اما تحلیل‌های اجتماعی، توضیح این‌که مرزی میان دین و سیاست نیست، مسألهٔ کار در اسلام، فقه و رشد سرطانی آن، وکثیری از این مقولات را در نوشته‌های وی می‌پسندیدم. در اصل، ریشهٔ تأملات بعدی من در باب فقه، بعد از سخنان غزّالی، سخنان مرحوم بازرگان بود که می‌گفت فقه در میان مفاهیم دینی ما رشد سرطانی داشته و مجموعهٔ پیکر دین و معرفت دینی را ناموزون کرده است.

البته من تا در ایران بودم با افکار شریعتی آن‌قدرها انس نداشتم. اما وقتی به خارج از کشور رفتم، یعنی وقتی‌که دیگر فعالیت شریعتی تعطیل شده بود، حسینیهٔ ارشاد را بسته بودند، شریعتی را به زندان انداخته بودند و مبارزات سیاسی و حتی مسلحانه بالا گرفته بود، به مطالعهٔ جدی آثار او پرداختم. تا وقتی که در ایران بودم، گاهی در سخنرانی‌های شریعتی شرکت می‌کردم، ولی هیچ‌وقت آن عظمتی را که بعدها به شریعتی نسبت دادند در آن زمان در او احساس نمی‌کردم. این البته از باب قصور فهم من بود. من نمی‌دانستم شریعتی دقیقاً چه می‌کند و چه تأثیری در جامعه می‌گذارد و جمع‌کردن دوهزار دانشجو در حسینیهٔ ارشاد چه معنایی دارد و چه پیامدهایی خواهد داشت. این‌ها را من آن طور که باید درنمی‌یافتم، ولی با این حال از تحسین‌کننده‌های او بودم. آثارش را هم می‌خواندم، اما چندان مشتاقانه نمی‌خواندم. آن زمان معمولاً احساسم این بود که شریعتی تعمیم‌های بی‌ملاك زیادی می‌دهد و البته امروز باید بگویم اقتضای خطابه همین است: یك چیز کوچك را بزرگ کردن، مبالغه و اغراق کردن، مثالی زدن و نتیجه‌هایی فراتر از آن مثال گرفتن.

پروژهٔ فکری شما بسیار گسترده است؛ با عرفان رابطه دارد، با مسائل اخلاقی نسبت برقرار می‌کند، و با هنر به‌خصوص شعر پیوند می‌خورد. در مقولهٔ دین هم مسائل فراوانی ذهن و زبان شما را به خود مشغول داشته است. به طور مثال، با ایمان و فقه و فهم دینی درگیر هستید و در زمینه‌های اجتماعی هم دغدغه‌های شما فراوان است. این نکات پای مقولهٔ تخصص را به میان می‌آورد. تخصص البته مشکلی است که بسیاری از متفکران جهان جدید داشته‌اند و متفکران کنونی غربی هم با آن دست و پنجه نرم می‌کنند، اما به نظر می‌رسد برای روشنفکر و متفکر ایرانی هنوز به صورت جدی مطرح نشده است. یعنی ذهن او هنوز با این سؤال که به چه حوزه‌هایی می‌توانم و باید وارد شوم و به چه حوزه‌هایی نه، درگیر نشده است. این نکته‌ای است که هم در مشی شریعتی و هم در مشی بازرگان هویداست. سخن این است که شما چگونه با این مشکل و معضل روبه‌رو شده و می‌شوید؟

بله، علاقه‌های من خیلی گوناگون است. اما یك نکته هم وجود دارد: من فکر می‌کنم در تمام این‌ها یك رشتهٔ مشترکی وجود دارد. من غیر از مسائل وجودی و دیواربه‌دیوار مسائل عرفانی، تقریباً در تمام مسائل، معرفت‌شناسانه نظر می‌کنم و آن تخصص یا علاقهٔ معرفت‌شناسانه هم‌چنان محفوظ است. یعنی من در عدالت که نگاه می‌کنم، در جامعه که نگاه می‌کنم، در دین که نگاه می‌کنم، همهٔ این‌ها را سعی می‌کنم از آن منظر ببینم. لذا شما می‌توانید بفرمایید که دغدغهٔ اصلی من معرفت‌شناسی و انسجام (consistency) است. انسجام برای من خیلی مهم است. به‌نظر من دین‌شناسی، جامعه‌شناسی و روان‌شناسی من باید با هم بخوانند. از این‌رو، دائماً در حال حل جدول هستم. یعنی خانه‌های جدول را که یکی از آن‌ها انسان است، یکی تاریخ، یکی جامعه، یکی آزادی، با هم همخوان می‌کنم. دغدغهٔ اصلی من صدق (truth) است. حقیقت و صدق در چشم من به صورت یك جدول جلوه‌گر می‌شود. این جدول خانه‌های زیادی دارد و من دائماً در این خانه‌ها می‌گردم و می‌کوشم آن‌ها را به نحوی پر کنم که همخوانی خانه‌ها تأمین شود.

این سؤال را از آن جهت مطرح کردم که عده‌ای بر این رأی هستند که اگر دکتر سروش این همه شور و شعور را در یك رشته و شاخهٔ خاص، مثلاً فلسفهٔ علم، گذاشته بود، مثمرثمرتر بود.

بله، متوجه‌ام. گاهی اوقات دغدغهٔ تخصص باریك گریبانم را می‌گیرد. یعنی به فکر فرو می‌روم که پاره‌ای از این رشته‌ها را تا اعماقش به طور تخصصی دنبال کنم. اما بعد احساس می‌کنم که در آن صورت مخاطبان من یك عده متخصص خواهند بود. من فکر می‌کنم ناتوان

نباشم از این‌که پاره‌ای از این رشته‌ها را به طور تخصصی تا اعماقش دنبال کنم. در پاره‌ای از موارد هم این کار را کرده‌ام، ولی زندگی همیشه فدا کردن چیزی است برای به دست آوردن چیز دیگر. شما می‌توانید مخاطبان بسیار و مسائل بسیارتان را فدای مسائل تخصصی کنید و می‌توانید مسائل تخصصی را فدای این‌ها کنید. در هیچ یك از این‌ها، به‌نظر من، دلیل به کار نمی‌آید، شوق به کار می‌آید. من این را دریافته‌ام که انسان در زندگی خودش بیش از آن‌که به دنبال دلیل برود، به دنبال شوق و عواطف می‌رود. یعنی انسان به یك تریلی می‌ماند که به‌اصطلاح راننده‌اش عقل است، اما دنبالهٔ بزرگ و عظیم‌اش عواطف آدمی است و این بر او سنگینی می‌کند. من در میان این دو شوق مانده‌ام، اما به‌تدریج بر آن شده‌ام که بهتر است مسائل تخصصی را در آن سطح خیلی عالی رها کنم و به پاره‌ای از مسائلی که روی زمین مانده است، بپردازم و معلومات و دستاوردهای حوزه‌های دیگر را خرج حل این مسائل کنم. بالاخره، یك متخصص هم زمانی می‌رسد که می‌خواهد از تخصص‌اش بهره‌برداری کند. شاید هم مولوی مرا در این‌جا راهزنی یا راهنمایی کرده که می‌گوید:

عقده را بگشاده گیر ای منتهی
عقدهٔ سخت است بر کیسهٔ تهی
در گشاد عقده‌ها گشتی تو پیر
عقدهٔ چندی دگر بگشاده گیر[۱]

این ابیات مولوی بر من تأثیر زیادی گذاشته که مرتب گره‌زدن و بعد گره باز کردن ـ گره بر کیسهٔ تهی ـ امر درستی نیست. من در پاره‌ای از مسائل معرفت‌شناسی و یا منطق به طور تخصصی کار کرده‌ام. حقیقتاً در آن‌جا این احساس را داشتم که گره می‌زنند تا گره بزنند و گره می‌گشایند تا به دنبال این گره‌گشایی، گره تازه‌ای را دوباره اختراع کنند و حقیقتاً برای کسی که دردهای دیگری دارد، این درد گره‌تراشیدن و گره‌گشادن، درد جذابی نیست. من اتفاقاً به دلیل ورود تخصصی در پاره‌ای از این زمینه‌ها بود که حس کردم آن راه را نمی‌باید ادامه دهم و آن راه، جواب مسائل وجودی مرا نمی‌دهد. البته اگر باز بحث تخصص باشد من فکر می‌کنم روی مولوی تا حدودی تخصصی کار کرده‌ام.

نه این‌که شما در حوزهایی خاص متخصص نیستید، بلکه سخن این است که نمی‌خواهید متخصص در شاخه‌ای خاص بمانید.

---

۱. مولوی، مثنوی معنوی، دفتر پنجم، ۵۶۱ ـ ۵۶۰

یعنی نمی‌خواهم متخصصِ گره‌تراشِ گره‌گشا باشم.

شاید یکی از دلایل این‌که کار روشنفکری در ایران را بر کارهای آکادمیك در خارج از کشور ترجیح می‌دهید، همین باشد.

بله، همین‌طور است.

شما در جایی اشاره کرده‌اید که دو چیز در عالم شما را به تعجب وامی‌دارد: یکی باریدن باران و دیگری گریستن جوان. همیشه برای من معما بوده است که هر یك از این‌ها برای شما چه معنایی را جلوه‌گر می‌سازد و نسبت میان این دو در نزد شما چیست.

واقعاً بیان‌اش برای من خیلی مشکل است. انصافاً باریدن باران همیشه برای من یك حادثهٔ نو است؛ هیچ‌وقت کهنه نمی‌شود. یعنی من هیچ‌وقت نمی‌گویم از این باران‌ها زیاد آمده، هزاران هزار بار آمده و این هم مثل بقیه است. هر بار که باران می‌بارد من احساس می‌کنم یك حادثهٔ نو و بدیع رخ می‌دهد. نه تنها این، بلکه احساس می‌کنم حادثهٔ سنگین و مهمی رخ می‌دهد که من حتماً باید به آن توجه‌کنم و غفلت از آن پذیرفتنی نیست. به همین سبب، وقتی باران می‌آید من نمی‌توانم به کار دیگری مشغول شوم. بی‌اختیار بلند می‌شوم در و پنجره را باز می‌کنم و به تماشای باران می‌ایستم. گاهی زیر باران رفته‌ام و رقصیده‌ام. نمی‌توانم نکنم، چون فوق‌العاده تحت تأثیر قرار می‌گیرم و حرکات بی‌اختیاری از من سر می‌زند. مدتی که در مالزی بودم و در آن‌جا تدریس می‌کردم، باران‌های شدید و سنگینی که در مالزی می‌آمد یکی از بزرگ‌ترین دل‌مشغولی‌های من بود و من واقعاً هنگام بارش باران چنان از خود بی‌خود می‌شدم که فریاد می‌زدم. کارهای عجیبی می‌کردم و در مواردی هم بود که می‌رفتم در یک استخر روباز، روی آب می‌خوابیدم. من از شنا هم خیلی لذت می‌برم. باری، روی آب می‌خوابیدم و باران می‌خوردم و شنا می‌کردم. عجیب‌ترین و لذیذترین لحظات زندگی من همین بود. احساس می‌کنم که باران یعنی طراوت، یعنی تازگی. باران یعنی خلقت نو، یعنی اتصال آسمان به زمین، یعنی زادن و زایندگی. تمام آن سمبولیسمی که در ادیان و در اساطیر در باب زادن و خلقت و تولد و امثال این‌ها وجود دارد، برای من در باران جلوه می‌کند. به همین سبب، باران مرا دست‌پاچه می‌کند. در هنگام باریدن باران‌های شدید، من همیشه فکر می‌کنم که یك حادثهٔ عجیبی در حال رخ‌دادن است. مثل این‌که آخر زمان شده است، مثل این‌که خدا می‌خواهد ظهور کند، مثل این‌که روحی می‌خواهد داخل عالم حلول کند. احساس می‌کنم که از ماوراء طبیعت پیغام عظیمی همراه این باران به طبیعت می‌آید. فکر می‌کنم راز بزرگی در حال کشف شدن است. من باید بدوم و این راز را بگیرم و نگذارم از دست برود.

البته وزیدن باد هم به نحو رقیق‌تری همین وضع را برای من دارد، اما باران البته عجیب‌تر از این‌هاست. شما اگر دیده باشید در شعرهای من هم باران زیاد ذکر می‌شود؛ چون صددرصد مبتنی است بر تجربهٔ من.

ستارگان چطور؟

نه، این طور نیست. نه این‌که هیچ تأثیری در من نداشته باشد، اما اصلاً با معنا و تأثیری که باران برای من دارد، قابل قیاس نیست. باد و باران و دریا، از همه بیش‌تر باران و بعد دریا و بعد باد، مرا به عوالم غریبی می‌برند. سهراب سپهری شعری دارد که می‌گوید: «من به آغاز زمان نزدیکم، نبض گل‌ها را می‌گیرم». من هم احساس می‌کنم وقتی‌که باران می‌آید آغاز زمان است، آغاز تاریخ است و هیچ چیزی قبلاً وجود نداشته و اینک آغاز خلقت است.

گریستن جوان یا به طور کلی عبادت جوان هم برای من منظرهٔ زیبایی است. وقتی‌که یك جوان را مجذوب یك مراقبهٔ عرفانی می‌بینم، که البته تجلی آن گریستن اوست، از خود بی‌خود می‌شوم. یعنی پاکی و نزاهت و لطافتی در آن حالت می‌بینم که پهلو می‌زند به پاکی و لطافتی که در باران است.

ذهن و زبان شما بسیار معطوف به دغدغه‌های جوانان است و شما بسیار با جوانان در ارتباط هستید. سرّ این رویکرد چیست؟ چه در جوانان می‌بینید که شما را به سوی آن‌ها می‌کشاند؟

درست می‌گویید، همین‌گونه است. شاید چند عامل داشته باشد. یکی این‌که من راجع به زیبایی خیلی فکر می‌کنم و نسبت به این مقوله خیلی حساس‌ام. وقتی در ذهن خود تعریف‌های زیبایی را مرور می‌کردم، به این‌جا رسیدم که زیبایی یعنی جوانی. شاید تعلق خاطر من به زیبایی، تعلق خاطر به جوانی را هم فراهم می‌آورد. جوانی برای من یکی از مصادیق زیبایی است. علاوه بر این، گفتم که من به مرگ خیلی می‌اندیشیدم، درعین‌حال، از آن می‌گریزم. یعنی من به زندگی و پر از زندگی بودن خیلی علاقه دارم و جوان‌ها برای من نمونهٔ پر بودن از زندگی هستند؛ رو به آینده دارند، گرد فرسودگی بر چهره‌شان ننشسته است و خبر می‌دهند از این‌که چیزی می‌آید، نه این‌که چیزی از بین می‌رود. شاید همین چیزها باشد که مرا به جوان‌ها خیلی راغب می‌کند. این‌ها البته دلایل وجودی است. به لحاظ فکری و معرفتی هم یکی از ارکان هر جامعه‌ای جوانان هستند و من معتقدم که اگر انسان در نسل جوان مؤثر بیفتد، نبض زندگی اجتماعی را در دست گرفته است. به‌هرحال، بهترین کسانی که پاسخ‌گوی من بودند همین جوان‌ها بودند، یعنی به حرف‌های من و به پیام‌های من پاسخ مثبت دادند، چه در حوزه و چه در دانشگاه و چه در بیرون از این دو محیط.

آخرین سؤال من دربارهٔ نقد و نقادی است. ما با نقد بسیار مشکل داریم. هم نقد کم داریم و هم با نقدهایی معیوب و نارسا مواجه‌ایم. اما شما پس از انقلاب در مقایسه با دیگر متفکران ایرانی بیش‌تر مورد نقد واقع شده‌اید و همین نقش مؤثری در تکامل و پختگی شما ایفا کرده است. با وجود این گاهی تندی‌هایی را در مقابل نقادی‌ها از خویش نشان می‌دهید. نمی‌دانم در این باب چه نظری دارید؟

من با نقادی مشکلی ندارم. واقعیت این است که من از نقد آزرده نمی‌شوم. من نقدها را با دقت و لذت می‌خوانم، اما از نقدهایی که به تعبیر خودم به انگیزه‌ها می‌پردازند تا به انگیخته‌ها، عصبانی می‌شوم؛ نقدهایی که احساس می‌کنم شخص عالمانه و ناقدانه وارد نشده است و به جای این‌که به اصل مطلب بپردازد آن را دور می‌زند. مثلاً همین مجلهٔ *ایران فردا* را ملاحظه کنید. من هیچ‌وقت متعرض آن‌ها نشده‌ام، اما تقریباً هیچ شماره‌ای از این مجله نیست که طعنه و لگدی به من نزده باشد. هیچ شماره‌ای، بدون استثناء، و آن هم نقدهای انگیزه‌ای. نمی‌دانم من چه هیزم تری به آن‌ها فروخته‌ام؟ مثلاً اگر شما دارید با من صحبت می‌کنید، من وسط کلام به جای این‌که جواب شما را بدهم، بگویم شما آمریکایی هستید، خب، این خارج از ضوابط نقد است. پاره‌ای از نقدهایی که در جامعهٔ ما نسبت به من شده همین‌طور بوده است و من واقعاً با منطق آن نقدها مبارزه کردم.

نقدهایی که به خوانندگان به نحو عام و علنی عرضه می‌شود، دو جنبه دارد: یک جنبه نقد محتوایی و درونی است و یک جنبه هم بیرونی. من فکر می‌کنم که در جوانب بیرونی نقد، من گاهی از مارکس تأثیر پذیرفته‌ام. مارکس نقدهای گزنده‌ای دارد و من البته آن گزندگی‌اش را نگرفته‌ام، اما این‌که قلم را چنان به‌کار ببرم که نافذ باشد و فقط یك نقد سرد علمی نباشد این را بله، شاید من از او وام گرفته باشم. اما آن‌چه عجیب است و مرا می‌رنجاند این است که پاره‌ای از نقدهای بی‌مایه در بعضی‌ها مؤثر می‌افتد. یعنی خلط میان انگیزه و انگیخته بسیار قوی است.

به‌طور مثال، می‌توان از ابراز عقیدهٔ شما در مورد فروغی و هدایت یاد کرد. فروغی را سست‌عقیده و عملهٔ ظلم، و هدایت را فرویدیستی بورژوامنش نام نهاده‌اید. به‌نظر می‌رسد این اظهارنظرها از اخلاق نقادی فاصله دارد.

به‌نظر شما این‌ها اشتباه است؟ من واقعاً از نوشته‌ها و از زندگی‌های آن دو این برداشت‌ها را کرده‌ام و نخواسته‌ام تهمتی به آن‌ها بزنم.

از جمله انتقادات جدی‌ای که به شما وارد شده، انتقاد به زندگی سیاسی شماست. شما البته در نوشته‌های‌تان از زندگی سیاسی خود دفاع کرده‌اید و همین باعث شده است عده‌ای

بر این گمان باشند که دکتر سروش کارهای خود را توجیه می‌کند. دوست دارم از زبان خود شما یك‌بار دیگر جواب‌تان را به این انتقادات بشنوم.

البته، شاید این عیب من باشد و من نباید توجیه کنم، ولی واقعاًش این است که من وقتی کاری را می‌کنم، می‌دانم که چه کار می‌کنم و لذا بعدها همان دلایلی که برای خودم داشتم ذکر می‌کنم نه این‌که دلیل تازه بتراشم، و اساساً آدمی را باید همیشه بر مبنای داده‌های‌اش در حین تصمیم‌گیری و عمل، مورد داوری قرار داد، نه با داده‌هایی که بعداً به دست می‌آیند یا حوادثی که بعداً رخ می‌دهند.

بگذارید یك مثال بزنم. همان قصهٔ انقلاب فرهنگی را ببینید. بسیاری از سخنانی که راجع به انقلاب فرهنگی می‌گویند ناشی از بی‌خبری گویندگان است. من واقعاً از آن‌چه می‌گویند در تعجب‌ام. خدا شاهد است در آن‌جا کار ما جلوگیری از تندروی‌ها بود. به همین سبب بعدها به من تهمت نفوذی در ستاد انقلاب فرهنگی هم زدند. این‌ها نمی‌دانند که کمیته‌های پاك‌سازی، قبل از ستاد انقلاب فرهنگی وجود داشت و اصلاً در تمام کشور ایجاد شده بود. اما چون بیست‌سال از آن وقایع گذشته است، جایی هم ثبت و ضبط درستی نشده، شایعات هم در اطراف این بحث خیلی بوده است، یك عده‌ای فکر می‌کنند که ما مسؤول بستن دانشگاه‌ها بوده‌ایم. درحالی‌که ما مسؤول بازکردن دانشگاه‌ها بوده‌ایم.

من در تمام مدت عضویت در ستاد انقلاب فرهنگی، به هیچ یك از کارهای خلاف نه رضایت دادم، نه صحه گذاشتم و نه توجیهی کردم. شما سرتاسر زندگی سیاسی مرا در این بیست‌سال نگاه کنید. در کتاب‌های من، در سخنرانی‌های من، هیچ‌گاه توجیهی از ولایت فقیه نیامده است، چون به آن عقیده نداشتم. من هیچ‌وقت این تئوری را قبول نداشتم، حتی زمانی که پیش آیت الله خمینی هم می‌رفتیم. من یك بار هم نگفته‌ام که راه نجات کشور در التزام به این نظریه است و از ابتدا اندیشهٔ دموکراتیك داشتم و حالا هم نظراً و عملاً بدان پای‌بندام.

از سوی دیگر، شما ممکن است تحولات فکری فراوانی داشته باشید و واضح است که در هر دوره نوشته‌هایی را منتشر می‌کنید، اما هیچ‌گاه درصدد نیستید که دیدگاه خود را دربارهٔ تاریخ زندگی فکری و کتاب‌های دوره‌های مختلف فکری خود روشن کنید. من خیلی به گذشتهٔ خودم برنمی‌گردم. شاید هم این را از مولوی آموخته‌ام. به همین سبب هم دنبال چیزها را می‌گیرم و جلو می‌روم و شاید اگر زمانی بخواهم زندگی‌نامه‌ای بنویسم در آن‌جا خطاهای خود را بنویسم.

خلاصه این‌که انتظاری که ما از شما در مقولهٔ نقد داریم هم بسیار زیاد است.

متشکرم، من با این مسأله مشکلی ندارم. ولی اولاً، چنان‌که گفتم، خیلی به گذشته برنمی‌گردم، ثانیاً، انشاءالله، در حد توان آن کار را خواهم کرد.

شما سخنرانی‌ای در جمع روان‌شناسان داشتید، تحت عنوان «قمار عاشقانه». در آن سخنرانی، بر این نکته دست گذشته‌اید که همهٔ ما ناگزیریم بعضی چیزها را در پای بعضی چیزها فدا کنیم و از عشق نیز به عنوان امری یاد کرده‌اید که نیاز به فداکردن بسیاری چیزها دارد. در زندگی فکری شما نیز فدا کردن بسیاری از امور به چشم می‌خورد: امنیت، ثروت، دوستی‌ها، قدرت و غیره. حال سؤال این است که فدا کردن کدام یك از این‌ها برای شما سخت‌تر بوده است؟

نمی‌توانم بگویم کدام یك سخت‌تر بوده است. سؤال خیلی مشکلی است. در واقع، همهٔ این‌ها سخت است. شما می‌پرسید کدام‌یك سخت‌تر بوده است. شاید امنیت از همهٔ این‌ها سخت‌تر بوده است. بله، فداکردن امنیت واقعاً سخت‌تر است.

گذشتن از سیاست چطور؟

به‌هر حال تصمیمی لازم داشت.

متشکرم از این که وقت‌تان را در اختیار ما قرار دادید. گفت‌وگوی ایده‌آل در نزد من گفت‌وگویی است که دو طرف در بحث حضور داشته باشند، اما محور سخن ما زندگی فکری شما بود و من می‌باید بیش‌تر لب فرو می‌بستم و شنونده می‌بودم.

با وجود این، شما سؤال‌هایی از من پرسیدید که کسی نپرسیده بود و من چیزهایی را به شما گفتم که به هیچ کس نگفته بودم.

ضمیمه

باب مفتوح اجتهاد[1]

پاسخی به پرسش‌های دکتر عبدالکریم سروش

آیت‌الله حسینعلی منتظری

اشاره

در شماره ٤٥ کیان (ویژه‌نامهٔ دین، مدارا و خشونت)، آیت‌الله منتظری به اقتراح کیان پاسخ دادند و پاسخ ایشان تحت عنوان «در باب تزاحم» در این شماره درج شد. در شمارهٔ بعد (٤٦)، دکتر عبدالکریم سروش پرسش‌ها و ملاحظاتی انتقادی را دربارهٔ نوشتهٔ مذکور مطرح کردند (مقالهٔ «فقه در ترازو»). آنچه در زیر می‌آید پاسخ آیت‌الله منتظری به آن پرسش‌هاست.

---

۱. منتشر شده در مجله کیان، شماره ۲۷

„

جناب مستطاب آقای دکتر عبدالکریم سروش دام توفیقه

پس از سلام و تحیت و تشکر از جنابعالی، نامهٔ عالمانه و منتقدانهٔ شما زیارت شد، توجه جنابعالی به مسائل فقهی مورد ابتلای زمان و نکته‌های مربوط به اجتهاد و مبانی آن قابل تقدیر است، و در حقیقت این سؤالات متوجه کلیهٔ فضلا و اندیشمندان حوزه‌های علمیه است و لذا از همهٔ آقایانی که اهل بحث و تحقیق و قلم هستند، انتظار می‌رود این‌گونه مسائل را مورد توجه قرار داده، نظرات مستدل خویش را بیان فرمایند.

البته بحث تفصیلی دربارهٔ مبانی کلامی و اصولی و فقهی فقهای اعلام و نکته‌هایی که جنابعالی براساس آن‌ها فقه را در ترازو قرار داده‌اید، مجال واسعی می‌طلبد که در این نوشتار نمی‌گنجد، و شرایطی می‌طلبد که فعلاً برای من حاصل نیست، لذا در این مجال ــ به‌منظور احترام به نامهٔ جنابعالی و بی‌پاسخ نماندن آن ــ صرفاً به چند نکته اشاره می‌کنم:

نکتهٔ اول: شکی نیست که انتقاد علمی در هر رشته از علوم موجب رشد و توسعهٔ آن خواهد شد، همان‌گونه که یکی از عوامل رشد و عمیق‌تر شدن فهم بشر از واقعیت و مصالح و مفاسد در همهٔ زمینه‌ها گشوده شدن باب تعامل و تضارب افکار و نقد علمی بوده است، و یقیناً اگر این باب گشوده نمی‌شد بشریت از بُعد علمی و تکنیکی به رشد کنونی نمی‌رسید، لذا نباید از نقد و تحقیق در مسائل علمی غفلت ورزید و یا از آن جلوگیری کرد. درست است که اصل دین تافتهٔ خدایی است و ثبوت احکام آن معمولاً از راه وحی است، ولی علم فقه تافته و ساختهٔ انسان‌هاست و این فقها هستند که به قدر درك و فهم خود مبانی دینی و احکام فقهی را استنباط و ارائه نموده‌اند، پس همچون سایر علوم قابل نقد و بررسی است. به‌ویژه در کشور ما که پس از انقلاب زمینهٔ ارتباط بین دو قشر حوزوی و دانشگاهی فراهم شده، لازم است رابطهٔ فکری و علمی این دو قشر مؤثر در جامعه از سابق بیشتر گردد، و هر قشری بتواند از نوآوری‌های قشر دیگر کاملاً استفاده کند و بهترین راه رسیدن به این هدف یکی گسترش باب نقد و بحث علمی در حوزه‌ها و مجامع فرهنگی در قالب میزگردها و گردهمایی‌های علمی و بازتاب نظریات به وسیله رسانه‌هاست، و دیگری تحمل عقاید هر قشر توسط قشر دیگر و کنار گذاشتن تنگ‌نظری‌ها و واکنش‌های تندی است که تا به امروز معمول بوده است.

حوزه و دانشگاه هیچ کدام نباید خود را حق مطلق و عالم به همهٔ امور و مسائل و بی‌نیاز از نقد و بحث علمی بپندارد، زیرا فهم و درك انسان محدود است و خطا و نسیان در سرشت

انسان‌ها نهاده شده است. از این رو ـ ضمن تعهد به قوانین بحث و نقد و توجه به اصول و مبانی هر علم و پرهیز از خلط‌ها و مغالطه‌ها و شیوه‌های غیر علمی و غیر اخلاقی، باید تعامل فکری و ارائه نظریات و نقد علمی آزادانه بیش از پیش عملی گردد تا بتوان از طرفی ظرفیت درك و فهم جمعی را وسیع‌تر کرد، و از طرف دیگر معارف حقّه و فقه اسلامی را روزبه‌روز روشن‌تر و غنی‌تر ساخت و به نیازها، شبهات و سؤالات نسل جدیدِ آشنا به مکاتب جهانی پاسخ علمی و قانع‌کننده داد.

نکتهٔ دوم: یکی از امتیازات شیعه مفتوح بودن باب اجتهاد مطلق در مسائل نظری فقه است، برخلاف اکثر اهل سنّت که اجتهاد آنان در چارچوب فتاوای فقهای اربعهٔ آنان: مالك، ابوحنیفه، شافعی و احمدبن حنبل محدود است. با اجتهاد مورد نظر است که فقه شیعه می‌تواند با اتکا به مبانی کلامی و اصولی و کتاب و سنت و عقل، مسائل و نیازهای مختلف و متغیر ناشی از شرایط زمانی و مکانی بشر را در حوزه تخصصی خود پاسخ دهد.

بدیهی است که برخی از مبانی کلامی و اصولی که در استنباطات فقهی ما مؤثرند، نیز از اجتهاد و بررسی مجدد بی‌نیاز نخواهد بود و فقهای ما (رضوان‌الله تعالی علیهم) نیز پیوسته ـ هرچند همراه با تفاوت‌ها و فراز و نشیب‌ها ـ به اجتهاد و تجدید نظر در آن مبانی ادامه داده و می‌دهند. به‌خصوص در عصر حاضر با پیشرفت‌هایی که در علوم نصیب بشر شده، لازم است برخی از مبانی مورد تجدید نظر و بررسی قرار گیرند، زیرا دریافت‌های علمی جدید طبعاً در درك بعضی مبانی کلامی و اصولی و تشخیص موضوعات و مفاهیم و برداشت از متون دینی تأثیر خواهند داشت. البته این بدان معنا نیست که هر فکر قدیمی باطل و هر نظر جدید صد در صد صحیح است، بلکه به این معناست که هر نظریه مورد بررسی عمیق و دقت کامل قرار گرفته و با دلیل متقن پذیرفته یا رد شود.

پس بر فضلا و محققین حوزه‌های علمیهٔ دینیه ـ که صیانت از معارف حقّه و فقه اسلامی را بر عهده دارند ـ لازم است بیش از پیش با مکاتب و آرای مختلف آشنا شده و موضوعات مهمهٔ فقهی را براساس تحقیقات علمی جدید مورد بررسی قرار دهند تا بتوانند با بصیرت و استدلال به پرسش‌ها و شبهاتی که امروز اذهان جوانان حوزه و دانشگاه را فراگرفته پاسخ دهند، در غیر این صورت ضایعات جبران ناپذیری بر بنیه دینی و اعتقادی جامعهٔ ما وارد خواهد شد. «العالم بزمانه لاتهجم علیه اللوابس»[1].

---

۱. کافی، ج۱، ص ۲۷

حوزه‌های علمی ما در گذشته نسبت به علوم مختلف زمان خود از جامعیت و غنای بیشتری برخوردار بودند، و علاوه بر فقهای بزرگوار، متکلمان و فیلسوفان و دانشمندان علوم طبیعی و ریاضی و پزشکانی متخصص نیز در خود پرورش می‌دادند.

به‌نظر می‌رسد اگر سنت حسنه مناظره علمی در مجامع علمی حوزه و دانشگاه بین هم‌اندیشان و دگراندیشان روزبه‌روز ــ به دور از جهت‌گیری‌های تبلیغاتی و ملاحظات سیاسی و خطی ــ معمول شود و گسترش یابد، نتایج خوبی در جهت احیا و رشد فکر دینی در جامعه و رفع شبهات و پاسخ به سؤالات نسل جدید به دنبال خواهد داشت.

نکتهٔ سوم: این‌که گفته می‌شود زمان و مکان در اجتهاد و استنباط احکام نقش اساسی دارند، به این معنا نیست که احکام اسلام همچون احکام ادیان گذشته محدود و مخصوص به زمان یا مکان خاص هستند. برحسب نص *قرآن* کریم پیامبر ما خاتم پیغمبران و در نتیجه دین او خاتم ادیان الهی است، پس اجمالاً شریعت او همگانی و برای همیشه است، و همین است منظور از حدیث صحیح زراره؛ «قال: سألت ابا عبدالله(ع) عن‌الحلال و الحرام، فقال: حلال محمد حلال ابداً الی یوم‌القیامه و حرامه حرام ابداً الی یوم‌القیامه»[1] یعنی شریعت او نسخ شدنی نیست.

یا این‌که اصل دین مقتضای فطرت و ندای جان انسان‌ها بوده و هست، و روح همهٔ ادیان الهی یکی بیش نیست و آن تسلیم در برابر خدای کامل یگانه و ایمان به غیب و جهان دیگر و طی کردن مسیر حق و عدالت و پرهیز از هر نوع ظلم و تجاوز و خودپرستی‌هاست: « فِطْرَتَ اللهِ الَّتِی فَطَرَ النَّاسَ عَلَیهَا لَا تَبْدِیلَ لِخَلْقِ‌اللهِ ذَلِكَ الدِّینُ الْقَیِّمُ »[2] ولی در فروع و برنامه‌هایی که انسان‌ها را می‌سازند و در مسیر حق و عدالت قرار می‌دهند به مقتضای شرایط ساختاری و اجتماعی انسان‌ها، متفاوت‌اند.

ادیان الهی گذشته همچون کلاس‌های متفاوتی هستند که هر کدام محدود به برنامه‌های خاصی متناسب با سن و درك و احتیاج و شرایط دانشجو است، ولی پس از گذراندن دانشگاه فرد طالب علم به مرحله‌ای از غنای علمی می‌رسد که دیگر نیازی به معلم و رهنما ندارد، عقل او تکامل یافته و از رشته‌های مختلف علوم اجمالاً آگاهی یافته است. ادیان الهی گذشته نیز هر کدام دارای فروع و برنامه‌های خاصی متناسب با شرایط حیاتی و اجتماعی و اقتصادی

---

۱. *کافی*، ج ۱، ص ۵۸

۲. روم/۳۰

و روحی انسان‌ها در آن زمان بودند، پس طبعاً هر کدام محدود به زمان خاص خودش بود؛ ولی دین اسلام دینی است جامع و فراگیر همهٔ محسنات و برنامه‌های مختلف ادیان گذشته و قابل انطباق با شرایط و زمان‌ها و مکان‌های گوناگون؛ و عقل بشر در اثر تکامل به مرحله‌ای از بلوغ رسیده که می‌تواند با کوشش و اجتهاد برای هر زمان و مکانی برنامهٔ علمی متناسب با آن را از عقل و کتاب و سنّت استخراج کند و در نتیجه نیاز به پیامبر جدید ندارد. در *نهج‌البلاغه* راجع به پیامبر اکرم وارد شده: «الخاتم لماسبق و الفاتح لما انغلق»[1] (ختم‌کنندهٔ همهٔ گذشته‌ها و گشایندهٔ همهٔ بسته‌ها) و بالاخره مقصود از ختم نبوت و بقای شریعت و حلال و حرام آن حضرت محدود نبودن آن‌هاست به زمانی خاص و این معنا منافات ندارد با اختلاف در احکام برحسب اختلاف در زمان به دنبال انتفای برخی موضوعات، با اختلاف در برداشت‌ها، یا مبدل شدن موضوع به موضوعی وسیع‌تر یا محدودتر برحسب استنباط از مصالح و ملاک‌ها و یا کنار گذاشتن موقت برخی از احکام به مقتضای تزاحم و برخورد ملاک‌ها. اینک نمونه‌هایی از این موارد را یادآور می‌شوم:

الف: با انعدام رقیت و مملوکیت انسان نه تنها موضوع عتق رقبه که در ابواب مختلف فقه به عنوان کفّاره تعیین شده از دایرهٔ کفارات حذف می‌شود، بلکه همهٔ احکام مربوط به عبید و اماء عملاً از حوزهٔ فقه حذف می‌گردد.

ب: اختلاف نظر فقهای پیشین در فهم و برداشت نسبت به برخی مفاهیم و موضوعات مذکوره در کتاب و سنت. از باب مثال در بسیاری از روایات و ابواب مختلف فقه لفظ «امام» موضوع حکم شرع واقع شده و بسیاری از بزرگان فقها ـ برحسب سابقهٔ ذهنی و اعتقادی خود نسبت به امامت ـ مقصود از لفظ «امام» را در این قبیل مسائل مخصوص امام معصوم پنداشته‌اند، در صورتی که از قرائن و شواهد زیاد استفاده می‌شود که مقصود مطلق حاکم سیاسی یا قضایی یا مدیر امور اجتماعی است، نه خصوص امام معصوم.

ج: تبدیل موضوع به موضوعی محدودتر یا وسیع‌تر برحسب مقتضیات و شرایط زمانی یا مکانی و استنباط حکم با اتکا به ملاک‌های قطعی و در حقیقت تبدیل حکم به تبع تبدل موضوع.

از باب مثال مواردی را یادآور می‌شوم:

۱ـ حرمت فروش خون در شرایطی بوده که منفعت رایج آن خوردن بوده است، پس

---

۱. امام علی(ع)، *نهج‌البلاغه*، نسخهٔ صبحی صالح، خطبه ۷۲

فروش آن به منظور ترزیق به انسان ظاهراً بی‌اشکال است، زیرا به اصطلاح دارای منفعت محللهٔ عقلائیه است.

۲ـ موضوع سبق و رمایه، اسب و شتر و کمان بوده، در زمانی که، ابزار جنگ در این‌ها خلاصه می‌شد، ولی امروز صحبت از تانک و توپ هواپیماهای نظامی است؛ پس می‌توان گفت مسابقه در این‌ها مانعی ندارد و اسب و شتر و کمان خصوصیت ندارد.

۳ـ موضوع احکام احتکار در اخبار اهل بیت علیهم‌السلام و کلمات فقهای اعلام در پنج یا شش یا هفت چیز یعنی گندم، جو، خرما، مویز، روغن، زیتون و نمك خلاصه می‌شد، با این‌که این قبیل احکام از قبیل احکام عبادی نیستند که مبتنی بر تعبّد محض باشند که مصالح و مفاسد آن‌ها بر ما پوشیده است، بلکه به لحاظ مصالح و ملاك‌های اقتصادی و حیاتی انسان‌ها تشریع شده‌اند. پس در عصر ما با تحول عمیق در زندگی انسان‌ها و نیازهای ضروری آنان قهراً موضوع حرمت احتکار خیلی وسیع‌تر خواهد بود. مثلاً نمی‌توان گفت که احتکار در زیتون جایز نیست ولی در داروهایی که حیات بعضی انسان‌ها وابستهٔ به آن‌هاست مانعی ندارد.

٤ـ دربارهٔ زکات خدای متعال در *قرآن* کریم می‌فرماید: یا أَیهَا الَّذِینَ آمَنُوا أَنْفِقُوا مِنْ طَیبَاتِ مَا کَسَبْتُمْ وَمِمَّا اخْرَجْنَا لَکُمْ مِنَ الْأَرْضِ[۱] ، و باز می‌فرماید: خُذْ مِنْ أَمْوَالِهِمْ صَدَقَةً تُطَهِّرُهُمْ[۲] و جمع مضاف مفید عموم است، پس مقتضای ظاهر هر دو آیه تشریع زکات است در همهٔ اموال مسلمین. و برای مصرف زکات در *قرآن* کریم اصناف هشت‌گانه تعیین شده‌اند که تقریباً همهٔ خلأهای اقتصادی جامعه را شامل می‌شوند، البته فقرا مصرف شاخص زکات‌اند؛ و در احادیث معتبره وارد شده که خداوند برای فقرا در اموال اغنیا به قدر کفایت آنان قرار داده و اگر کافی نبود زیادتر قرار می‌داد، و ظاهراً ذکر فقرا در این قبیل احادیث از باب مثال و ذکر فرد شاخص بوده است. پس منظور همهٔ کمبودهای اقتصادی جامعه بوده است و در حقیقت زکات و خمس مالیات اسلامی هستند که به منظور پرکردن خلأهای اقتصادی دولت اسلامی و جامعه تشریع شده‌اند، و طبعاً باید برای رفع کمبودها و پرکردن خلأهای اقتصادی در همهٔ زمینه‌ها و برای همهٔ زمان‌ها و مکان‌ها کافی باشند، چون اسلام ــ به عقیدهٔ ما ــ خاتم ادیان الهی است و تشریع احکام آن برای همه و برای همیشه است. و مالیاتی که در زمان پیامبر اکرم و خلفا گرفته می‌شد همین زکوات بود.

---

۱. بقره/۲٦۷
۲. توبه/۱۰۳

از طرف دیگر در روایات معتبره وارد شده است هنگامی که آیهٔ زکات نازل شد، پیامبر اکرم(ص) زکات را در نُه چیز مشخص قرار دادند و از چیزهای دیگر صرف‌نظر کردند. «وضع رسول‌الله(ص) الزكاة على تسعه و عفى عما سوى ذلك...»[۱] و در حقیقت این یك تصرف حاکمانه بوده است از ناحیهٔ آن حضرت. با این مقدمات ممکن است گفته شود در زمان آن حضرت چون عمدهٔ ثروت عمومی در آن نُه چیز خلاصه می‌شد، پیامبر اکرم(ص) اعمال حاکمیت کرده‌اند و زکات را در نُه چیز قرار داده‌اند، ولی در زمان‌هایی که عمدهٔ ثروت و اموال عمومی را تجارت‌ها و صنایع مهم و کارخانجات بزرگ تشکیل می‌دهند با منحصر کردن زکات واجب در نُه چیز، یك دهم از کمبودها هم برطرف نمی‌شود، پس حاکم اسلامی در هر زمان و هر منطقه باید کمبودهای اقتصادی را از یك‌طرف و ثروت و درآمد عمومی را از طرف دیگر بررسی کند و برحسب نیاز زکات را در اموال مردم قرار دهد، و در نتیجه مالیات‌ها به عنوان زکات واجب دریافت شود و موضوع زکات بسیار وسیع‌تر از نُه چیز خواهد بود، چنان‌که امیرالمؤمنین(ع) نیز در زمان حکومت خود بر اسب و قاطر نیز زکات قرار دادند؛ البته احتمال مذکور در باب زکات فعلاً مجرّد احتمالی است که نیاز به تعقیب و تحقیق بیشتر دارد.

در فقه ما از این قبیل نمونه‌ها زیاد است که به لحاظ حکمت و فلسفهٔ تشریع حکم بسا ناچاریم برحسب شرایط زمان یا مکان موضوع حکم را وسیع‌تر فرض کنیم، و بالاخره جمع بین فلسفه و علت تشریع حکم از یك‌طرف و محدود بودن موضوع حکم از طرف دیگر میسر نیست، و به مناسبت اهمیت ملاك ناچاریم محدودیت موضوع را مربوط به زمان‌های خاص بدانیم.

د: تزاحم ملاك‌های احکام و تقدیم اهم بر غیراهم. اگر در جایی دو حکم واجب یا حرام یا واجب و حرام با هم متزاحم شدند به گونه‌ای که جمع آن‌ها در مقام عمل مسیر نیست، قهراً به حکم عقل قطعی حکمی که ملاك آن اهم است بر دیگری تقدّم دارد، و این قبیل تزاحم و برخورد ملاك‌ها در زندگی شخص انسان‌ها و در مسائل اجتماعی و اقتصادی و سیاسی نیز بسیار اتفاق می‌افتد، عالم طبیعت عالم تزاحم و برخورد مصالح و ملاك‌هاست، و انسان عاقل هیچ‌گاه اهمّ را فدای غیر اهمّ نمی‌کند.

پس ممکن است حاکم اسلامی برحسب ملاحظهٔ مصالح اسلام و مسلمین و مقایسهٔ ملاك‌های قطعی استنباط شده از متون اسلامی و درك روح اسلام راستین برخی از احکام

---

۱. ابوجعفر محمد بن علی بن حسین بن بابویه قمی، *معانی الاخبار*، ۱/۱۵۴

اسلامی را به خاطر تزاحم و ضرورت، مدتی متوقف کند، و این بابی است واسع که در همهٔ ابواب فقه سریان دارد. در این‌جا یادآور می‌شوم که در تشریع احکام اجتماعی و سیاسی و جزایی به‌طور کامل باید حقوق انسان‌ها رعایت شود؛ منتها جنابعالی در نوشتار خودتان بیشتر روی حقوق فردی انسان‌ها تکیه و بر این اساس پرسش‌های خود را تنظیم کرده‌اید، در صورتی که در تشریع صحیح جامع باید هم به حقوق فردی انسان‌ها و هم به حقوق جامعهٔ متشکل صالح ـ که بستر تکامل انسان‌ها و رسیدن به اهداف خلقت است و طبعاً مورد نظر انبیاء الهی و همهٔ مصلحین اجتماعی است ـ توجه شود؛ و در نتیجه در مواردی که بین حقوق فردی انسان‌ها و حقوق اجتماع متشکل صالح تزاحم پیدا می‌شود و قابل جمع نیستند، شارع باید در مقام تشریع مصلحت اهم را که نوعاً مصلحت اجتماع است ملاک تشریع قرار دهد، و طبعاً برخی از حقوق فردی اشخاص فدای مصالح جامعه می‌گردد.

نکتهٔ چهارم: درست است که عقل حجت خدایی است که به انسان‌ها افاضه شده، بلکه به اصطلاح «ام الحجج» است، زیرا حجیت کتاب و سنّت نیز از راه عقل برای انسان ثابت می‌گردد، و خدای متعال در آیات بسیاری از کتاب عزیز انسان‌ها را به عقل و تدّبر ارجاع داده است و کسانی را که محکمات عقلی را نادیده گرفته و محور کارهای‌شان اوهام و خرافات یا تقلید کورکورانه و یا هواهای نفسانی است مورد توبیخ قرار داده است، و در حدیث شریف امام رضا^(ع) نقل شده: «صدیق کل امرء عقله و عدوّه جهله»[۱] و در حدیث دیگر در تعریف عقل وارد شده: «ما عبد به الرحمن واکتسب به الجنان»[۲]، ولی باید توجه کرد که عقل انسانی همچون وجودش محدود و ناقص است، و بر تمام نظام هستی و گذشته و آینده و عاقبت امور و مصالح و مفاسد و نتایج قهری اعمال احاطه ندارد، و هر چند عقل در فطریات و قضایای کلیه و به اصطلاح «مستقلات عقلیه»، اجمالاً حکم جازمِ قطعی دارد، نسبت به بسیاری از قضایای جزئیه و مصالح و مفاسد اعمال و خصوصیات عالم غیب و حیات اخروی و شناخت راه سعادت در نشئات پس از مرگ کُمیت آن لنگ است، و لذا از حضرت امام زین‌العابدین^(ع) نقل شده که فرمودند: «انّ دین‌الله لایصاب بالعقول الناقصه».[۳]

وانگهی انسان عقل محض نیست، بلکه آمیخته‌ای است از عقل و وهم و شهوت و غضب، و هر اندازه عقل او تکامل یابد در عین حال ناخودآگاه اسیر غرایز و تمایلات نفسانی و تحت تأثیر

---

۱. *محاسن*، ج۱، ص ۱۹۴، ح ۱۲ ـ *کافی* (ط ـ الاسلامیه) ج ۱، ص ۱۱، ج ٤
۲. *کافی*، ج ۱، ص ۱۱
۳. *بحار*، ج ۲، ص ۳۰۳

تقالید و هواها و حبّ و بغض‌ها و خودخواهی‌ها و لجاجت‌ها خواهد بود، الا من عصمةالله تعالی؛ و بر این اساس خدای لطیف کریم و خبیر و بصیر انبیاء عظام را برای تنبّه و بیداری انسان‌ها و تقویت فطرت و نیروی عقل آنان فرستاد تا هم آنان را از واقعیت و مصالح و مفاسد و عواقب و نتایج قهری اعمال ــ که عقل از درك و نیل به آن‌ها عاجز است ــ خبر دهند و راه رسیدن به سعادت دائم را به آنان نشان دهند، و هم آنان را به بهشت برین و درجات عالیات بشارت دهند و از گرفتار شدن به نتایج سوء اعمال بترسانند.

خدای متعال در سورهٔ دهر می‌فرماید: «إِنَّا خَلَقْنَا الْإِنْسَانَ مِنْ نُطْفَةٍ أَمْشَاجٍ نَبْتَلِيهِ فَجَعَلْنَاهُ سَمِيعًا بَصِيرًا»، «إِنَّا هَدَيْنَاهُ السَّبِيلَ إِمَّا شَاكِرًا وَإِمَّا كَفُورًا»[۱]، ما انسان را از «نطفهٔ مخلوطه» پدید آوردیم تا او را بیازماییم، پس او را شنوا و بینا قرار دادیم، ما راه را به او نشان دادیم و در نتیجه یا شاکر است و یا کفران نعمت می‌کند. ظاهراً «نطفة مخلوطها» کنایه از غرایز و تمایلات و کشش‌های مختلف روحی است. و مقصود از «شنوایی و بینایی» فطرت و عقل است، و منظور از «نمودن راه» فرستادن انبیاء و کتاب‌های آسمانی است.

شریعت راهنما و مکمّل عقل است و کرامت و ارزش انسان به عقل و انسانیت اوست و گرنه حیوانی بیش نیست؛ اگر عقل انسان مقهور سایر غرایز از قبیل شهوت و غضب و اوهام گردد، ارزش انسانی خود را از دست می‌دهد و به فرمودهٔ خدا «أُولَئِكَ كالانعامِ بَلْ هُمْ أَضَلُّ»[2]، حیوان می‌میرد و به صورت حیوانی از حیوانات محشور می‌گردد.

از این مقدمات چنین نتیجه می‌گیریم که هرچند عقل حجّت شرعی است و پذیرفتیم که بسا به حکم عقل برخی از احکام شرع محدود به زمان و مکان خاص باشند، و ممکن است برحسب استنباط ملاك‌های قطعی در برخی از احکام به‌دست آید که موضوع حکم متغیر یا وسیع‌تر است، و یا با مقایسهٔ دو حکم متزاحم و احراز اهمیت یکی از آن‌ها به حکم عقلِ قطعی و ضرورت، حکم دیگر موقتاً کنار گذاشته می‌شود، ولی مبنای احکام اسلام فقط عقل نیست و کاربرد آن بیشتر در اصول اعتقادی و فطریات است، و مبنای عمدهٔ احکام فقهی حتی در معاملات و سیاسیات و جزئیات که نوعاً احکام امضایی هستند، کتاب و سنّت است، هرچند حجّیت کتاب و سنّت را بالاخره ما از راه عقل به‌دست می‌آوریم.

پس ما حق نداریم به مجرد احتمال محدود بودن برخی احکام، ظواهر کتاب و سنّت و احکام

---

۱. دهر/۳ ـ ۲
۲. اعراف/۱۷۹

قطعیه‌ای را که به وسیلهٔ خواصّ و بطانهٔ ائمهٔ معصومین علیهم‌اسلام از آن تلقّی شده و یداً بید به ما رسیده است و زحمات طاقت‌فرسای فقهای عظام را که متخصصین فنّ فقاهت و شناخت کتاب و سنت هستند و استنباطات و برداشت‌های خود را از کتاب و سنّت و فتاوای مأثوره از ائمه علیهم‌السلام در اختیار ما گذاشته‌اند یکسره کنار بگذاریم. اگر منظور جنابعالی از قرار دادن فقه در ترازو این است که احترام و قداست فقه و فقها و حجّیت ظواهر کتاب و سنّت به جای خود، ولی در برخی مسائل که به نظر می‌رسد موقّت و محدود و مربوط به شرایط خاصی باشند، از ناحیهٔ متخصصین فقه و مبانی فقهی بررسی مجدد به عمل آید، این سخنی است پذیرفته و مورد قبول؛ ولی اگر منظور این است که چون به برخی از مشکلات و نارسایی‌ها برخورد می‌کنیم، یك باره دور فقه موجود را خط بکشیم و فاتحهٔ آن را هم بخوانیم تا در آینده بتوانیم فقه جدیدی را پایه‌گذاری کنیم و سپس آن را محور اعمال و رفتار خود قرار دهیم، این سخن پذیرفته نیست؛ و مثل این است که بگوییم چون برخی از اشتباهات را از متخصصین در مسائل پزشکی دیده‌ایم یك باره خط قرمز دور علم طب می‌کشیم تا از نو آن را پایه‌گذاری کنیم. ظاهر کتاب و سنّت استمرار احکام و شمول آن‌هاست، نسبت به همهٔ افراد و مکان‌ها و زمان‌ها، مگر این‌که خلاف آن ثابت شود.

رجوع به اهل خبره و کارشناس در هر فن سیرهٔ مستمرهٔ همه عقلای جهان است، و فقهای ما (رضوان‌الله تعالی علیهم) کارشناسان و متخصصان فن فقاهت و مبانی آن هستند و عمر عزیز خود را در راه استنباط احکام و تنظیم آن‌ها صرف کرده‌اند. پس هر غیر فقیه لازم است در مقام عمل، یا احتیاط کند (که امری است مشکل) و یا به فتاوا و نظریات فقهای عظام مراجعه کند، مگر در موردی که تصادفاً به‌طور قطع یا ظن قوی اشتباه فتوادهنده ثابت شود. چنان‌که هر مریض ناچار است به پزشك متخصص مورد اعتماد مراجعه کند و به نظر او ترتیب اثر دهد، مگر در موردی که از روی قرائن اشتباه پزشك محرز و یا مظنون گردد، به گونه‌ای که اعتماد نفس از آن سلب شود.

در این زمینه جمعی از علمای اهل سنّت قائل به تصویب‌اند و می‌گویند: نظر فقیه حکم‌الله واقعی است و با اختلاف فقها در یك مسألهٔ نظر همهٔ آنان صحیح است و خطایی در کار نیست، و به اصطلاح «مصوبه» هستند؛ ولی ما شیعهٔ امامیه و برخی از اهل سنّت اهل تخطئه هستیم، و به اصطلاح «مخطئه»ایم و می‌گوییم: «للمصیب اجران و للمخطی اجر واحد»، چنان‌که در اختلاف نظر دو پزشك در یك مسأله نمی‌توان گفت نظر هر دو صحیح است.

پس ما با این‌که اهل تخطئه هستیم و می‌گوییم احتمال خطای فقیه در میان هست، نظر

فقیه متخصص مورد اعتماد را برای مقلدین او حجت شرعی می‌دانیم، چنان‌که با احتمال خطای پزشك متخصص سیرهٔ همهٔ عقلای جهان بر مراجعه به پزشك متخصص مورد اعتماد ثابت و مستمر است.

مریضی که دارای مرض سخت است اگر به پزشك متخصص مراجعه کند، نود درصد مثلاً احتمال بهبود می‌دهد و ده درصد احتمال خطای پزشك را، و اگر به پزشك مراجعه نکند ده درصد احتمال بهبود و نود درصد احتمال باقی ماندنِ مرض یا شدت آن را می‌دهد، پس طبعاً عقل حکم می‌کند به لزوم مواجهه به پزشك و عمل به دستور او؛ مراجعه به فقیه متخصص مورد اعتماد نیز از همین قرار است.

نکتهٔ پنجم: فعلاً عمدهٔ اشکال در باب فقه این است که با پیشرفت تمدن‌ها و بسط زندگی انسان‌ها ــ دایرهٔ فقه و مسائل مستحدثهٔ مورد ابتلا در همهٔ زمینه‌ها بسیار وسیع شده و طبعاً یك نفر به تنهایی هرچند خوش‌قریحه و پرکار و فارغ‌البال باشد، نمی‌تواند همهٔ مبانی فقهی و ابواب فقه و مسائل مستحدثه در همهٔ ابواب مختلفه را ــ به‌خصوص با کثرت مراجعات عرفی و اجتماعی ــ به‌طور دقیق بررسی کند؛ و طبعاً محتمل است در برخی از مسائل اشتباهی رخ دهد، چنان‌که این امر مقتضای وسعت و دقت کار و محدودیت ظرفیت روحی و فکری انسان در همهٔ فنون است.

بالاخره این مشکل بزرگی است در راه فقه در عصر ما، و راه حل مشکل این است که علم فقه همچون علم پزشکی مثلاً به رشته‌های گوناگون تقسیم شود و هر فقیهی پس از آگاهی از اصول و مبانی فقه و تخصص در آن‌ها و دیدن یك دوره فقه عمومی، وقت و کار و دقت خود را در رشتهٔ خاصی از فقه از قبیل عبادات، یا معاملات، یا روابط خانوادگی و اجتماعی، یا سیاسات، یا جزائیات صرف کند تا در آن رشته و مسائل مستحدثهٔ آن متخصص گردد، و مردم نیز در هر رشته از متخصص آن رشته استفتاء و به او مراجعه کنند.

و اگر بشود از همهٔ متخصصین در رشته‌های مختلف فقهی «لجنهٔ افتاء» تشکیل شود و به جای استفتاء از اشخاص از لجنهٔ متخصصین استفتاء شود، و آنان در مسائل مشکل با یکدیگر بحث و مشورت و سپس فتوا صادر کنند، این فتوا بسیار به واقع نزدیك‌تر و از اشتباه مصون‌تر خواهد بود.

رابطهٔ بین مقلّد و مرجع رابطهٔ مرید و قطب نیست تا مردم ناچار باشند از فرد خاص تقلید کنند، و در برابر او سر بسپرند، بلکه از قبیل رجوع غیرمتخصص در هر فن به اهل خبرهٔ آن فن است؛ و به دیگر بیان فتوای مرجع تقلید موضوعیت ندارد، بلکه راه رسیدن به واقع است

و طبعاً نظر جمع نسبت به نظر یك فرد اقرب به واقع است، نظیر شورای پزشکی که برای بیماری‌های سخت تشکیل می‌شود.

و فی‌الخاتمة التمس منکم الدعاء فی مظانّ الاجابهٔ.

"

نمایه

Abstract

Thank the Beneficent God that the third book in the "Stories of Sages" series, titled "Out of Charity, Not Out of Duty," has been published. Those familiar with my spoken and written works will recognize that the concepts of Rights and Duty have long been a central concern for me. I can confidently assert that my work was the first to elucidate the opposition between these categories in terms of Tradition versus Modernity and Despotism versus Liberalism. I have also emphasized that what is commonly referred to as Liberalism is best understood and interpreted as the "Rights-Centered School." The primary distinction between traditional and modern human beings lies in their self-perception: the former view themselves as duty-bound and rights-oriented, while the latter see themselves as entitled to rights. This shift in perspective explains why modern individuals prioritize their lives over their beliefs, considering religion to be their right rather than their duty. It remains my conviction that Ethics and State in the modern world are rights-oriented, whereas, in the traditional world, they are duty-oriented.

Out of Charity, Not Out of Duty

Stories of Sages
Vol. III

Abdulkarim Soroush

1st Edition 2024

www.nt-press.com
post@nt-press.com

Published in Germany
ISBN 978-3-948894-30-6

Out of Charity, Not Out of Duty

Stories of Sages

Vol. III

Abdulkarim Soroush

New Thought PRESS

Essen, Germany

August 2024

CAMBRIDGE LIBRARY COLLECTION

Books of enduring scholarly value

History

The books reissued in this series include accounts of historical events and movements by eye-witnesses and contemporaries, as well as landmark studies that assembled significant source materials or developed new historiographical methods. The series includes work in social, political and military history on a wide range of periods and regions, giving modern scholars ready access to influential publications of the past.

The Preservation of Open Spaces, and of Footpaths, and Other Rights of Way

Sir Robert Hunter (1844–1913) became a leading legal authority on common land. As solicitor to the Commons Preservation Society, where he first met Octavia Hill, he was instrumental in saving Hampstead Heath, Epping Forest and the New Forest for the nation, and he developed the principles of protection upon which the National Trust would be founded. First published in 1896, and informed by a lifetime of experience, this work was devised specifically to instruct 'those who are interested in preserving the open lands of the country'. Covering iconic English landscapes ranging from cliff tops to forests and from village greens to allotments, each chapter explores real cases and the statutes that shaped their conclusions. The result is an account of the nineteenth-century legal developments that provided the foundations which both government and charitable bodies have since used in preserving the heritage – both natural and man-made – of the nation.

Cambridge University Press has long been a pioneer in the reissuing of out-of-print titles from its own backlist, producing digital reprints of books that are still sought after by scholars and students but could not be reprinted economically using traditional technology. The Cambridge Library Collection extends this activity to a wider range of books which are still of importance to researchers and professionals, either for the source material they contain, or as landmarks in the history of their academic discipline.

Drawing from the world-renowned collections in the Cambridge University Library, and guided by the advice of experts in each subject area, Cambridge University Press is using state-of-the-art scanning machines in its own Printing House to capture the content of each book selected for inclusion. The files are processed to give a consistently clear, crisp image, and the books finished to the high quality standard for which the Press is recognised around the world. The latest print-on-demand technology ensures that the books will remain available indefinitely, and that orders for single or multiple copies can quickly be supplied.

The Cambridge Library Collection will bring back to life books of enduring scholarly value (including out-of-copyright works originally issued by other publishers) across a wide range of disciplines in the humanities and social sciences and in science and technology.